■2025年度中学受験用

普連土学園中学校

3年間スーパー過去問

●収録内容一覧

入試問題と解説・解答の収録内容

2024年度　１日午前４科	算数・社会・理科・国語
2024年度　１日午後算数	算数 （解答のみ）
2024年度　２日午後２科	算数・国語
2024年度　４日午前４科	算数・社会・理科・国語 （解答のみ）
2023年度　１日午前４科	算数・社会・理科・国語
2023年度　１日午後算数	算数 （解答のみ）
2023年度　２日午後２科	算数・国語
2023年度　４日午前４科	算数・社会・理科・国語 （解答のみ）
2022年度　１日午前４科	算数・社会・理科・国語
2022年度　１日午後算数	算数 （解答のみ）
2022年度　２日午後２科	算数・国語
2022年度　４日午前４科	算数・社会・理科・国語 （解答のみ）

〜本書ご利用上の注意〜　以下の点について，あらかじめご了承ください。

★別冊解答用紙は巻末にございます。本書に収録している試験の実物解答用紙は，弊社サイトの各校商品情報ページより，一部または全部をダウンロードできます。

★編集の都合上，学校実施のすべての試験を掲載していない場合がございます。

★当問題集のバックナンバーは，弊社には在庫がございません（ネット書店などに一部在庫あり）。

JN048716

合格を勝ち取るための『スーパー過去問』の使い方

本書に掲載されている過去問をご覧になって，「難しそう」と感じたかもしれません。でも，多くの受験生が同じように感じているはずです。なぜなら，中学入試で出題される問題は，小学校で習う内容よりも高度なものが多く，たくさんの知識や解き方のコツを身につけることも必要だからです。ですから，初めて本書に取り組むさいには，点数を気にしすぎないようにしましょう。本番でしっかり点数を取れることが大事なのです。

過去問で重要なのは「まちがえること」です。自分の弱点を知るために，過去問に取り組むのです。当然，まちがえた問題をそのままにしておいては意味がありません。

本書には，長年にわたって中学入試にたずさわっているスタッフによるていねいな解説がついています。まちがえた問題はしっかりと解説を読み，できるようになるまで何度も解き直しをしてください。理解できていないと感じた分野については，参考書や資料集などを活用し，改めて整理しておきましょう。

このページも参考にしてみましょう！

◆どの年度から解こうかな　「入試問題と解説・解答の収録内容一覧」

本書のはじめには収録内容が掲載されていますので，収録年度や収録されている入試回などを確認できます。

※著作権上の都合によって掲載できない問題が収録されている場合は，最新年度の問題の前に，ピンク色の紙を差しこんでご案内しています。

◆学校の情報を知ろう!!「学校紹介ページ」

このページのあとに，各学校の基本情報などを掲載しています。問題を解くのに疲れたら息ぬきに読んで，志望校合格への気持ちを新たにし，再び過去問に挑戦してみるのもよいでしょう。なお，最新の情報につきましては，学校のホームページなどでご確認ください。

◆入試に向けてどんな対策をしよう？「出題傾向＆対策」

「学校紹介ページ」に続いて，「出題傾向＆対策」ページがあります。過去にどのような分野の問題が出題され，どのように対策すればよいかをアドバイスしていますので，参考にしてください。

◇別冊「入試問題解答用紙編」

本書の巻末には，ぬき取って使える別冊の解答用紙が収録してあります。解答用紙が非公表の場合などを除き，（注）が記載されたページの指定倍率にしたがって拡大コピーをとれば，実際の入試問題とほぼ同じ解答欄の大きさで，何度でも過去問に取り組むことができます。このように，入試本番に近い条件で練習できるのも，本書の強みです。また，データが公表されている学校は別冊の１ページ目に過去の「入試結果表」を掲載しています。合格に必要な得点の目安として活用してください。

本書がみなさんの志望校合格の助けとなることを，心より願っています。

株式会社　声の教育社　編集部

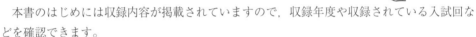

普連土学園中学校

所在地	〒108-0073 東京都港区三田4-14-16
電　話	03-3451-4616
ホームページ	https://www.friends.ac.jp/
交通案内	JR 山手線・京浜東北線「田町駅」より徒歩8分／都営地下鉄「三田駅」より徒歩7分／東京メトロ・都営地下鉄「白金高輪駅」より徒歩10分

くわしい情報は
ホームページへ

トピックス

★2019年度入試より，2月1日午後に算数入試が新設されました。
★理科部は中1から入部できるクラブ活動で，2022年国際ロケット大会で世界1位を獲得しました。

創立年
明治20年

女子校

高校募集
なし

応募状況

年度	募集数	応募数	受験数	合格数	倍率
2024	①50名	143名	128名	61名	2.1倍
	算20名	344名	317名	220名	1.4倍
	②30名	361名	227名	88名	2.6倍
	③20名	284名	175名	35名	5.0倍
2023	①50名	99名	90名	61名	1.5倍
	算20名	266名	247名	188名	1.3倍
	②30名	226名	107名	71名	1.5倍
	③20名	168名	75名	54名	1.4倍

2025年度入試情報

【１日午前４科】
試験日時：2025年２月１日　７：30～８：00受付
試験科目：算数・国語（各60分，各100点満点）
　　　　　理科・社会（各30分，各75点満点）
【１日午後算数*】
試験日時：2025年２月１日　14：00～15：00受付
試験科目：算数（50分，100点満点）
＊受付時間に間に合わない場合は16：25開始の試験。
【２日午後２科*】
試験日時：2025年２月２日　14：00～15：00受付
試験科目：算数・国語（各50分，各100点満点）
＊受付時間に間に合わない場合は16：35開始の試験。
【４日午前４科】
試験日時：2025年２月４日　７：30～８：00受付
試験科目：（１日午前４科と同じ）

説明会・行事等日程（※予定）

＊説明会等の日時，内容は変更になる場合がございます。最新の情報は学校HP等でご確認ください。
【学校説明会】要予約
10月８日／10月11日／11月８日
＊時間はいずれも10：00～12：00です。
【イブニング説明会】要予約
11月29日　19：00～20：30
【入試解説会】要予約
12月７日　10：00～
【生徒による説明会】要予約
12月14日　９：30～12：00
【入試相談会】要予約　※小６生対象
１月11日　10：00～12：00
【学園祭】要予約
10月19日　９：00～15：00
＊個別相談も行います。

2024年春の主な大学合格実績

＜国公立大学＞
東北大，北海道大，千葉大，東京藝術大，東京海洋大，神戸大，東京都立大
＜私立大学＞
慶應義塾大，早稲田大，上智大，東京理科大，明治大，青山学院大，立教大，中央大，法政大，学習院大，成蹊大，成城大，明治学院大，津田塾大，東京女子大，日本女子大，東京慈恵会医科大，順天堂大，星薬科大

編集部注一本書の内容は2024年7月現在のものであり，変更されている場合があります。正式な情報は，学校のホームページ等で必ずご確認ください。

算数　出題傾向＆対策

◆基本データ（2024年度１日午前４科）

試験時間／満点	60分／100点
問　題　構　成	・大問数…６題 計算１題（３問）／応用小問１題（３問）／応用問題４題 ・小問数…14問
解　答　形　式	解答らんに答えを書くだけでなく，とちゅうの式や考え方などもかきこむようになっている。
実際の問題用紙	Ｂ５サイズ，小冊子形式
実際の解答用紙	Ｂ４サイズ

◆過去３年間の出題率トップ５

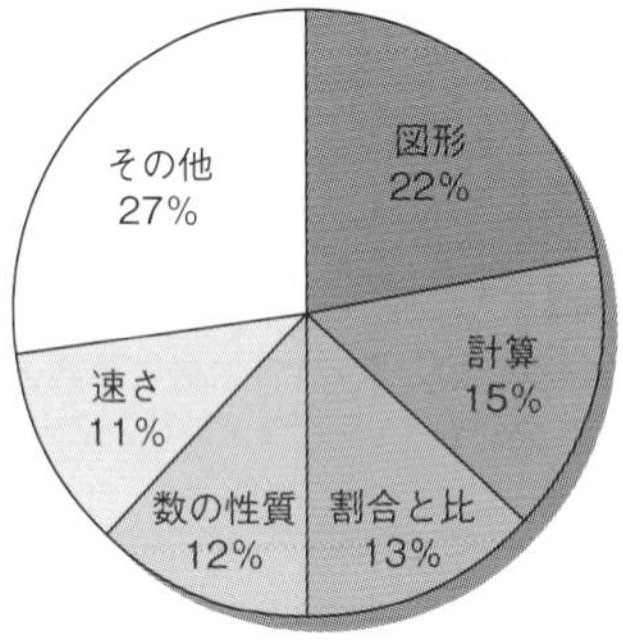

※　配点（推定ふくむ）をもとに算出

◆近年の出題内容

【 2024年度１日午前４科 】		
大問	1	四則計算，計算のくふう，逆算
	2	数の性質，旅人算，展開図
	3	割合
	4	平面図形－図形の移動，長さ
	5	数列
	6	条件の整理

【 2023年度１日午前４科 】		
大問	1	四則計算，計算のくふう，逆算
	2	数の性質，約束記号，面積
	3	グラフ－図形上の点の移動，速さ，長さ，面積
	4	図形と規則
	5	売買損益
	6	場合の数，作図

◆出題傾向と内容

最初の１題が計算問題，次の１題が応用小問集合題（図形や速さ，数の性質など），**残りが応用問題**というのが例年の構成です。

●計算・応用小問…計算問題は３問ほど出されます。小数・分数をふくむ四則計算が中心で，少々複雑なものもあり，計算のくふうが必要なものも少なくありません。また，逆算（□を求めるもの）も必ず出されます。応用小問集合題は，数の性質，割合，濃度，売買損益，角度，長さ，面積，相似，立体図形の展開図，速さ，植木算，平均とのべや仕事算などの特殊算から２～３問というパターンが多いようです。

●応用問題…毎年４～５題ほど出されていますが，場合の数と図形分野からの出題がめだちます。場合の数では，ぬり分け方，道順の進み方などのほかに，ひじょうに複雑な条件を整理させる問題も見られます。図形分野では，図形の移動（回転移動や平行移動），平面図形と規則性をからめたもの，図形上の点の移動などが出題されています。

◆対策～合格点を取るには？～

本校の入試対策としては，**速くて正確な計算力と筋の通った思考力をあわせて身につけることが必要**です。そのために，早い時期から無理のない学習計画を立てることを考えましょう。

計算力は算数のいちばんの基本です。計算力をつけるには，１日にやりきれる量を決めて，必ず毎日練習することが大切です。計算問題集はあまり難しくないものを選び，速く正確にできるようになることを目標にしましょう。

思考力をつけるには，まず参考書などの例題にあたって，基本的な解き方を身につけること。基本的なものはすべて理解するつもりで取り組んでください。そのさい，解くまでの過程をおろそかにせず，解いたその場で確認するようにしましょう。

算数 出題分野分析表

分野	年度	2024				2023				2022			
		1前	算数	2後	4前	1前	算数	2後	4前	1前	算数	2後	4前
計算	四則計算・逆算	◎	◎	○	◎	◎	●	○	◎	◎	●	◎	◎
	計算のくふう	○	○	○	○	○	○	○	○	○	○		○
	単位の計算						◎				◎		
和と差	和差算・分配算						○						
	消去算				○						○		
	つるかめ算		○	○			○				○	○	
	平均とのべ		○				○				○		
	過不足算・差集め算		◎				○	○			○		
	集まり						○						
	年齢算		○				○				○		
割合と比	割合と比	○	●							○	○	○	
	正比例と反比例												
	還元算・相当算		○		○						◎		
	比の性質		○				◎						
	倍数算		○				◎				○		○
	売買損益		○			○	○				◎		
	濃度		○				○		○		○		
	仕事算		○				○				◎		
	ニュートン算		○				○						
速さ	速さ		○		○	○	○	○	○	○	◎		
	旅人算	○	○		○		○		○	○	○		
	通過算						○				○		
	流水算		○				○					○	
	時計算		○				○			○			
	速さと比						◎				◎		○
図形	角度・面積・長さ	○	●	○		●	●	◎	○	◎	●	○	
	辺の比と面積の比・相似		◎	○			◎	○			◎		
	体積・表面積		○		○		○	○	○	○	◎	○	○
	水の深さと体積		◎	○	○						○		○
	展開図	○									○		○
	構成・分割								○	○	○		
	図形・点の移動	○	◎	○		○				○		○	
表とグラフ			○	○	◎	○	○	○	○				
数の性質	約数と倍数		●				◎				●		○
	N進数		○										
	約束記号・文字式		○			○	○				○	○	
	整数・小数・分数の性質	○	●		○	○	●	○	○	○	●		○
規則性	植木算						○			○			
	周期算		◎				○				◎		
	数列	○	○	○	○		◎		○		○		◎
	方陣算		○										
	図形と規則					○							
場合の数			●			○	◎	○	○		●	○	○
調べ・推理・条件の整理		○	○	○	◎		◎	○	○				
その他													

※ ○印はその分野の問題が１題，◎印は２題，●印は３題以上出題されたことをしめします。

社会 出題傾向＆対策

◆基本データ(2024年度１日午前４科)

試験時間／満点	30分／75点
問題構成	・大問数…４題 ・小問数…29問
解答形式	用語の記入と記号選択が中心となっており，用語の記入では漢字指定のものも見られる。ほかに，１～２行程度で書かせる文章記述も数問出題されている。
実際の問題用紙	Ｂ５サイズ，小冊子形式
実際の解答用紙	Ｂ４サイズ

◆過去３年間の分野別出題率

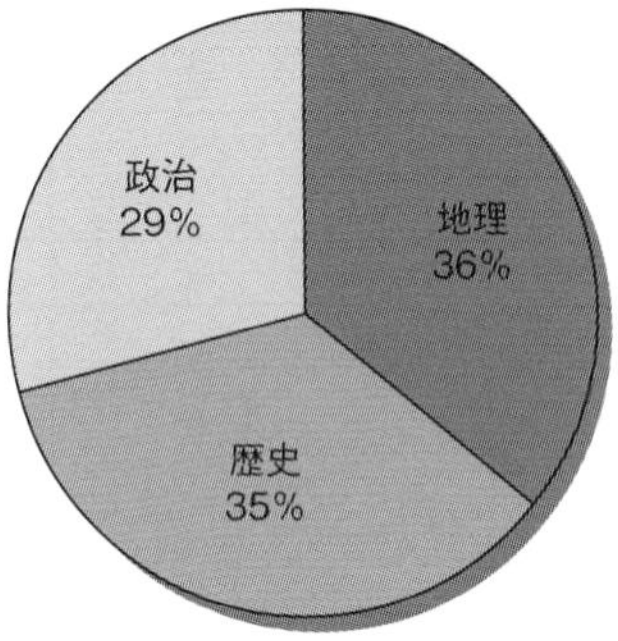

※　配点(推定ふくむ)をもとに算出

◆近年の出題内容

【 2024年度１日午前４科 】			【 2023年度１日午前４科 】		
大問	1	**〔総合〕** 公園を題材とした問題	大問	1	**〔総合〕** 湖を題材とした問題
	2	**〔総合〕** 九州地方を題材とした問題		2	**〔総合〕** ウクライナに関連した問題
	3	**〔総合〕** 貿易相手国を題材とした問題		3	**〔総合〕** 政治の中心地を題材とした問題
	4	**〔総合〕** 訪日観光客を題材とした問題		4	**〔総合〕** 在留外国人を題材とした問題

◆出題傾向と内容

地理・歴史・政治の**各分野から広く出題**されています。問われていることがら自体は教科書のレベルをこえない**基本的なものがほとんど**です。総合的な出題となっており，どの問題を見ても素直な良問といえる内容になっています。

●**地理**…自然災害などのテーマをもとに各都道府県のようすを問うもの，雨温図と日本地図を使って各地域の気候や産業，地形について問うもの，農産物の収穫量やエネルギー供給の割合の表やグラフに関する問題などが出されています。

●**歴史**…各時代の年表やできごとを示してはば広い総合的な知識を問うもの，あるテーマ(各時代の地下資源とのかかわりなど)を題材としてやや細かい知識を問うもの，各時代の歴史上の人物と業績に関する問題などが取り上げられています。

●**政治**…国際連合に関する問題，日本国憲法と平和主義に関する問題，日本国憲法と基本的人権に関する問題，国会・内閣・裁判所の仕事に関する問題，近年行われた国政選挙，外国為替や税金に関する問題，時事問題などが出されています。

◆対策～合格点を取るには？～

地理では，日本の産業(工業・農業・漁業)を自然的条件や世界とのむすびつき(貿易など)とあわせておさえておく必要があります。産業分布図，雨温図，貿易についての表やグラフはよく見ておきましょう。

歴史では，日本の歴史上のふし目となった重要なできごとは，起きた年号や時代名，関連する人名などを，制度や改革については，その原因やもたらした結果などをおさえておく必要があります。また，文化史についても，主要な作品と作者名など，最低限のことは覚えておきましょう。

政治では，日本国憲法の基本原則，大日本帝国憲法とのちがい，三権分立と選挙のしくみ，環境・エネルギー問題，国際連合のはたす役割などをおさえておく必要があります。政治の分野は時事的な内容があつかわれることがあるので，話題となったできごとについては，日ごろからよく関心を持ち，テレビのニュース番組や新聞記事をチェックしておくことが必要です。

社会 出題分野分析表

分野 ＼ 年度			2024		2023		2022	
			1前	4前	1前	4前	1前	4前
日本の地理	地図の見方		○	○				
	国土・自然・気候		○	○	○	○	○	○
	資源			○		○		
	農林水産業			○	○		○	○
	工業			○	○		○	
	交通・通信・貿易		○	○		○	○	○
	人口・生活・文化		○	○		○		
	各地方の特色		○			○		○
	地理総合							
世界の地理								
日本の歴史	時代	原始～古代	○	○	○	○	○	○
		中世～近世	○	○	○	○	○	○
		近代～現代	○	○	○	○	○	○
	テーマ	政治・法律史						
		産業・経済史						
		文化・宗教史						
		外交・戦争史						
		歴史総合						
世界の歴史								
政治	憲法		○	○	○	○	○	○
	国会・内閣・裁判所		○	○	○	○	○	
	地方自治		○	○		○		○
	経済			○	○			
	生活と福祉		○	○	○	○		
	国際関係・国際政治		○	○	○	○	○	○
	政治総合							
環境問題			○	○		○		
時事問題			○	○	○			
世界遺産			○					
複数分野総合			★	★	★	★	★	★

※ 原始～古代…平安時代以前，中世～近世…鎌倉時代～江戸時代，近代～現代…明治時代以降
※ ★印は大問の中心となる分野をしめします。

理科 出題傾向＆対策

◆基本データ（2024年度１日午前４科）

試験時間／満点	30分／75点
問　題　構　成	・大問数…４題 ・小問数…12問
解　答　形　式	記号選択と適語・数値の記入や記述問題などバラエティに富んでいる。記述では１～２行程度書くものがある。作図，途中式をかかせる問題も出されている。
実際の問題用紙	Ｂ５サイズ，小冊子形式
実際の解答用紙	Ｂ４サイズ

◆過去３年間の分野別出題率

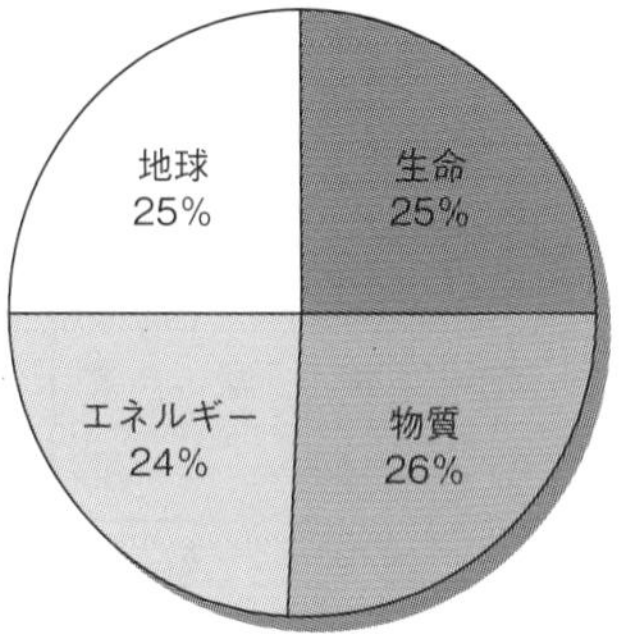

※　配点（推定ふくむ）をもとに算出

◆近年の出題内容

【 2024年度１日午前４科 】			【 2023年度１日午前４科 】		
大問	1	〔**エネルギー**〕ふりこ，鏡，手回し発電機	大問	1	〔**エネルギー**〕滑車，物体の運動
	2	〔**物質**〕状態変化，ものの溶け方・燃え方		2	〔**物質**〕塩酸とマグネシウムの反応
	3	〔**生命**〕動物の大きさ，筋肉，蒸散		3	〔**生命**〕生物の調べ方
	4	〔**地球**〕岩石，気温の変化，月		4	〔**地球**〕太陽の動き

◆出題傾向と内容

問題量は標準的で，内容的にはどれも基礎的なことから少し発展的なことまで出ています。また，「生命」「物質」「エネルギー」「地球」の**各分野からバランスよく出題**されています。

●**生命**…動物のからだのつくり，魚類の生態，植物のつくりとはたらき，小さな生物，ヒトの眼球のつくり，生物の調べ方などが出されています。

●**物質**…状態変化，気体の発生，水溶液の性質，ものの溶け方などについて出題されています。

●**エネルギー**…力のつり合い，滑車，ばね，物体の落下運動，音の速さ，熱量計算などについて取り上げられています。

●**地球**…天体の動きに関するものがしばしば取り上げられています。ほか，気温や湿度，地質図の読み取りと地形のできかたなどについて出題されています。

◆対策～合格点を取るには？～

本校の入試では，実験に関する問題がよく出されています。本校に限らず，リトマス紙などの指示薬を使って気体や水溶液の性質を確かめる実験や，かん電池とまめ電球のつなぎ方と明るさの変化についての実験などは，ひんぱんに出題されるものです。今後の対策としては，種子の発芽，植物の成長，葉の蒸散作用，気体や水溶液の性質，電気，磁石などのさまざまな実験についてノートにまとめてみましょう。実験方法と結果，そしてそこからどのような結論が導き出されるかということを整理するとよいでしょう。そのときに，電流計や上ざらてんびんなどの実験器具の使い方も同時に確認してください。

また，**計算問題もよく出題されています**ので，力のつり合い，熱量，水溶液の濃度などの問題については，十分な練習が必要です。

なお，植物・動物，気象，天体などの知識を問われる分野に関しては，重要なことがらをノートにまとめていくとよいでしょう。植物やこん虫のからだのつくりなどは，実際に身近なものをよく観察するのも一つの方法です。気象については，ふだんテレビや新聞などの天気予報・天気図を見ておくと，いろいろな知識が得られ，理科の学習の大きな助けとなるでしょう。

理科 出題分野分析表

分野 ＼ 年度		2024		2023		2022	
		1前	4前	1前	4前	1前	4前
生命	植物	○	○	○	★		
	動物	○	○			★	○
	人体	○	○				★
	生物と環境			★			
	季節と生物						
	生命総合	★	★				
物質	物質のすがた	○	○		★		
	気体の性質		○	★			○
	水溶液の性質			○		★	
	ものの溶け方	○					
	金属の性質						
	ものの燃え方	○					★
	物質総合	★	★				
エネルギー	てこ・滑車・輪軸		○	★			
	ばねののび方				★		
	ふりこ・物体の運動	○		○			★
	浮力と密度・圧力						
	光の進み方	○					
	ものの温まり方		○		○		
	音の伝わり方		○			★	
	電気回路	○					
	磁石・電磁石		○				
	エネルギー総合	★	★				
地球	地球・月・太陽系	○		★	★		
	星と星座		○				
	風・雲と天候						
	気温・地温・湿度	○	○				★
	流水のはたらき・地層と岩石	○	○			★	
	火山・地震						
	地球総合	★	★				
実験器具			○		○		
観察							
環境問題							
時事問題							
複数分野総合							

※ ★印は大問の中心となる分野をしめします。

国語 出題傾向＆対策

◆基本データ(2024年度１日午前４科)

試験時間／満点	60分／100点
問題構成	・大問数…５題 文章読解題２題／知識問題３題 ・小問数…35問
解答形式	記号選択と本文中のことばの書きぬきのほかに，字数制限のない記述問題も出題されている。
実際の問題用紙	Ｂ５サイズ，小冊子形式
実際の解答用紙	Ｂ４サイズ

◆過去３年間の分野別出題率

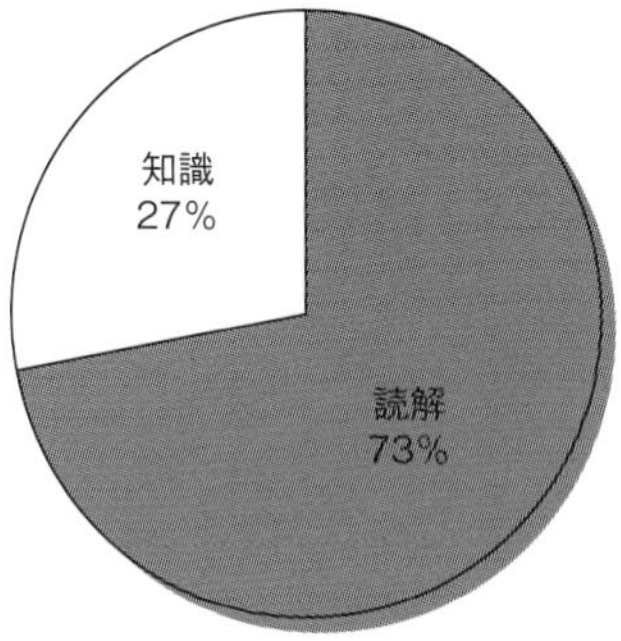

※　配点(推定ふくむ)をもとに算出

◆近年の出題内容

【 2024年度１日午前４科 】			【 2023年度１日午前４科 】		
大問	一	〔説明文〕今北純一『自分力を高める』(約3500字)	大問	一	〔説明文〕外山滋比古『国語は好きですか』(約4200字)
	二	〔小説〕こまつあやこ『ハジメテヒラク』(約5200字)		二	〔小説〕水野瑠見『ボーダレスガール』(約5300字)
	三	〔知識〕漢字の書き取りと読み		三	〔知識〕漢字の書き取りと読み
	四	〔知識〕接頭語・接尾語の知識		四	〔知識〕漢字の部首
	五	〔知識〕部首と画数の知識		五	〔知識〕慣用句の知識

◆出題傾向と内容

●**読解問題…小説・物語文と説明文・論説文**がよく取り上げられています。小説・物語文の文章は，主人公が受験生と近い年齢であることが多く，親しみやすい内容ですから，取り組みやすいでしょう。設問内容は，心情に重点をおいたオーソドックスな問いが中心です。ただし，心情を直接示すことばから行動を読み取らせたり，行動理由を求めたり，慣用表現をからめて心情や動作を問うなどのくふうがされています。文章読解題の選択肢の文が長めであることも本校の特ちょうです。選択肢の内容はよく練られており，本文と選択肢をしっかり読み取ったうえで細かい点を吟味する力が求められています。ほかに，語句の意味，適語・適文の補充，指示語の内容などが見られます。

●**知識問題…ことわざ・慣用句の完成，熟語の意味・組み立て，漢字の部首**などが出されますが，出題のしかたにくふうのこらされたものが目につきます。たとえば，同音異字で熟語を作るパズルや，会話文の流れに合う四字熟語を答えさせる問題などです。

◆対策～合格点を取るには？～

本校の国語は**長文の読解問題がメイン**であり，設問の内容がはば広いという特ちょうがあります。したがって，この読解問題にいかに対処するかが本校入試のポイントになってきます。読解力を養成するには，まず，多くの文章に接する必要があります。読書は読解力養成の基礎ですから，あらゆるジャンルの本を読んでください。

次に，**ことばのきまり・知識に関しては，参考書を１冊仕上げておけばよい**でしょう。ことわざ・慣用句は体の一部を用いたもの，動物の名前を用いたものなどに分類して覚えましょう。ことばのきまりは，ことばのかかり受け，品詞の識別などを中心に学習を進めます。また，漢字や熟語については，読み書きはもちろん，同音(訓)異義語や，その意味についても辞書で調べておくようにするとよいでしょう。

国語 出題分野分析表

分野		年度	2024			2023			2022		
			1前	2後	4前	1前	2後	4前	1前	2後	4前
読解	文章の種類	説明文・論説文	★	★	★	★	★	★	★	★	★
		小説・物語・伝記	★	★	★	★	★	★	★	★	★
		随筆・紀行・日記									
		会話・戯曲									
		詩									
		短歌・俳句									
	内容の分類	主題・要旨	○	○	○	○	○	○	○	○	○
		内容理解	○	○	○	○	○	○	○	○	○
		文脈・段落構成									
		指示語・接続語	○	○	○	○		○	○	○	○
		その他	○	○	○	○	○	○	○	○	○
知識	漢字	漢字の読み	○	○	○	○	○	○	○	○	○
		漢字の書き取り	○	○	○	○	○	○	○	○	○
		部首・画数・筆順	★			★					
	語句	語句の意味			○			○			○
		かなづかい									
		熟語		★				★		★	
		慣用句・ことわざ			★	★	★		★	○	★
	文法	文の組み立て								○	
		品詞・用法			★					○	○
		敬語								○	
	形式・技法										
	文学作品の知識										
	その他		★	★			★	★	★	★	
	知識総合										
表現	作文										
	短文記述										
	その他										
放送問題											

※ ★印は大問の中心となる分野をしめします。

カコを追いかけ
ミライをつかめ

2024年度 普連土学園中学校

【算　数】〈**１日午前４科試験**〉(60分)〈満点：100点〉

〔注意〕 1．解答欄《らん》に「式」とある場合には，式や考え方も書きなさい。

2．円周率は3.14として計算しなさい。

1 次の $\square$ にあてはまる数を求めなさい。

(1) $0.375\times3\frac{1}{2}\div5\frac{1}{4}-0.01=\square$

(2) $202.4\times280-20.24\times1200-20240\times0.6=\square$

(3) $7.75-\square\times2\frac{5}{12}=\frac{1}{2}$

2 次の問いに答えなさい。

(1) 11でも23でも割り切れる４桁《けた》の偶数の個数を求めなさい。

(2) 池の周りを友子さんは時計回りに10分で１周，町子さんは反時計回りに12分で１周します。友子さんと町子さんが同地点から同時に出発した後，２人が３回目に出会うのは何分後ですか。

(3) 図１のように立方体の３つの面に対角線を引きます。図２はその展開図の１つです。

図１
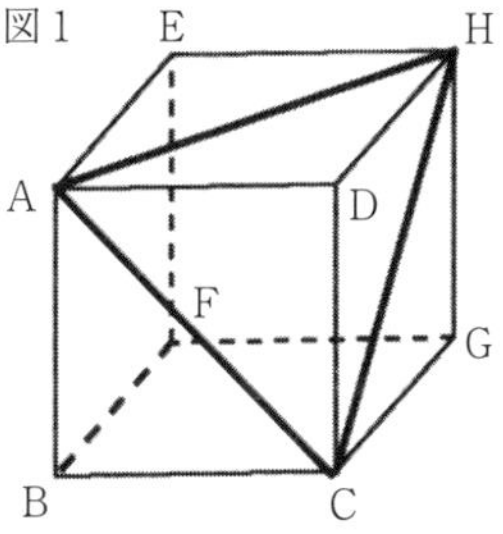

図２
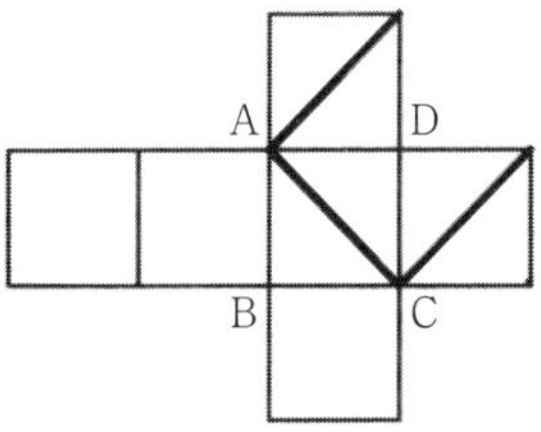

下のような展開図のとき，解答欄の図にそれぞれ線を書き入れなさい。

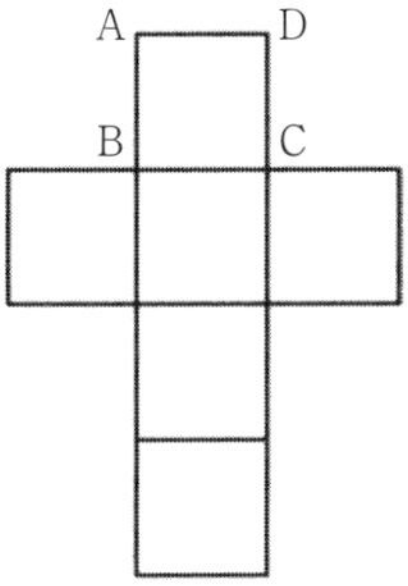

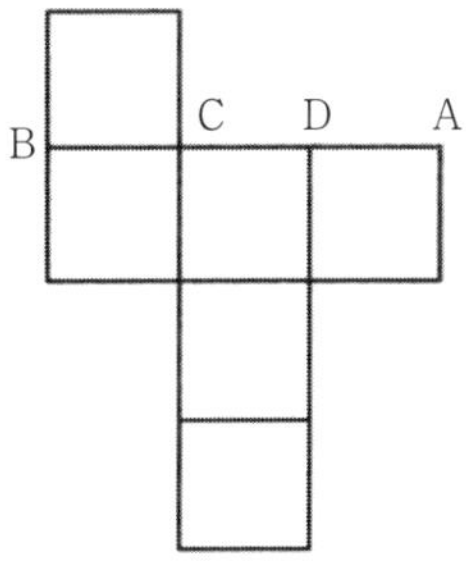

3 チョコレート1枚を4人で分けます。Aさんが全体の$\frac{1}{4}$，Bさんが残りの$\frac{1}{3}$，Cさんがそのまた残りの$\frac{1}{3}$をとり，Dさんは最後に残っていたチョコレートをもらうことにしました。このとき，次の問いに答えなさい。

(1) Bさんがもらえるチョコレートは全体の何分のいくつですか。

(2) Cさんがもらえるチョコレートは全体の何分のいくつですか。

(3) チョコレートを最も多くもらえるのはだれですか。理由も述べなさい。

4 長方形ABCDが ア の位置から イ の位置まですべることなく転がります。ただし，AB＝4 cm，BD＝5 cm，AD＝3 cmとします。このとき，次の問いに答えなさい。

(1) 図1で点Aが動いてできる線の長さを求めなさい。

図1

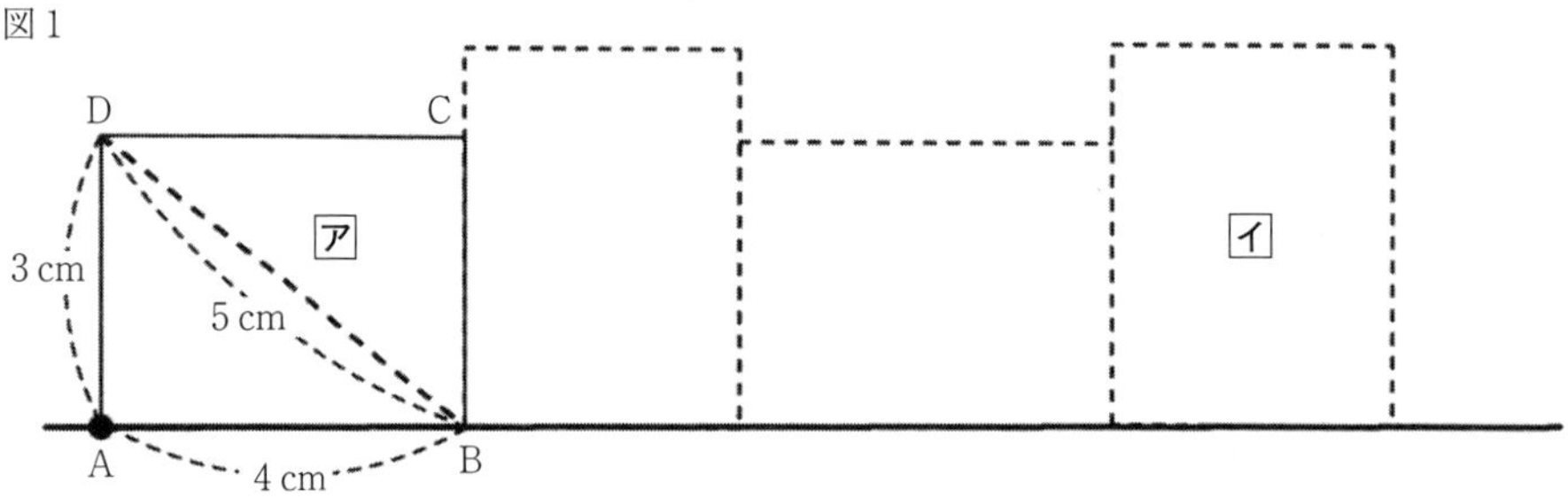

(2) 図2で点Aが動いてできる線の長さを求めなさい。ただし，小数第2位を四捨五入して，小数第1位まで答えなさい。

図2

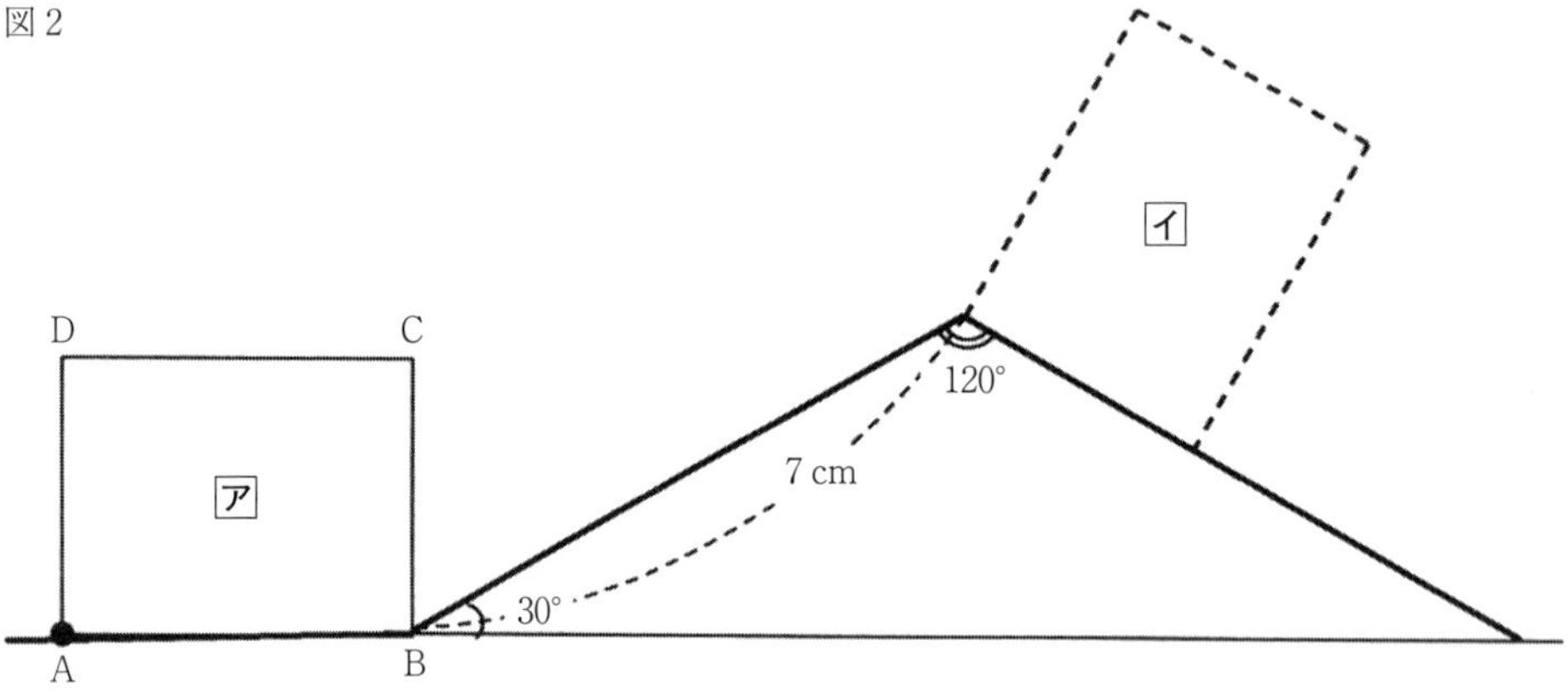

5 次のように数字を規則的に並べていきます。このとき，以下の問いに答えなさい。

1段目				1			
2段目			2	3	4		
3段目		5	6	7	8	9	
4段目	10	11	12	13	14	15	16
⋮				⋮			

(1) 20段目の真ん中の数を答えなさい。

(2) 20段目と21段目の数をすべて足すといくつになりますか。

6　次の二人の会話を読んで空欄に適するものを入れなさい。③は正しい方《ほう》に○をつけなさい。

町子：今日はこんな問題を考えてみましょう。あるコーヒーショップでは，コーヒーを１杯《ぱい》380円で売っています。もし会員になれば，その日から１杯250円で飲めるようになります。ただし，会員になるには会費の3000円を払う必要があります。

三太：うんうん。会員にならなくても良いけど，１杯あたりの金額は会員の方が安いんだね。ただ，会員になるには会費が必要ということだね。

町子：そうね。では最初の問題。会員になって30日間毎日１杯ずつコーヒーを飲む場合と，会員にならないで30日間１杯ずつコーヒーを飲む場合ではどちらがいくら得でしょう。

三太：それぞれ30日分の代金を計算してみよう。会員になったとすると，30日分のコーヒー代以外に会費も支払う必要があるから［　①　］円になるね。それに対して会員にならないとすると，30日分のコーヒー代だけ考えれば良いから［　②　］円になるね。ということは，会員に［③　なる・ならない］方が［　④　］円得になるね。

町子：正解。では次の問題。会員になる方が得なのは，何杯以上コーヒーを飲んだ場合でしょう。

三太：今度は何杯飲んだかわからないから，計算のしかたを変えないといけないね。会員になると会員以外より１杯あたり［　⑤　］円安くなるから，会費の3000円分の元をとるためには［　⑥　］杯以上飲めば良いことがわかるね。

町子：そうね，正解。いい調子ね。では最後の問題。ちょっと複雑になるからよく聞いてね。このコーヒーショップは水筒《とう》を持っていくと，会員でも会員でなくても１杯あたり20円値引きしてもらえます。会員になる前に何日かコーヒーを飲んだとして，途中から会員になったとしましょう。30日間毎日１杯ずつコーヒーを飲んだとします。支払いの合計額が10910円になった場合，会員になる前に何杯コーヒーを飲んだかわかるかしら。ただし，水筒を持っていくのを５回忘れてしまったとしましょう。

三太：ちょっと考えることが多いから一つずつ整理していこうかな。まずは水筒の値引きについて考えていこう。本来なら30日間全部20円引いてもらえるはずなんだけど，水筒を忘れてしまったことも考えると，水筒の値引きは全部で［　⑦　］円分してもらったことになるね。

町子：そうそう，いい感じね。そこまでは大丈夫よ。

三太：さらに，途中で会員になっているから会費も払っているはずなので，その分も差し引くと水筒の値引きが無かった場合にコーヒー代としてかかるはずだった金額は［　⑧　］円になる。そして飲んだコーヒーは全部で30杯。ということは…会員になる前に飲んだコーヒーは［　⑨　］杯ということだね。

町子：よくできました。

【社　会】〈１日午前４科試験〉（30分）〈満点：75点〉

〈編集部注：実物の入試問題では，地形図やグラフ，写真や図，表はカラー印刷です。〉

１　次の文を読んで，あとの問いに答えなさい。

普連土学園の近くにある芝公園は，2023年で開園150年を迎えました。①1873年に日本で都市公園制度がはじまり，東京では芝公園など５つの公園が開園しました。この頃の公園は，主に寺院や神社の敷地につくられました。その後，東京を近代都市につくりかえていくために，日本で初めての西洋式庭園である日比谷公園などが整備されました。②1923年に関東大震災が発生すると，震災からの復興計画の中で公園の整備が重視され，隅田公園などの３か所の大きな公園と52か所の小学校に隣接した小さな公園が整備されました。

関東大震災後も東京の人口は増え続け，都市が拡大していきました。そこで，1939年に東京の外側に緑地帯を整備する計画がつくられました。大規模な緑地は，都市の住民にとって必要なものだと考えられていたのです。さらに，戦争が激しくなると，空襲の際の避難場所などとしての役割も持たせられるようになりました。これらの緑地帯の一部は，現在砧《きぬた》公園や水元公園などの都立公園になっています。

戦後，まずは焼け野原からの復興が優先され，③高度経済成長期には東京の人口が急激に増えたため，住宅をつくることが優先されました。その結果，公園の整備はなかなか進まず，空き地や緑地は減っていきました。この時期，1956年に定められた都市公園法という④法律に基づいて，住宅地には小さいながらもブランコ，すべり台，砂場がある子どもの遊び場である児童公園がつくられました。⑤1993年に，住宅地の中にある公園は，児童公園から街区公園という名前に変わりました。最近では⑥公園のあり方も大きく変化しています。公園の中には，小学生のアイディアを取り入れてリニューアルを進めたものもあります。⑦子どもにも社会に参加する権利があることは条約や法律にも書いてあります。

このように⑧議会や行政がすべてを決めるのではなく，当事者の意見を直接聞いて政策に反映させていくことは，民主主義の社会では大切です。近年，公園のあり方を巡って⑨さまざまなトラブルが発生していますが，日頃から利用者や住民が意見を出し合える環境を整えることが重要と言えるでしょう。

問１　下線部①に関連して，次の地形図は芝公園と同じく1873年に都市公園となった三重県の上野公園周辺の地形図です。この地形図から読み取れることとして**誤っているもの**を以下のア～エから１つ選び，記号で答えなさい。

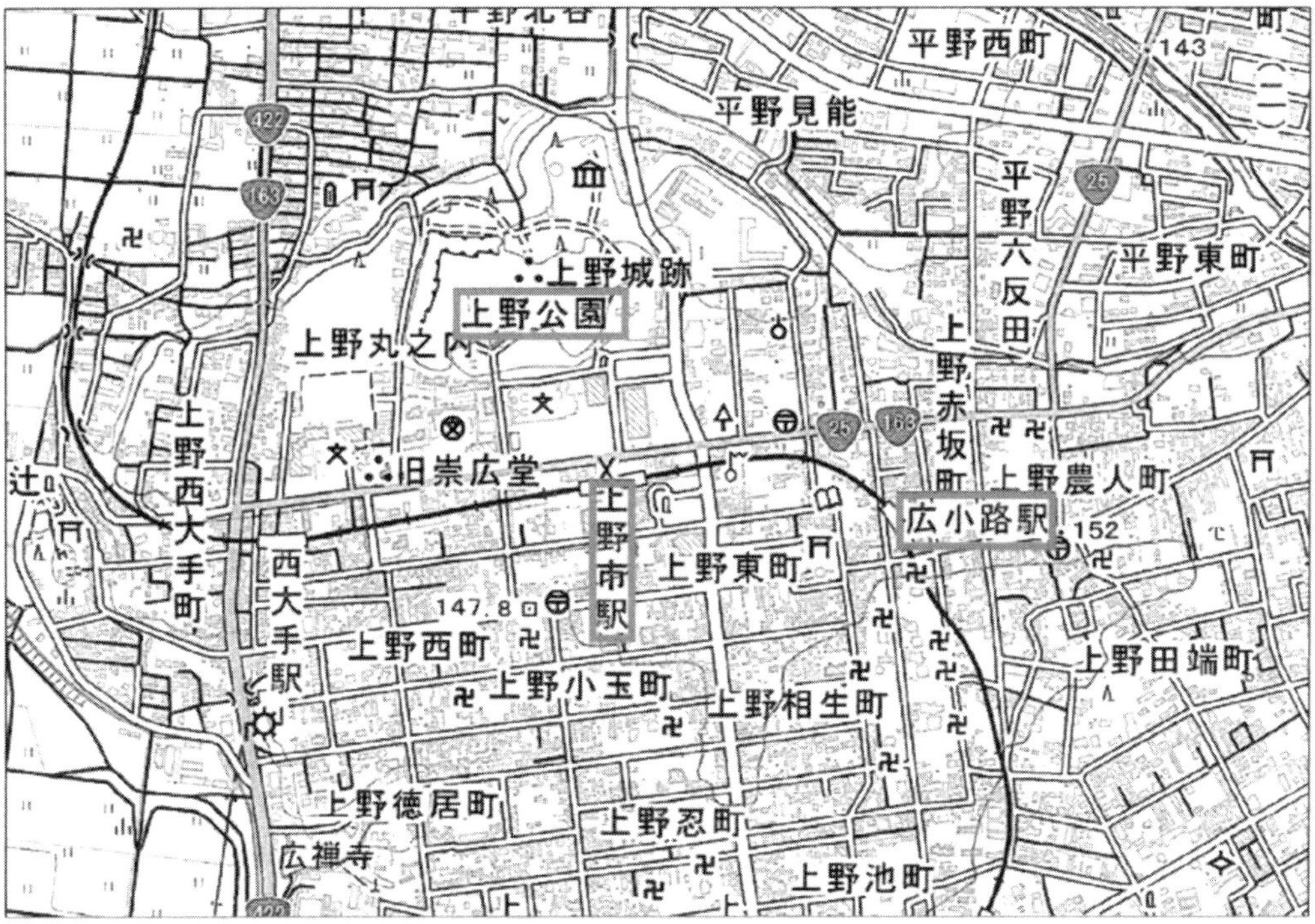

(国土地理院1:25000「上野」2022年発行を作問の都合上縮小，一部加工。)

ア．上野公園の北には博物館がある。

イ．広小路駅の南には神社が多く集まっている地域がある。

ウ．上野公園の南東には裁判所がある。

エ．上野市駅の北側には交番がある。

問2　下線部②に関連する次の各問いに答えなさい。

(1)　かつて東京市長をつとめ，復興計画を担った人物を次のア～エから1人選び，記号で答えなさい。

ア．田中正造　　イ．江藤新平　　ウ．田中角栄　　エ．後藤新平

(2)　この復興計画では，公園を整備することの他に，道路の幅を広げて町並みを整理する区画整理が大規模に行われました。これらの事業を行った理由を，関東大震災で多くの人が犠牲となった原因をふまえて答えなさい。

問3　下線部③に関連する次の各問いに答えなさい。

(1)　人口が急増した東京で起こったできごととして**誤っているもの**を次のア～エから1つ選び，記号で答えなさい。

ア．子どもが急激に増えた結果，学校では教室が足りなくなり，校庭につくられたプレハブ教室で授業が行われた。

イ．急激に増える通勤通学客に比べて，鉄道の整備が追いつかず，通勤通学時間帯には激しい混雑が発生した。

ウ．人口と共に自動車も急激に増えた結果，交通事故も増加し，交通戦争と呼ばれた。

エ．大量に発生したゴミは山間部に埋め立てられており，悪臭や害虫などが発生しゴミ戦争と呼ばれた。

(2)　環境問題が深刻になる中で，良好な環境の中で生活を営む「環境権」が新しい権利として主張されるようになりました。環境権と同じように，新しい権利とされるものを次のア～エから１つ選び，記号で答えなさい。

ア．教育を受ける権利　　　イ．団体交渉権

ウ．プライバシーの権利　　エ．裁判を受ける権利

問４　下線部④について，法律ができるまでの過程についての説明として**誤っているもの**を次のア～エから１つ選び，記号で答えなさい。

ア．法律の案は，先に衆議院で話し合わなければならない。

イ．法律の案は，内閣だけでなく国会議員も出すことができる。

ウ．法律の案は，出席議員の過半数が賛成すると可決される。

エ．成立した法律は，天皇によって公布される。

問５　下線部⑤について，「児童公園」が「街区公園」という名前に変わったのはなぜですか。次のグラフから読み取れることをふまえて説明しなさい。

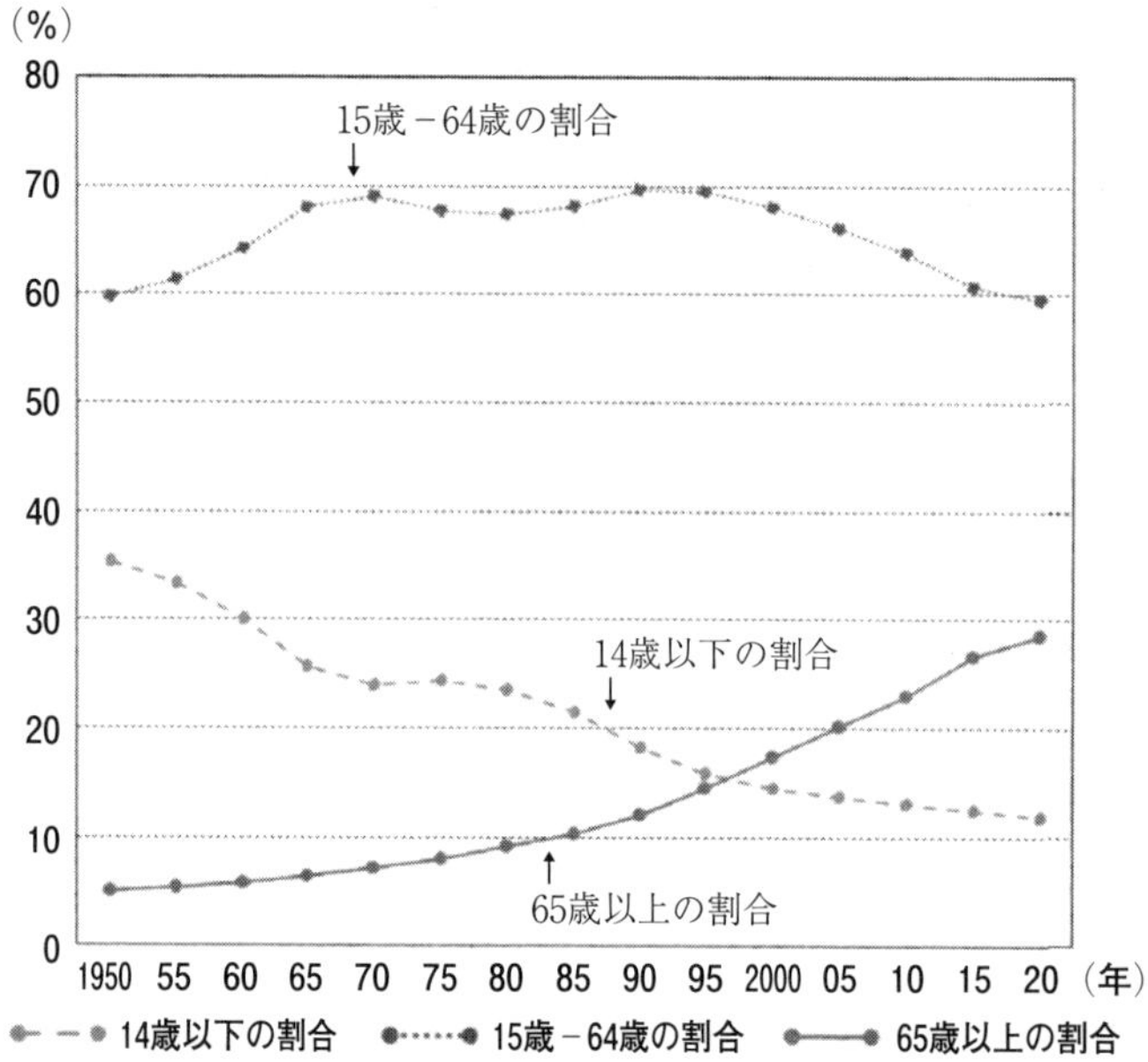

(『厚生労働白書』より作成。)

問６　下線部⑥に関連して，近年はインクルーシブ公園と呼ばれている公園が増えています。インクルーシブ公園では遊具にも工夫がされています。次の写真は，従来の公園とインクルーシブ公園のすべり台です。インクルーシブ公園とはどのような公園か，写真を参考に説明しなさい。

↑インクルーシブ公園のすべり台

↑従来の公園のすべり台

問7　下線部⑦について，次の各問いに答えなさい。

(1)　このような内容を定めた条約に子どもの権利条約があります。子どもの権利条約の説明として，**誤っているもの**を次のア～エから1つ選び，記号で答えなさい。

ア．この条約は，先進国，途上国を問わず，子どもたちを守るための条約で，現在，世界で最も広く受け入れられている人権条約である。

イ．この条約は，第二次世界大戦で多くの子どもが犠牲になったことへの反省から，戦後間もない1950年代前半に採択された。

ウ．この条約では，子どもに関することを決めたり，行ったりするとき，その子どもにとって何が最もよいことかを考えなければならないとされている。

エ．この条約では，子どもには自分に関係のあることについて自由に意見を表す権利があり，大人はそれを発達に応じて十分に考慮しなければならないとされている。

(2)　このような内容を定めた，2022年に制定され2023年4月に施行された法律は何か答えなさい。

問8　下線部⑧に関連する次の各問いに答えなさい。

(1)　次のア～エは東京都，神奈川県，埼玉県，千葉県の2023年度の歳入(収入)の割合を表したグラフです。このうち東京都にあてはまるものを1つ選び，記号で答えなさい。

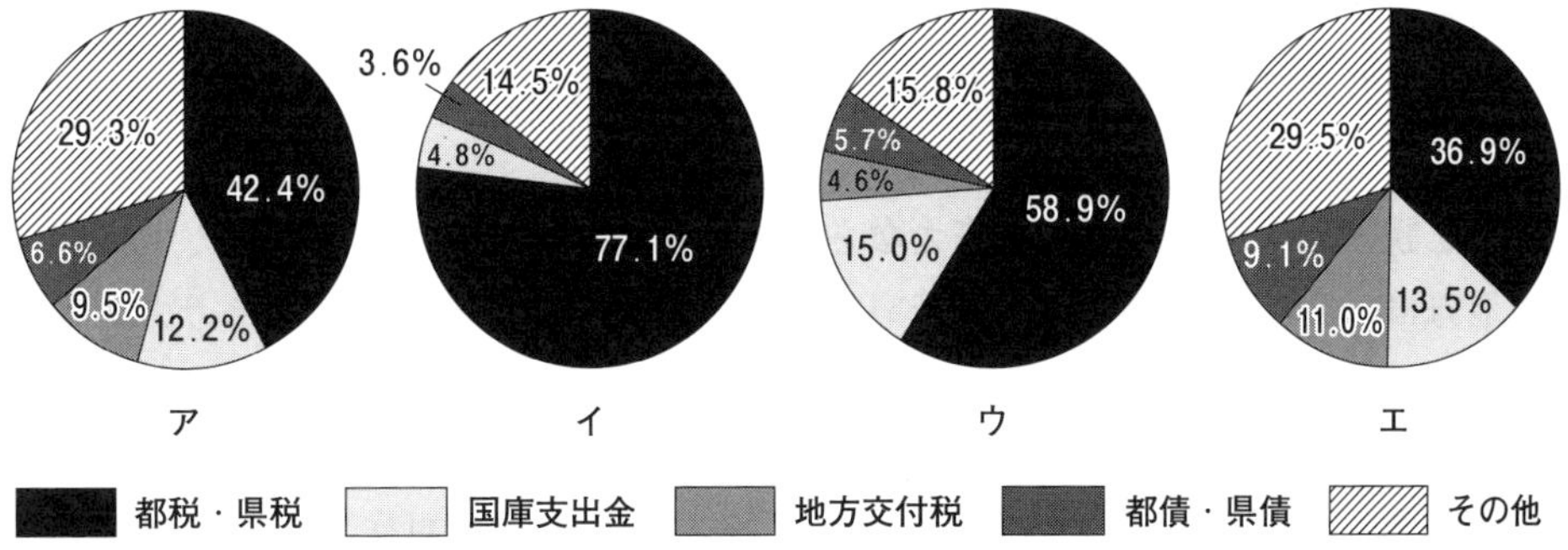

(時計回りに)

(2)　2023年4月，全国で統一地方選挙が実施されました。次の表はそれぞれの地方議会における女性議員の割合を表したものです。

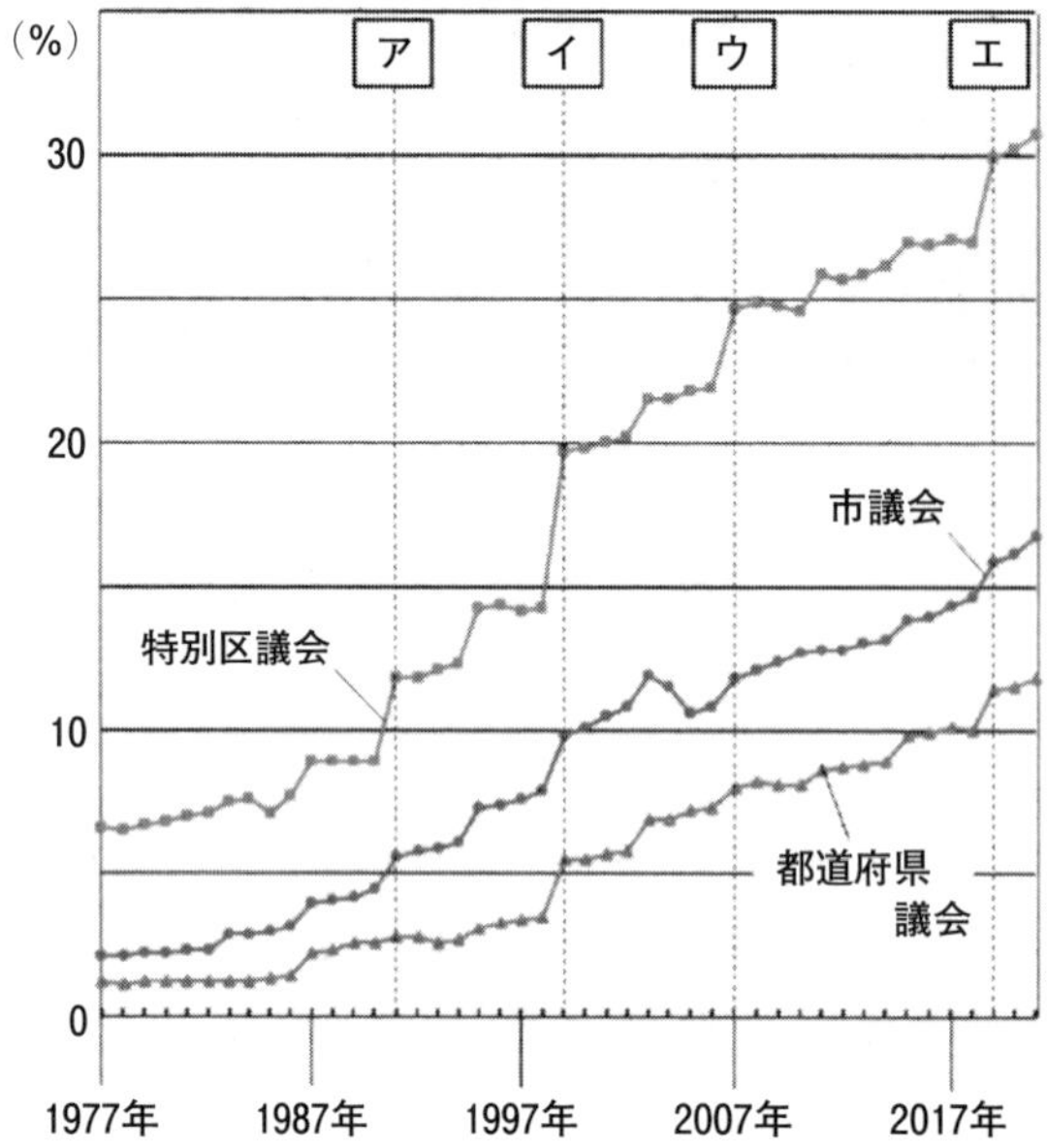

(『男女共同参画白書』2022年版より作成。)

表中ア～エは，それぞれ統一地方選挙が行われた年の中で女性議員が大きく増えた年です。このうち次の説明文にあてはまるものを1つ選び，記号で答えなさい。

> この年，男女平等への意識が高まる中で，職場に限らず，社会のさまざまな場面において男女が平等に暮らせる社会を実現するために，男女共同参画社会基本法が制定，施行された。

問9　下線部⑨に関連して，トラブルを解決する手段の1つに裁判があります。裁判についての説明として正しいものを次のア～エから1つ選び，記号で答えなさい。

ア．個人と個人のトラブルを解決するための裁判を民事裁判という。

イ．裁判は個人情報を守るために，原則として非公開で行われる。

ウ．簡易裁判所は家庭に関するトラブルや少年事件を扱う裁判所である。

エ．裁判員裁判は刑事裁判と民事裁判の両方で行われる。

2　次の文を読んで，あとの問いに答えなさい。

九州地方は①8つの県で構成されていますが，古代は9つの国(州)があり九州と名づけられました。この地方は②火山が多く平野が少ないものの，暖流が流れ温暖な気候のため農林水産業が盛んです。また，2023年に【 X 】が日本の島の数を発表しました。九州には全国で最も多くの島があり，③特色ある島が多いのも特徴です。古代から朝鮮半島や大陸の影響を受け，④弥生時代以降稲作の伝来のほか，渡来人が文化や知識をもたらしました。日本からも⑤使者を派遣し，文化を吸収したことで日本の変化にもつながりました。外国と⑥交戦することもしばしばあり，古墳時代の戦争の記録も残っています。

明治時代に入り，重工業の発展の必要性から国によって工場が建設されると，北九州工業地帯を中心に鉄鋼業が発展しましたが，高度経済成長期には⑦公害問題に悩まされました。近年は機械工業や自動車工業の割合が高く，電子産業も盛んになっています。

問１　文中【Ｘ】にあてはまる機関のなまえを漢字で正しく答えなさい。

問２　下線部①について，九州には政令指定都市がいくつありますか。算用数字で答えなさい。

問３　下線部②について，次の各問いに答えなさい。

⑴　下線部を説明したものとして**誤っているもの**を次のア～エから１つ選び，記号で答えなさい。

ア．九州の北部には低くなだらかな九州山地が，中央部には高く険しい筑紫山地がある。また，カルデラで有名な阿蘇山は活火山である。

イ．あたたかい気候を利用した促成栽培が宮崎平野で行われており，ビニールハウスを用いてピーマンやきゅうりが栽培されている。

ウ．有明海では古くから干拓が行われ，のりの養殖で知られている。また鹿児島県はうなぎの養殖で全国有数の都道府県である。

エ．全国有数の畜産生産額をほこり，宮崎県の地鶏や鹿児島県の黒豚などブランド化したものもある。

⑵　九州南部の火山灰などが堆積《たいせき》した地域では，水もちが悪いため畑作や畜産業が盛んです。この地形を何といいますか。

問４　下線部③について，次のＡ～Ｃは右の地図中の島の説明です。それぞれの島のなまえを答え，その場所を地図中ア～オから１つ選び，記号で答えなさい。

Ａ．日本で初めて鉄砲が伝わり，現在は宇宙ロケットの発射基地がある。

Ｂ．世界自然遺産に登録され，樹齢2000年を超える杉や数千種の植物がみられる。

Ｃ．古代から朝鮮半島との橋渡しをつとめ，江戸時代には藩として窓口の役割を担った。

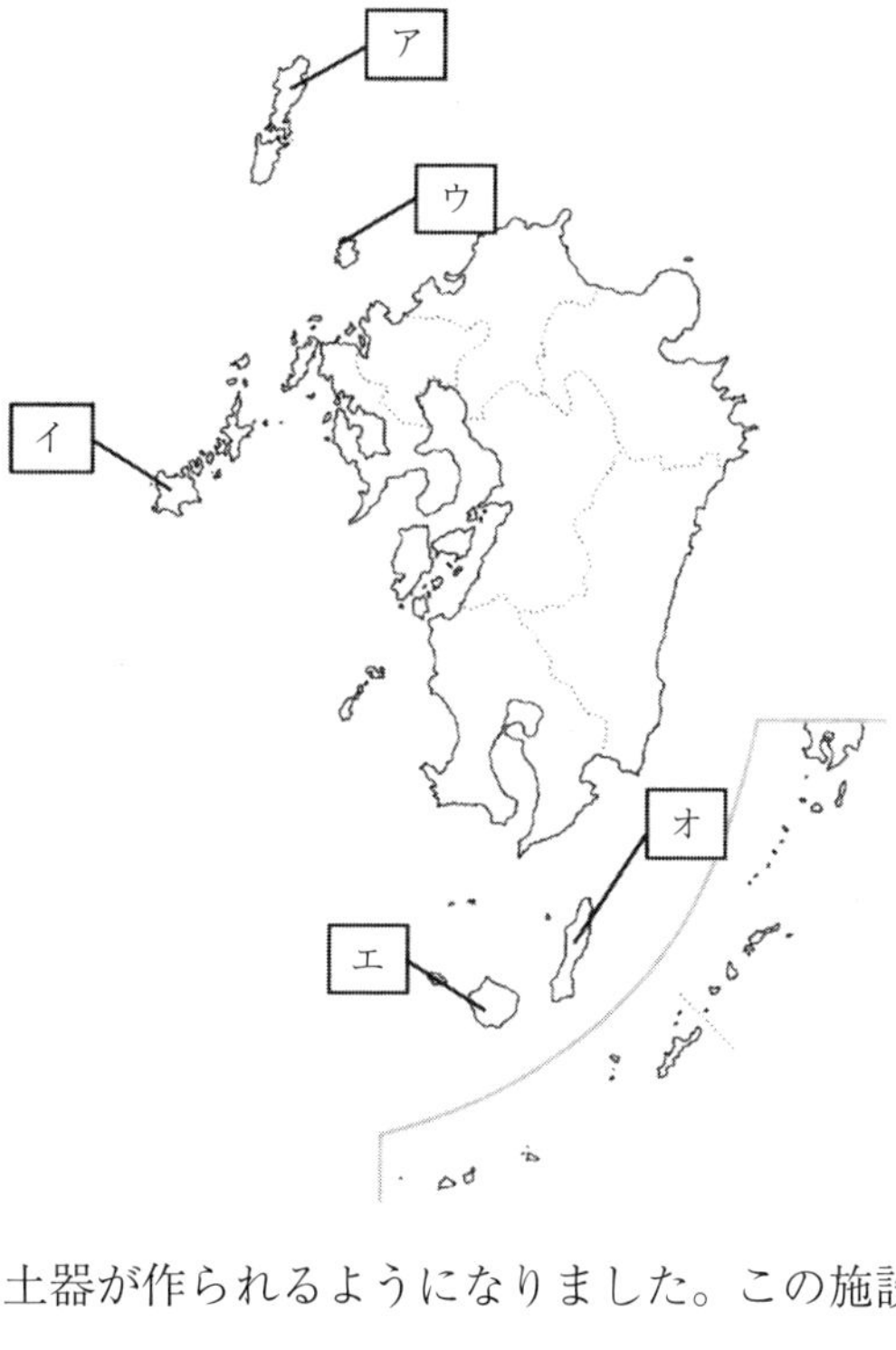

問５　下線部④について，次の各問いに答えなさい。

⑴　57年に奴国王が中国の王に授けられた金印は福岡県のどこで発見されましたか。地名を答えなさい。

⑵　製陶《せいとう》の技術では，これまで以上に高温で焼くことができる設備が伝わり，薄く丈夫な土器が作られるようになりました。この施設を何といいますか。

問６　下線部⑤について，次の図版は日本の文化に関係のあるものの写真です。年代が古い順番に並べかえて記号で答えなさい。

ア．

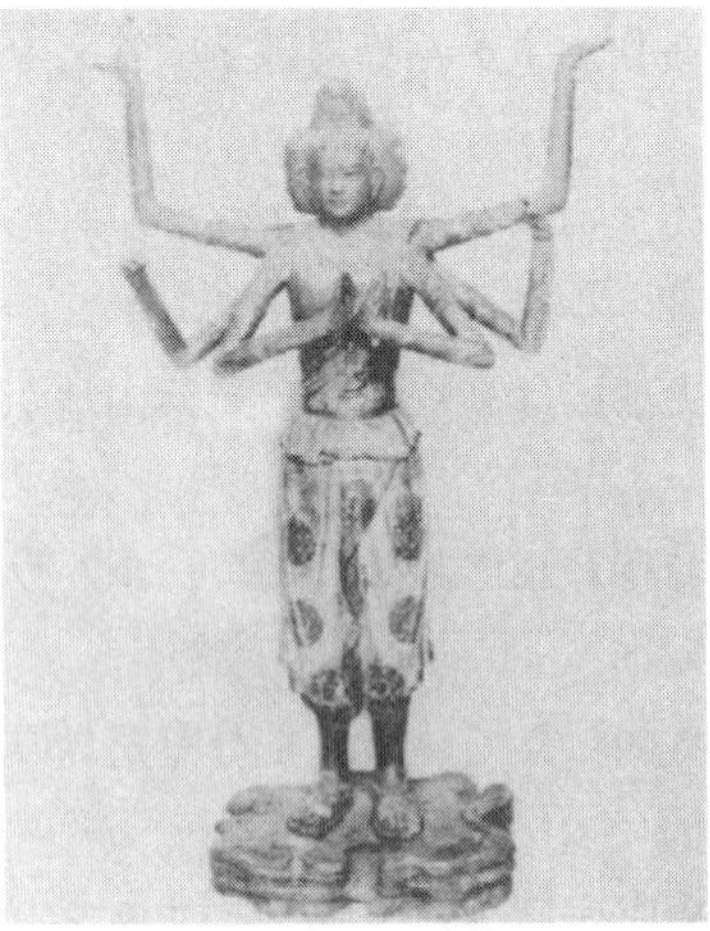

イ．

ウ．

エ．

問7　下線部⑥について，次の戦いを年代が古い順番に並べかえて記号で答えなさい。

ア．文永の役　　　イ．慶長の役

ウ．白村江の戦い　　エ．日露戦争

問8　下線部⑦について，次の各問いに答えなさい。

⑴　熊本県で発生した水銀による水質汚染が原因となった公害は何ですか。

⑵　熊本県にはSDGs未来都市に指定された都市が4つあります。SDGs未来都市とは，国が選定した地方自治体でSDGsの目標と地方創生の取り組みが結びついている地方行政が選ばれます。SDGsの目標のうち，次のA～Cの文にあてはまるロゴをそれぞれ選び，記号で答えなさい。

A．「すべての人に健康と福祉を」

B．「つくる責任つかう責任」

C．「住み続けられるまちづくりを」

ア．　イ．　ウ．　エ．

3　次のA～Hは，日本の相手国別貿易額の上位に占めるいずれかの国を表しています。これについてあとの問いに答えなさい。

【日本のおもな相手国別貿易額・主要輸出入品】

A.

輸出額(億円)	179844	輸入額(億円)	203775
主要輸出品の輸出・輸入に占める割合(%)			
一般機械	23.0	電気機器	30.5
電気機器	21.6	一般機械	18.4
プラスチック	6.1	衣類	7.8
乗用車	5.2	金属製品	3.6
科学光学機器	3.9	繊維製品等	2.9

B.

輸出額(億円)	148314	輸入額(億円)	89031
主要輸出品の輸出・輸入に占める割合(%)			
一般機械	24.6	一般機械	12.1
乗用車	23.6	電気機器	10.6
電気機器	15.1	医薬品	9.6
自動車部品	6.1	液化石油ガス	5.6
科学光学機器	2.6	液化天然ガス	5.3

C.

輸出額	57696	輸入額	35212
主要輸出品の輸出・輸入に占める割合(%)			
一般機械	20.2	石油製品	14.9
電気機器	16.8	電気機器	14.8
鉄鋼	8.7	一般機械	10.6
プラスチック	5.9	鉄鋼	10.0
有機化合物	5.4	銀と白金族	5.2

D.

輸出額	16745	輸入額	57337
主要輸出品の輸出・輸入に占める割合(%)			
乗用車	46.5	石炭	32.3
バスとトラック	12.3	液化天然ガス	26.9
一般機械	12.2	鉄鉱石	19.1
軽油	5.7	銅鉱	4.5
タイヤ類	3.6	牛肉	2.9

E.

輸出額	36246	輸入額	28922
主要輸出品の輸出・輸入に占める割合(%)			
電気機器	19.2	電気機器	23.7
一般機械	19.1	一般機械	12.4
鉄鋼	15.7	肉類	7.2
自動車部品	7.4	プラスチック	3.6
銅と同合金	4.1	科学光学機器	3.6

F.

輸出額	22790	輸入額	25955
主要輸出品の輸出・輸入に占める割合(%)			
電気機器	27.4	医薬品	20.5
一般機械	19.3	乗用車	17.1
乗用車	6.9	電気機器	13.2
有機化合物	5.4	一般機械	12.7
科学光学機器	5.2	有機化合物	5.3

G.

輸出額	20968	輸入額	25245
主要輸出品の輸出・輸入に占める割合(%)			
電気機器	26.1	電気機器	27.9
一般機械	13.5	衣類	15.8
鉄鋼	9.2	一般機械	6.6
プラスチック	5.4	履物	4.5
鉄鋼くず	5.1	魚介類	4.2

H.

輸出額	4889	輸入額	30193
主要輸出品の輸出・輸入に占める割合(%)			
乗用車	50.6	原油	91.7
バス・トラック	11.2	揮発油	3.7
一般機械	9.9	有機化合物	1.5
鉄鋼	4.9	アルミニウム等	1.2
自動車部品	4.1	銅くず	0.5

(『データブック オブ・ザ・ワールド 2023』をもとに作成。2021年の統計。)

【A～Hの各国と日本の結びつき】　A～Hは，アメリカ合衆国・オーストラリア・韓国・サウジアラビア・タイ・中国・ドイツ・ベトナムのうちのいずれかである。

①　この国は国土面積が日本の20倍あり，鉱産資源に恵まれています。高度経済成長期には日本はこの国から原料を輸入し，鉄鋼業が飛躍的に発展しました。原料・燃料の輸入先として

重要であり，輸入額が輸出額を上回っています。

② 東南アジアに位置するこの国とは，17世紀初頭には交易が行われていました。1973年に外交関係が樹立して以来，日本は $_{a}$建設・人材開発，電力・交通施設や医療，教育などの分野で政府開発援助を通じて支援しています。

③ 明治時代から第一次世界大戦までは，政治や法律，工業や医学などの分野で日本はこの国を手本としました。現在この国と日本はG7のメンバー国同士であり，日本にとってEU内最大の貿易相手国となっています。

④ 砂漠に覆《おお》われるこの国と日本は，1955年から国交を結んでいます。日本はこの国のペルシア湾付近で採掘される原料を大量に輸入しており，輸入額が輸出額を大幅に上回っています。

⑤ この国とはかつて朱印船によって交易があり，当時の都アユタヤには日本町が形成されました。1980年代以降，この国に日系企業が製造工場を設置するようになり，現在東南アジアでは最大の貿易相手国となっています。

⑥ この国と日本は古代から結びつきをもっていました。4～7世紀には大和政権が朝鮮半島に進出し，$_{b}$16世紀末には豊臣秀吉が朝鮮半島に出兵し，江戸時代には【 X 】という使節が来日しました。1965年には正式な国交が結ばれ，現在の貿易は輸出入品目に共通するものが多く産業構造が似ています。

⑦ この国は紀元前から文化が栄えており，漢字や仏教，儒学，貨幣などが伝わりました。一方，$_{c}$日清戦争や日中戦争などで両国が戦ったこともあります。1972年に国交を回復し，その後この国は「世界の工場」としてめざましい発展を遂げました。現在は，日本の最大の貿易相手国です。

⑧ 日本とこの国の正式な国交は，$_{d}$1854年に【 Y 】が結ばれ1858年には日米修好通商条約が結ばれて始まりました。第二次世界大戦後は活発に貿易が行われましたが，1980年代～1990年代には貿易摩擦が問題となりました。

問1 A～Hの各国にあてはまる説明を①～⑧からそれぞれ選び，番号で答えなさい。

問2 下線部aについて，次の各問いに答えなさい。

(1) 政府開発援助のことをアルファベットで何というか答えなさい。

(2) 日本の政府開発援助の特徴について述べた文として**誤っているもの**を次のア～エから1つ選び，記号で答えなさい。

ア．二国間援助のうち，国に対しての額はバングラデシュが最も多い。

イ．地域に対してはアジアの国々への支援が最も多い。

ウ．国民一人当たりの負担額でみると先進国中1位である。

エ．政府開発援助の総額は世界の中で5位である。

問3 下線部bについて，次の各問いに答えなさい。

(1) 文中【X】にあてはまる語句を答えなさい。

(2) 朝鮮出兵の際に，多くの陶工が日本に連れてこられました。李参平によって始められた焼き物を次のア～エから1つ選び，記号で答えなさい。

ア．備前焼　　イ．有田焼　　ウ．信楽焼　　エ．清水焼

問4 下線部cについて，この戦争の講和条約をア～エから1つ選び，記号で答えなさい。

ア．下関条約　　イ．ワシントン条約　　ウ．北京条約　　エ．ポーツマス条約

問５　下線部ｄについて，次の各問いに答えなさい。

⑴　文中【Ｙ】にあてはまる条約名を答えなさい。

⑵　日米修好通商条約を結んだ際の①アメリカ合衆国側の代表と，②日本側の代表のなまえをそれぞれ答えなさい。

⑶　開国後，1860年代の日本の最大の貿易相手国はどこですか。次のア～エから１つ選び，記号で答えなさい。

ア．ドイツ　　イ．イギリス　　ウ．アメリカ合衆国　　エ．オランダ

4　**次の会話文を読んで，あとの問いに答えなさい。**

友子：最近，外国人観光客の姿を，駅や町中で見る機会が増えました。新型コロナウィルスの流行前に戻ってきたように感じます。

先生：そうですね。訪日観光客による需要，いわゆる【 あ 】需要が増えるきざしが見え始めましたね。

友子：ところで，外国人の方はどのような観光地を訪れているのでしょうか。

先生：東京や大阪のような①都市圏，日本らしさを感じることができる京都や奈良などが多いようですね。また，沖縄や②北海道のような，自然豊かな地域も好まれているようです。

友子：具体的な場所だと，どこでしょうか。

先生：やはり国連機関のユネスコが世界遺産に登録した場所が多いのではないでしょうか。寺院や神社であれば，奈良の大仏で有名な【 い 】寺や，海に浮かぶ朱塗りの大鳥居が美しい【 う 】県の厳島神社などですね。

友子：「富士山―信仰の対象と芸術の源泉」という名称で世界【 え 】遺産に登録された富士山にも，日本人外国人問わず，大勢の観光客が押しよせていると聞きました。

先生：その結果，富士山では③オーバーツーリズムも起きていますね。他の観光地にも言えますが，観光客を誘致《ゆうち》することも大切ですが，地域社会との共存も忘れてはなりませんね。

友子：最近ではインターネット上の個人のSNSからの発信で，人気に火が付くことも多くなりました。いわゆる「映《ば》えスポット」というものです。

先生：私もよく聞くようになりました。そのような事例として，【 お 】県犬山市があげられます。国宝の④天守閣を持つ犬山城があり，戦国時代には，尾張国と呼ばれたこの地域を治めた⑤織田氏の支配下に置かれました。近年，城下町が整備され，古い街並みを生かした観光地として人気が高まっています。犬山城の麓《ふもと》にある神社のハート型絵馬が女性に大人気となり，着物を着て城下町を散策するという若者が増えているそうですよ。

友子：そうなのですね。行ってみたくなりました。

先生：私も数回訪れたことがあります。散策だけでなく，犬山城も是非行ってみてくださいね。

問１　文中【あ】にあてはまる語句をカタカナで答えなさい。

問２　文中【い】【う】【え】【お】にあてはまる語句をそれぞれ漢字２字で答えなさい。

問３　下線部①について，都心の居住人口が減少して郊外の居住人口が増加する現象を何といいますか。

問４　下線部②に関連して，北海道の東部に位置する北方領土のうち，面積が最も広い島はどこですか。

問５　下線部③はどのようなことを意味するか。35字以内で説明しなさい。

問６　下線部④について，東日本に所在する現存天守を持つ城として正しいものを次のア～エから１つ選び，記号で答えなさい。

ア．彦根城　　イ．松江城　　ウ．弘前城　　エ．姫路城

問７　下線部⑤に関連して，織田信長について述べた文として正しいものを次のア～エから１つ選び，記号で答えなさい。

ア．征夷大将軍に任命され，京都の室町に幕府を開いた。

イ．京都で明智光秀に襲われ亡くなった。

ウ．京都の北山に金閣を建てた。

エ．京都に六波羅探題を設置して，朝廷を監視した。

【理　科】〈１日午前４科試験〉（30分）〈満点：75点〉

〈編集部注：実物の入試問題では，図の多くはカラー印刷です。〉

1　１～３の問に答えなさい。

問１　振《ふ》り子《こ》の周期は振り子の長さによって変化し，振り子の長さが４倍になると周期は２倍，振り子の長さが９倍になると周期は３倍となります。振り子の長さが1.6mの振り子を用意しました。また，振り子の最下点と支点との間に釘《くぎ》を打ち，途中《とちゅう》で振り子の周期が変わるようにしました。

①　釘の位置を支点から1.2mの位置にしました。このとき，振り子の周期は，釘がない場合の何倍になるか求めなさい。

②　①の場合で，おもりを放した位置を**A**とします。おもりは最下点**B**を通った後，釘によって振り子の長さが変わり，異なった周期で最高点**C**へと向かいます。最高点**C**の高さは**A**と比べてどのような位置にありますか。解答欄《らん》の高い，低い，同じ，のいずれかを丸で囲みなさい。

問２　下図のように，鏡の前に物体を置きました。鏡によってできる像を，解答用紙の図中に作図しなさい。

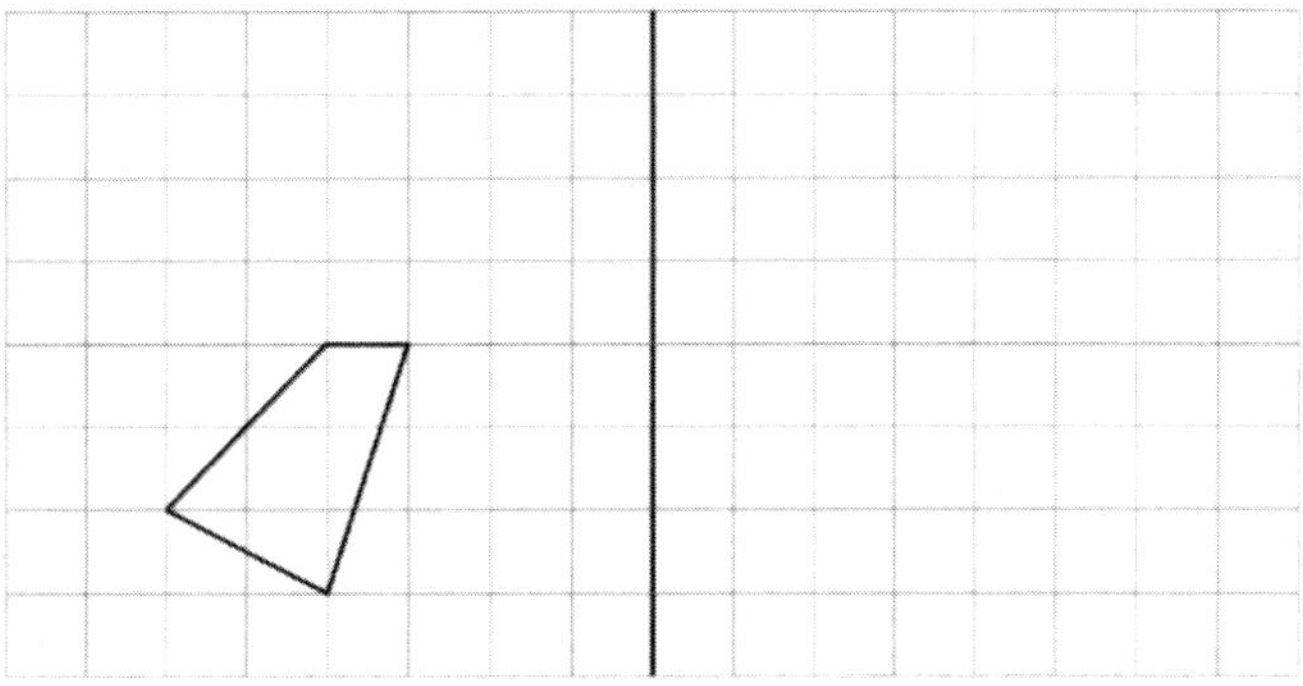

鏡

問３　コンデンサーに手回し発電機を接続し，充電《じゅうでん》した後，豆電球と白色LEDにつなぎ，その光り方の違《ちが》いを調べたところ，次の表のようになりました。

回転数	充電時間	豆電球	白色LED
１回/秒	30秒	３秒間光った	１分以上光った
0.5回/秒	30秒	２秒間光った	光らなかった
0.5回/秒	１分	３秒間光った	光らなかった

豆電球とLEDについて調べてみると，次のようなことがわかりました。

・豆電球を光らせるには，1.5Ｖ以上の電圧と0.3Ａ以上の電流が必要。

・白色LEDを光らせるには，３Ｖ程度以上の電圧が必要で，電流は20mA程度が流れる。

①　回転数が0.5回/秒のときに，白色LEDが光らなかった原因はどのように考えられるか答えなさい。

②　さらに調べてみると，次のようなことがわかりました。

・手回し発電機を用いて，豆電球とLEDを光らせたときの発電機を回す手応えを比較《ひかく》すると，LEDの場合の方が軽かった。

・電流（単位　Ａ）と電圧（単位　Ｖ）の大きさの積を「電力」といい，手回し発電機の手応えはこの電力におおよそ比例する。また，単位は「W」で表される。

・コンデンサーがたくわえる電気の量は，電力(単位　W)と時間(単位　秒)の積で求まり，「電力量」という。また，単位は「J」で表される。

以上のことから，次のような考察をしました。空欄《くうらん》にあてはまる語句の正しい組み合わせを(あ)～(え)より１つ選び，記号で答えなさい。

考察：豆電球を光らせるのに必要な電力は［　ア　］で，LEDを光らせるのに必要な電力は［　イ　］である。アよりイの方が［　ウ　］ので，LEDの方が手応えは軽い。また，LEDに比べて豆電球の方が消費電力が［　エ　］ため，同じ［　オ　］を持つコンデンサーをそれぞれに接続したとき，豆電球の方が点灯時間が短い。

	ア	イ	ウ	エ	オ
(あ)	0.45W	60W	大きい	小さい	電力量
(い)	0.45W	0.06W	小さい	大きい	電力量
(う)	0.45 J	60W	大きい	小さい	電力
(え)	4.5 J	0.06W	小さい	大きい	電力

2　１～３の問に答えなさい。

問１　ビーカーに液体を入れ，液面の位置にしるしをつけ，冷却《れいきゃく》し固体にしたときの変化を観察しました。

①　液体のロウを冷却して固体にしたあとのビーカーのようすを，(あ)～(え)より１つ選び，記号で答えなさい。

②　液体の水を冷却して固体にしたあとのビーカーのようすを，(あ)～(え)より１つ選び，記号で答えなさい。

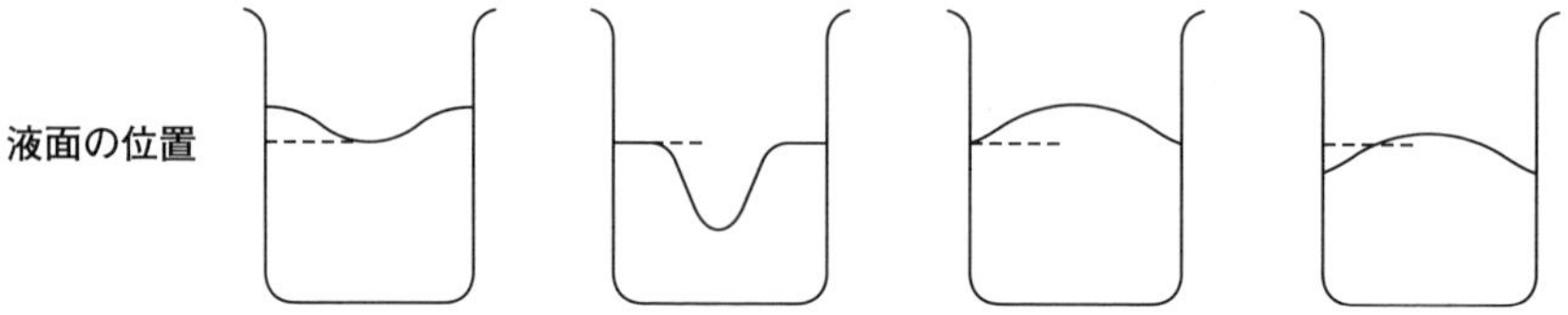

(あ)　(い)　(う)　(え)

問２　次の表は，硝酸《しょうさん》カリウムの溶解《ようかい》度(水100 g に対して溶《と》かすことのできる最大量)です。下の実験を行いました。

温度〔℃〕	0	10	20	30	40	60
溶解度〔g〕	14	22	32	45	61	106

〔実験〕　60℃の①水200 g に，硝酸カリウム120 g を溶かした。この溶液を10℃まで冷却したところ，溶けていた②硝酸カリウムが沈殿《ちんでん》した。

①　下線部①について，この溶液の濃《こ》さは何％ですか。計算過程を示し，割り切れない場合は，小数第一位を四捨五入して整数値で答えなさい。

②　下線部②について，沈殿した硝酸カリウムは何 g ですか。

問3　図のように，箱の中で長さの異なるロウソク**A**～**D**に火をつけ，かたわらにドライアイスのかたまりを置きました。しばらくすると，ロウソクは一つずつ消えていきました。ただし，ロウソクはすべて実験に充分《じゅうぶん》な長さがあり，ロウが燃《も》え尽《つ》きて消えたロウソクはないものとします。

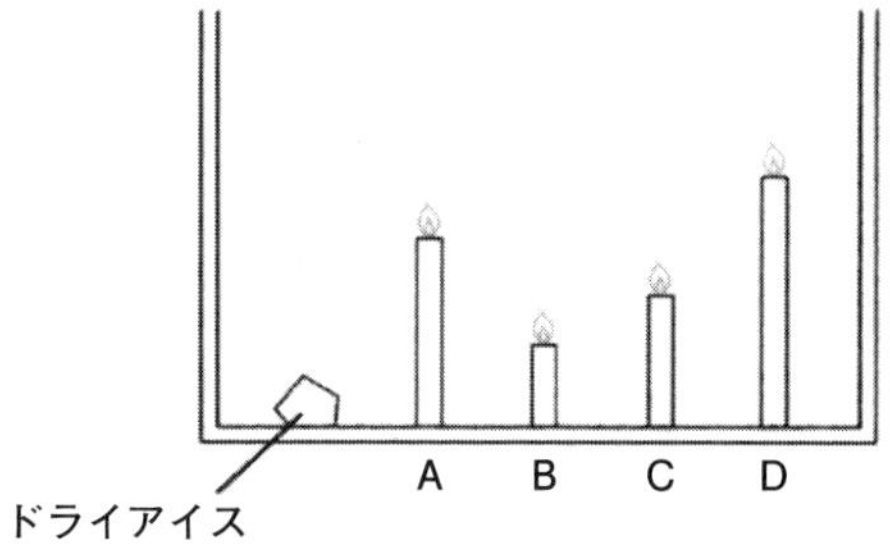

①　この実験において2番目に消えたロウソクはどれですか。**A**～**D**より1つ選び，記号で答えなさい。

②　①のようになる理由を説明した次の文章について，空欄《くうらん》に適する語句の組み合わせを下の(あ)～(く)より1つ選び，記号で答えなさい。

ドライアイスは(**ア**)の固体である。

(**ア**)は空気より(**イ**)気体であるため，箱の(**ウ**)の方からたまっていく。

(**ア**)がたまると，ロウソクのまわりから物が燃えるために必要な(**エ**)が失われていき，(**オ**)ロウソクから火が消える。

	ア	イ	ウ	エ	オ
(あ)	酸素	軽い	上	二酸化炭素	長い
(い)	酸素	軽い	上	二酸化炭素	短い
(う)	酸素	重い	下	二酸化炭素	長い
(え)	酸素	重い	下	二酸化炭素	短い
(お)	二酸化炭素	軽い	上	酸素	長い
(か)	二酸化炭素	軽い	上	酸素	短い
(き)	二酸化炭素	重い	下	酸素	長い
(く)	二酸化炭素	重い	下	酸素	短い

3　1～3の問に答えなさい。

問1　動物の大きさが，地域によって異なるとされる説があります。次の表は，日本各地のシカ，イノシシとアジア圏《けん》のクマの体のサイズに関する数値を示しています。また，あとの図は生物の体が立方体であると仮定して考えるために，異なる大きさの立方体を示しています。

	南(低緯度《いど》)			北(高緯度)
日本各地のシカ (体高)	屋久島 65cm	九州 80cm	本州 85cm	北海道 100cm
日本各地のイノシシ (体重)	沖縄 30～40kg	九州 50～60kg	中国地方 50～120kg	東北・北陸 150kg
アジア圏のクマ (体長)	東南アジア 100～140cm	ツキノワグマ 140cm	エゾヒグマ 180～200cm	ホッキョクグマ 180～250cm

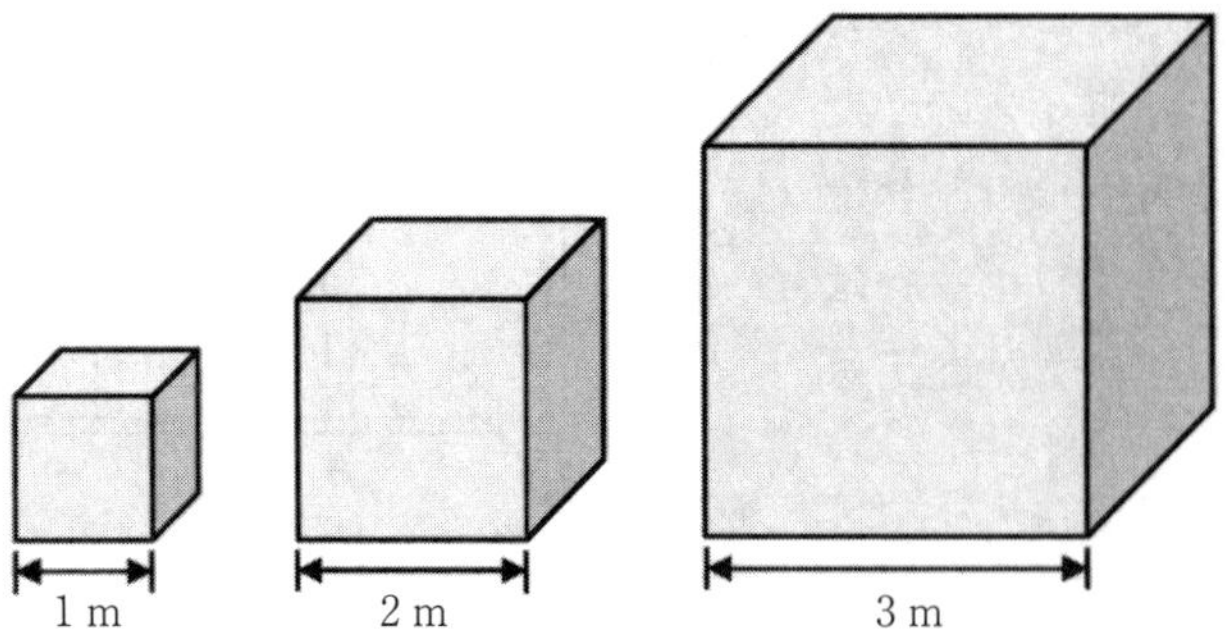

① 次の文章は，図を参考に，立方体の体積と表面積の関係を説明したものです。空欄《くうらん》[ア]〜[ウ]にあてはまる数値を整数で答えなさい。また，空欄[エ]にあてはまる語句を「大きい・小さい」から選び，○で囲みなさい。

一辺が1 mの立方体の体積は1 m^3，表面積は[ア]m^2である。一辺が7 mになると，体積は一辺が1 mのときの[イ]倍になり，表面積は[ウ]倍になる。体が大きくなるとき，体積の変化は表面積の変化より[エ]ことが分かる。

② 表のように，寒冷地域の動物が同じグループの温暖な地域の種類よりも大型である理由を①から推定し，説明しなさい。

③ 実際の生物の体は立方体ではなく，手足や枝，根などが突《つ》き出ていたり，表面にしわやとげなどの構造が見られたりすることがふつうです。

次の㈠〜㈥の例は，それぞれ異なる役割をもっていますが，よく似た役割のものが2つあります。どの2つか記号で答えなさい。

(あ) トウモロコシのひげ　(い) バラの茎《くき》のとげ　(う) ヒトの脳のしわ
(え) ライオンのたてがみ　(お) 植物の根の根毛　(か) タンポポの綿毛

問2 関節と筋肉のうごきについて，次の問に答えなさい。

① 図はうでの曲げのばしと筋肉のうごきについて示したものです。のばすとき，曲げるときで，A・Bの筋肉はそれぞれどのように変化しますか。下の表から選び，(あ)〜(え)の記号で答えなさい。

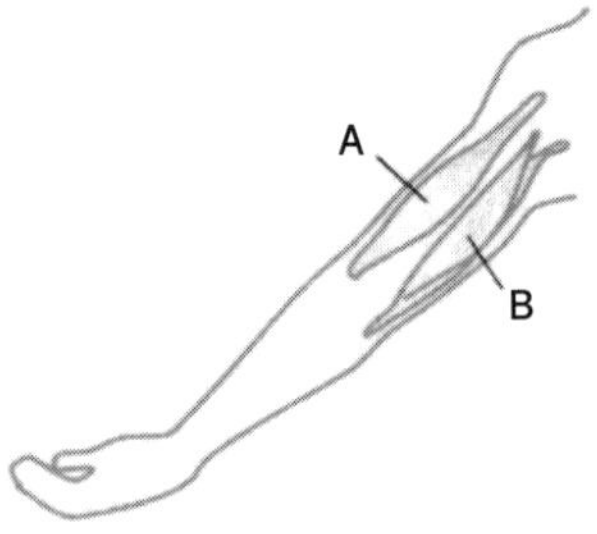

	のばすとき		曲げるとき	
	A	B	A	B
(あ)	かたくなる	やわらかくなる	かたくなる	やわらかくなる
(い)	やわらかくなる	かたくなる	かたくなる	やわらかくなる
(う)	かたくなる	やわらかくなる	やわらかくなる	かたくなる
(え)	やわらかくなる	かたくなる	やわらかくなる	かたくなる

② 右の図はあしの曲げのばしと筋肉のうごきについて示したものです。のばすとき，曲げるときで，C・Dの筋肉はそれぞれどのように変化しますか。次の表から選び，(あ)～(え)の記号で答えなさい。

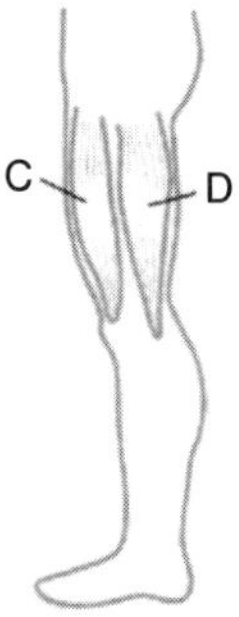

	のばすとき		曲げるとき	
	C	D	C	D
(あ)	かたくなる	やわらかくなる	かたくなる	やわらかくなる
(い)	やわらかくなる	かたくなる	かたくなる	やわらかくなる
(う)	かたくなる	やわらかくなる	やわらかくなる	かたくなる
(え)	やわらかくなる	かたくなる	やわらかくなる	かたくなる

問3 図のように，葉の数や大きさ，茎の太さや長さが等しい植物の枝を4本用意して，植物の蒸散(植物が吸い上げた水を，水蒸気として大気へ放出するはたらき)に関する次のような実験を行いました。この実験の結果と考察を下に示します。

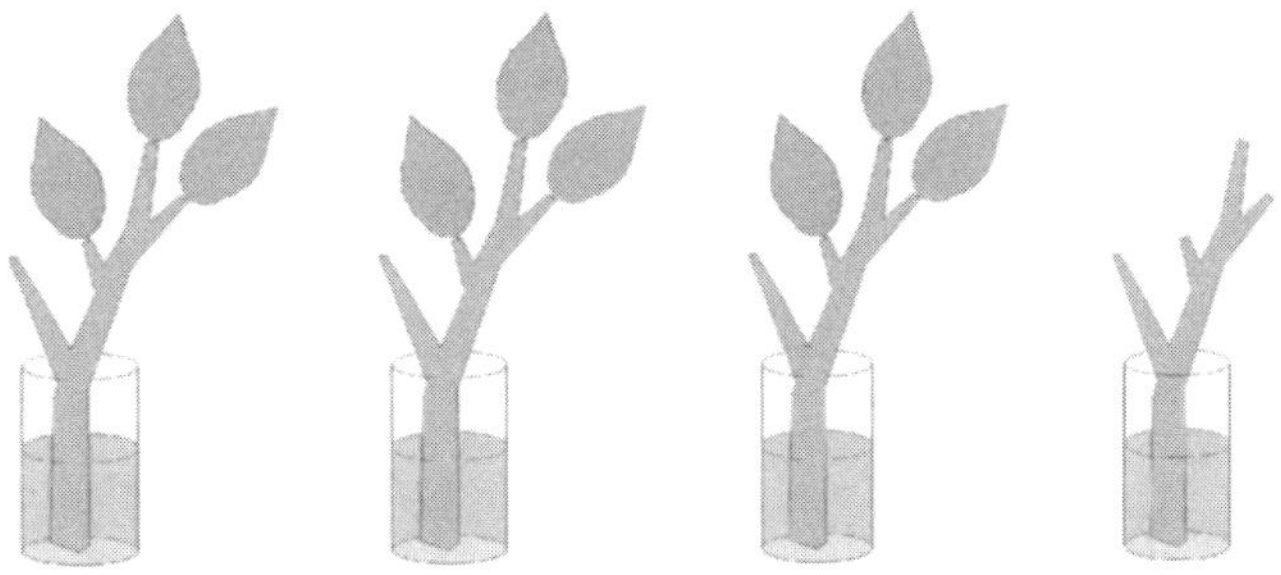

① ② ③ ④

【実験】 4本の枝に次のような操作をして，うすく油を浮《う》かべた水の入った試験管に挿《さ》し，明るい環境《かんきょう》にしばらく放置した。

① なにもせず，そのままの状態にした。

② 葉の表面にワセリンをぬった。

③ 葉の裏面にワセリンをぬった。

④ 葉をすべてとり，その切り口にワセリンをぬった。

【結果】 減った水分量を調べると，①が14mL，②が10mL，③が5mL，④が1mLであった。

【考察】 結果より，葉の表面からの蒸散量は(**ア**)mL，葉の裏面からの蒸散量は(**イ**)mLと分かります。したがって，今回使用した植物では，葉の(**ウ** 表面・裏面)でより活発に蒸散が行われていることが分かります。

考察の文章中にある空欄(**ア**)(**イ**)にあてはまる数値を答え，(**ウ**)に適する語句を選び解答欄を丸で囲みなさい。

4 1～3の問に答えなさい。

問1 次の(あ)～(う)の図は，堆積《たいせき》岩の表面を虫眼鏡で観察して，スケッチしたものです。

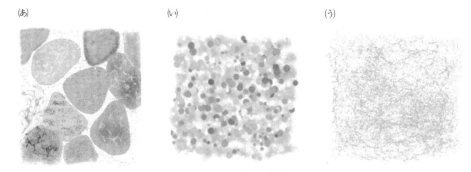

(あ)

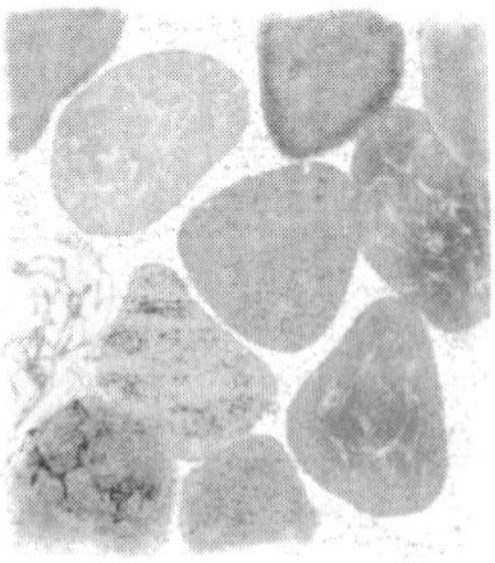

(い)

(う)

① (あ)～(う)のうち，最も陸地から遠い海底で堆積してできた岩石はどれですか。(あ)～(う)の記号で答え，岩石の名称《めいしょう》を記しなさい。

下図は，火山灰などの火山からの噴出物《ふんしゅつぶつ》でできた岩石を，(あ)～(う)の堆積岩と同じ方法で観察したスケッチです。

② 上図のような，火山灰からできた岩石を何といいますか。

③ ②の岩石は，(あ)～(う)の堆積岩と比べて，構成する粒《つぶ》の大きさがそろっていないこと，それぞれの粒が角張っていることが分かります。

このような違《ちが》いがある理由の説明として正しいものを，次の(か)～(け)からすべて選び，記号で答えなさい。

(か) ②の岩石を構成する粒は，流水に削《けず》られて角ができているが，(あ)～(う)の岩石を構成する粒は削られていないから。

(き) (あ)～(う)の岩石を構成する粒は，流水に角が削られて丸くなっているが，②の岩石を構成する粒は角がそのままになっているから。

(く) ②の岩石を構成する粒は，流水にかき混ぜられたため様々な大きさが混ざっているから。

(け) (あ)～(う)の岩石を構成する粒は，流水が運ぶはたらきによって大きさがそろっているから。

問2 図は，東京のある地点における2023年6月14日から6月19日までの気温変化を示しています。また，表は図と同じ地点における2023年6月14日から6月18日の天気の記録を示しています。

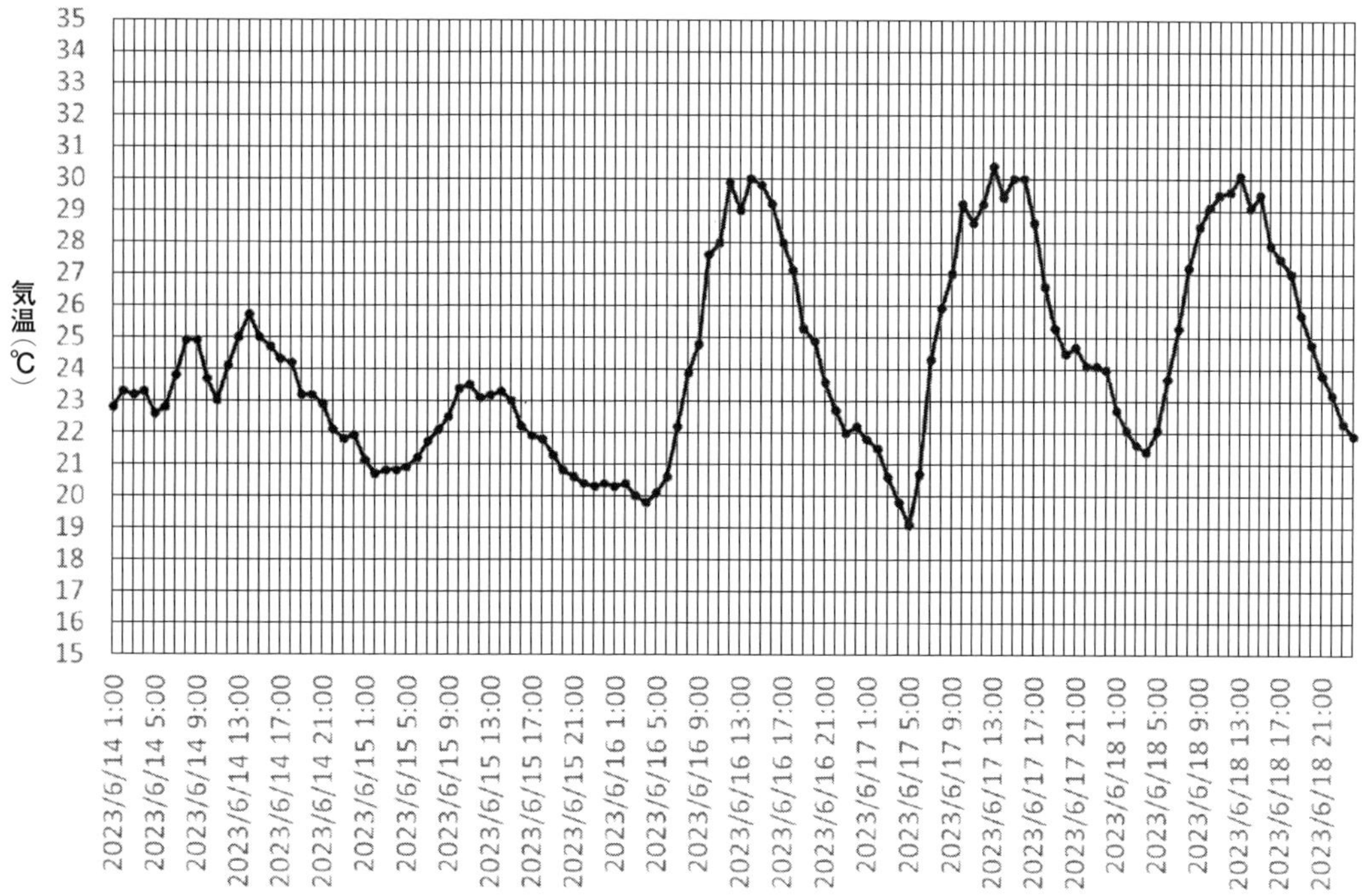

	昼(6:00から18:00)	夜(18:00から翌6:00)
6月14日	くもり一時雨	くもり時々雨
6月15日	くもりのち雨	雨のち晴れ 一時くもり
6月16日	晴れ	晴れ
6月17日	晴れ	晴れ
6月18日	くもり一時晴れ	晴れのち時々くもり

図や表から，雨やくもりの日よりも晴れの日の方が，気温変化が(**ア**　大きくなる・小さくなる)ことが分かります。しかし，いずれの日にも(**イ**　8時・13時・18時)頃《ころ》に気温が高くなり，その前後で気温が低くなることは共通しています。

① 空欄《くうらん》(**ア**)・(**イ**)にあてはまる語句を選び，解答欄を丸で囲みなさい。

② この5日間のうちで最も気温が低かったのは，前日もよく晴れていた17日の5:00の記録でした。この記録は，くもりや雨であった14日から15日の記録よりも低くなっています。よく晴れた日の最低気温が低くなりやすい理由を説明しなさい。

問3　次の図は，太陽，地球，月の位置関係を模式的に示したものです。地球の自転軸《じく》は，公転軌道《きどう》面と66.6°の傾《かたむ》きがあるため，季節によって太陽の南中高度が変化します。

また，月の公転軌道面は，地球の公転軌道面とほぼ同じ(正確には，約5°の傾き)です。

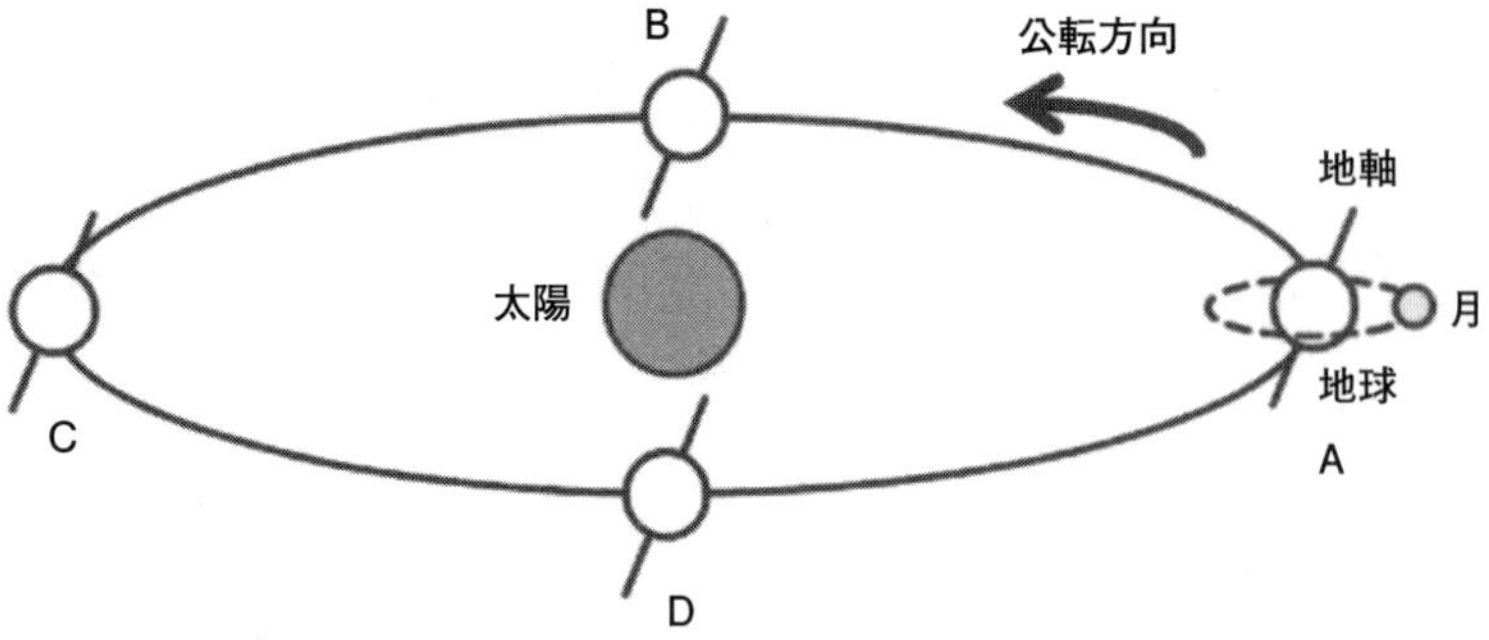

① 春分の日の地球の位置を，図中のA～Dで答えなさい。

② 月の南中高度は，季節によってどのように変化するでしょうか。次の(あ)～(お)より正しいものを2つ選び，記号で答えなさい。

(あ) 月の満ち欠けに関係なく，太陽の南中高度と同様に，夏至の日は高く，冬至の日は低い。

(い) 夏至の日だと，満月は南中高度が高く，新月は低い。

(う) 春分の日だと，上弦《げん》の月は南中高度が高く，下弦の月は南中高度が低い。

(え) 新月の南中高度は，季節に関係なく，太陽の南中高度とほぼ同じになる。

(お) 月の満ち欠けに関係なく，年間を通じて，ほとんど高度は変化しない。

⑤ 百年休まずに時をキザむ時計。
⑥ 面倒《どう》な役割も快く引き受ける。
⑦ 月の引力が潮の満ち引きに影響《えいきょう》を与《あた》えている。
⑧ 危険物質を除去する。
⑨ 公園を縦横無尽《じん》にかけ回る。
⑩ 粉雪が静かに舞《ま》う。

四

日本語には、単語の前や後にことばを加えることで、ニュアンスや状態を詳《くわ》しく説明できる「接頭語」「接尾《び》語」というものがあります。「接頭語」「接尾語」に関する以下の問いに答えなさい。

問一　次の①～⑤の単語の前に加えられる接頭語を後の語群から選んで、下の説明文に合う言葉を作り、すべてひらがなで答えなさい。

（例）　むずかしい（難しい）　【「わずかに、少しだけ」の意味を加える】
「こ」+「むずかしい」→（答え）　こむずかしい

① こころ（心）　【「本当の」「完全な」の意味を加える】
② そこ（底）　【ものごとを強調する】
③ ふとい（太い）　【「並でない」の意味を加える】
④ ほそい（細い）　【程度や状態を強める】
⑤ かぞく（家族）　【尊敬の気持ちを加える】

〈語群〉　お　か　ご　ず
　　　　ど　どん　ま

問二　次の①～⑤の単語の後ろに加えられる接尾語を後の語群から選んで、下の説明文に合う言葉を作り、すべてひらがなで答えなさい。

（例）　さむい（寒い）　【その状態が広がっている様子を表す】
「さむい」+「さ」→（答え）　さむさ

① うまい（美味い）　【そのような状態があることを表す】
② かなしい（悲しい）　【そのような印象を与《あた》える様子を表す】
③ やすい（安い）　【そのような状態に見えることを表す】
④ かたい（固い）　【そのような傾《けい》向にあることを表す】
⑤ こわい（怖い）　【そのような気持ちになる心の動きを表す】

〈語群〉　がる　け　げ　ぽい
　　　　み　め　めく

五

漢和辞典（漢字辞典）を使って漢字を調べる方法の一つとして、部首索《さく》引を活用する方法があります。まずは部首索引から調べたい漢字の部首を探し、その部首が載《の》っているページを開きます。そして、部首の項《こう》目ごとに部首を除いた画数の少ない順に漢字が並んでおり、それをもとに調べたい漢字を探します。

このことを踏《ふ》まえ、次の①～⑤の漢字について、部首名と、それを除いた画数とをそれぞれ答えなさい。なお、部首名はひらがなで、それを除いた画数は漢数字で答えること。

（例）　防　→（答え）　こざとへん・四画

① 窓
② 落
③ 臓
④ 穀
⑤ 庭

問五　――線部④「ほんのりとした後ろめたさを感じます……」とありますが、「わたし」が「後ろめたさ」を感じたのはなぜですか。説明しなさい。

問六　――線部⑤「……しゃべらなくてすむから」とありますが、「九島さん」はなぜ「しゃべらなくてすむ」クラブを選んだのですか。説明しなさい。

問七　――線部⑥「『ただの』の一言で片づけられる人なんていないのかもしれない」とありますが、「わたし」はどうしてこのように思ったのですか。最も適当なものを次のア～オから選び、記号で答えなさい。

ア　今まで人の一面だけで性格を判断することに慣れていたが、「九島さん」の心情に触《ふ》れることによって、人は誰でもそれぞれ表に出てこない複雑な背景があることを知ったから。

イ　「九島さん」はただおとなしいだけではなく、内に秘《ひ》めた情熱的な部分があることを知って、自分の性格にも多面性があることに気付いたから。

ウ　実況するためには「ただの」の一言で言い表してしまった方がうまくいくと思っていたが、実際には「ただの」の一言を使って実況することが難しいことが分かったから。

エ　実際には「九島さん」の性格を表すために、すでに「ただの」おとなしい子、「ただの」暗い子、と一言で言い表していない事実に直面したから。

オ　深く知りもしないでおとなしい子だと決めつけていたが、「九島さん」のおとなしいだけではない面や思いを知って、自分のものの見方の単純さに思い至ったから。

問八　――線部⑦「カオ先輩の言葉に、すっと肩の重荷が下りた気がした」とありますが、「わたし」はなぜ「肩の重荷が下りた」のですか。「重荷」の内容を明らかにして説明しなさい。

問九　――線部⑧「わたしの手は無意識にポケットのお守りにふれていた」とありますが、この時の「わたし」の思いとして最も適当なものを次のア～オから選び、記号で答えなさい。

ア　行き当たりばったりで、必ずしもうまくできたとは思えない実況だったが、思いもよらず先輩たちにほめてもらえたことを、実況することを勧《すす》めてくれた従姉妹に報告したいという思い。

イ　従姉妹にアドバイスされ、脳内だけでしていた実況だったが、周りの人にも認められ、ほめられるほどになったことを従姉妹に自慢《まん》したいという思い。

ウ　従姉妹のアドバイスで始めた自分の実況が、今までと違《ちが》って脳内だけの自己満足に終わらずに、周りの人にも喜んでもらえたことを知って、従姉妹に感謝したいという思い。

エ　「九島さん」と仲良くなれただけではなく、周りの人に「九島さん」のことを知ってもらうという自分の本当の目的が実現し、きっかけを作ってくれた従姉妹に喜びを伝えたいという思い。

オ　これまで脳内だけでしていた実況を初めて人に聞いてもらい、ほめてもらえはしたが、本当に喜んでもらえていないのではないかと不安に思い、従姉妹に支えてもらいたいという思い。

三

次の①～⑩の――線部のカタカナは漢字に、漢字はひらがなにそれぞれ直しなさい。

① 幼児を対象としたドウワの読み聞かせ会が開かれた。

② エベレストのチョウジョウを目指す登山家。

③ 父のコキョウに里帰りする。

④ チュウジツに再現された模型。

「すごくいい感じだね。九島さん、五分でよくここまで生けたねえ。この調子ならハジメテヒラク、実施《じっし》できそうだね」

「本当ですか？」

野山先生の言葉に、マイちゃんの頰《ほお》が c 上がる。

「そうだな、手直しするとしたら、ここの葉を……」

野山先生がアドバイスを始めると、

「綿野さん」

城部長に呼ばれた。

「はいっ」

背筋に緊張が走る。

初めて、実況を聞かせてしまった。

恥ずかしい。何か変なことも口走ったかもしれない。

お願いです、怒《おこ》らないでください、仲間外れにしないでください。

「驚きました。実況のスイッチが入ると別人ですね」

「え、それって」

ほ、ほめられてる……？

「実況、おもしろかったよ。いつも頭のなかでこんなことしてるの？もっと聞きたいって思っちゃった」

カオ先輩まで！

脳内なら誰にも嫌《きら》われずにすむと思ってたけど……。

口を開いても、声に出しても、大丈夫《だいじょうぶ》だった。

⑧わたしの手は無意識にポケットのお守りにふれていた。

「マイちゃんの名前の由来とか紹介してくれたじゃん？　あーいうの、よかったと思う。何となく、知ることができるとうれしいもん」

カオ先輩の言葉にうなずきながら、わたしは実感する。

実況のメインはもちろん生け花だけど、マイちゃんについても知ってもらえるのが何だかうれしい。

「マイちゃん、おつかれさま！　手伝うよ」

花を片づけ始めたマイちゃんに声をかけた。

「あみちゃん」

マイちゃんが微笑んだ。

「実況してもらえるのって心強いね。何ていうか、あみちゃん、守護《しゅご》霊《れい》みたいだった」

「守護霊って。わたし生きてるよ？」

そう笑いながら、込み上《あ》げてくる気持ちを言葉にした。

「あー、楽しかった」

マイちゃんのための応援だけど、自分も楽しんでいた。

脳内実況じゃ、味わえなかった。実況を人に聞いてもらうとこんな気持ちになれるんだ。

家庭科実習室の壁紙《かべがみ》が貼《は》り替《か》えられたように、白くまぶしく見えた。

（こまつあやこ『ハジメテヒラク』講談社）

問一　文中の空欄《らん》 a ～ c に入ることばとして最も適当なものを次のア～オから選び、それぞれ記号で答えなさい。

ア　きゅっと　　イ　じりじりと　　ウ　ぱっと

エ　ほうっと　　オ　まじまじと

問二　――線部①「難しい顔で黙り込んでしまった」とありますが、「九島さん」が「わたし」の誘いをすぐに受けることができず、「難しい顔で黙り込んでしまった」のはなぜですか。説明しなさい。

問三　――線部②「信じられない光景」とありますが、どのようなことが「信じられない」のですか。二つ答えなさい。

問四　――線部③「あみちゃん、ありがとうね」とありますが、「九島さんのお母さん」は、何について「ありがとう」と言っているのですか。説明しなさい。

これはもう、降参するしかありません！』

「あ、あの、言い出しっぺで何ですけど、わたし人前で実況したことないんです。いつも頭のなかで、教室の様子とか実況するのが好きなだけなんです。生け花も今まで脳内実況してただけで……。だから今日いきなりっていうのはちょっと……ごめんなさい」

「へえ、脳内実況？　いいじゃん、それ聞かせてよ」

「え？」

「あたしたちは聞いてないと思って、脳内実況のつもりでやってみれば？」

……脳内実況で、いいの？

自分の部屋で脳内実況を声に出すと思えばいいのかな。

⑦カオ先輩の言葉に、すっと肩《かた》の重荷が下りた気がした。

「あみちゃん、一緒にやってみよう？」

マイちゃんがわたしのシャツの脇腹《わきばら》あたりをチョンとつまむ。

まっすぐな瞳で見つめられて、コトッと気持ちが動いた。

一番緊張《きんちょう》するのは、生け花を披露《ひろう》するマイちゃんのはず。

わたしの役目は……応援《おうえん》すること。

やってみる。

わたしは実況席に着き、マイク代わりに左手のこぶしを握《にぎ》った。

「口を開けば、ほのかに残る蓮《はす》の実の味。

みなさん、こんにちは。ハジメテヒラク一回目の練習です。披露してくれるのは、生け花部の一年生、九島麻衣ちゃん。実況は同じく一年生の綿野あみ。一年生コンビでお送りします」

「では行きますよ、スタート」

城部長が腕時計《うでどけい》でカウントする。

「始まりました！

今日の花材はユキヤナギとリンドウ。

挑戦《ちょうせん》するのは、創作花です。

マイちゃん、まずは枝をじっと眺《なが》めます。

枝は生もの。見る方向によって、その表情が変わります。

あ、それって……人と同じかもしれません。この人はこういう人って思っても、他の表情が隠れてる。決めつけることなんてできないのかも……。

今、ユキヤナギをパチンとカット！

うまい！　生け花歴はまだ四か月。それでも練習の成果が出ています！」

「二分経過、残り三分です」

「リンドウの青紫《あおむらさき》の蕾《つぼみ》は、ろうそくの火の形。大人っぽい秋の花です。

あ、そういえば！　ベトナムにも季節の花があるそうです。

旧正月に咲くマイの花。それがマイちゃんの名前の由来です。大好きなおばあちゃんが名づけてくれました」

「へえー、そうなんだあ」

カオ先輩たちの驚きが聞こえる。

「あ、添《そ》え木留《ぎど》めだ。そっと枝を支える添え木は、縁《えん》の下の力持ち！」

「細かな葉がサワサワと揺《ゆ》れるユキヤナギ。あれが腕にふれると、猫《ねこ》じゃらし並みにくすぐったい」

「高さのちがう二本のリンドウが寄り添《そ》います。何となく……マイちゃんとおばあちゃんをイメージするのはわたしだけでしょうか」

「タイムアップ！」

え、もう？

夢中で実況しているうちに五分が経過していた。

「完成です！　マイちゃんに大きな拍手《はくしゅ》をお願いします！」

花ばさみを置いたマイちゃんは、［ b ］息をついた。

カラオケを出た後、「二人で甘《あま》いものでも食べていったら」と九島さんのお母さんがくれたおこづかいで、ドーナツショップに入った。

「九島さんってほんとに歌がうまいね！　ビックリした」

「ううん、そんなことない。歌うの好きなだけだよ。お母さんまで一緒に来ちゃってすごく恥《は》ずかしい」

『九島さん、自分で気づいているでしょうか。

学校ではほとんど単語しか話さなかったのに、カラオケから出てきた九島さんは、ふつうに話してくれてます』

「そんなに歌がうまいなら合唱部とか軽音楽部でもやっていけそう。どうして生け花部に入ったの？」

取材を兼《か》ねてきいてみると、

「………」

う、沈黙《ちんもく》。何か別の質問にしなきゃと焦《あせ》っていると、九島さんが小さな声で答えた。

「⑤……しゃべらなくてすむから」

九島さんは目を伏《ふ》せたまま、ジュースのストローの袋《ふくろ》を小さく折りたたみながら言った。

ああ、そうか。九島さんのお母さんの言葉が耳元で蘇《よみがえ》った。

「九島さん、全然なまってないよ。小学校のころはどうだったか分からないけど、今しゃべってる発音は全然変じゃない」

本心だった。九島さん本人がなまっていると感じるならきっと気のせいだ。

「……ほんと？」

「ほんと！」

わたしは気づかないうちに前のめりになっていた。もう実況のためだけじゃない。

「もっと聞かせて。マイちゃんの話。もっと知りたい」

思わず名前で呼んでしまった。何だか熱すぎて引かれてしまったかな。そう思っていると、テーブルにポタッとしずくが落ちた。

「……ありがとう」

目をごしごしとこすりながら、マイちゃんがつぶやいた。

「綿野さんたちが話してるの、楽しそうだなって思ってた。でも勇気なくて。……ほんとは、わたしもしゃべりたかった」

涙目《なみだめ》で微笑むマイちゃんは、水が上がった花みたいにうるおって見えた。

ただの大人しい子だと思ってた。包《つつ》み隠《かく》さず言えば、ただの暗い子だと思ってた。

カオ先輩とばっかりしゃべっていたわたしは、マイちゃんが黙っている理由なんて考えたことがなかった。

ごめん。マイちゃん。

⑥「ただの」の一言で片づけられる人なんていないのかもしれない。

……中略……

「じゃあ、試《ため》しにやってみる？」

野山先生は花の入ったバケツに目をやった。そこには、骨折したわたしの花が余っている。

「そうですね。ショーのイメージをつかんでおきたいです。なんせ入賞を目指すんですから」

城部長が立ち上がり、ちゃちゃっと準備を進める。

「この机をステージとして、実況席は……」

「実況もやるんですか？」

「当然ですよ、綿野さん」

『や、ば、い！

気分はノー勉強でテストに臨《のぞ》む朝。ここにはカンペもありません。

「マイは、ベトナムの花の名前なの。テトのころに咲《さ》く黄色い花」

「テトって?」

「旧正月のこと……」

わたしはどこかで聞いた記憶《きおく》を手繰《たぐ》り寄《よ》せる。旧正月は、確か一月後半とか二月くらいにある、昔の暦《こよみ》のお正月だ。

「そうなんだ。明後日からベトナムなら、明日遊ぼうよ。どこか行きたい場所ある? この駅の近くのショッピングモールとか、ゲーセンとか」

「………」

①難しい顔で黙《だま》り込《こ》んでしまった。

「あー、ごめん。旅行の準備とかあるよね、明日なんて急だったかな」

あきらめかけたわたしは、あることをふっと思いついた。七夕の準備のときのこと。

ダメもとできいてみよう!

「九島さん、カラオケは?」

その単語を聞いて、九島さんの表情がぱっと変わった。

「……行く」

「うん、行こう行こう、カラオケ」

『やった!

取材の約束、成功です。

九島麻衣、やっぱりカラオケ好きでした。

さあ、ここで連絡先交換《れんらくさきこうかん》と思いきや? おっと、九島さんスマホを持っていませんでした。

イエ電の番号をメモしてくれている九島さん。当日はどんな歌を聴《き》かせてくれるのでしょう』

もちろん実況のための情報収集なんだけど、何だかわたしは九島さんのことをもっと知りたくなってきていた。

「いえぇーいっ!」

『こちらカラオケポンポンの三〇八号室です! ご覧ください、②信じられない光景が目の前に広がっています。

ベトナム生まれのヤマトナデシコ九島麻衣、ソファの上で熱唱です。

その隣《となり》、楽し気にマラカスを振っているのは、何と九島さんのお母さんですっ。

まさかまさかお母さんがついてくるとは! 中一だけのカラオケが、よっぽど心配だったのでしょうか』

途中《とちゅう》、九島さんがトイレに席を立ったとき、蛍光塗料《けいこうとりょう》が光る部屋で、九島さんのお母さんがふと真顔になった。

「③あみちゃん、ありがとうね」

「何がですか?」

「麻衣は小学校に上がるまで、父親の仕事でベトナムに住んでたの。私たち両親とおばあちゃんの四人で。麻衣はおばあちゃん子だから、日本語よりベトナム語のほうが得意だった。日本の学校に入ったとき、日本語がなまってるっていじめられて、小学校ではほとんどしゃべらなかったの。だから、中学でお友達ができてよかった」

大学時代、日本に留学していたというお母さんは、なめらかな日本語でそう言った。

「今日一緒に来たのは、お礼が言いたかったの。麻衣と友達になってくれてありがとう。これからもよろしくね」

「いや、そんな……」

『綿野あみ、お礼を言われるようなことはしていません。

実況の取材で誘っただけなのに。純粋《じゅんすい》な友達じゃない。④ほんのりとした後ろめたさを感じます……』

野山先生はおもしろそうだねと目を輝《かがや》かせた。

「ショーをするなら中庭ステージだね」

「中庭ステージ？」

「東校舎と西校舎に挟《はさ》まれた中庭があるでしょ？　文化祭の日には、あそこに特設ステージが組み立てられるんだ」

　一年生はまだ知らないよね、と野山先生は微笑《ほほえ》んだ。

「まず企画書《きかくしょ》を作って、二学期になったらすぐ郷本先生に渡《わた》そう。ＯＫが出れば実現するよ」

「郷本先生!?」

　それって閻魔大王《えんまだいおう》じゃん！　思わずきき返すと、野山先生がつけ加えた。

「郷本先生が文化祭の責任者なんだ」

　わたしの頭のなかだけにあったアイディアが閻魔大王に認められるかな。期待も戸惑《とまど》いも混ざり合ってマーブル模様だ。

「ショーなんてちょっと楽しそう。どんな髪型《かみがた》で出ようかなー」

　今日はハーフアップにしているカオ先輩《せんぱい》もほめてくれた。

「カオ先輩のおかげで思いついたんです」

「え、何それ？」

　不思議そうにしているカオ先輩に、「気にしないでください」とわたしは手を振《ふ》った。

　そして、わたしはカオ先輩から、今日まだ一度も口を開いていない人物に目を移した。

　九島さん。

　賛成に手を上げてくれたけど、本心は分からない。

　実況をするために必要なこと。それはまずその人を知ることだ。

「ねえ、九島さん、夏休みどこか遊びに行かない？」


　その日の帰り道、わたしの急な誘《さそ》いに、九島さんは目を丸くした。

　無理もない。今まで二人で帰ったこともなかったんだもん。今日、九島さんに一緒《いっしょ》に帰ろうと初めて声をかけた。

　実況のためには、九島さんの取材も必要だから。

「わたし、明後日《あさって》から日本にいないから……」

「海外旅行？　いいなあ、わたしなんて外国行ったことないよ。どこ行くの？」

「……ベトナム」

「へえ、ベトナムって暑そうだね。日本も超《ちょう》暑いけど。ベトナムで何するの？」

「……おばあちゃんの家に行くの」

「えっ、九島さんのおばあちゃんってベトナム人なの？」

「……お母さんも」

「九島さん、ハーフだったの!?　知らなかった」

「……特に、誰《だれ》にも言ってないから」

『驚《おどろ》きの事実がここに判明です。今[a]見つめてみると……。わたしより小柄《こがら》でボブヘア。濃《こ》いまつ毛で黒い瞳《ひとみ》。ひかえめな鼻。肌《はだ》はやや白めです。

たとえ目の前で生春巻きを食べていてもベトナム人とのハーフだと気づかなかったでしょう』

「九島さんって、下の名前何だっけ」

『わーバカ！　綿野あみ、痛恨《つうこん》のミス！

同じ部活なのにフルネームも覚えてないなんて、しかもそれを本人にきいちゃうなんて……大、失、敗』

「麻衣《まい》。九島麻衣」

「へえ、日本の名前なんだね」

九島さんがふつうの調子で答えてくれたことに胸をなで下ろす。

問七　――線部⑥「学校の運動会に関しては『平等主義に反する』という理由で競争をさせないというのは、どこかおかしいと思いませんか?」とありますが、筆者の考える競争させることの利点として当てはまらないものを次のア~オから選び、記号で答えなさい。

ア　運動会での経験がプロスポーツ選手を目指すきっかけになるところ。

イ　競争を通して相手に対する尊敬の念が育まれることがあるところ。

ウ　何かに秀でた子どもが自信を持つきっかけを得ることになるところ。

エ　苦手分野を克服しようとする意欲が高まることにつながるところ。

オ　フェアな競争のもと切磋琢磨していくことで進歩が生まれるところ。

問八　――線部⑦「学校生活から勉強以外の競争がなくなれば、ほとんどの生徒は自分に自信を持つきっかけを失ってしまうでしょう」とありますが、学校生活に「勉強以外の競争」があることで、子どもが「自分に自信を持つ」ことができるようになるのはどうしてですか。説明しなさい。

問九　――線部⑧「日本の大人達は、『個性の尊重とはどういうことか』を真剣に考えなければいけないと思います」とありますが、日本において「個性の尊重とはどういうことか」について考えられていないと筆者が言うのはなぜですか。最も適当なものを次のア~オから選び、記号で答えなさい。

ア　「個性」に違いがあることは間違いのない事実であるのに、あたかも「何か特別なことをしなければ個性的ではない」という風潮が世の中に広まっており、誰も本質をみつめていない状態にあるから。

イ　「個性」のことを外観のこととしてとらえることが多いわりには、本当の「個性」といえる偏差値や学歴のことに関しては画一的な方法で人を評価するという本末転倒《とう》な状態にあるから。

ウ　そもそも「個性を磨きなさい」という言葉には矛盾があり、到《とう》底納得できることではないのに、それでも大人たちは子どもたちに個性を磨くことを強制する状態であるから。

エ　偏差値や学歴以外の個性の違いが出ることは避ける傾向がある一方で、「子供の個性を大事にすべきだ」としきりに言われるというような、ねじれた状態にあるから。

オ　他の人と比べてみれば誰でも何か特別な才能があるはずなのに、その才能を伸《の》ばそうとしないで、「個性に優劣はない」とあえて個性の違いを避けて平等に評価しようとする、おかしな状態にあるから。

二

次の文章を読み、後の問に答えなさい。

ちょっとした失敗から一時期友達に仲間外れにされていた「わたし」は、強い思いを持って競馬の実況《じっきょう》者を目指す従姉妹《いとこ》の「実況者になっちゃえばいい」というアドバイスを受ける。その従姉妹にもらった双《そう》眼鏡をお守りとして持ち歩き、アドバイスにしたがって学校生活を〝脳内実況〟するようになり、つらい時期を乗り越《こ》えることができた「わたし」は、ある出来事をきっかけに生け花部に入り、学園祭の演目として〝生け花ショー〟を提案した。

生け花ショーのアイディアは、その日の部活でみんなに紹介《しょうかい》された。

それに、⑦学校生活から勉強以外の競争がなくなれば、ほとんどの生徒は自分に自信を持つきっかけを失ってしまうでしょう。

たとえば、あなたのまわりには、絵がクロウトはだしの子、音感が抜群な子、スポーツ万《ばん》能な子、大人もかなわないほど字が上手な子など、何かに秀《ひい》でた友達がいると思います。あなた自身がそうかもしれません。

そういう人達は、たとえ勉強ができなくても、体育祭で英雄《ゆう》に変身したり、美術の授業でスターになったりすることで、「自分には才能が備わっている」という実感を持つことができます。そして、そういった評価を受けることによって自信をつけるのです。

こうして、努力して人から認められる喜びを味わえるだけでなく、「もうちょっと勉強も頑《がん》張ってみようかな」と、苦手分野を克《こく》服しようとする意欲を高めていくこともできるのです。

他の人と比べて、絵がうまい、音感がいい、スポーツ万能、字が上手……といったことは、どれも一つの才能であり、その人の個性です。個性に優劣《れつ》はありませんが、一〇人の人にかけっこをさせれば、必ず一位から一〇位までの順位はつきますし、一〇人の人に絵を描《えが》かせれば、それぞれの作品にはおのずと違《ちが》いが出てきます。その違いが個性というものです。

日本では「子供の個性を大事にすべきだ」としきりに言われますが、そのわりには、個性の違いがはっきり出るようなことを避《さ》ける傾《けい》向があります。けれどその一方で、偏差値や学歴で人に差をつけている。これこそ矛盾《むじゅん》ではありませんか。

こんな状態で「個性を磨きなさい」と言われても、たぶんみなさんは納《なっ》得できないでしょう。⑧日本の大人達は、「個性の尊重とはどういうことか」を真剣《けん》に考えなければいけないと思います。

（今北純一『自分力を高める』岩波ジュニア新書）

（注）　＊発破をかける…強い言葉で励ますこと。

問一　空欄《らん》［a］・［b］に入ることばとして最も適当なものを次のア〜オから選び、それぞれ記号で答えなさい。

ア　あるいは　　イ　そもそも　　ウ　だから
エ　たとえば　　オ　でも

問二　――線部①「私は、そういう言葉にはあまり意味がないと思っています」とありますが、筆者はなぜ「意味がない」と考えているのですか。説明しなさい。

問三　――線部②「そういうネガティブなサイクルに入らないよう、気をつけてください」とありますが、筆者はどのようなことに気をつけるべきだと考えているのですか。説明しなさい。

問四　――線部③「そう考えれば」とありますが、どのように考えることですか。答えなさい。

問五　――線部④「日本とはあべこべという感じです」とありますが、これはどういうことですか。それを説明した次の文の空欄に当てはまる言葉を、それぞれ本文中から十字以上十五字以内で抜《ぬ》き出して答えなさい。

日本の教育は、［A］においては優《すぐ》れているが、［B］を苦手としているということ。

問六　――線部⑤「そうやって競争を楽しんでいるわけです」とありますが、私たちはどのようにして競争を楽しんでいるのですか。次のア〜オから最も適当なものを選び、記号で答えなさい。

ア　勝ち負けを意識して。
イ　興味のあることを優先して。
ウ　好きなチームを応援《えん》して。
エ　選手たちに敬意を表して。
オ　フェアな競争だと信じて。

る」ということです。

　アイデンティティの確立というと、すごくハードルが高いことのように思うかもしれませんが、決して難しいことではありません。それは、「自分の頭でものを考えることが、いつでも、どこででもできる」ということなのです。

　たとえば、今日あなたが学校帰りに飲んだドリンクも、図書館で借りてきた小説も、自分で決断して選んだのだから、あなたのアイデンティティの一部です。

　休日の過ごし方、家族との関わり合い方、友人との付き合い方なども、すべて自分のアイデンティティを形成する要素です。
　③そう考えれば、アイデンティティの見極めや確立が特別に難しいことではないとわかるでしょう。
　ヨーロッパの教育現場では、「個性を発揮しろ」とか「個性を磨け」とかといって＊発破をかけることはあまりありません。哲《てつ》学の授業でも、国語（英語やフランス語などその国の母国語）の授業でも、あるいは歴史の授業でも、先生が生徒に期待するのは、それぞれの考え方であり意見です。あまりにも突拍子《とっぴょうし》もない意見や考え方については、先生は修正しますが、自分の意見や考えを述べることができない生徒には高い評価はつきません。一人の生徒の意見や考え方に対して、別の生徒からあえて反対の意見や考え方を表明させて、両者の間でディベートさせることもあります。こうして小さい時から鍛《きた》えられたヨーロッパ人達にとっての課題は、チームワークをとることが不得手ということです。④日本とはあべこべという感じです。

　私が小学生の頃《ころ》の同級生に、足の速いY君という子がいました。

　Y君は毎年、運動会の一〇〇メートル競走で一等になり、賞品のノートや鉛《えん》筆を山ほどもらっていました。私も足は速い方でしたが、このY君にはかなわなくて、運動会のたびに、「いいなあ、すごいなあ」と思っていました。

　賞品のノートや鉛筆がほしかったわけでも、自分より足の速いY君にジェラシーを感じていたわけでもありません。俊《しゅん》足のY君のことを心から尊敬していたのです。

　このように競争をとおして相手に対する尊敬の念をはぐくむことは、とても大事なことだと思うのですが、最近の日本では、「子供達に競争させるのはかわいそう」「勝ち負けにこだわるのは良くない」「順位によって差をつけるのは平等主義に反する」といった理由から、運動会で一位、二位、三位の表彰《しょう》をやらなくなった学校もあるようです。

　でも、競争は本当にいけないことでしょうか。

　日本人なら誰でも、オリンピックで日本の選手が優勝すれば大喜びし、サッカーのワールドカップで日本チームが敗退すれば悔《くや》しがるでしょう。⑤そうやって競争を楽しんでいるわけです。それなのに、⑥学校の運動会に関しては「平等主義に反する」という理由で競争をさせないというのは、どこかおかしいと思いませんか？

　私は、「競争のないところに進歩はない」と考えています。私の言う競争とは、足の引っ張り合いやルール違反のない、フェアな競争のことです。

　「切磋《さ》琢《たく》磨《ま》（仲間同士が互《たが》いに励《はげ》まし合い、競《きそ》い合って向上をはかること）」という言葉があるとおり、フェアな競争は進歩の原動力です。

　このことは勉強やスポーツだけでなく、芸術、科学技術、ビジネス、産業、経済についても同じようにあてはまります。

　[b]、平等主義がそんなに素《す》晴らしいのなら、何よりも先に偏《へん》差値重視の受験戦争をなくすべきでしょう。仮に「勉強以外の競争は悪」なのだとしたら、スポーツの試合も、音楽や書道や絵のコンクールも、弁論大会も、すべてその存在意義すらなくなってしまいます。

2024年度

普連土学園中学校

【国　語】〈一日午前四科試験〉（六〇分）〈満点：一〇〇点〉

一　次の文章を読み、後の問に答えなさい。

日本ではよく、「若者はもっと個性を発揮すべきだ」とか、「個性を磨《みが》くべきだ」などと言われます。けれど①私は、そういう言葉にはあまり意味がないと思っています。

また、日本では「個性」という言葉が主に人の外観に関して使われることにも、私は違《い》和感を持っています。[a]、「個性的なファッション、個性的なヘアスタイル」は、「人がアッと驚《おどろ》くような奇抜《きばつ》なスタイル」であることが多いでしょう。

あるいは、他の誰《だれ》も持っていないような特殊《しゅ》なスキルを持つことが個性的であることの条件のように受け取られていますね。

このように考えると、「個性＝人より目立つこと」と、多くの人が錯《さっ》覚しているのではないかと思います。

でも、根本的なことを言ってしまえば、この世に生まれた人間は一人残らず全員、それぞれの個性を持っています。だから、誰かに「磨きなさい」と命令されて、義務のように磨く必要などないのです。

あなたが生まれ持った個性は、明らかにあなただけのものです。世界中に、あなたと同じ個性を持つ人など誰一人としていないのですから、「他の人はどうかな?」とキョロキョロすることは不必要だし、他人の真似《まね》をする必要もありません。真似しようとしても真似できないのが、個性というものなのです。

あなた自身が「楽しい、面白《おも》い、不思議だ、ワクワクする、どきどきする」と感じ、心から求めているものを優先すれば、それでいいのです。「磨く」とか「発揮する」などと意識しなくても、自分が本当に好きなもの、興味があることに気持ちが向かっていけば、自分の世界がどんどん広がっていく。それが本当の意味で「個性を磨く」ということです。

いちばん良くないのは、親や先生の顔色をうかがったり、友達の反応を気にしたり、世間の思惑《わく》に振《ふ》り回されたりしながら、「個性を磨かなきゃいけない」と無理をすることです。

そのうちに自分の軸《じく》足をどこに置いていいかわからなくなり、自分力が失われ、結局は自分で自分の個性をつぶしてしまうことになりかねません。②そういうネガティブなサイクルに入らないよう、気をつけてください。

みなさんは、「アイデンティティ(identity)」という言葉をご存知ですね？　英和辞典には、「同一性、身元、正体」などと出ていると思います。

この言葉は、心理学では「自我《が》同一性」と訳されています。一般《ぱん》的な言い方をすれば、「自分のことを、他の誰でもない自分だと認《にん》識すること」という意味で、「自己認識」とか「独自性」などと言われることもあります。

たとえば、クラスの中にあなたと同姓《せい》同名の人がいるとします。当然のことですが、その人とあなたとは別々の人格を持つ別々の人間です。同姓同名の人が何人いようとも、あなたという「個」は一人しかいません。

このように、「自分と完全に同じ人間はいない。自分は、この世にたった一人の存在だ」と認識する時の基礎《そ》になるのが、アイデンティティという概《がい》念です。

これまでに私が何度も述べてきた「自分の宇宙を持って生きる」ということは、言いかえれば、「アイデンティティを見極《きわ》め、確立す

2024年度

普連土学園中学校　▶解説と解答

算　数　＜１日午前４科試験＞（60分）＜満点：100点＞

解　答

1 (1) 0.24　(2) 20240　(3) 3　**2** (1) 18個　(2) $16\frac{4}{11}$分後　(3) 解説の図①，図②を参照のこと。　**3** (1) $\frac{1}{4}$　(2) $\frac{1}{6}$　(3) Dさん／**理由**…(例) 解説を参照のこと。　**4** (1) 18.84cm　(2) 19.9cm　**5** (1) 381　(2) 32120　**6** ① 10500　② 11400　③ なる　④ 900　⑤ 130　⑥ 24　⑦ 500　⑧ 8410　⑨ 7

解　説

1 四則計算，計算のくふう，逆算

(1) $0.375\times3\frac{1}{2}\div5\frac{1}{4}-0.01=\frac{3}{8}\times\frac{7}{2}\div\frac{21}{4}-0.01=\frac{21}{16}\times\frac{4}{21}-0.01=\frac{1}{4}-0.01=0.25-0.01=0.24$

(2) $A\times B-A\times C=A\times(B-C)$となることを利用すると，$202.4\times280-20.24\times1200-20240\times0.6=202.4\times10\times28-20.24\times100\times12-2024\times10\times0.6=2024\times28-2024\times12-2024\times6=2024\times(28-12-6)=2024\times10=20240$

(3) $7.75-\square\times2\frac{5}{12}=\frac{1}{2}$より，$\square\times2\frac{5}{12}=7.75-\frac{1}{2}=7\frac{3}{4}-\frac{2}{4}=7\frac{1}{4}$　よって，$\square=7\frac{1}{4}\div2\frac{5}{12}=\frac{29}{4}\div\frac{29}{12}=\frac{29}{4}\times\frac{12}{29}=3$

2 数の性質，旅人算，展開図

(1) 11と23の最小公倍数は，11×23＝253だから，11でも23でも割り切れる数は253の倍数になる。1000÷253＝３あまり241より，４桁《けた》の最小の偶数《ぐうすう》は，253×４＝1012となり，9999÷253＝39あまり132より，４桁の最大の偶数は，253×38＝9614である。よって，この４桁の偶数の個数は，４から38までの偶数の個数と等しく，(38－４)÷２＋１＝18(個)とわかる。

(2) 池の周りの道のりを60(10と12の最小公倍数)とすると，友子さんと町子さんの分速はそれぞれ，60÷10＝６，60÷12＝５である。すると，２人は１分間に，６＋５＝11ずつ近づくので，２人がはじめて出会うのは，$60\div11=\frac{60}{11}$(分後)になる。よって，２人が３回目に出会うのは，$\frac{60}{11}\times3=\frac{180}{11}=16\frac{4}{11}$(分後)と求められる。

(3) 問題文中の図１の立方体の頂点を展開図に移すと，右の図①，図②のようになる。よって，３つの対角線AC，CH，HAを書き入れると太線のようになる。

図①

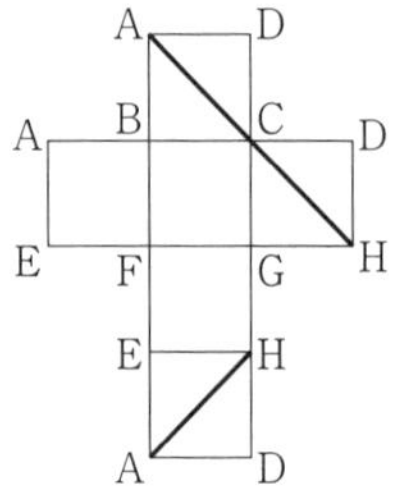

図②

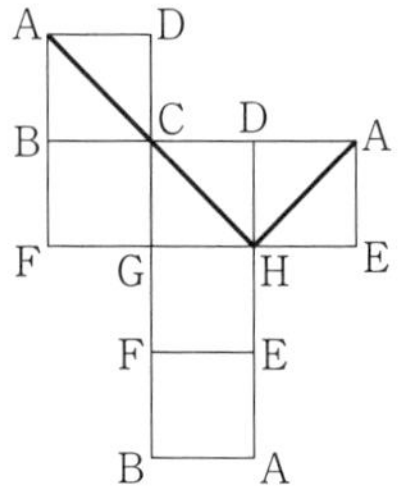

3 割合

(1) チョコレート１枚の大きさを１とすると，Aさんは全体の$\frac{1}{4}$をとったから，残りは全体の，$1-\frac{1}{4}$

$=\frac{3}{4}$となる。よって，Ｂさんがもらえるチョコレートは全体の，$\frac{3}{4}\times\frac{1}{3}=\frac{1}{4}$になる。

(2)　Ａさん，Ｂさんがチョコレートをとったあとの残りは全体の，$\frac{3}{4}-\frac{1}{4}=\frac{2}{4}=\frac{1}{2}$なので，Ｃさんがもらえるチョコレートは全体の，$\frac{1}{2}\times\frac{1}{3}=\frac{1}{6}$となる。

(3)　Ｄさんがもらえるチョコレートは全体の，$\frac{1}{2}-\frac{1}{6}=\frac{2}{6}=\frac{1}{3}$である。よって，Ａさんが$\frac{1}{4}$，Ｂさんが$\frac{1}{4}$，Ｃさんが$\frac{1}{6}$をもらうから，チョコレートを最も多くもらえるのはＤさんである。

4　平面図形―図形の移動，長さ

(1)　下の図①のように，点Ａが動いてできる線は，半径４cm，５cm，３cmで中心角が90度のおうぎ型の弧《こ》になる。よって，その長さは，$4\times2\times3.14\times\frac{90}{360}+5\times2\times3.14\times\frac{90}{360}+3\times2\times3.14\times\frac{90}{360}=(4+5+3)\times2\times3.14\times\frac{1}{4}=6\times3.14=18.84$(cm)とわかる。

(2)　下の図②のように，点Ａが動いてできる線は，半径が４cmで中心角が，180－90－30＝60(度)のおうぎ形の弧と，半径が５cmで中心角が90度のおうぎ形の弧と，半径が３cmで中心角が，360－120－90＝150(度)のおうぎ形の弧になる。よって，その長さは，$4\times2\times3.14\times\frac{60}{360}+5\times2\times3.14\times\frac{90}{360}+3\times2\times3.14\times\frac{150}{360}=\left(\frac{4}{3}+\frac{5}{2}+\frac{5}{2}\right)\times3.14=\frac{19}{3}\times3.14=19.88\cdots$(cm)より，小数第２位を四捨五入して，19.9cmと求められる。

図①

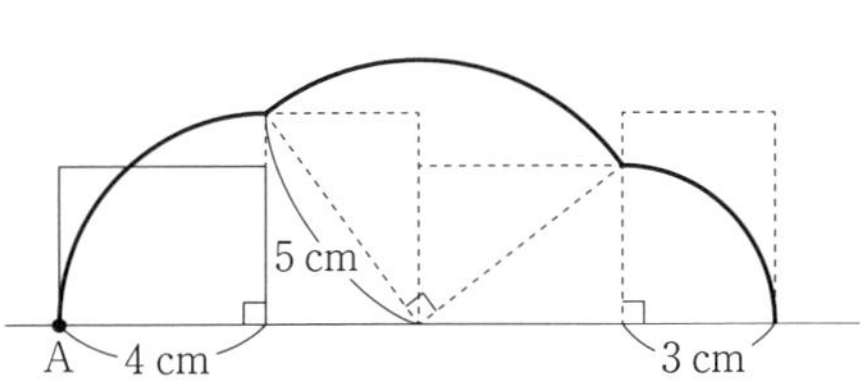

図②

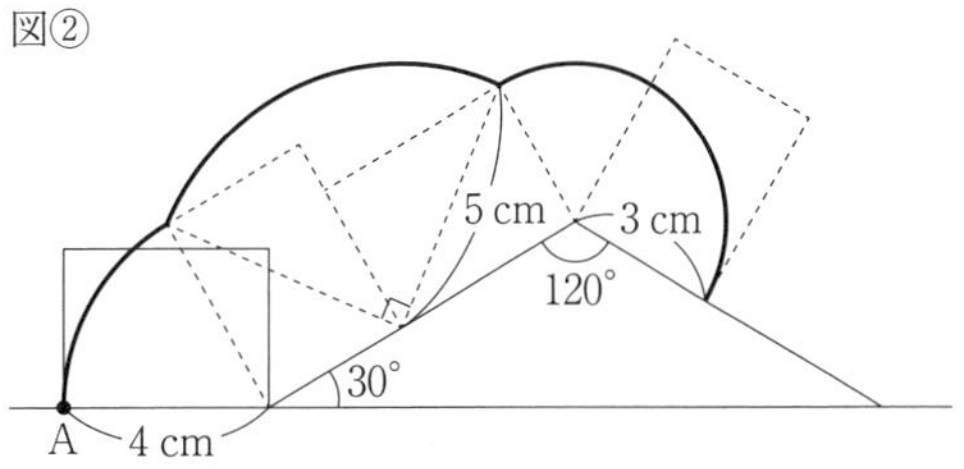

5　数列

(1)　真ん中の数は１から，３－１＝２，７－３＝４，13－７＝６，…と，偶数ずつ増えている。よって，19段目から20段目では，２×19＝38増えるので，20段目の真ん中の数は，１＋２＋４＋６＋…＋38＝１＋(２＋38)×19÷２＝381である。

(2)　２段目の右端《みぎはし》の数は４(＝２×２)，３段目の右端の数は９(＝３×３)，４段目の右端の数は16(＝４×４)だから，N段目の右端の数は($N\times N$)となる。そこで，19段目の右端の数は，19×19＝361，21段目の右端の数は，21×21＝441になるから，20段目と21段目には，362から441までの数が並ぶとわかる。これらの数の個数は，441－361＝80(個)なので，20段目と21段目の数をすべて足すと，362＋363＋364＋…＋441＝(362＋441)×80÷２＝32120と求められる。

6　条件の整理

会員になったとすると，30日分のコーヒー代と会費を合わせて，250×30＋3000＝10500(円)(…①)支《し》払《はら》う必要がある。会員にならないとすると，30日分のコーヒー代は，380×30＝11400(円)(…②)になるから，会員になる(…③)方が，11400－10500＝900(円)(…④)得になる。また，会員になると，会員以外より１杯《ばい》あたり，380－250＝130(円)(…⑤)安くなるから，3000÷130＝23あまり10より，会費の3000円の元をとるためには，23＋１＝24(杯)(…⑥)以上飲めばよい。次に，水筒《すいとう》を持っていくのを５回忘れたから，水筒を持っていった回数は，30－５＝25(回)であり，水筒の値引きは，20×25＝500(円)(…⑦)となる。すると，実際に支払った金額は10910円なので，会費の分を差し引くと，10910－3000＝7910(円)，さらに水筒の値引きがなかったとすると，7910＋500＝8410(円)(…⑧)になる。そこで，会員になる前は1杯380円，会員になった後は1杯250円でコーヒーを飲み，30日で8410円支払ったと考える。1杯250円で30日コーヒーを飲むと，250×30＝7500(円)になり，実際よりも，8410－7500＝910(円)安くなる。1杯250円のかわりに1杯380円で飲むと，1杯あたり130円高くなるから，1杯380円で飲んだ日数は，910÷130＝7(日)とわかる。よって，会員になる前に飲んだコーヒーは7杯(…⑨)である。

社　会　＜1日午前4科試験＞（30分）＜満点：75点＞

解　答

1 **問1**　イ　**問2**　(1)　エ　(2)　(例)　延焼を防ぐため。(火災が広がるのを防ぐため。)　**問3**　(1)　エ　(2)　ウ　**問4**　ア　**問5**　(例)　子どもの割合が減り，公園を幅広い年齢層の人々が使うようになったから。　**問6**　(例)　誰でも利用しやすいように工夫された公園。　**問7**　(1)　イ　(2)　こども基本法　**問8**　(1)　イ　(2)　イ　**問9**　ア

2 **問1**　国土地理院　**問2**　3　**問3**　(1)　ア　(2)　シラス台地　**問4**　**A**　種子島，オ　**B**　屋久島，エ　**C**　対馬，ア　**問5**　(1)　志賀島　(2)　のぼりがま　**問6**　イ→ア→ウ→エ　**問7**　ウ→ア→イ→エ　**問8**　(1)　水俣病　(2)　**A**　イ　**B**　ウ　**C**　ア

3 **問1**　**A**　⑦　**B**　⑧　**C**　⑥　**D**　①　**E**　⑤　**F**　③　**G**　②　**H**　④　**問2**　(1)　ODA　(2)　ウ　**問3**　(1)　朝鮮通信使　(2)　イ　**問4**　ア　**問5**　(1)　日米和親条約　(2)　①　ハリス　②　井伊直弼　(3)　イ

4 **問1**　インバウンド　**問2**　**い**　東大　**う**　広島　**え**　文化　**お**　愛知　**問3**　ドーナツ化現象　**問4**　択捉島　**問5**　(例)　観光客の著しい増加が，地域住民の生活や自然環境等に悪影響を与えること。　**問6**　ウ　**問7**　イ

解　説

1 **公園の整備を題材にした総合問題**

問1　特にことわりのないかぎり，地形図では上が北になる。「広小路駅」の南に多く見られるのは神社(⛩)ではなく寺院(卍)である(イ…×)。なお，地図記号では，アの博物館は(🏛)，ウの裁判所は(仐)，エの交番は(X)で示される。

問2　(1)　かつて東京市長を務め，1923年の関東大震災《しんさい》後に東京の復興計画の中心をになったのは後藤新平である(エ…○)。なお，アの田中正造は明治時代に足尾銅山の鉱毒問題を追及《ついきゅう》した人物，イの江藤新平は明治時代に佐賀の乱を起こした人物，ウの田中角栄は昭和時代に内閣総理大臣を務めた人物である。　(2)　関東大震災における死者・行方不明者は約10万5千人で，亡《な》くなった人の多くは火災によるものであった。そのため，震災後に進められた復興事業では，火が燃え広がる延焼を防ぐため，道路の拡張と都市部の区画整理に力が注がれた。

問3　(1)　東京都やその郊外に人口が集中した高度経済成長期には，東京都で発生したゴミの多くが臨海《りんかい》部に持ちこまれ，埋《う》め立て処分されていた。そのため，臨海部では，ゴミ収集車が集中する

ことによる交通渋滞《じゅうたい》や，処分場における悪臭《あくしゅう》やハエの大量発生といった問題が生じた(エ…×)。　(2)　私生活に関する情報を公開されない権利を，プライバシーの権利という。日本国憲法第13条が保障する幸福追求権を根拠《こんきょ》として主張されるようになった，日本国憲法に記されていない新しい権利の1つである。なお，アは第26条1項，イは第28条，エは第32条で保障されている権利である。

問4　法律案の審議《しんぎ》は，衆議院と参議院のどちらからでも始められる(ア…×)。なお，衆議院に先議権があるのは予算の審議であり，衆議院の優越の1つである。

問5　日本における年齢別人口の割合の推移を示したグラフから，14歳以下の割合が減少傾向《けいこう》にあり，65歳以上の割合が増え続けていることがわかる。このように子どもの数が減ったため，子どもを対象としていた「児童公園」が，高齢者を含《ふく》む，より幅広い年齢の人々が利用する施設として「街区公園」になっていったと考えられる。

問6　インクルーシブとは，「包みこむ」といった意味の英語である。そこから，「だれも排除《はいじょ》することのない」「年齢や性別，障害の有無などにかかわらず，だれでも使いやすい」といった意味でも用いられるようになった。写真のインクルーシブ公園では，すべり台の傾斜《けいしゃ》が緩《ゆる》やかなことや，幼い子どもでも手すりにつかまってよじ登ることができるように，階段の代わりにスロープ(坂)を設けていることなどを特色としている。

問7　(1)　子どもの権利条約(児童権利条約)は1989年に国連総会で採択された(イ…×)。　(2)　こども基本法は，子どもや若者に対して成長の各段階を通して行われる支援や養育環境《かんきょう》の整備といった，こども施策を推進することを目的として，2022年に制定され，翌23年4月に施行された。このとき，こども施策をになう機関としてこども家庭庁が設置された。

問8　(1)　東京都は，人口と企業の数が多く，住民税や法人税など多くの税収があるため，歳入に占《し》める税収の割合が70%を超《こ》えている。また，東京都は地方公共団体間の格差をおさえる目的で国から支給される地方交付税の交付を受けていない(イ…○)。なお，アは千葉県，ウは神奈川県，エは埼玉県の当初予算である。　(2)　男女共同参画社会基本法が制定・施行されたのは1999年である(イ…○)。

問9　日本国憲法第82条で，裁判は原則として公開の法廷で行われることが定められている(イ…×)。家族間で起きたトラブルや少年事件(未成年の者が起こした刑事事件)を扱うのは家庭裁判所で，簡易裁判所は少ない金額のトラブルや軽度の犯罪などを扱う裁判所である(ウ…×)。裁判員裁判が行われるのは，重大な刑事事件の第一審である(エ…×)。

2　九州地方を題材とした総合問題

問1　2023年に日本の島の数を発表したのは国土地理院である。国土地理院は国土交通省に属する行政機関で，測量行政を担当し，地形図の作製などを行っている。

問2　九州地方にある政令指定都市は，福岡市，北九州市(福岡県)，熊本市の3つである。

問3　(1)　九州地方北部にある低くなだらかな山地は筑紫《つくし》山地で，九州地方中央部にある高くけわしい山地は九州山地である(ア…×)。　(2)　九州地方南部には，シラスと呼ばれる火山灰などが堆積《たいせき》したシラス台地が広がっている。シラスは水持ちが悪いため稲作には向かず，シラス台地では畑作や畜産《ちくさん》がさかんに行われている。

問4　地図中のアは対馬《つしま》，イは五島列島，ウは壱岐《いき》(いずれも長崎県)，エは屋久《やく》島，オは種子《たねが》島

(いずれも鹿児島県)である。また，説明のＡは種子島，Ｂは屋久島，Ｃは対馬に当てはまる。

問５　(1)　江戸時代に「漢 委奴《かんのわのなの》国王」と刻まれた金印が発見されたのは博多湾(福岡県)の志賀《しかの》島である。金印は，『後漢書』東夷《とうい》伝の中に記述がある，57年に漢の皇帝が倭の奴国の王に授《さず》けたものと考えられている。　(2)　古墳時代には，のぼりがまを用いた製陶技術が渡来人によって伝えられ，これまでより高温で焼かれた須恵器と呼ばれる焼き物がさかんにつくられるようになった。

問６　アの興福寺の阿修羅《あしゅら》像は奈良時代，イの広隆寺の弥勒菩薩半跏思惟《みろくぼさつはんかしゆい》像は飛鳥時代，ウの平等院鳳凰《ほうおう》堂は平安時代，エの金閣は室町時代につくられたので，年代の古い順にイ→ア→ウ→エとなる。

問７　アの文永の役(１度目の元寇《げんこう》)は1274年，イの慶長の役(２度目の朝鮮侵略)は1597～98年，ウの白村江《はくすきのえ》の戦いは663年，エの日露戦争は1904～05年の出来事であるので，年代の古い順にウ→ア→イ→エとなる。

問８　(1)　熊本県水俣市にあった化学肥料工場の廃水《はいすい》に含まれていたメチル水銀(有機水銀)が，魚などを通して人体に入ったことが原因で，1950～60年代に水俣病が発生した。　(2)　SDGs は，2015年の国連総会で採択された，2030年までに達成すべき17の目標と169の達成基準からなる持続可能な開発のための国際目標である。アは目標11の「住み続けられるまちづくりを」，イは目標３の「すべての人に健康と福祉を」，ウは目標12の「つくる責任つかう責任」，エは目標４の「質の高い教育をみんなに」のロゴである。

3　日本の相手国別貿易を題材とした総合問題

問１　Ａは衣類が輸入品の上位に入っていて輸出入額が最も多いので中国，ＢはＡに次いで輸出入額が多いのでアメリカ合衆国，Ｄは石炭や液化天然ガスなどの天然資源が輸入品の上位を占めているのでオーストラリア，Ｅは肉類が輸入品の上位に入っているのでタイ，Ｆは医薬品と乗用車が輸入品の上位に入っているのでドイツ，Ｇは衣類や履物，魚介類が輸入品の上位に入っているのでベトナム，Ｈは原油が輸入額の９割以上を占めているのでサウジアラビアと判断でき，残るＣは韓国である。また，①は「国土面積が日本の20倍あり」，鉱産資源が豊富なのでオーストラリア(…Ｄ)，②はアメリカ軍がベトナム戦争から撤退した1973年から外交関係が始まって日本が政府開発援助をしているのでベトナム(…Ｇ)，③はＧ７のメンバーで日本の EU 内最大の貿易相手国なのでドイツ(…Ｆ)，④はペルシャ湾付近にある国なのでサウジアラビア(…Ｈ)，⑤は朱印船貿易が行われたアユタヤがあるのでタイ(…Ｅ)，⑥は朝鮮半島にあるので韓国(…Ｃ)，⑦は日清戦争や日中戦争で戦った国なので中国(…Ａ)，⑧は日米修好通商条約を結んだ国なのでアメリカ合衆国(…Ｂ)と判断できる。

問２　(1)　政府開発援助(ODA)は，先進国の政府などが発展途上国や国際機関に対して，資金の贈与《ぞうよ》・貸与《たいよ》や，技術提供を行う援助のことである。　(2)　日本の ODA への支出額は，近年では世界３～４位の年が多くなっているが，国民一人当たりの負担額は20位前後であるから，ウは誤りである。なお，2022年における，日本の二国間援助相手国の金額はインドが最も多く，日本の政府開発援助の総額は世界第３位である。

問３　(1)　16世紀末に行われた豊臣秀吉による侵略以来，途絶《とだ》えていた朝鮮との国交は，江戸時代に回復し，1607年には通信使(朝鮮通信使)と呼ばれる使節が来日した。以後，通信使は日本の将軍の代替わりごとに，十数回にわたって来日している。　(2)　李参平によって始められたのは有田焼である。同様に朝鮮から連れてこられた陶工によって始められた焼き物として，薩摩《さつま》焼，唐津焼，萩《はぎ》焼などがある。

問４　1895年に下関(山口県)で開かれた講和会議で結ばれた日清戦争の講和条約は下関条約である。なお，イのワシントン(海軍軍縮)条約は1922年に調印された海軍軍縮のための条約，ウの北京条約は1860年に調印されたアロー戦争の講和条約，エのポーツマス条約は1905年に調印された日露戦争の講和条約である。

問５　(1)　1854年に江戸幕府がアメリカとの間で結んだ，下田(静岡県)と函館《はこだて》(北海道)の２港の開港や，下田に総領事を置くことなどを認めた条約は，日米和親条約である。　(2)　日米修好通商条約は，アメリカ総領事ハリスと大老井伊直弼との間で調印された。この条約により幕府は，神奈川(横浜)など５港を開き，貿易を開始することを認めた。　(3)　1858年に始められた貿易では，日本の最大の貿易相手国はイギリスであった。日本が日米修好通商条約で最初に貿易の取り決めをしたアメリカは，貿易政策や奴隷制度などをめぐる南部と北部の対立から起きた南北戦争(1861～65年)の影響《えいきょう》で，アジアとの貿易が縮小していた。

4　外国人観光客を題材とした総合問題

問１　インバウンドは「(外から内に)入ってくる」といった意味の英語である。そこから，外国人観光客を指すようになった。

問２　**い**　「奈良の大仏」として知られるのは東大寺の盧舎那仏《るしゃなぶつ》である。　**う**　「海に浮《う》かぶ朱塗《しゅぬ》りの大鳥居」で知られるのは広島県の厳島《いつくしま》神社である　**え**　「富士山―信仰の対象と芸術の源泉」は，2013年に世界文化遺産に登録された。　**お**　犬山城は愛知県犬山市にある，16世紀前半に織田氏によって築かれた城で，天守が国宝に指定された５城(他の４つは松本城，彦根《ひこね》城，姫路《ひめじ》城，松江城)の１つでもある。

問３　都心部の居住人口が減少して郊外の居住人口が増加する現象は，ドーナツ化現象と呼ばれる。東京や大阪などで地価が上昇した1980～90年代ごろに起こった。その後，東京では都心部の再開発が進み，高層マンションなどが建設されたことから，都心部への人口回帰現象も見られる。

問４　日本固有の領土であるが，ロシアによる占領が続いていることから北方領土と呼ばれるのは択捉《えとろふ》島・国後《くなしり》島・色丹《しこたん》島・歯舞《はぼまい》群島である。このうち，面積が最も大きいのは択捉島で，本州・北海道・九州・四国に次いで，日本で５番目に面積の大きい島でもある。

問５　オーバーツーリズムとは，観光公害とも呼ばれる現象で，観光客が大量に訪れるようになった観光地で問題となっている。具体的には，観光客が増加したことで起こる，交通渋滞や騒音《そうおん》，ゴミ捨てなどの問題で，地域住民の生活や自然環境などへの悪影響が指摘されている。

問６　アの彦根城は滋賀県，イの松江城は島根県，ウの弘前《ひろさき》城は青森県，エの姫路城は兵庫県にある城である。

問７　1582年，織田信長は京都の本能寺に滞在中，家臣の明智光秀にそむかれて自害に追いこまれた(イ…○)。なお，アの室町幕府を開いたのは室町幕府初代将軍の足利尊氏，ウの金閣を建てたのは室町幕府第３代将軍を務めた足利義満，エの六波羅探題を設置したのは鎌倉幕府第２代執権の北条義時である。

理 科 ＜１日午前４科試験＞（30分）＜満点：75点＞

解 答

1 **問１** ① $\frac{3}{4}$倍　② 同じ　**問２** 解説の図を参照のこと。　**問３** ①（例） 回転数が低く，十分な電圧が得られなかったから。　②（い）　**2** **問１** ①（い）　②（う）　**問２** ① 38%　② 76g　**問３** ① C　②（く）　**3** **問１** ① ア 6　イ 343　ウ 49　エ 大きい　②（例） 大型の動物の方が，体積に対する表面積の割合が小さくなり，体の表面から熱がうばわれにくく，体温を維持しやすいため。　③（う），（お）　**問２** ①（い）　②（う）　**問３** ア 4　イ 9　ウ 裏面　**4** **問１** ① **記号**…（う）　**名称**…泥岩　② 凝灰岩　③（き），（け）　**問２** ① ア 大きくなる　イ 13時　②（例） 雲がないため，放射冷却により気温が下がりやすいから。　**問３** ① B　②（う），（え）

解 説

1 振《ふ》り子，光の反射，手回し発電機についての問題

問１ ① 振り子の支点から1.2m真下の位置に釘《くぎ》を打つと，振り子の長さは半分が1.6m，もう半分が，1.6−1.2＝0.4(m)になって振れる。1.6mの振り子の周期を１とすると，振り子の長さが，0.4÷1.6＝$\frac{1}{4}$(倍)になった0.4mの振り子の周期は$\frac{1}{2}$になる。よって，釘があるときの振り子の周期は，$1\times\frac{1}{2}+\frac{1}{2}\times\frac{1}{2}=\frac{3}{4}$なので，釘がない場合の周期の，$\frac{3}{4}\div 1=\frac{3}{4}$(倍)になる。　② 振り子は振り始めた高さと同じ高さまで上がることをくり返しながら振れる。これは振り子の長さが途《と》中《ちゅう》で変化した場合も同じである。よって，最高点Cの高さはおもりを放した位置Aの高さと同じになる。

問２ 鏡によってできる像は，鏡を対称《たいしょう》の軸《じく》として線対称の位置にできる。よって，鏡によってできる像は右の図のようになる。

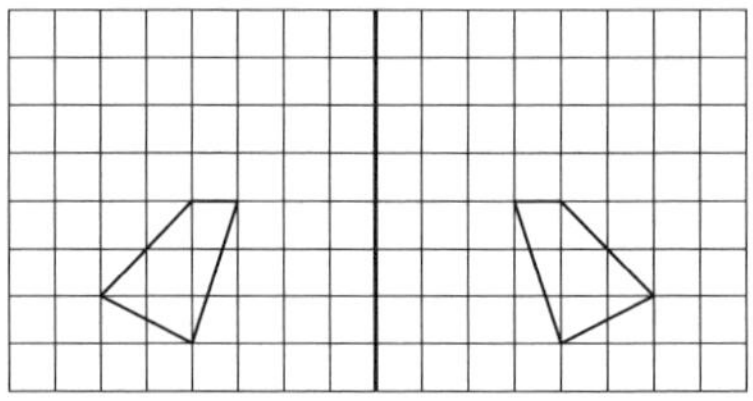

鏡

問３ ① 白色LEDで，充電《じゅうでん》時間が30秒のとき，回転数が１回/秒では１分以上光り，0.5回/秒では光らなかったのだから，回転数が低いと白色LEDを光らせるのに必要な３V程度以上の電圧が得られなかったとわかる。　② 電力は電流と電圧の積で求められるので，豆電球を光らせるのに必要な電力は，0.3×1.5＝0.45(W)となる。また，１A＝1000mAだから，20mAは，20÷1000＝0.02(A)となり，LEDを光らせるのに必要な電力は，0.02×３＝0.06(W)になる。よって，手回し発電機の手応えは電力におおよそ比例するので，手回し発電機を回す手応えはLEDの方が豆電球より軽いとわかる。また，電力量は電力と時間の積で求められるから，同じ電力量を持つコンデンサーを豆電球とLEDに接続したとき，消費電力が大きい豆電球の方がLEDより点灯時間が短くなる。

2 ものの溶《と》け方と濃度《のうど》，ドライアイスとものの燃え方についての問題

問１ ① 液体のロウを冷却《れいきゃく》して固体にすると，体積は小さくなる。このとき，外側から少しずつ固まっていくので，固体にしたあとのビーカーのようすは，（い）のように中央部分がへこんだ形になる。　② 液体から固体になると，ふつう体積は小さくなるが，水は体積が大きくなる。よっ

て，固体にしたあとのビーカーのようすは，(う)のように中央部分が盛り上がった形になる。

問2　①　(水溶液《すいようえき》の濃《こ》さ)＝(溶けているものの重さ)÷(水溶液全体の重さ)×100で求められるので，水200gに硝酸《しょうさん》カリウムを120g溶かした水溶液の濃さは，120÷(200＋120)×100＝37.5より，38%となる。　②　硝酸カリウムの10℃での溶解度は22gだから，10℃の水200gに溶ける硝酸カリウムの重さは，$22\times\frac{200}{100}=44$(g)となる。よって，溶液を10℃まで冷却したとき，溶けきれずに沈殿《ちんでん》する硝酸カリウムの重さは，120−44＝76(g)と求められる。

問3　ドライアイスは二酸化炭素の固体で，ドライアイスを空気中で放置しておくと，液体の状態を経ないで，直接気体の二酸化炭素に変化する。二酸化炭素は空気より重いので，この実験では箱の下の方からたまっていく。すると，ロウソクのまわりからものが燃えるのに必要な酸素が失われていくので，短いロウソクから順に消えていく。したがって，2番目に消えたロウソクはCである。

3　生物のからだと表面積，うでの動きと筋肉，蒸散についての問題

問1　①　**ア**　一辺が1mの立方体の表面積は，1×1×6＝6(m^2)である。　**イ**　一辺が7mの立方体の体積は，7×7×7＝343(m^3)だから，一辺が1mの立方体の体積の，343÷1＝343(倍)になる。　**ウ**　一辺が7mの立方体の表面積は，7×7×6＝294(m^2)なので，一辺が1mの立方体の表面積の，294÷6＝49(倍)になる。　**エ**　以上のことから，体積が大きくなるとき，体積の変化は表面積の変化より大きいとわかる。　②　大型の動物の方が体積に対する表面積の割合が小さくなり，寒冷地域で生活する場合，体の表面から熱がうばわれにくく，体温を保ちやすい利点がある。　③　ヒトの脳のしわが多いことによって脳の表面積が大きくなり，多くの細胞《さいぼう》が脳におさまるようになっている。植物の根の先の方には無数の根毛がはえていて，根の表面積を大きくし，水や水に溶けた養分を効率よく吸収できるようになっている。

問2　①　うでをのばすときはひじの内側のAの筋肉はゆるんでやわらかくなり，外側のBの筋肉が縮んでかたくなる。逆に，うでを曲げるときはAの筋肉が縮んでかたくなり，Bの筋肉がゆるんでやわらかくなる。　②　あしをのばすときは前側のCの筋肉が縮んでかたくなり，後ろ側のDの筋肉がゆるんでやわらかくなる。逆に，あしを曲げるときはCの筋肉がゆるんでやわらかくなり，Dの筋肉が縮んでかたくなる。

問3　蒸散は，おもに葉にある気孔《きこう》から行われる。葉にワセリンをぬったところでは蒸散が行われないので，実験のようすをまとめると，右上の表のようになる。

	①	②	③	④
ワセリンをぬったところ	ぬらない	葉の表面	葉の裏面	葉の切り口
蒸散が行われるところ	葉の表，裏，茎《くき》	葉の裏，茎	葉の表，茎	茎
減った水分量	14mL	10mL	5mL	1mL

これより，葉の表からの蒸散量は，(①−②)，あるいは，(③−④)で求められるから，14−10＝4(mL)となり，葉の裏からの蒸散量は，(①−③)，あるいは，(②−④)で求められるので，14−5＝9(mL)となる。したがって，葉の裏面でより活発に蒸散が行われていることがわかる。また，葉の裏面からの蒸散量の方が表面からの蒸散量より多いので，気孔は葉の表側より裏側に多いことがわかる。

4　堆積《たいせき》岩，気温の変化，太陽と月の南中高度についての問題

問1　①　川の流れの運ぱん作用によって運ばれた土砂《どしゃ》は，海に流れこんで海底に堆積する。このとき，粒《つぶ》が小さいものほど沈《しず》みにくいので陸地から遠い海底に堆積する。粒の大きさから，(あ)はおもに粒が大きいれきが堆積してできたれき岩，(い)はおもに砂が堆積してできた砂岩，(う)は粒が小さい泥《どろ》が堆積してできた泥岩《でいがん》である。　② 火山灰などの火山の噴出《ふんしゅつ》物が堆積してできた岩石を凝灰《ぎょうかい》岩という。　③ 川の流れによって運ばれた土砂は，粒どうしがぶつかり合ったり，川底とぶつかったりするため，角が取れて丸くなる。また，流水のはたらきでできた(あ)～(う)の堆積岩は，①で述べたように，流水が運ぶはたらきによって大きさが揃《そろ》ってくる。

問２ ① ６月14日の昼の天気は，くもり一時雨，15日はくもりのち雨，16日，17日はともに晴れ，18日はくもり一時晴れで，グラフより，雨やくもりの日よりも晴れの日の方が気温の変化が大きくなることが読み取れる。また，どの日も13時頃《ごろ》に気温が最も高くなることが共通していることも読み取れる。　② 夜間に雲がなく，よく晴れていると，地表の熱が大気中に多くにげていき，日の出直前の気温が大きく下がる。この現象を放射冷却という。

問３ ① 北極と南極を結んだ直線を地軸といい，地球は地軸を回転の軸として自転している。地軸の北極側が太陽の方に傾《かたむ》いているＣの位置に地球があるときが夏至の日である。よって，地球の公転の向きからＤが秋分の日，Ａが冬至の日，Ｂが春分の日の地球の位置になる。　② 北半球で，夏至の日の太陽の南中高度が高いことと同様に，月が地軸の傾いた方にあると南中高度が高くなり，反対の方にあるときに南中高度は低くなる。　(あ)，(い) 満月は月が地球に対して太陽と反対側，新月は太陽と同じ方向にあるときに見られる。よって，夏至の日には新月の南中高度は高く，満月の南中高度は低くなる。　(う) 春分の日（Ｂの位置）に上弦《じょうげん》の月，下弦の月が見られるときの月の位置は右の図のようになる。したがって，月が地軸の傾いた方にある上弦の月の南中高度は高く，下弦の月の南中高度は低い。　(え) 新月は太陽と同じ方向にあるので，新月の南中高度は季節に関係なく太陽の南中高度とほぼ同じになる。　(お) 以上に述べたことより，誤り。

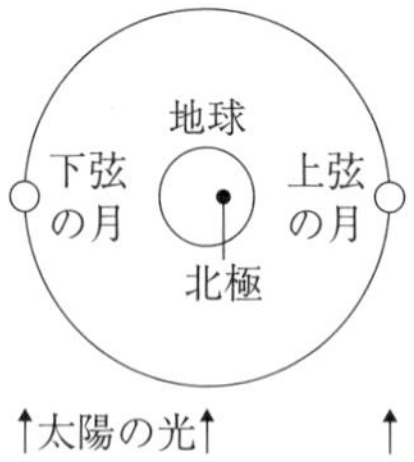

国　語　＜１日午前４科試験＞（60分）＜満点：100点＞

解　答

一 **問１** ａ エ　ｂ イ　**問２** （例） この世に生まれた人間は一人残らず全員，それぞれ個性を持っているので，誰かに「磨きなさい」と命令されて，義務のように磨く必要などないから。　**問３** （例） 「個性を磨かなきゃいけない」と無理をして，自分で自分の個性をつぶしてしまうこと。　**問４** （例） 自分のすべての行動がそのままアイデンティティをつくると考えること。　**問５** Ａ チームワークをとること　Ｂ 自分の意見や考えを述べること　**問６** ア　**問７** ア　**問８** （例） 勉強以外で何か秀でたものを持っている子どもが，自分には才能が備わっているという実感を持ったり，そういった評価を他者から受けたりする機会を得ることができるから。　**問９** エ　二 **問１** ａ オ　ｂ エ　ｃ ア　**問２** （例） せっかくの遊びの誘いを断りたくはなかったが，翌々日に出国をひかえており，簡単に誘いにのることもできなかったから。　**問３** （例） 大人しいと思っていた「九島さん」がソファの上で熱唱していること。／「九島さん」と来たカラオケに「九島さん」のお母さんが付いてきていること。　**問４** （例） いじめられていて友達ができなかった「九島さん」の友達になり，遊びに誘ってくれたこと。　**問5**　(例)　実況中継の取材のために誘っただけで，「わたし」には「九島さん」のお母さんが思うように友人という意識があったわけではないから。
問6　(例)　小学生のときに「なまっている」といじめられて，人と話すことがこわかったから。　**問7**　オ　**問8**　(例)　これまで人に聞いてもらうことを前提とした実況をしたことがなく，準備をしてちゃんとした実況をしなければならないと思いこんでいたが，いつもの「脳内実況」でよいと思えるようになったから。　**問9**　ウ　三　①～⑤　下記を参照のこと。
⑥　こころよ　⑦　しお　⑧　じょきょ　⑨　じゅうおう　⑩　こなゆき　四　**問1**　①　まごころ　②　どんぞこ　③　ずぶとい　④　かぼそい　⑤　ごかぞく　**問2**　①　うまみ　②　かなしげ　③　やすっぽい　④　かため　⑤　こわがる
五　①　あなかんむり，六(画)　②　くさかんむり，九(画)　③　にくづき，十五(画)
④　のぎへん，九(画)　⑤　まだれ，七(画)

●漢字の書き取り

三　①　童話　②　頂上　③　故郷　④　忠実　⑤　刻

解　説

一　**出典：今北《いまきた》 純一《じゅんいち》『自分力を高める』**。アイデンティティの確立におけるヨーロッパと日本の教育の違《ちが》いなど，具体例を出しながら，筆者は日本における個性の尊重について意見を述べている。

問1　**a**　前には，「日本では『個性』という言葉が主に人の外観に関して使われること」に，筆者は「違和感《いわかん》」を持つとある。後には，その例として「個性的なファッション，個性的なヘアスタイル」があげられている。よって，具体的な例をあげるときに使う「たとえば」が入る。　**b**　「『平等主義に反する』という理由で競争をさせない」という考え方に筆者は否定的である。bの後には「平等主義がそんなに素晴《すば》らしいのなら」と，筆者が疑問視している内容が仮に正しいとしたらという内容が続くので，改めて説き起こすときに使う「そもそも」が合う。

問2　ぼう線部①の「そういう言葉」は，「個性を発揮すべきだ」「個性を磨《みが》くべきだ」という言葉を指す。少し後にあるように，「この世に生まれた人間は一人残らず全員，それぞれの個性を持って」いるので，「誰《だれ》かに『磨きなさい』と命令されて，義務のように磨く必要などない」と筆者は考えているのである。

問3　筆者が気をつけるべきだと警告している「そういうネガティブなサイクル」は，直前の二文に「いちばん良くない」こととして説明されている。「個性を磨かなきゃいけない」と無理をして，「結局は自分で自分の個性をつぶしてしまうこと」を指す。

問4　「アイデンティティの確立」は決して難しくないとする筆者は，直前の二段落で，何がアイデンティティになるかについて例をあげている。何を買うか，どう休日を過ごし，人とつき合うかなど，自分のすべての行動がそのままアイデンティティをつくると考えることをぼう線部③は受けている。

問5　**A**　ヨーロッパの教育は「日本とはあべこべ」なのだから，ヨーロッパ人達が不得手な「チームワークをとること」については，日本の教育は優れていることになる。　**B**　ヨーロッパの教育現場では，小さいときから自身の考えや意見を持つように鍛《きた》えられるのだから，「自分の意見や考えを述べること」は得意になる。これは逆に，日本の教育が苦手とする部分となる。

問６　勝ち負けにこだわったり，順位で差をつけたりするのはよくないとする最近の風潮に筆者は疑問を投げかけ，「オリンピックで日本選手が優勝すれば大喜びし，サッカーのワールドカップで日本チームが敗退すれば悔《くや》しがる」例をあげている。こうした例は，日本人が勝ち負けを意識して競争を楽しむ姿である。

問７　ぼう線部⑥の二段落前にイ，二段落先にオ，最後から五番目の段落にウ，最後から四番目の段落にエの内容が書かれている。

問８　続く二段落からまとめる。学校生活には体育祭や美術の授業などもあり，勉強以外で何かに秀《ひい》でたものを持っている子どもは，自分には才能が備わっているという実感を持ったり，そういった評価を他者から受けたりする機会を得ることができる。

問９　直前の段落に注目する。日本では「子供の個性を大事にすべきだ」としきりに言われるわりには，勉強以外の運動会などの場で順位をつけたがらないように，勉強以外の個性の違いが出ることを避《さ》ける傾向《けいこう》にあることに，筆者は「矛盾《むじゅん》」を感じているのだから，エがあてはまる。

二　**出典：こまつあやこ『ハジメテヒラク』**。従姉妹《いとこ》のアドバイスで始めた脳内実況《じっきょう》でつらい時期を乗り越《こ》えた「わたし」は，生け花ショーの練習で初めて人前で実況してほめられる。

問１　**a**　九島さんがハーフだったことを初めて知った「わたし」は，「まじまじと」九島さんを見つめ，その外見を脳内実況している。「まじまじと」は，目を離《はな》さずに見つめるようす。　**b**　生け花の実演が終わり，緊張《きんちょう》から解放されて「息をついた」ようすを表す「ほうっと」が合う。　**c**　野山先生にほめられた九島さんが笑顔になったようすを，頬《ほお》が「きゅっと」上がると表現している。「きゅっと」は，強くしめつけるようす。

問２　「旅行の準備とかあるよね」と「わたし」も察しているとおり，翌々日には出国をひかえているため，九島さんは簡単に誘《さそ》いに乗ることができなかったのである。カラオケを提案すると乗り気になったことから，遊びの誘いを断りたくはなく，「難しい顔」になったと考えられる。

問３　「わたし」がここで実況している内容からまとめる。一つは，後に「わたし」が九島さんを「ただの大人しい子だと思ってた」とあるとおり，大人しいと思っていた九島さんが「ソファの上で熱唱」していること。もう一つは，「まさかまさかお母さんがついてくるとは！」とあるとおり，カラオケに九島さんのお母さんがついてきていることである。

問４　九島さんのお母さんの言葉からまとめる。小学校ではいじめられ，友達ができなかった九島さんの友達になり，遊びに誘ってくれたことに対し，お母さんは「わたし」に感謝している。

問５　前の部分に注意する。九島さんのお母さんは「わたし」が九島さんの友達になってくれたと感じ，お礼を言ってくれたが，「わたし」には九島さんの友達だという意識はなく，実況の取材のために九島さんを誘っただけだったのである。

問６　ぼう線部⑤の言葉に「わたし」は，小学生のときに「なまっている」といじめられて，九島さんは「小学校ではほとんどしゃべらなかった」と九島さんのお母さんが言っていたことを思い出している。九島さんはそのため，人と話すことがこわくて，しゃべらなくてすむ「生け花部」を選んだと思われる。

問７　それまで「わたし」は，九島さんを「ただの大人しい子」，「ただの暗い子」だと思っていたが，九島さんといろいろ話をし，「おとなしいだけではない面や思い」を知ることで，自分のものの見方は単純だったと思いいたり，九島さんに申しわけなく感じている。よって，オが選べる。

問８　人前で実況した経験がないのに実況を言いわたされた「わたし」は，「ノー勉強でテストに臨《のぞ》む」かのようなあせりを感じた。準備をしてちゃんとした実況をしなければならないと思いこんでいたが，「脳内実況のつもりでやってみれば」という「カオ先輩《せんぱい》の言葉」によって，いつもの「脳内実況」でいいと思えるようになって気が楽になっている。

問９　前書きにあるように，これまで「わたし」は「脳内実況」をすることで，つらい時期を乗り越えてきた。今回，初めて人前でした実況が周囲の人たちにほめられ，喜ばれたことで，実況を勧《すす》めてくれた従姉妹に感謝したいという気持ちになり，従姉妹がくれたお守りに無意識にふれたと考えられる。よって，ウが合う。

三　漢字の書き取りと読み

①　子ども向けに書かれた物語。　②　山の頂。　③　ふるさと。生まれた土地。　④　内容をごまかしたり省略したりせずにそのまま示すようす。　⑤　音読みは「コク」で，「時刻」などの熟語がある。　⑥　音読みは「カイ」で，「快活」などの熟語がある。　⑦　音読みは「チョウ」で，「満潮」などの熟語がある。　⑧　いらないものなどを取りのぞくこと。　⑨「縦横無尽《じゅうおうむじん》」は，自由に思いのまま動くようす。　⑩　粉のようにさらさらした，しめりけのない雪。

四　接頭語・接尾語《せつびご》の知識

問１　①「真心《まごころ》」は，いつわりのない，本当の心。　②「どん底《ぞこ》」は，最も悪い状態。　③「図太《ずぶと》い」は，ずうずうしいようす。　④「か細《ぼそ》い」は，とても細くてよわよわしいようす。　⑤「ご家族」は，相手の家族に対する尊敬の気持ちを表した言い方。

問２　①「うまみ」は，味のよい状態。　②「かなしげ」は，悲しそうなようす。　③「やすっぽい」は，いかにも安く見えるようす。　④「かため」は，比較的《ひかくてき》固いようす。　⑤「こわがる」は，“しきりにおそれる”という意味。

五　部首と画数の知識

①　部首はあなかんむりで，同じ部首の漢字には空・究などがある。部首以外の部分は「ム」を二画，「心」を四画で書くので，六画になる。　②　部首はくさかんむりで，同じ部首の漢字には花・薬などがある。部首以外の部分はさんずいを三画，「各」を六画で書くので，九画となる。　③　部首はにくづきで，同じ部首の漢字には肺・胃などがある。部首以外の部分では「臣」を左の縦棒から七画で書くことに気をつける。部首を除くと十五画となる。　④　部首はのぎへんで，同じ部首の漢字には種・税などがある。部首以外の部分は左部分が五画，右部分が四画で，合計で九画となる。　⑤　部首はまだれで，同じ部首の漢字には広・店などがある。部首以外の部分はえんにょう以外を四画，えんにょうを三画で書くので，合計すると七画である。

2024年度 普連土学園中学校

【算　数】〈１日午後算数試験〉（50分）〈満点：100点〉

※ 円周率は3.14として計算しなさい。

次の問いに答えなさい。

(1) $\left(4\frac{1}{3}-2\frac{3}{4}\right)\div 4\frac{2}{9}-1.05\div 2.8$　を計算しなさい。

(2) $\left(1.5-\square\times 3\right)\div\frac{2}{3}=0.9$ の計算で，$\square$に入る数を小数で答えなさい。

(3) $2.4\times 0.8-1.2\times 0.43+3.6\times 0.11$ を計算し，小数で答えなさい。

(4) 縮尺 $\frac{1}{50000}$ の地図上で，9cm^2 の面積の土地があります。この土地の実際の面積は何 km^2 ですか。小数で答えなさい。

(5) A★B=A×A+B×B とします。例えば，$3★4=3\times 3+4\times 4=25$ となります。このとき，$(2★3)★\square=194$ となるとき，$\square$に入る数を答えなさい。

(6) $\frac{1}{2\times 4}+\frac{1}{4\times 6}+\cdots+\frac{1}{18\times 20}$ を計算し，分数で答えなさい。

(7) 1個160円のチョコパンと1個120円のメロンパンを合わせて10個買ったら1480円でした。メロンパンは何個買いましたか。

(8) 図は正五角形です。対角線が交わってできた x の角度は何度ですか。

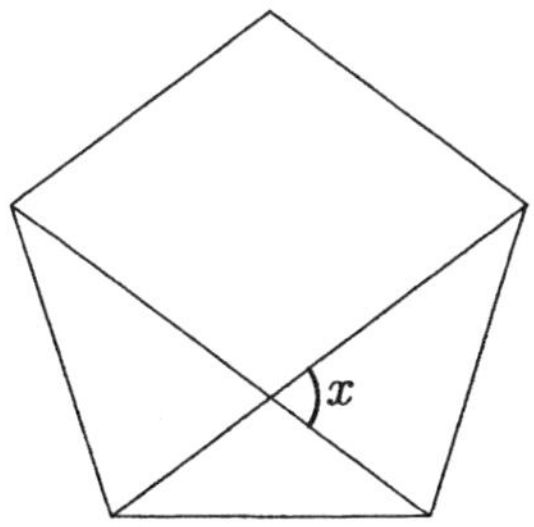

(9) 72 の約数のうち，2 の倍数は全部で何個ありますか。

(10) ガソリン 1L で 22km 進む車があります。15L のガソリンは 2750 円で買うことができます。
この車で 264km 進むのに必要なお金は何円ですか。

(11) 3 時から 4 時の 1 時間の間で短針と長針の作る角が 180 度になるのは，3 時何分ですか。
帯分数で答えなさい。

(12) 図の三角形の面積は何 cm^2 ですか。

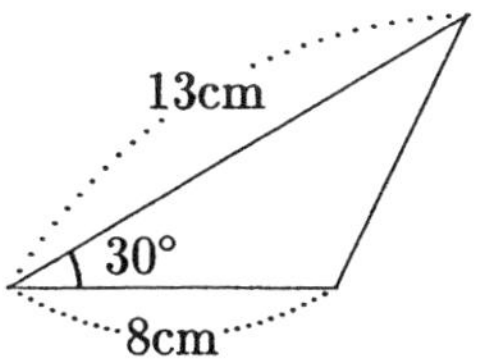

(13) 1 から 99 までの整数で，2 でも 3 でも割り切れる整数は何個ありますか。

(14) 濃度 1.2 ％の食塩水 400g から水を 200g 蒸発させると，濃度は何％になりますか。

(15) AさんとBさんが，片道2.6kmの山道を往復して競争することにしました。それぞれの速さは表の通りです。2人同時にスタートすると，どちらが何分早く帰ってきますか。

	A	B
行き (登り)	走り (分速 130m)	自転車 (時速 13km)
帰り (下り)	自転車 (時速 39km)	走り (分速 260m)

(16) 点Oを中心とする直径ABの長さが6cmの円があります。角CODが60度，角EOFが120度のとき，塗《ぬ》りつぶされた部分の面積の合計は何 cm^2 ですか。小数で答えなさい。

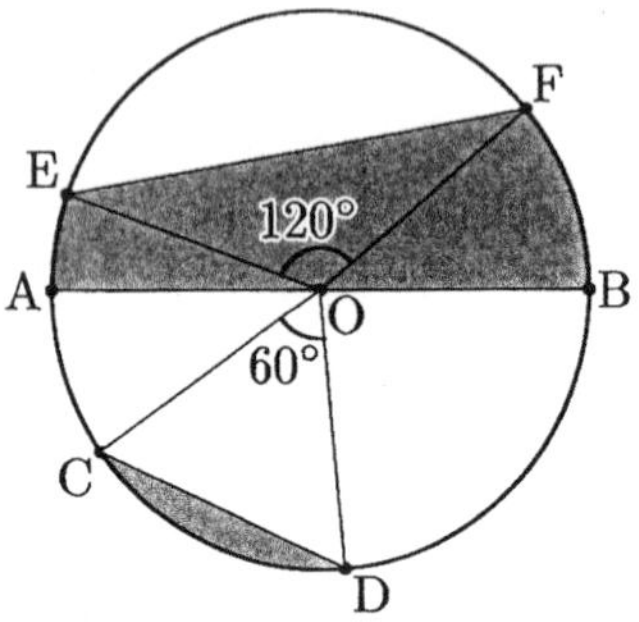

(17) AとBの2つの商品があります。AとBの定価の比は7 : 5でしたが，両方とも25円ずつ値上げしたので，AとBの売値の比は11 : 8になりました。商品Aの定価は何円ですか。

(18) 図のような支点から両端までそれぞれ1mある天秤《びん》があります。おもりA，B，Cが，それぞれ，左端，支点から右側に $\frac{1}{3}$m，支点から右側に $\frac{2}{3}$m の位置にあり，つり合っています。Aの重さが2kg，Bの重さが1kgのとき，Cの重さは何kgですか。小数で答えなさい。

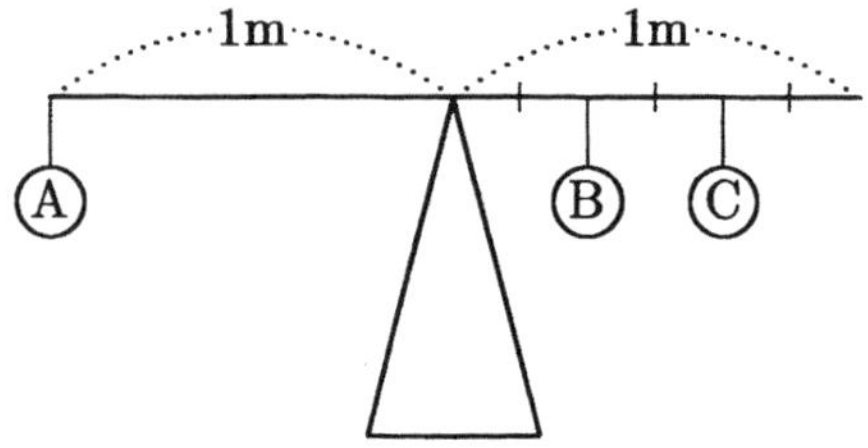

(19) 流れのないところでは分速60mの速さで進むボートがあります。このボートが，ある川を下流から上流に向かって流れにさからって120m上るのに3分かかりました。このとき川の流れの速さは分速何mですか。

(20) Aさんが12日間かけてする仕事をBさんは15日間かかります。この仕事をはじめにAさんが5日間したあと，残りをBさんが引き継《つ》ぎました。仕事が終わったのはAさんが仕事をはじめてから何日目ですか。

(21) 同じ商品を1つ目は定価で，2つ目は定価の1割引きで，3つ目は定価の300円引きで売ったところ，売り上げ合計金額は3905円になりました。定価は何円ですか。

(22) 縦10cm，横12cmの長方形の紙が何枚かあります。この紙を，すきまなく重ならないように同じ向きに並べて正方形を作ります。最も小さい正方形を作るとき，長方形の紙は何枚必要ですか。

(23) F学園でドッジボール大会を行います。16チームが参加し，トーナメント戦で優勝を決めます。引き分けはありません。このとき，優勝チームが決定するまでに全部で何試合行われますか。

(24) 図1のようなふたの無い直方体の容器に水がいっぱいに入っています。辺ABを床につけたまま静かに容器を傾《かたむ》けていきます。図2のように，45度まで傾けたとき，容器に残っている水の量は何cm^3ですか。

図1

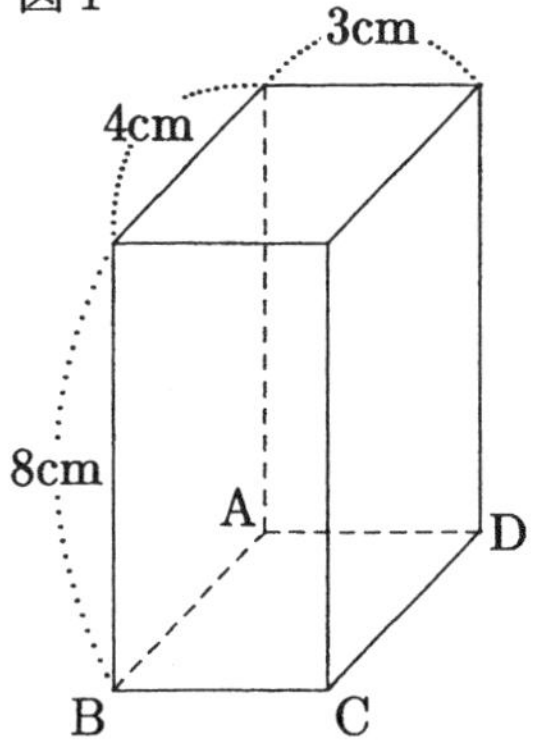

図2

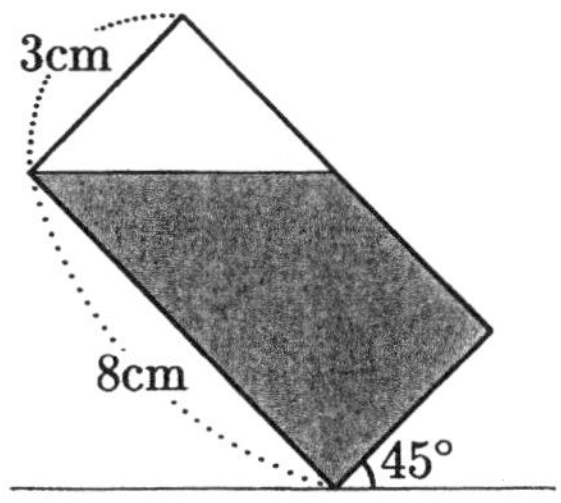

(25) 三太さんはこれまで5回の小テストを受けましたが，最後の答案だけ紛失《ふんしつ》してしまいました。1回目～4回目までの点数は，67点，75点，80点，71点で，5回全部の平均点は72点とわかっています。三太さんの5回目の点数は何点ですか。

(26) 白玉3個と黒玉2個の合計5個の碁《ご》石を横一列に並べる並べ方は，全部で何通りありますか。

(27) ある問題集は，毎日12題ずつ解いても8題ずつ解いても，ちょうど解き終わります。この問題集を毎日12題ずつ解くと，毎日8題ずつ解くときよりも，ちょうど8日早く終わります。この問題集には問題が何題ありますか。

(28) 図のように正方形の形をした台のまわりに，等しい間隔《かんかく》で1列目，2列目，3列目と規則正しく人が並びます。1列目のときに，台の1辺には3人並ぶことができました。4列目まで人が並んだとき，人数は全部で何人ですか。

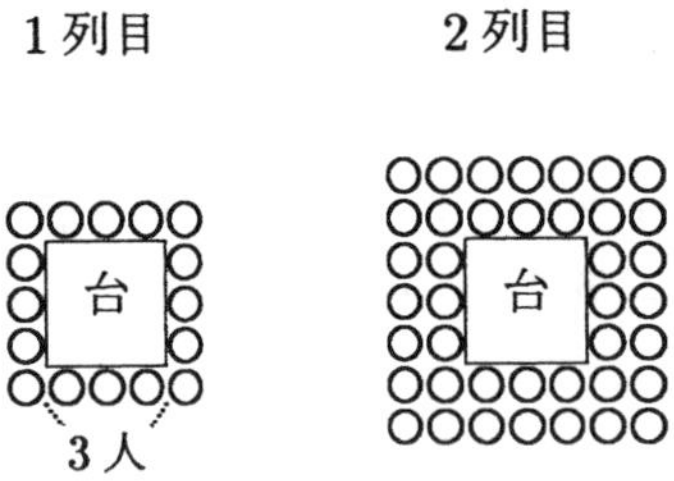

(29) 毎分10Lずつ水が注がれ続ける水そうがあります。この水そうに500Lの水がたまったときに排《はい》水管を1本開くと20分で空になります。同じときに排水管を2本開くと何分で空になりますか。帯分数で答えなさい。ただし，2本の排水管から排水される水の量は同じとします。

(30) 5人であるゲームを行いました。次の資料はその得点です。□には0以上の整数が入るとすると，中央値としては何通りの値が考えられますか。

【 8, 14, 17, 22, □ (点) 】

(31) ○☆☆○○○☆☆○○○☆☆○○○・・・のように，○と☆の記号が並んでいます。左から37番目の記号までに☆は何個ありますか。

(32) 縦と横の長さの比が1：2の長方形があります。縦の長さを1cm，横の長さを2cm伸ばしたところ面積が$50cm^2$増えました。もとの長方形の縦の長さは何cmですか。

(33) 2でも3でも割り切れない整数を1から小さい順に並べたとき，200番目の整数はいくつですか。

(34) 2024年1月31日は水曜日でした。2024年6月1日は何曜日ですか。ただし，2024年はうるう年です。

(35) 父と母の現在の年齢《ねんれい》の和は，子の現在の年齢の6倍です。また，4年前には，父と母の年齢の和は，子の年齢の8倍でした。現在の子の年齢は何才ですか。

(36) 次の図形を直線 ℓ を軸として1回転させてできる立体の表面積は何 cm^2 ですか。小数で答えなさい。

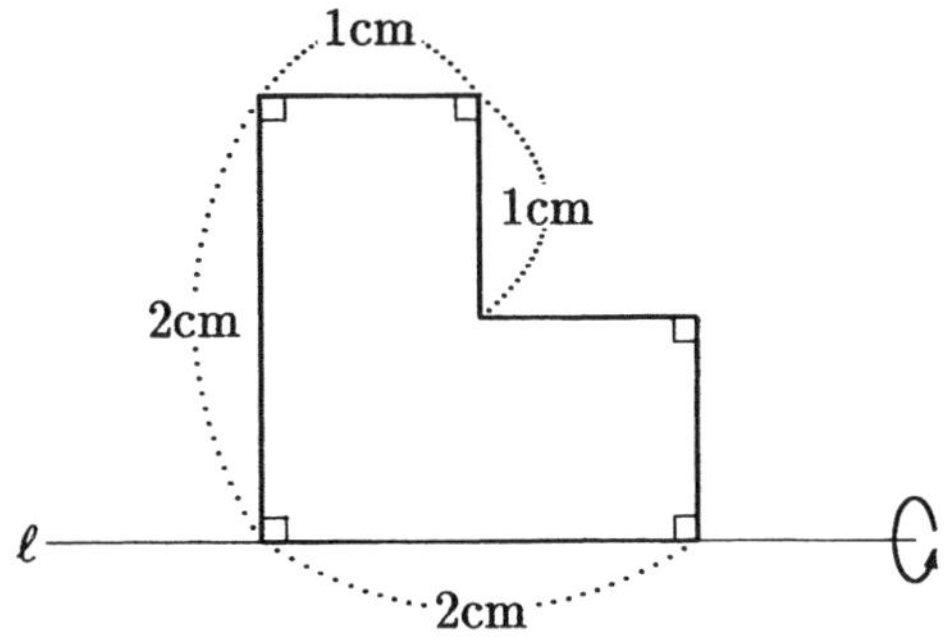

(37) $\dfrac{17}{45} < \dfrac{\square}{210} < \dfrac{23}{56}$ が成り立つとき，$\square$ に入る整数は全部で何個ありますか。

(38) 友子さんの年齢の $\dfrac{2}{3}$ と，町子さんの年齢の $\dfrac{3}{4}$ と，三太くんの年齢の $\dfrac{6}{7}$ が同じとき，友子さんと町子さんと三太くんの年齢の比を最も簡単な整数の比で答えなさい。

(39) 図のように，直角をはさむ2辺が10cmの直角二等辺三角形と，縦6cm，横15cmの長方形が直線ℓ上にあります。直角二等辺三角形はℓ上を毎秒1cmの速さで右に動き，長方形は止まっています。図の状態から16秒後に2つの図形の重なっている部分の面積は何cm^2ですか。

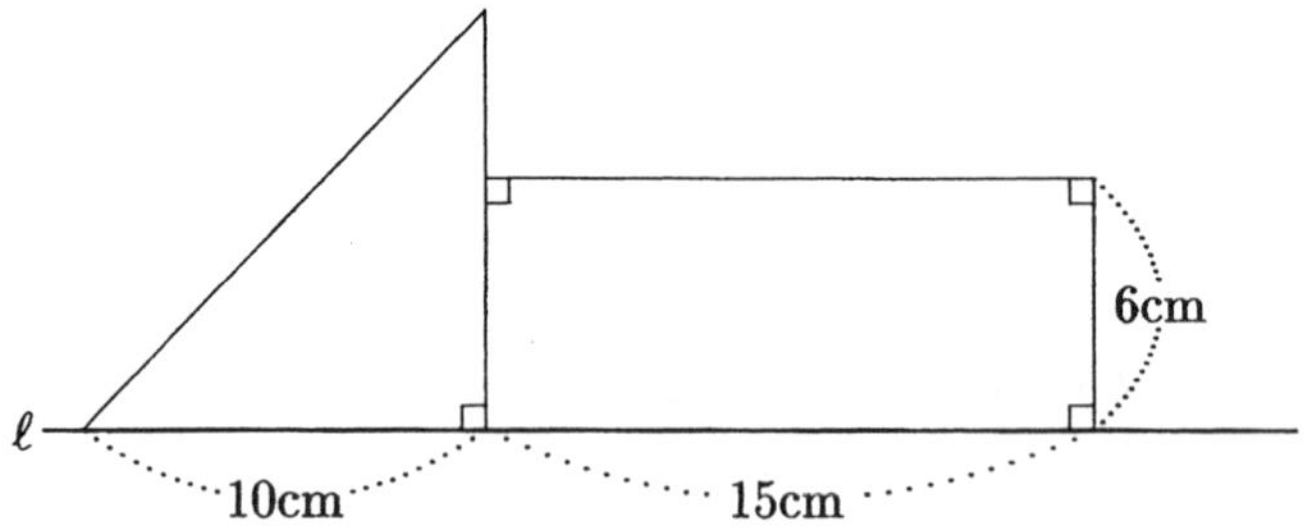

(40) $\frac{1}{9} = 0.111\cdots$ ， $\frac{1}{99} = 0.010101\cdots$ であることを利用して，
$0.666\cdots + 0.151515\cdots$ を計算し，分数で答えなさい。

(41) 町子さんはいくらかのお金を持っていましたが，1つ目のお店で持っているお金の$\frac{1}{4}$とさらに300円使いました。その後，そのとき持っている金額と同額のお金を親からもらいました。そして，2つ目のお店で持っているお金の$\frac{1}{3}$とさらに500円を使ったところ，100円残りました。町子さんが最初に持っていた金額は何円ですか。

(42) りんごとみかんと梨をあわせて6個買います。どの果物も必ず1つは買うとき，りんごとみかんと梨の個数の組合せは何通りありますか。

(43) 図のように底面の半径が6cmで，深さが9cmの円すいを逆さにした容器があります。この容器に上から水を一定の割合で入れていきます。水を入れ始めてから4秒後に深さ3cmまで水がたまりました。あと何秒で，この容器は水で満たされますか。

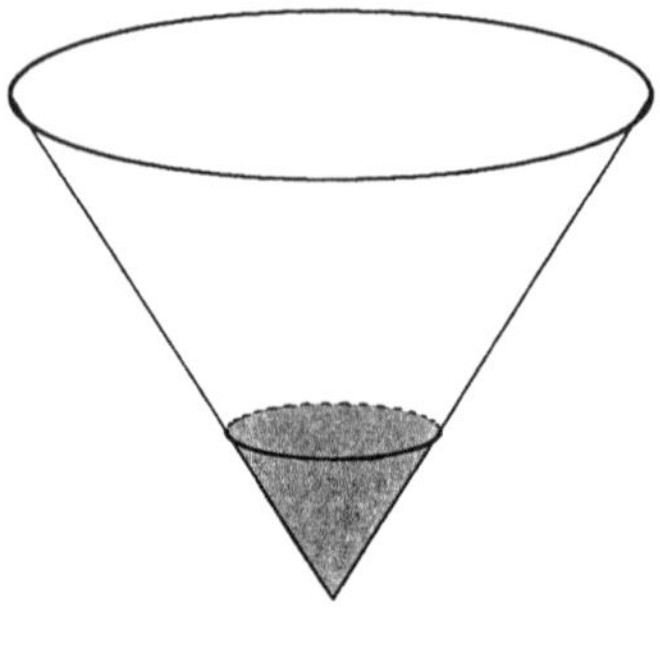

(44) えんぴつが何本かあります。箱 A,B があり，えんぴつはそれぞれ 24 本，36 本ずつ入ります。箱 A の数は箱 B の数より 5 箱多いです。えんぴつを箱 A に入れていくと，43 本入りません。えんぴつを箱 B に入れていくと，31 本入りません。えんぴつは何本ありますか。

(45) ある円周上を点 P は時計回りに 10 秒で 1 周し，点 Q は反時計回りに 12 秒で 1 周します。P と Q が同じ地点から同時に出発します。P と Q を結んだ線が円の直径となるときがあります。5 回目にそのような状況になるのは，同時に出発してから何秒後ですか。帯分数で答えなさい。

(46) 4 つの数 A,B,C,D をすべて足すと 175 になり，A に 4 を足した数，B から 4 を引いた数，C に 4 をかけた数，D を 4 で割った数はすべて等しくなります。A の数を答えなさい。

(47) 0 , 1 , 2 , 3 , 4 の 5 つの数字を使った整数を，次のように小さい順に並べます。2024 は最初から何番目の整数ですか。

1 , 2 , 3 , 4 , 10 , 11 , 12 , 13 , 14 , 20 , 21 , 22 , ⋯

(48) A の $\frac{1}{3}$ と B の $\frac{1}{4}$ の量を入れかえたら，A と B の量がちょうど反対になりました。もともとの A と B の量の比を最も簡単な整数の比で答えなさい。

(49) 直線道路に両端《りょうはし》を除いて，赤色ポールを 4m おきに，黄色ポールを 5m おきに立てたところ，どちらもちょうど立てることができ，赤色ポールは黄色ポールより 98 本多くなりました。この直線道路の長さは何 m ですか。

(50) 異なる 3 つの数があります。それらの数のうち 2 つの数の積を計算すると，126，168，192 の 3 種類でした。3 つの数のうち，一番小さい数を小数で答えなさい。

2024年度

普連土学園中学校　▶解　答

※　編集上の都合により，１日午後算数試験の解説は省略させていただきました。

算　数　＜１日午後算数試験＞（50分）＜満点：100点＞

解　答

(1)　0　(2)　0.3　(3)　1.8　(4)　2.25km^2　(5)　5　(6)　$\frac{9}{40}$　(7)　３個　(8)　72度　(9)　９個　(10)　2200円　(11)　$49\frac{1}{11}$分　(12)　26cm^2　(13)　16個　(14)　2.4％　(15)　Ｂが２分早い　(16)　9.42cm^2　(17)　525円　(18)　2.5kg　(19)　分速20m　(20)　14日目　(21)　1450円　(22)　30枚　(23)　15試合　(24)　78cm^3　(25)　67点　(26)　10通り　(27)　192題　(28)　112人　(29)　$8\frac{1}{3}$分　(30)　４通り　(31)　15個　(32)　12cm　(33)　599　(34)　土曜日　(35)　12才　(36)　43.96cm^2　(37)　７個　(38)　９：８：７　(39)　36cm^2　(40)　$\frac{9}{11}$　(41)　1000円　(42)　10通り　(43)　104秒　(44)　427本　(45)　$24\frac{6}{11}$秒後　(46)　24　(47)　264番目　(48)　９：８　(49)　1960m　(50)　10.5

2024年度 普連土学園中学校

【算　数】 **〈2日午後2科試験〉** (50分) 〈満点：100点〉

〔注意〕 解答欄《らん》に「式」とある場合には，式や考え方も書きなさい。

1 次の □ にあてはまる数を求めなさい。

(1) $14.3\times9\times5.1\div(1.7\times1.5\times1.3)=\square$

(2) $\dfrac{1}{2}-\dfrac{1}{4}\div\left\{1\div\square\div\left(\dfrac{1}{3}-\dfrac{1}{5}\right)\right\}=\dfrac{3}{10}$

2 図のような1辺が10cmの正三角形ABCがあり，正三角形DEFは正三角形ABCを真横に移動したものです。辺ACと辺DEの交点をGとします。このとき，次の問いに答えなさい。

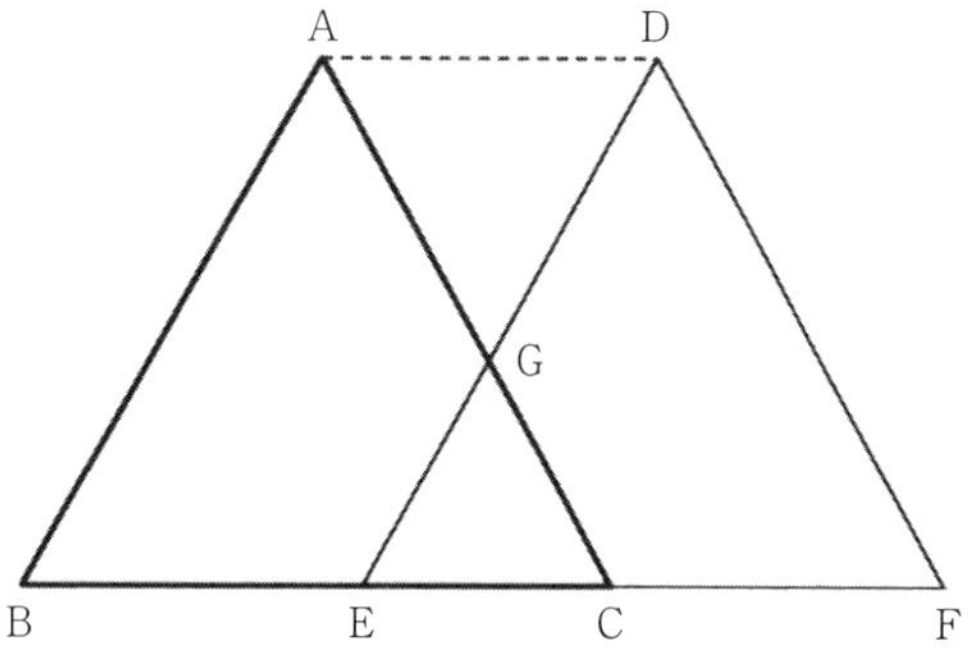

(1) 正三角形ABCを6cm移動させたとき，三角形AGDと三角形CGEの面積比を，最も簡単な整数で答えなさい。

(2) 四角形ABEGと三角形AGDの面積比が3：2であるとき，正三角形ABCを何cm移動させましたか。

(3) 四角形ABEGと三角形AGDの面積の差が三角形CGEの面積の4倍のとき，正三角形ABCを何cm移動させましたか。

3 1辺1mの立方体の空《から》の容器があります。この容器に，2つの立方体A，Bを組み合わせて作ったおもりを図1のように底にまっすぐ入れました。この容器の中に一定の割合で水を入れていきます。図2のグラフは水を入れ始めてからの時間と水面の高さの関係を表したものです。このとき，以下の問いに答えなさい。ただし，おもりの中に水は入らないものとします。

図1

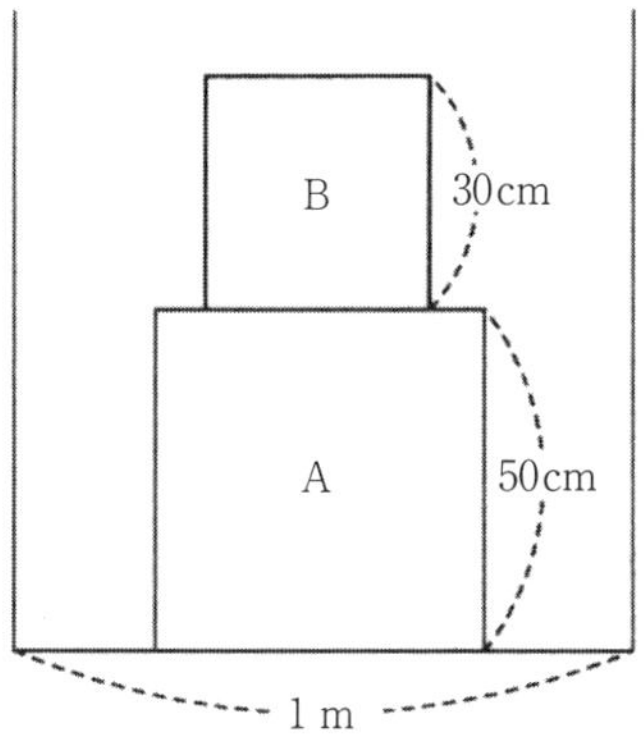

図2

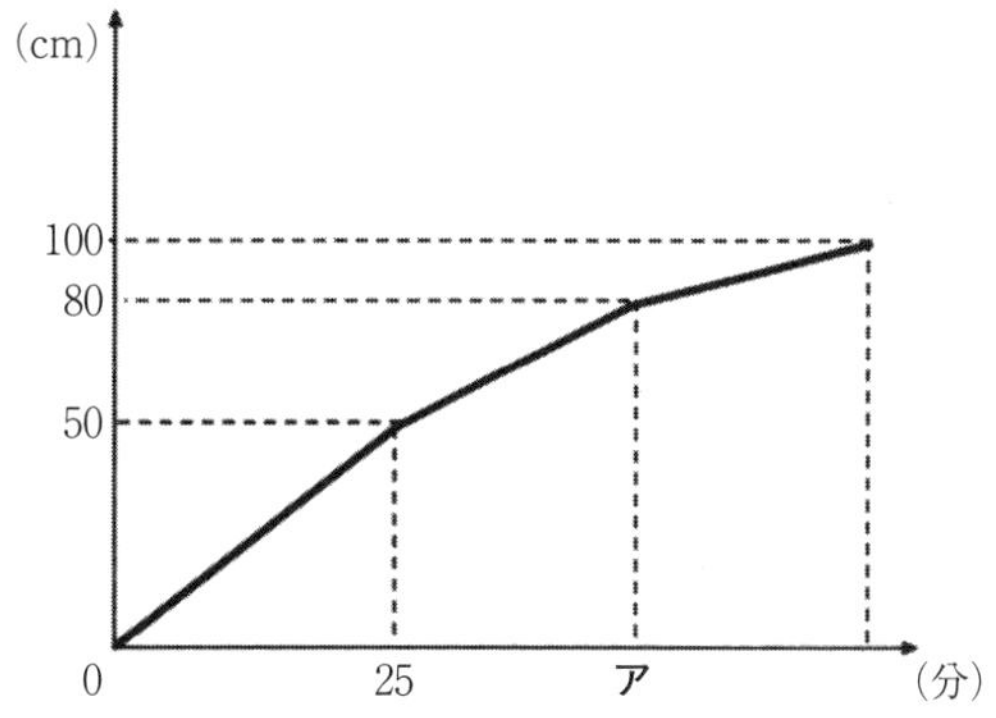

(1) 毎分何Lの割合で水を入れていますか。

(2)　グラフの**ア**にあてはまる数を求めなさい。

4　１から12のカードが１枚ずつあります。Ａ，Ｂ，Ｃ，Ｄの４人に３枚ずつ配ります。４人の会話を聞いて以下の問いに答えなさい。

Ａ「私のカードの平均は４だったわ。あと，偶数は１枚だけだったわ。」

(1)　Ａさんの発言から，Ａさんの持っているカードの組み合わせとして考えられるのは何通りですか。

Ｂ「僕の所には１が来たよ。２はＡさんが持っているみたいだね。」

Ｃ「私は奇数が２枚で，３枚の平均がちょうど整数になったわ。」

Ｄ「僕もＢさんも素数は持っていないみたいだね。僕の合計はＢさんの合計より４大きかったよ。」

※素数とは，２以上の整数で，１とその数自身以外に約数をもたない数のことである

(2)　Ａさんの持っているカードを小さい順にすべて答えなさい。

(3)　Ｃさんの持っているカードを小さい順にすべて答えなさい。

(4)　Ｄさんの持っているカードを小さい順にすべて答えなさい。

5　三太さんに算数のテストを３回受けてもらいます。計算問題は正解すると１点，基本問題は正解すると２点もらえます。間違《まちが》えると得点はもらえず，さらに１点減点されます。このとき，次の問いに答えなさい。

(1)　１回目のテストでは10問出題したところ全問正解し，得点は16点でした。基本問題は何問ありましたか。

(2)　２回目のテストでは20問出題したところ３問間違え，得点は23点でした。基本問題は何問正解しましたか。

(3)　３回目のテストでは応用問題も用意しました。応用問題は正解すると３点もらえ，間違えると他の問題と同様１点減点されます。30問出題したところ３問だけ間違え，得点は45点でした。また，計算問題と基本問題は同じ数だけ正解しました。応用問題は何問正解しましたか。

6　図のように，１を中心として反時計回りに数字を配置していきます。１を基準に東に１，北に３進んだところには27があり，西に３，南に２進んだところには36があります。このとき，次の問いに答えなさい。

(1)　81はどの位置にありますか。方角と進む数を答えなさい。

(2)　2024はどの位置にありますか。方角と進む数を答えなさい。必要であれば45×45＝2025を利用してもかまいません。

(3)　西に８，北に15進んだところにある数字はいくつですか。

⋮

	31	30	29	28	27	26	
	32	13	12	11	10	25	
	33	14	3	2	9	24	
……	34	15	4	1	8	23	……
	35	16	5	6	7	22	
	36	17	18	19	20	21	
	37						

⋮

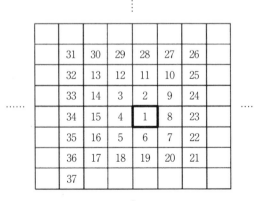

⑦　この参考書には、英語の苦手な生徒のための勉強方法が□的に書かれている。

意味…実際に形や内容を備え、はっきり知ることができるさま。

⑧　消費者の□に応えて生産量を増やした結果、価格の下落が起こってしまった。

意味…必要としてもとめること。

⑨　日本企《き》業の問題点は、ものづくりはできるが、新しい価値を□できないところだ。

意味…それまでなかったものを初めて作り出すこと。

⑩　人間が他の動物と異なる点の一つは、□を持っているところである。

意味…欲望や感情に流されずに、筋道を立てて物事を考え判断する能力。

ア　相対　　イ　創造　　ウ　理性　　エ　保守

オ　必然　　カ　需《じゅ》要　　キ　道具　　ク　分析《せき》

ケ　客観　　コ　一方　　サ　普《ふ》遍《へん》　　シ　具体

三 次の①～⑩の――線部のカタカナは漢字に、漢字はひらがなにそれぞれ直しなさい。

① 七夕のタンザクに願い事を書いた。
② スタジアムが大カンシュウで埋《う》め尽《つ》くされた。
③ マラソンで世界新記録をジュリツする。
④ コウズを考えながら写真を撮《と》る。
⑤ 昨夜から今朝にかけてのボウフウで、庭の木が倒《たお》れた。
⑥ 彼《かれ》の日々たゆまぬ努力は賞賛に値する。
⑦ 過去を省みて心を入れかえる。
⑧ 激しかった雨が小降りになってきた。
⑨ 相手の強さを目の当たりにして気後れする。
⑩ 海辺で足に打ち寄せた海水が生暖かった。

四 今、日本では、「ファミコン言葉」と言われる、ファミリーレストランやコンビニエンスストア等から広まったとされる、これまでの日本語から考えると不自然な表現が使われることがあります。以下に挙げる①～⑤の「ファミコン言葉」が使われた文の――線部分を、（　）内の状況に合わせて、より自然な表現に直しなさい。

① 「八〇〇円ちょうど、お預かりします。」
（レジで、八〇〇円の商品の代金を客から受け取ろうとしている店員の言葉。）
② 「こちら本日の日替《が》わりランチセットになります。」
（ファミリーレストランで、注文された日替わりセットを運んできた店員の言葉。）
③ 「ご注文は以上でよろしかったでしょうか？」
（ファミリーレストランで、注文されたすべての料理をテーブルに置いた店員の言葉。）
④ 「店内でお召《め》し上がりですか？」
（ファストフード店のレジで、注文しようとする客への店員の言葉。）
⑤ 「こちらでは、キャッシュレス決済をご利用できます。」
（レジで客に支払いの説明をする店員の言葉。）

五 次の①～⑩の文章の空欄《らん》にあてはまる語を、意味を参考にして後のア～シの中から選び、それぞれ記号で答えなさい。

① 競合する他社の製品の信頼《らい》性が薄《うす》れたことで、当社の製品に対する［　］的な価値が上がった。
意味…相手との関係で互《たが》いを考えること。
② 高速道路での交通事故が発生する要因をさまざまな角度から［　］する。
意味…複雑なことを細かく分類して調べること。
③ これだけ練習したのだから、この試合に勝つことは［　］だ。
意味…かならずそうなるときまっていること。
④ 仕事の成果は、数字を用いて［　］的に評価されなければならない。
意味…特定の立場にとらわれず、物事を見たり考えたりするさま。
⑤ 科学は、いついかなる時でも成り立つ、［　］的な法則を求めて発展してきた。
意味…すべてのことにあてはまること。
⑥ 父は元来［　］的な人間なので、新しいことには挑《ちょう》戦したがらない。
意味…古くからの習慣、伝統、考え方を重んじて守っていこうとすること。

発したい気持ちがあったから。

イ　台所にあるいろいろな物をいいかげんに扱う父親の無神経ぶりにいらいらしていたから。

ウ　ふたが欠けてしまったことで、その重箱はきちんと使えるものではなくなってしまったのが悲しいから。

エ　ふたにうさぎ模様のある、お気に入りの重箱が欠けてしまったことがショックだったから。

オ　台所にあったおばあちゃんの気配や名残が消えていってしまうように感じられて許せなかったから。

問五　――線部④「一人で運動会してるみたい」とありますが、これはどういうことですか。最も適当なものを次のア～オから選び、記号で答えなさい。

ア　お父さんが、おばあちゃんを失って落ち込《こ》む家族を応援《おうえん》し、一人で盛り上げようとしているということ。

イ　お父さんが、父の役割だけでなく、母や祖母の役割も全部やって、がんばり続けているということ。

ウ　お父さんが、家族の中心としての意識を強く持って先頭を走り、みんなをひっぱっているということ。

エ　お父さんが、運動会当日の朝、だれよりも早く起きて、一人でお弁当の準備をしていたということ。

オ　お父さんが、たのまれる仕事を次々に引き受けて、休む間もなく動き回っているということ。

問六　――線部⑤「おれ忘れ物した」とありますが、天はどうしてその「忘れ物」を持っていきたかったのですか。説明しなさい。

問七　――線部⑥「そういうのやだなって、受け取りたくないなって思うときもあるし」とありますが、天がいやだ、受け取りたくないと思うのはなぜですか。最も適当なものを次のア～オから選び、記号で答えなさい。

ア　周りの優しさや励ましによって、かえって自分たちの家族は欠けてしまっているのだと思い知らされるから。

イ　家族が欠けてしまったことで、周囲の人たちに気をつかわせてしまうことが、自分としては心苦しいから。

ウ　周囲の人たちから優しいなぐさめや励ましの言葉をかけられることが気味悪く感じられるから。

エ　すでにおばあちゃんの死から立ち直って前向きになっているのに、周囲から同情の目を向けられるのがいやだから。

オ　周りからの親切や励ましは表面上のもので、その多くは思ってもいないことを言っていると感じられるから。

問八　――線部⑦「おれのもやもやをすぱりと真っ二つにする」とありますが、天のもやもやした気持ちがすっきりしたのはどうしてですか。答えなさい。

問九　――線部⑧「運動会は、一人より、全員参加型がいいよ」とありますが、これはどのようなことを表していますか。最も適当なものを次のア～オから選び、記号で答えなさい。

ア　おばあちゃんがいて家族がそろっていた時を思いだし、やはり以前の方が良かったなと思うということ。

イ　運動会は個人種目も大事ではあるが、団体競技の方がみんなが盛り上がれて楽しいということ。

ウ　欠けてしまった家族がいるけれども、今もいっしょにいるつもりで家族で協力していくことが大切だということ。

エ　一人でがんばるよりも、家族みんなでいっしょに家事をした方がきっと楽しく暮らせるようになるということ。

オ　家の中の役割を誰《だれ》か一人ががんばって果たすのではなく、みんなで協力し合っていくのが家族のあり方だということ。

なって、陽くんも光ちゃんも表情《ひょうじょう》が明るくなった。怒《おこ》って、笑って、ごはんのときもよくしゃべるようになったよ」

どうりで、光とのバトルが増《ふ》えるわけだ。

「でも、天くんにまかせてばかりじゃいけないね。お父さんも、もっと料理の練習するよ」

「お父さんだけじゃなくて、みんなでちょっとずつ練習していけばいいよ」

おれは自分の胸を手のひらで叩《たた》いてみせた。

「台所の主《あるじ》もちゃんといるから、なんとかなるよ」

⑧運動会は、一人より、全員参加型《ぜんいんさんかがた》がいいよ。

お父さんは顔をくしゃっとして、次々にだし巻き卵をほおばる。その様子を見ていたら急激《きゅうげき》におなかが減《へ》って、おれはおにぎりにかぶりついた。続いてタレをかけたからあげも、甘い卵焼きも。ふだんよく食べているものでも、空の下で食べると一味ちがった。食べ物だけじゃなくて、その場の空気もおれたちはいっしょに食べているのかもしれない。

持ってきたお弁当をきれいに食べつくしたところで、陽が言った。

「ところで二人とも、ばくばく食べちゃってたけど、大丈夫？」

「大丈夫って、何が？」

陽はおれとお父さんにプログラムを見せた。

「昼休憩《ひるきゅうけい》終わって二番目なんだよ？　家族リレー」

（落合由佳《おちあいゆか》『天の台所』講談社）

〈注〉　＊がみババ…天に料理を教えてくれている、近所に住む口うるさいおばあさん。

＊光…天の妹。

＊陽…天の弟。

＊棄権…出場や投票などの権利を捨てて使わないこと。

問一　空欄《らん》 A ・ B に入る最も適当な語を下のア～オから選び、それぞれ記号で答えなさい。

A　ア　はえる　イ　はぜる　ウ　はける　エ　はしる　オ　はてる

B　ア　おこがましく　イ　いらだたしく　ウ　うっとうしく　エ　こそばゆく　オ　ぎこちなく

問二　――線部①「まあまあ」とありますが、お父さんの「料理は好き？　楽しい？」という質問に対して天があいまいな答え方をするのはなぜですか。最も適当なものを次のア～オから選び、記号で答えなさい。

ア　純粋に料理が好きな子と比べると、自分はまだ料理が好きだと断言できるほどの自信がないから。

イ　仕方がないから料理をしているだけで、そもそも料理をすること自体があまり好きではないから。

ウ　料理は好きだが、自分がやらなければいけないという使命感の方が強くて十分楽しめていないから。

エ　料理の腕《うで》がまだまだ未熟なのに、料理が好きだと宣言してしまうのは恥《は》ずかしい気持ちがしたから。

オ　料理をしなければいけないという重圧が強く、料理を楽しむほどの余裕《ゆう》など全く持てていないから。

問三　――線部②「これが、いちばん困るんだ」とありますが、「これ」とはどんなことですか。答えなさい。

問四　――線部③「たいしたことない、だって？」とありますが、天がこのように思ったのはどうしてですか。最も適当なものを次のア～オから選び、記号で答えなさい。

ア　いろんなことをたいしたことないと感じる父親に対して、反

「おえっとはなんだい」

「期待してない。⑥そういうのやだなって、受け取りたくないなって思うときもあるし」

「受け取らなくたっていいんだよ」

台所に、がみババの声が凛《りん》と響《ひび》く。

「あたしは、作った料理をあんたに食べろって強制《きょうせい》することはできない。あんたには、口に入れるものを選ぶ権利《けんり》があるからだ。気持ちだって同じだよ。善意《ぜんい》も悪意も、自分の心に入れるものは自分で選んでいいんだ」

きっぱりと、迷《まよ》いも容赦《ようしゃ》もない。その言い方は、がみババの包丁使いに似ていた。毎日ていねいに手入れされているあの銀色の包丁が、⑦おれのもやもやをすぱりと真っ二つにする。

上げた視線《しせん》がぶつかると、がみババはにやりと笑った。

「さて、おしゃべりはここまでだ。とっととそれを包んで表に出な。あたしが愛車のトマトちゃんで学校まで送ってやる」

……中略……

もっとうまくなりたいな。

料理。

おれたちの輪の盛《も》り上《あ》がりに、そばを通った人たちが足を止める。光と陽はそのたびにからあげの試食をすすめる。中には「これ、天くんが作ったの？」と感心して、写真を撮《と》りたがる人もいた。おれはおなかが［B］なるのを感じながら、下のほうでピースした。

「うわあ、すごい！　なんだか宴会《えんかい》みたいだね」

すっとんきょうな声にふり向くと、スーツ姿《すがた》のお父さんが紙袋を片《かた》手《て》に立っていた。ここまで走ってきたのか、髪はぼさぼさで、息も切れている。

「お父さん、早かったね。仕事はもういいの？」

「うん、大丈夫だよ。本来の担当《たんとう》の人が、交代時間より早めに来てくれてね。お礼までくれたんだ。ちょうどいいからみんなで食べよう」

紙袋から現《あらわ》れたマスカット二パックを陽と光がすばやく受け取り、水道へ洗いに走る。お父さんはおれのとなりに座ると、麦茶を紙コップで続けて三杯《ばい》も飲んだ。紙皿に取ったからあげは、一口かじっただけでなかなか食べ進まない。タレにも気づいてなさそうだ。

「お父さん、これ」

みんなで食べるお弁当とは別にしておいたアルミホイルの包みを、こっそり渡す。お父さんはふしぎそうにアルミホイルを開くと、「これは？」と目を丸くした。

「だし巻き卵。陽と光に食われないようにかくしてたんだ。それだったら、食える？」

お父さんの視線が、おれとだし巻き卵を行ったり来たりする。「ああ、そうか」とつぶやくと、何度もうなずいた。

「おばあちゃんのお弁当の話を覚えてて、作ってくれたんだね。ありがとう」

壊《こわ》れやすいものを扱《あつか》うようにだし巻き卵を一切れつまみ、口に入れる。

「うん、すごくおいしい。だしがじゅわっと出てくる」

「でも、ばあちゃんには負けるでしょ？」

「おばあちゃんにはおばあちゃんの味。天くんには天くんの味があるんだよ」

お父さんは目を細めておれを見た。

「天くんが作ってくれるものはいつもおいしいよ。エネルギーに満ちて、お父さんがお父さんをがんばる力になってくれるんだ」

「そうなの？」

「そうだよ。それに、気づいてるかい？　天くんが台所に立つように

「え？　何を？」

「先行ってろっ」

保冷バッグを胸《むね》に抱《かか》えて、おれは今来た道を逆走《ぎゃくそう》した。

作り方はわからない。でもきっと、甘《あま》い卵焼きとほぼ同じのはずだ。

だし巻き卵。

ばあちゃんが作ってくれた、お父さんの好きなお弁当のおかず。

きちんともとの位置に戻してあったボウルに卵を三つ割《わ》り入《い》れたところで、インターホンが鳴った。だれだよこのクソいそがしいときに。

無視《むし》していると、鬼《おに》のようにノックされる。

まさか、とドアを開けると、がみババが立っていた。

「ああ、やっと出たね。ほれ、約束のブツだよ」

と、手にぶら下げていた紙袋《かみぶくろ》を突《つ》き出《だ》す。

「ったく、何をちんたらやってんだい。これを渡したくて店の前で待っててやったのに、弟に聞いたら家に帰ったって」

「あーっ、あの！」

がみがみを聞いてる時間はないんだ。

「甘くないだし巻き卵作るから、教えて！」

がみババはうちの台所に入ると、だまってぐるりと見回した。ここかい、とつぶやいて、しゃがんで床をなでる。

「さて、時間もないことだし、とっとと始めるよ。だし汁《じる》の作り置きはあるね？」

「ある」

卵液《らんえき》にだし汁としょうゆを加え、ザルでこして、焼く。材料が少しちがうだけで、作る手順は同じだ。ただ、だし汁が加わったぶん、卵液がとてもゆるくて頼《たよ》りない。

「これ、本当に固まる？」

「固まるよ。でも巻きづらくはなるから、菜箸じゃなくてフライ返しを使うといい」

熱したフライパンに卵液を注ぐと、おれは慎重《しんちょう》にフライ返しを動かした。

くるり、くるり、くるり。

再《ふたた》び卵液を注いで、手首を返すように、くるり、くるりくるり。

だし巻き卵はしょうゆが入ったせいか、いつもの卵焼きより濃《こ》い色に焼き上がった。がみババは切り分けたうちの一切れをつまむと、焼き色や断面《だんめん》をじっと見てから口に入れた。

「うん。まあまあだ」

ほっとして、それから少しくやしくなる。がみババは今まで、おれが作ったものに対して「うまい」と言ったことがない。おれも切《き》れ端《はし》を食べてみると、ふるふるとやわらかくて、かむとじゅわっとだし汁がにじんだ。なんだ、上出来じゃないか。

「なんでほめないの？」

「ああん？　あたしは思ってもないことは言えないね」

「ふうん。だからおれたちをなぐさめたり、励《はげ》ましたりもしないの？」

ばあちゃんが死んでから、周りはおれたちに優《やさ》しくなった。元気を出すように、前向きになれるように、悲しみを越《こ》えて成長できるように、いろんな親切や励ましをくれた。

それがときどき、苦しかった。

おれたち家族は欠けてしまったんだってことを、思い知らされるから。

がみババは吐《は》き気《け》をこらえるような顔でおれを見た。

「あんたまさか、優しいなぐさめやら励ましやらをあたしに期待してたのかい？」

「おえっ」

「あんまり変えないでよっ！」

わん、と声が台所に反響《はんきょう》した。お父さんがびっくりしたように動きを止める。

「物の位置とか、がちゃがちゃにしないでよ。何度も言ってるだろ。使ったらもとの位置に戻さないと、変わっちゃうんだ。そしたら、わかんなくなっちゃうんだよ」

消えちゃうんだ。

ばあちゃんの気配や、手の動き。ここにたしかにいた、ばあちゃんの名残《なごり》が。

「お父さんはたいしたことないって思ってんのかもしれないけど、おれはいやなんだよ」

……中略……

「あ、天くんおはよう」

「……おはよう」

運動会当日の朝、おれが五時に起きて台所に行くと、お父さんはすでに動き回っていた。

キッチンテーブルの上には、朝炊《た》けるようにセットしておいた五合分のごはんが、ラップをしいたお盆《ぼん》の上に広げてある。握《にぎ》りやすいように冷ましておいてくれたんだ。昨夜のうちに作っておいたきゅうりの浅漬《あさづ》けはタッパーに移《うつ》してあるし、二リットル入る大きな水筒《すいとう》もすでに中身が入っている。いったい、何時から準備《じゅんび》していたんだろう。

「天くんまで予定より早起きさせちゃって、悪いね」

「別に。予定外のことが起きちゃったんだからしょうがないよ」

お父さんは今日、急遽《きゅうきょ》ピンチヒッターとして、午前中だけ仕事に行くことになった。街中のショッピングセンターで、会社の新商品の実演販売《じつえんはんばい》だ。家族リレーは午後の部だから問題ないけど、お昼をおれたちといっしょに食べられるかが微妙《びみょう》なところらしい。

「仕事の前に、テント張《は》りも行かなきゃいけないんでしょ。急ごうよ」

運動会では、自治会ごとに観戦用のテントを張る。お父さんはその手伝いも頼《たの》まれていた。仕事もテントも、きっと断《ことわ》れずにへらへら引き受けちゃったんだ。絶対《ぜったい》にそうだ。

「卵焼《たまごや》きはもう焼き終わるから、あとは鶏もも肉をあげて、おにぎりを握れば完成だよ」

と、笑うお父さんの目の下は、うっすらと黒い。

おれは髪《かみ》を後ろできゅっと結《ゆ》わえ直《なお》した。

「おれはからあげ係、お父さんはおにぎり係ってことで。そっちでいすに座《すわ》ってやって」

「え、起きたばっかりなのに大丈夫《だいじょうぶ》？ 寝《ね》ぼけてやけどしない？」

「いいからいすに座って！ ごはん握って！」

しばらくすると、張り切るあまり早く目覚めた＊光《ひかり》が、おにぎり係に加わった。＊陽《はる》も起きてきたけど、やっぱり台所には入らなくて、入り口で大あくびだけして引き返した。

料理を重箱につめてふろしきで包み、保冷《ほれい》バッグに入れると、お父さんは家を飛び出していった。おれたちも三人で荷物を分け合って持って、学校へ向かう。

さっきのお父さん、④一人で運動会してるみたいだったな。

ううん、さっきだけじゃない。ばあちゃんがいなくなってから、お父さんはずっと一人運動会の真っ最中だ。うちはよその家みたいな、お父さん以外にも大人がいる家じゃないから、お父さんは大人の役割《やくわり》を、全部引き受けて走ってる。

＊棄権《きけん》できない一人運動会。

そこでがんばり続けるお父さんは、何を食べたいって思うだろう？

「陽、⑤おれ忘《わす》れ物《もの》した」

自分がやらなきゃ、って気持ちがおれにはある。純粋《じゅんすい》に料理そのものが好きで、楽しんでいる子や、将来《しょうらい》コックになりたくて料理を続けている子と、おれはちがうんだろうなと思う。

「でも、*がみババとの料理修業《しゅぎょう》は、習い事してるみたいで、新鮮《しんせん》な感じはする。がみババはうるさいけど、料理するときの手の動きとか、見てると気持ちいい」

「そっか」

「あと、『なんで?』って聞いたことにすぐ答えが返ってくるのも、まあまあおもしろい」

お父さんはうんうんとうなずくと、なぜか、とてもうれしそうな顔をした。

「あ、音が変わった。そろそろいいかも」

パチパチが、ピチピチになった。最初は聞き分けられなくてこがしたけど、今日はセーフ。肉の周りから出ていた泡《あわ》も少なくなった。菜《さい》箸《ばし》で肉をつまむと、衣《ころも》のカリカリした感触《かんしょく》が指先に伝わってきて、直接《ちょくせつ》触《ふ》れなくてもちゃんとわかるのがふしぎだ。

こんがりきつね色のからあげたちへ、お父さんが「おお、美しいー」と拍手《はくしゅ》を送る。

残りの鶏肉《とりにく》もすべてあげて、出来ばえは成功と失敗が半々ぐらいだった。

「上出来、上出来。無事完了《かんりょう》だね」

「まだ片《かた》づけが終わってない。この油、だいぶ使ったからもう捨《す》てるよ」

空いた牛乳《ぎゅうにゅう》パックに新聞紙をつめたものを準備《じゅんび》する。油が冷めたら、この中に流しこんで捨てるのだ。がみババが「出たゴミの始末まできっちりするのが、料理の基本《きほん》だよ」と、この方法を教えてくれた。

コンロや壁《かべ》にも油が飛び散っている。ちゃんときれいにしてやらなくちゃ。

おれが台拭《だいふ》きをせっせと動かしていると、お父さんは流しに立った。洗《あら》い終《お》えた調理器具をふきんで拭いて、それぞれしまっていく。もとの場所とはちがうところに。

ああもう、これだ。②これが、いちばん困《こま》るんだ。

「お父さんちがうってば。使ったらちゃんともとに戻《もど》してよ」

おれはお父さんがフックにかけたフライ返しと計量カップを、ばあちゃんが使っていたとおりにかけ直した。何度注意しても、お父さんは「ごめんごめん」と言うばっかりだ。

「あ、そうだ、重箱もちゃんと探《さが》しておかないとね。さあて、どこかな」

「棚《たな》の上のほう。扉《とびら》に『おべんとうばこいれ』ってシール貼《は》ってある」

するとお父さんは吊《つ》り戸棚《とだな》をごそごそ探《さぐ》り、中のものを出し始めた。

「お、あったあった」

三段重《だんがさ》ねの古くて黒い重箱の、ふたのうさぎ模様《もよう》を見るだけで、おいしい記憶《きおく》があふれてくる。お父さんはおれに渡《わた》そうとして、ぽろりと落とした。

「あっ!」

がこん、と音がして、重箱が床《ゆか》にぶつかる。急いで拾い上げると、ふたの角が少し欠けて、下の木地が見えていた。

「もーっ、何やってんだよ。ちょっと欠けちゃったじゃん」

「ごめんごめん。でも、そのくらいならたいしたことないよ、ちゃんと使える」

③たいしたことない、だって?

お父さんが棚から出したものをいいかげんにしまう。ひゅっと、おれののどが鳴った。

観が反転し、欧米建築には価値が無く、日本の伝統建築にこそ価値があると気付かされたこと。
ウ　ニューヨークで二枚の畳の上でしてきた様々な人々との会話を通して、日本にいた頃《ころ》は全く関心が持てなかった日本の伝統建築の中に、行き詰まった欧米建築界の目指す新しい方向性のヒントがあると分かったこと。
エ　ニューヨークで二枚の畳の上でしてきた様々な人々との会話を通して、西欧の文化と、これまで意識してこなかった日本の文化との本質的な違いを知ることで、欧米建築の本質と成り立ちを理解できるようになったこと。
オ　ニューヨークで二枚の畳の上でしてきた様々な人々との会話を通して、ヨーロッパを席巻したモダニズム建築のルーツは日本の伝統建築にあると知り、日本人として自信を持って日本の伝統建築を継承していくことができると確信できたこと。

問九　――線部⑧「そのエディソンが、アパートの2枚の畳のことを気に入って、引き取ってくれた」とありますが、このエピソードが加えられているのは、筆者のどのような思いの表れだと考えられますか。最も適当なものを次のア～オから選び、記号で答えなさい。
ア　自分がニューヨークに持ち込《こ》んだ畳が、建築界の神様達と照明デザイン界の神様とが真剣《けん》にぶつかりあうきっかけを作り、彼らから人間らしさを引き出すという大きな役割を果たしたのだという思い。
イ　自分がニューヨークに持ち込んだ畳の上でエディソンが息を引き取ったという事実が、彼がどれほど日本文化を大切にしていたか、そして日本文化が建築界にどれ程影響を与えたかを物語っているのだという思い。
ウ　新しいことに挑《ちょう》戦する精神を持ったエディソンが自分の畳を評価し、気に入ってくれたことから、自分がニューヨークに持ち込んだ畳が単なる自己満足に終わらない、価値のあるものであったのだという思い。
エ　自分がニューヨークに持ち込んだ畳が、エディソンの空間の意識を変え、まぶしくならない照明のアイディアを生み出すという、建築界の歴史における大きな価値の変革に繋《つな》がったのだという思い。
オ　自分がニューヨークに持ち込んだ畳こそが、岡倉天心の言葉にある「着物」以上に日本文化を外国人に理解させるにふさわしいものであり、エディソンが気に入ったことがその価値を物語っているのだという思い。

二

次の文章を読み、後の問に答えなさい。


「お父さんが子どものときなんだけどね、遠足の日の朝に雨の音が聞こえてきて、遠足中止かあってがっかりして起きたら、外は晴れてたことがあったんだ」

「あ、それ、おれもあった。変なのと思って台所行ったら、ばあちゃんがあげものしてた」

油が［　Ａ　］音は、雨粒《あまつぶ》がアスファルトにあたってはずむときの音に似《に》ている。その日のお弁当《べんとう》に入っていた、冷めてしっとりしたからあげは、もちろんすごくおいしかった。

「お弁当っていいよね。お父さんはおばあちゃんのだし巻《ま》き卵《たまご》がいつも楽しみだったよ」

だし巻き卵？　と聞き返すよりも先に、お父さんがたずねる。

「天《てん》くん、料理は好き？　楽しい？」

「①まあまあ」

エ　部屋全体を和室にするのではなく、部屋の中に茶室のような畳二枚分の極限の空間を作り上げることになったから。
オ　畳を二枚敷くことで、一畳半という微妙《びみょう》な茶室空間よりもバランスの良い極限の空間を形作ることができたから。

問四　――線部③「僕は畳を敷いたわけです」とありますが、筆者は、「畳を敷いた」ことでどのような効果をもたらすことができたと考えていますか。その説明として最も適当なものを次のア～オから選び、記号で答えなさい。
ア　畳を敷いた部屋に相手を招くことで、相手の言葉で充分に説明できていない部分を補うことができたということ。
イ　「茶」という日本文化を示すことで、日本文化のすばらしさの一端《たん》を相手に理解させることができたということ。
ウ　着物を着てみせることよりずっと効果的に、「茶」という日本の文化を相手に深く理解させることができたということ。
エ　敷かれた畳に対する相手の反応を見ることで、相手の文化を理解することができるようになったということ。
オ　部屋に畳を敷くことで、相手に岡倉天心の『茶の本』を意識させ、日本文化を理解させることになったということ。

問五　――線部④「そのような眼」とは、どのような見方のことですか。「～であると見る見方。」に続く適当な部分を本文中から抜《ぬ》き出して答えなさい。

問六　――線部⑤「当時の建築の世界」とありますが、「当時の建築の世界」の状況とはどのようなものですか。最も適当なものを次のア～オから選び、記号で答えなさい。
ア　あまりに広がったモダニズム建築は飽《あ》きられてしまい、ポストモダニズム建築はモダニズム建築を否定するあまり欧米建築の伝統に戻るしかなく、復古主義に進むしかなくなっている状況。
イ　市民生活が工業を中心に発展するようになり、その象徴《ちょう》であるモダニズム建築が盛んにもてはやされたが、それらの見た目は似たり寄ったりとなり、どの建築も代わり映えしなくなっている状況。
ウ　モダニズム建築が限界を迎え、その欠点を正すものとして登場したポストモダニズム建築の広がりの陰《かげ》に、欧米の建築家の日本の伝統建築からの影響が見られ始めている状況。
エ　モダニズム建築の衰《すい》退の後に現れたポストモダニズム建築は、商業主義にとらわれ、利益を追求するばかりで魅力に乏《とぼ》しく、全体としては先の見えない状況。
オ　モダニズム建築が広まりすぎて限界を迎える一方で、その批判として現れたポストモダニズム建築にも新しい魅力が感じられず、新たな建築の方向性を見失っている状況。

問七　――線部⑥「そのことに気付き」とありますが、筆者は何に気付いたというのですか。「～ということ。」に続く適当な部分を本文中から六十字以内で抜き出し、初めと終わりの四字をそれぞれ答えなさい。

問八　――線部⑦「2枚の畳には深く感謝しています」とありますが、筆者はどのようなことに感謝していますか。最も適当なものを次のア～オから選び、記号で答えなさい。
ア　ニューヨークで二枚の畳の上でしてきた様々な人々との会話を通して、自分は日本人であり、日本文化をより所とし、日本の伝統文化や建築を頼りにして、建築家としての人生を歩んで行けば良いのだということが見えてきたこと。
イ　ニューヨークで二枚の畳の上でしてきた様々な人々との会話を通して、自分のいる場所や自分自身を否定し続けていた価値

た。それまでの自分は、ずっと自分のいる場所を否定し続け、自分自身をも否定し続けていたのかもしれません。年の離《はな》れた、「真面目な」父親のことは嫌《きら》いだったし、生まれ育った横浜の木造の小さな古い家も嫌いだったし、そういうものを含《ふく》む日本のことには、何の興味も持てませんでした。しかしニューヨークで、この見方、この価値観が反転しました。ニューヨークには、世界中からいろいろな国籍《こくせき》、いろいろなタイプ、いろいろなテイストの人間が集まってきています。2枚の畳の上で、彼らと会話しているうちに、自分は何者かということに気が付きました。自分が何の上に立っていて、何を頼《たよ》りにこれから生きていけばいいかが見えてきました。その意味で⑦2枚の畳には深く感謝しています。

ここからは後日談になりますが、ニューヨークのアパートを引《ひ》き払《はら》う時、照明デザイン界の「巨匠《きょしょう》」のエディソン・プライスさんが、2枚の畳を引き取ってくれました。エディソンは舞台《ぶたい》の照明デザイナーからスタートし、照明デザイン界の神様と言われるようになった人で、現代のわれわれが使っている、光源が直接見えず、まぶしくならない工夫がしてあるグレアレスと呼ばれる照明器具は、すべて、エディソンのアイデアがもとになっています。彼がいなかったら、20世紀建築は、あのように美しく輝《かがや》かなかっただろうとも言われています。建築界の歴史を作った神様達――ミース・ファン・デル・ローエ、ルイス・カーン――から信頼《らい》されて、数々の名作を美しく照らし上げてきた照明の世界の神様です。僕は幸いなことに、彼と何回か天ぷらを食べ、建築界の神様達とのバトルを、彼はおもしろおかしく語ってくれました。神様もまた人間だということがわかる笑えるエピソードばかりでした。ルイス・カーンからは、「そんなにやりたいのなら、オレを殺してから、オマエのアイデアを実現しろ」と啖呵《たんか》を切られたそうです。

⑧そのエディソンが、アパートの2枚の畳のことを気に入って、引き取ってくれたのです。[c]彼が、僕が置いてきたその畳の上で息を引き取ったという話も聞きました。特別な体験をした、2枚の畳でした。

（隈《くま》　研吾《けんご》「建築家になりたい君へ」河出書房新社）

（注）＊モダニズム…芸術などの分野で、それまでの伝統に対して、現代の流行や感覚に合わせて表現しようとする傾向のこと。
＊ポストモダニズム…モダニズムの次にはやった傾向のこと。

問一　文中の空欄《らん》[a]～[c]に入る最も適当な語を次のア～オから選び、それぞれ記号で答えなさい。

ア　たとえば　イ　ところで　ウ　もし
エ　しかし　オ　さらに

問二　――線部①「日本風の内装のレストランはいくらでもあったので、簡単に畳は手にはいるだろうと考えていました」とありますが、筆者が「簡単に畳は手にはいるだろう」と考えたのはなぜですか、説明しなさい。

問三　――線部②「2枚買うというのは、今思えばいい決断だった」とありますが、筆者は、畳を部屋に敷き詰《つ》めるのではなく「2枚」置くことが、どうして「いい決断」だったと考えているのですか。その説明として最も適当なものを次のア～オから選び、記号で答えなさい。

ア　畳を二枚敷くだけで充《じゅう》分に緊張感のある極限の茶空間ができあがり、無駄《だ》な出費をしないですんだから。
イ　畳二枚にすることで、千利休作の茶室である国宝待庵とそっくりの空間を作り上げることができたから。
ウ　二枚の畳を敷いただけで、殺風景だったニューヨークの部屋の雰囲気を全く違《ちが》うものに変えることができたから。

持っていたとしても、相手にはまったく伝わらないのです。岡崎も僕も着物は着ませんでしたが、③僕は畳を敷いたわけです。

20世紀のアメリカを代表する建築家で、旧帝国《ていこく》ホテルを設計したフランク・ロイド・ライトも『茶の本』から大変な影響《えいきょう》を受けたと語っています。「この本を読んで2週間、自分はまったく仕事が手につかなかった。自分がやろうとしていることが、すべて書かれていたからだ」とまで、ライトは天心の本を絶賛しています。

実はニューヨークに来るまで、僕は日本の伝統建築というものに、ほとんど関心を持っていませんでした。日本建築史の授業というのは受けたのですが、じじ臭《くさ》い過去の遺物にしか思えませんでした。当時、ほとんどの学生は、ほとんど④そのような眼で日本の伝統建築を見ていたと思います。伝統建築の継承《けいしょう》を試みて、茶室や料亭《りょうてい》を設計している建築家達の作品にはまったく興味を持つことができず、＊モダニズムの流れをひく、丹下《たんげ》健三《けんぞう》、槇文彦《まきふみひこ》、磯崎《いそざき》 新《あらた》、黒川《くろかわ》紀章《きしょう》といった建築家だけが現代の空気を呼吸しているように見えました。和風建築を設計している建築家達は、金持ちの年寄りのための空間を設計する、時代錯誤《さくご》な建築家だとみなしていました。

［a］、ニューヨークで畳の上で友人と会話しながら、少しずつ日本の伝統建築に対して興味がわいてきたのです。建築の新しい方向のヒントが日本の伝統建築の中には、いろいろ隠《かく》れているような気がしてきたのです。

⑤当時の建築の世界は、大きな転機を迎《むか》え、ある意味でみんなが悩《なや》んでいました。工業化社会の制服のようなモダニズム建築が限界を迎えているのは明らかでした。モダニズムへの批判として１９８０年代に登場した＊ポストモダニズム建築も、結局は古代ギリシャ、ローマ以来の欧米建築の伝統へ戻《もど》るだけの、復古主義にしか見えませんでした。ポストモダニズム風ビルはどんどん街で増えていましたが、魅《み》力のない商業主義的なものに感じられました。

そういう先の見えない状況《じょうきょう》の中で、アメリカの友人達が、日本の伝統建築に想像以上の興味を抱《いだ》いていることを知って、逆にこちらが励《はげ》まされました。「意外に、日本ってすごいものを持っているのかもしれない！」日本にずっといたならば、絶対そんなことは思わなかったはずです。ニューヨークに来たからこそ、日本のすごさに気付くことができたのです。天心の教えが役に立ったのです。

ニューヨークの先生方や友人から、日本建築や日本文化が、僕らの考えていた以上に、世界に影響を与《あた》えていたことも教わりました。

［b］日本の江戸《えど》時代の浮世絵《うきよえ》は、ヨーロッパに19世紀末に起こった「印象派」というアートの新しい運動のきっかけになった話。フィンセント・ヴァン・ゴッホは、歌川広重《うたがわひろしげ》をはじめとする日本の浮世絵から大きな影響を受けて、広重を自分を導いた3人の「メンター（先生）」の一人だとまで言っています。

またフランク・ロイド・ライトも広重のコレクターであり、先述した『茶の本』を書いた岡倉天心と広重という二人の日本人に出会わなければ、自分の建築は生まれなかったとまで、ライトは言い切っています。ライトが日本建築から学んだ、内部と外部のつながりや、「空（void）」という概念が、その後、ヨーロッパのモダニズム建築に伝わって、ミース・ファン・デル・ローエの内と外がつながったガラスの建築を生んだという説も知りました。だとすれば、モダニズム建築のルーツが、日本建築だということになるわけです。日本人が思っている以上に、日本文化は大きな影響を欧米に与えており、日本建築は、建築史全体の中で大きな役割をはたしていたのです。日本を出たことで、⑥そのことに気付き、大きな自信を得ることができました。

自分の依《よ》って立つ場所が初めて見つかったという感覚を味わいまし

2024年度

普連土学園中学校

【国語】〈二日午後二科試験〉（五〇分）〈満点：一〇〇点〉

一 次の文章を読み、後の問に答えなさい。

　ニューヨーク時代に、もうひとつ忘れられない大事な経験があります。住んでいるアパートに、2枚の畳《たたみ》を敷《し》いたことです。コロンビア大学はマンハッタンの115丁目、少し北にあがればハーレム（アフリカ系アメリカ人の多く住む地区）という位置にあり、大学の所有する113丁目のアパートに住み始めました。ニューヨークの乾燥《かんそう》した空気の中にしばらく暮らしていると、突《とつ》然畳が恋《こい》しくなったのです。僕《ぼく》が生まれた横浜《よこはま》の家には畳の部屋があって、そこでゴロゴロしながら1日中積み木遊びをしていたのですが、今でも木の模型を見ると畳独特のいぐさの香りがよみがえってくるのです。

　当時、ニューヨークではすでに日本食ブームが始まっていて、①日本風の内装のレストランはいくらでもあったので、簡単に畳は手にはいるだろうと考えていました。しかし、どのインテリアショップを探しても、障子や蒲団《ふとん》までは売っているのですが、畳は売っていないのです。理由を聞いてみると、「日本風インテリアが好きなアメリカ人は山ほどいるけれど、畳の上に座れるアメリカ人なんていない」という返事で、納得しました。確かに、畳が敷いてあるジャパニーズレストランはひとつもありませんでした。諦《あきら》めかけた時に、インテリアデザイナーの友人から、カリフォルニアに住む日本人の大工さんが、日本から運んできた畳を在庫しているという情報がはいったのです。しかし、値段を聞くと、学生の身分の僕には、びっくりするような価格でした。2枚までだったらギリギリ手が出る値段でした。2枚あれば、小さな茶室のように使えるかもしれないと思い、大金をはたいたのです。

　②2枚買うというのは、今思えばいい決断だったと思います。1畳《じょう》半の茶室というのも、あることはありますが、2畳だと、お茶をたてる主人用の畳が1枚、客用の畳が1枚用意でき、緊《きん》張感のある極限の茶空間ができあがります。茶室の最高傑作《けっさく》と呼ばれる千利休《せんのりきゅう》作の国宝、待庵《たいあん》は、まさに2畳という極限の間取りです。

　2枚の畳を置いただけで、殺風景なニューヨークの部屋の雰囲気《ふんいき》がまるで変わりました。その畳の上に正座すると、いよいよ空間が別の物へと変身したのを感じます。ここにアメリカ人の友人を座らせた時の彼《かれ》らの反応がおもしろかったので、日本から茶道具一式を送ってもらい、お茶会もどきを繰《く》り返《かえ》しました。お茶を一緒《いっしょ》に飲みながら、日本文化について、日本文化と西欧《せいおう》文化の本質について、畳2枚の上でいろいろ語り合いました。

　明治における日本美術研究のパイオニアで、日本文化の海外への紹介《しょうかい》においても、大きな役割をはたした岡倉天心《おかくらてんしん》が、得意の英語で書いた『茶の本』も大変役に立ちました。この本は茶の歴史について触《ふ》れているだけではなく、日本の空間論としても卓抜《たくばつ》です。「空《くう》（void）」という概念《がいねん》について触れていて、20世紀以降の日本的空間に関する議論の基礎《きそ》を作った歴史的な本です。ニューヨークで友人になったアーティストの岡崎乾二郎《おかざきけんじろう》からは、海外へ旅立つ友人に向けた「君が英語を自由に話せるなら、着物を着た方がいいでしょう」という天心の有名なアドバイスを教わりました。相手の文化や言語をしっかり理解して初めて、自国の文化を相手に理解させることができるということです。相手（西欧人）の身になって考えることができ、相手のわかる言葉で説明できなければ、こちらがどんなにすばらしいものを

2024年度

普連土学園中学校　▶解説と解答

算　数　＜２日午後２科試験＞（50分）＜満点：100点＞

解　答

[1] (1)　198　　(2)　6　　[2] (1)　9：4　　(2)　8 cm　　(3)　$6\frac{2}{3}$cm　　[3] (1)　毎分15L　　(2)　43.2　　[4] (1)　6通り　　(2)　2，3，7　　(3)　5，8，11　　(4)　4，9，10　　[5] (1)　6問　　(2)　9問　　(3)　5問　　[6] (1)　東に4，北に4　　(2)　東に22，北に21　　(3)　864

解　説

[1] 計算のくふう，逆算

(1)　$14.3\times 9\times 5.1\div(1.7\times 1.5\times 1.3)=(14.3\div 1.3)\times(9\div 1.5)\times(5.1\div 1.7)=11\times 6\times 3=198$

(2)　$\frac{1}{2}-\frac{1}{4}\div\left\{1\div\square\div\left(\frac{1}{3}-\frac{1}{5}\right)\right\}=\frac{3}{10}$より，$\frac{1}{4}\div\left\{1\div\square\div\left(\frac{5}{15}-\frac{3}{15}\right)\right\}=\frac{1}{2}-\frac{3}{10}=\frac{5}{10}-\frac{3}{10}=\frac{2}{10}=\frac{1}{5}$，$1\div\square\div\frac{2}{15}=\frac{1}{4}\div\frac{1}{5}=\frac{1}{4}\times\frac{5}{1}=\frac{5}{4}$，$1\div\square=\frac{5}{4}\times\frac{2}{15}=\frac{1}{6}$　よって，$\square=1\div\frac{1}{6}=1\times\frac{6}{1}=6$

[2] 平面図形―図形の移動，辺の比と面積の比，長さ

(1)　下の図１で，ADの長さは6 cm，CEの長さは，10－6＝4(cm)である。また，三角形AGDと三角形CGEは相似で，相似比は，AD：CE＝6：4＝3：2となる。よって，三角形AGDと三角形CGEの面積比は，(3×3)：(2×2)＝9：4と求められる。

(2)　下の図２で，四角形ABEGの面積を3，三角形AGDの面積を2とすると，平行四辺形ABEDの面積は，3＋2＝5になる。すると，三角形ABEの面積は，5÷2＝2.5だから，三角形AEGの面積は，3－2.5＝0.5となり，三角形AEGと三角形AGDの面積比は，0.5：2＝1：4と求められる。よって，EG：GD＝1：4であり，GDの長さは，$10\times\frac{4}{1+4}=8$(cm)となる。したがって，三角形AGDは正三角形だから，AD(＝CF)の長さも8 cmになり，正三角形ABCは8 cm移動させたとわかる。

図１

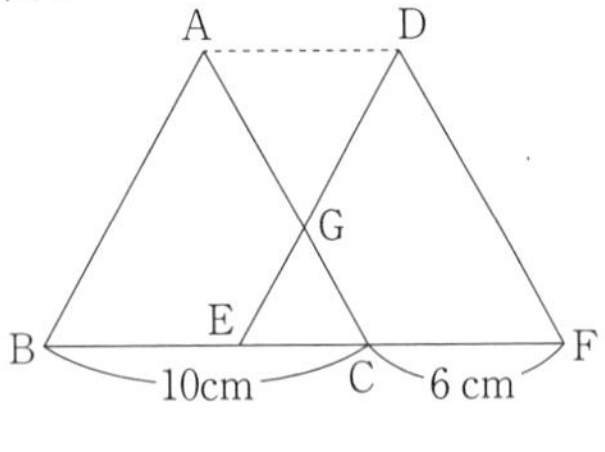

図２

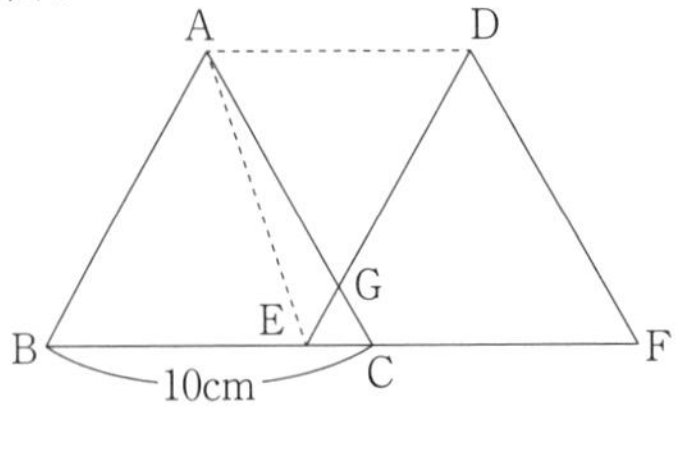

図３

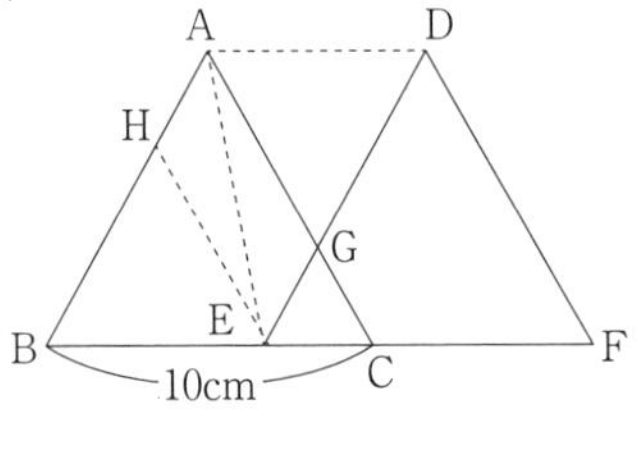

(3)　上の図３で，CAと平行な直線EHをひくと，三角形AGDと三角形EHBは合同な正三角形になる。すると，四角形ABEGと三角形AGDの面積の差は，四角形ABEGと三角形EHBの面積の差になり，平行四辺形AHEGの面積と等しくなる。そこで，三角形CGEの面積を1とすると，平行四辺形AHEGの面積は4になり，三角形AEGの面積は，4÷2＝2となる。よって，三角形CGEと三角形AEGの面積比は1：2だから，CG：GA＝1：2となり，GAの長さは，10×

$\frac{2}{1+2}=6\frac{2}{3}$(cm)と求められる。したがって，AD(＝CF)の長さも$6\frac{2}{3}$cmであり，正三角形ABCは$6\frac{2}{3}$cm移動させたとわかる。

3 グラフ―水の深さと体積

(1) 容器の50cmまでの水が入る部分の底面積は，100×100－50×50＝7500(cm^2)なので，25分で入れた水の体積は，7500×50＝375000(cm^3)である。よって，毎分，375000÷25＝15000(cm^3)＝15(L)の割合で水を入れたとわかる。

(2) 容器の50cmから80cmまでの水が入る部分の底面積は，100×100－30×30＝9100(cm^2)なので，この部分に入れた水の体積は，9100×(80－50)＝273000(cm^3)になる。よって，この量の水を入れるのにかかる時間は，273000÷15000＝18.2(分)なので，問題文中のグラフのアにあてはまる数は，25＋18.2＝43.2(分)と求められる。

4 推理

(1) Aさんのカードの合計は，４×３＝12である。偶数《ぐうすう》のカードが２のとき，残り２枚のカードの合計は，12－２＝10となり，その組み合わせは，１と９，３と７の２通りある。また，偶数のカードが４のとき，残りは，12－４＝８となり，その組み合わせは，１と７，３と５の２通りある。同様に，偶数のカードが６のとき，残りは，12－６＝６だから，その組み合わせは，１と５の１通りあり，偶数のカードが８のとき，残りは，12－８＝４なので，その組み合わせは，１と３の１通りある。よって，全部で，２＋２＋１＋１＝６(通り)とわかる。

(2) Aさんが２，Bさんが１のカードを持っているから，(1)より，Aさんの持っているカードは，２，３，７になる。

(3) １，２，３，７以外のカードのうち，素数の５，11はCさんが持っている。また，Cさんの３枚の平均は整数なので，合計は３の倍数とわかる。よって，５＋11＝16より，残り１枚が８のとき，16＋８＝24で３の倍数になるから，Cさんの持っているカードは，５，８，11となる。

(4) BさんとDさんのカードの合計は，１＋４＋６＋９＋10＋12＝42であり，Dさんの合計はBさんより４大きいから，Dさんの合計は，(42＋４)÷２＝23とわかる。よって，１のカードはBさんが持っているので，４＋９＋10＝23より，Dさんの持っているカードは，４，９，10である。

5 つるかめ算

(1) 計算問題を10問正解したとすると，得点の合計は，１×10＝10(点)となり，実際よりも，16－10＝６(点)少なくなる。そこで，計算問題を減らして，かわりに基本問題を増やすと，得点の合計は１問あたり，２－１＝１(点)ずつ多くなる。よって，基本問題は，６÷１＝６(問)とわかる。

(2) 正解した問題数は，20－３＝17(問)で，正解した問題だけの得点は，23＋１×３＝26(点)である。このとき，計算問題を17問正解したとすると，得点の合計は，１×17＝17(点)となり，実際よりも，26－17＝９(点)少なくなる。よって，(1)と同様に考えると，基本問題は，９÷１＝９(問)正解したとわかる。

(3) 正解した問題数は，30－３＝27(問)で，正解した問題だけの得点は，45＋１×３＝48(点)である。また，計算問題と基本問題の得点の平均は，(１＋２)÷２＝1.5(点)だから，１問1.5点の問題と，１問３点の応用問題を合わせて27問正解したと考える。このとき，1.5点の問題を27問正解したとすると，得点の合計は，1.5×27＝40.5(点)となり，実際よりも，48－40.5＝7.5(点)少なくなる。そこで，1.5点の問題を減らして，かわりに応用問題を増やすと，得点の合計は１問あたり，３－

1.5＝1.5(点)ずつ多くなる。よって，応用問題は，7.5÷1.5＝５(問)正解したとわかる。

6 数列

(1)　右の図で，かげの部分の数は，３×３＝９，５×５＝25，…と，奇数《きすう》の平方数になっているので，アは，７×７＝49，イは，９×９＝81とわかる。よって，81は，１を基準に東に４，北に４進んだところにある。

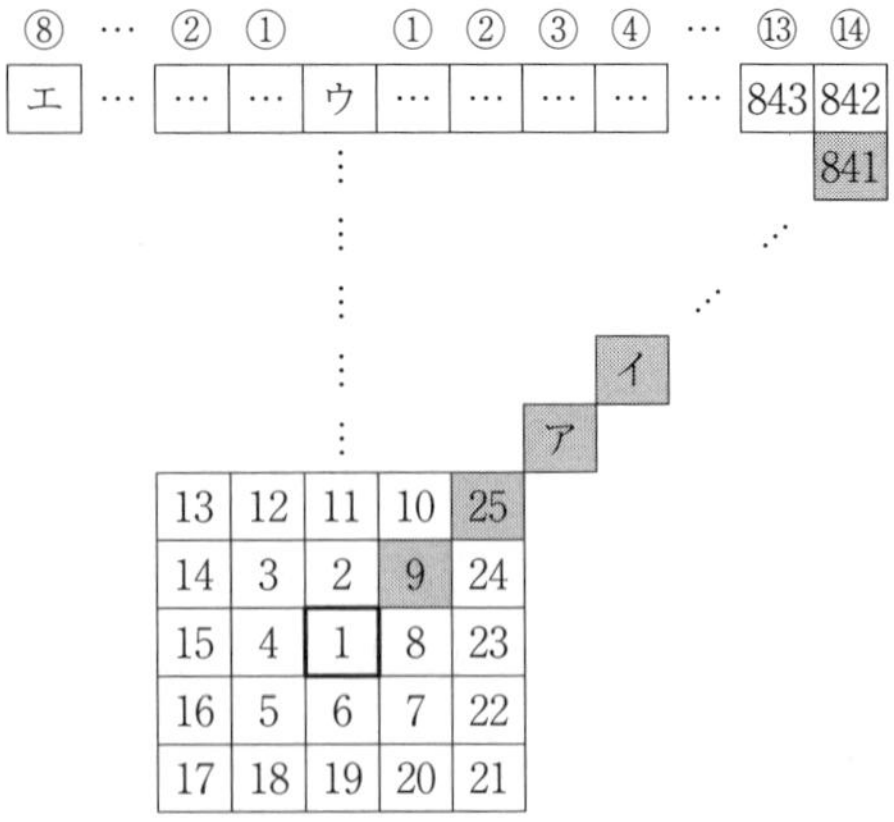

(2)　45×45＝2025で，45は３からかぞえて，(45－１)÷２＝22(番目)の奇数だから，2025は，１を基準に東に22，北に22進んだところにある。よって，2024は2025から南に１進んだところにあるので，１を基準に東に22，北に21進んだところにある。

(3)　３からかぞえて14番目の奇数は，１＋２×14＝29だから，１を基準に東に14，北に14進んだところにある数は，29×29＝841である。すると，図のように，東に14，北に15進んだ数は842になり，その後は西に進むごとに数が大きくなる。よって，１を基準に北に15進んだところにあるウの数は，842＋14＝856だから，西に８，北に15進んだところにあるエの数は，856＋８＝864とわかる。

国語　＜２日午後２科試験＞（50分）＜満点：100点＞

解答

一　**問１**　a　エ　b　ア　c　オ　**問２**　(例)　ニューヨークには日本風のレストランがいくらでもあって，当然そこでも畳が使われており，そのための畳があると思ったから。　**問３**　エ　**問４**　イ　**問５**　じじ臭い過去の遺物(であると見る見方。)　**問６**　オ　**問７**　日本人が～していた(ということ。)　**問８**　ア　**問９**　ウ　二　**問１**　A　イ　B　エ　**問２**　ウ　**問３**　(例)　洗い終えた調理器具がもとの場所とはちがうところにしまわれていくこと。　**問４**　オ　**問５**　イ　**問６**　(例)　お父さんの好物のだし巻き卵で，がんばり続けているお父さんをねぎらいたかったから。　**問７**　ア　**問８**　(例)　がみババが言ったことに納得したから。　**問９**　オ　三　①～⑤　下記を参照のこと。　⑥　あたい　⑦　かえり　⑧　こぶ　⑨　きおく　⑩　なまあたた　四　①　いただきます　②　日替わりランチセットです　③　以上でよろしいでしょうか　④　召し上がりますか(お食べになりますか)　⑤　ご利用になれます　五　①　ア　②　ク　③　オ　④　ケ　⑤　サ　⑥　エ　⑦　シ　⑧　カ　⑨　イ　⑩　ウ

●漢字の書き取り

三　①　短冊　②　観衆　③　樹立　④　構図　⑤　暴風

解説

一　**出典：隈研吾《くまけんご》『建築家になりたい君へ』。**ニューヨークのアパートに敷《し》いた二枚の畳《たたみ》の上で語り合うなかで，自分が何者かに気づき，今後どう生きていけばいいかが見えてきた体験を軸《じく》に，筆者

は当時を回想している。

問１　a　前には，ニューヨークに来るまでは，筆者は日本の伝統建築にほとんど関心がなかったと書かれている。後には，ニューヨークに来てから，少しずつそれに「興味がわいてきた」と続く。よって，前のことがらを受けて，それに反する内容を述べるときに用いる「しかし」が合う。

b　前には，「日本建築や日本文化」が，「考えていた以上に，世界に影響《えいきょう》を与《あた》えていたこと」を筆者は教わったとある。後にはその例として，ゴッホが浮世絵《うきよえ》から，フランク・ロイド・ライトが天心や広重から大きな影響を受けたことなどがあげられている。よって，具体的な例をあげるときに用いる「たとえば」が入る。　c　前には，照明デザイン界の「巨匠《きょしょう》」のエディソンが，筆者のアパートの二枚の畳を引き取ってくれたとある。後には，彼《かれ》はその畳の上で「息を引き取った」と続いている。後の内容は前の内容に付け足されたものなので，前のことがらに別のことをつけ加えるときに使う「さらに」がよい。

問２　「日本風の内装のレストラン」は当時のニューヨークにいくらでもあったと書かれている。当然，そこにも畳が使われているはずで，そのための畳が売られているだろうと筆者は考えたものと思われる。

問３　続く部分で説明されている。畳が二枚あることで「緊張感《きんちょうかん》のある極限の茶空間」がつくり上げられ，部屋の一部が茶室のような空間になったからなので，エがあてはまる。出費については述べられていないこと，待庵《たいあん》とすべてが似ているとは書かれていないことから，アやイは合わない。

問４　「相手の文化や言語をしっかり理解して初めて，自国の文化を相手に理解させることができる」という天心の考えに沿えたことを，ぼう線部③は言っている。着物を着るかわりに畳を敷き，お茶会もどきをすることで，日本文化のすばらしさを相手に伝えることができたのだから，イが合う。

問５　「そのような眼」とは，当時のほとんどの学生の，日本の伝統建築に対しての見方を指す。「その」はすぐ前を指すので，直前の文にある「じじ臭《くさ》い過去の遺物」がぬき出せる。

問６　モダニズム建築は「限界を迎《むか》えてい」たのだから，「飽《あ》きられ」たとあるア，「もてはやされた」とあるイ，「衰退《すいたい》」したとあるエは誤り。その批判として登場したポストモダニズム建築も魅《み》力《りょく》が感じられず，先の見えない状況《じょうきょう》だったと説明されているが，その内容をふくむのはオである。

問７　ぼう線部⑥の「そのこと」とは，筆者が日本を出たことで気づき，大きな自信を得られたことにあたる。「その」はすぐ前を指すので，日本文化と日本建築に関する直前の文の，「日本人が思っている以上に～大きな役割をはたしていた」という部分がぬき出せる。

問８　ニューヨークの二枚の畳の上でさまざまな人々と会話するなかで，筆者は「自分の依《よ》って立つ場所が初めて見つかったという感覚を味わい」，「自分は何者かということに気が付き」，「何を頼《たよ》りにこれから生きていけばいいかが見えてき」たと述べている。この内容にあてはまるのはアである。

問９　直前の段落にあるエディソンの紹介《しょうかい》からは，エディソンに対する筆者の深い敬意と，交流できたことへの感謝の念が感じられる。照明デザイン界に多大な功績を残したそのエディソンが自分の畳を評価し，気に入ってくれたことで，筆者はその畳に改めて大きな価値を感じたと考えられるので，ウがふさわしい。

二　出典：落合由佳《おちあいゆか》**『天**《てん》**の台所』**。祖母が亡《な》くなり，大人が一人になった家族のなかですべての大人の役割を引き受けているお父さんに，天はみんなで協力し合っていこうと声をかける。

問1　**A**　雨粒《あまつぶ》がアスファルトにあたるときの音に似ているのは，あげものをするときの油が「はぜる」音である。「はぜる」は“はじける”という意味。　**B**　自分のつくったからあげに感心し，写真を撮《と》りたがる人までいる状況に，天はあまりにほめられすぎてくすぐったいような，きまりが悪いような気がしたと考えられる。よって，“くすぐったい”“評価されすぎてきまりが悪い”という意味の「こそばゆい」を使ったエが合う。

問2　純粋《じゅんすい》に料理そのものが好きで楽しんでやっている子や，将来コックになりたくて料理をしている子に比べて，自分はしなければいけないという思いが先に立って料理をしており，心から楽しめているとはいえないと天は考えている。よって，ウが選べる。

問3　天は，洗い終えた調理器具をもとの場所とはちがうところにしまうお父さんに対し，もとの場所にもどしてほしいと注意している。調理器具がもとの場所とはちがうところにしまわれることが，天にとっては「いちばん困《こま》る」のである。

問4　落とした重箱の角が少し欠けてしまっても「たいしたことない」と言いながら，お父さんはまた棚《たな》から出したものをいいかげんにしまっている。物の位置を変えてしまえば，台所にあったおばあちゃんの気配や名残《なごり》が消えてしまうと感じる天は，そこで思わず大声を出したのだから，オがよい。

問5　家族でただ一人の大人であるお父さんは，父としての役割のほか，母や祖母の役割も引き受けてがんばっている。ぼう線部④は，このことを表現したものなので，イが合う。

問6　いつもがんばっているお父さんは，いったい何を食べたいと思うだろうと考えた天は，「おばあちゃんのだし巻き卵がいつも楽しみだった」というお父さんの言葉を思い出し，家に引き返す。お父さんの好物のだし巻き卵をつくり，がんばり続けるお父さんをねぎらいたいと考えたのである。

問7　優《やさ》しいなぐさめや励《はげ》ましを，天がいやだ，受け取りたくないと思う理由は前に書かれている。ばあちゃんが死んでから親切や励ましを周囲からもらうようになったが，自分たち家族が欠けてしまったことを思い知らされるため，天は「それがときどき，苦しかった」のである。よって，アが選べる。

問8　天のもやもやした気持ちをすぱりと断ち切るのは，がみババの「きっぱりと，迷《まよ》いも容赦《ようしゃ》もない」言い方である。天はがみババの言葉に納得したため，もやもやが断ち切られたのである。

問9　大人が一人になってしまった家族のなかで，大人の役割を全部引き受けているお父さんを，天は「一人運動会」のようだと感じていた。もっと料理の練習をするというお父さんに，天はみんなで少しずつ分担しようと言っているので，オがあてはまる。

三　漢字の書き取りと読み

①　字を書いたり，ものにはって印にしたりする細長い紙。　②　もよおし物などを見るために集まった大勢の人。　③　記録などを打ち立てること。　④　絵や写真で，うまく美しさを表現するために形や位置を組み立てること。　⑤　激しく吹《ふ》く風。　⑥　音読みは「チ」で，「価値」などの熟語がある。訓読みにはほかに「ね」がある。　⑦　音読みは「セイ」「ショウ」で，「反省」「省略」などの熟語がある。訓読みにはほかに「はぶ(く)」がある。　⑧　「小降り」は，雨や雪などがわずかに降るようす。　⑨　「気後れ」は，相手の勢いなどにおされてひるむ

こと。　⑩「生暖かい」は，なんとなくあたたかいようす。

四 「ファミコン言葉」の訂正《ていせい》

①　店側は代金を「預かる」のではなく「もらう」のだから，「もらう」の謙譲語《けんじょうご》である「いただく」を使って「いただきます」とするのがよい。　②「～になる」は，本来，作用や変化の結果を表す言い方だが，何かが「日替《ひが》わりランチセット」になったわけではないので不自然である。「日替わりランチセットです」でよい。　③　料理が注文どおりかどうかを今確認《かくにん》しているのに，「よろしかったでしょうか」と過去形になっている点がおかしいので，「以上でよろしいでしょうか」とする。　④「召《め》し上がる」は「食べる」の尊敬語だが，さらに尊敬の意味を表す接頭語の「お」をつけているのは二重敬語となり，誤りである。「召し上がりますか」あるいは「お～になる」という尊敬の形を使った「お食べになりますか」がふさわしい。　⑤「ご～できる」は，謙譲語の「ご～する」の可能を表す言い方なので，客の動作について使うのは不自然である。尊敬語の「ご～になる」の可能を表す言い方は「ご～になれる」なので，「ご利用になれます」とするのが正しい表現である。

五 言葉の意味と用法

①　相手と比べることでものごとが成り立つことを「相対」といい，対義語は「絶対」である。②　ものごとを細かく分けて調べることを「分析《ぶんせき》」といい，対義語は「総合」である。　③　必ずそうなると決まっていることという意味の言葉は「必然」で，「偶然《ぐうぜん》」の対義語である。　④　だれもがそうだと感じられるものの見方を「客観」といい，「主観」がその対義語である。　⑤　すべてに通じることを「普遍《ふへん》」「一般《いっぱん》」といい，対義語は「特殊《とくしゅ》」である。　⑥　古いやり方や考え方を守るようすを「保守」といい，対義語は「革新」である。　⑦　実際に確かめられる形や中身を備えていることという意味の言葉は「具体」で，対義語は「抽象《ちゅうしょう》」である。　⑧　求めることを「需要《じゅよう》」といい，対義語は「供給」である。　⑨　新しいものをつくり出すことを「創造」といい，対義語は「模倣《もほう》」である。　⑩　感情に流されず，ものごとを筋道立てて考え，判断する力を「理性」という。対義語は「感情」である。

2024 年度　普連土学園中学校

【算　数】〈４日午前４科試験〉（60分）〈満点：100点〉

（注 意）解答欄《らん》に「式」とある場合には，式や考え方も書きなさい。

1　次の□にあてはまる数を求めなさい。

(1) $\left(5-2\times\frac{2}{3}\right)\times1\frac{7}{11}+41.4\div2.76=\square$

(2) $6\frac{3}{5}\times\frac{1}{2}+6\frac{3}{5}\times\frac{1}{3}+\frac{1}{4}\times6\frac{3}{5}+\frac{1}{6}\div\frac{5}{33}=\square$

(3) $12\div\left\{\left(2-\square\right)\times0.125\right\}=72$

2　次の問いに答えなさい。

(1) ノート４冊と鉛筆《えんぴつ》５本で420円，ノート３冊と鉛筆８本で400円かかります。ノート１冊の値段を求めなさい。

(2) 初日に本の３分の１を読み，２日目に40ページを読み，３日目に残りの３分の１を読み，４日目に40ページを読み，５日目に残りの３分の１を読み，６日目に40ページを読んだら，ちょうど読み終わりました。この本は何ページありますか。

(3) 直方体の形をした容器に水が入っています。この中に図１のような直方体の形をしたおもりを入れると，図２のような状態になりました。また，このおもりを倒《たお》して入れると，図３のような状態になりました。このとき，次の問いに答えなさい。

図１

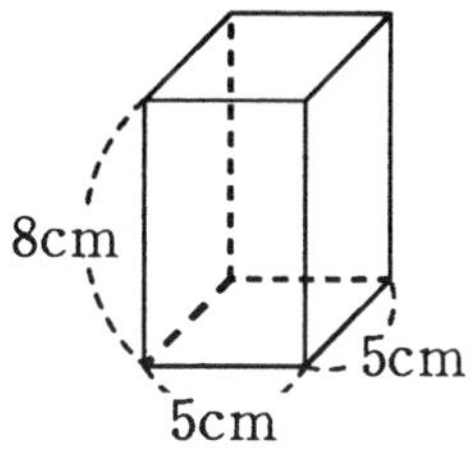

図２

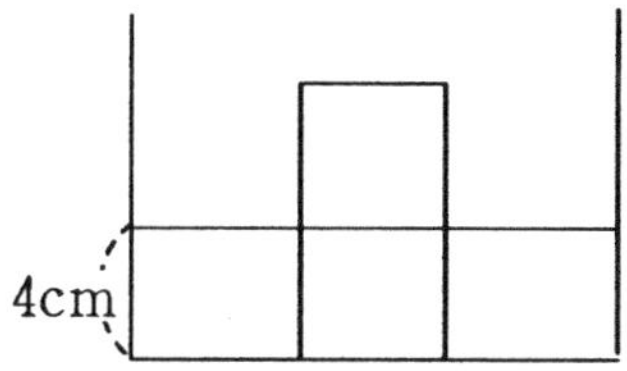

図３

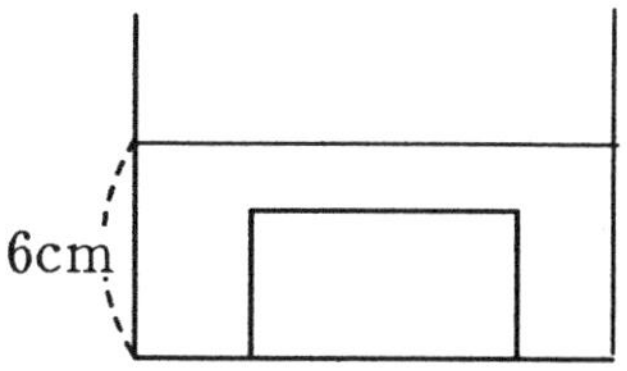

(i) 容器の底面積は何 cm^2 ですか。

(ii) 容器に入っている水の体積は何 cm^3 ですか。

3

以下のように整数が並んでいます。

24 ① 30 ② 36 ③ 42 ④ 48 ⑤ 54

①～⑤にはそれぞれ「＋」「－」「×」「÷」のいずれかの演算記号が入ります。次の問いに答えなさい。

(1) ①～⑤のすべてに「＋」の演算記号を入れたときの計算結果を求めなさい。

(2) ①～⑤のすべてに「＋」の演算記号を入れて計算しようとしましたが，１カ所だけまちがえて「－」の演算記号を入れて計算してしまい，計算結果は162になりました。①～⑤のどこに「－」の演算記号を入れましたか。

(3) ①～⑤のすべてに「×」の演算記号を入れたときの計算結果は，４で何回割り切れますか。

(4) ①～⑤に「×」の演算記号を３カ所，「÷」の演算記号を２カ所入れます。計算結果が整数となる入れ方は全部で２通りあります。

(i) ①に「÷」を入れると計算結果が整数とならない理由を説明しなさい。

(ii) 「÷」を入れる場所はどことどこか，２通りそれぞれについて答えなさい。

4 36kmはなれたP町とQ町の間を，特急列車Aと普通列車Bがそれぞれ一定の速さで走っています。列車Bが７時にQ町を出発してP町へ向かいます。その15分後に列車AはP町を出発してQ町へ向かいます。下のグラフはその様子《ようす》を表したものです。このとき，次の問いに答えなさい。

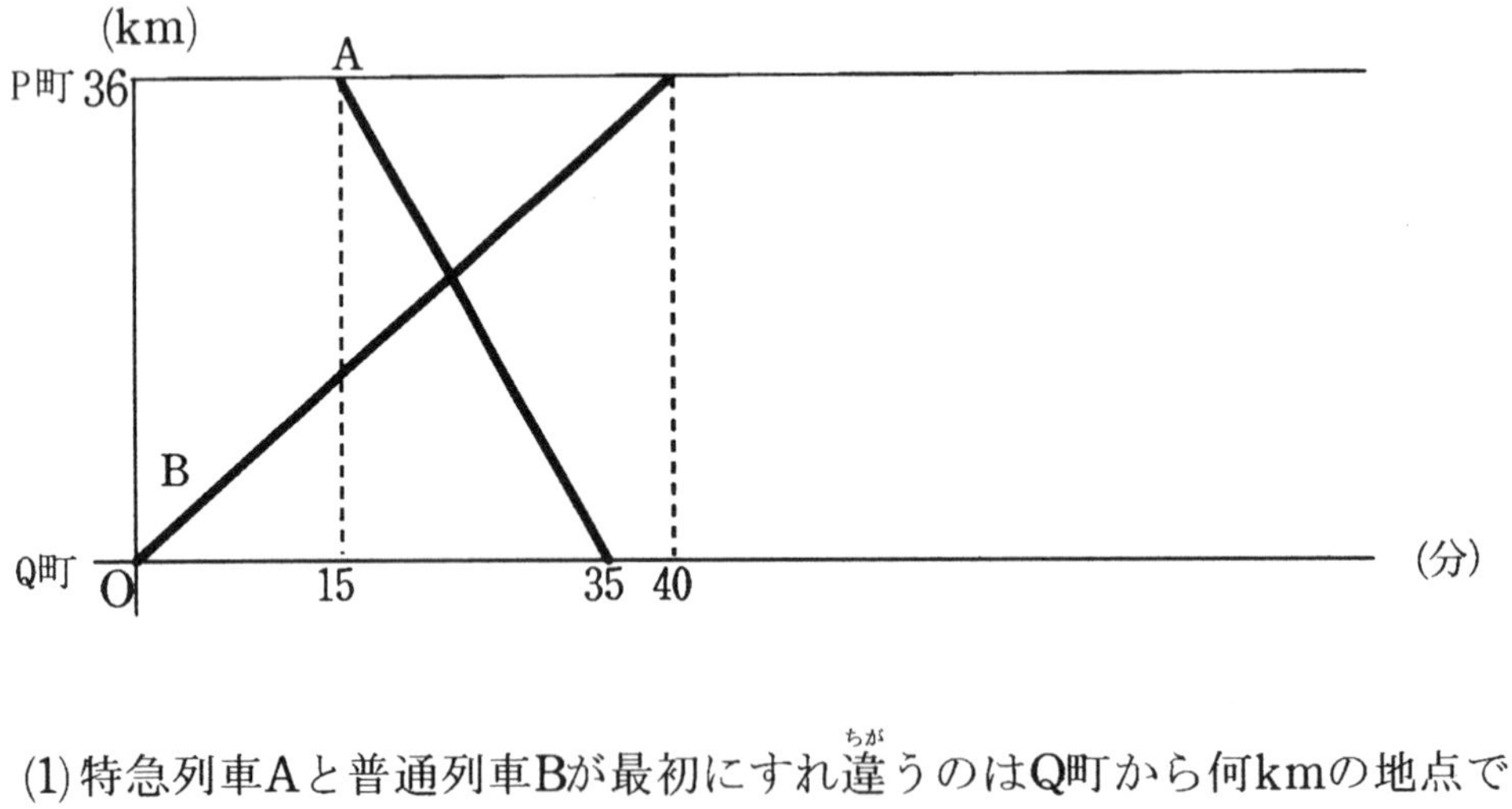

(1) 特急列車Aと普通列車Bが最初にすれ違《ちが》うのはQ町から何kmの地点ですか。

(2) 普通列車Bの速さは分速何mですか。

(3) 特急列車AはQ町に到着してから19分後にQ町からP町に向かって出発します。普通列車BはP町に到着してから９分後にP町からQ町に向かって出発します。ふたつの列車が再びすれ違うのは何時何分何秒ですか。

5 下の表はあるクラスで行われた算数のテストの結果をまとめたものです。テストは10点満点で，問題1は5点，問題2は3点，問題3は2点です。また問題1ができた人は22人いました。このとき，問題2ができた人は何人いましたか。

点数(点)	10	8	7	5	3	2	0
人数(人)	6	5	8	7	5	2	2

6 次の文章は高校1年生の町子さんと小学校6年生の三太さんの会話です。空欄に適するものを入れなさい。

町子：今日は次の数の列について，一緒に考えていきましょう。
1,2,3の3種類の数字のみを使って作ることのできる整数を，次のように小さい順に並べます。

1, 2, 3, 11, 12, 13, 21, 22, 23, 31, 32, 33, 111, 112, …

三太：すると，5番目の整数は「12」ということになるね。この後も続けて書いてみると，20番目の整数は「 ① 」だね。

町子：その通りよ。
それでは，50番目の整数はいくつになるか答えてみて。

三太：さすがに50個も書き並べるのは大変だから，別の方法を考えてみないと。
1桁《けた》の整数は全部で ② 個，2桁の整数は全部で ③ 個，3桁の整数は全部で ④ 個あることと，「11□□」の形をした4桁の整数は全部で ⑤ 個あることをふまえると，50番目の整数は「 ⑥ 」だね。

町子：正解。では，次の問題よ。4の倍数の整数のうち，小さい方から30番目を答えてみて。

三太：４の倍数の特徴《とくちょう》は「下二桁が４の倍数」であることを考えると，１桁で４の倍数のものは ⑦ 個，２桁で４の倍数のものは ⑧ 個，３桁で４の倍数のものは ⑨ 個。以上をふまえると，30番目の４の倍数の整数は「 ⑩ 」と分かるね。

町子：素晴らしいわ。では最後の問題よ。３の倍数の整数のうち，小さい方から50番目を答えてみて。

三太：３の倍数の特徴は「各位の和が３の倍数」であることを考えると，１桁で３の倍数のものは ⑪ 個，２桁で３の倍数のものは ⑫ 個，３桁で３の倍数のものは ⑬ 個。
う～ん，この考え方でも50番目の整数を求められそうだけど，もっと面白い求め方はないのかな。

町子：そしたら，数の列に登場する３の倍数の整数を小さい方から順に７個書き並べてみて。

三太：書き並べてみると ⑭ となるよ。これだけだと，まだ規則性が見えてこないなあ。

町子：次に，今書き並べた ⑭ から，それぞれの一の位の数字を取り除いたものを考えてみて。何か見えてこないかしら。

三太：あっ，気づいたかも。ということは，50番目の３の倍数の整数は ⑮ と分かるね。

町子：大正解です。よく頑張りました。

【社　会】〈４日午前４科試験〉（30分）〈満点：75点〉

〈編集部注：実際の試験問題では，一部の図・地図以外はカラーです。〉

1　**友子さんは、夏休みに訪れた沖縄県についてまとめました。これについて、あとの問いに答えなさい。**

【地形と気候】：　沖縄県には①大小 160 ほどの島があり、沖縄本島、宮古島、石垣島、西表島など 49 の島々に 139 万人余りの人々が暮らしています。沖縄県の降水量は年間を通じて多いのですが、②慢性的《まんせいてき》な水不足を解消するため沖縄本島の北部には６つのダムが築かれています。

【サンゴ礁《しょう》】：　琉球諸島には、日本の約 80％以上のサンゴ礁が存在しています。サンゴ礁の周りには多くの海洋生物が集まるため、③漁業や観光業などの産業にとって重要です。ダイビングを体験してサンゴ礁を見ることができ、大自然を感じられましたが、④近年沖縄県のサンゴ礁の破壊が進んでいるそうです。

【パインアップル畑】：　東村に行くとパインアップルの畑を見ることができました。この地は酸性の土壌《どじょう》、水はけの良い土地、高い気温がパインアップルの栽培に適していますが、沖縄ではこのような⑤暖かい気候を生かした作物が作られています。またゴーヤーチャンプルー、ミミガーなど独自の食文化があります。

【首里城】：　1429 年から 1879 年までの約 450 年間にわたり⑥琉球王国があり、その王国の政治・外交・文化の中心地として栄えたのが、首里城です。九州・沖縄サミット開催を記念して、2000 年７月 19 日に発行された⑦二千円紙幣の表面にも首里城の守礼門が描かれています。

【　X　】の塔：　沖縄戦に動員されて亡くなった女学生たちの慰霊《いれい》のために建てられました。⑧太平洋戦争の際に唯一国内で地上戦が繰り広げられた沖縄では、迫りくる米軍の攻撃によって多くの人が命を落としたそうです。「【　X　】学徒隊」は看護・水くみ・食料の受け取り、汚物処理などの活動にあたったそうです。

【嘉数《かかず》高台公園】：　この公園の展望台からは⑨米軍の普天間飛行場がよく見えます。飛行機やヘリコプターが飛び立つ様子を間近に見ることができます。普天間飛行場は沖縄戦が行われた 1945 年６月に、米軍の手によって建設が始まりました。嘉数一帯は沖縄戦の激戦地だったそうで、多くの住民の方がここで犠牲になっており、公園にも慰霊碑が建てられています。

問１　下線部①について、次の各問いに答えなさい。

（１）沖縄県に属する日本最西端の島のなまえを答えなさい。

（２）（１）のおよその緯度・経度を次のア～エから１つ選び、記号で答えなさい。

ア．東経122度　北緯24度　　イ．東経142度　南緯24度

ウ．東経122度　北緯34度　　エ．東経142度　南緯34度

（３）（１）の島から南鳥島までのおよその距離として正しいものを次のア～エから１つ選び、記号で答えなさい。

ア．1500㎞　　イ．3000㎞　　ウ．4500㎞　　エ．6000㎞

問２　下線部②について、沖縄で水不足になりやすい理由として正しいものを次のア～エから１つ選び、記号で答えなさい。

ア．沖縄には標高の高い山地が多く、湿った空気が届かないから。

イ．山地が少なく河川も小さく短いため、降水がすぐに海に流れ出るから。

ウ．夏季の南東季節風が山地によって遮《さえぎ》られるから。

エ．台風や梅雨前線の影響を受けにくく、冬季には大陸から吹く乾いた南西季節風の影響を受けるから。

問３　下線部③について、次の各問いに答えなさい。

（１）次の表は沖縄県・愛知県・東京都・青森県の産業別の人口の割合を表しています。沖縄県にあてはまるものをア～エから１つ選び、記号で答えなさい。

＜各都道府県の産業別人口の割合＞

	第一次産業（%）	第二次産業（%）	第三次産業（%）
ア	12.0%	20.8%	67.2%
イ	4.0%	15.4%	80.7%
ウ	2.1%	32.7%	65.3%
エ	0.5%	15.8%	83.7%

（『データブック オブ・ザ・ワールド2023』より作成。）

（２）沖縄県の漁業について、漁獲量の割合が多いものを次のア～オから２つ選び、記号で答えなさい。

ア．さけ　　イ．かつお　　ウ．にしん　　エ．さんま　　オ．まぐろ

問4　下線部④について、この原因として正しいものを次のア～エから１つ選び、記号で答えなさい。

ア．海水面が低下していること。

イ．開発によって土砂が流出していること。

ウ．サンゴの移植作業が進んでいること。

エ．異常気象によって台風の上陸が減っていること。

問5　下線部⑤について、次のⅠ・Ⅱのグラフは温暖な気候を利用して栽培される作物の都道府県別の収穫量の割合を示しています。それぞれの作物にあてはまるものを下のア～カから１つずつ選び、記号で答えなさい。

Ⅰ．

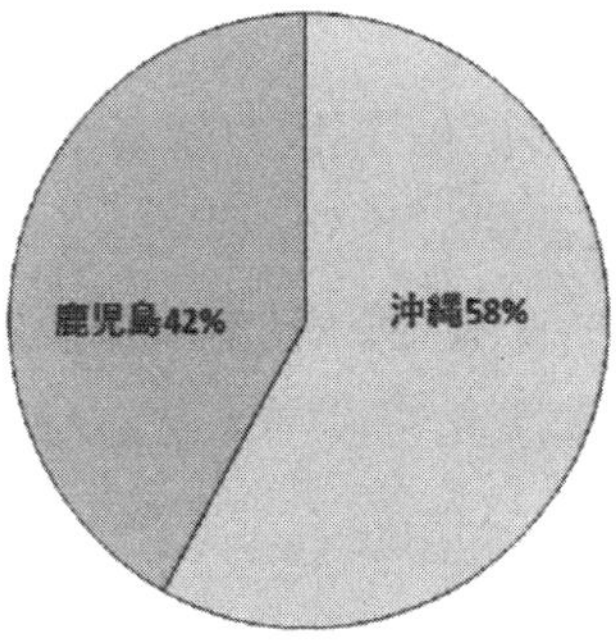

Ⅱ．

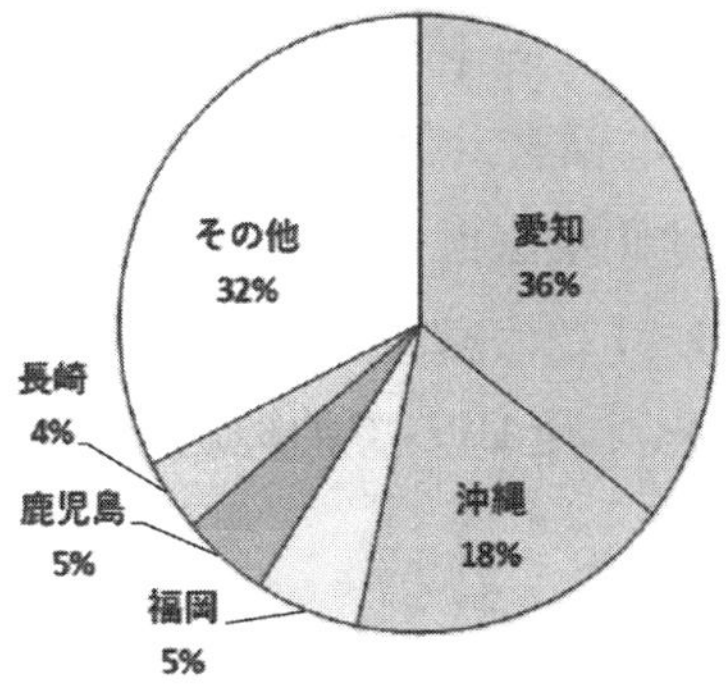

（農林水産省『作物統計調査』をもとに作成。）

ア．ピーマン　イ．菊　ウ．さとうきび　エ．なす　オ．びわ　カ．い草

問6　下線部⑥について述べた次の文について、あとの各問いに答えなさい。

> 15世紀初めに中山の王になった（　ア　）氏は、北山・南山の勢力を滅ぼして琉球王国をたて首里城を築きました。琉球王国は他国からの輸入品を別の国に輸出する（　イ　）貿易を行いました。琉球が中国と東南アジア諸国との間を（　イ　）してつないだ貿易ルートは、江戸時代初期までつづく（　ウ　）船貿易につながっていきます。

（1）文中（　ア　）～（　ウ　）にあてはまる語句をそれぞれ答えなさい。

（2）（　ウ　）船貿易で日本が輸入した中国産の品物を次のア～カから２つ選び、記号で答えなさい。

ア．銀　　イ．硫黄　　ウ．刀　　エ．生糸　　オ．銅　　カ．絹織物

問7　下線部⑦について、二千円紙幣の裏面には平安時代の絵巻物が描かれています。国風文化の時期に書かれた文芸作品として**誤っているもの**を次のア～エから1つ選び、記号で答えなさい。

ア.『平家物語』　イ.『竹取物語』　ウ.『源氏物語』　エ.『土佐日記』

問8　下線部⑧について、次の各問いに答えなさい。

(1) 文中の【　X　】にあてはまる語句を答えなさい。

(2) 第二次世界大戦の終戦に関する次のア～オの出来事を古い順に並べかえなさい。

ア. アメリカ軍が広島に原爆を投下した。

イ. アメリカ軍が長崎に原爆を投下した。

ウ. ミッドウェー海戦で日本軍が大敗した。

エ. 天皇がポツダム宣言の受け入れをラジオで国民に伝えた。

オ. 東京大空襲によって約10万人の死者がでた。

(3) 1972年に「この島の問題が解決されないかぎり日本の戦後は終わらない。」といって沖縄返還を成し遂げた際の首相のなまえを漢字で答えなさい。

問9　下線部⑨について、次の各問いに答えなさい。

(1) 日本ではアメリカ軍の駐留を認めています。このことを規定しているサンフランシスコ講和条約と同時に結ばれた条約をなんといいますか。

(2) 沖縄には日本にある米軍基地の面積の約何%がありますか。次のア～エから1つ選び、記号で答えなさい。

ア. 10%　　イ. 30%　　ウ. 50%　　エ. 70%

(3) 沖縄県では、県知事の選挙でも基地建設問題が争点の一つになりました。知事の選挙について述べた文として正しいものを次のア～エから1つ選び、記号で答えなさい。

ア. 選挙権をもつのは、18歳以上の外国人を含むすべての住民である。

イ. 被選挙権を得る年齢は、衆議院議員と同じである。

ウ. 知事の選挙については、公職選挙法に基づいて実施される。

エ. 知事の選挙が行われるのは、知事がリコールされたときだけである。

2 次の文を読んで、あとの問いに答えなさい。

渋沢栄一は近代産業の父と呼ばれ、日本の近代化に多大な功績を残した人物です。幕末の動乱期 i 天保 11 年（1840 年）、農民の子として養蚕や染め物が盛んであった現在の①埼玉県に生まれました。商業の才能や巧《たく》みな話術を認められ、幕府に仕えています。主君は 15 代将軍となった【　あ　】で、栄一への信頼があつく、欧州に渡る機会も得ました。栄一は、フランスで徳川昭武《あきたけ》を補佐しつつ②海外の事情を学びますが、途中幕府が倒れたとの知らせを受け、帰国しました。帰国後、隠居《いんきょ》した【　あ　】のため静岡で旧幕府の人々の生活を支えますが、その才能を明治政府にも求められ、日本全体のためにと政府の役人となりました。政府の役人として民部《みんぶ》省で新しい日本の制度を考案し、大蔵省に務めると、養蚕業の経験を活かして官営模範工場の【　い　】が動くまでの道筋をつくりました。政府で成果を出しましたが、それに満足せず、近代化は民間からも底上げが必要と、その後最初の銀行となる【　う　】を設立し、③民間の企業に次々と携《たずさ》わって近代産業の土台をつくりました。栄一は生涯で 500 以上の企業や団体に関わりましたが、150 年近く経過してなお、日本の産業では栄一が関わった多くの仕組みや企業が役割を果たしています。

栄一は④社会福祉事業や教育にも熱心に取り組みました。栄一の信念として「商業の発展は利益追求だけに終わらず、⑤根底に道徳があり国や人類の全体の繁栄に責任を持つことを忘れてはならない」というものがあります。8代将軍の孫で⑥白河藩主から老中を務めた【　え　】は、栄一が自身の考えに近いものを感じたのか、『楽翁公伝《らくおうこうでん》』という歴史書をまとめる程、尊敬した人物の一人です。今からおよそ 100 年前に関東で大きな震災が発生した時も、80 代の栄一は復興に向けて国内では民間や政府に協力し、海外には資金援助を求めました。特にアメリカ合衆国では栄一の功績や考えを尊敬する資本家や政治家も多かったため、多額の援助金が集まりました。ii 1931 年に惜しまれつつ亡くなった栄一は、その思想が現代でも人々に影響を与え、注目を集め続けています。

問1　波線部 i・ii について、同じ年の出来事を次のア〜オからそれぞれ選び、記号で答えなさい。

ア．ペリー来航　　イ．米騒動　　ウ．アヘン戦争

エ．満州事変　　オ．日中戦争

問２　下線部①について、次の各問いに答えなさい。

（１）この県にある、大和政権の大王の名が刻まれた鉄剣が出土した古墳を答えなさい。

（２）古墳時代について説明した次の文として正しいものを次のア～エから１つ選び、記号で答えなさい。

ア．大仙古墳は国内最大の前方後円墳で、奈良県にある。

イ．大和政権は豪族支配のため氏姓制度という仕組みをつくった。

ウ．中国の歴史書によると日本の王が中国の皇帝にたびたび使いを送り、国内や朝鮮の支配者として認められると金印を授かった。

エ．仏教が中国から伝えられ、朝廷内では蘇我氏と物部氏が争った。

問３　文中【　あ　】～【　え　】にあてはまる語句を答えなさい。

問４　下線部②について、西洋の食事に触れた栄一はオートミールに牛乳をかけて食べていました。現代の日本の酪農について、表とグラフから読み取れるものを次のア～エから１つ選び、記号で答えなさい。

生乳生産量(都道府県別)

都道府県	t(トン)	%
北海道	4,309,275	56.6
岩手	207,362	2.7
茨城	182,969	2.4
栃木	359,211	4.7
群馬	207,903	2.7
千葉	192,368	2.5
熊本	266,013	3.5

（令和４年　農林水産省『牛乳乳製品統計調査』より作成。）

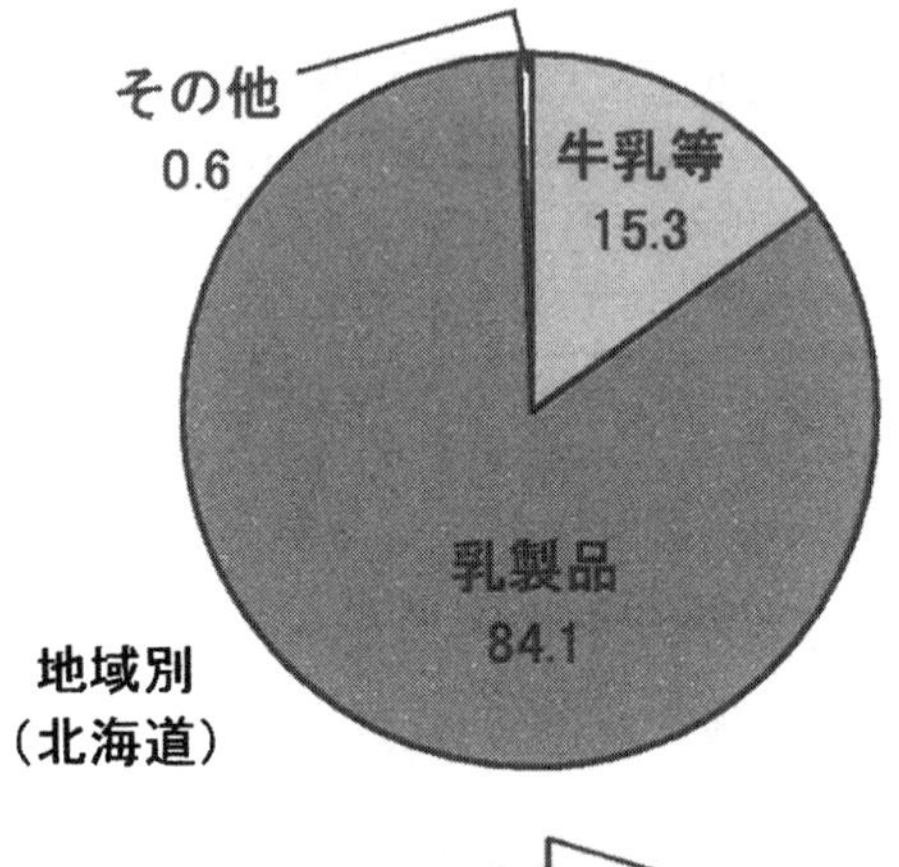

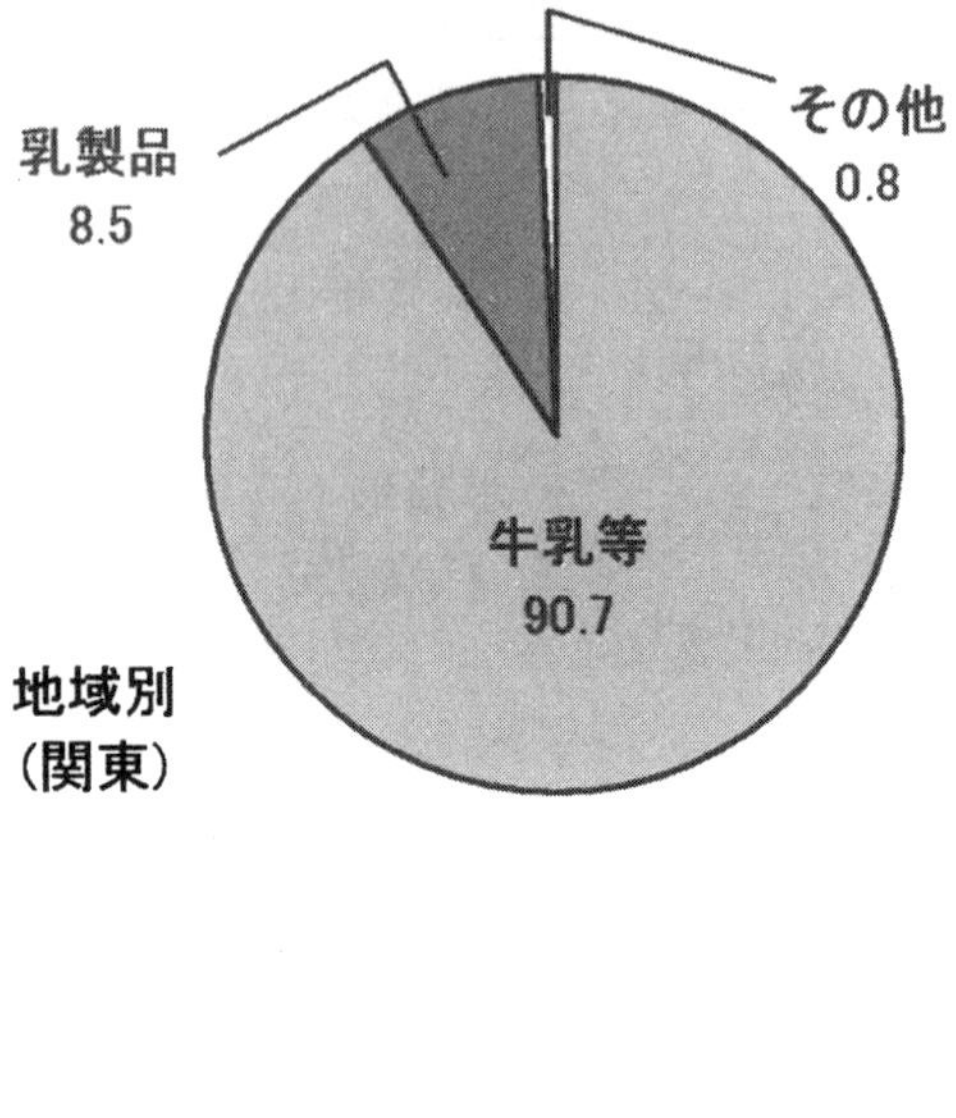

ア．暑さに弱い牛が快適に過ごすことができる県で酪農が盛んである。

イ．広い牧草地があり古くから酪農が盛んな北海道は飼育数最多である。

ウ．鮮度を保ち、大都市への輸送費を抑えるため関東地方でも多く飼育されている。

エ．北海道で生産される生乳は乳製品になることが多く、関東で生産されるものは飲料用が大きな割合を占めている。

問５　下線部③について、次の各問いに答えなさい。

（１）明治時代の初期に、栄一が提案した洋紙製造に成功したことで、書籍《しょせき》や新聞などの印刷物が普及しました。その結果、人々の知識は高まり、産業の発達と文化の共有につながりました。現代のパルプ工場の主な場所と、出荷額の割合のグラフについて、地図を参考にグラフの空らん（　ア　）～（　ウ　）にあてはまる都道府県名を漢字で正しく答えなさい。

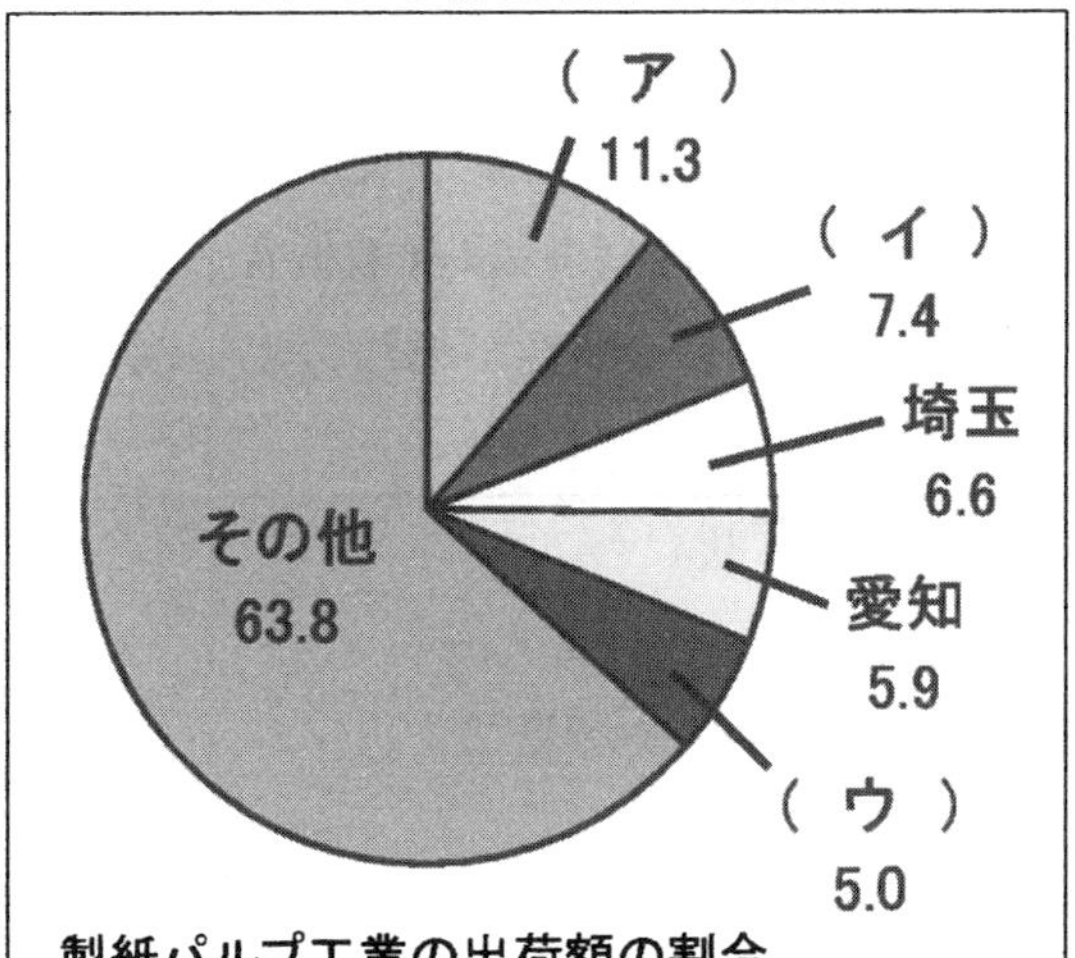

製紙パルプ工業の出荷額の割合

（『データでみる県勢2019』より作成。）

＜製紙・パルプ工場がある主な都市＞

（2）セメント事業でも、栄一は優秀な人材を見いだし日本のセメント事業を盛り上げました。現在のセメント工業について述べた次の文の空らん（　ア　）～（　ウ　）にあてはまる語句をそれぞれ答えなさい。

セメントの原材料は（　ア　）で主に（　イ　）地形の地域で産出されています。工場が主にある都市は、（　ウ　）県の宇部市や埼玉県の秩父市などです。

（3）栄一は鉄道、海運、航空と製造だけにとどまらず輸送にも関わりました。現在日本の輸送について、貨物輸送、旅客輸送ともに自動車が最も大きな割合を占めています。市民生活や経済活動に影響のある輸送で「2024年問題」が注目されていますが、解決策を具体的に一つ考えて説明しなさい。その際、補足の文を参考に考えなさい。

＜補足①2024年問題とは＞

働き方改革に関連した法律が施行され、自動車を運転する仕事で残業する時間の上限が定められます。これはトラックドライバーなどが働きすぎて健全な生活を損なわないため必要な政策です。しかし、これまでトラックドライバーの長時間労働で物流が支えられ、またドライバー自身も低賃金であっても長時間働くことで収入を確保していたため、今後生じる問題が複数考えられます。

＜補足②トラックドライバーが考える現場の問題＞

ドライバーＡさん

「再配達に何度も同じ家に行くので、その分時間や手間がかかります。」

ドライバーＢさん

「送料無料をうたう業者によりネットショッピング利用者が増えました。」

ドライバーＣさん

「少子化のせいか若者のなり手が少なく、一人あたりの仕事が多いです。」

問6　下線部④について、次の各問いに答えなさい。

（1）次のグラフは、現在の国家の歳出を表しています。国民の生活の保障をするための費用である「社会保障関係費」にあたるものを、次のア～エから１つ選び、記号で答えなさい。

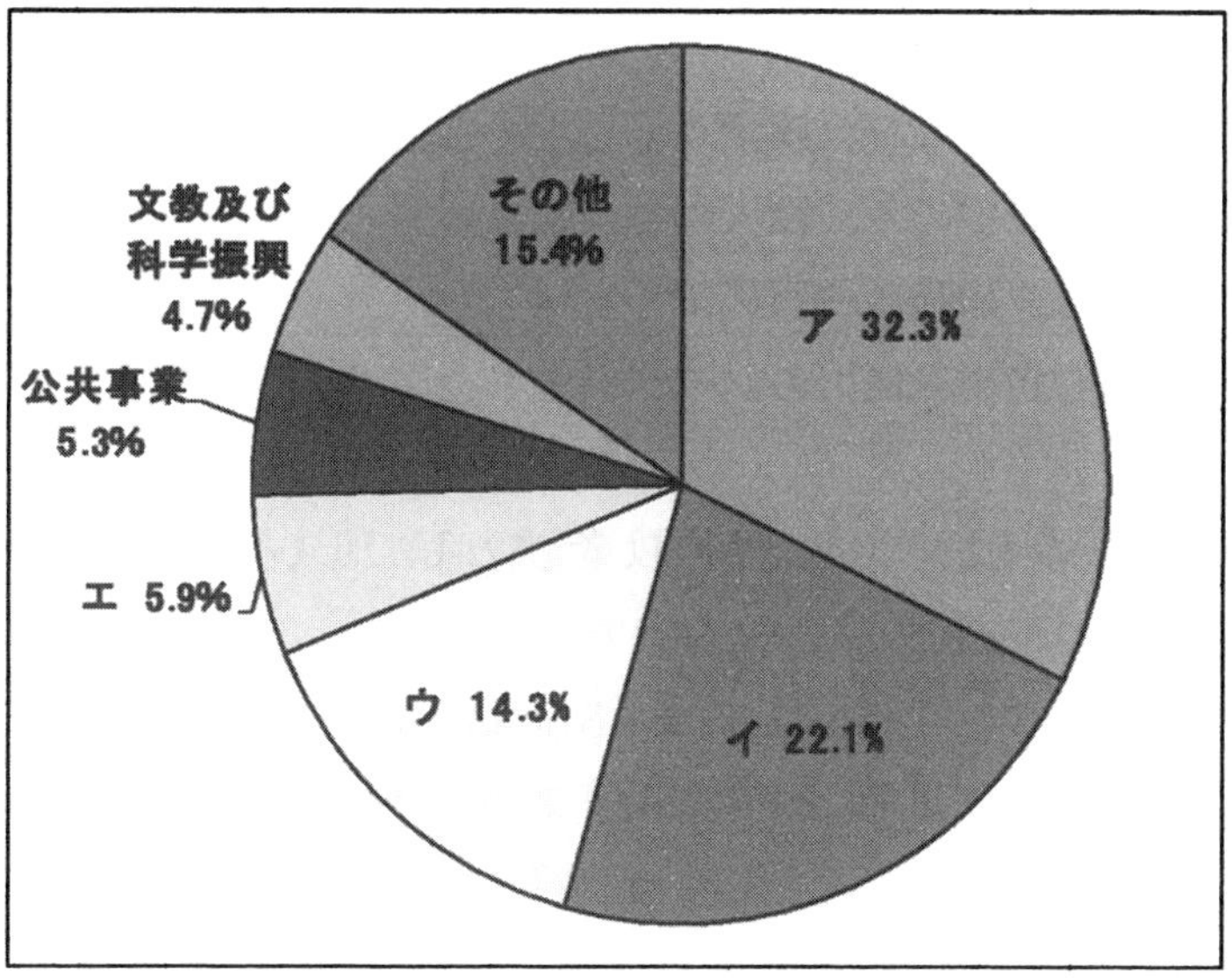

（2）社会保障制度を説明した文のうち、**誤っているもの**を次のア～エから１つ選び、記号で答えなさい。

ア．雇用保険は仕事中や通勤中にけがをした際に支給される。

イ．公衆衛生は保健所など病気の予防に取り組み、人々の健康を増進させるための体制である。

ウ．医療保険は病気やけがで治療を受ける際に、医療費の負担が軽減される制度である。

エ．社会福祉は社会的に弱い立場の人たちを公的に支援する制度である。例えば児童福祉では、保育所問題や子ども手当などを定めている。

（3）憲法第25条を具体化したもので、収入が少なく生活に困る人々に国家が費用を出して救済する仕組みを何といいますか。漢字４字で答えなさい。

問7　下線部⑤について、栄一の著書『論語と算盤《そろばん》』でも道徳と商売をどのように両立させていくか、社会が健全であるためにどうあるべきかを説いています。日本では、聖徳太子などが古くから儒教《じゅきょう》の考え方を政治に活かしてきました。聖徳太子が行ったこととして**誤っているもの**を次のア～エから１つ選び、記号で答えなさい。

ア．持統天皇の摂政となり、政治改革を進めた。

イ．十七条の憲法を定めて、役人の心構えを示した。

ウ．仏教を信仰し、法隆寺や四天王寺を建てた。

エ．冠位十二階を定め、能力のある者をとりたてた。

問8　下線部⑥について、この人物の政策を説明した文として正しいものを次のア～オからすべて選び、記号で答えなさい。

ア．旗本や御家人の生活難を救うため借金帳消し令を出した。

イ．株仲間を積極的に認め、一定の税を納めさせた。

ウ．民衆の意見を聞き入れるため、目安箱を設置した。

エ．幕府の学問所、昌平坂学問所で朱子学以外を教えることを禁じた。

オ．江戸や大阪周辺を防衛や収入増加を見込んで幕府の領地にした。

3 次の文章を読んで、あとの問いに答えなさい。

2023年5月、①G7広島サミットが開かれました。サミットは各国の首脳が集まって国際的な課題について話し合う会議で、②最初のサミットは1975年にフランスで開かれました。③日本でサミットが開かれるのは7回目です。今回のサミットでは、核兵器の問題をはじめ、さまざまな課題について話し合われました。サミットにあわせて、日本各地でさまざまな問題を担当する各国の大臣が集まって話し合う関係閣僚《かくりょう》会合も開かれました。例えば④大阪府堺市では貿易を担当する大臣の会合が、三重県志摩市では交通問題を担当する大臣の会合が、栃木県日光市ではジェンダー平等問題を担当する大臣の会合が、それぞれ開かれました。⑤これらの問題は、国内でも大きな課題です。⑥世界の人口は増え続けており、⑦食料をめぐる問題も国内外で引き続き大きな課題になっています。日本は2023年から2年間、国際社会の平和に責任を持つ【　あ　】の非常任理事国を務めます。日本には1933年に【　い　】を脱退し、国際社会から孤立していった歴史があります。平和な世界の実現に向けて、国際社会の協調が求められています。

国内にも解決すべきさまざまな課題があります。少子高齢化や⑧子どもの貧困などの問題に対応するために2023年4月には新たな国の機関として【　う　】が設置されました。さらに同年6月には⑨外来種に関するルールが変わりました。2024年4月にはトラックの運転手などの労働時間に対する規制が強化されます。そのため運転手が不足し、荷物が届くまでに時間がかかるようになるかもしれません。2023年8月には、東京電力福島第一原子力発電所の事故によって発生した汚染水を処理した水が海洋放出されました。⑩国際機関は安全基準に合致しているとしていますが、漁業などへの影響が心配されています。

私たちが暮らす社会にはさまざまな課題があります。すべての人が平和に暮らせる社会を実現して行くためには何が必要なのか、どのようなことができるのか、これからの中学校と高校での6年間の生活の中で一緒に考えていきましょう。

問1　文中【　あ　】～【　う　】にあてはまる語句を答えなさい。

問2　下線部①に関連する次の各問いに答えなさい。

(1)　G7広島サミットに参加したフランスの大統領は誰か、次のア～エから1人選び、記号で答えなさい。

ア．メルケル　　イ．グテーレス　　ウ．ミシェル　　エ．マクロン

(2) 次の地図は1925年頃と現在の広島市の同じ場所の地形図です。広島市はたびたびある災害にあい、人々は災害を克服する工夫をしてきました。このような工夫の跡は地図の中にも見られます。２つの地図を比べてわかることをふまえて、広島市はどのような災害にあってきたと考えられるか答えなさい。

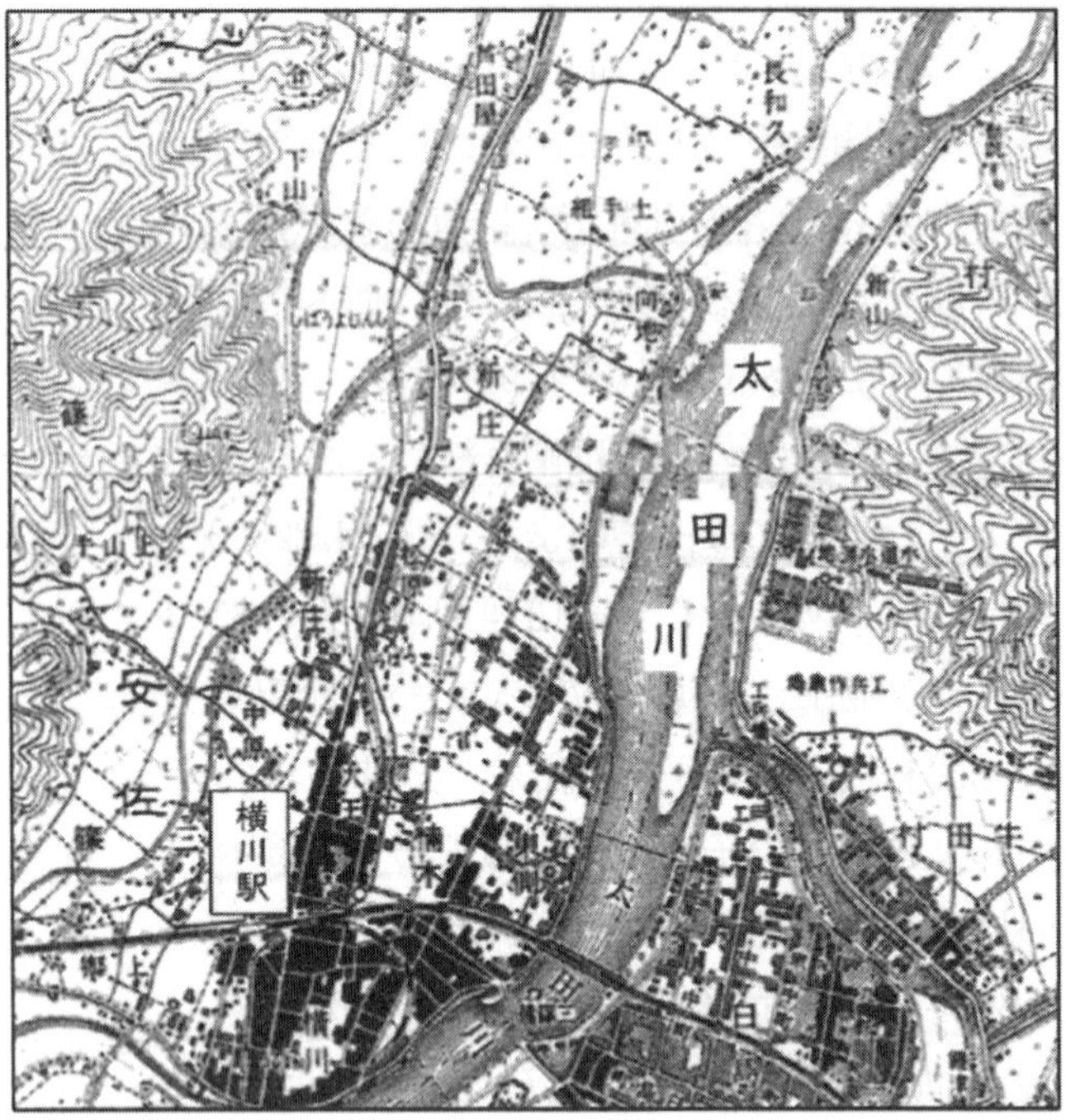

←1925年頃の広島市

現在の広島市→

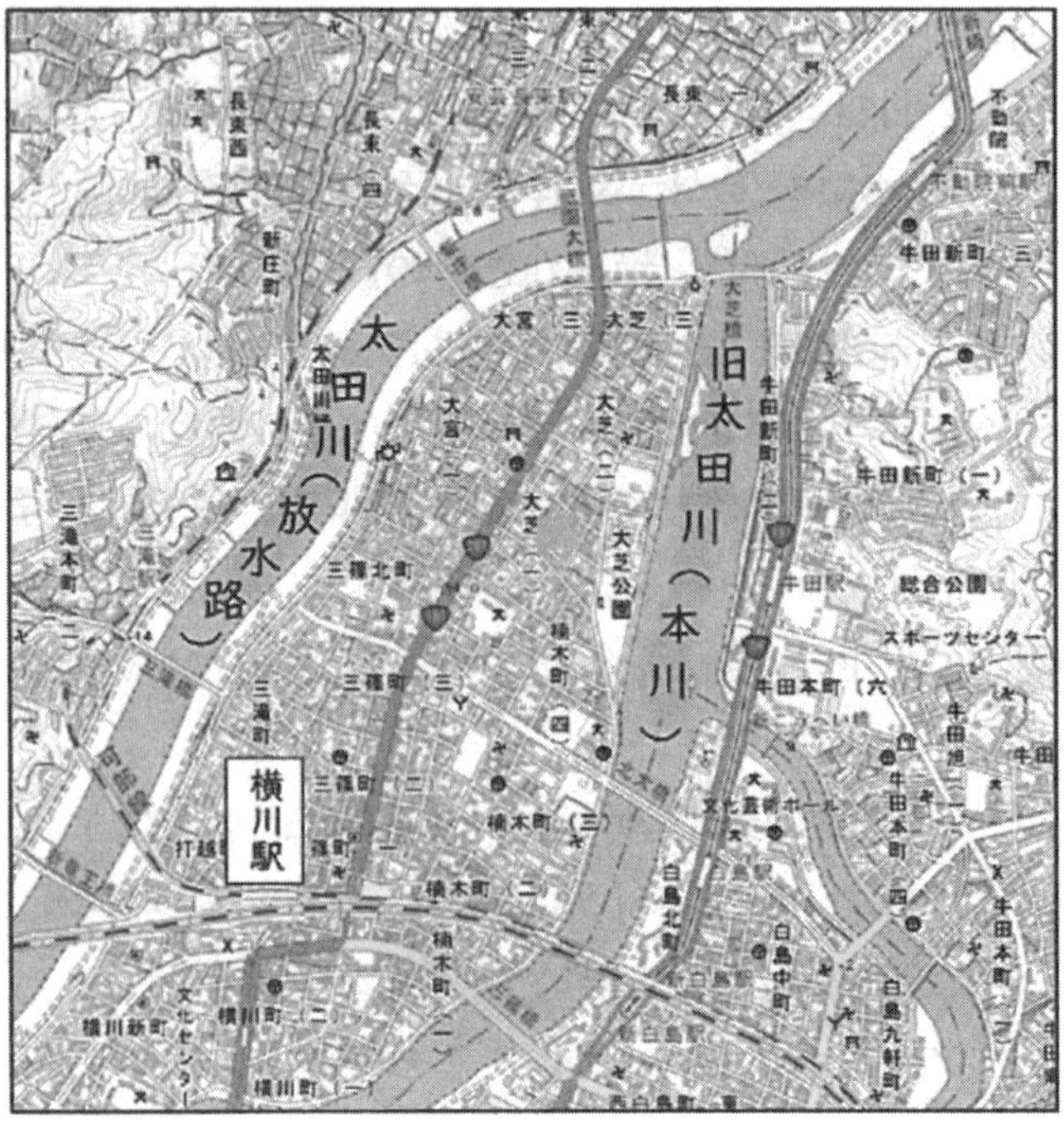

(いずれも『今昔マップ on the web』より作成。)

（3）1963年に広島を訪れた際の取材を元に『ヒロシマ・ノート』を書いた、ノーベル文学賞受賞作家は誰か。次のア～エから１人選び、記号で選びなさい。

ア．大江健三郎　　イ．湯川秀樹　　ウ．川端康成　　エ．佐藤栄作

問３　下線部②について、第１回のサミットは1973年に起きた第四次中東戦争の影響で深刻化した世界経済の混乱への対応を話し合うために開かれました。この世界経済の混乱を何といいますか。

問４　下線部③について、次の表は日本で行われたサミットの一覧です。

	開催年	開催地	通称	当時の首相
第５回	1979年	東京		大平正芳
第12回	1986年	東京		中曽根康弘
第19回	1993年	東京		宮澤喜一
第26回	2000年	名護市	九州・沖縄サミット	森喜朗
第34回	2008年	洞爺湖町	北海道・洞爺湖サミット	福田康夫
第42回	2016年	志摩市	伊勢志摩サミット	安倍晋三
第49回	2023年	広島市	広島サミット	岸田文雄

（1）第19回と第26回の間のできごとを、次のア～エから１つ選び、記号で答えなさい。

ア．国鉄が分割民営化されてＪＲが発足した。

イ．ＰＫＯ協力法に基づき、自衛隊が初めてカンボジアに派遣された。

ウ．地球温暖化防止京都会議が開かれ、京都議定書が採択された。

エ．イラク戦争が起こり、自衛隊がイラクの非戦闘地域に派遣された。

（2）次のグラフは、東京以外のサミット開催地の月ごとの降水量と気温の平均値を表したものです。次のア〜エのうち広島市にあてはまるものを1つ選び、記号で答えなさい。

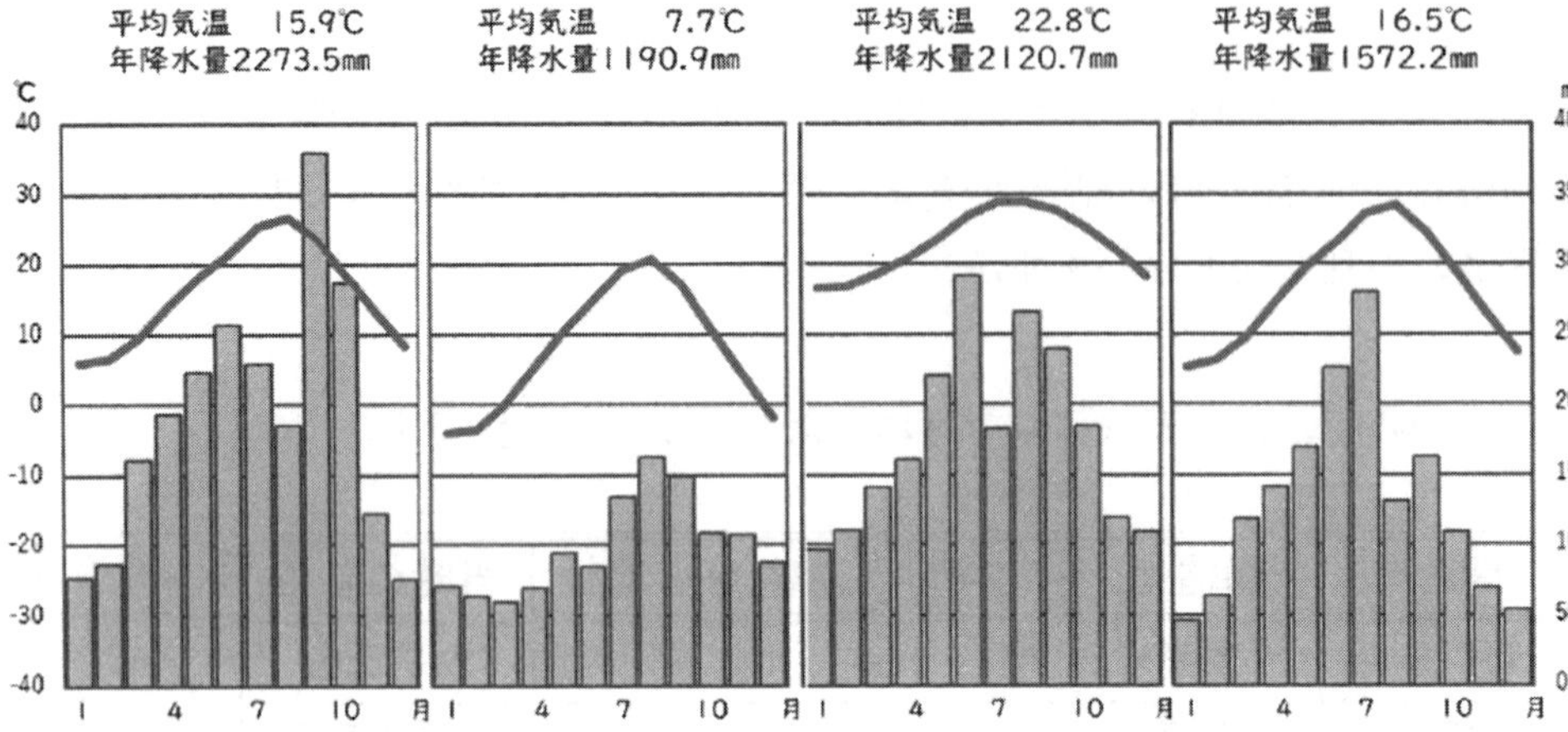

ア　　イ　　ウ　　エ

（気象庁統計データより作成。）

（3）次の表は、東京以外のサミット開催地の所在する道県における2021年の農業生産額の内訳を割合で示したものです。ア〜エのうち広島県にあてはまるものを1つ選び、記号で答えなさい。

<農業生産額の内訳>　(%)

	米	野　菜	果　実	花　き	畜　産	その他
ア	18.3	20.0	13.3	2.1	44.9	1.4
イ	21.4	14.1	6.5	3.1	43.7	11.2
ウ	0.5	12.9	5.7	8.5	45.6	26.8
エ	7.9	16.0	0.6	1.0	58.4	16.1

（『生産農業所得統計』より作成。）

問5　下線部④に関連して、堺は勘合貿易の拠点として栄えましたが、なぜ勘合を用いて貿易をするようになったのか答えなさい。

問６　下線部⑤に関連する次の各問いに答えなさい。

（１）2023年８月にＬＲＴ（ライト・レール・トランジット）が新たに開業した都市はどこか、次のア～エから１つ選び、記号で答えなさい。

ア．水戸市　　イ．宇都宮市　　ウ．前橋市　　エ．福島市

（２）2023年６月にＬＧＢＴ理解増進法が成立しました。次の条文は、すべての国民が尊重されることを規定している日本国憲法第13条の条文です。空らん（　Ｘ　）にあてはまる語句を漢字で答えなさい。

第13条　すべて国民は、（　Ｘ　）として尊重される。生命、自由及び幸福追求に対する国民の権利については、公共の福祉に反しない限り、立法その他の国政の上で、最大の尊重を必要とする。

問７　下線部⑥について、2023年中に中国の人口を抜いて世界で最も人口が多い国になると推定されている国はどこか答えなさい。

問８　下線部⑦に関連して、近年、米の精米日の表記が図のように変わってきています。これには、ある問題を解決するねらいがあります。

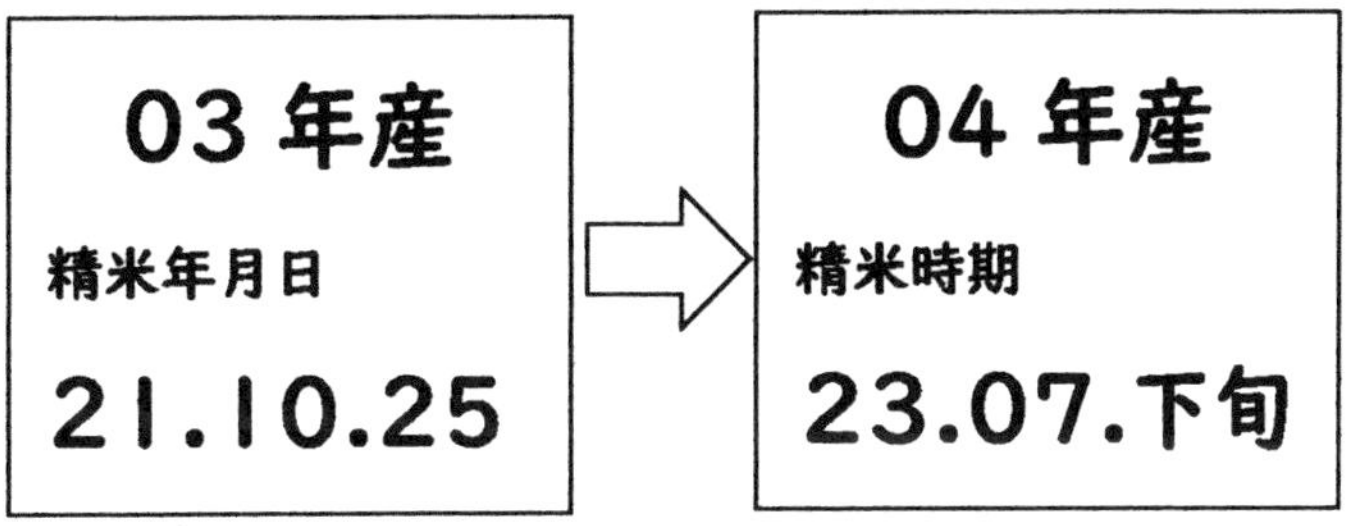

（１）同じねらいがあるものはどれか。次のア～エから１つ選び、記号で答えなさい。

ア　　イ　　ウ　　エ

（２）「ある問題」とは何か答えなさい。

問9　下線部⑧に関連して、本来大人が担うと想定されている家事や家族の世話などを日常的に行っている子どものことを何というか答えなさい。

問10　下線部⑨について、2023年6月から「条件付き特定外来生物」に指定され、家庭で飼うことはできるが、飼っているものを許可なく池や川などに放すことが禁止されることになった生き物はどれか。次のア～オから2つ選び、記号で答えなさい。

ア．ブラックバス　　イ．アカミミガメ　　ウ．ウシガエル
エ．アメリカザリガニ　　オ．コツメカワウソ

問11　下線部⑩について、原子力に関する国際機関を次のア～エから1つ選び、記号で答えなさい。

ア．ＩＭＦ　　イ．ＷＴＯ　　ウ．ＩＡＥＡ　　エ．ＷＨＯ

【理　科】〈4日午前4科試験〉(30分)〈満点：75点〉

〈編集部注：実際の試験問題では，図の一部はカラーです。〉

1　1～3の問に答えなさい。

問1　導線に電流を流すと導線の周りに磁場が生じます。机の上で、南北方向に導線を張り、導線の下に方位磁針《じしん》を置きました。次の問に答えなさい。

①　南から北へ向かって電流を流すと、方位磁針のN極は東西のどちら側に振《ふ》れるか答えなさい。

②　流す電流の強さと方位磁針の振れ角《かく》に関する記述として正しいものを、(あ)～(え)より1つ選び、記号で答えなさい。

(あ)　電流を強くすると、生じる磁場の強さも強くなるので、方位磁針の振れ角も大きくなる。

(い)　電流を強くすると、生じる磁場の強さは弱くなるので、方位磁針の振れ角は小さくなる。

(う)　電流の強さと、生じる磁場の強さは比例するので、方位磁針の振れ角も電流の強さに比例する。

(え)　電流の強さと、生じる磁場の強さは反比例するので、方位磁針の振れ角も電流の強さに反比例する。

問２　友子さんは、夏休みの自由研究で音の速さの測定をしました。友子さんの用いた方法は、次の通りです。

〔操作１〕　メトロノームを２つ用意し（メトロノーム①と②とする)、0.4 秒ごとに音が鳴るように調整した。

〔操作２〕　メトロノーム①を持ち、メトロノーム②を台に置いた。このとき、２つのメトロノームの音は、重なって聞こえた。

〔操作３〕　友子さんはメトロノーム①を持ちながら、メトロノーム②から離《はな》れていった。２つのメトロノームからの音がだんだんとずれていき、138 m 離れたところで、再び２つのメトロノームからの音が重なって聞こえた。

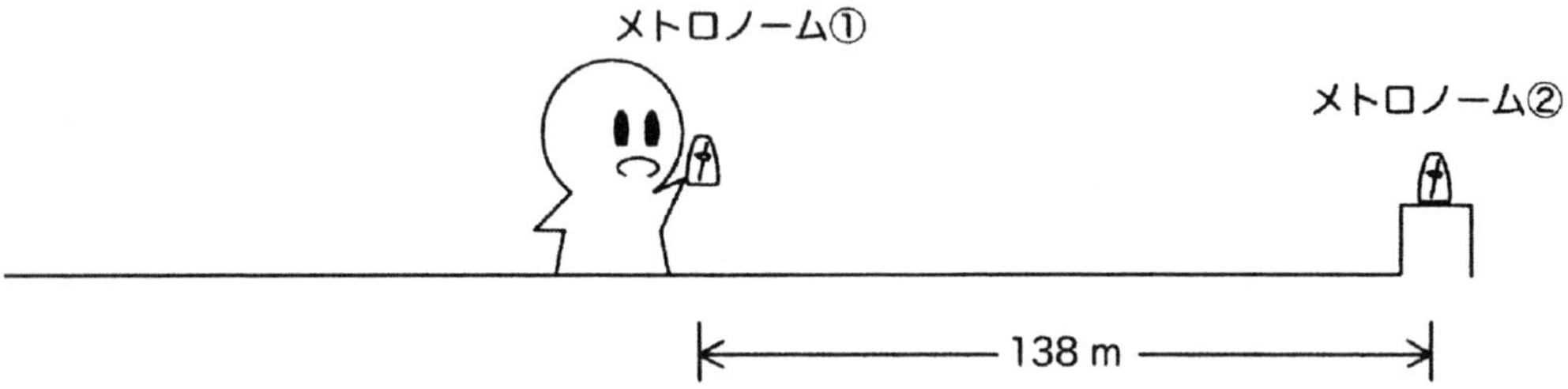

①　この結果より、音の速さは秒速何 m となりますか。計算過程を示し、割り切れない場合は、小数第一位を四捨五入して整数値で求めなさい。

〔操作４〕　壁《かべ》のある別の場所でメトロノーム①を持ち、壁から離れていった。□ m まで離れたところで、メトロノーム①からの音と、壁に反射して聞こえる音が重なった。

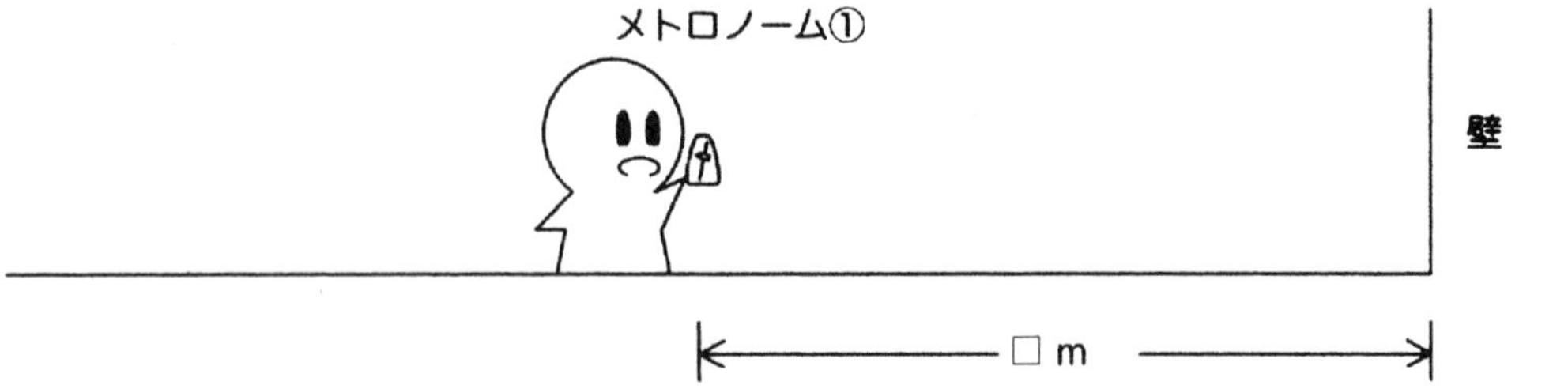

②　□に適する数値を答えなさい。

問3　おもさを無視できる軽いてこと、おもさが 100 g のおもりが6個あります。てこには、A から J のおもりをかけられる穴と支点 O が等間隔《かんかく》に設けられており、支点 O はてこの中央にあります。支点 O に支柱を取り付け、地面に設置しました。てこは支点 O を中心にして滑《なめ》らかに回転できます。

①　図のように、穴 D におもりを2個つり下げました。他におもり1個を用いててこがつりあうようにしたい。どの穴につり下げればよいでしょうか。A～J より1つ選び、記号で答えなさい。

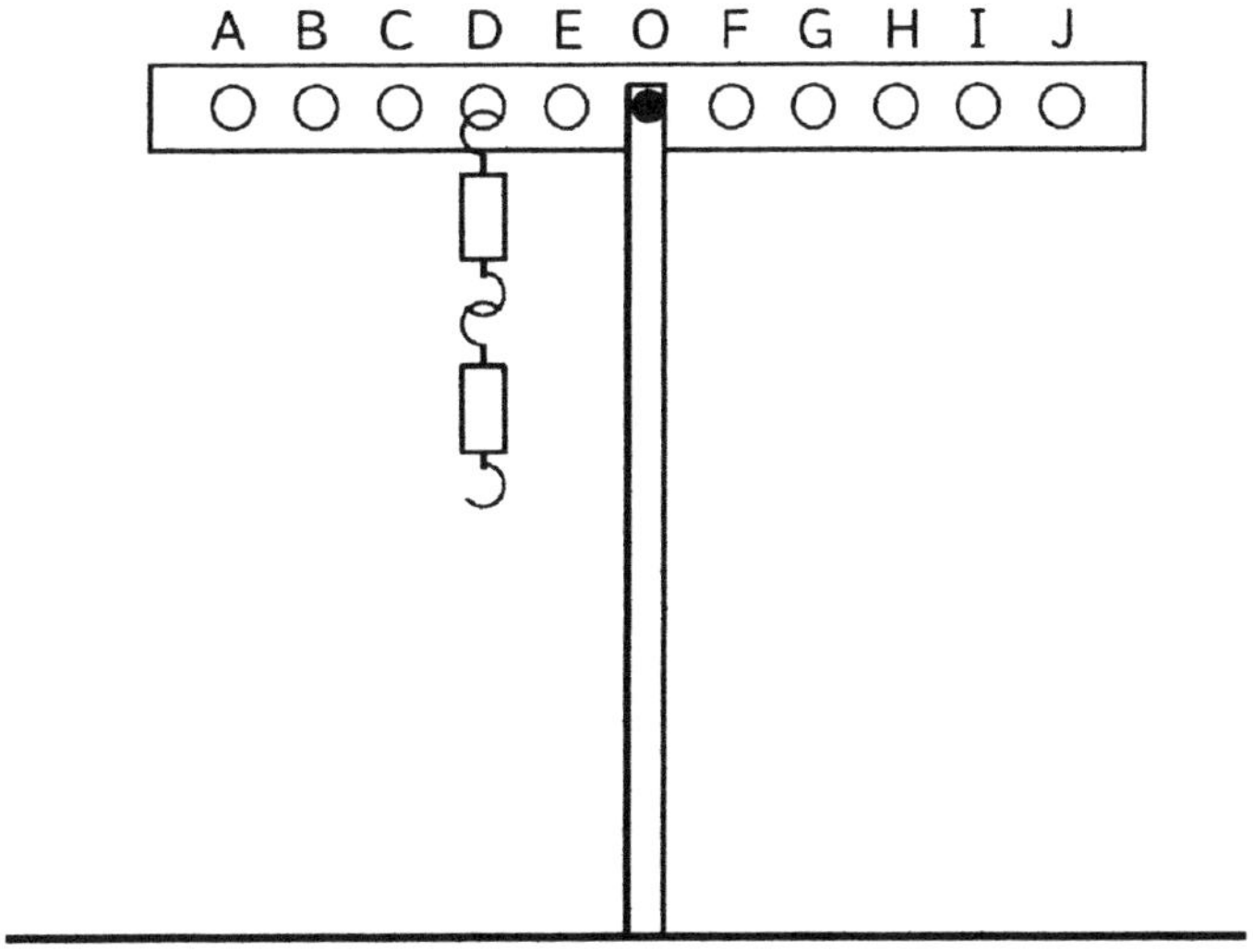

② 図のように穴A、穴B、穴Cにおもりを1個ずつつり下げました。おもり3個を同じ穴につり下げて、てこがつりあうようにしたい。どの穴につり下げればよいでしょうか。A～Jより1つ選び、記号で答えなさい。

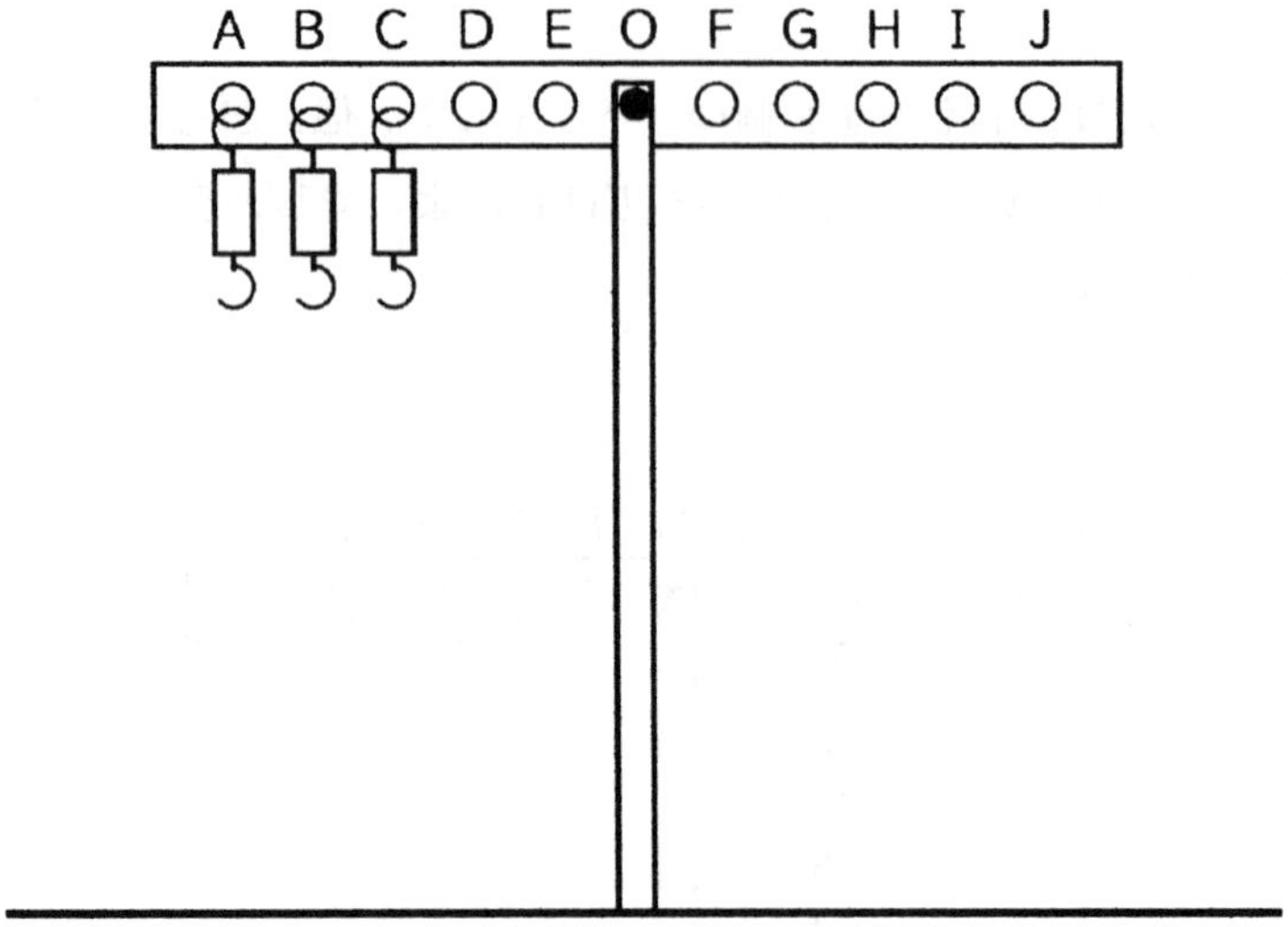

③ 穴A、穴C、穴Fに1個ずつおもりをつり下げました。残る穴におもりをつり下げて、てこがつりあうようにしたい。1つの穴に1個ずつつり下げるとき、どの穴につり下げればよいでしょうか。A～Jより3つ選び、記号で答えなさい。

2　1～4の問に答えなさい。

問1　図①・②の金属板のXの位置に熱源をあて、あたためました。各金属板で最も熱が伝わるのが遅《おそ》い位置はどこでしょうか、それぞれ答えなさい。

①
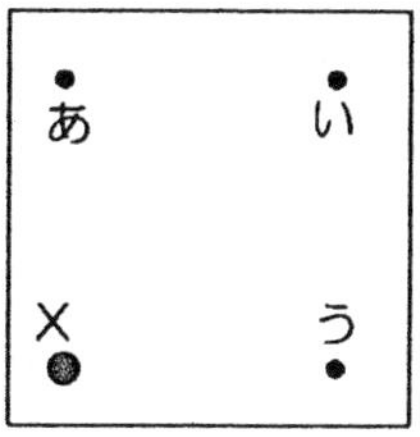

②
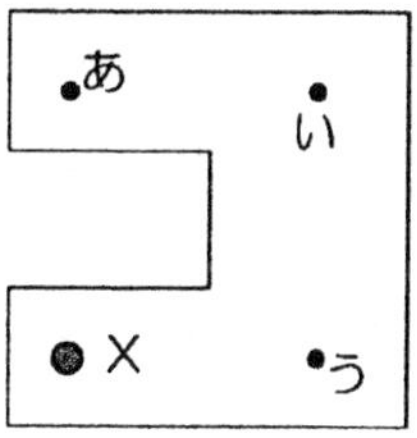

問2　右図のように、水で満たした試験管を食塩の入った氷で冷却《れいきゃく》し、5分ごとにゴム栓《せん》から水面までの長さ（図のA）を測って記録しました。30分後に試験管を取り出すと、試験管内の水の一部が氷になっていました。この実験の結果をグラフにしたとき、「Aの長さ」と「冷却時間」の関係を正しく表しているのはどれでしょうか。（あ）～（お）より1つ選び、記号で答えなさい。

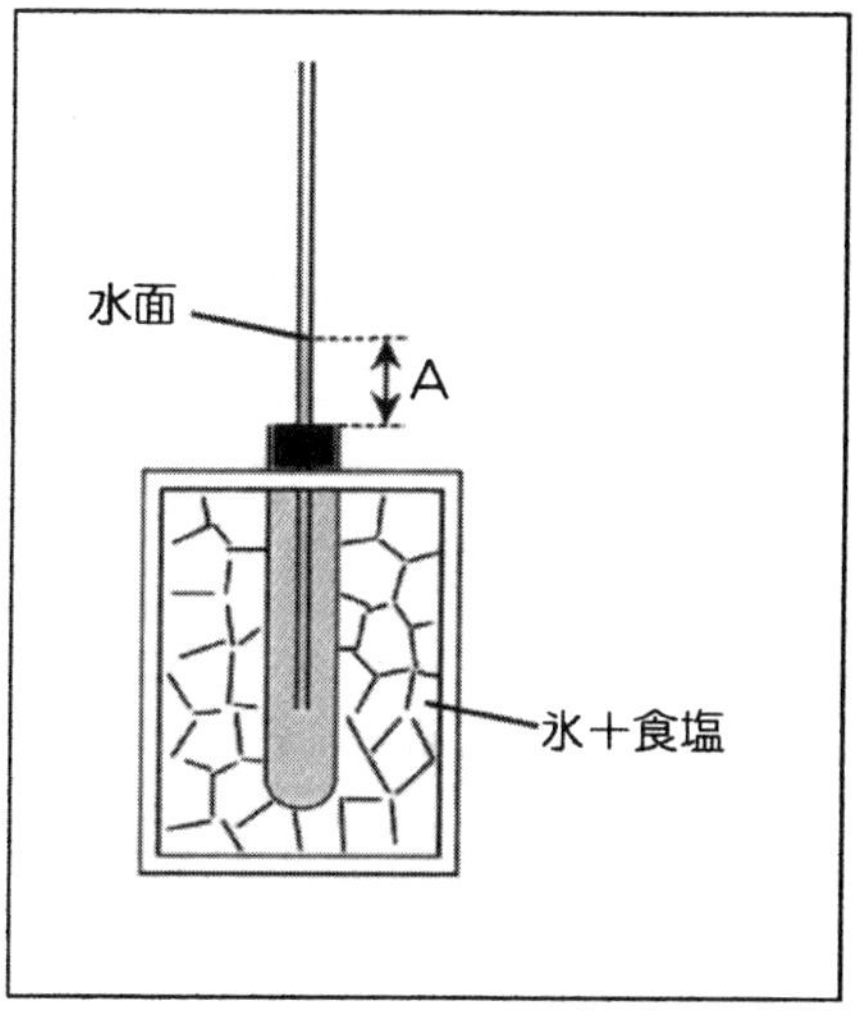

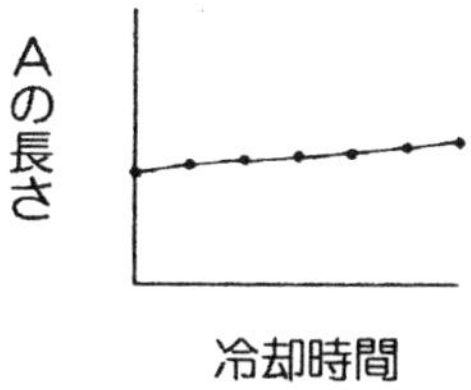

（あ）

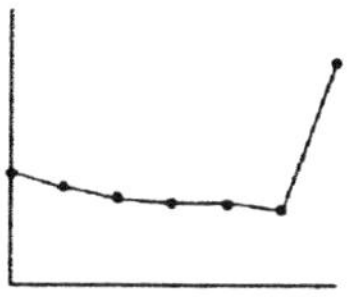
（い）

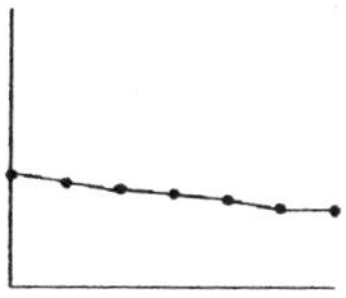
（う）

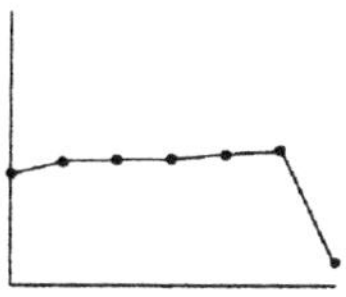
（え）

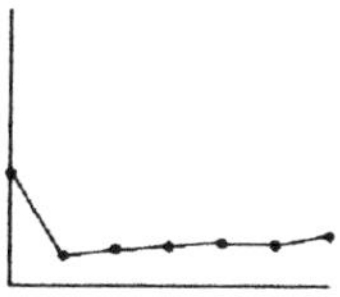
（お）

問3　次の（あ）～（お）より、酸素に関する説明をすべて選び、記号で答えなさい。

（あ）　この気体に、火のついた線香《せんこう》を入れると、線香は激しく燃える。
（い）　過酸化水素水に二酸化マンガンを加えると、発生する気体である。
（う）　石灰水に、この気体を吹《ふ》き込《こ》むと、白くにごる。
（え）　この気体は水によく溶《と》け、水溶液《すいようえき》はアルカリ性を示す。
（お）　亜鉛《あえん》に塩酸を加えると、発生する気体である。

問4　8 %塩酸 100 mL に炭酸カルシウム 5～30 g を加えたときの、発生した気体の体積は、次の通りになりました。

炭酸カルシウム〔g〕	5	10	15	20	30
発生した気体〔mL〕	60	120	180	240	240

①　加えた炭酸カルシウム〔g〕と発生した気体〔mL〕の関係を、グラフに示しなさい。

②　下線部の気体を答えなさい。

③　4 %塩酸 100 mL に炭酸カルシウム 15 g を加えると、発生する気体は何 mL ですか。

3　1～3の問に答えなさい。

問1　ヒトがもつ消化液**A**～**C**について、はたらきを表にまとめました。デンプン・タンパク質・脂肪《しぼう》に対して、消化する場合は○、しない場合は×と表されます。

	デンプン	タンパク質	脂肪
A	×	○	×
B	○	○	○
C	○	×	×

① **A～C**の消化液の名称《めいしょう》として正しい組み合わせを（あ）～（か）より１つ選び、記号で答えなさい。

	（あ）	（い）	（う）	（え）	（お）	（か）
A	だ液	だ液	胃液	胃液	すい液	すい液
B	胃液	すい液	だ液	すい液	だ液	胃液
C	すい液	胃液	すい液	だ液	胃液	だ液

② **A～C**について、ヒトの消化の過程においてはたらく順番に並《なら》べ替《か》えて、記号で答えなさい。

問２　下図は、ある植物Ｘの茎《くき》の断面を模式的に表した図です。

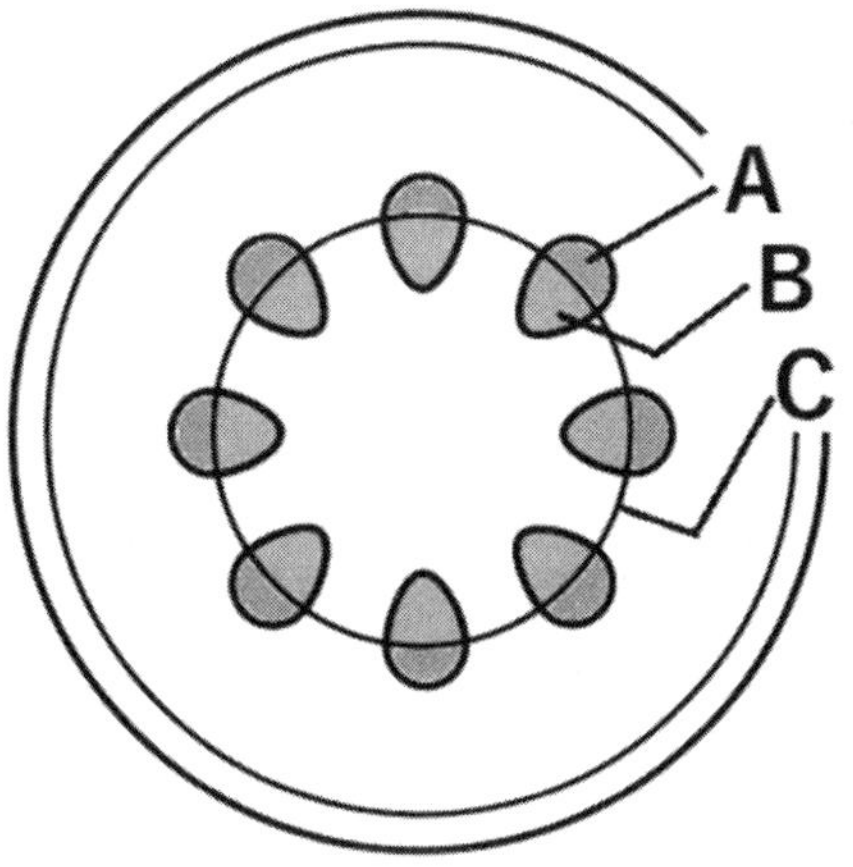

① **A～C**にあてはまる名称として正しい組み合わせを（あ）～（か）より１つ選び、記号で答えなさい。

	（あ）	（い）	（う）	（え）	（お）	（か）
A	道管	師管	道管	師管	道管	師管
B	師管	道管	師管	道管	師管	道管
C	維管束	維管束	形成層	形成層	子房壁	子房壁

② この植物がもつ体のつくりの特徴《とくちょう》として正しいものを、次の（あ）～（か）よりすべて選び、記号で答えなさい。

（あ）ひげ根をもつ。　　　（い）主根・側根をもつ。
（う）子葉が２枚である。　（え）子葉が１枚である。
（お）葉脈が平行脈である。（か）葉脈が網状脈である。

問３　ゾウリムシは淡水《たんすい》中に生息する単細胞《たんさいぼう》生物です。

① 下線部と同じ特徴の生物を（あ）～（か）より２つ選び、記号で答えなさい。

（あ）ミジンコ　　　（い）アメーバ　　（う）ヤコウチュウ
（え）ボルボックス　（お）ミドリムシ　（か）アオミドロ

② 池から採取したゾウリムシをガラス瓶《びん》で増やしました。ガラス瓶の水を少量取り、ホールスライドガラスにたらしてカバーガラスをかけて顕微鏡《けんびきょう》にセットし、低倍率で観察したところ、下図のように見えました。この後の操作として正しいものを次のページの（あ）～（え）より１つ選び、記号で答えなさい。

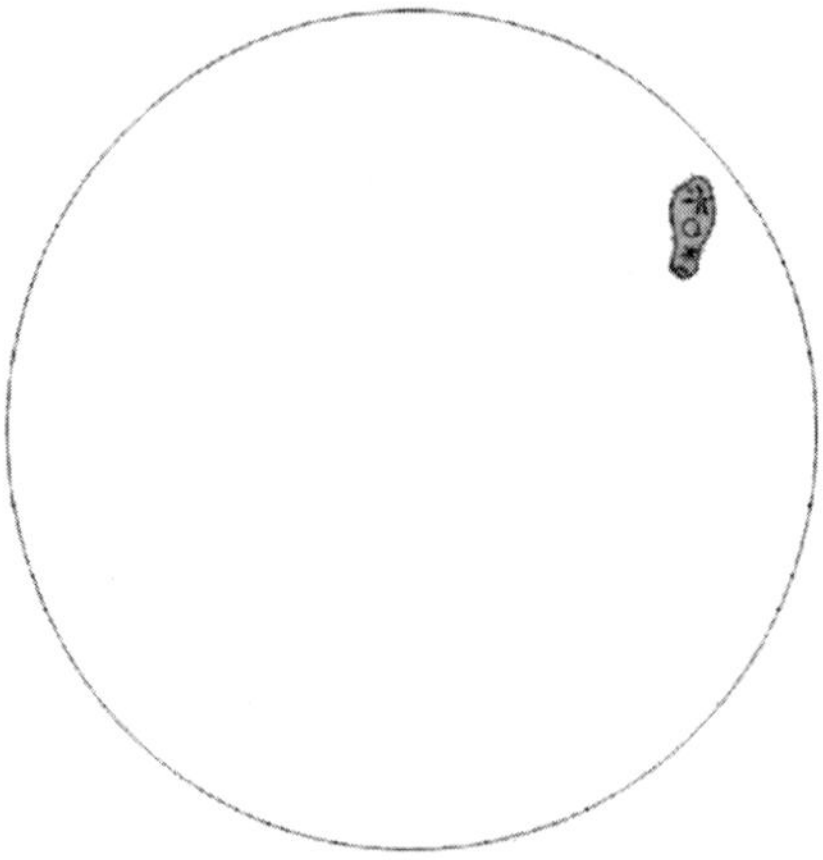

（あ）　対物レンズを高倍率のものに変えてから、プレパラートを右上に動かし、ピントを合わせる。

（い）　対物レンズを高倍率のものに変えてから、プレパラートを左下に動かし、ピントを合わせる。

（う）　プレパラートを右上に動かし、ピントを合わせてから、対物レンズを高倍率のものに変える。

（え）　プレパラートを左下に動かし、ピントを合わせてから、対物レンズを高倍率のものに変える。

③　ゾウリムシを顕微鏡で観察すると、下図のような美しい星型の構造が見られました。これは収《しゅう》縮《しゅく》胞《ほう》とよばれ、一定間隔《かんかく》で収縮をくり返すことで、細胞内の水分量を調節するはたらきを担っています。

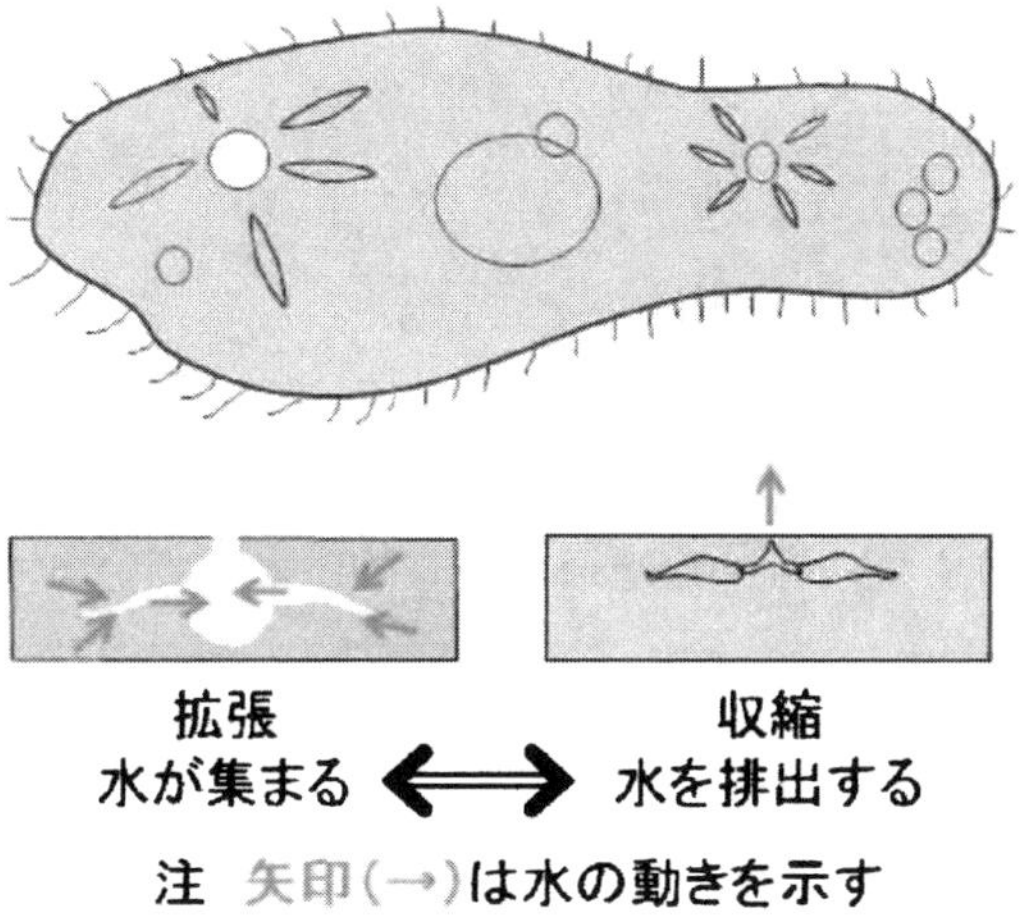

（ｉ）　ヒトの体において、ゾウリムシの収縮胞に相当するはたらきを担う器官は何ですか。正しいものを（あ）～（く）より１つ選び、記号で答えなさい。

（あ）肝臓　　（い）胃　　（う）筋肉　　（え）肺
（お）心臓　　（か）腸　　（き）腎臓　　（く）横隔膜

（ⅱ）　ゾウリムシの収縮胞は、周囲から細胞内に入ってくる余分な水を集めて排出するはたらきをしています。ゾウリムシを様々な濃度《のうど》の食塩水に入れて1回の収縮にかかる時間を調べたところ、下図のような結果が得られました。食塩水の濃度が高くなると、1回の収縮にかかる時間が長くなるのはなぜか説明しなさい。

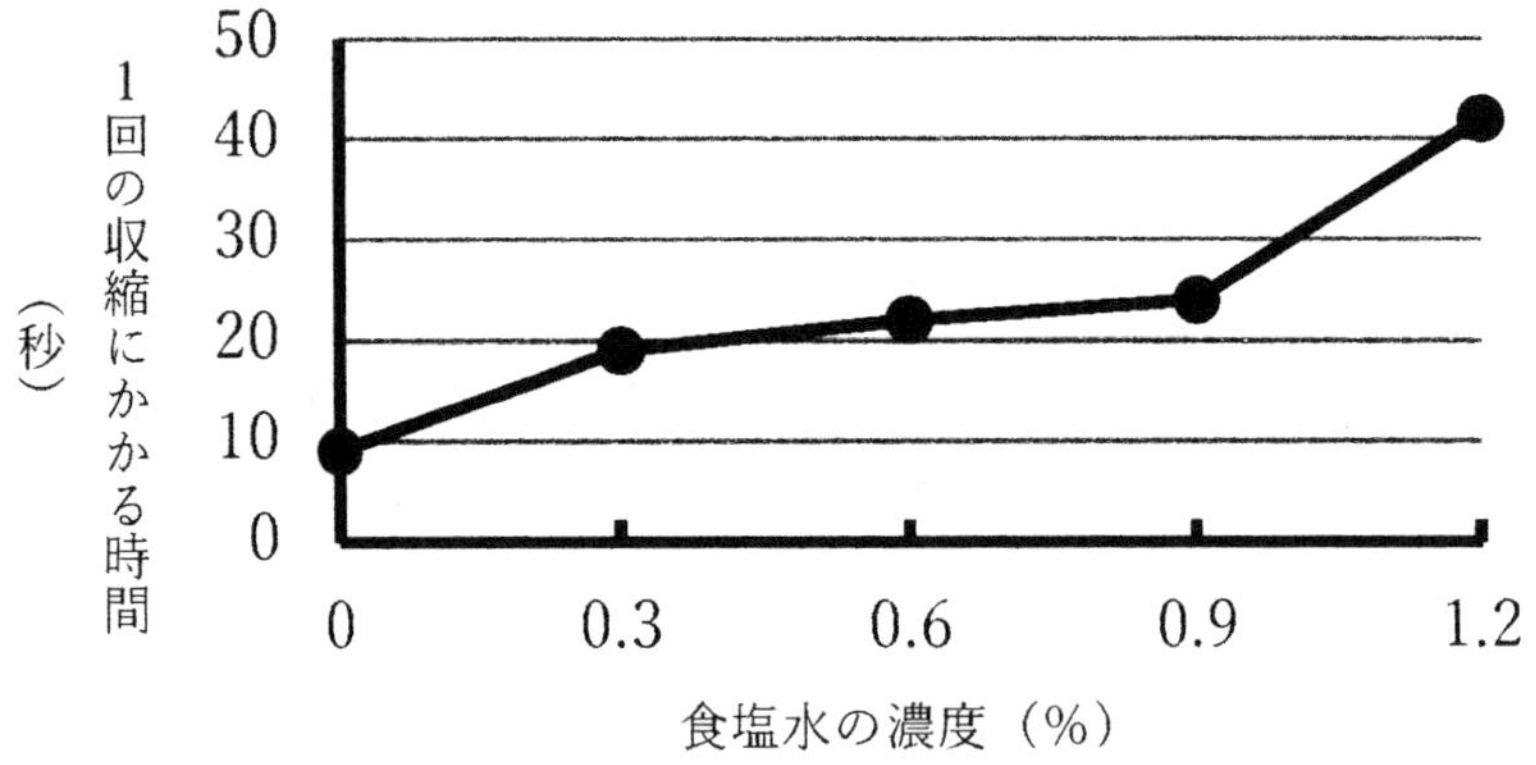

4　1～5の問に答えなさい。

問1　図1は、山地から河口までの様々な地形を模式的に表しています。

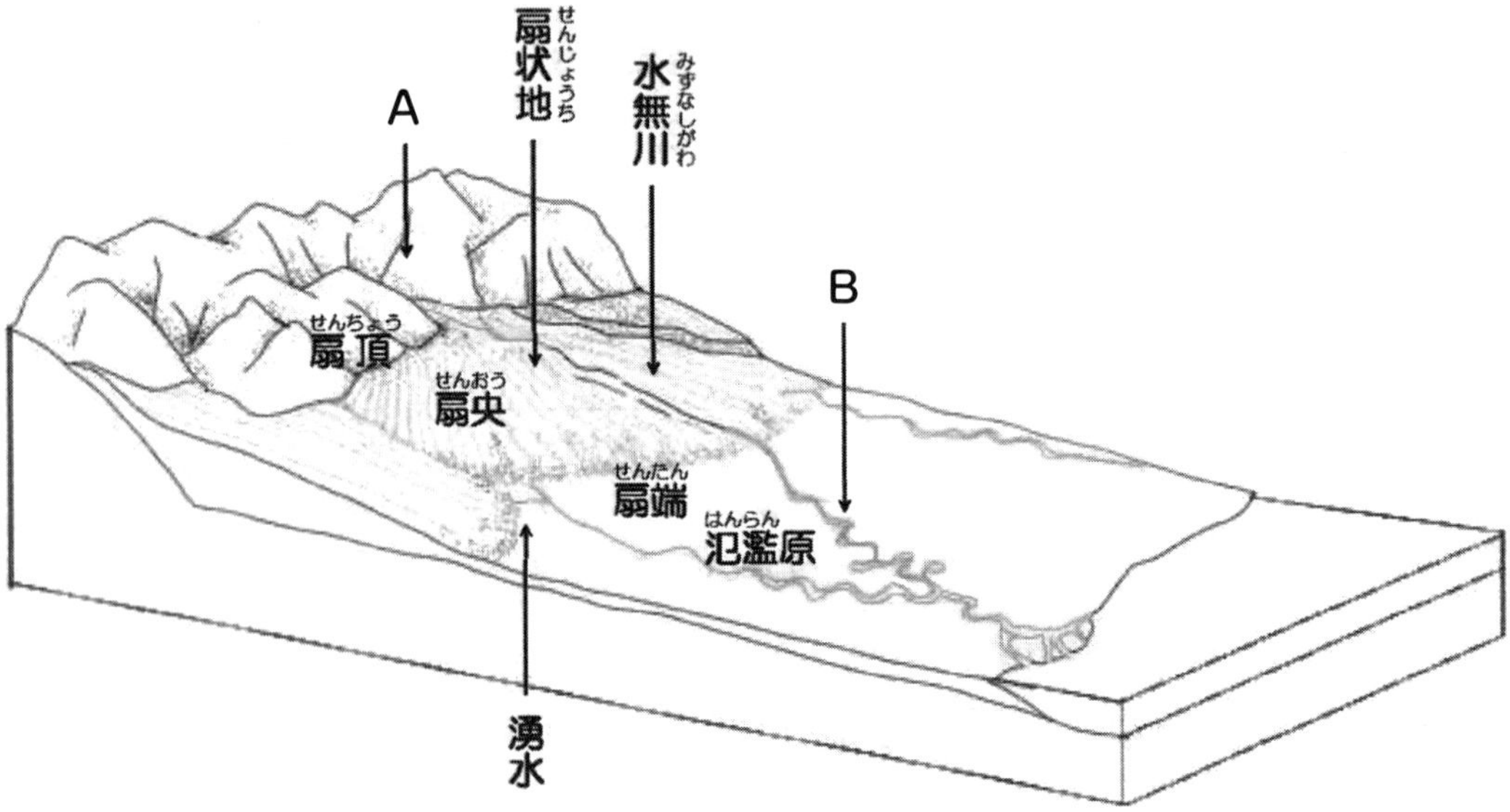

図1

① 図中**A**の地域には**V**字谷が、その下流には扇状地が形成されています。
それぞれの地形の形成に関わった河川のはたらきの正しい組み合わせを、
（あ）～（え）より１つ選び、記号で答えなさい。

	V字谷	扇状地
（あ）	堆《たい》 積	堆 積
（い）	堆 積	侵《しん》 食
（う）	侵 食	侵 食
（え）	侵 食	堆 積

② 扇状地の中央付近《ふきん》（扇央）で河川が「水無川」になり、その扇状地の先端《せんたん》（扇端）の湧水《わきみず》を起点として再び河川ができています。扇端から下流には「水無川」がないとき、このことに関する正しい説明を（あ）～（え）より２つ選び、記号で答えなさい。

（あ） 河川の流量が少なく、扇状地の途中《とちゅう》で蒸発してしまうため、「水無川」となる。

（い） 扇状地の川底は主に大きな石からできており、河川の水が地下に浸透《しんとう》するため、「水無川」となる。

（う） 山地に当たった雲が雨を降らせるため、山地よりも扇状地で降水量が多くなり、それが扇端から湧き出る。

（え） 扇状地を構成する地層が、水がしみ込《こ》みにくい層の上に、水がしみ込みやすい層が乗った構造になっており、水がしみ込みやすい層の端《はし》から水が湧き出る。

③　図中Bの地域は、もともと図２のような氾濫原でしたが、現在は図３のように河川の川底が周囲の平地よりも高い「天井川《てんじょうがわ》」となっており、堤防《ていぼう》のすぐ下まで住宅地が広がっています。

近年、大雨が増えていることから、河川に近い地域の住民から治水工事を求める声が上がり、全く異なる２案が示されています。

C案...川の両岸の堤防を現在よりも高くしたうえで、川底と一体的にコンクリートで覆《おお》う「三面張り」の工事。

D案...川底を掘《ほ》り下げると共に、三日月湖とその周辺を公園に整備し、堤防の一部を低くした流路から溢れた河川水を引き込めるような「遊水地整備」の工事。

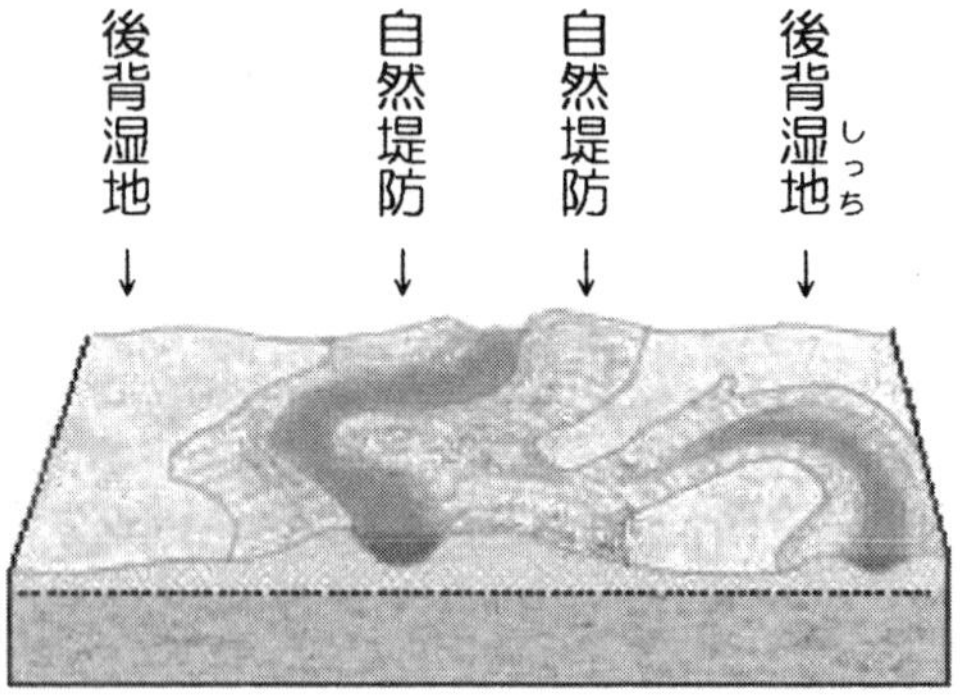

図２

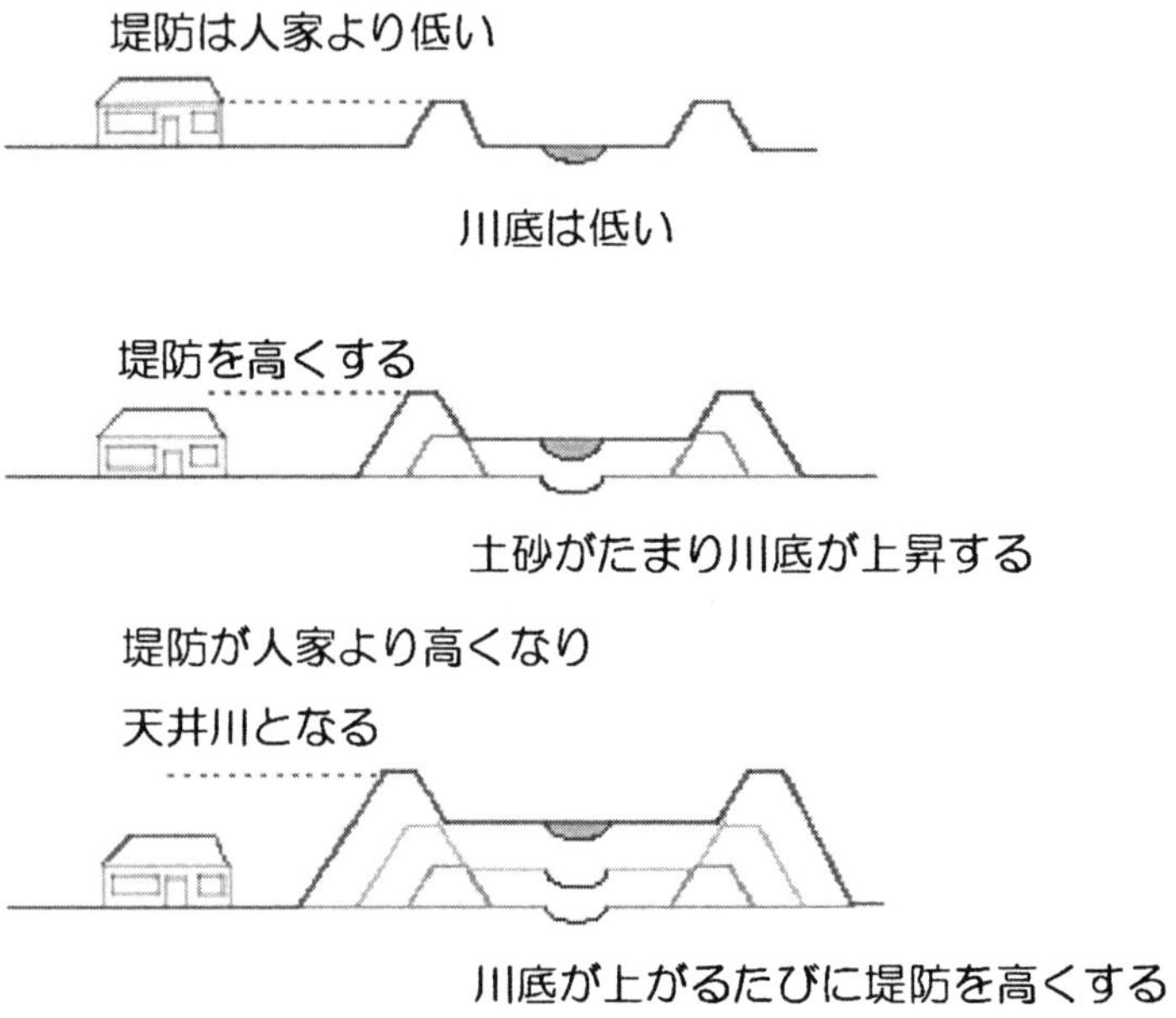

図３

次の（あ）～（き）のうち、C案に賛成し、D案に反対する根拠《こんきょ》となるものをすべて選び、記号で答えなさい。

（あ）　川底に堆積物がたまる。
（い）　草刈《か》りが大変である。
（う）　増水時に堤防が決壊《けっかい》すると、住宅地に河川水が急激に流れ込む。
（え）　土地の購入《こうにゅう》費用がかかる。
（お）　生物の生活環境《かんきょう》が失われる。
（か）　堤防が決壊したとき、復旧までに時間がかかる。
（き）　河川の流速が速く、人が落水したとき危険である。

問2　空気中の湿度《しつど》を測るには乾湿《かんしつ》計がよく用いられます。

乾湿計は2本の同じ規格のガラス製温度計が隣《とな》り合わせで取り付けられており、一方の温度計ではそのまま乾《かわ》いた空気の温度を測り（乾球温度計）、もう一方の温度計は湿《しめ》らせたガーゼで覆《おお》い、温度を測ります（湿球温度計）。

乾球温度計と湿球温度計で湿度を測るしくみについて説明した次の文章の空欄《くうらん》に当てはまる語句として正しい組み合わせを、(あ)～(く)より1つ選び、記号で答えなさい。

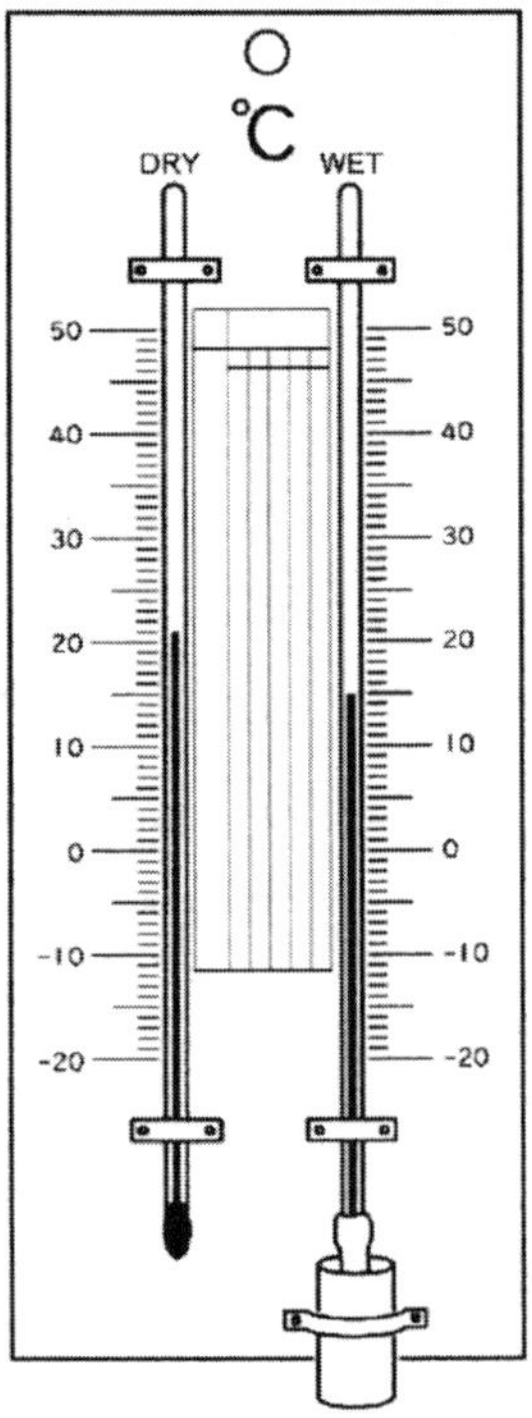

暑いときに汗《あせ》をかき、汗が体の表面で（　ア　）すると熱を奪《うば》うため、体温を下げることができる。同じように湿球の周りでは水分が（ア）するため、乾球の示す温度よりも湿球の示す温度が（　イ　）なる。空気が乾いていると（ア）する水分が（　ウ　）、奪われる熱も（ウ）なる。このことから、湿度が（　エ　）ほど、乾球と湿球の示す温度の差が大きくなる。

	ア	イ	ウ	エ
(あ)	蒸発	高く	多く	低い
(い)	蒸発	高く	少なく	高い
(う)	蒸発	低く	多く	低い
(え)	蒸発	低く	少なく	高い
(お)	沸騰《ふっとう》	高く	多く	低い
(か)	沸騰	高く	少なく	高い
(き)	沸騰	低く	多く	低い
(く)	沸騰	低く	少なく	高い

問3　乾湿計が図のような温度を示すとき、湿度は何%ですか。

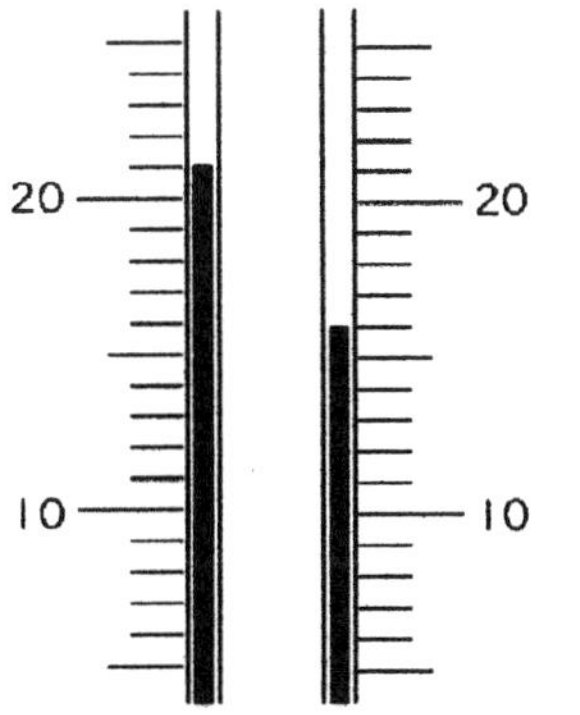

湿度表

乾球示度	乾球と湿球の示度の差									
℃	1	2	3	4	5	6	7	8	9	10
40	94	88	82	76	71	66	61	56	51	47
39	94	87	82	76	70	65	60	55	50	46
38	94	87	81	75	70	64	59	54	50	45
37	93	87	81	75	69	64	59	54	49	44
36	93	87	81	75	69	63	58	53	48	43
35	93	87	80	74	68	63	57	52	47	42
34	93	86	80	74	68	62	56	51	46	41
33	93	86	80	73	67	61	56	50	45	40
32	93	86	79	73	67	61	55	49	44	39
31	93	86	79	72	66	60	54	48	43	37
30	93	85	78	72	65	59	53	47	41	36
29	92	85	78	71	64	58	52	46	40	35
28	92	85	77	70	64	57	51	45	39	33
27	92	84	77	70	63	56	50	43	37	32
26	92	84	76	69	62	55	49	42	36	30
25	92	84	76	68	61	54	47	41	34	28
24	92	83	75	68	60	53	46	39	33	26
23	91	83	75	67	59	52	44	38	31	25
22	91	82	74	66	58	50	43	36	29	22
21	91	82	73	65	57	49	42	34	27	20
20	91	81	73	64	56	48	40	32	25	18
19	90	81	72	63	54	46	38	30	23	15
18	90	80	71	62	53	44	36	28	20	13
17	90	80	70	61	51	43	34	26	18	10
16	89	79	69	59	50	41	32	23	15	7

問4　夜に見える恒星《こうせい》の明るさは一等星や二等星と表現されます。一等星は六等星の何倍明るいものと定義されていますか。

問5　冬の大三角を構成する一等星を含《ふく》む星座名を、すべて答えなさい。

④ 窓から山が見える。

ア 雨が降りそうだから体育祭は中止です。

イ 兄から本を借りる。

ウ 京都から夕方に出発した。

エ 今から百年も前の話です。

⑤ 暇《ひま》があれば行こうと思う。

ア 川もあれば、海もある。

イ 彼《かの》女が来ればこの発表が成功したのだが。

ウ 一に一を足せば二になる。

エ バイオリンも奏《かな》でれば、歌もうたう。

五 次の①～⑤の例文の――線部と、意味・用法が同じものを後のア～エからそれぞれ選び、記号で答えなさい。

① こんなことで涙《なみだ》を流してたまるか。
ア いつか外国に行ってみたいと思う。
イ この犬はどこから来たのだろうか。
ウ さあ、散歩にでも行こうか。
エ そんなことができるものか。

② 落ち葉と一緒《しょ》にくっついてきた。
ア 母と温泉に行った。
イ 私の意見と姉の意見は異なる。
ウ 学園祭は中止だという。
エ 冬も半ばとなった。

③ 仕事をしながら大学に通う。
ア 昔ながらの街並みを散歩する。
イ 春の日ざしをあびながら、川は流れる。
ウ 下手ながら一生懸《けん》命にやります。
エ 行くと決めていながら、なぜ行かない。

四 次の①～⑩の【 】に当てはまる最も適当な語を、後のア～シから選び、それぞれ記号で答えなさい。

① 【　】二つ
② 【　】から駒《こま》
③ 【　】を割ったような性格
④ まかぬ【　】は生えぬ
⑤ 【　】食う虫も好きずき
⑥ 【　】をする
⑦ 濡《ぬ》れ手で【　】
⑧ 【　】の大木
⑨ 【　】栗《くり》三年柿《かき》八年
⑩ 【　】を洗う

【語群】

ア 葉　イ 梅　ウ 桃《もも》　エ 竹　オ 芋《いも》　カ 蓼《たで》

キ ごま　ク 粟《あわ》　ケ 種　コ うど　サ 瓢《ひょう》箪《たん》　シ 瓜《うり》

三　次の①～⑩の――線部のカタカナは漢字に、漢字はひらがなにそれぞれ直しなさい。

① 体育祭は雨天ジュンエンです。
② 自らボケツを掘る。
③ 会長になるのをコジする。
④ 両親にソムいて独立する。
⑤ 彼女はとても気がキく。
⑥ 彼は悪の権化のような人です。
⑦ 友達の前で体裁をとりつくろう。
⑧ メール若しくは電話で結果をお知らせします。
⑨ 上手くいっていても油断は禁物だ。
⑩ たとえ負けても本望だ。

ア　昨年の夏休みから受験勉強を始めないと間に合わないとわかっていたのに、自分が皆《みな》と遠泳大会に出場することが楽しくて、受験勉強に身が入らなかったこと。

イ　去年の夏休みは、受験勉強をしたかったが、皆の期待にこたえて遠泳大会の時にリーダーを務めたのに、自分が大会後にウザイと陰で悪口を言われていたこと。

ウ　本当は去年の夏休みからちゃんと受験勉強をしようと思っていたのに、遠泳大会に出場することを言いわけに、自分が受験勉強に真剣に向き合っていなかったこと。

エ　皆にすすめられその気になって遠泳大会でリーダーを務めたが、自分が実は受験勉強に取り組まなくて良い口実を手に入れることができて無邪《じゃ》気に喜んでしまったこと。

オ　皆で遠泳大会に出場して良い成績を収めたいのか、医者になるために新潟の中学校に進学したいのか、本当にやりたいことを見つけられずにいたこと。

問八　――線部⑦「本当はちょっとくやしくて、『むり』って強くいってしまったんだ」とありますが、あおいはなぜくやしかったのですか。説明しなさい。

問九　――線部⑧「さっぱりした笑顔を見せて、あおいは波打ち際にかけていった」とありますが、この時のあおいの心情の説明として最も適当なものを次のア～オから選び、記号で答えなさい。

ア　颯太のおかげで、皆に医者になりたいという目標を持っていることを伝えることができたことを感謝し、その過程でお互《たが》いのわだかまりも消え、目標に向かって気持ちよく進んでいくことができるようになった。

イ　今年の遠泳大会に出場しないのは、舞美に悪口を言われたからではなく、舞美が一生懸命に泳ぐ姿を見てとてもかなわないと思っていたからだと本人に伝えることができ、すっきりとした気分になった。

ウ　泳ぎが得意でない颯太の遠泳大会への意気込みに引っ張られるように、健斗たちも自分もそれぞれの目標に向けて新たなスタートをきれるようになったことに内心ホッとした。

エ　遠泳大会へ出ることをためらっていた理由の一つであった舞美の陰口の本当の理由を知ることができたことで、舞美を許すことができ、自分の目標に向かって心置きなく進んでいきたいと思った。

オ　颯太が遠泳の練習に健斗たちを誘ってくれたおかげで、自分が本当にやりたいのは医者になるための受験勉強であることに気づき、一刻も早く勉強を始めたいと思った。

健斗が舞美に声をかけた。
「よっしゃ、それじゃあ、今年はおれたちがリーダーでがんばろうぜ！」
舞美《まいみ》は力強くうなずいた。
シートの上に荷物をおいて海にむかう途中《とちゅう》、あおいがぼくのとなりでつぶやいた。
「颯太《そうた》、ありがとう」
⑧さっぱりした笑顔を見せて、あおいは波打ち際《ぎわ》にかけていった。

（高田　由紀子『青いスタートライン』　ポプラ社）

問一　空欄《らん》［a］～［c］に入れるのに最も適当な語をそれぞれ次のア～オから選び、記号で答えなさい。

ア　ぼそぼそ　イ　すらすら　ウ　ひそひそ　エ　みるみる　オ　とうとう

問二　――線部①「きゃっ、びっくりしたー。帰っとったの？」とありますが、あおいが颯太が帰ってきていたことに気がつかなかったのはなぜですか。答えなさい。

問三　――線部②「ゲームといっしょにするなっておこられる!?」とありますが、なぜ颯太はそう思ったのですか。説明しなさい。

問四　――線部③「やっぱりぼくのいとこなんて思えない」とありますが、颯太はなぜそう思ったのですか。説明しなさい。

問五　――線部④「心配なんてしとらんっ」とありますが、あおいがそう思うようになったきっかけはどのようなことですか。次の文の空欄に当てはまる部分を本文中から抜《ぬ》き出して答えなさい。

友人達が［　　　　　　　　］こと。

問六　――線部⑤「それって、すごいなあって……思ったんだ……」とありますが、あおいは具体的には誰のどのような姿勢が「すごい」と思ったのですか。説明しなさい。

問七　――線部⑥「本当にくやしかった理由」とありますが、あおいは何に対してくやしさを感じていたことがわかったのですか。最も適当なものを次のページのア～オから選び、記号で答えなさい。

健斗《けんと》は顔を[b]曇《くも》らせると、せっぱつまったようにいった。

「みんな、練習しとってもなんか去年とちがうんだ。タイムものびてねえし」

「去年……みんなと泳げて楽しかったけど、本当はわたし、遠泳に逃《に》げてたところがあった。去年の夏休みからちゃんと勉強しようと思っとったのに、新潟《にいがた》で中学受験なんてできるのか不安で……。でも今年はもう、そんな中途半端《ちゅうとはんぱ》はやめようと思ったんだ」

健斗は頭をガシガシかくと、あおいを見つめた。

「松木《まつき》……なんで受験なんてするの？」

あおいはくちびるを結んで何度かまばたきすると、まっすぐ健斗を見た。

「わたし、お医者さんになりたいなって思っとったの。去年より前から……」

「い、医者……？」

健斗はうつむくと「マジかよ……医者……？」と[c]つぶやいた。

あおいが言葉をつまらせると、舞美《まいみ》が急に頭を下げた。

「あおい、ごめん！　本当は、わたしのせいだよね……？　わたし、スイミングいっとるのに、あおいの方がずっと速くて、みんなに頼《たよ》りにされて、くやしくて……あおいはなんでもできるのに、どうして水泳まで……って、つい……」

「健斗《けんと》も、松木《まつき》、松木ってうるさいしね」

舞美《まいみ》が赤くなって理奈《りな》の口をふさごうとした。

あおいはかすかにほほえんだ。

「舞美、理奈、あのときはショックだったけど……おかげでわたし、本当にやりたいこととむきあえたから。ちょっと目《もく》標《ひょう》は高いけど、がんばりたいんだ」

舞美が声をふるわせた。

「今年、あおいが練習にこなくなって、ようやくわかったんだ。あおいがひっぱってくれてたから、くやしいけど……やる気が出てたんだって。でも……あおいには別の目標ができたんだね」

「うん……。去年の舞美、だれよりも一生懸命《いっしょうけんめい》泳いでたよね。わたし、本当はずっとかなわないな……って思っとった」

泡《あわ》が、のどの奥《おく》ではじけた。

　翌日曜日、颯太は夏生《なつき》との遠泳の練習にあおいを誘《さそ》って出かけた。


そして、日曜日になった。

海岸にいくと、めずらしく夏生くんが先にきていて、沖《おき》をながめていた。

岩陰《いわかげ》にシートをしくと、ぼくは思いきってあおいにいった。

「今日……健斗《けんと》くんたちもさそったから」

「な、なんで!?」

「みんなにも、あおいの本当の気持ち、伝えた方がいいんじゃないかと思って……」

「いったって、どうせわからないよ。自分のことしか考えてないって思われるだけ」

「ぼくだって、『どうせ』ぼくには遠泳なんてむり……って、思ってたよ」

両手のこぶしをにぎりしめて、必死に声をしぼりだした。

「むりかどうか……やってみなくちゃ……わからないと、思う」

あおいがため息をつくと、みんながやってきた。

健斗《けんと》が軽い調子であおいに話しかける。

「よっ、松木《まつき》。[a]やる気になったか?」

あおいは、しばらく健斗を見たり目をふせたりした後、口を開いた。

「健斗……わたし、新潟《にいがた》の中学校、受験するんだ。でも、全然成績《せいせき》がとどかなくて……。大会の日は、新潟で模試《もし》を受けるから、本当に出るつもりないの」

健斗は目を見開いて口をパクパクさせた。

「に、新潟の中学校?」

「うん。もし受かったら、新潟でひとり暮《ぐ》らししとるお兄ちゃんといっしょに住むつもり」

「な、なんて？」

「『あおい、先頭泳がせとけばラクだけど、なんでも余裕《よゆう》って感じでウザイよね』……とか」

「うそっ……」

「もうそのときは、くやしくてくやしくて。でも、そんなことわすれようって勉強に打ちこんどったら、楽しくなって……。そして、わかったの。⑥本当にくやしかった理由が」

あおいが大会のときの写真を見つめた。

「わたし、遠泳に逃《に》げてたんだと思う。本当は去年の夏休みからちゃんと受験勉強しようと思ってたのに、勇気が出なくて……。みんながリーダーやってっていうから、しかたないなっていいながら、本音はどこかホッとしてた。全部、中途半端《ちゅうとはんば》だったんだよね……」

「も、もしそうだったとしても……陰口いうなんて、ひどいよ……！」

体がカッと熱くなったぼくに、あおいがさっぱりとほほえんだ。

「この夏は、もう楽な方に逃《に》げないで、自分が本当にやりたいことにかけたいんだ」

うわ……。やっぱりあおいは強いなあ……。

ぼくがグラスについた水滴《すいてき》をぬぐうと、あおいがぺこっと頭を下げた。

「颯太《そうた》が大会に出たい、っていったとき、わたし、⑦本当はちょっとくやしくて、『むり』って強くいってしまったんだ……ごめん」

「えっ、なんで？」

「目がキラキラしてて、気もち、伝わってきたから。なんでハードルの高いことに、まっすぐにむかっていけるんだろう……って」

「でも……でも、ぼくがその気になれたのは、あおいの泳ぎを見たからだよ」

あおいはぼくの言葉に小さく何度かうなずくと、グラスに口をつけた。

白くて細いのどがこくり、と動いた。

ぼくも炭酸《たんさん》をごくっと飲んだ。

た」

響子先生って、おじいちゃんの担当《たんとう》だった、お母さんくらいの年齢《ねんれい》の先生だ。

お線香のにおいが、畳《たたみ》の部屋に広がる。

「おじいちゃんが亡《な》くなったとき、すごく悲しかったのに、響子先生の顔を見たら、なぜか……ほっとして……」

あおいが言葉につまった。

「な、何か飲む？」

ぼくはあわてて冷蔵庫《れいぞうこ》へむかった。

背中《せなか》ごしに、あおいがつぶやいた。

「⑤それって、すごいなあって……思ったんだ……」

「うん」

ぼくはふりむかずにうなずいた。

冷蔵庫の中に、もう麦茶《むぎちゃ》はなかった。

かわりに炭酸《たんさん》飲料をコップについで、テーブルにもどったあおいに渡《わた》した。

「はい」

「ありがと……」

あおいがコップを受けとると、プチプチと泡《あわ》がはじけた。

しばらくふたりで、泡がのぼるのを見つめた。

ぼくは、はじめて海の中をのぞいたときのことを思いだした。

「ぼく、本当は二十五メートルしか泳げないんだ。しかも海の中にもぐったこともなかった」

「えっ……！」

「だけど、今日は平泳ぎで五十メートルはいけたと思う。ぼくは、遠泳、がんばってみる」

あおいは炭酸《たんさん》に少し口をつけるとうなずいた。

「わたし……舞美《まいみ》たちが……去年の大会の後に陰口《かげぐち》いっとったの、きいてしまったんだ」

「なに？」

あおいが髪をかきあげる。

「ぼく、あおいが泳いでいる動画を見て、かっこいいなって思って、ぼくも泳いでみたいっていっちゃったんだけど……」

あおいが手を止めた。

「泳いでないあおいも、かっこいいと思う」

「えっ」

「勉強しているあおいも、同じくらいかっこいい……と思うよ」

あおいが顔を上げた。

顔が少し赤くなって、くちびるをかみしめている。

わわっ、ぼく、何いっちゃったんだろう。

「颯太《そうた》、わたし……なりたいものがあるの」

あおいはウーンと両手を頭の上にのばすと、おじいちゃんのお仏壇《ぶつだん》の前にむかった。

「何？　何になりたいの？」

ぼくもあおいについて、お仏壇《ぶつだん》の前に座《すわ》った。

おじいちゃんが写真の中でわらっている。

「お医者さん……目指してみようかなって」

あおいが、おじいちゃんの写真を見つめていった。

「おじいちゃんが病気のとき、佐渡《さど》中央病院の先生がすごくいい先生だったの」

あおいがマッチをすって、ろうそくに火をつけ、お線香《せんこう》にともした。

窓《まど》の外から、カナカナカナ……と、ヒグラシの声がきこえる。

「病気が見つかったとき、もう、やれることがあんまりなかったの、知っとるよね」

「うん……」

「でも、響子《きょうこ》先生は……おじいちゃんも、おばあちゃんもなるべくつらくないようにって、たくさん、話をきいてくれ

「勉強が？　め、めんどくさくない？」

「うん。めんどくさい。けど、力をつけてるんだーって、実感できる」

　はあ。③やっぱりぼくのいとこなんて思えない。

　ぼくなんて、夏休みの宿題のドリルすら、ちゃんとやってないのに。

「練習をつめば計算のスピードが速くなるのって、スポーツと似《に》とるし。むずかしい問題の解《と》き方《かた》がひらめくと、ゲームをクリアしたような感覚になるよ」

　あおいの声がはずんでいく。

「そういえば今日……健斗《けんと》って子に会ったよ」

「あ……そう」

「あおいのこと気にしてたよ」

「しつこいよね」

「あおい、模試《もし》で新潟《にいがた》にいくから大会には出られない、ってみんなにいってないの？」

「……いっとらんけど？」

「何もいわないから……ずっと心配してるんじゃない？」

「④心配なんてしとらんっ」

　あおいはシャーペンをカチカチ、と鳴らした。

「あ、ごめん……」

「もう、いいから」

　あおいはテーブルに顔を近づけると、長い髪《かみ》でぼくをシャットアウトした。

　今、解《と》いているドリルの上に、ノートが広げられている。

　びっしりと数字で埋《う》まっていて、ところどころ赤字でポイントや気をつけることを書きこんでいるみたいだ。

　本当に、すごい。

「あおい……ぼく……」

あおいはいったん手を止めると、解答書《かいとうしょ》を見ながら採点《さいてん》をはじめた。

シャッシャッと、速いテンポで丸をつけていく。

「よしっ」と小さくガッツポーズをした後、あおいはふーっと息をはきだした。

ぼくも思わずふうっと息をついた。

いつの間にか、息を止めていたみたいだ。

「①きゃっ、びっくりしたー。帰っとったの？」

「声かけたよ。きこえてなかったの？」

「ごめん……このプリント、やっと解《と》けそうだったから。あ、おばあちゃん、民生《みんせい》委員の会議があるから、今日はわたしと夕ごはん食べてね、だって」

「うん、きいてるよ」

あおいのプリントをちらっと見ると、わけのわかんない計算や図形が細かい字でたくさん書いてある。

「へえ、六年になるとこんなむずかしい計算するの？」

「うん、受験用の問題って特殊《とくしゅ》だから」

考えられない。ただの学校の勉強だってめんどくさいのに。

セミがジジッと鳴いて、網戸《あみど》にぶつかってきた。

「あおい、楽しそうだったね」

「えっ」

「なんか、ハルが真剣《しんけん》にゲームしているときみたいだったよ。あっ、ハルって東京《とうきょう》の友だちなんだけどさ……」

そういえば、あんなに気になっていたハルのこと、思いだしてなかったな。

あおいが大きな目をさらに見開いた。

やばっ。②ゲームといっしょにするなっておこられる!?

ぼくがそーっと目をそらそうとすると、あおいがくすっとわらった。

「……うん。楽しいよ」

二　次の文章を読み、後の問に答えなさい。

　夏休みの間、一人で佐渡の祖母宅で過ごすことになった小五の颯太《そうた》は、煮《に》え切らない性格の自分を変えようとして、佐渡の海を一キロ泳ぐ遠泳大会に挑戦することになった。祖母の教え子の夏生《なつき》に水泳を習う一方で、昨年の遠泳の優勝者であるいとこの松木あおいが今年の遠泳大会への参加をかたくなに拒《きょ》否していることを気にしていた。


体をひきずるようにしてようやく家にもどると、おばあちゃんはいなくて、あおいが台所のテーブルで勉強をしていた。

「ただいまー」

あおいはぼくに気がついていないのか、算数のドリルやプリントを広げて下をむいたまま、答えを書きこんでいる。

速いっ。

ぼくなんてまだときどき指を使っちゃうのにな。

それに、すごい集中力。

ちらっと顔をのぞきこむ。

プリントをにらむように見つめ、形のいい口をきゅっと結び、リズム良く鉛筆《えんぴつ》をはしらせている。

何かと似《に》てる……。

……そうだ！

あおいが海を泳ぎきって浜《はま》に上がってきたとき。

あのときの表情《ひょうじょう》とおんなじだ。

ときどき、うなずいたり、首をかしげたりしながら、解答欄《かいとうらん》をぐいぐいと埋《う》めていく。

目に自信がみなぎっている。

あおい、楽しいんだ。

勉強、好きなんだ……。

問四　――線部③「これがフレーミング」とありますが、「フレーミング」された映像に接するときに私たちはどのようにするべきだと筆者は説明していますか。「～ようにすること。」に続くように本文中から三十字以内で抜き出し、初めと終わりの五字をそれぞれ答えなさい。

問五　――線部④「世界をいくらでもアレンジすることができる」とありますが、「世界」を「アレンジ」するとはどういうことですか。説明しなさい。

問六　――線部⑤「メディアは最初から嘘なのだ」とありますが、メディアが報道することが「嘘だ」というのは、筆者のどのような考えを表していますか。その説明として適当な部分を本文中より四十字以内の一文で抜き出し、初めの五字を答えなさい。

問七　――線部⑥「メディアはこの切り上げと切り下げを当たり前のようにやる」とありますが、報道における「切り上げ」の例としてどのようなことを筆者はあげていますか。文中から探して答えなさい。

問八　――線部⑦「これが演出だ」とありますが、「演出」をするのはどうしてだと筆者は考えていますか。答えなさい。

問九　――線部⑧「この真実はあくまでも自分の真実なのだと意識すること」とありますが、これは何を意識するということですか。次のア～オから最も適当なものを選び、記号で答えなさい。

ア　自分が目にすることができる事柄《がら》が唯《ゆい》一の真実であると同時に、記者やディレクターはそのただ一つの真実を最後まで追究するべきだということ。

イ　記者やディレクターが現場で直接見たものは、現場で起きた正確な事実であると同時に、それがありのままの真実だと言えること。

ウ　自分が現場で感じ取った真実は、客観的な事実であると同時に、ヤラセや演出を含《ふく》まない真実となるよう、曲げずに伝えなければならないということ。

エ　記者やディレクターが現場で直接見たものは、自分が知ることができる唯一の真実であると同時に、現実はそれが全てではなく、違う見方も存在するということ。

オ　記者やディレクターの現場での見方を視聴者や読者に誠実に伝えることで、複雑な現実をわかりやすく伝えることができるということ。

ということだ。そして同時に、⑧この真実はあくまでも自分の真実なのだと意識することも大切だ。同じ現場にいたとしても、感じることは人によって違う。

つまり胸を張らないこと。負い目を持つこと。

メディアやジャーナリズムにおいては、これがとても重要だと僕は考える。自分は決して客観的な事実など伝えていない。自分が伝えられることは、結局のところは主観的な真実なのだ。そう自覚すること。そこから出発すること。だからこそ自分が現場で感じたことを安易に曲げたり変えたりすり替《か》えたりしないこと。

（森　達《たつ》也《や》『たったひとつの「真実」なんてない』ちくまプリマー新書）

〈注〉＊ジャーナリズム……新聞・雑誌。放送などで、時事問題などの報道・解説・批評を行う活動。

＊メディア・リテラシー……報道などから自分に必要な情報を集めてそれを活用する能力

＊24時間テレビ……「福祉《し》・環《かん》境・災害復興」をテーマに、募《ぼ》金活動などの支援《えん》をテレビを通し全国に展開する番組。

＊ノーギャラ……「ギャラ」は俳優や歌手などに支払われる出演料。「ノーギャラ」は出演料を受け取らないこと。

問一　空欄の a ～ c に入れるのに最も適当な語をそれぞれ次のア～オから選び、記号で答えなさい。

ア　もしも　イ　どうして　ウ　まるで　エ　こうして　オ　なぜなら

問二　――線部①「違和感」とありますが、学生があげた違和感の例として、間違っているものを次のア～オから一つ選び、記号で答えなさい。

ア　ある番組の収録時の雰囲気と、実際の放送時の雰囲気が全然違っていた。

イ　事件が起こると、その被害者の評判は常に良く、加害者の評判は常に良くないものとして報道される。

ウ　事件の加害者のプライバシーは守られ、被害者のプライバシーは守られないことがある。

エ　テレビで中国の反日デモばかり放送されていたとき、実際に中国でデモを目にすることがなかった。

オ　番組内で広く寄付を求めるなら、出演者は支払われるギャラは受け取るべきではない。

問三　――線部②「映像をもっと広角で撮って周囲の様子を入れていたら、印象はまったく違うものになっていたはずだ」とありますが、広角で撮るときとアップで撮るときとで印象が違うと筆者が考えるのはなぜですか。答えなさい。

これは料理に似ている。仕入れてきたジャガイモやニンジンやたまねぎを、まるごと煮《に》る人はまずいない。というか美《お》味《い》しくない。皮を剥《む》かなくてはならない。切り分けなければならない。たまねぎのヘタやジャガイモの芽は除かないと。面取りをする人もいるだろう。豚《ぶた》肉もロースの固まりのままでは食べづらい。切って脂《あぶら》身を削《そ》っておこう。次に油で炒《いた》める。塩コショーも忘れずに。チャツネやウコンやコリアンダーなどの調味料を加えれば、より本格的な味になる。鍋《なべ》に水を入れて湯を沸《わ》かし炒めた材料を入れる。浮《う》いた油や灰汁《あく》はすくって取り除いたほうが美味しい。ここで市販《はん》のカレールーを割り入れる。あらかじめ、たまねぎとカレー粉と小麦粉を炒めておいて、本格的なカレーを作る人もいる。

　こうしてカレーができる。皿にご飯を盛ってカレーをかける。できあがったカレーライスを食べながら、ジャガイモやたまねぎの元の形がないと怒る人はいないだろう。確かに素材はジャガイモやたまねぎやニンジンだけど、そのままでは料理にならない。

　もちろんニュースの場合は、できるだけ素材を切り刻んだり調味料を使ったりしないほうがいい。でもテレビの場合は時間が、そして新聞や雑誌の場合は文字数が、一定の量に限られている。素材をそのまま使っていては皿からはみ出してしまう。だから調理をしながら、いかに素材の味を引き出すかが問題になる。でも中には、素材の味などにあまり関心を持たずに、調味料ばかりを使う記者やディレクターがいる。確かに刺激的でとりあえずは美味しいかもしれないけれど、でも素材の本当の味はどこにもない。そこにあるのは、みんながジャガイモやニンジンらしいと思う味なのだ。

　「森さんはヤラセをやったことはありますか？」と時おり訊《たず》ねられる。そんなとき僕は、その質問をした人が、どんな意味でヤラセという言葉を使ったのかを訊《き》き返すようにしている。

　事実にないことを捏造《ねつぞう》する。これがヤラセだ。その多くには、みんなから注目されるとか評判になるとかの見返りがある。ただしここまで読んでくれたなら、その判定は実は簡単ではないことは、あなたもわかってくれると思う。事実は確かにある。でもその事実をそのまま皿に載《の》せても食べづらい。というか皿に載らない。だからみんなが喜んで食べてくれるように調理をする。切り刻む。余分だと思えば捨てる。⑦これが演出だ。

　ヤラセと演出のあいだには、とても曖昧《あいまい》で微妙な領域がある。そんなに単純な問題じゃない。でも報道したりドキュメンタリーを撮ったりする側についてひとつだけ言えることは、自分が現場で感じとった真実は、絶対に曲げてはならない

メラによって変質した現実しか撮れないのだ。決して「ありのまま」ではない。つまりこれも、見方によっては「嘘」ということになる。

ついでに書くけれど、そもそも動画という言葉が嘘なんだよ。画は動いていない。フィルムなら一秒24コマ、ビデオなら一秒30コマの静止画が、パラパラ漫《まん》画の要領で動くだけ。つまり動画は目の錯《さっ》覚。実はまったく動いていない。

とにかくこれらの嘘を集めて、記者やディレクターが現場で感じ取った真実を再構築する。それが報道だ。事実とは微妙に違う。でも記者やディレクターが現場で感じた真実だ。それは記者やディレクターによって違う。真実は人の数だけある。

だから最初から嘘なのだとすべてを決めつけてしまうのは、少しというかまったく違う。ほとんどの記者やディレクターは、そんな自分にとっての真実を現場で集めながら、真実を描《えが》こうと懸命に頑《がん》張っている。でも中には、頑張っていない人もいる。あるいは頑張る方向が、視聴《ちょう》率や部数などの数字を高くすることに向う人もいる。記者やディレクターが伝えようとする真実を、「客観性が足りない」とか「中立公正でない」などの理由で、つぶそうとするデスクやプロデューサーもいる。

第四章で僕は、0と1の例を挙げながら、メディアはわかりやすさを目指すと書いた。つまり四捨五入。小数点以下の端《は》数は、視聴者からわかりづらいとそっぽを向かれる可能性があるから、⑥メディアはこの切り上げと切り下げを当たり前のようにやる。

この切り上げが、よく問題になるヤラセ。ある村に雨乞《ご》いの儀《ぎ》式がある。ロケ隊はそれを撮りに行ったのだけど、今年は雨が多かったからやらないという。でもそれじゃ困る。何をしに来たかわからない。だから村人に頼《たの》んで、雨乞いの儀式を特別にやってもらう。つまり再現してもらう。だから撮影された雨乞いの儀式は、どんな衣装を着るかとかどんな場所でやるかとか参加する村人は誰かなどの情報に加えて、ロケ隊に頼まれてやったということも重要な情報となる。これもそのまま提示すればよいと僕は思うのだけど、ほとんどの場合、頼んだ過程を省略してしまう。これは切り下げだ。

この切り上げと切り下げで、テレビ番組は作られる。番組だけじゃない。ドキュメンタリー映画などといわれるジャンルや、新聞や雑誌の記事なども、基本的には変わらない。

なずきながら話を聞いている映像を使えば、とても熱心な先生と、真面目に授業を受ける生徒たちというシーンになる。でもあなたがたまたまあくびをかみ殺していたり、隣《となり》の席の誰かが一瞬《いっしゅん》だけ窓の外を眺めていたりするような映像を使えば、先生の熱心さが空回りしている授業というシーンになる。

①先生が熱っぽく講義をしている。
②その講義の途中に、話を聞くあなたたちの顔が数秒だけインサートされる。
③でもここで使われたあなたたちの顔は、実のところ講義が終わってから撮影されたカットだ。
④音声はずっと先生の講義が続いている。だから観る側は、インサートされたあなたたちの顔を、先生が講義しているときの表情だと解釈《かいしゃく》する。
⑤そしてここで、あなたたちのどんな表情を使うかは、撮影して編集する側の裁量に任せられている。

インサートは編集技術の基礎《きそ》だ。テレビ番組を注意して見れば、こんなシーンはいくらでもある。そしてそんな場合、場の雰囲気をどう再現するかは、ディレクターや編集する人の思いのままなのだ。［C］ディレクターが授業をとても有意義だと感じたなら、熱心にうなずきながら話を聞く生徒たちの顔をインサートするだろう。逆にこの授業はつまらないと感じたなら、あくびを噛《か》み殺している生徒の顔をインサートするかもしれない。

インサートは一例だけど、映像はこうして作られるものだということを、まずあなたには知ってほしい。事実の断片を寄せ集めてはいるけれど、できあがった作品は事実とは微妙《みよう》に違う。メディアが嘘《うそ》つきであると言っているわけじゃない。もっと正確にいえば、⑤メディアは最初から嘘なのだ。だって授業中にテレビカメラが教室にあれば、誰だって緊《きん》張する。誰だって普段とは違う言動をする。自分を置き換《か》えて考えてほしい。

明日はこの商店街にテレビが撮影に来る。もしもそんな情報が流れたら、商店街の人たちはどうするだろう。八百屋さんや魚屋さんや肉屋さんは、新鮮《せん》な素材をたっぷりと仕入れるはずだ。本来は定休日の予定だったラーメン屋さんは、特別に店を開けるかもしれない。女性たちは美容院に行ったりして、精一杯《ぱい》おしゃれをするだろう。

そこで撮れる光景は、カメラが介在することで変質した光景だ。盗《ぬす》み撮りや監視カメラの映像は別にして、カメラはカ

ミングがより狭《せま》くなっている。この流れはもう止められない。

ならば観る僕たちはどうすればいいか。

いま見ている映像は現実の一部でしかない。その思いを常に意識の底に置くことだ。僕は実はホラー映画が苦手だ。要するに臆《おく》病なのだ。だからホラー映画を見るときは、「これはフレームなのだ。全部じゃない。カメラが違う角度を撮れば、照明さんや音声さんや助監《かん》督《とく》などのスタッフたちが映り込むはずだ」と必死に自分に言い聞かせながら映像を見つめている（でもやっぱり怖《こわ》いけれど）。

まあこれは極端《きょくたん》な例。あまりそんなことばかり考えていたら映画を楽しめなくなる。でも映像（特に報道系）に接するとき、「これはフレームで切り取られた現実なのだ」との意識を常に持つことは、リテラシーとしては重要だ。

では次のステップ。撮った映像を編集するとき、音と映像を分けて編集することがある。難しい技術じゃない。テレビや映画の業界では、誰《だれ》もが当たり前のように使う手法だ。そしてこの手法を使えば、④世界をいくらでもアレンジすることができる。場の雰囲気を変えることなど、とても簡単だ。

具体的な例を挙げよう。例えばあなたの学校の数学の授業の様子を、テレビ局が撮りにきたとする。

後日、その番組が放送される。学校の簡単な紹介《しょうかい》が終わったあと、教壇《だん》で先生が黒板に連立方程式を板書しながら、一生懸《けん》命に喋《しゃべ》っているカットが映る。

その先生のカットのあとに、カメラは先生の話を聞くあなたたちのカットに切り替《か》わる。映像はあなたたちの顔だけど、先生の講義はずっと変わらない調子で続いている。

実はここで放送されたあなたたちの顔は、先生の講義がひと段落したあとに撮られた映像だ（これを業界では捨てカットとか雑景などという）。ところがカットが変わるときにも、先生の話は途切れたりはしない。なぜならこの場合、音は音だけでずっと切れ目を入れずに使っているからだ。この「音をベースにしながら映像だけを差し替える編集」をインサート（挿《そう》入）という。

このとき、あなたたちのどんな表情を使うかは、ディレクターや映像を編集する人の意図に任せられる。一生懸命にう

学生たちはこんな疑問や違和感を口にする。僕が答えられる場合には答えるし、これはみんなで意見を出し合ったほうがいいなと思うときには論議させる。

本当なら、具体例を挙げた質問や違和感すべてへの答えを書きたいけれど、それではきりがない。ここでは最後の質問について、考えてみよう。

彼《かれ》が中国に旅行していたとき、両親は家でテレビのニュースを見たらしい。鉢《はち》巻をして大勢で反日のシュプレヒコールをあげながら通りを歩く中国人たち。広場では日章旗に火をつける人もいた。確かにこんな映像を見たら、うちの子は大丈《じょう》夫かしら、と思いたくなるだろう。

でも実際には、反日デモをやっている中国人はほんの一部だ。ところが日本のテレビ・ニュースを見ていると、[b]中国全土で反日デモが吹《ふ》き荒《あ》れているような気分になってしまう。

学生がこの違和感を口にしたとき、やっぱりその時期に中国にいたという別の学生も手を挙げた。彼はたまたま反日デモの現場に遭遇《そうぐう》したという。

「通りを20人くらいの男たちが大声をあげながら行進していました。多くの中国人たちはその様子を歩道から眺《なが》めていました。バカなことをしていると顔をしかめている人もたくさんいました。たくさんの人が映像を撮《と》っていました。日本のテレビ局の撮影《さつえい》クルーもいました。日本に帰ってきてから、YouTubeでそのときのニュース映像を見ることができました。でも雰囲気は、実際にその場にいた自分が感じた雰囲気とはまったく違《ちが》います」

…… 中略 ……

日本のテレビ・ニュースの画面では、多くの男たちが怒《おこ》っている。これだけを見れば、確かに中国全土で多くの人たちが怒っているかのような印象を受ける。

でもこのときに②映像をもっと広角で撮って周囲の様子を入れていたら、印象はまったく違うものになっていたはずだ。

③これがフレーミング。映像は現実の一部を切り取ることしかできない。もちろん常に広角で撮っていれば、もっと周囲の状況《きょう》はわかってくるけれど、今度は人の表情などの細かなニュアンスがわからなくなるし、何よりもインパクトが薄《うす》くなる。しかも最近はテレビのニュースだけではなく、よりアップで撮る携《けい》帯電話やスマホの映像を、ネットで見ることが普《ふ》通になってきた。特に戦場や紛《ふん》争地域など危険な場所ほど、携帯やスマホの映像の割合が大きくなる。つまりフレー

2024年度

普連土学園中学校

【国　語】〈四日午前四科試験〉（六〇分）〈満点：一〇〇点〉

一　次の文章を読み、後の問に答えなさい。

僕《ぼく》はいま、大学で＊ジャーナリズムや＊メディア・リテラシーを教えている。そのうちの一つの授業は大教室だ。学生の数も多い。たぶん３００人以上いる。

教壇《きょうだん》の上から一方的に授業を進めるだけでは面白くない。だから授業の最初の30分は学生たちにハンドマイクを手渡《わた》して、この一週間のあいだにメディアに対して自分が抱《いだ》いた①違《い》和感を、一人ずつ発表させることにしている。

この場合の違和感をもう少し詳《くわ》しく説明すれば、メディア（テレビでも新聞でも本でもネットでも）に触《ふ》れながら、この伝えかたは何か変だなとか腑《ふ》に落ちないなどと思ったこと。これを毎週やる。いろいろ面白い意見が出る。

「先週、テレビのバラエティ番組の公開収録に参加したのですが、オンエアを見たら雰《ふん》囲気がぜんぜん違《ちが》うのでびっくりしました」

「どうして事件が起きると、被《ひ》害者の評判は「挨拶《あいさつ》をちゃんとする良い子でした」とか「とても真面目で残念です」ばかりになるのでしょう。たまには「素行が悪いのでいつかはこんなことになるのではないかと思っていました」みたいなコメントがあってもいいと思うのですが」

「＊24時間テレビって変です。寄付をするのならタレントも＊ノーギャラでやるべきです」

「[a]事件を起こした少年は顔写真や名前が出ないのに、被害者の側は少年でも名前や顔が出るのですか」

「犯人が捕《つか》まったときに手錠《てじょう》などにモザイクをつける理由がわかりません」

「半年くらい前に中国に旅行したとき、親から携《けい》帯に電話がかかってきて、反日デモがすごいからすぐ帰ってきなさいと言われました。でも中国ではまったく反日デモなんて目にすることはありませんでした。会った中国人たちはみんな、日本人と知りながら、とても優しく接してくれました。これはいったいどういうことでしょうか」

2024年度

普連土学園中学校 ▶解　答

※　編集上の都合により，4日午前4科試験の解説は省略させていただきました。

算　数　＜4日午前4科試験＞(60分)　＜満点：100点＞

解　答

1 (1)　21　(2)　$8\frac{1}{4}$　(3)　$\frac{2}{3}$　2 (1)　80円　(2)　285ページ　(3)　(i)　50cm^2　(ii)　100cm^3　3 (1)　234　(2)　②　(3)　6回　(4)　(i)　(例)　30のみが5の倍数で，他の数に5の倍数がないから。　(ii)　②と④，④と⑤　4 (1)　21km　(2)　分速900m　(3)　8時5分40秒　5 20人　6 ①　132　②　3　③　9　④　27　⑤　9　⑥　1212　⑦　0　⑧　2　⑨　6　⑩　11232　⑪　1　⑫　3　⑬　9　⑭　3，12，21，33，111，123，132　⑮　12111

社　会　＜4日午前4科試験＞(30分)　＜満点：75点＞

解　答

1 **問1**　(1)　与那国島　(2)　ア　(3)　イ　**問2**　イ　**問3**　(1)　イ　(2)　イ，オ　**問4**　イ　**問5**　Ⅰ　ウ　Ⅱ　イ　**問6**　(1)　**ア**　尚　**イ**　中継　**ウ**　朱印　(2)　エ，カ　**問7**　ア　**問8**　(1)　ひめゆり　(2)　ウ→オ→ア→イ→エ　(3)　佐藤栄作　**問9**　(1)　日米安全保障条約　(2)　エ　(3)　ウ　2 **問1**　i　ウ　ii　エ　**問2**　(1)　稲荷山古墳　(2)　イ　**問3**　**あ**　徳川慶喜　**い**　富岡製糸場　**う**　第一国立銀行　**え**　松平定信　**問4**　エ　**問5**　(1)　**ア**　静岡　**イ**　愛媛　**ウ**　北海道　(2)　**ア**　石灰石　**イ**　カルスト　**ウ**　山口　(3)　(例)　指定した配達時間に自宅にいて，必ず受け取る。　**問6**　(1)　ア　(2)　ア　(3)　生活保護(公的扶助)　**問7**　ア　**問8**　ア，エ　3 **問1**　**あ**　安全保障理事会　**い**　国際連盟　**う**　こども家庭庁　**問2**　(1)　エ　(2)　(例)　放水路が建設されていることから，水害にあってきたと考えられる。　(3)　ア　**問3**　(第一次)石油危機(オイルショック)　**問4**　(1)　ウ　(2)　エ　(3)　ア　**問5**　(例)　正式な貿易船であることを証明し，倭寇と区別するため。　**問6**　(1)　イ　(2)　個人　**問7**　インド　**問8**　(1)　ウ　(2)　フードロス(食品ロス)　**問9**　ヤングケアラー　**問10**　イ，エ　**問11**　ウ

理　科　＜4日午前4科試験＞(30分)　＜満点：75点＞

解　答

1 **問1**　①　西　②　(あ)　**問2**　①　秒速345m　②　69m　**問3**　①　Ⅰ　②

Ⅰ　③　E，H，J(D，Ⅰ，J)　[2] 問１　①　い　②　あ　問２　(い)　問３　(あ)，(い)　問４　①　右の図　②　二酸化炭素　③　120mL

[3] 問１　①　(え)　②　C→A→B　問２　①　(え)　②　(い)，(う)，(か)　問３　①　(い)，(お)　②　(う)　③　(i)　(き)　(ii)　(例)　ゾウリムシの細胞内に入る水の量が減少し，収縮胞が水を排出する頻度が低下するため。　[4] 問１　①　(え)　②　(い)，(え)　③　((あ)，)(い)，(え)　問２　(う)　問３　57％　問４　100倍　問５　オリオン座，おおいぬ座，こいぬ座

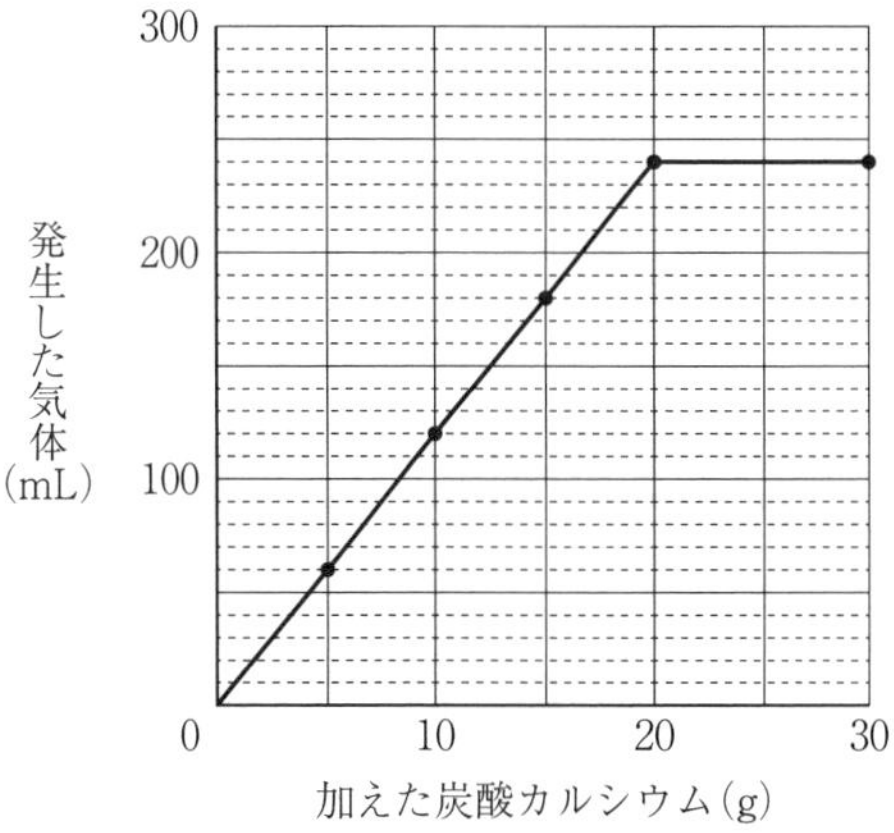

国　語　＜４日午前４科試験＞(60分)　＜満点：100点＞

解　答

[一] 問１　a　イ　b　ウ　c　ア　問２　イ　問３　(例)　広角のときとアップのときとでは異なる情報を手に入れることになるから。　問４　「これはフ～を常に持つ(ようにすること。)　問５　(例)　撮った映像を編集して，雰囲気を変えること。　問６　事実の断片　問７　(例)　雨が多かったから「雨乞いの儀式」は不要だったのに，村人に頼んで特別にしてもらったこと。　問８　(例)　視聴者や読者によろこんで見てもらえるようにするため。　問９　エ　[二] 問１　a　オ　b　エ　c　ア　問２　(例)　算数のドリルやプリントの問題がもう少しで解けそうで，集中していたから。　問３　(例)　あおいが真剣に取り組んでいる算数の勉強とゲームのような遊びを自分が同等に扱うことに，あおいが不快に感じると思ったから。　問４　(例)　自分のいとこなのにあおいの勉強に取り組む姿勢があまりに自分と違うと感じたから。　問５　(友人達が)去年の大会の後に陰口いっとったの，きいてしまった(こと。)　問６　(例)　響子先生の，病気が見つかったときにはすでに手遅れであった祖父や看病する祖母が，つらくないようたくさん話をきいてくれたり，悲しむ家族をほっとさせたりするような，患者やその家族の気持ちに寄りそう姿勢。　問７　ウ　問８　(例)　自身にとってハードルの高い遠泳大会にまっすぐに向き合い挑戦しようとする颯太のことを少しうらやましく思ったから。　問９　ア　[三] ①～⑤　下記を参照のこと。　⑥　ごんげ　⑦　ていさい　⑧　も　⑨　きんもつ　⑩　ほんもう　[四] ①　シ　②　サ　③　エ　④　ケ　⑤　カ　⑥　キ　⑦　ク　⑧　コ　⑨　ウ　⑩　オ　[五] ①　エ　②　ア　③　イ　④　ウ　⑤　イ

●漢字の書き取り

[三] ①　順延　②　墓穴　③　固辞　④　背　⑤　利

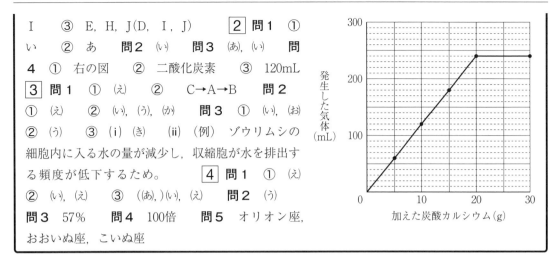

Dr.福井の 入試に勝つ！脳とからだのウルトラ科学

入試当日の朝食で，脳力をアップ！

朝食を食べない学生は，朝食をきちんと食べる学生に比べて成績が悪かった——という研究発表がある。まあ，ちょっと考えればわかると思うけど，朝食を食べないということは，車にガソリンを入れないで走らせようとするようなものだ。体がガス欠になった状態では，頭が十分に働くわけがない。入試当日の朝食はちゃんと食べよう！　朝食を食べた効果があらわれるように，試験開始の２時間以上前に食べるようにするとよい。

では，入試当日の朝食にふさわしいものは何か？

まず，脳の直接のエネルギー源はブドウ糖だけであるから，それを補給するためのご飯やパン，これは絶対に必要だ。また，砂糖や果物の糖分は吸収されやすく，効果が速くあらわれやすいので，パンにジャムをぬったり果物を食べたりするのもよいだろう。

次に，タンパク質。これは脳の温度を上げる作用がある。温度が低いままでは十分に働かないからね。タンパク質を多くふくむのは肉や魚，牛乳，卵，大豆などだが，ここでは大豆でできたとうふのみそ汁や納豆をオススメする。そして，記憶力がアップするDHAを多くふくんでいる青魚，つまりサバやイワシなども食べておきたい。

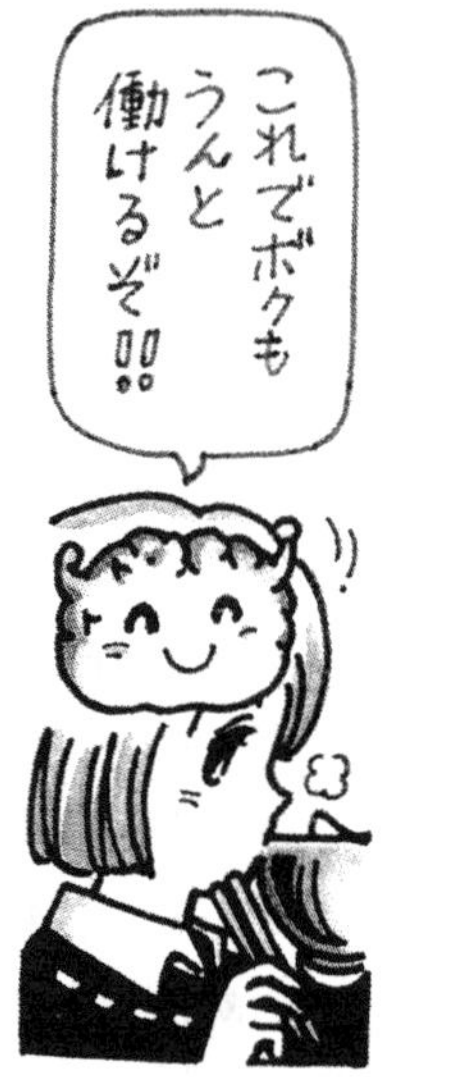

生野菜も忘れてはならない。その中にふくまれるビタミンBは，ブドウ糖を脳に吸収しやすくする働きを持つので，結果的に脳力アップにつながるんだ。

コーヒーや紅茶，緑茶は，カフェインという成分の作用で目覚めをうながすが，トイレが近くなってしまうので，飲みすぎに注意！　試験当日はひかえたほうがよいだろう。眠気を覚ましたいときはガムをかむといい。脳が刺激《しげき》されて活性化し，目が覚めるんだ。

Dr.福井(福井《ふくい》一成《かずしげ》)…医学博士。開成中・高から東大・文Ⅱに入学後，再受験して翌年東大・理Ⅲに合格。同大医学部卒。さまざまな勉強法や脳科学に関する著書多数。

2023年度

普連土学園中学校

【算　数】〈1日午前4科試験〉(60分)〈満点：100点〉

〔注意〕 1．解答欄《らん》に「式」とある場合には，式や考え方も書きなさい。

2．円周率は3.14として計算しなさい。

1 次の□にあてはまる数を求めなさい。

(1) $5\frac{5}{8}\div(5-2\times1.75)+1\frac{5}{7}\times1\frac{5}{16}=$ □

(2) $17\times5.7-29\times1.7+9.2\times17=$ □

(3) $25\div\left(\square\times1\frac{1}{2}-6\frac{1}{3}\right)=\frac{3}{5}$

2 次の問いに答えなさい。

(1) 7で割ると2余り，11で割ると1余る3桁《けた》の整数のうち，最も小さい数と最も大きい数を答えなさい。

(2) 2つの数AとBの和を3倍した数を$A\triangle B$と表すことにします。

例えば，$2\triangle4=(2+4)\times3=6\times3=18$です。

このとき，$(5\triangle3)\triangle\left(2\triangle\square\right)=153$となる□はいくつですか。

(3) 図のように，長方形の中に半径2cmの円が4つ入っています。斜《しゃ》線部分の面積は何cm^2ですか。

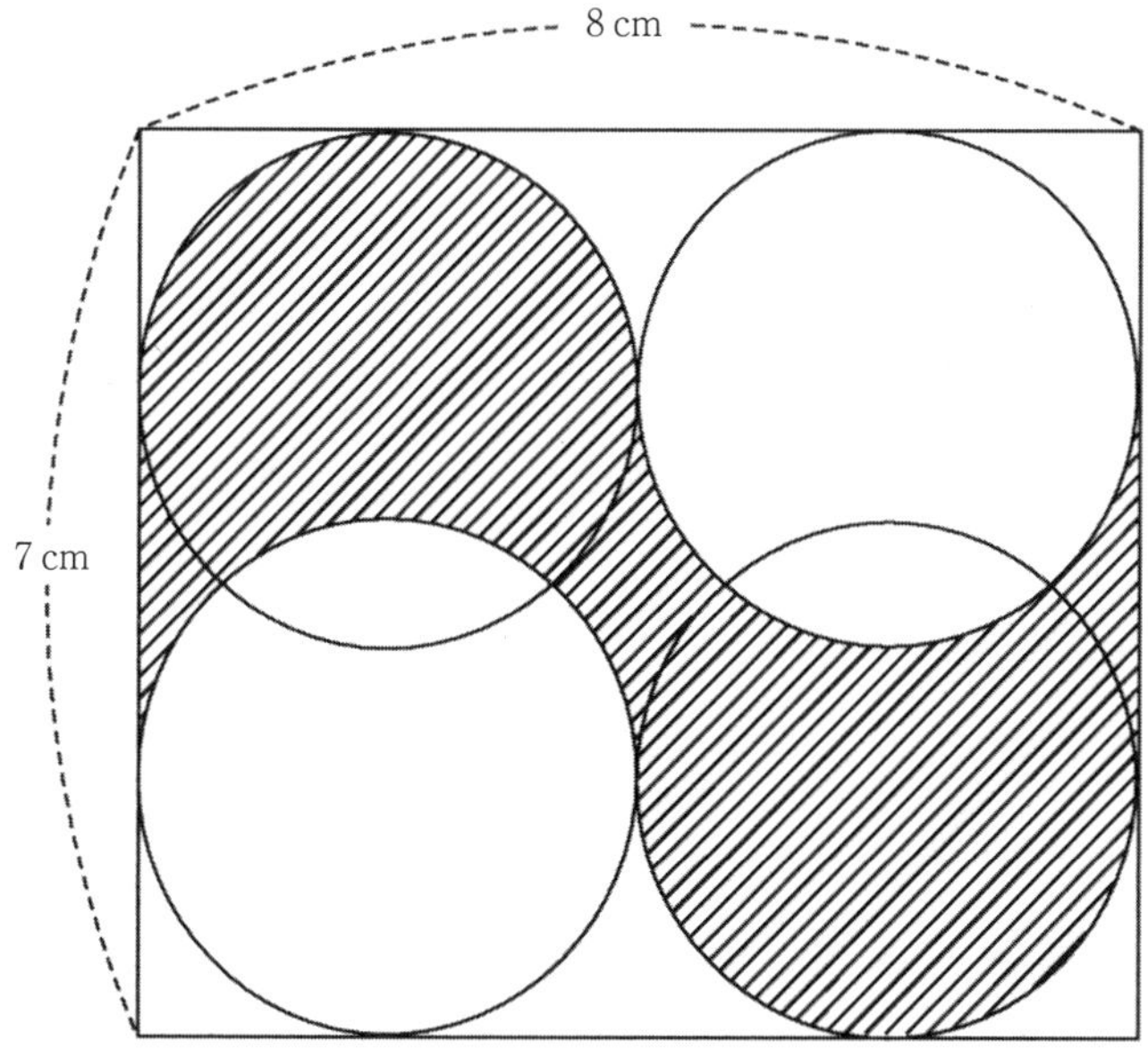

3 点Pは図1の図形の辺上を，一定の速さでB→C→D→E→Fと進んでいきます。図2はBを出発してFに到着するまでの時間の経過と三角形ABPの面積の関係をグラフにしたものです。このとき，下の問いに答えなさい。

図1
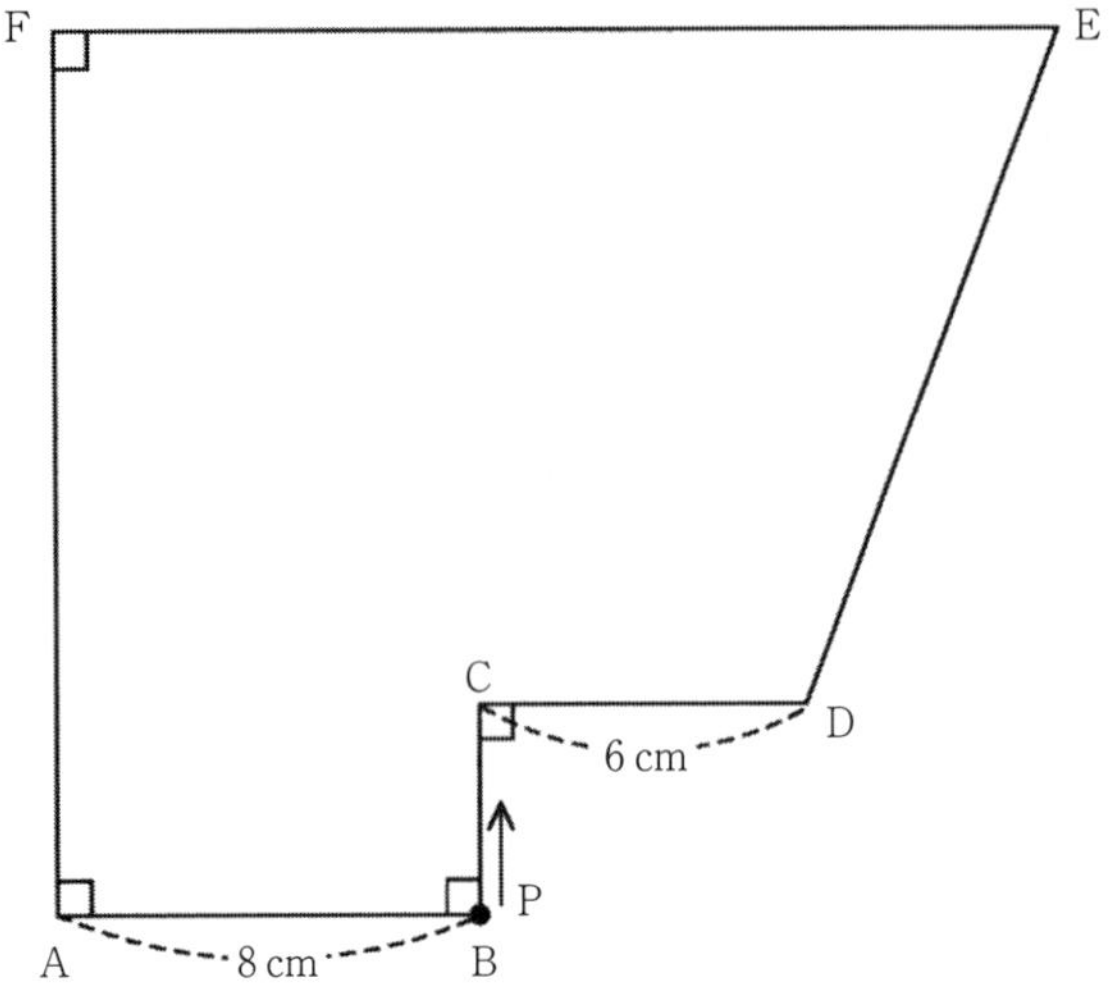

図2
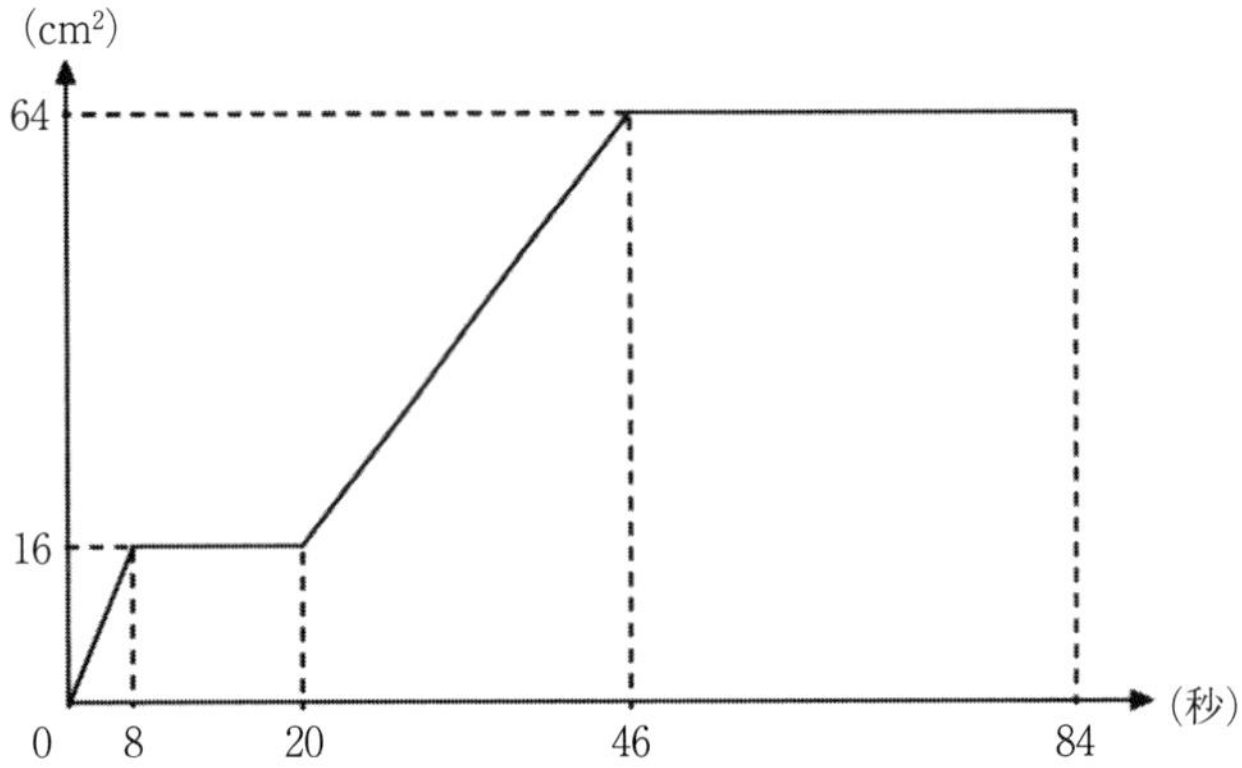

(1) 点Pは毎秒何cm進みますか。

(2) EFの長さを求めなさい。

(3) 図1の図形の面積を求めなさい。

4 ねん土玉と同じ長さの棒がたくさんあります。図のようにねん土玉と棒を組み合わせて図形を作っていきます。このとき，下の問いに答えなさい。

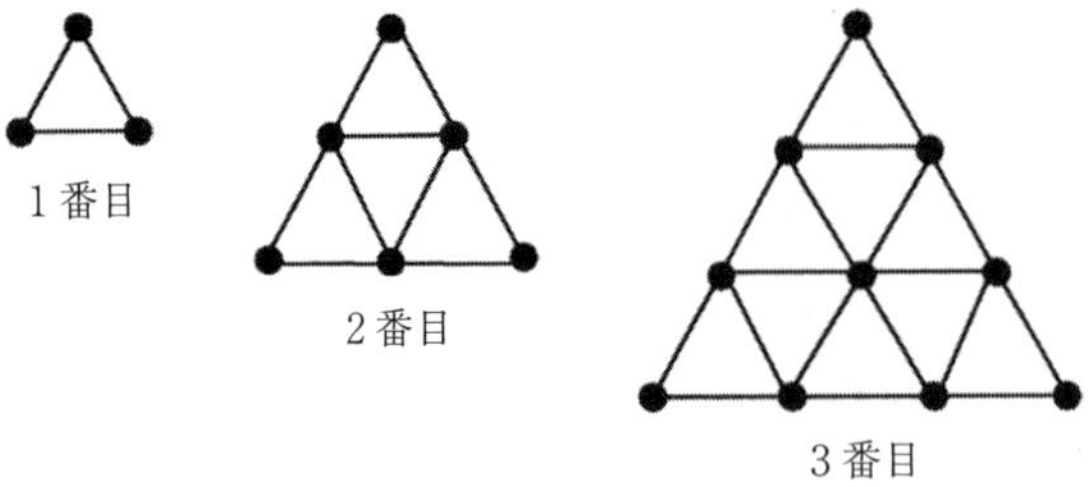

(1) 5番目の図形のねん土玉の個数と棒の本数をそれぞれ求めなさい。

(2) 1辺が1本の棒である正三角形が64個できる図形のねん土玉の個数と棒の本数をそれぞれ求めなさい。

5　ある店では，原価が80円の商品を150個仕入れて2割増しの定価で毎日売っています。このとき，次の問いに答えなさい。ただし，商品はその日のうちに全て売り切っているものとします。

(1)　ある日，全て定価で売れたとすると，利益は全部でいくらになりますか。

(2)　次の日，商品が定価で50個売れた後売れなくなったので値下げをした結果，その日のうちに全て売ることができました。利益が1000円だったとき，値下げ後の売値は1個いくらですか。

(3)　別の日，定価で売り始めましたが売れ行きが悪いので，(2)とは異なる金額に値下げをしたらその日のうちに全ての商品を売ることができました。値下げ前と値下げ後の売り上げ個数の比が1：5，利益の比が8：25のとき，値下げ後の売値は1個いくらですか。

6　次の二人の会話を読んで空欄に適するものを入れなさい。

町子：今日はこんな問題を考えてみましょう。広場に人が立っています。この人はサイコロを振り，出た目の数の歩数だけ北に歩きます。次に，その場でサイコロを振り，出た目の数の歩数だけ今度は東に歩きます。このようにして，この人は北→東→南→西→北→東→…と歩いていきます。ちなみに歩幅は常に一定で，広場は東西南北に十分に広いとして考えましょう。簡単にするために広場を上から見た図にして考えてみて。最初は●にいるとして上が北を表すようにして，矢印の長さが歩数になるようにしてみましょう。例えば，サイコロを4回振って，3→5→2→1と出たとき，次の(ア)～(ウ)のうちどのような進み方になるかしら。

(ア)

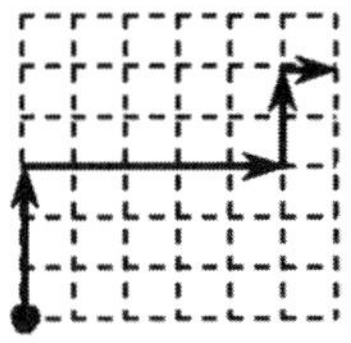

(イ)

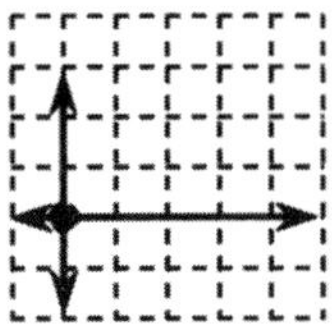

(ウ)

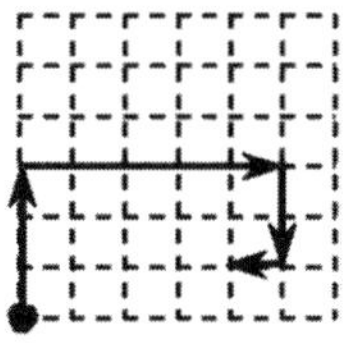

三太：なるほど。上から見たら動きがよくわかるね。［　①　］のように進むよ。

町子：正解。それでは問題よ。この人がサイコロを4回振ったときに，最初の地点にちょうど戻ってきたとします。このとき，サイコロの目の出方は全部で何通りでしょうか。

三太：さっきの例のような目が出たら，最初の地点には戻ってこれないね。4回サイコロを振って最初の地点に戻ってくるということは，矢印をつなげていくと次の図のような四角形になるということだね。

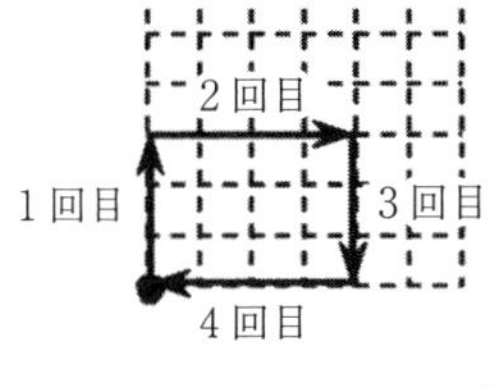

つまり，1回目と［　②　］回目に同じ目が出なければいけないし，あと［　③　］回目と［　④　］回目も同じ目でないといけないことがわかるね。ということは，全部で［　⑤　］通りだね。

町子：その通り。では，次の問題よ。この人がサイコロを5回振ったときに，最初の地点にちょうど戻ってきました。サイコロの目の出方は全部で何通りか考えてみましょう。

三太：５回振るのかあ。ということは，北→東→南→西ときて，最後にもう一度北に進むんだね。さっきと同じように図をかいて考えてみようっと。

町子：では，仮に１回目に３，２回目に２が出た場合で考えてみましょう。２回目までは私が図をかいてみたけど，３回目から５回目までの矢印を**解答欄⑥**にかいてみて。もちろん３回目から５回目にサイコロが出る目の組み合わせは何通りもあるから，かくのは最初の地点に戻ってくる目の組み合わせのうちの１通りだけでいいわよ。

三太：あっ，今度は［　⑦　］回目と［　⑧　］回目が同じ目にならないといけないし，更に［　⑨　］回目と［　⑩　］回目の合計がちょうど［　⑪　］回目の目と等しくならないといけないんだね。

町子：そこに気づけたら計算でも出せそうね。この人がサイコロを５回振って最初の地点にちょうど戻ってくる目の出方は全部で何通りでしょうか。

三太：［　⑫　］通りだね。

町子：そうね。コツがつかめてきたようね。では，最後の問題よ。今度はサイコロを６回振ったときに最初の地点に戻ってきたとします。さて，目の出方は何通りでしょう。

三太：今回は北→東→南→西→北と進んだ後，最後に東に進むんだね。

町子：そうよ。図を**解答欄⑬**に●を最初の地点としてかいてみて。もちろん，図は１通りだけでいいわよ。

三太：ひとつ前の問題と似ているね。さっきの考え方を応用していくと，［　⑭　］通りだね。

町子：正解です。よくできました。

【社　会】〈１日午前４科試験〉（30分）〈満点：75点〉

〈編集部注：実物の入試問題では，漁法の図と浮世絵はカラー印刷です。〉

1　**次の会話文を読んで，あとの問いに答えなさい。**

友子：先日姉から，「急がば回れ」ということわざの語源に琵琶湖が関係しているということを教えてもらいました。

先生：室町時代の歌人の和歌で琵琶湖の交通手段について記されていたことから生まれたと言われていますからね。①天智天皇(中大兄皇子)が琵琶湖のほとりに都をうつしたことをはじめ，歴史とも関わりがありますよ。現在では，大切な水資源として利用されています。どのような目的に利用されているか知っていますか。

友子：生活用水ですか。

先生：その通りです。②生活用水のほかにも，農業用水や工業用水にも利用されています。では，琵琶湖も含めた面積の大きい湖を上位から10カ所確認しましょう。

なまえ	面積(km^2)	所在地
琵琶湖	669.3	③滋賀県
霞ヶ浦	168.2	④茨城県
(あ)湖	151.6	⑤北海道
(い)湖	103.2	福島県
中海	85.7	⑥島根県・鳥取県
屈斜路湖	79.5	北海道
宍道湖	79.3	島根県
支笏湖	78.5	北海道
洞爺湖	70.7	北海道
浜名湖	64.9	静岡県

（『日本国勢図会 2022/23』をもとに作成。）

先生：(あ)湖ではホタテの養殖，宍道湖ではしじみ漁を行うなど，湖は漁業でも活用されています。(い)湖は安積疏水の源流として先ほど挙げた利用目的に用いられています。また，中海は，近くにある⑦境港の漁船を泊めるのに利用されることもあります。

友子：歴史的な話でいうと，中海は「入海」として⑧「風土記」にのっていると聞いたことがあります。

先生：よく知っていますね。

友子：ところで，湖はどのようにしてできたのでしょうか。

先生：いろいろありますね。例えば，北海道にある屈斜路湖・支笏湖・洞爺湖は，いずれも［　X　］形成されたカルデラ湖です。

友子：なるほど。地理的にも歴史的にも重要な湖をこれからも大切にしていきたいです。

問１　空らん(あ)(い)にあてはまる湖のなまえをそれぞれ答えなさい。

問２　空らん［X］にあてはまる説明を次のア～エから１つ選び，記号で答えなさい。

ア．火山が噴火してできたくぼ地に水がたまって

イ．海水の流れによって運ばれた砂が湾をせきとめて

ウ．断層によってできたくぼ地に水がたまって

エ．地すべりや火山からの噴出物などによって川がせきとめられて

問３　下線部①の人物について，次の問いに答えなさい。

(1)　この人物とともに645年に蘇我氏をたおした人物のなまえを答えなさい。

(2)　この人物の死後，次の天皇の位をめぐって起きた争いを何といいますか。

問4　下線部②に関連して，次の＜資料1＞＜資料2＞中のア～ウは農業用水・工業用水・生活用水のいずれかを表しています。工業用水を表しているものをア～ウから1つ選び，記号で答えなさい。

＜資料1：全国の用水の利用割合＞

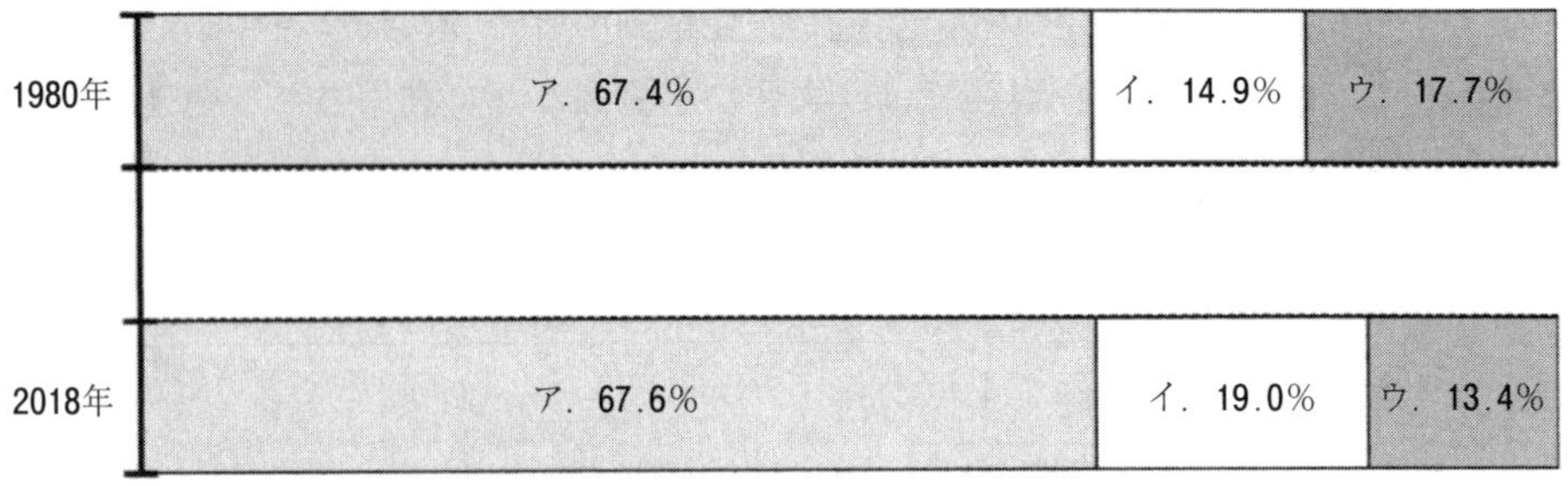

(『日本国勢図会 2022/23』をもとに作成。)

＜資料2：各地方別の用水の利用割合(2016年)＞

地域	ア	イ	ウ
東北	85.8%	7.4%	7.0%
関東	54.3%	33.4%	12.3%
東海	54.0%	22.8%	23.2%

(『2022 データブック オブ・ザ・ワールド』をもとに作成。)

問5　表中の下線部③滋賀県・④茨城県・⑤北海道・⑥島根県の県庁所在地を，それぞれ漢字で答えなさい。

問6　下線部⑦の港はいわしの水揚げ量が多いです。次の図ア～エのうち，いわしの漁獲に用いられる漁法を1つ選び，記号で答えなさい。

ア．

イ．

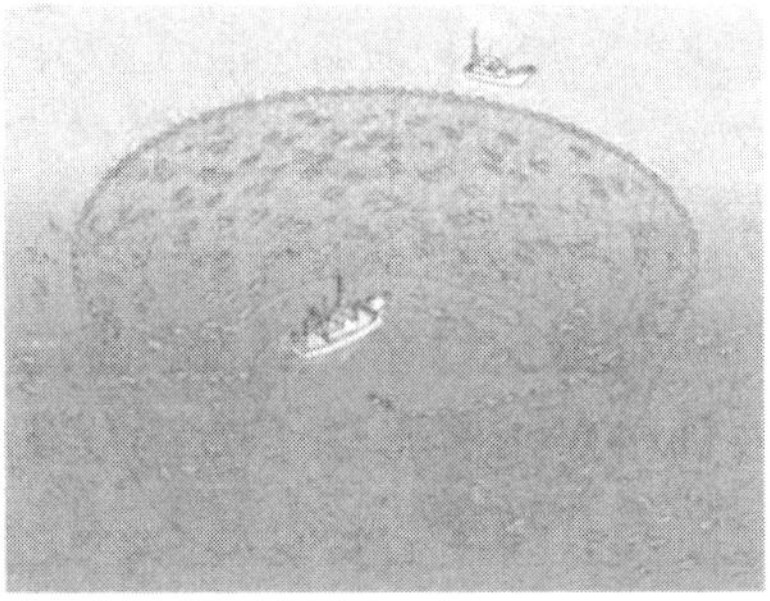

ウ．

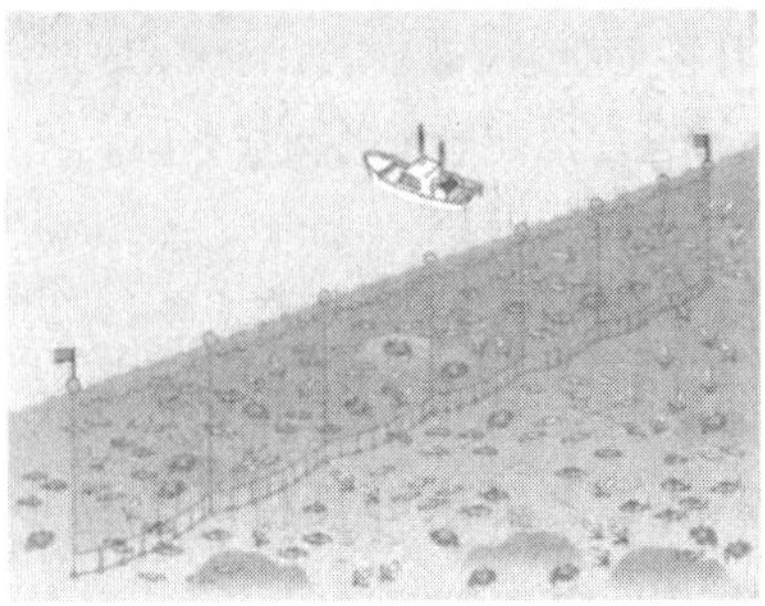

エ．

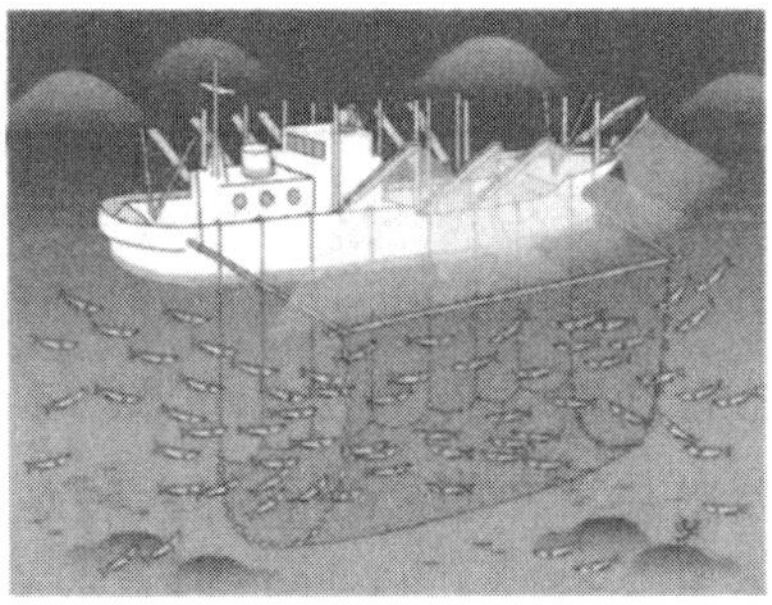

問7　下線部⑧について，「風土記」作成が命じられたのは713年のことでした。700年代前半の日本について述べた次の文ア～カから正しいものを3つ選び，記号で答えなさい。

ア．701年に刑部親王と藤原不比等によって，唐の決まりを手本とする大宝律令が作られました。

イ．律令制度のもとで，九州の行政・外交や防人の管理を行う役所として太政官が設置されました。

ウ．710年に唐の長安を手本として平安京が完成されました。

エ．朝廷は，6歳以上の男女に口分田を分け与えて税を納めさせる班田収授を行いました。

オ．国の成り立ちを明らかにしようとして，712年に太安万侶と稗田阿礼により「日本書紀」が書かれました。

カ．大伴家持を中心に「万葉集」が編さんされ，当時の苦しい農民の生活をうたった山上憶良の貧《ひん》窮《きゅう》問答《もんどう》歌《か》も収められています。

2　次の文章を読んで，あとの問いに答えなさい。

2022年2月，ロシアがウクライナに侵攻しました。ロシア軍の攻撃により多くの人が亡くなり傷ついています。また，①国外へ逃れる人々もいます。ウクライナは②小麦の栽培が盛んでしたが，紛争の影響で小麦の収穫量は減り，輸出も難しくなったため，世界的に小麦の価格は上昇しました。さらに，③急激な円安が進みました。そのため，日本でも食品などさまざまな物の価格が上昇しました。物価が上がっても賃金が上がらなければ生活は苦しくなります。そのため，④消費税の減税を訴える政党もあります。

ロシアは核兵器を持っており，核兵器を使用するのではないかと多くの国が恐れています。核兵器が二度と使われないようにするために，⑤唯一の被爆国である日本には大きな役割があるといえるでしょう。

ウクライナはかつてソビエト連邦(ソ連)の一部でした。ソ連はロシア革命によって成立した国家で，1991年まで存在していました。ロシア革命が起こると社会主義の拡大を恐れる国が干渉し，日本も軍隊を派遣しました。この出来事や第一次世界大戦が長引いたことで米の価格が上昇し，富山県で始まった(あ)は全国に広がりました。

ソ連が成立した1922年には日本では部落差別の撤廃を目指した人たちによって(い)宣言が出されました。この時代は大正デモクラシーと呼ばれ，民主主義を求める動きが高まり，1925年には普通選挙が実現しました。(い)宣言から100年以上が経ち，日本国憲法には差別を禁止する規定がありますが，現在も⑥さまざまな差別に苦しんでいる人がたくさんいます。国会でも差別を解消するための法律が制定されていますが，差別の解消を訴えて裁判を起こしている人もいます。ひとりひとりが幸せに暮らせる社会を作るためにはどのようなことが必要なのか，私たちも考えなければなりません。

問1　空らん(あ)(い)にあてはまる語句を答えなさい。

問2　下線部①のように，安全を求めて他国に逃れる人たちを難民と呼びます。難民を支援するために1950年に設立された国連の機関の略称を次のア～エから1つ選び，記号で答えなさい。

ア．UNHCR　　イ．UNESCO

ウ．UNICEF　　エ．UNCTAD

問3　下線部②に関連して，右の表は都道府県ごとの小麦の収穫量と全国に占める割合を表したものです。Xにあてはまる県名を，次のア～エから1つ選び，記号で答えなさい。

ア．和歌山県

イ．福岡県

ウ．新潟県

エ．高知県

＜小麦の収穫量と全国に占める割合(2021年)＞

都道府県	収穫量(t)	割合(%)
北海道	728,400	66.4
X	78,100	7.1
佐賀県	56,700	5.2
愛知県	29,400	2.7
三重県	22,800	2.1
その他	181,890	16.5

(「作物統計調査」より作成。)

問4　下線部③に関連して，円安についての正しい説明を次のア～エから1つ選び，記号で答えなさい。

ア．円の価値が上がり，輸入品が値上がりする。

イ．円の価値が上がり，輸入品が値下がりする。

ウ．円の価値が下がり，輸入品が値上がりする。

エ．円の価値が下がり，輸入品が値下がりする。

問5　下線部④について，次のグラフは消費税，所得税，法人税の税収の変化を表したものです。消費税にあてはまるものを次のア～ウから1つ選び，記号で答えなさい。

＜一般会計税収(決算額)の変化＞

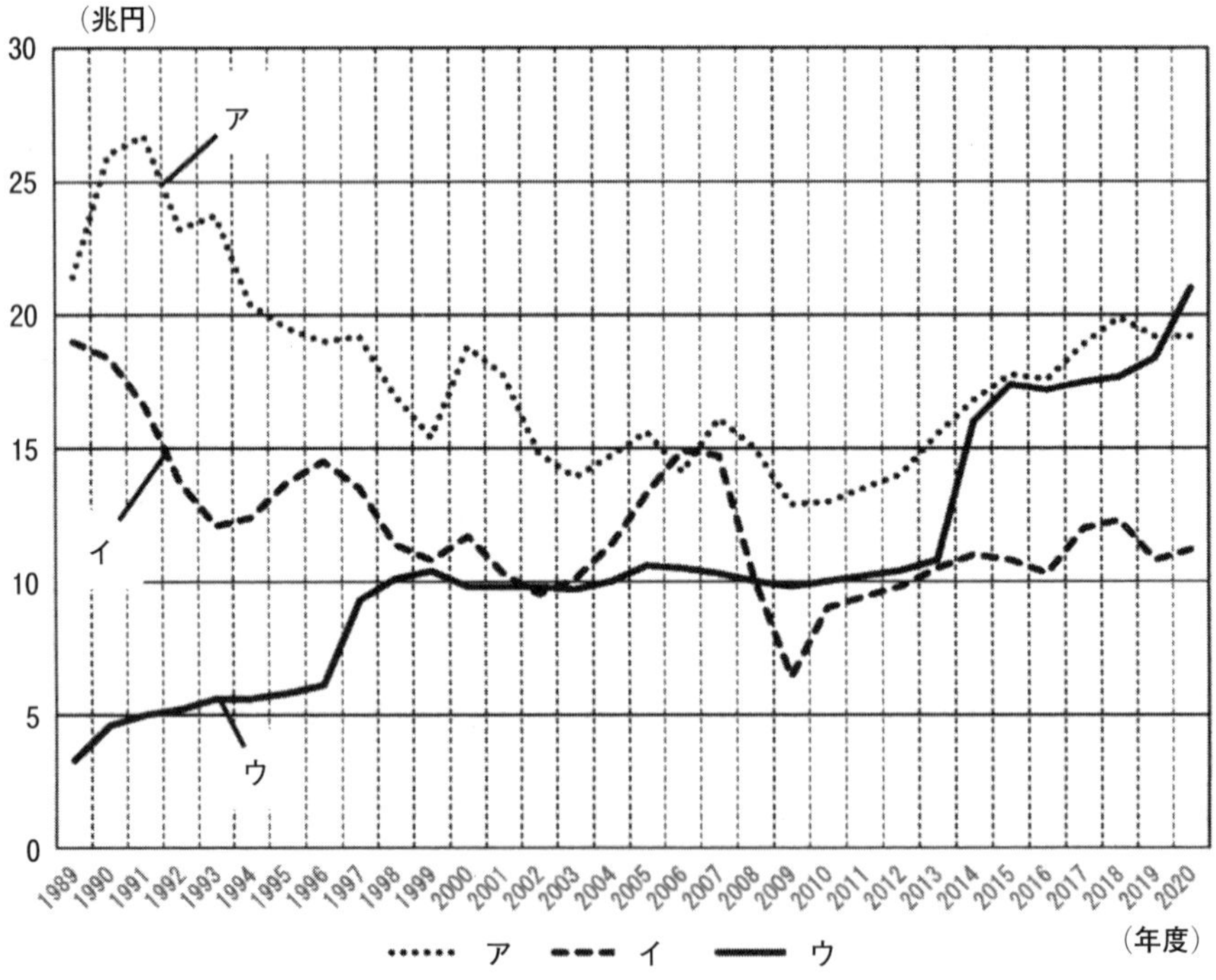

(財務省「一般会計税収の推移」より作成。)

問6　下線部⑤に関連して，2022年8月，広島で行われた平和記念式典に12年ぶりに国連の事務総長が出席しました。次の文はそのときのスピーチの一部です。

希望の光はあります。6月には［　Y　］の締約国《ていやくこく》が初めて集い，(注1)終末兵器のない世界に向けたロードマップを策定《さくてい》しました。そしてまさに今，ニューヨークでは，

[Z]の第10回(注2)運用検討会議が開催されています。本日，私は，この神聖な場所から，この条約の締約国に対し，私たちの未来を脅《おびや》かす兵器の備蓄を廃絶するために緊急に努力するよう呼びかけます。

(注1) 核兵器のこと

(注2) 締約国が集まる会議で，再検討会議ともいう

(1) 文中[Y][Z]にあてはまる条約を次のア～エからそれぞれ1つ選び，記号で答えなさい。

ア．核拡散防止条約　　　イ．部分的核実験禁止条約

ウ．包括的核実験禁止条約　　エ．核兵器禁止条約

(2) 波線部の会議には，岸田首相が日本の内閣総理大臣としてはじめて参加しました。内閣の仕事として**誤っているもの**を次のア～エから1つ選び，記号で答えなさい。

ア．予算案を作って国会に提出する。

イ．天皇の国事行為に助言や承認を与える。

ウ．外国と条約を結ぶ。

エ．最高裁判所の長官を任命する。

問7　下線部⑥について，次の問いに答えなさい。

(1) 近年マイクロアグレッションという考え方が注目されています。これは，日常のなにげない言葉の中にあらわれる，無意識の偏見や差別のことです。次の文には，どのような偏見や差別が隠れているか説明しなさい。

女の子なのに理科や算数が得意なのはすごいね。

(2) 次のAは文書でよく使われる書体です。Bは教科書などにも使われることがある書体で，すべての人が読みやすいように作られています。このように，年齢や障害の有無などに関係なく，はじめから誰もが利用しやすいように，物やサービスを工夫する考え方を何といいますか。

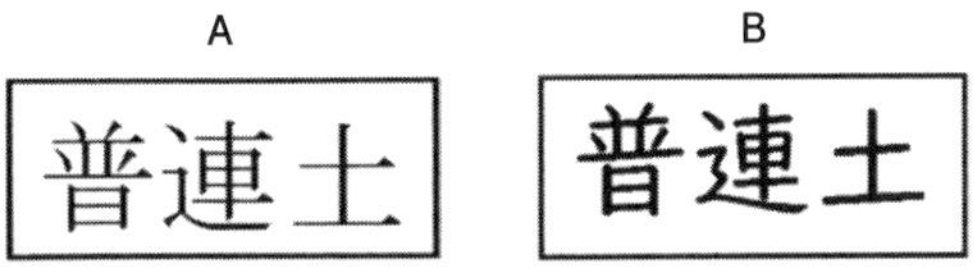

3　**次の会話文を読んで，あとの問いに答えなさい。**

時期	政治の中心地	政治権力をにぎった勢力
710年	平城京	藤原氏など
794年	平安京	藤原氏
1192年	相模国の鎌倉	鎌倉幕府(初代将軍は(あ))
1338年	京都の室町	室町幕府(初代将軍は足利尊氏)
1603年	武蔵国の江戸	江戸幕府(初代将軍は徳川家康)
1868年	東京	明治政府

友子：この表は，日本の歴史上で政治の中心地だった場所とその時に政治を担当していた勢力を

まとめたものです。

町代：平城京は現在の（　い　）県につくられた都ですね。

友子：そうです。この時代は，①律令制度と呼ばれる②中国から導入した制度にもとづいて政治がおこなわれていました。

町代：次の平安京も藤原氏が政治を担当していたのですね。

友子：はい。③藤原道長の時代に最盛期をむかえています。

町代：平安時代のあとは，幕府の時代になりますね。

友子：関東地方で平将門が反乱をおこした頃から，武士の力が強くなっていきました。幕府は，朝廷から④征夷大将軍という役職をもらうことでつくることができました。

町代：３つの幕府には違いがありますね。

友子：まずは，幕府を設置した場所です。例えば，鎌倉幕府が置かれた鎌倉は，　X　という地形的特徴があったため選ばれたと考えられます。室町時代に京都に幕府が置かれた理由は，朝廷が南北朝に分裂していたことも影響しているのではないでしょうか。

町代：徳川家康が⑤江戸に幕府を開いたのは，豊臣秀吉によって本拠地である⑥東海地方から関東地方に移動させられたのも影響しているかもしれませんね。

友子：幕府の権力をにぎった人々も違いますね。鎌倉幕府では，北条氏が　Y　という立場で権力をにぎりました。室町幕府では足利氏の将軍が15代続きましたが，有力な守護大名に実権をにぎられていました。

町代：江戸幕府最後の将軍が大政奉還をすることで，幕府はなくなりますね。そして⑦長州藩や薩摩藩を中心に明治政府ができます。明治政府は，政治の中心として京都ではなく江戸を選択しました。名称を東京に変更し，天皇が江戸城に引っ越すことで，東京が政治の中心となりました。

友子：そして東京が政治の中心となって約20年後，私たちの普連土学園がつくられることになりますね。

問１　(あ)(い)にあてはまる語句をそれぞれ漢字で答えなさい。

問２　文中　X　に入る次の文の空らんにあてはまることばをそれぞれ答えなさい。

三方を（　ア　）で囲まれていて，（　イ　）やすい

問３　文中　Y　にあてはまる語句として正しいものを次のア～エから１つ選び，記号で答えなさい。

ア．管領　　イ．摂政　　ウ．執権　　エ．老中

問４　下線部①について，律令制度での民衆の負担を説明した文として正しいものを次のア～エから１つ選び，記号で答えなさい。

ア．口分田から集められた租は，都まで運ぶ必要がありました。

イ．各地の特産物である調が，中央に集められました。

ウ．庸は，都で１年警備をする労役でした。

エ．国司のもとでの労働を，衛士と呼びました。

問５　下線部②に関連して，遣唐使についてまとめた次の文を読んで，あとの問いに答えなさい。

630年の第1回遣唐使から，使者に選ばれた(　ア　)の意見で894年に停止されるまで，十数回にわたって派遣されました。遣唐使の航路は最初は北路を通っていましたが，朝鮮の国の一つである(　イ　)との関係が悪化してからは，東シナ海を渡る南路に変わりました。

(1)　空らん(ア)(イ)にあてはまる語句をそれぞれ漢字で答えなさい。

(2)　波線部には水深約200メートルまでの浅いなだらかな海底が広がっています。これを何といいますか。

問6　下線部③の人物の詠《よ》んだ歌として正しいものを次のア～エから1つ選び，記号で答えなさい。

ア．天の原　ふりさけみれば　春日なる　三笠の山に　いでし月かも

イ．この世をば　我がよとぞ思う　望月の　かけたることも　なしと思えば

ウ．五月雨を　あつめて　早し　最上川

エ．から衣　すそに取りつき　泣く子らを　置きてぞ来ぬや　母なしにして

問7　下線部④に関連して，桓武天皇に任命されて蝦夷を攻撃した人物のなまえを漢字で答えなさい。

問8　下線部⑤に関連して，江戸時代に流行した次の浮世絵を見て，あとの問いに答えなさい。

A

B

(1)　Aは大きな川を渡るために，人々が渡し場を利用している様子が描かれています。江戸幕府は意図的に大きな川には橋をかけませんでした。その理由を10字以上15字以内で説明しなさい。

(2)　Bは葛飾北斎の浮世絵で，諏訪湖から見た富士山が描かれています。富士山は諏訪湖からどの方角にありますか。次のア～エから1つ選び，記号で答えなさい。

ア．北東　　イ．北西　　ウ．南東　　エ．南西

問9　下線部⑥に関連する文として**誤っているもの**を次のア～エから1つ選び，記号で答えなさい。

ア．静岡県の焼津では，遠洋漁業が盛んです。

イ．愛知県の常滑では，漆器の生産が盛んです。

ウ．三重県の四日市には，石油化学コンビナートが広がっています。

エ．静岡県の浜松では，ピアノの生産が盛んです。

問10　下線部⑦について，瀬戸内工業地域でセメント生産が盛んな山口県の都市を次のア～エか

ら1つ選び，記号で答えなさい。

ア．津久見市　　イ．宇部市　　ウ．秩父市　　エ．八戸市

4　次の資料1・2について，あとの問いに答えなさい。

＜資料1：日本国内の在留外国人数の変化＞

国名	1990年	2000年	2005年	2010年	2020年
中国	150,339	335,575	519,561	687,156	778,112
ベトナム	6,233	16,908	28,932	41,781	448,053
韓国・朝鮮	687,940	635,269	598,687	565,989	426,908
フィリピン	49,092	144,871	187,261	210,181	279,660
ブラジル	56,429	254,394	302,080	230,552	208,538
ネパール	−	3,649	6,953	17,525	95,982
インドネシア	3,623	19,346	25,097	24,895	66,832
合計(その他含む)	1,075,317	1,686,444	2,011,555	2,134,151	2,887,116

(『2022 データブック オブ・ザ・ワールド』をもとに作成。)

＜資料2：現在の外国人の主な在留資格(2021年)＞

	在留資格	人数	例	割合の高い国
1	永住者	817,805	日本在住10年以上	中国 フィリピン
2	技能実習	354,104	日本で技術を実習，建設現場や製造現場など	ベトナム 中国
3	特別永住者	300,441	第二次世界大戦中，日本国民とされた在日韓国・朝鮮・台湾人	韓国・朝鮮
4	技術・人文知識・国際業務	283,259	語学力や技術力を活用して働く人など	中国 ベトナム
5	留学	227,844	日本語学校，大学，専門学校の留学生	中国 ベトナム
6	定住者	199,288	日系人やインドシナ難民など	ブラジル フィリピン

(出入国在留管理庁ホームページをもとに作成。)

※在留資格とは，日本に入国し暮らす外国人に対し，その外国人が行う活動の内容などに応じて与えられる一定の資格を指します。

問1　＜資料1＞について，次の文ア〜エは，中国，ベトナム，韓国・朝鮮，ブラジルのいずれかを述べた文です。ブラジルにあてはまるものを資料1・2を参考にして次から1つ選び，記号で答えなさい。

ア．特別永住者の割合が最も多いですが，近年は帰化する人も増えているため，減少傾向にあります。

イ．かつては世界最大の日系人居住地であり，その日系人たちが法律の改正によって日本にやってきて，主に製造業などを担っています。2008年のリーマンショック以降，失業者が増え減少傾向にあります。

ウ．1993年に「技能実習制度」が制度化されてから，2020年まで増え続けており，2020年には全体の15％の割合を占めています。

エ「永住者」や「技術・人文知識・国際業務」などの分野で働く人が多く，2020年現在では全体の25％以上の割合を占めています。

問２　＜資料１＞において，1990年から2020年までの間の増加率が最も高い東南アジアの国をあげなさい。

問３　＜資料１＞において，東南アジアの国々が大幅に増加している理由を，＜資料２＞を参考に次の語群の語句をすべて用いて説明しなさい。

語群　【母国　　賃金　　労働】

問４　＜資料２＞に関連して，2019年４月には，今までは受け入れなかった工場作業などの単純労働分野でも，外国人労働者を正式に受け入れることが可能となりました。なぜ日本はこのように制度を変える必要があったのでしょうか。日本の人口問題に触れて，簡潔に説明しなさい。

【理　科】〈1日午前4科試験〉（30分）〈満点：75点〉

〈編集部注：実物の入試問題では，写真はカラー印刷です。〉

1　140gのおもりAと，非常に軽い滑車《かっしゃ》，棒，糸を用いて，次の実験を行いました。

問1　定滑車1個と動滑車1個と糸を用いて，図1のようにおもりAとおもりBをつり下げました。おもりBの重さは何gか求めなさい。

問2　定滑車2個と動滑車2個と糸と棒を用いて，図2のようにおもりAとおもりCをつり下げました。おもりCの重さは何gか求めなさい。

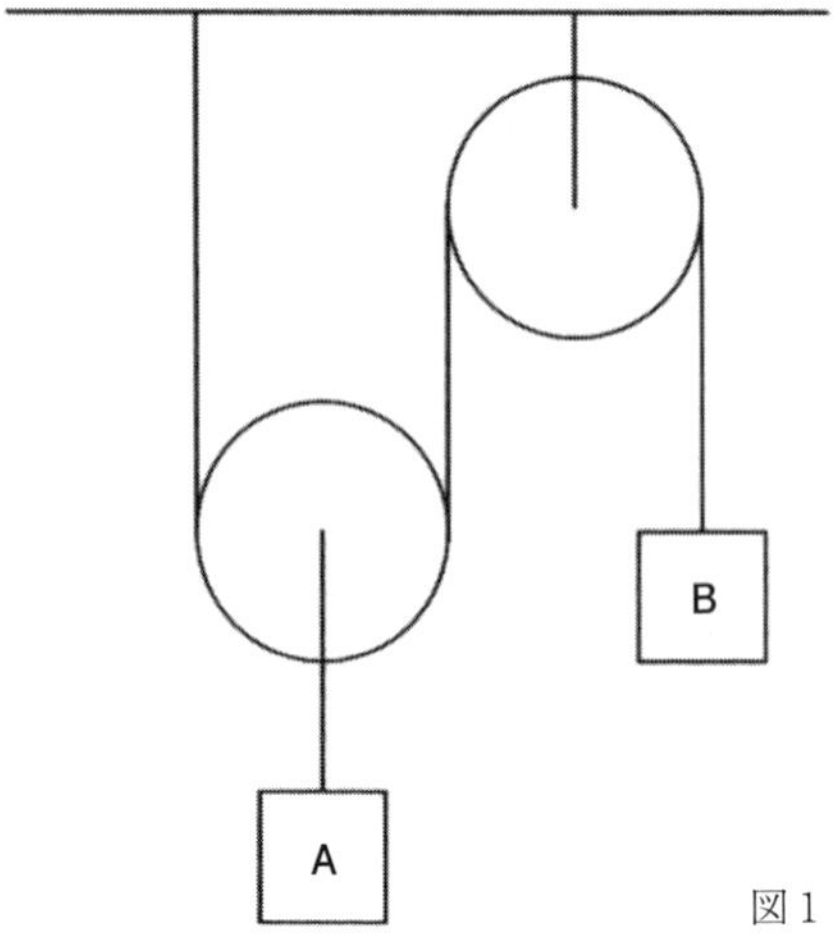

図1

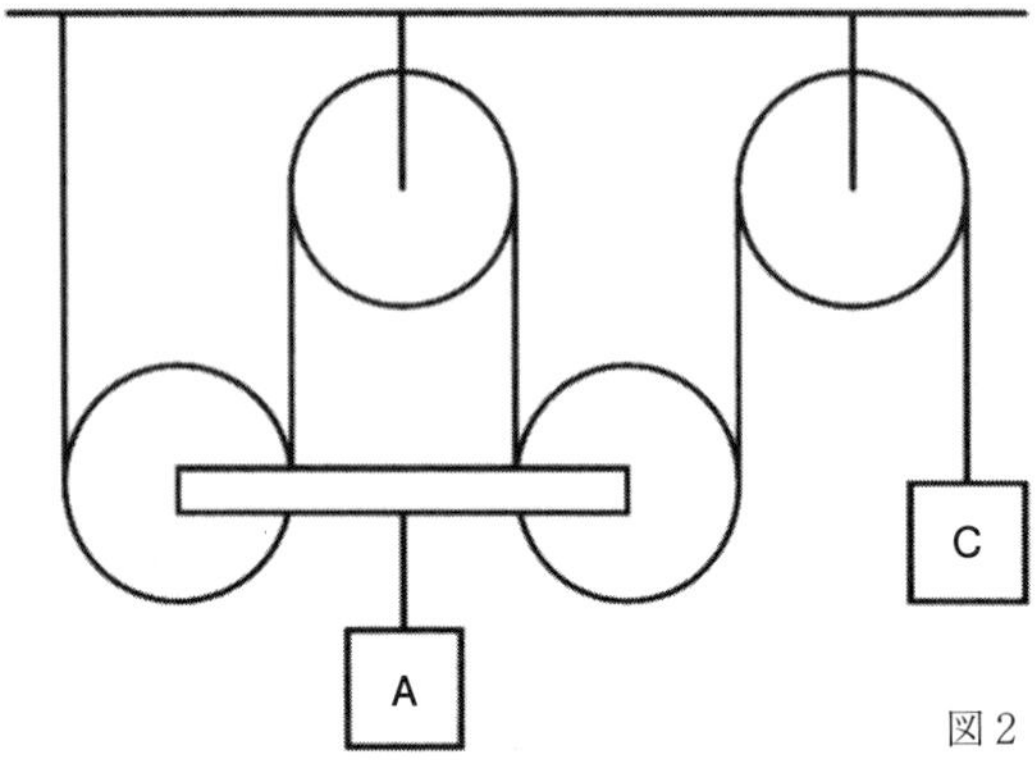

図2

問3　定滑車3個と糸と棒を用いて，図3のようにおもりAとおもりDをつり下げました。おもりDの重さは何gか求めなさい。

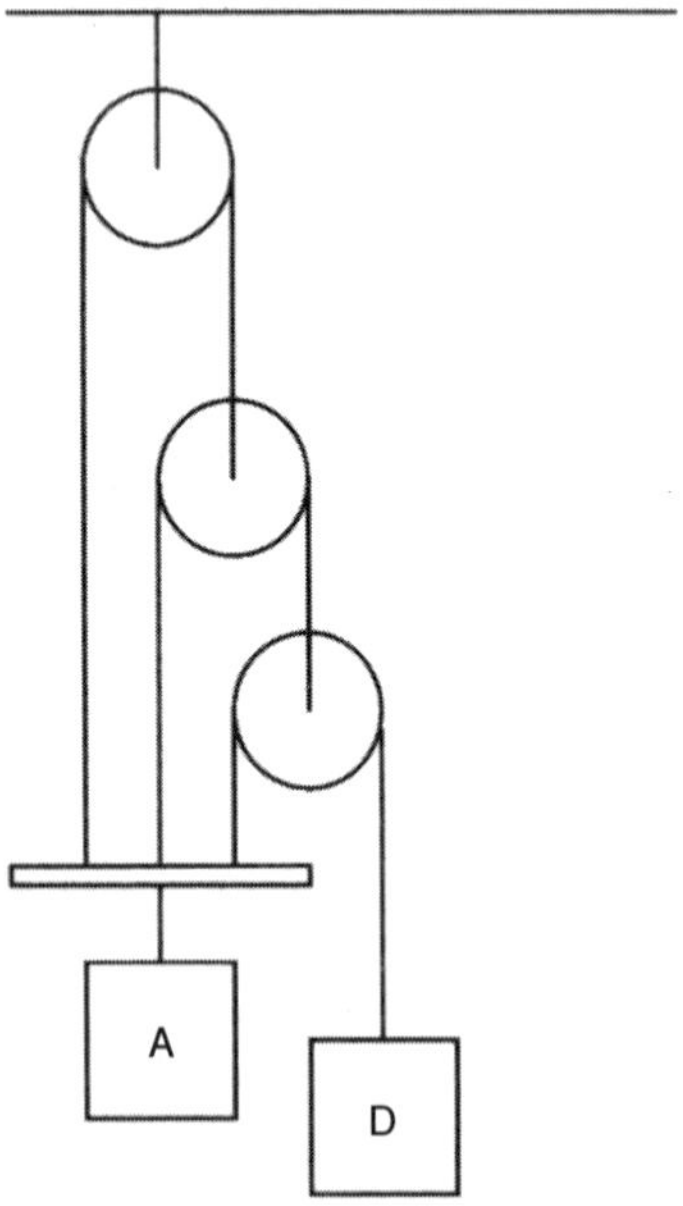

図3

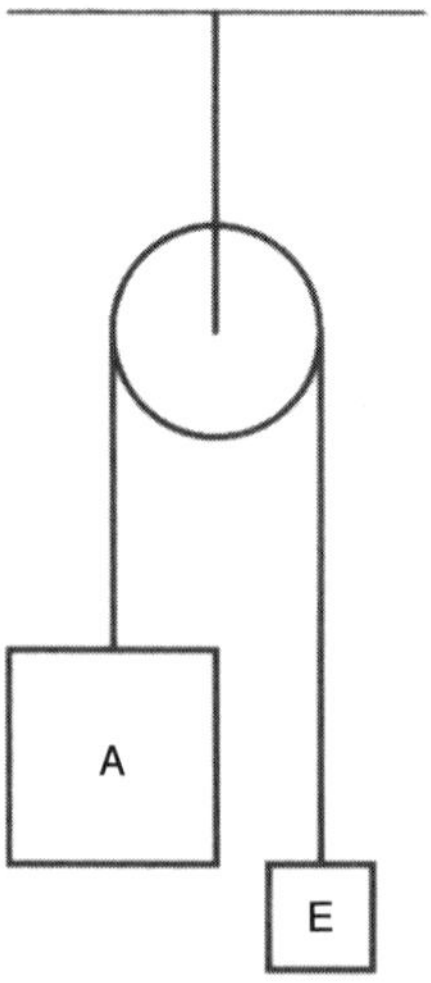

図4

問4　定滑車と糸を用いて，図4のようにおもりA，70gのおもりEをつり下げました。おもりAとおもりEはどのような運動をしますか。(あ)〜(え)より1つ選び，記号で答えなさい。

(あ)　AとEともに静止《せいし》したままである。

(い)　Aは一定の速さで下降《かこう》し，Eは一定の速さで上昇《じょうしょう》する。

(う)　Aは加速しながら下降し，Eは加速しながら上昇する。

(え)　Aは減速しながら下降し，Eは減速しながら上昇する。

2つの物体を1つの物体とみなすときに，ある一点に重さが集中していると考えることができ，その点を「重心」と呼びます。2つの物体が異なる運動をしていてもその重心は単純な運動をしていることがあります。下図のように，重心の位置は，2つの物体の間の距離《きょり》をその重さの逆比《ぎゃくひ》で分けた位置になります。

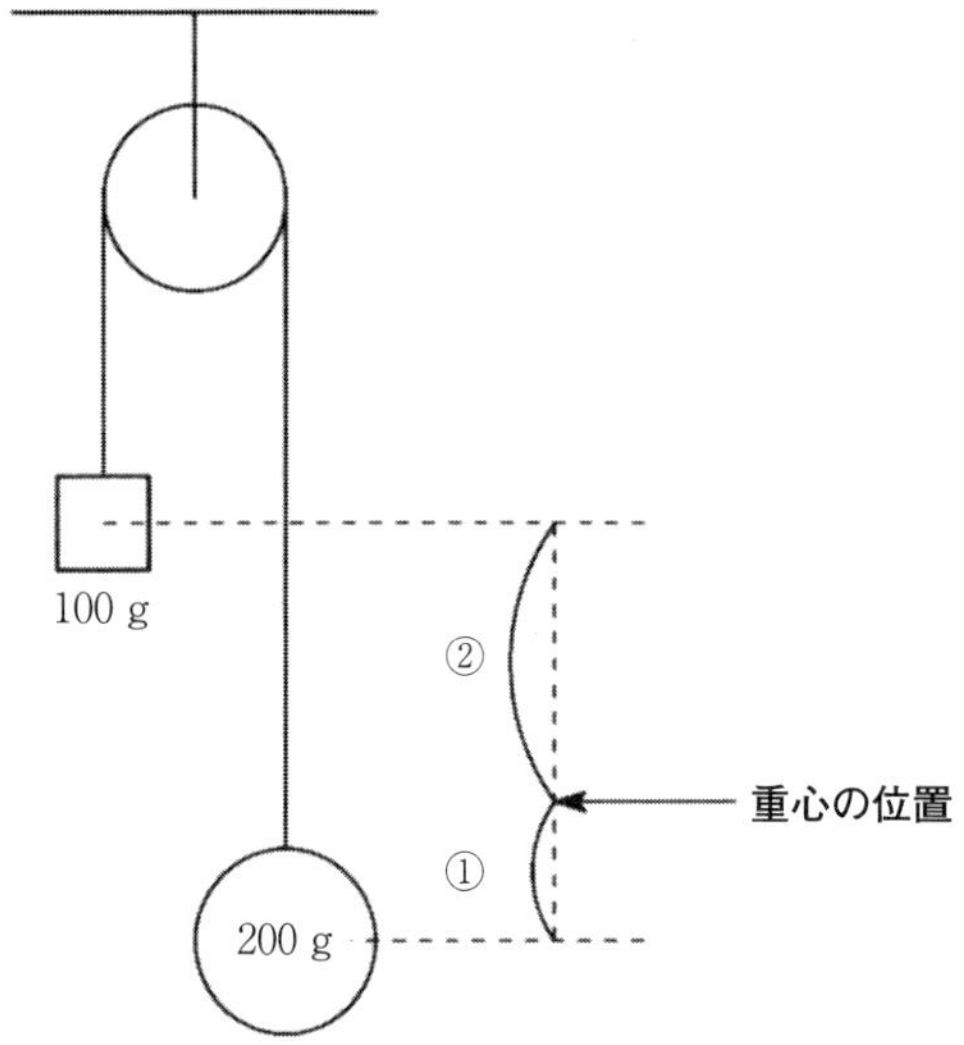

問5　右図のように，上図の状態から100 gのおもりを10cm下げました。空欄《くうらん》(1)と(2)にあてはまるものを，それぞれの選択肢《せんたくし》から1つ選び，記号で答えなさい。

200 gのおもりは(　1　)cmだけ上がる。すると，重心は元の位置に比べて(　2　)。

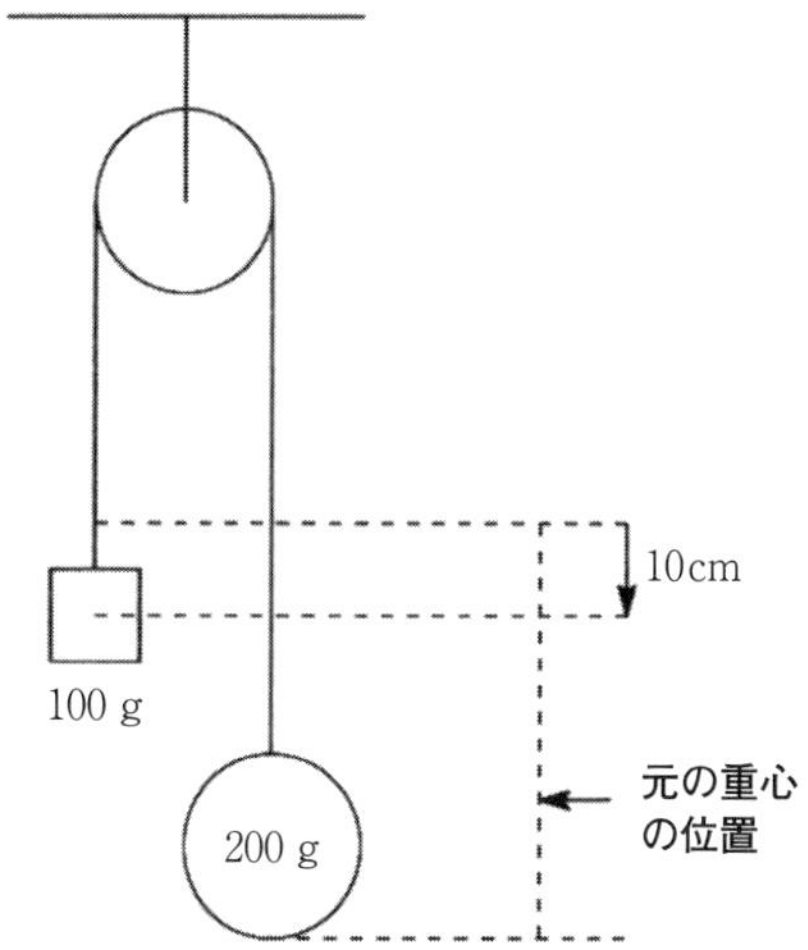

(1)　(あ)　5　　(い)　10　　(う)　15

(2)　(あ)　高くなる　　(い)　低くなる　　(う)　変わらない

ばねはかりにおもりAをつり下げた。静止した状態では，140 gを示すが，動かしながら測定すると違《ちが》った値を示す場合があり，次のようになった。

・加速しながら上に引《ひっ》張《ぱ》ると140 gより大きな値を示す。

・一定の速度で上に引張ると140 gを示す。

・上昇中に減速していくと140 gより小さな値を示す。

問6　次のページの図のように，定滑車2個と糸を用いて，おもりA，70 gのおもりE，おもりFをつり下げたところ，おもりFは静止したままでした。おもりFの重さについて正しいものを，(あ)〜(え)の中から1つ選び，記号で答えなさい。

(あ)　おもりAとおもりEの重さの合計と等しい。

(い)　おもりAとおもりEの重さの合計より軽い。

(う)　おもりAとおもりEの重さの合計より重い。

(え)　この条件からはわからない。

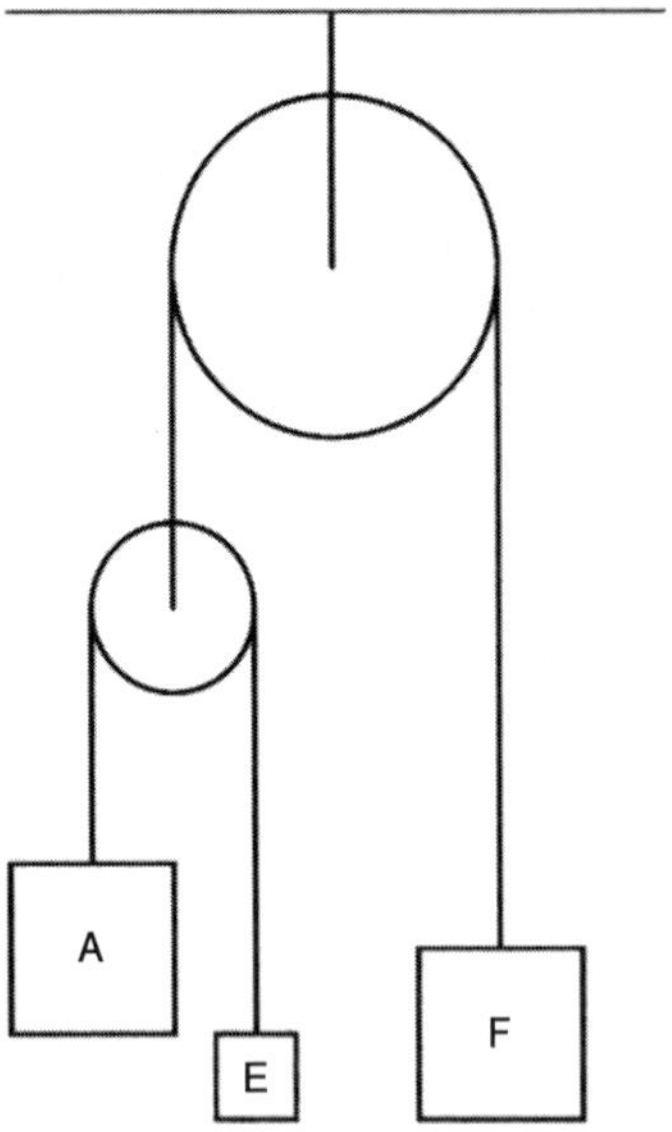

2　友子さんは，次の実験を行いました。

〔実験1〕 1.1％の塩酸100mLに，マグネシウム粉末を0.1ｇずつ加え，発生する気体の体積を測定した。下表は，加えたマグネシウム〔ｇ〕と発生した気体〔mL〕の関係を示している。

加えたマグネシウムの量〔ｇ〕	0.1	0.2	0.3	0.4	0.5
発生した気体の体積〔mL〕	100	200	300	360	360

問1　上の表について。

①　加えたマグネシウムの量と，発生した気体の体積の関係を，グラフに示しなさい。

②　1.1％の塩酸100mLと過不足なく反応するマグネシウムは，何ｇですか。小数第3位を四捨五入して，小数第2位まで求めなさい。

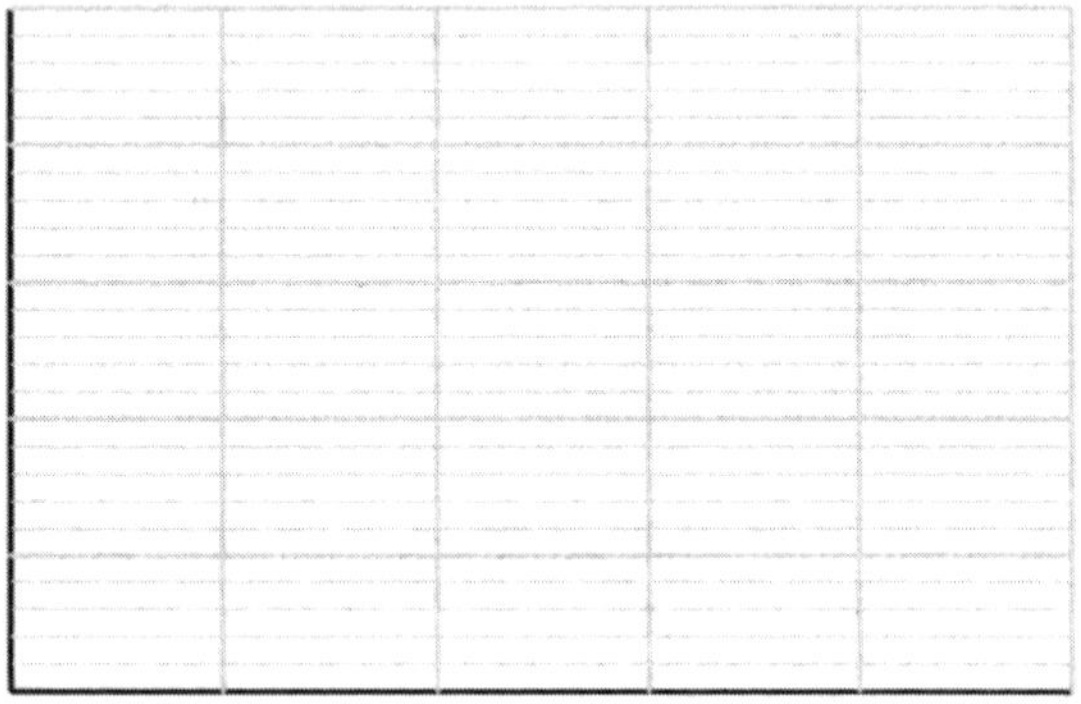

問2　塩酸にマグネシウムを加えたときに発生した気体の性質として，正しいものを次の(あ)～(お)よりすべて選び，記号で答えなさい。

(あ)　空気よりも軽い。

(い)　水にはほとんど溶けない。

(う)　空気中には，窒素《ちっそ》，酸素に次いで多く存在する。

(え)　助燃性《じょねんせい》の気体である。

(お)　水溶液は酸性を示す。

〔実験2〕 室温20℃で，0.2ｇのマグネシウムを1.1％の塩酸100mLに加え，温度変化を測定し，時間と温度の関係をグラフにした。

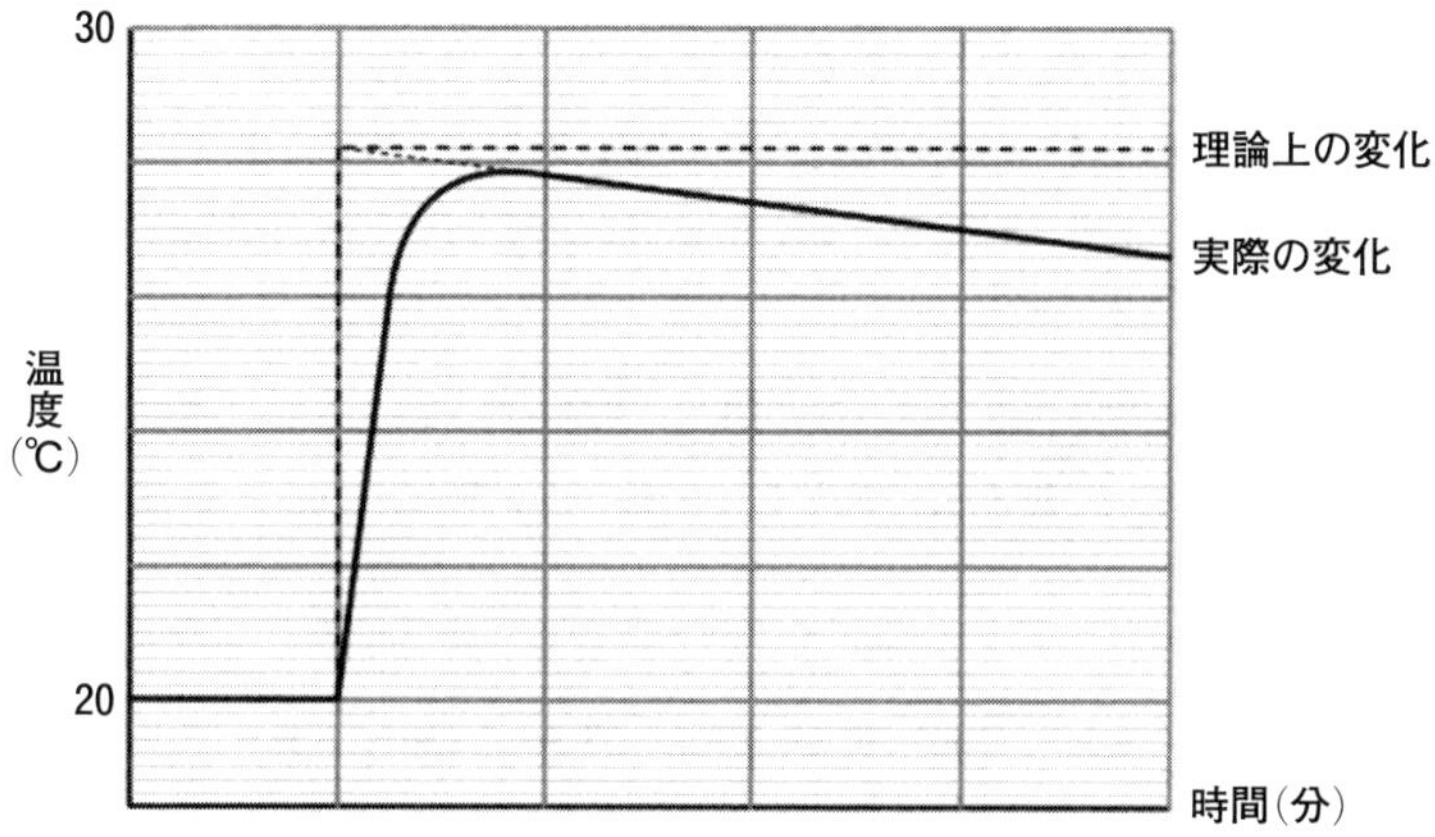

マグネシウムと塩酸の反応によって生じる熱によって水溶液の温度が上昇《じょうしょう》し，理論上《りろんじょう》は図中の点線のような温度変化をする。

しかし実際《じっさい》に実験を行ったところ，図中の実線のような温度変化が観察された。

問３　実験結果では，温度上昇が見られた後，時間がたつとともに温度が下がります。温度が下がる理由として考えられることは何ですか。

問４　理論上の温度上昇は，何℃になりますか。図より読み取りなさい。

問５　マグネシウム0.2ｇが反応したときの発熱量《はつねつりょう》は，何カロリーですか。計算過程《かてい》を示し，小数第１位を四捨五入して整数値で答えなさい。

水または溶液１mLの重さは１ｇとし，マグネシウムを加えたことによる体積変化はないものとします。

水または水溶液１ｇの温度を１℃上昇させるのに必要な熱量は，１カロリーです。

問６　〔実験２〕の条件のうち，加えるマグネシウムを0.5ｇにして，同じ実験を行ったとすると，理論上，溶液の温度は何℃になりますか。小数第２位を四捨五入して小数第１位まで求めなさい。

3　生物の調べ方について，以下の問いに答えなさい。

友子さんの通う小学校では，学校裏《うら》の里山にどのような生物が生活しているのか，全校《ぜんこう》のクラスで分担《ぶんたん》して調べることになりました。

この山のほとんどは森林におおわれ，登山道が２ルート整備されています。また，山のふもと近くには池があって，そこから沢が流れ出ており，池の周囲《しゅうい》は草原になっています。

地域《ちいき》の人の話や過去の調査では，ほ乳類，は虫類，両生類，魚類がそれぞれ数～十数種類，鳥類が数十種類，昆虫《こんちゅう》などの無せきつい動物と植物はそれぞれ約百種類が確認されています。

問１　過去の調査で確認された生物を，グループごとに整理することにしました。①～③の生物が，同じグループに属《ぞく》する種類だけならば〇を，異なるグループの種類が含《ふく》まれている場合はその生物名を答えなさい。

①　花の咲く植物

アカマツ　　アジサイ　　アブラナ

②　ほ乳類

アズマモグラ　　イノシシ　　ウサギ

③　は虫類

アオダイショウ　　イモリ　　ニホントカゲ

問2　各クラスの分担を決める前に，市内の博物館から学芸員の方が来て，生物を調査する様々な方法があることを教えてくれました。

次の**A**～**D**の調査方法は，それぞれどのような生物を調べるのに適しているでしょうか。㋐～㋓より1つずつ選び，記号で答えなさい。

A：標識再捕獲法《ひょうしきさいほかくほう》

…調べる生物を捕《つか》まえて目印をつけ，時間をおいてもう一度捕まえ，そのなかに目印のついた個体がどれだけ含まれているか数え，全体の個体数を推定《すいてい》する。

B：コドラート(方形区)法

…1m×1m，10m×10mなど，一定範囲《はんい》の区画を設定《せってい》し，そのなかにどのような生物がどれだけ存在するか調べる。

C：ライン・トランセクト法／ベルト・トランセクト法

…調査地に線(ライン)または一定幅《はば》の帯《おび》(ベルト)を設定し，そのラインまたはベルト上にどのような生物がどれだけ存在するか調べる。

D：わなを用いたポイント・サンプリング法

…調査範囲内にいくつかの調査地点(ポイント)を設定して「わな」を設置し，捕獲される生物を調べる。

㋐　池にすむフナの数

㋑　樹液《じゅえき》に集まる甲虫《こうちゅう》の種類と数

㋒　草原に生える草の種類とその割合

㋓　標高《ひょうこう》の変化と生えている木の種類の関係

問3　友子さんのクラスでは，標識再捕獲法を用いてチョウの数を調べることになりました。下調べのために何回か山に通ったところ，シジミチョウ，キアゲハ，アサギマダラ(次のページの図)の数が多いことが分かりました。

シジミチョウ

シジミチョウ

キアゲハ

アサギマダラ

※図中の白線は，約1cmを示している。

この3種類を30頭ずつ捕まえ，翅《はね》の裏(翅を閉じたときに見える側《がわ》)に1cm ×0.5cmのシール(種類によって違う色)を貼《は》って放しました。2週間後，同じ3種類を再び捕まえたところ，次のような結果が得られました。

	2回目に捕まえた数	シールがついていた数
シジミチョウ(青色のシール)	48頭	8頭
キアゲハ(黄色のシール)	51頭	17頭
アサギマダラ(茶色のシール)	64頭	12頭

1回目と2回目とで，チョウが捕まる可能性が変わらないものとすると，山全体にすむチョウに対する1回目に捕まったチョウの割合と，2回目に捕まえたチョウのうち1回目にも捕まったチョウ(シールがついているチョウ)の割合が等しくなるため，山全体にすむチョウの数を推定することができます。

① 3種類のチョウを，推定された全体の数が多い順に答えなさい。
ただし，シジミチョウはS，キアゲハはK，アサギマダラはAの記号を用いなさい。

② ①の結果を他クラスの人に報告すると，1回目と2回目の捕獲のあいだに，青色のシールがついたシジミチョウの死体や，青色のシールが落ちているのを見つけたが，その場合①の推定は正しいのか，という質問がありました。どのように答えるのがよいか，次の(あ)～(う)より1つ選び，記号で答えなさい。

(あ) ①は，正しい推定である

(い) ①は，実際の数よりも少なく推定している

(う) ①は，実際の数よりも多く推定している

③ キアゲハとアサギマダラについては，②のような指摘はありませんでした。
なぜシジミチョウだけシールを貼った個体が死んだのかを考え，理由を説明しなさい。

ただし，三色のシールの性質には差がないものとします。

4　太陽のうごきに関する，以下の問いに答えなさい。

問1　友子さんは，東京都港区にある公園で，太陽のうごきを調べました。次の文章および表1は，友子さんの観察記録《きろく》です。

2022年8月〜12月までの間，時期をずらして**A**〜**D**の4回に分け，太陽のうごきを観察した。表1のように，観察を行った日ごとに，日の出・日の入りの時刻《じこく》や南中高度(太陽が真南にきて，最も高く上がったときの地平線との間の角度)は変化したが，必ず太陽は(　ア　)の方角からのぼって，弧《こ》を描くように南の空を通り，(　イ　)の方角へ沈《しず》んだ。

表1

	A	B	C	D
日の出	6：47	(　ウ　)	5：52	5：28
南中時刻	11：39	11：44	11：26	(　エ　)
日の入り	16：32	18：24	17：00	17：40
南中高度	(　オ　)	66.5度	43.7度	55.1度

①　空欄《くうらん》(ア)・(イ)に当てはまる方角を答えなさい。

②　空欄(ウ)・(エ)の時刻として最も近いものを，次の(あ)〜(た)からそれぞれ選び，記号で答えなさい。

(あ)　4：00　(い)　4：30　(う)　5：00　(え)　5：30
(お)　6：00　(か)　6：30　(き)　7：00　(く)　7：30
(け)　10：00　(こ)　10：30　(さ)　11：00　(し)　11：30
(す)　12：00　(せ)　12：30　(そ)　13：00　(た)　13：30

③　**A**は，最も日長《にっちょう》が短くなるとされる日の記録です。この日を何といいますか。

④　友子さんが観察した地点の緯度《いど》を36度として，(オ)に当てはまる数値を小数第2位を四捨五入して小数第1位まで答えなさい。

⑤　**A**〜**D**について，日付順に並《なら》べ替《か》えて，解答欄に記号で答えなさい。

問2　友子さんは，太陽のうごきについてさらに詳《くわ》しく知るため，海外ではどのように見えるのかを調べることにしました。すると，シンガポールやオーストラリアでは，東京とは異《こと》なるうごきが観察できることが分かりました。表2は，春休みに友子さんが記録した東京のデータと，同じ日のシンガポール・シドニーにおけるデータを調べたものです。

表2

	東京	シンガポール	シドニー
緯度	北緯《ほくい》36度	北緯1度	南緯34度
南中高度	54度	89度	※124度
太陽のうごき	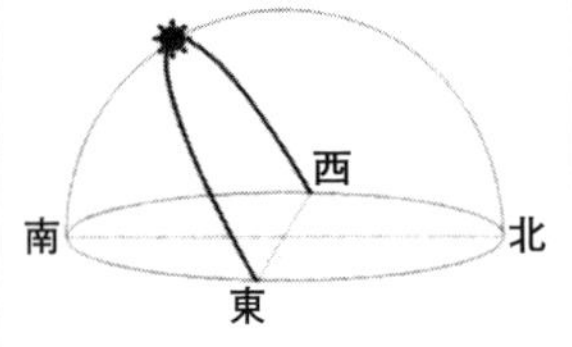	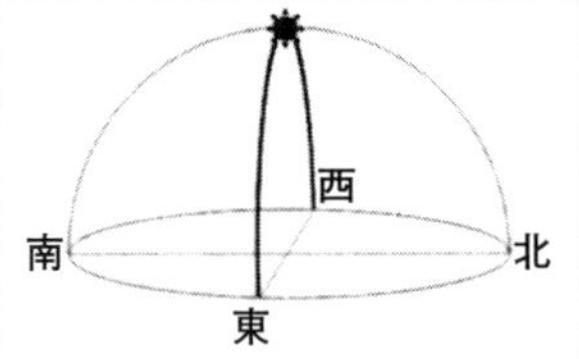	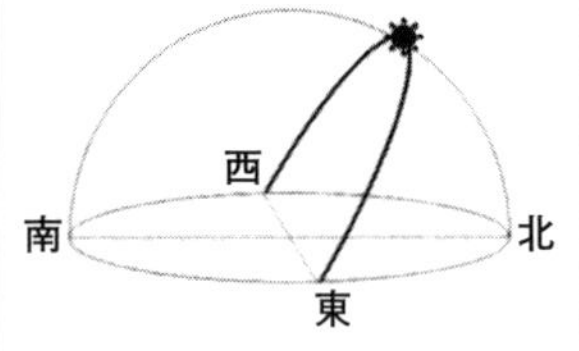

※シドニーの値は，太陽が最も高く上がったときの真南の方向と地平線との間の角度を示す。

①　この日は何月何日ごろと考えられますか。

②　同じ日，北極で太陽のうごきを観察すると，どのように見えますか。太陽の通り道を解答欄の図に丁寧《ていねい》に描《か》き込《こ》みなさい。

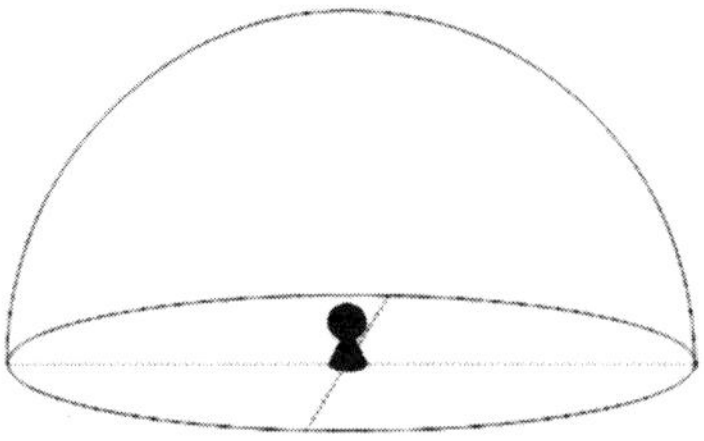

③　３か月後のシドニーにおける太陽のうごきについて，最も適切なものを(あ)〜(お)より１つ選び，記号で答えなさい。

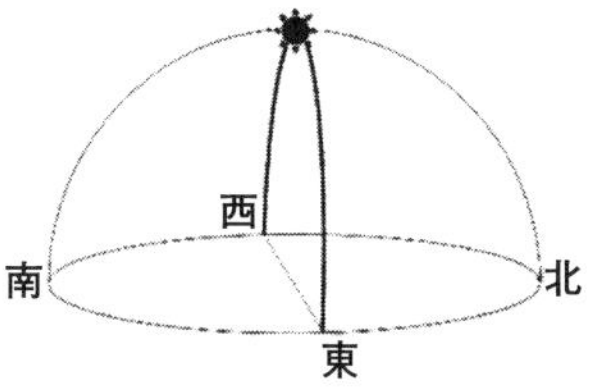

(あ)

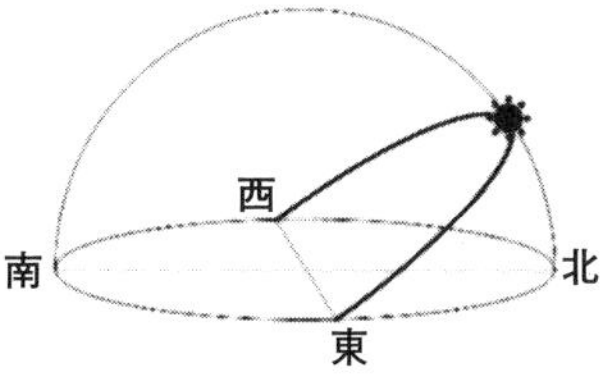

(い)

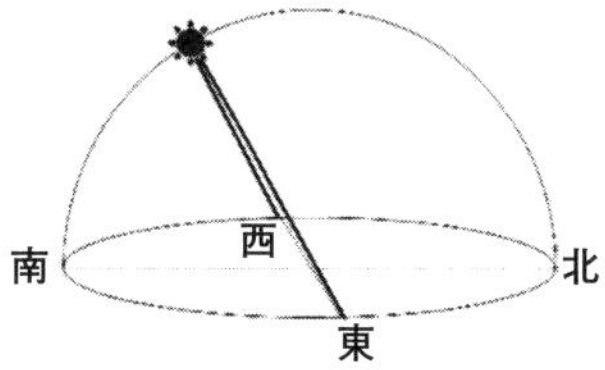

(う)

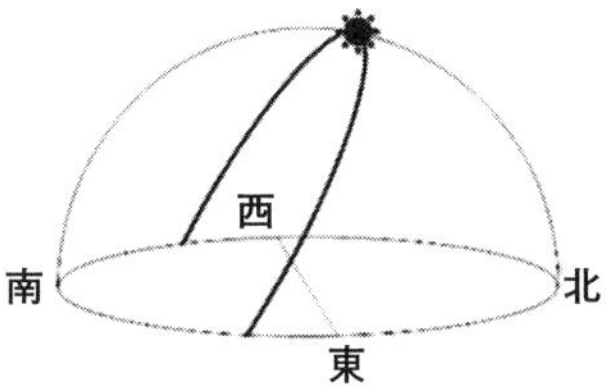

(え)

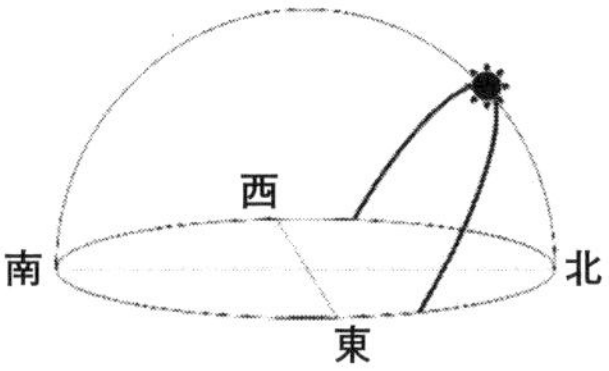

(お)

① 彼女《かの》は、約束の時間に遅《おく》れたワケを話した。
② 体調を崩《くず》してセイヨウすることになった。
③ あの先生のソンダイな態度には、怒《いか》りを覚える。
④ 検定試験を受けたら、思いのほかヤサしかった。
⑤ ＳＮＳ上でうわさがカクサンした。
⑥ 海外からの荷物が空輸で届いた。
⑦ 教室に眼鏡を忘れてきた。
⑧ 最近は近所に八百屋がなくなってきた。
⑨ 用事があって、友達からの遊びの誘《さそ》いを断らなければならなかった。
⑩ 音楽会で、快い演奏に身をゆだねた。

四

次の①～⑩の――線部のカタカナを漢字に直したとき、その漢字の部首は何ですか。最も適当なものを、後のア～スから選び、それぞれ記号で答えなさい。

① 未成年を守るための法律がサダめられている。
② 私は将来、子どもの成長にカカわる仕事に就《つ》きたい。
③ ジ回のテストではなんとしても満点をとりたい。
④ 借りた漫《まん》画を早くカエさなければいけない。
⑤ 卒業式で彼《かれ》とワカれたきり、連絡《らく》がとれない。
⑥ 毎朝、感染《せん》予防のために体温をハカる。
⑦ 大切にしていた宝物が箱のソコでつぶれていた。
⑧ 父は仕事のストレスでイが痛いようだ。
⑨ 姉の誕生日のおイワいに、ケーキを買おう。
⑩ 祖母の趣《しゅ》味は、アみ物をすることだ。

ア　にくづき　　イ　いとへん　　ウ　さんずい
エ　うかんむり　　オ　りっとう　　カ　きへん
キ　あくび　　ク　まだれ　　ケ　もんがまえ
コ　しめすへん　　サ　がんだれ　　シ　ころもへん
ス　しんにょう

五

次の文章中の空欄《らん》①～⑩に入れるのに適当な慣用表現を後のア～シから選び、それぞれ記号で答えなさい。ただし、文章に合わせて慣用表現の終わりの部分を直して考えて構《かま》いません。

ダンスパフォーマンスの大会に二人で参加しようと友人を誘《さそ》ったら、鼻であしらわれた。彼女《かの》は、大勢の人の前で踊《おど》るなんて考えられないと言って、（　①　）。他に当てもなく、一人で参加することは考えられなかったので、私はがっかりして（　②　）。ところが、翌日になって彼女が（　③　）「参加しても良いよ」と言ってきたので、私はびっくりして（　④　）。どういう心境の変化かは分からないが、ダンスでは誰《だれ》もが（　⑤　）彼女と一緒《しょ》にステージに上がることを考えると、今から（　⑥　）。実際、練習で見せる彼女のパフォーマンスには（　⑦　）ものがある。私は（　⑧　）彼女の動きを観察して、自分のパフォーマンスの向上に役立てようとした。彼女に見劣《おと》りすることのないようにと、これまでも（　⑨　）のだ。本番では彼女の（　⑩　）ことがないようにしなければ。不安はあるが、明日の本番が楽しみだ。

ア　腕《うで》を磨《みが》く　　イ　油を売る
ウ　肩《かた》を落とす　　エ　一目置く
オ　目を丸くする　　カ　とりつく島も無い
キ　足を引っ張る　　ク　目をみはる
ケ　藪《やぶ》から棒　　コ　目を皿のようにする
サ　胸が高鳴る　　シ　口火を切る

すが、「私」はどうして「おかしい」と思ったのですか。説明しなさい。

問四　――線③「泣きたかった。だけど、泣かない、と思った」とありますが、ここからは「私」の二つの異なった心情が見て取れます。それを説明した次の文の空欄[A]・[B]に言葉を入れ、説明を完成させなさい。

[A]けれども、[B]という思い。

問五　――線④「最初に声を上げたのがだれだったのかは分からない」とありますが、声がそろって出たことに、四人のどのような気持ちが表れていますか。答えなさい。

問六　――線⑤「自分はこれまで、どれだけの境界線を周りに引いてきたんだろう、と思った。しおりに対してだけじゃなく、朱里たちに対しても」とありますが、朱里に対して「境界線」を引いたことによって、「私」はどのような態度をとっていましたか。答えなさい。

問七　――線⑥「私も、同じだったから」とありますが、しおりはどういうところが「同じだった」と考えているのですか。次のア～オから最も適当なものを選び、記号で答えなさい。

ア　「私」がしおりを無視しても謝らなかったように、しおりも「私」を避けていたことに対して謝ろうとはしてこなかったところ。

イ　「私」が話しかけようとしてこなかったしおりに不満を感じていたように、しおりも華やかな子たちとばかり付き合っている「私」に不満を抱《いだ》いていたところ。

ウ　「私」が自ら朱里との関係を壊してしまったと感じていたように、しおりも自分が「私」と朱里との関係を壊してしまったと責任を感じていたところ。

エ　「私」がしおりに対して距離《きょり》をとって話しかけなかったように、しおりも「私」に迷惑をかけたり無視されたりするのを恐《おそ》れて距離を置いていたところ。

オ　「私」がしおりに迷惑をかけているのではないかと思っていたように、しおりも自分が「私」に迷惑をかけてしまうことを恐れていたところ。

問八　――線⑦「青と朱が溶け合って、やわらかなグラデーションを描いた空が目に入った。頭上にはレモンみたいな形の月が透けている」とありますが、この情景には「私」のどのような気持ちが重ねられていると考えられますか。次のア～オから最も適当と考えられるものを選び、記号で答えなさい。

ア　これまで交わることのなかったしおりとの間に新たな関係が生まれ、それが新鮮《せん》に感じられる気持ち。

イ　朱里たちと一緒《しょ》にいる中で無理をしていた自分から解き放たれたことによる、晴れ晴れとした気持ち。

ウ　自分を取り巻く友人関係がこれからどのようになっていくのかがはっきりせず、落ち着かない気持ち。

エ　今はまだ始まったばかりのしおりとの関係が、これから形作られていくことへの期待を感じる気持ち。

オ　しおりとの間に抱《かか》えていた友人関係のわだかまりが消え、おだやかで爽《さわ》やかなすっきりとした気持ち。

問九　――線⑧「それが境界線を越えて見つけた、十四歳の私の着地点だ」とありますが、「私」は「境界線」についてどのようなことに気づいたのですか。答えなさい。

三

次の①～⑩の――線部のカタカナは漢字に、漢字はひらがなにそれぞれ直しなさい。

気づくと、朱里はぴくりと目をこわばらせ、怒《おこ》ったように顔をそむける。

　けれど私は、ためらうことなく、その横顔に呼びかけていた。

「朱里」

　言葉は、簡単に口をついて出た。

　すれちがう一瞬《いっしゅん》、朱里の口元が、かすかに動いた――ような気がした。けれど結局、声が返ってくることはなく、朱里は無言で、私のわきをすり抜《ぬ》けていく。

「――またね」

　遠ざかっていく後ろ姿に、たった一言投げかけた。当然のように返事はなかったけれど、想像していた怖《こわ》さも悲しさも、不思議なくらい感じなかった。心配そうにこちらを見つめるしおりを、「行こっか」とうながして、私はまた、階段をのぼっていく。

　美術室につづく廊下《ろうか》を歩きながら、窓ごしに、外を眺《なが》めてみた。

　思いがけず中庭に松村さんの姿を見つけて、目をみはる。松村さんは金ぴかのホルンを胸に抱《だ》いて、数人の部員たちと笑い合っていた。それは放課後の教室で、私たちに見せたほんのりとしたひかえめな笑顔《えがお》じゃなく、遠慮《えんりょ》のない、あけっぴろげな笑顔だった。あんなふうに笑うんだ、と驚《おどろ》いて、ああそうか、と私はふいに気づいてしまう。

　そうだ、私だけじゃない。

　朱里だってしおりだってだれだって、境界線を持っている。だけどそれは、たぶんその人だけのもので、他のだれかじゃ壊《こわ》せない。越《こ》えられるのは自分で作った、自分の中の境界線だけなんだ、って。

　それはとてもさみしくて、けれど、とても清々《すがすが》しい発見だった。

　踏《ふ》み出す足が軽い。心まで軽くなっていく。まるで、長い間こびりついていた砂がぼろぼろとこぼれ落ちてくみたいだ。

「……あのさ、しおり」

　呼びかけると、しおりは、うん？　と首をかしげた。その顔には、いつかのやわらかなほほえみが浮《う》かんでる。初めて会った時の、つぼみがほどけるような、やさしい笑顔《えがお》。

「描《か》かせてくれる？　また、しおりのことも」

　私が言うと、しおりは「えっ」とまばたきをして、みるみるうちに赤くなった。その変化がおもしろくて、私は思わず、あはっと声を立てて笑ってしまう。

「すごい、しおり。ゆでダコみたい」

「だって――……」

　廊下《ろうか》に、私たちの笑い声が明るく響《ひび》く。美術室に行ったら、私たちはさっそく肩《かた》を並べて、キャンバスに向かうだろう。きっと、明日《あした》も明後日《あさって》も。

　⑧それが境界線を越《こ》えて見つけた、十四歳《さい》の私の着地点だ。

　やがて、私たちは美術室にたどり着いた。

　ドアに手を伸《の》ばしかけた時、ふと足を止めて、つかのま、後ろをふり返る。窓からふわりと風が吹《ふ》いて、青葉を揺《ゆ》らす音がさわさわと響く。

　そこにはもう、日向《ひなた》も日陰《ひかげ》も見当たらなかった。

（水野瑠見《みずのるみ》『ボーダレスガール』講談社）

問一　文中の空欄《らん》[a]～[c]に入れるのに最も適当な語をそれぞれ次のア～オから選び、記号で答えなさい。

ア　ぴん　イ　かっ　ウ　ぽつ

エ　すうっ　オ　ふわっ

問二　――線①「青ざめた顔をした松村さんの姿があった」とありますが、松村さんが「青ざめた顔」になったのはなぜですか。説明しなさい。

問三　――線②「こんな時だけ責めるのって、おかしいよ」とありま

見えなかった。

どのくらい経《た》ったころだろう。

やがて、しおりがぽつんと口を開いた。

「いいの。⑥私も、同じだったから」

「……同じ？」

意外な一言に、私は思わず目を見張る。しおりは横顔だけで、小さく笑った。

「中学生になってから、葉子、急にきれいになったでしょ。大人っぽくて、おしゃれで。周りの友達もみんなかわいくて明るくて、私とは、全然ちがったから」

「………」

「本当は、いつも話しかけたいと思ってた。なのにできなかった。私なんかに話しかけられたら、迷惑《めいわく》なんじゃないかって。無視されたらどうしようって。考えれば考えるほど、葉子が遠い人になってくみたいで、目を合わすのも怖《こわ》くなっちゃって」

だから――と、しおりはひとりごとみたいにつぶやいて、私に向き直る。

「だから、私も、ごめん」

しおりの声が震《ふる》えてる。そのことに気づいたとたん、吐《は》く息がにじんだ。まばたきをすると、こらえていた涙《なみだ》が、春の雨みたいにほっぺたを滑《すべ》り落《お》ちた。

「……なんで、葉子泣いてるの」

「しおりこそ。目、真っ赤」

鼻をぐすぐすさせながらそう言って、どちらからともなく、笑《え》みをこぼす。

顔を上げると、⑦青と朱《しゅ》が溶《と》け合《あ》って、やわらかなグラデーションを描《えが》いた空が目に入った。頭上にはレモンみたいな形の月が透《す》けている。それを見た時、厚ぼったくはれたまぶたからすうっと熱が引いていくような気がした。心に、涼《すず》やかな風が吹《ふ》く。

描《か》きたいな、と、ふいに思った。

今の気持ちで、私は、この景色を描いてみたい。ヘタクソだって、しおりに及《およ》ばなくたっていいから。ただ、描きたい。

暮れていく通学路を、並んで帰った。

私たちは一年以上の空白をうめるみたいに、たくさんしゃべった。

空気に、かすかに夏の始まりのにおいがした気がした。アスファルトの上にふたり分の影法師《かげぼうし》が落ちて、ひっそりと寄りそっている。

……中略……

あれから――私は朱里たちのグループを抜《ぬ》け、しおりと過ごすことが多くなっていた。

抜ける、と明確に伝えたわけじゃない。だけど朱里はあからさまに私を避《さ》けるようになっていたし、しおりと急にしゃべるようになった私を見て、芙美《ふみ》とりっちゃんも、何かを察したらしかった。ふたりとは、おはようやバイバイは毎日言い合うし、短い立ち話ぐらいは今もする。だけど前みたいに、四人で集まることはなくなった。

「今日、暑いねー」

「ね、夏みたい。まだ五月なのに」

他愛《たわい》ない言葉をしおりと交《か》わしながら、階段に足をかける。と、その時ふと、上のほうからいくつかのばらけた足音が近づいてきた。にぎやかな女の子たちの笑い声も聞こえてくる。その声のひとつに、覚えがあった。この声は――。

怖《こわ》くない、はずがない。

でも逃《に》げたくない。そう思った。

踊《おど》り場《ば》に差しかかった時、華《はな》やかな女の子たちとすれちがった。バスケ部の子たちらしい、その集団の真ん中に、朱里はいた。こちらに

「花？」

首をかしげるしおりに、私は大きくうなずいた。

「そう。隠《かく》すんじゃなくて、デザインの一部にするのってどうかな。空に花びらが舞《ま》ってるようなイメージで全体に描《か》きたして。そしたら、遠目からでも華《はな》やかに見えるし……」

そこまで言った時、みんなの視線が私に集まっているのを感じて、はっとした。遅《おく》ればせながら恥《は》ずかしくなって、［ c ］と頬《ほお》がほてる。どうしよう。もしかして、おかしいことを言ってしまっただろうか——。

けれど、その時。

「いいと思う。すごく」

え、とまばたきをする私の前で、しおりがまっすぐ私にほほえみかけて言った。

「やろうよ、それ」

……中略……

応援旗が完成したのは、完全下校のチャイムが鳴った、六時半のことだった。

「……終わったー！」

と、④最初に声を上げたのがだれだったのかは分からない。そのぐらい、みんなの声が気持ちよくハモったから。ちょうどそこへ、「なんだ、お前らまだやってたのか」とやってきたザワ先は、完成した応《おう》援旗《えんき》を一目見るなり、「おおっ、すっげえな！」と、年甲斐《としがい》もなくはしゃいだ声を上げて、私たちを苦笑《くしょう》させた。

松村さんと百井くんとは、校門の前で別れた。

「今日はありがとう……本当に」

と、松村さんが言って、「じゃあね」と、百井くんが手をふる。

遠ざかるふたつの背中を見送ってしまうと、その場には、私としおりだけが残された。

「……帰ろうか。私たちも」

どちらからともなく顔を見合わせて、私たちは歩き出した。

ひっそりとした夕暮れの道に、ぱたぱたと、私たちの足音だけがリズムを刻む。そういえば、こうしてふたりで帰るのは、いつぶりだろう。そんなことを考えていたら、ふいに横顔に視線を感じた。目を上げると、しおりがためらうように、おずおずと口を開いた。

「あの……宮永さんのこと、ごめん。私のせいだよね」

朱里の名前を耳にして、心が、ちくりと痛んだ。

平気——では、きっとないだろう。朱里は「日向《ひなた》」からはみ出した私を、きっと受け入れはしないだろう。そのことに、どうしようもないさみしさはある。でも、少し前まで感じていた怖《こわ》さは、どこを探しても、もうなかった。

「大丈夫」

と、私はうなずいて、小さくほほえんだ。

「それに私、あの時初めて、朱里に本音を言えたから」

そう言いながら、⑤自分はこれまで、どれだけの境界線を周りに引いてきたんだろう、と思った。しおりに対してだけじゃなく、朱里たちに対しても。いつだって皆《みな》に合わせて、顔色を読んで、笑っているだけ。一度だって、本気で向き合おうとはしてこなかった。

しおりは少しだまって、小さく「そっか」とつぶやいた。

うん、とうなずきながら、私はぎゅうっと指先を握《にぎ》り込《こ》む。そうだ。私はしおりにも、言わなくちゃいけないことがある。

「しおり、ごめんね」

ごめんなさい、と私が言うと、しおりの足がぴたりと止まった。

なんのこと？　と、しおりは、聞かなかった。ただうつむいて、靴《くつ》の先っぽをじっと見つめている。その姿は薄闇《うすやみ》にぼやけ、表情までは

おずおずと、百井《ももい》くんが言いかける。

けれどそれを朱里は、「や、そこだけ塗り直しても、かえって目立つでしょ」とあっさり一蹴《いっしゅう》した。その一言に、松村さんはさらに耳を真っ赤にして、「ごめんなさい……」とうつむいてしまう。しおりが手を当てた松村さんの肩《かた》は、すでに、泣きだす寸前のように小さく震《ふる》えている。

――なんで？　朱里……。

思わず隣《となり》をふりあおぐと、朱里はもう他人事《ひとごと》みたいにつまらなそうにそっぽを向いていた。

その瞬間《しゅんかん》、私の中で、何かが弾《はじ》けた。

「朱里」

口を開くと、思ったよりも低い声が出て自分でも驚《おどろ》いた。

朱里が、おっくうそうに首をもたげて私を見る。その視線にひるみそうになったけれど、私は、構わずに口を開く。

「……なんで、そういう言い方するの。それに、ずっとサボってたじゃん、朱里。②こんな時だけ責めるのって、おかしいよ」

言った。言ってしまった。

水を打ったような静けさの中で、カツン、と時計の針が動く音がした。しおりの、そして百井くんと松村さんの視線をひりひりと肌《はだ》に感じる。怖《こわ》い。怖くてたまらない。

「……何ソレ。なんであたしが、悪者みたいになってんの？」

抑揚《よくよう》のない声で言って、朱里がカバンをつかむ。そしてポニーテールを揺《ゆ》らして、私をまっすぐに見た。少し前まで「葉！」と笑いかけてくれていた、勝ち気な猫《ねこ》みたいな瞳《ひとみ》。でも今そこにあるのは、以前のような親しみじゃなかった。

「日向《ひなた》」と「日陰《ひかげ》」の境界線。それを朱里がたった今、私の前に、完全に引いたことが、はっきりと分かった。

「……もういい。帰る」

そう吐《は》き捨《す》てると、ふり向きもせず、朱里は足早に歩いていってしまった。その背中を視線だけで追いかけながら、私は、そっと目をふせる。

③泣きたかった。

だけど、泣かない、と思った。

だって、私は今、朱里に本当の気持ちを言った。そのことに、後悔《かい》はなかったから。

ゆっくりと深呼吸してふり向くと、しおりと最初に目が合った。心配そうなそのまなざしに、大丈夫《だいじょうぶ》だよ、というふうに、私はうなずいてみせる。

「佐古さん……ごめんなさい。私のせいで」

目を赤くした松村さんに、私はううん、と首をふった。それは、本当の気持ちだった。私と朱里が衝突《しょうとつ》したのは、絶対に、松村さんのせいじゃない。

「……だけど、どうしようか。これ」

と百井くんがつぶやいて、私たちは改めて、赤く散らばったシミを見下ろした。

淡《あわ》い色が混じり合った幻想的《げんそうてき》な空の中に、点々と散った鮮《あざ》やかな赤。たしかに、そこだけ見れば、違和感《いわかん》はある。だけど、なんて鮮やかなんだろう。

そう思った時、［　b　］と心にひらめくものがあった。そうだ、初めてしおりと出会った日、私たちの間を吹《ふ》き抜《ぬ》けていった風と、ひらめく花びらと――。

「……花」

ぽつんとこぼした私のつぶやきに、三人が、いっせいに顔を上げる。

どの相手との違いを尊重した表現はある。

ウ　外国語には「もらう」を「いただく」というように別の語に置き換《か》えて敬意を表す表現は存在しない。

エ　外国語にもものごとを美しく表現するためのていねいな語法はあるが、日本の敬語とは明らかに異なっている。

オ　外国語には敬語が存在せず、相手への敬意を言葉で表現することができないので、態度によって表現する。

問九　――線⑧「敬語は、平和、友好のために大きな貢献をしている」とありますが、筆者は、敬語を用いることでどうして「平和、友好のために大きな貢献を」することができると考えているのですか。最も適当なものを次のア～オから選び、記号で答えなさい。

ア　相手を立て、自分を低めることで相手と争う心が抑《おさ》えられ、自分より他者の利益を優先するようになるから。

イ　自らが置かれた状況《きょう》を観察することで、相手の攻撃を避け、言動に応じた適切な言葉を用いるようになるから。

ウ　和を大切にして自分を抑え、相手を思いやる心を持つので、相手との争いや摩擦《まさつ》を避けるようになるから。

エ　相手が理不尽《じん》な態度をとっても、表面的にはあくまで相手を敬い、おだやかな姿勢を保ち続けるようになるから。

オ　話し合いの場で、相手の主張が分かるまで、決して自分の考えを述べないよう心がけるようになるから。

二

次の文章を読み、後の問に答えなさい。

午後四時。外は、まだずいぶん明るくて、グラウンドからは野球部の掛《か》け声《ごえ》が、中庭からはトランペットの音色が響《ひび》いている。作業を開始してまだ十分しか経《た》っていないこともあって、その時教室にはまだ、朱里《あかり》も含《ふく》めた応援《おうえん》旗係《きがかり》全員が顔をそろえていた。

そんな時、それは起こった。

「あ」

［ a ］、と目の前で鮮《あざ》やかな赤色の絵の具がしぶきのように散ったのと、松村さんが短い悲鳴を上げたのは、どっちが先だったんだろう。

――嘘《うそ》。

気づいた時には、背景の空の上に、赤い絵の具が点々と散っていた。拭《ふ》きとる間もなく、赤い絵の具はすうっと吸いこまれるようにシミになっていく。目の前には、赤く染まった筆をパレットに置いて、①青ざめた顔をした松村さんの姿があった。

「ごめん！　ごめんなさい……」

一瞬《いっしゅん》、しん、と静まり返った教室の中で、だれよりも先に声を上げたのは、松村さん本人だった。今にも泣きだしそうな顔で、「どうしようどうしよう」とうろたえている。

実際、これはまずいかも、というのは、私自身も思ってしまったことだった。

上から塗《ぬ》り直《なお》したって、背景の色が薄《うす》いぶん、どうしても派手な赤色のほうが浮《う》き出《で》てしまう。ごまかそうとしても、かえって悪目立ちしてしまいそうだ。だけど今は、涙目《なみだめ》になっている松村さんを責める気にはなれなかった。

大丈夫《だいじょうぶ》だよ、なんとかなるよ――。

そうフォローの言葉を口にしようとした。けれど、その時だった。

「えー、超《ちょう》目立つじゃん。どうすんの？　これ」

ロコツな物言いにぎょっと顔を上げると、さっきまで手持ちぶさたにしていた朱里が、すぐそばに立っていた。きれいに整った眉《まゆ》をひそめて、応援《おうえん》旗《き》を見下ろしている。

「あ、でも、上から塗り直せば……」

いる。何なら、外国へ輸出して、世界平和のために役立たせてよいくらいである。それを日本人自身で否定するようなことがあっては、おかしい。

国語の勉強では、積極的に敬語の心を育まなくてはならない。自国のことばを大切にしない国は外国から尊敬されることがないのである。

（外山《とやま》滋比古《しげひこ》『国語は好きですか』大修館書店）

〈注〉＊叱責…他人の失敗などを責めてしかること。

＊エディター…編集者のこと。

＊ことだまのさきはふ国…「ことだまのさきわう国」、言葉の霊《れい》力が幸福をもたらす国を表す。

＊ナショナリズム…自国の文化、伝統等を重要であるとする考え。

＊蒙をひらく…道理や知識が身についていない人を教え導くこと。

問一　文中の空欄《らん》[a]～[c]に入れるのに最も適当な語をそれぞれ次のア～オから選び、記号で答えなさい。

ア　まるで　イ　たしかに　ウ　さらに

エ　ところで　オ　たとえば

問二　――線①「すぐ前をすれすれに横切っていく」とありますが、筆者はこの行動をどのように捉《とら》えていますか。本文中から十字以内で抜き出して答えなさい。

問三　――線②「両者のていねいさに差のあること」とありますが、「両者」とは何ですか。それぞれ答えなさい。

問四　――線③「『本受けとりました…』とあるからおもしろくない」とありますが、筆者が「おもしろくない」と感じるのはなぜですか。説明しなさい。

問五　――線④「はなはだ、後味の悪い思いをした」とありますが、それはなぜですか。説明として最も適当なものを次のア～オから選び、記号で答えなさい。

ア　今後は恥をかかずにすむように適切な敬語の使い方を教えてやったのに、相手からは何の反応も無く、余計な口出しをしたかのようになってしまったから。

イ　この先正しく使えるようにと親切心から敬語の使い方を教えてやったのに、相手からは何の反応も無く、敬語がきちんと身に付いたかどうか知ることができなかったから。

ウ　失礼な礼状をはがきで送りつけてきたことに対して叱責したつもりだったのに、相手からは何の反応も無く、反省したかどうか知ることができなかったから。

エ　適切な敬語の使い方をわざわざ教えてやったのだから当然感謝の気持ちを表すべきなのに、相手からは何の反応も無く、自分のしたことが無駄《だ》であるかのようになってしまったから。

オ　あえて書かないまでも、本来礼状ははがきで出すものではないとほのめかしたつもりだったのに、相手からは何の反応も無く、こちらの意思が伝わったかどうか分からなかったから。

問六　――線⑤「ありがたい世の中である」とありますが、これは筆者の皮肉を含んだ表現であると考えられます。どのようなことを皮肉として「ありがたい」と言っているのですか。筆者の考えを説明しなさい。

問七　――線⑥「無知の思い上がり」とありますが、この女子大学生のどのようなところが「無知」なのですか。答えなさい。

問八　――線⑦「敬語そのものはないが、ていねい語法がないわけではない」とありますが、この説明として最も適当なものを次のア～オから選び、記号で答えなさい。

ア　外国語にも日本語のように、対立を避けるために相手を敬い自己主張を控《ひか》える表現が存在する。

イ　外国語には日本語のような「敬語」は無いが、年齢《れい》や立場な

つかない。敬語の乏《とぼ》しい地方では、敬語の使えない人が多くて、社会へ出て苦労が多かった。

敬語を嫌《きら》った人たちは、日本が嫌いだったらしい。外国の思想にかぶれた人たちは、日本をきらい、日本語をさげすみ、外国のようになりたいと願ったようである。敬語など重視するのは保守反動だと考えた。

つまり、ナショナリズムがきらわれたのである。戦争が終わってしまったから、ナショナリズムなどあってはならない。そう考えた人たちは、日本語をナショナリズムの死にそこないのように思ったのであろう。日本語はダメなことばであると感じる識者がゴロゴロいた。

敬語はその日本語のもっとも個性的な部分である。ナショナリズム排撃《はいげき》の鉾《ほこ》先が敬語に向けられてもおかしくない。実際にそうなった。

さすがに国語の教師は大声をあげなかったが、言語学の専門家は当然のように敬語の整理を主張した。さすがに全廃とは言わないが、すくなければすくないほどよい、と言った。

学校が敬語を教えないのは当然である。家庭でも使われない。敬語ゼロの中で育った人が大勢を占《し》めるようになって、日本語は性格を変えることになった。

人と人とが接触《しょく》すると、マサツを生ずる危険がある。へたをすると衝突《しょうとつ》して火花をちらすこともある。それをさけるためには、クッションになることばを交わして、危険をさける。あいさつはそのひとつ。はっきりした意味はなくても、対人マサツを除く潤滑《じゅんかつ》油としての効果は小さくない。

敬語も同じように潤滑油の役を果たすことがある。あるがままでは相手を悪く刺《し》激することも、敬語でくるめば、おだやかに受け容《い》れられる。

敬語はまた衣服のようなものだと考えることもできる。こどもなら、裸《はだか》で歩きまわっても愛嬌《きょう》であるが、一人前の人間が何も着ないで人前に出るのは論外である。よその人に会うのなら、相手に相応《ふさわ》しい服装をととのえる。昔の貴人は何枚もの着物を重ねて、相手への敬意をあらわした。

そんなことはどこの国だって同じはずだが、実際には大きく異なる。ナショナリズムだからお国柄《がら》を反映していて当然である。日本はもっとも、ていねいな装《よそお》いをする国であるといってよい。封建的だからではなく、人間関係が成熟していて、相手に失礼になることを避《さ》けようという気持ちがつよいためである。

別に誇るべきことでもないが、恥じなくてはならないことではない。そういうことを戦後の日本は考えなかった。

国を愛する心をすて、母国語を大切にする精神を悪いと勘違いして、敬語はほぼ消滅するようになった。

ひとくちに敬語と言うが、敬語には三つの語群が含《ふく》まれている。まず、尊敬語、相手を高めることばづかい。ついで、謙譲《けんじょう》語。自分をひくめる言い方である。そして、ていねい語。これは、ものごとを、美しくする役目をもっていて、一般のことばにつけられる。酒といわないで、お酒というのはていねい語である。

尊敬語が敬語であるのはわかりやすいが、自分を低めることで相手を高めるのは日本語の敬語の大きな特色である。相手を立てる心が底流にある。

相手を立て、自己を低めていれば、争いになるべきところでも、コトなく通り抜《ぬ》けることができる。さらに言えば、相手の攻《こう》撃をかわす自衛の心理がはたらいていると見ることもできる。敬語はひとのためならず、であると言ってよい。

いずれにしても、⑧敬語は、平和、友好のために大きな貢献《こうけん》をして

とりが貸した金をとり立てるときくらいにしか使うことができないのである。それを知らなくても＊エディターでございます、と言っていられるのだから、⑤ありがたい世の中である。

……中略……

「私、尊敬できない人に敬語を使うことがいやなのです」

ある女子大学生が書いた文章に出会っておどろいたことがある。敬語は尊敬しているから用いるものだと考えているらしいのがおかしかった。敬語を文字通りに受け取ればそうなるのかもしれない。敬語を知らない、つかわないのはしかたがないが、それを得意になって言いふらすのは低級である。⑥無知の思い上がりである。この学生は、[b]、

「先生も、外国語には、敬語などない、と言っています」

といって、先生にも恥《はじ》をかかせた。いずれ国文科の教師であろうが、外国語など不案内にきまっている。ききかじりで、外国語には敬語がない、をふりまわしているのだろう。

文法は各国語においてそれぞれ個性的に違っている。万国共通文法（ユニバーサル・グラマー）の思想はあっても、具体的に万国文法は存在しない。できないのである。

敬語は日本語文法では重要なカテゴリであるが、英語などでは、待遇《ぐう》表現として同じような語法を認めているが、明らかな違いがある。⑦敬語そのものはないが、ていねい語法がないわけではない。

外国語に敬語がない、というのは、敬語をきらっている人の考えることである。日本の文物で外国と異なるところは、すべて日本に非があるように考えるのは、明治以降の拝外思想のとばっちりで、後進国の悲哀《あい》であると言ってよい。それを誇《ほこ》るのは恥ずべきことであるという反省はない。

外国語にあろうとなかろうと、日本語における敬語は日本文化の伝統に根ざしている。それによって、「＊ことだまのさきはふ国」と誇ることができたのである。

敬語は日本の＊ナショナリズムを代表するもので、和をとうとび、相手を尊敬、自我を抑《よく》制、闘《とう》争を回避《ひ》する点において、世界に誇ってしかるべきものである。

外国人で誤解するものがあれば、その＊蒙《もう》をひらかなくてはならない。それを勘《かん》違いして恐《きょう》縮するのは非愛国であると言ってよい。

大戦に破れて日本人はすこしどころでなくおかしくなっていたのであろう。

戦争に負けたのは、日本語のせいである、ということを本気で考える人があらわれた。

小説の神様、と戦前、あがめられた大作家が、戦争に負けたのは、日本語を使っていたからである。フランス語を国語にしていれば戦争なんかにならずにすんだだろう。そんなことを大真面目にのべた。さすが、冷笑《しょう》する向きもあったが、えらい文学者の言うことだから、そうかもしれないと受け取った人もすくなくなかったようである。

日本語がいけなかったのだと考える人はそれほど多くなかったかもしれないが、敬語は封《ほう》建的でよろしくない、と考える人は、知識人中心に多かった。戦争に負けたのは敬語のせいだとまでは考えないが、敬語などない方が進んだことばであるように思ったのであろう。敬語を目のかたきにした。

すでに国民の多くが敬語の正しい使い方がわからなくなっていたから、敬語廃《はい》止は歓迎《かんげい》された。ことばを人為《い》的に消滅《めつ》させることができるものか、そんなことを考えるゆとりはなかった。

[c]、敬語は複雑で、こどものときによほどしっかりしつけられないと、うまく使いこなせない。学校で勉強するくらいでは身に

2023年度 普連土学園中学校

【国　語】〈一日午前四科試験〉（六〇分）〈満点：一〇〇点〉

一　次の文章を読み、後の問に答えなさい。

街を歩いていて、びっくり、いやな気がすることがある。①すぐ前をすれすれに横切っていく人があるのである。混雑しているところならしかたがないが、広々としたところで、目の前を知らん顔して横切る。

あぶないじゃないか、失礼じゃないか、なんて乱暴な、などという怒《いか》りにも似た気持ちになる。

……中略……

人の行く手をぶつかるように横切るというのは、戦後の悪習で、相手のことを考えない自分勝手のあらわれだと考えていい。その身勝手は、こどものときのしつけの足りなさによると思われる。［ a ］、敬語をしつけていれば、まちがっても、こんなことはしなくなるはずである。相手のことをすこしでも考えたら、その行く手を、すれすれに通ることなどあり得ないだろう。

戦後の家庭は、核《かく》家族をよしとした。家族はみんな友だちのようであるのが新しいと錯《さっ》覚した。三世代同居であれば、親は老親に敬語を使う。ご用聞きがやってくる。商人はていねいなことばを使うから、それに対してやはり、一種の敬語をつかう。②両者のていねいさに差のあることを、こどもは覚えるともなく覚えた。

核家族は友だち夫《ふう》婦と友だちこどもだけだから、ていねいなことばを使う場面がすくない。もちろん、敬語などというものは知るべくもない。

学校も、デモクラシーをはき違《ちが》えた教育をする。教師と生徒は友だちのようであるのが望ましいとする進歩的？　空気に支配される。敬語などの出る幕はない。

あるとき、昔の学生に、本をやった。礼状が来たのはいいが、はがき、である。

③「本受けとりました…」

とあるからおもしろくない。こんな人間を教えたのかと情なくなって、*叱《しっ》責のはがきを書いた。

「本を受けとる」

というのは、自分が人に貸した本が戻《もど》ってきたときのことばである。受け取るのは、当然くるものが来たときのことば、人から送られたものは〝いただく〟〝頂戴《だい》する〟でなくてはいけない。それに、人からもらった本を、ただ〝本〟と呼びすてにするのは、こどもでなければ恥《は》ずかしい無知である。〝ご本〟などとしなくてはいけない。

礼状ははがきなどにすべきではない。封《ふう》書が常識だ、というようなことは言ってもしかたがないと思って書かなかった。

相手は、どう思ったのか、何とも言ってこなくて、④はなはだ、後味の悪い思いをした。

編集者はことばのエリートであるから、一般《ぱん》の人間よりことばの感覚がすぐれているだろうと思うが、そうでないこともある。

「原稿《こう》できましたら、とりに行きます」

と言ってくる。「原稿できましたら」というのは、自分の原稿のことになる。ひとの原稿なら、お原稿くらいにしたい。昔は〝玉稿〟だったが、いまどきそんな大げさなことばを使う人はいない。

「とりに行きます」はもっといただけない。〝ます〟とあるから、ていねいなつもりなのかもしれないが、これでは、昔流に言えば、借金

2023年度

普連土学園中学校　▶解説と解答

算　数　＜1日午前4科試験＞（60分）＜満点：100点＞

解　答

[1] (1)　6　(2)　204　(3)　32　[2] (1)　**最も小さい数**…100，**最も大きい数**…947　(2)　7　(3)　24cm^2　[3] (1)　毎秒0.5cm　(2)　19cm　(3)　230cm^2　[4] (1)　**ねん土玉**…21個，**棒**…45本　(2)　**ねん土玉**…45個，**棒**…108本　[5] (1)　2400円　(2)　82円　(3)　90円　[6] ①　(ウ)　②　3　③，④　2，4　⑤　36　⑥　(例)　解説の図1を参照のこと。　⑦，⑧　2，4　⑨，⑩　1，5　⑪　3　⑫　90　⑬　(例)　解説の図3を参照のこと。　⑭　225

解　説

[1] 四則計算，計算のくふう，逆算

(1)　$5\frac{5}{8}\div(5-2\times1.75)+1\frac{5}{7}\times1\frac{5}{16}=\frac{45}{8}\div(5-3.5)+\frac{12}{7}\times\frac{21}{16}=\frac{45}{8}\div1.5+\frac{9}{4}=\frac{45}{8}\div\frac{15}{10}+\frac{9}{4}=\frac{45}{8}\times\frac{10}{15}+\frac{9}{4}=\frac{15}{4}+\frac{9}{4}=\frac{24}{4}=6$

(2)　$A\times C-B\times C=(A-B)\times C$となることを利用すると，$17\times5.7-29\times1.7+9.2\times17=5.7\times17-2.9\times10\times1.7+9.2\times17=5.7\times17-2.9\times17+9.2\times17=(5.7-2.9+9.2)\times17=12\times17=204$

(3)　$25\div\left(\square\times1\frac{1}{2}-6\frac{1}{3}\right)=\frac{3}{5}$より，$\square\times1\frac{1}{2}-6\frac{1}{3}=25\div\frac{3}{5}=25\times\frac{5}{3}=\frac{125}{3}=41\frac{2}{3}$，$\square\times1\frac{1}{2}=41\frac{2}{3}+6\frac{1}{3}=48$　よって，$\square=48\div1\frac{1}{2}=48\div\frac{3}{2}=48\times\frac{2}{3}=32$

[2] 数の性質，約束記号，面積

(1)　7で割ると2余る数は，2，9，16，23，…であり，11で割ると1余る数は，1，12，23，34，…だから，両方に共通する最も小さい数は23である。また，7で割ると2余る数は7ごとにあらわれ，11で割ると1余る数は11ごとにあらわれるので，両方に共通する数は7と11の最小公倍数の77ごとにあらわれる。よって，3桁《けた》の最も小さい数は，$23+77=100$になる。また，$999\div77=12$余り75より，3桁の最も大きい数は，$23+77\times12=947$とわかる。

(2)　$5\triangle3=(5+3)\times3=8\times3=24$になる。また，$(A+B)\times C=A\times C+B\times C$となるから，$2\triangle\square=(2+\square)\times3=2\times3+\square\times3=6+\square\times3$になる。すると，$(5\triangle3)\triangle(2\triangle\square)=24\triangle(6+\square\times3)=153$より，$(24+6+\square\times3)\times3=153$，$30+\square\times3=153\div3=51$，$\square\times3=51-30=21$，$\square=21\div3=7$となる。

(3)　右の図のように，斜線《しゃせん》部分の一部を矢印のように移動すると，斜線部分はたての長さが，$7-2\times2=3$(cm)，横の長さが8cmの長方形になる。よって，斜線部分の面積は，$3\times8=24$(cm^2)と求められる。

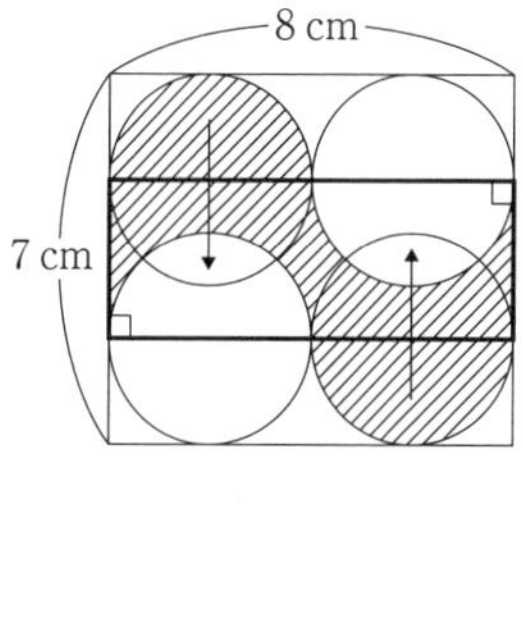

3 グラフ―図形上の点の移動，速さ，長さ，面積

(1) 問題文中のグラフより，点PがCに到着《とうちゃく》したときの三角形ABPの面積は16cm^2なので，BCの長さは，16×2÷8＝4(cm)とわかる。よって，点Pは4cmを8秒で進むから，点Pの速さは毎秒，4÷8＝0.5(cm)である。

(2) 点PはEF上を，84－46＝38(秒)で進むので，EFの長さは，0.5×38＝19(cm)とわかる。

(3) 点PはDE上を，46－20＝26(秒)で進むから，DEの長さは，0.5×26＝13(cm)になる。すると，右の図のEHの長さは，19－8－6＝5(cm)なので，三角形DEHは辺の比が5：12：13の直角三角形となり，DHの長さは12cmとわかる。よって，アの長方形の面積は，4×8＝32(cm^2)で，イの台形の面積は，(19＋8＋6)×12÷2＝198(cm^2)だから，この図形の面積は，32＋198＝230(cm^2)と求められる。

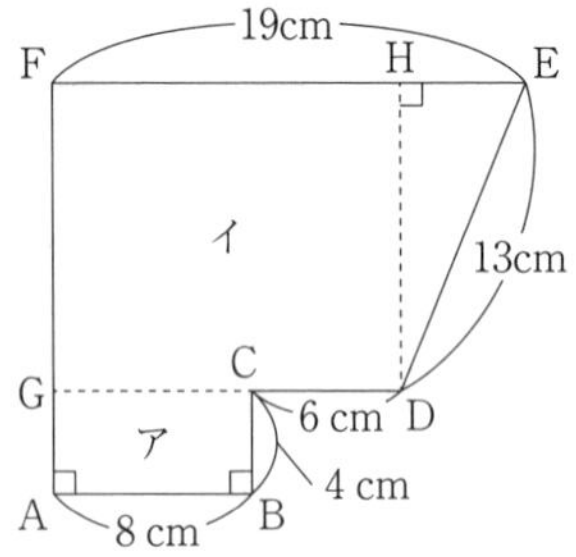

4 図形と規則

(1) □番目の図形のねん土玉の個数は，1＋2＋…＋(□＋1)で求められるから，5番目の図形のねん土玉の個数は，1＋2＋3＋4＋5＋6＝21(個)になる。また，□番目の図形で，1辺が1本の棒である上向きの正三角形の個数は，1＋2＋…＋□になるから，□番目の図形の棒の本数は，3×(1＋2＋…＋□)で求められる。したがって，5番目の図形の棒の本数は，3×(1＋2＋3＋4＋5)＝3×15＝45(本)となる。

(2) 正三角形は，1番目が1個，2番目が4(＝2×2)個，3番目が9(＝3×3)個，…なので，□番目の図形の正三角形の個数は，□×□で求められる。よって，正三角形が64(＝8×8)個できるのは8番目の図形だから，ねん土玉の個数は，1＋2＋…＋9＝(1＋9)×9÷2＝45(個)となる。また，棒の本数は，3×(1＋2＋…＋8)＝3×36＝108(本)とわかる。

5 売買損益

(1) この商品1個の利益は，80×0.2＝16(円)なので，全て定価で売れたときの利益は，16×150＝2400(円)である。

(2) 定価で50個売れたときの利益は，16×50＝800(円)だから，残り，150－50＝100(個)の利益は，1000－800＝200(円)になる。よって，値下げ後の1個あたりの利益は，200÷100＝2(円)なので，値下げ後の売値は，80＋2＝82(円)となる。

(3) 値下げ前と値下げ後の売り上げ個数はそれぞれ，$150\times\frac{1}{1+5}$＝25(個)，150－25＝125(個)である。また，値下げ前の利益は，16×25＝400(円)だから，値下げ後の利益は，$400\times\frac{25}{8}$＝1250(円)とわかる。よって，値下げ後の1個あたりの利益は，1250÷125＝10(円)なので，値下げ後の売値は，80＋10＝90(円)と求められる。

6 場合の数，作図

図1

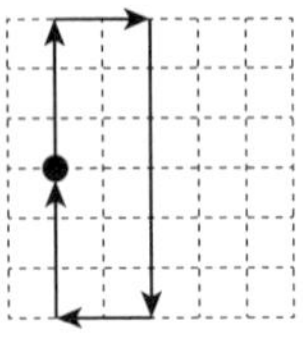

図2

3回目	2	3	3	4	4	4	5	5	5	5	6	6	6	6	6
1回目	1	1	2	1	2	3	1	2	3	4	1	2	3	4	5
5回目	1	2	1	3	2	1	4	3	2	1	5	4	3	2	1

サイコロを４回振《ふ》って，３→５→２→１と出たとき，北に３歩，東に５歩，南に２歩，西に１歩進むから，(ウ)(…①)のような進み方になる。また，４回サイコロを振って最初の地点に戻《もど》ってくるときは，矢印をつなげると長方形になるので，１回目と３回目(…②)が同じ目になり，２回目と４回目(…③，④)も同じ目になる。このときサイコロの目の出方はそれぞれ６通りずつあるから，全部で，６×６＝36(通り)(…⑤)ある。次に，１回目に３，２回目に２が出た場合の３回目から５回目までの矢印の組み合わせは，たとえば上の図１(…⑥)のようになる。図１より，２回目と４回目(…⑦，⑧)が同じ目になり，１回目と５回目(…⑨，⑩)の合計が３回目(…⑪)の目と等しくなる。このとき，２回目と４回目の目の出方の組み合わせは６通りある。また，３回目と１回目と５回目の目の出方の組み合わせは，上の図２の15通りある。よって，サイコロを５回振って，最初の地点に戻ってくる目の出方は全部で，６×15＝90(通り)(…⑫)と求められる。最後に，サイコロを６回振って最初の地点に戻ってきたときの図は，たとえば右の図３(…⑬)のようになる。このとき，１回目と５回目の合計が３回目の目と等しくなり，２回目と６回目の合計が４回目の目と等しくなるから，それぞれの組み合わせは15通りずつある。したがって，目の出方は全部で，15×15＝225(通り)(…⑭)ある。

図３

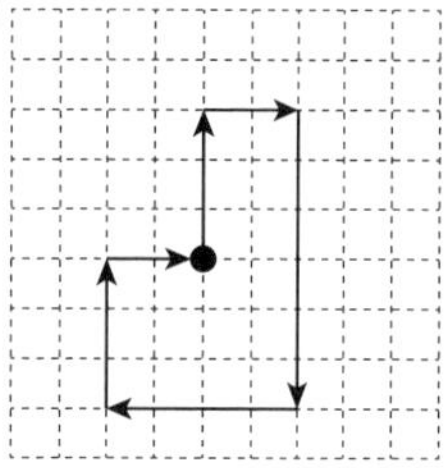

社　会　＜１日午前４科試験＞（30分）＜満点：75点＞

解　答

1　**問１**　**あ**　サロマ　**い**　猪苗代　**問２**　ア　**問３**　(1)　(例)　中臣鎌足　(2)　壬申の乱　**問４**　ウ　**問５**　③　大津市　④　水戸市　⑤　札幌市　⑥　松江市　**問６**　イ　**問７**　ア，エ，カ　**2**　**問１**　**あ**　米騒動　**い**　水平社　**問２**　ア　**問３**　イ　**問４**　ウ　**問５**　ウ　**問６**　(1)　**Y**　エ　**Z**　ア　(2)　エ　**問７**　(1)　(例)　女子は理数系科目が苦手という偏見・差別がある。　(2)　ユニバーサルデザイン　**3**　**問１**　**あ**　源頼朝　**い**　奈良　**問２**　**ア**　(例)　山地　**イ**　(例)　守り　**問３**　ウ　**問４**　イ　**問５**　(1)　**ア**　菅原道真　**イ**　新羅　(2)　大陸棚　**問６**　イ　**問７**　坂上田村麻呂　**問８**　(1)　(例)　大軍が渡れないようにするため。　(2)　ウ　**問９**　イ　**問10**　イ

4　**問１**　イ　**問２**　ベトナム　**問３**　(例)　日本に比べると母国の賃金が低く，日本で労働することによってより高い収入を得ることができるため。　**問４**　(例)　日本では人口減少や少子高齢化が問題となっており，不足する労働力を補うために外国人労働者を受け入れる必要があるから。

解　説

1　各地の湖を題材とした問題

問１　**あ**　全国で３番目に大きい湖はサロマ湖(北海道)である。オホーツク海に面した潟湖《せきこ》で，ホタテの養殖《ようしょく》がさかんなことで知られる。　**い**　全国で４番目に大きい湖は猪苗代《いなわしろ》湖(福島県)である。ここを水源とする日橋《にっぱし》川は，西に流れ阿賀野《あがの》川となり，日本海に注いでいる。また，明治時代初期に建設された安積疏水《あさかそすい》は，この湖の東岸から採取した水を郡山《こおりやま》盆地に引いている。

問2　火山の噴火により火口付近が陥没《かんぼつ》してできたくぼ地をカルデラという。カルデラに雨水などがたまってできたものをカルデラ湖といい，屈斜路《くっしゃろ》湖や支笏《しこつ》湖，洞爺《とうや》湖のほか，十和田《とわだ》湖(青森県・秋田県)や田沢湖(秋田県)などがある。なお，イは潟湖，ウは断層湖，エはせき止め湖である。

問3　(1)　645年，中大兄《なかのおおえの》皇子(のちの天智天皇)と中臣鎌足《なかとみのかまたり》らは朝廷《ちょうてい》内で権力をにぎっていた蘇我氏を倒し，大化の改新とよばれる政治改革を始めた。なお，鎌足はその死に際し，天皇から「藤原」の姓を賜《たまわ》っている。　(2)　天智天皇の死後の672年，天皇の子である大友皇子と天皇の弟である大海人《おおあま》皇子の間でおきた天皇の位をめぐる争いを壬申の乱という。672年が十干十二支の「壬申」にあたることからついた名称である。争いに勝った大海人皇子が即位して天武天皇となった。

問4　グラフ中のアは農業用水，イは生活用水，ウは工業用水である。資料1において，生活様式の変化にともない生活用水の利用割合が増えているのに対し，工業用水は水を再利用するなどの工夫が進んだことから，利用割合は減っている。また，資料2において，耕地面積の大きい東北地方では農業用水，人口の多い関東地方では生活用水，水を多く使用する製紙業などがさかんな東海地方は工業用水の利用割合が多い。

問5　それぞれの道県庁所在地は，③が大津市，④が水戸市，⑤が札幌市，⑥が松江市である。

問6　アははえなわ，イは巻《ま》き網《あみ》，ウはさし網，エは棒受け網とよばれる漁法である。このうち，いわしは多くの場合，イの巻き網を使った漁法で漁獲《ぎょかく》される。なお，アはまぐろなど，ウはひらめやかになど，エはさんまなどの漁獲に多く用いられる。

問7　イは「太政官《だいじょうかん》」ではなく「大宰府《だざいふ》」，ウは「平安京」ではなく「平城京」，オは「『日本書紀』」ではなく「『古事記』」が，それぞれ正しい。なお，太安万侶《おおのやすまろ》は『日本書紀』(720年に完成)の編さんにも関わっている。

2　ロシアによるウクライナ侵攻を題材とした問題

問1　**あ**　第一次世界大戦中の物価の上昇に加え，政府がシベリア出兵を行うことを見越して米の買い占《し》めが行われたことで，米価が急上昇した。そうした中，1918年に富山県の漁村で主婦たちが価格の引き下げを求めて米屋におしかけ，警察が出動する騒《さわ》ぎとなった。これがきっかけとなり，人々が米屋や商店などを襲《おそ》う米騒動《こめそうどう》が全国に広がった。　**い**　明治時代初期に解放令が出されてからも部落差別は社会の中で根強く続いていた。これに対し，差別に苦しむ人々は1922年に全国水平社を結成し，差別からの解放を勝ちとるための活動を始めた。結成時に発表された「水平社宣言」は，その精神を示すものとして知られる。

問2　難民を支援するための活動を行っている国際連合の機関はUNHCR(国連難民高等弁務官事務所)である。1991～2000年には日本人の緒方貞子《おがたさだこ》がその長である国連難民高等弁務官を務めた。なお，イは国連教育科学文化機関，ウは国連児童基金，エは国連貿易開発会議の略称である。

問3　Xにあてはまるのは福岡県である。福岡県と佐賀県にまたがる筑紫《つくし》平野では二毛作がさかんで，米の裏作として小麦が栽培《さいばい》されている。

問4　1ドル＝100円であったものが1ドル＝120円になるような状況は，ドルに対する円の価値が下がったことになるので，円安とよばれる。一般に円安になると，海外からの商品の購入に必要な円の金額が高くなるので，輸入品の価格は値上がりすることが多い。

問5　消費税の税率は，1989年の導入時には3％であったが，1997年に5％，2014年に8％に引き上げられた。さらに，2020年10月からは飲食料品などの軽減税率が適用される一部を除き10％となった。引き上げにともない国の税収は増えるため，グラフ中のウがあてはまる。なお，アは所得税，イは法人税。

問６　(1)　**Ｙ**　核兵器禁止条約は，すべての核兵器の製造や保有を禁止するもので，2017年７月，国連総会で122か国の賛成を得て採択《さいたく》された。その後，発効に必要な50か国以上の批准《ひじゅん》が得られたことから，2021年１月に発効した。　**Ｚ**　核拡散防止条約(核不拡散条約，NPT)は，核兵器の保有をアメリカ，ロシア(かつてはソ連)，イギリス，フランス，中国の５か国のみに認め，その他の国が核兵器を持つことを防ぐための条約である。1968年，62か国により調印され，1970年に発効したが，25年間の期限つきであったため，1995年に条約の無条件・無期限の延長が決定された。核保有国にも核軍縮に努めることなどが義務づけられていることから，条約のより有効な活用のため，定期的に再検討会議が開かれている。　(2)　最高裁判所長官は内閣が指名し，天皇が任命するので，エは誤り。

問７　(1)　文章中の「女の子なのに」という言葉の背景には，「一般的に女子は理数系の科目が苦手である」という思いこみがある。そのような，日常のなにげない言葉のなかに表れる無意識の偏《へん》見《けん》や差別がマイクロアグレッションであり，人種差別のような明白な差別と同様に，なくしていかなければならない課題といえる。　(2)　年齢《ねんれい》や障害の有無などに関係なく，だれもが利用しやすいように物やサービスなどを工夫したものを，ユニバーサルデザインという。右利き・左利きのどちらでも使えるはさみや，車いすやベビーカーでも通りやすいように間隔《かんかく》を広くとった駅の改札などは，その代表的なものである。

3　政治の中心地を題材とした問題

問１　**あ**　鎌倉幕府の初代将軍は源頼朝《みなもとのよりとも》である。1185年には朝廷から守護・地頭を任命する権利を得て，1192年には征夷大将軍《せいいたいしょうぐん》に任じられた。　**い**　平城京は元明天皇の時代の710年，現在の奈良県奈良市につくられた。その後，聖武天皇の時代に一時的に奈良を離れることはあったが，784年，桓武《かんむ》天皇により長岡京に遷都《せんと》されるまで都が置かれた。

問２　鎌倉に幕府が置かれたのは，11世紀後半に前九年の役《えき》・後三年の役をしずめた源頼義《よりよし》・義家父子以来，源氏ゆかりの地であったことと，前方が海に面し，残る三方を山地で囲まれ，守りやすいという地形的条件があったためと考えられている。

問３　鎌倉幕府における将軍の補佐役は執権《しっけん》である。北条氏が代々その地位を独占《どくせん》し，特に源氏の将軍が３代でとだえ，京都から皇族や公家を形式的な将軍として迎《むか》えるようになってからは，事実上，最高権力者として幕府政治を動かした。

問４　ア　租《そ》は，その地方の国府に納められた。　イ　特産物などを納める調は，農民たち自身により都まで運ばれた。　ウ　庸《よう》は地方での労役の代わりとして布を納めるもので，調とともに都まで運ばれた。地方の軍団の兵士の中から選ばれ，１年間，都の警備にあたる者は衛士《えじ》とよばれた。　エ　国司の下で務める労役(原則として１年間に60日以内)は，雑徭《ぞうよう》とよばれる。

問５　(1)　**ア**　894年に遣唐使が派遣されることになり，菅原道真は遣唐正使に任じられたが，航海が危険であることや，唐(中国)の国内が乱れていることを理由として派遣の停止を建議し，認められた。　**イ**　遣唐使の航路は，当初は朝鮮半島の沿岸部などを進む北路を通っていたが，朝鮮半島にある新羅《しらぎ》との関係が悪化してからは，東シナ海を横断する南路が利用された。南路は危険であり，遭難《そうなん》する船も多かった。　(2)　東シナ海などに見られる，陸地から水深200m程度までの浅く海底が広がる地形は，大陸棚《だな》とよばれる。プランクトンが多く発生し，魚が集まることから，好漁場となる。

問６　藤原道長《ふじわらのみちなが》は４人の娘を天皇の妃《きさき》としたが，イの歌は，そのうちの３人目の娘が妃となったことを祝う宴《うたげ》の席でよまれたもの。なお，アは留学生として唐に渡り，唐の皇帝に仕え，帰国を果たせなかった阿倍仲麻呂《あべのなかまろ》がよんだ短歌。ウは『奥の細道』の中にある松尾芭蕉《まつおばしょう》の俳句。エは『万葉集《まんようしゅう》』に収められている防人《さきもり》として九州に向かう兵士の歌である。

問７　坂上田村麻呂は，桓武天皇から征夷大将軍に任命され，朝廷にしたがわない東北地方の蝦夷を平定するために遠征《えんせい》し，朝廷の勢力範囲を拡大した。

問８　(1)　江戸幕府は五街道などの街道を整備したが，大井川などの河川には橋をかけさせなかった。これは大名などが反乱をおこし，江戸に攻めこもうとしたときに川を渡りにくくするためであった。　　(2)　諏訪《すわ》湖は長野県のほぼ中央に位置するので，富士山は南東に見えることになる。

問９　愛知県常滑《とこなめ》市は常滑焼《とこなめやき》という焼き物の産地として知られているので，イが誤り。

問10　周防灘《すおうなだ》に面した宇部《うべ》市と山陽小野田市は，ともにセメント工業がさかん。付近で産出する石灰石を原料として生産が行われている。なお，アの津久見市は大分県，ウの秩父《ちちぶ》市は埼玉県，エの八戸《はちのへ》市は青森県の都市で，いずれもセメント工場が立地する。

４　日本国内の在留外国人を題材とした問題

問１　外国人が日本で働こうとする場合，さまざまな制限が加えられているが，1990年に入管法(出入国管理及《およ》び難民認定法)が改正され，日本人の移民の子孫である日系人は「定住者」という扱《あつか》いになり，日本国内で制限なく働くことができるようになった。そのため，ブラジルから多くの日系人が来日し，自動車工場などで働くようになった。ただし，2008年におきたリーマンショックとその後の景気の悪化により職を失う者も多く，近年は減少傾向《けいこう》にある。なお，アは韓国・朝鮮，ウはベトナム，エは中国に，それぞれあてはまる。

問２　在留外国人のうち，1990年から2020年にかけて増加率が最も高いのはベトナムである。ベトナムはもともと海外に出て働く人が多かったことや，技能技術生や留学生として来日し，日本で技能や語学を学んで仕事に生かそうとする人が増えたことなどが理由と考えられている。

問３　ベトナムやフィリピンなど，東南アジアから来て日本に在留する人が急増している理由の１つには，母国の賃金が安く，日本で働いた方が多くの収入を得ることができるからというものがある。また，前述したように，技能実習生などの制度を生かして日本で技術や語学などを学び，日本や母国で仕事に就《つ》こうと考える人が増えたことも，在留者の増加につながっていると考えられる。

問４　2019年４月の入管法改正により「特定技能」という新たな在留資格が設けられ，単純労働分野でも外国人労働者の受け入れが可能となった。このように制度を変化させた背景には，日本で少子化が進行したことにより人口の減少がおこり，特に15～64歳のいわゆる生産人口の減少により労働力が不足したため，それを補うために外国人労働者を受け入れる必要が生じているという現状がある。

理　科　＜１日午前４科試験＞（30分）＜満点：75点＞

解　答

1 **問１**　70g　**問２**　35g　**問３**　20g　**問４**　(う)　**問５**　(1)　(い)　(2)　(あ)　**問６**　(い)　2 **問１**　①　解説の図を参照のこと。　②　0.36g　**問２**　(あ), (い)　**問３**　(例)　室温の方が温度が低いため，冷やされるから。　**問４**　8.2℃　**問５**　820カロリー　**問６**　34.8℃　3 **問１**　①　○　②　○　③　イモリ　**問２**　**A**　(あ)　**B**　(う)　**C**　(え)　**D**　(い)　**問３**　①　S＞A＞K　②　(う)　③　(例)　シジミチョウが他のチョウより小型なので，シールの重さや大きさにより飛びにくくなったから。　4 **問１**　①　(ア)　東　(イ)　西　②　(ウ)　(う)　(エ)　(し)　③　冬至　④　30.6　⑤　B→D→C→A　**問２**　①　３月20日(21日)　②　解説の図を参照のこと。　③　(お)

解　説

1　滑車《かっしゃ》のつりあいと物体の運動についての問題

問１　非常に軽い滑車とあるので，滑車の重さは考えなくてよい(以下同)。これより，見かけ上，おもりAが２本の糸でつり下げられているから，糸１本あたりにかかる重さは，140÷２＝70(g)となり，おもりBの重さは70gである。

問２　おもりAが見かけ上４本の糸でつり下げられているので，糸１本あたりにかかる重さは，140÷４＝35(g)だから，おもりCの重さは35gになる。

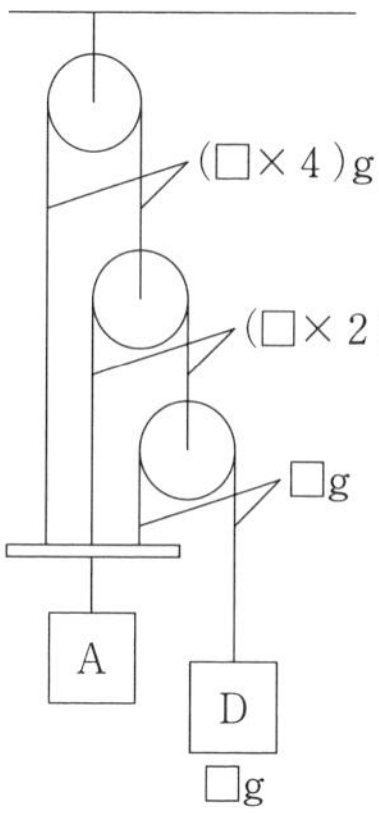

問３　おもりDの重さを□gとすると，それぞれの糸にかかる重さは右の図のようになる。したがって，おもりAをつり下げている糸にかかる重さの合計は，□＋□×２＋□×４＝□×７(g)となり，□×７＝140の関係が成り立つ。したがって，□＝140÷７＝20(g)となる。

問４　おもりAはおもりEより，140−70＝70(g)重いため，70gのおもりが落下するときと同じようにおもりAは加速しながら下降《かこう》し，おもりEは加速しながら上昇《じょうしょう》する。

問５　２つのおもりは１本の糸でつながっているので，100gのおもりを10cm下げると，200gのおもりは10cm上がる。また，重心は，100gのおもりが動いた長さの，$\frac{1}{2+1}=\frac{1}{3}$下がり，200gのおもりが動いた長さの，$\frac{2}{2+1}=\frac{2}{3}$上がる。したがって，重心は元の位置に比べて高くなる。

問６　おもりFが静止しているので，おもりAとおもりEをつるした左側の滑車は静止している。おもりAはおもりEより重いので，おもりAは加速しながら下降し，おもりEは加速しながら上昇する。このとき，おもりAとおもりEを１つのおもりとみなすと，重心の位置は加速しながら下降する。ここで，問６の上にある文章から，ばねはかりを引く力は，おもり(全体)がばねはかりを引く方向に加速すると重くなり，減速(反対方向に加速)すると軽くなることがわかる。そのため，重心が下(糸が引く方向と反対)に加速するとき，おもりFをつるしている糸にかかる力は，おもりAとおもりEの合計の重さよりも小さくなる。よって，おもりFもおもりAとおもりEの合計の重さよりも軽くなると考えられる。

2 塩酸とマグネシウムの反応についての問題

問１　①，②　加えたマグネシウムの量が0.4ｇより大きくなると，発生した気体の体積が$360cm^3$で一定になるから，1.1％の塩酸100mLと過不足なく反応するマグネシウムの量は，$0.1\times\frac{360}{100}=0.36$(g)とわかる。よって，グラフは右の図のようになる。

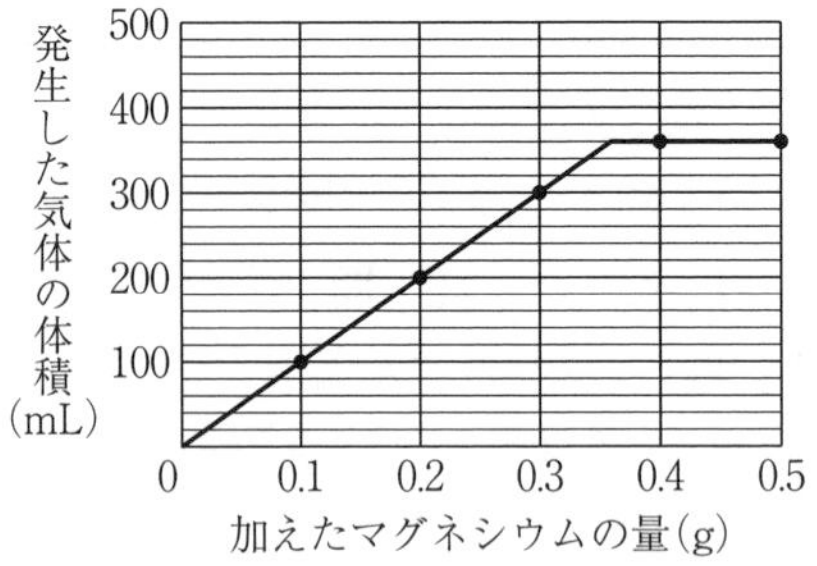

問２　塩酸にマグネシウムを加えると水素が発生する。水素には，空気より軽く，水にほとんど溶《と》けない，気体自体が燃えてあとに水ができるなどの性質がある。なお，空気中に体積の割合で多く存在する気体は窒《ちっ》素，酸素，アルゴン，二酸化炭素などである。また，助燃性のある気体は酸素である。

問３　反応によって生じた熱で水溶《よう》液の温度が上昇するが，室温の方が温度が低いため，水溶液の温度はしだいに下がっていき，やがて室温と同じ温度になる。

問４　グラフの縦じくの１目盛りは0.2℃だから，反応後の水溶液の温度は28.2℃と読み取れる。したがって，理論上の温度上昇は，28.2－20＝8.2(℃)となる。

問５　塩酸100mLの重さは100ｇであり，理論上，温度が8.2℃上昇するので，マグネシウム0.2ｇが反応したときの発熱量は，１×100×8.2＝820(カロリー)である。

問６　問１より，1.1％の塩酸100mLと反応するマグネシウムの重さは0.36ｇだから，このときの溶液の理論上の温度上昇は，$8.2\times\frac{0.36}{0.2}=14.76$より，14.8℃である。よって，理論上の溶液の温度は，20＋14.8＝34.8(℃)と求められる。

3 生物の調べ方についての問題

問１　①　いずれも花の咲《さ》く種子植物である。　②　いずれもほ乳類である。　③　アオダイショウとニホントカゲはは虫類であるが，イモリは両生類である。

問２　Ａの標識再捕獲《ひょうしきさいほかく》法は，池にすむフナの数など，すべての個体数を数えることが実際にできない場合に全体の個体数を推定《すいてい》するのに役立つ。Ｂのコドラート(方形区)法は，草原に生える草の種類とその割合のように移動しない生物を調べるとき，調査する地域に一定範囲《はんい》の区画を設定し，その中の生物について調べることで草原全体を推測することができる。Ｃのライン・トランセクト法/ベルト・トランセクト法は，ある森林について，標高の変化と生えている木の種類の関係を表すときに便利である。Ｄのわなを用いたポイント・サンプリング法は，調査範囲内に集まってくる生物の種類と数を調べる場合に有効である。

問３　①　それぞれのチョウの山全体にすむ数は，シジミチョウ(Ｓ)は，$30\times\frac{48}{8}=180$(頭)，キアゲハ(Ｋ)は，$30\times\frac{51}{17}=90$(頭)，アサギマダラ(Ａ)は，$30\times\frac{64}{12}=160$(頭)と推定することができる。したがって，数の関係は，Ｓ＞Ａ＞Ｋとなる。　②　青色のシールがはがれてしまうと，再び捕《つか》まえたときにシールがついていた個体数が実際(８頭)より少なくなってしまう。また，シールを貼《は》った個体が死んでしまうと，シールを貼った個体の数が実際(30頭)より少なくなってしまう。したがって，①では実際の数よりも多く推定していると考えられる。　③　図より，シジミチョウは他のチョウより小型である。このため，他のチョウと同じ大きさのシールを貼った場合，シールの重さや大きさによって飛びにくくなったと考えられる。また，シジミチョウの翅《はね》は，表面は青色だが裏は灰色なので，青色のシールを貼ったことで目立つようになり，鳥などに食べられやすくなったとも考えられる。

4 季節と太陽の動きについての問題

問１　①　地球が西から東に１日に１回自転しているので，太陽は東からのぼって南の空を通り，西に沈《しず》むように見える。　②　(ウ)　日の出の時刻から南中時刻までの時間と，南中時刻から日の入りまでの時間は等しい。したがって，この日の日の出の時刻は，11：44－(18：24－11：44)＝５：04より，５：00が最も近い。　(エ)　南中時刻は，（５：28＋17：40）÷２＝11：34より，11：30が最も近い。　③　１年の中で最も日長《にっちょう》(昼の時間)が短くなる日を冬至という。　④　冬至の日の南中高度は，(90－その地点の緯度－23.4)で求められる。よって，この日の太陽の南中高度は，90－36－23.4＝30.6(度)になる。　⑤　８月から12月にかけて，太陽の南中高度はしだいに低くなるので，日付順に並べると，Ｂ(66.5度)→Ｄ(55.1度)→Ｃ(43.7度)→Ａ(30.6度)となる。

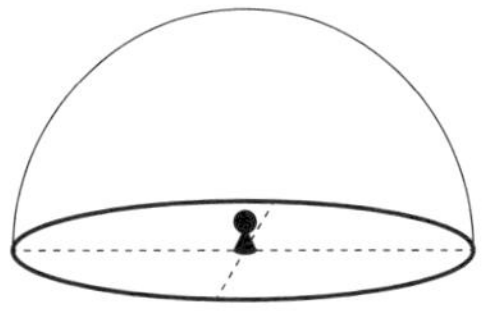

問２　①　太陽が真東からのぼって真西に沈むのは春分の日と秋分の日である。春休みに太陽の動きを調べているので，この日は春分の日（３月20日ごろ）と考えられる。　②　春分の日，北極では右の図のように，太陽は地平線上を一周するように見える。　③　南半球のシドニーでは，太陽は東からのぼり，北の空を通って西に沈む。３か月後は夏至の日のころであり，太陽は(お)のように，最も北寄りから出て，最も北寄りに沈む。

国　語　＜１日午前４科試験＞（60分）＜満点：100点＞

解　答

一　**問１**　ａ　オ　ｂ　ウ　ｃ　イ　**問２**　自分勝手のあらわれ　**問３**　(例)　老親への敬語。／(例)　商人への敬語。　**問４**　(例)　「本受けとりました」という表現は，本をもらった礼に使うことばとして不適切であるから。　**問５**　ア　**問６**　(例)　ことばのエリートであるはずの編集者が，正しく敬語を使えなくても世の中で通用するところ。　**問７**　(例)　敬語は相手を尊敬しているから用いるものだと考えているらしいところ。　**問８**　イ　**問９**　ウ　二　**問１**　ａ　ウ　ｂ　ア　ｃ　イ　**問２**　(例)　誤って，取り返しのつかないことをしてしまったかもしれないと思ったから。　**問３**　(例)　朱里はさぼっていたのに，真面目に応援旗をつくっていた松村さんのミスを責めたから。　**問４**　Ａ　(例)　自分に親しみを持っていた朱里に，自分との間に完全に境界線を引かれてしまいつらかった　Ｂ　(例)　自分が朱里に本当の気持ちを言ったことに後悔はない　**問５**　(例)　アクシデントを協力して乗り越えて，ようやく応援旗が完成したことをうれしく思う気持ち。　**問６**　(例)　朱里に本音を言わなかった。　**問７**　エ　**問８**　オ　**問９**　(例)　「境界線」はだれでも持っているが，それは自分でつくり出したものであり，自分自身でしか越えることができないものであるということ。　三　①～⑤　下記を参照のこと。　⑥　くうゆ　⑦　めがね　⑧　やおや　⑨　ことわ　⑩　こころよ　四　①　エ　②　ケ　③　キ　④　ス　⑤　オ　⑥　ウ　⑦　ク　⑧　ア　⑨　コ　⑩　イ　五　①　カ　②　ウ　③　ケ　④　オ　⑤　エ　⑥　サ　⑦　ク　⑧　コ　⑨　ア　⑩　キ

●漢字の書き取り

三 ① 訳　② 静養　③ 尊大　④ 易　⑤ 拡散

解　説

一 **出典は外山滋比古《とやましげひこ》の『国語は好きですか』による。**敬語は世界に誇《ほこ》るべきものだが，戦後は使われなくなってきているとして，国語の勉強では敬語の心を育むべきだと述べられている。

問１　a　前にある「こどものときのしつけ」の例として，後に「敬語」のしつけがあげられているので，具体的な例をあげるときに用いる「たとえば」が入る。　b　この学生について，敬語は尊敬する相手に対して使うものだと考えているらしいとして，筆者はあきれた気持ちを前で明らかにしている。後では，自分の先生にまで恥《はじ》をかかせたと非難しているので，前のことがらに別のことをつけ加えるときに使う「さらに」が合う。　c　敬語は複雑で，よほどしっかりしつけられないとうまく使いこなせないと当然の内容が続いているので，“まちがいなく”という意味の「たしかに」がよい。

問２　筆者は二つ後の段落で，人の行く手をぶつかるように横切るのは，「自分勝手のあらわれだと考えていい」と述べている。

問３　「両者」とは，直前で対比されている二つのものを指す。さらに，これらは「ていねいさに差」があるものなのだから，老親への敬語と，ていねいなことばを使う商人への敬語とを指しているものとわかる。

問４　続く段落に，筆者が「おもしろくない」と感じた理由が説明されている。「本を受けとる」という表現も，ただ「“本”と呼びすてにする」のも，この場にはふさわしくないとある。「本受けとりました」という表現が，本をもらった礼に使うことばとして不適切であるため，おもしろくないのである。

問５　「後味が悪い」とは，終わったものごとに対し，後悔《こうかい》や不快な感じが残るようす。敬語が使えない相手に適切な敬語の使い方を教えてやったことに対し，相手からは感謝の言葉などの反応は全くなく，「叱責《しっせき》のはがき」が余計なものだったように感じられて，いやな気持ちになったと思われる。よって，アが合う。

問６　この前で編集者でさえ正しく敬語が使いこなせていないと述べられている。「皮肉」は，遠回しに意地悪く言う表現。「ことばのエリート」であるはずの編集者が，正しく敬語を使えなくても「エディターでございます，と言っていられる」ことについて，皮肉をこめて「ありがたい」と言っているのである。

問７　同じ段落にあるように筆者は，この女子大学生の「敬語は相手を尊敬しているから用いるものだと考えているらしい」ところを，「無知」だと感じている。

問８　敬語が存在するという意味になるア，「ていねい語法」について述べていないウは合わない。エは，外国語の「ていねい語法」を「ものごとを美しく表現するための」ものとし，オは，外国では「相手への敬意を言葉で表現することができないので，態度によって表現する」としているが，いずれも本文にない内容で正しくない。

問９　アの「自分より他者の利益を優先する」，イの「自らが置かれた状況《じょうきょう》を観察することで」，エの「相手が理不尽《りふじん》な態度をとっても」，オの「決して自分の考えを述べないよう心がけるようになる」は，いずれも本文に書かれていない内容であり，合わない。

二 **出典は水野瑠見《みずのるみ》の『十四歳日和《さいびより》』所収の「ボーダレスガール」による。**仲よくしていた朱里《あかり》に本音を初めて言ったことで，「私」（葉子）は朱里とは距離《きょり》ができる一方，最近は距離を置いていたしおりと心が通じ合う。

問１　**a**　絵の具がしぶきのように散るようすを表すには，しぶきや雨が落ちるようすをいう「ぼつ」がふさわしい。　**b**　良い考えが瞬間的《しゅんかんてき》にひらめくようすを表すには，直感的に感じ取るようすをいう「ぴん(と)」が合う。　**c**　はずかしくなり，頬《ほお》が赤くほてったようすを表す言葉が入るので，頭や頬に血がのぼって赤くなるようすをいう「かっ(と)」がよい。

問２　「青ざめる」は，“恐《おそ》れや体調不良のために顔から血の気が引く”という意味。応援旗《おうえんき》に赤い絵の具で点々と染みをつくってしまい，「どうしよう」とうろたえていることからわかるとおり，松村さんは誤って取り返しのつかないことをしてしまったかもしれないと思い，青ざめたのである。

問３　「こんな時」とは，真面目に応援旗をつくっていた松村さんがミスしたときという意味になる。朱里はさぼっていたのに，自分のことをたなにあげ，真面目に応援旗をつくっていた松村さんが絵の具を応援旗にこぼしたミスを責めたので「おかしい」と「私」は感じている。

問４　朱里が去っていったことに対する「私」の心情を，前後に注意してまとめる。　**A**　「泣きたかった」のは，自分に親しみを持っていてくれた朱里に，自分との間に完全に「境界線」を引かれてしまい，つらかったからだと考えられる。　**B**　「泣かない，と思った」のは，自分が「朱里に本当の気持ちを言った」ことに後悔はない，という思いからだと後の部分からわかる。

問５　応援旗が完成したとき，みんなは声を合わせて「……終わったー！」と言っている。応援旗に赤色の絵の具を散らしてしまったというアクシデントに力を合わせて対処し，ようやく応援旗が完成したので，みんなのうれしいという思いが，いっせいに声に出たと考えられる。

問６　「境界線」を引いてきた「私」は，いつも「皆《みな》に合わせて，顔色を読んで，笑っているだけ」で，朱里に「本気で向き合おうとはしてこなかった」と自分をふり返っている。「境界線」とは本音の自分を守るために引くものであり，ぼう線②の発言まで「私」は朱里に本音を言わなかったのである。

問７　しおりと「こうしてふたりで帰るのは，いつぶりだろう」と少し前にあるので，最近の「私」は朱里たちのグループと仲よくし，しおりとは距離をとっていたことがわかる。この後しおりは，「私」に話しかけたかったが「私」に迷惑《めいわく》をかけたり無視されたりするのが怖《こわ》く，できなかったと言っているので，エが合う。

問８　おだやかな配色の空とさわやかなレモンを連想させる月のもと，しばらく距離を置いていたしおりとの間のわだかまりも消え，「私」は「心に，涼《すず》やかな風が吹く」ようにすっきりした気持ちでいると思われる。

問９　少し前にある，松村さんの笑顔を見て「私」が気づいた「境界線」についての思いをまとめる。「境界線」はだれでも持っているが，それは自分でつくったものであり，自分自身だけでしか越えることができないものだということに気づいたとある。

三 **漢字の書き取りと読み**

①　「訳」は，理由。音読みは「ヤク」で，「通訳」などの熟語がある。　②　心身を休めて，病気を治したり疲《つか》れをいやしたりすること。　③　いばってえらそうにふるまうようす。　④

音読みは「イ」「エキ」で，「容易」「貿易」などの熟語がある。　⑤　ほうぼうに散らばって広まること。　⑥　人や荷物を航空機で運ぶこと。　⑦　視力を調整したり目を保護したりするために，目にかけるレンズ。　⑧　野菜や果物を売る小売店。　⑨　音読みは「ダン」で，「断絶」などの熟語がある。訓読みにはほかに「た(つ)」がある。　⑩　音読みは「カイ」で，「快適」などの熟語がある。

四 漢字の書き取りと部首

①　音読みは「テイ」「ジョウ」で，「決定」「定石」などの熟語がある。「うかんむり」を部首に持つ漢字には，ほかに「宇」「安」などがある。　②　音読みは「カン」で，「関係」などの熟語がある。訓読みにはほかに「せき」がある。「もんがまえ」を部首に持つ漢字には，ほかに「間」「開」などがある。　③　「次回」は，次の回。「次」の音読みにはほかに「シ」があり，「次第」などの熟語がある。訓読みには「つぎ」「つ(ぐ)」がある。「あくび」を部首に持つ漢字には，ほかに「歌」「欲」などがある。　④　音読みは「ヘン」で，「返信」などの熟語がある。「しんにょう」を部首に持つ漢字には，ほかに「進」「退」などがある。　⑤　音読みは「ベツ」で，「別居」などの熟語がある。「りっとう」を部首に持つ漢字には，ほかに「列」「判」などがある。
⑥　音読みは「ソク」で，「測定」などの熟語がある。「さんずい」を部首に持つ漢字には，ほかに「海」「池」などがある。　⑦　音読みは「テイ」で，「底面」などの熟語がある。「まだれ」を部首に持つ漢字には，ほかに「広」「店」などがある。　⑧　「胃」は食べたものを消化する内臓で，食道の下にある。「胃」の訓読みはない。「にくづき」を部首に持つ漢字には，ほかに「腸」「肺」などがある。　⑨　音読みは「シュク」「シュウ」で，「祝日」「祝言」などの熟語がある。「しめすへん」を部首に持つ漢字には，ほかに「神」「礼」などがある。　⑩　音読みは「ヘン」で，「編集」などの熟語がある。「いとへん」を部首に持つ漢字には，ほかに「組」「経」などがある。

五 慣用句の意味と用法

①　「とりつく島も無い」は，“頼《たよ》りにしてすがるところもない”という意味。相談や頼《たの》みごとをしたが相手にされなかったときなどに使う表現である。　②　「肩《かた》を落とす」は，“がっかりして，力が抜けて肩がたれ下がる”という意味。「肩を落とした」と過去形にして入れるとよい。　③　「藪《やぶ》から棒」は，出しぬけにものごとをすること。ここでは，「藪から棒に」と助詞を入れて使う。　④　「目を丸くする」は，“目を見開いておどろく”という意味。「目を丸くした」と過去形で使うとよい。　⑤　「一目置く」は，“優《すぐ》れていると認める”という意味。　⑥　「胸が高鳴る」は，“期待や希望でわくわくする”という意味。　⑦　「目をみはる」は，“おどろいたり感心したりして目を大きく見開く”という意味。　⑧　「目を皿のようにする」は，“おどろいたり，探しものをしたりするときに，目を大きく見開く”という意味。ここでは「目を皿のようにして」という形で使う。　⑨　「腕《うで》を磨《みが》く」は，”熱心に練習して力をつける”という意味。ここでは，これまでの「私」のようすを表しているので，「腕を磨いてきた」とする。　⑩　「足を引っ張る」は，“人の行動やものごとの進行のじゃまをする”という意味。

2023年度 普連土学園中学校

【算　数】〈１日午後算数試験〉(50分)〈満点：100点〉

※ 円周率は3.14として計算しなさい。

次の問いに答えなさい。

(1) $1.4\times\left(1\dfrac{2}{3}+1.25\right)\div\left(2\dfrac{8}{15}-\dfrac{1}{5}\right)$ を計算し，帯分数で答えなさい。

(2) $12\times6.28-40\times0.314+3\times31.4$ を計算しなさい。

(3) $\left\{8\dfrac{1}{2}-\left(\square+1\dfrac{5}{6}\right)\right\}\div\dfrac{2}{15}=30$ の計算で，$\square$ に入る帯分数を答えなさい。

(4) 6575分を日，時間，分を使って表します。何日何時間何分ですか。

(5) 単位の計算について，$36\text{cm}\times0.45\text{m}+\square\text{cm}\times0.6\text{m}=0.3\text{m}^2$ が成り立つように，$\square$ に入る整数を答えなさい。

(6) $\dfrac{2}{2+\dfrac{1}{\square}}=\dfrac{6}{7}$ の計算で，$\square$ に入る整数を答えなさい。

(7) $2\times4\times8\times5\times50\times250$ は何桁《けた》の整数ですか。

(8) 400mのロープがあります。このロープに5m間隔でリボンを結びます。リボンは何本必要ですか。ただし，両端にリボンは付けません。

(9) 生徒10人に20点満点の算数計算テストを行いました。次の資料はその得点です。中央値は何点ですか。

【 13, 15, 11, 20, 15, 11, 7, 17, 15, 9 (点) 】

(10) 時速 4km の速さで 50 分かかった道のりを，分速 200m の速さで走ったときにかかる時間は何分何秒ですか。

(11) アメとガムが合計 35 個あり，差が 11 個です。ガムの個数の方が少ないとき，ガムは何個ですか。

(12) 印がついた角の大きさの合計は何度ですか。

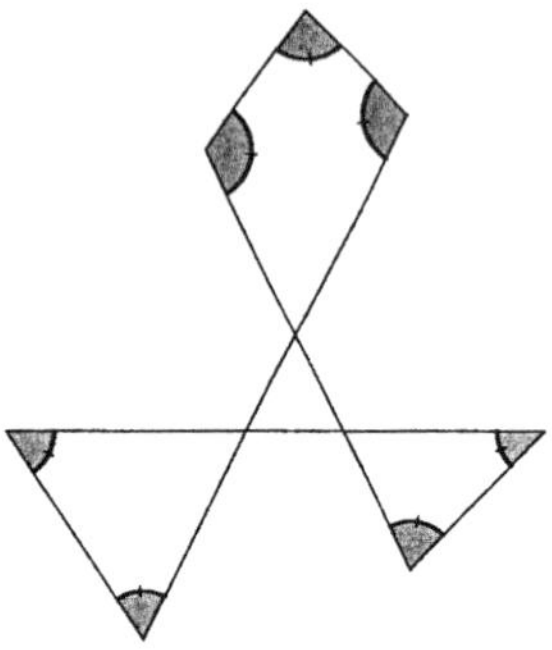

(13) ある分数があります。この分数は分子に 4 を足して約分すると $\frac{5}{8}$ になり，もとの分数の分子から 3 を引いて約分すると $\frac{1}{3}$ になります。ある分数はいくつですか。

(14) 50 円玉と 500 円玉が合わせて 15 枚あります。合計金額が 4350 円のとき，50 円玉は何枚ありますか。

(15) ある仕事を，A さんは 12 日で，B さんは 15 日で終わらせることができます。二人一緒に仕事をしたら，何日目に終わりますか。

(16) 図の立体は直方体から直方体を取り除いた立体です。この立体の体積は何 cm^3 ですか。

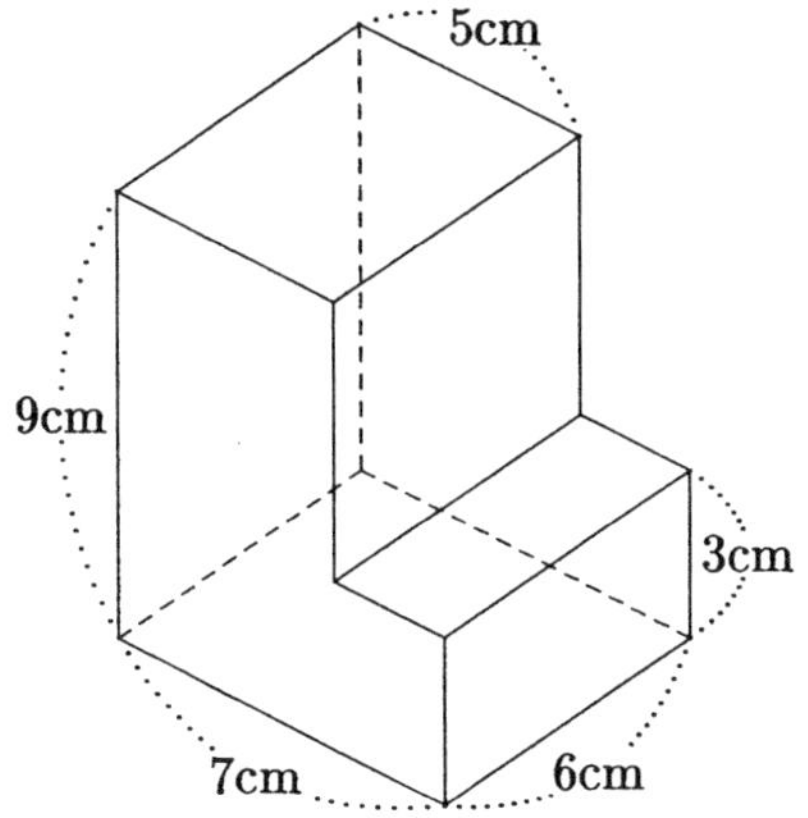

(17) 現在，母と子の年令の和は 48 才で，2 年後に母の年令が子の年令の 3 倍になります。現在の子の年令は何才ですか。

(18) 3 %の食塩水 180g に 5 %の食塩水を混ぜたら，4.2 %になりました。5 %の食塩水は何 g 混ぜましたか。

(19) 線路と道路が平行にまっすぐに並んでいます。時速 42km で走る 200m の貨物列車を，時速 60km で走る 5m のトラックが完全に追い越すのに何秒かかりますか。

(20) 辺 AB と辺 AC の長さが等しい二等辺三角形 ABC を，図のように点 B を中心に反時計回りに 26 度回転させて三角形 DBE をつくりました。このとき，角アの大きさを答えなさい。

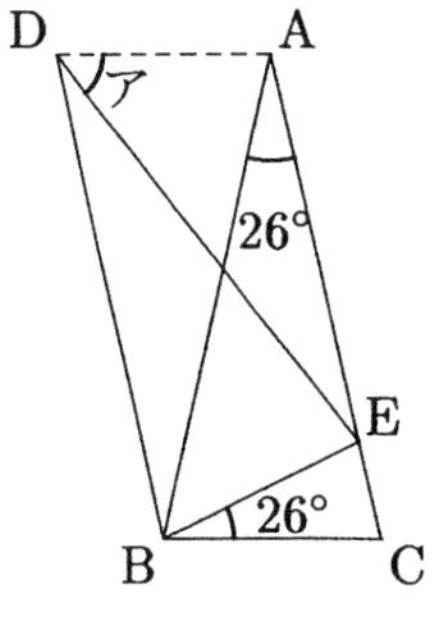

(21) 【A】は A 以下の最も大きい整数を表すとします。このとき，【2.9 × 8】－【2.9】× 8 を計算しなさい。

(22) 友子さんの算数の平均点は，前回までで 74 点でしたが，今回 90 点をとったので，平均点が 76 点に上がりました。算数のテストは今回をふくめて何回行われましたか。

(23) 時計の針が 7 時 22 分を指すとき，長針と短針がつくる角で小さい方の角の大きさは何度ですか。

(24) メロンとスイカが合わせて 120 個あります。メロンの個数の $\dfrac{4}{7}$ とスイカの個数の $\dfrac{1}{3}$ を合わせると 60 個になります。もともとメロンは何個ありましたか。

(25) 3 種類の重り○，△，□があります。天びんの左側に△ 1 個と□ 1 個を乗せ，右側に○ 2 個を乗せたら，天びんがつり合いました。また，天びんの左側に△ 1 個を乗せ，右側に□ 3 個を乗せたら，天びんがつり合いました。このとき，重り○，△，□の重さの比を最も簡単な整数の比で答えなさい。

(26) 町子さんは，15 才で 2 万円，16 才で 3 万円，17 才で 4 万円，…，44 才で 31 万円と，15 才から 44 才まで 1 年ごとに 1 万円多くなるように 30 年間貯金することにしました。合計貯金額は何万円になりますか。

(27) ある商品に 5 割の利益を見込んで定価を決めましたが，売れなかったので 2 割引しました。しかし，それでも売れないためその値段からさらに 3 割引しました。その結果，1008 円で売れました。この商品の原価は何円ですか。

(28) 静水時の速さが時速 15km の船があります。この船で一定の速さで流れる川を 30km 上るのに 2 時間 30 分かかります。この船で同じ川を 27km 下るのに何時間何分かかりますか。

(29) $\dfrac{\square + 27}{\square - 30} = 20$ が成り立つように，$\square$ に入る整数を答えなさい。ただし，$\square$ には同じ整数が入ります。

(30) 勉強会に参加した生徒に，アメ 252 個，ガム 343 個，チョコ 379 個を平等に分けようとしたところ，アメはちょうど，ガムは 19 個余り，チョコは 17 個不足しました。生徒は何人いましたか。

(31) 1 から 100 までの整数の中で，約数がちょうど 3 つである整数は何個ありますか。

(32) 大小 2 つのサイコロを同時に投げて，出た目の和と同じ数だけ下の図の円周上を頂点 A から A → B → C → D → E → A → ⋯ の順に進むとき，B の位置にくる場合は何通りありますか。

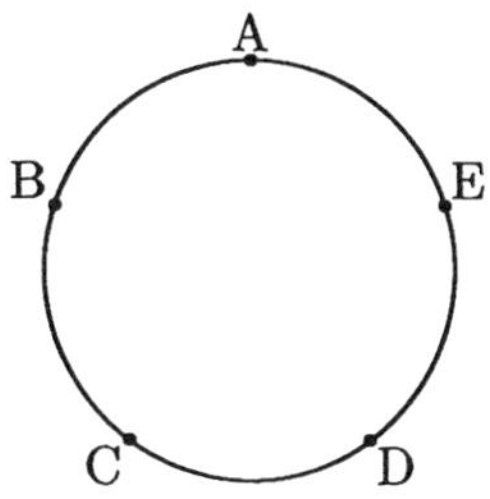

(33) あるクラブの生徒に聞いたところ，姉がいる生徒は 9 人，妹がいる生徒は 7 人，姉も妹もいる生徒は 3 人で，姉も妹もいない生徒は妹だけいる生徒の 5 倍でした。このクラブの生徒は何人ですか。

(34) 姉と妹の所持金からそれぞれ 100 円ずつ減らすと，姉と妹の残りの所持金の比は 7 : 4 になりますが，もとの所持金にそれぞれ 150 円ずつ加えると，姉と妹の所持金の比は 4 : 3 になります。姉と妹のもとの所持金の比を最も簡単な整数で答えなさい。

(35) 整数がある規則で並んでいます。

$$1, 2, 11, 3, 21, 111, 4, 31, 211, 1111, 5, \cdots$$

はじめて 10 桁《けた》の整数が現れるのは，最初から数えて何番目ですか。

(36) 三角形ABCの面積は20cm^{2}です。図の塗《ぬ》りつぶされた部分の面積の合計は何cm^{2}ですか。ただし，直線上の点は点Oから均等にとってあるものとします。

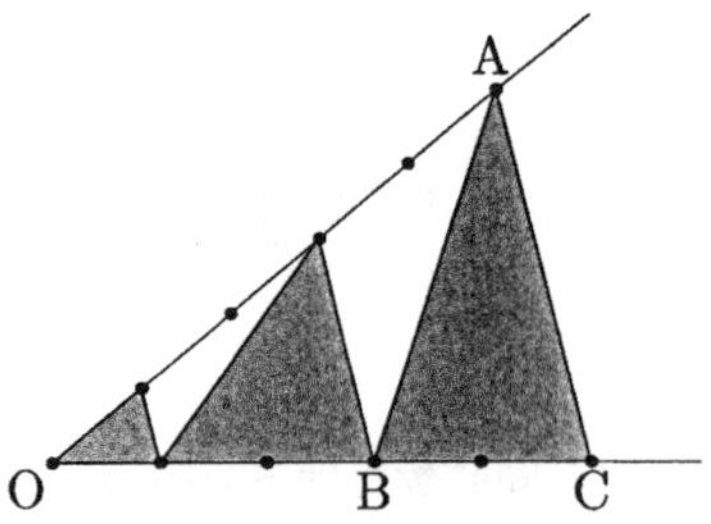

(37) ある池をAさんは10分で6周し，Bさんは10分で8周します。同じペースでずっと進むとき，2人が同時に同じ地点から同じ向きに出発したとすると，Bさんがはじめて Aさんを追い越すのは，Bさんが何周したときですか。

(38) あるクラスの生徒にアメを1人9個ずつ配ると7個余り，1人に11個ずつ配ると1人は5個しかもらえず，5人は1個ももらえませんでした。アメは何個ありましたか。

(39) 101本のジュースがあります。このジュースの空き瓶《びん》を6本お店に返すと1本の新しいジュースがもらえます。これを繰り返すとき，合計で何本のジュースを飲むことができますか。

(40) 三角形ABCと三角形DEFは角Aと角Dが直角の直角二等辺三角形です。点D,E,Fはそれぞれ辺AC,AB,BC上にあります。ADの長さが3cm，AEの長さが7cmのとき，三角形ABCの面積は何cm^{2}ですか。小数で答えなさい。

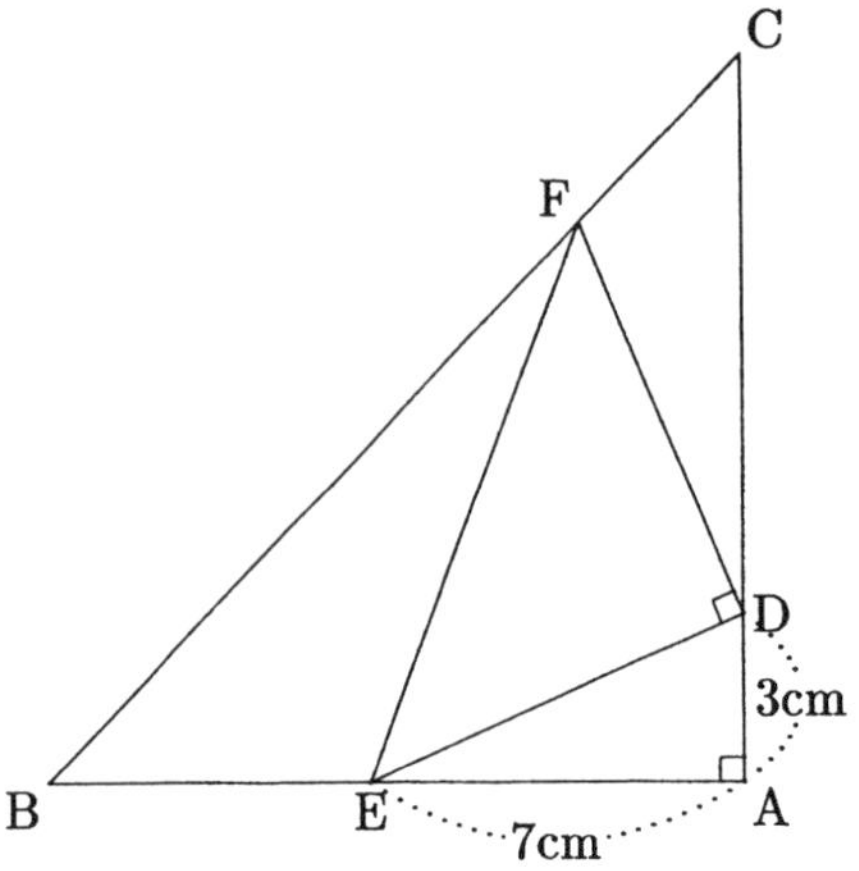

(41) ある池をAさんは3分で1周し，Bさんは4分で1周します。同じペースでずっと進むとき，2人が同時に同じ地点から同じ向きに出発したとすると，Aさんがはじめて Bさんを追い越すのは，Aさんが何周したときですか。

(42) 牧場に山羊《やぎ》を放して牧草を食べさせます。13頭の山羊を放すと4日間で食べ終わり，10頭の山羊を放すと6日間で食べ終わります。6頭の山羊を放すと何日間で食べ終わりますか。

(43) 100から300までの整数の中で，5で割ると4余り，6で割ると5余る整数は全部で何個ありますか。

(44) 図の正六角形ABCDEFは面積が $54cm^2$ です。2つの辺AFと辺DEを延長した線が交わった点をGとするとき，三角形ABGの面積は何 cm^2 ですか。

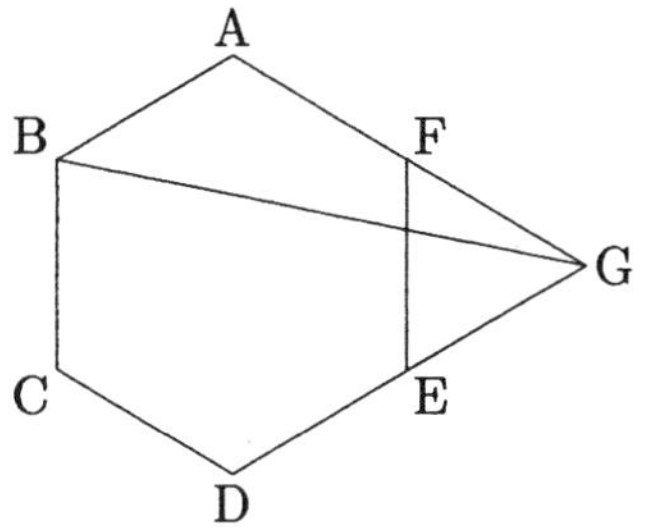

(45) 三太さんと友子さんが自転車で走っています。三太さんがペダルを5回転こぐ間に，友子さんは4回転こぎます。また，三太さんの自転車のペダルが6回転して進む道のりを，友子さんの自転車は7回転で進みます。132m先を走っている友子さんに三太さんが追いつくためには，三太さんは何m走ればよいですか。

(46) 3でも5でも割り切れない1以上の整数が小さい順に並んでいます。

1, 2, 4, 7, 8, 11, 13, 14, 16, 17, 19, ･･･

このとき，2023番目の整数を求めなさい。

(47) 図のような円柱状の台地があります。円柱の半径は10mで，その中央に半径5mの円の穴を掘っていきます。掘り出した土は，掘っていない部分に均等に積み上げていくこととします。もともとの台地があった高さから10m分の穴を掘ったとき，穴の周囲はもともとの台地の高さより何m高い位置になりますか。帯分数で答えなさい。

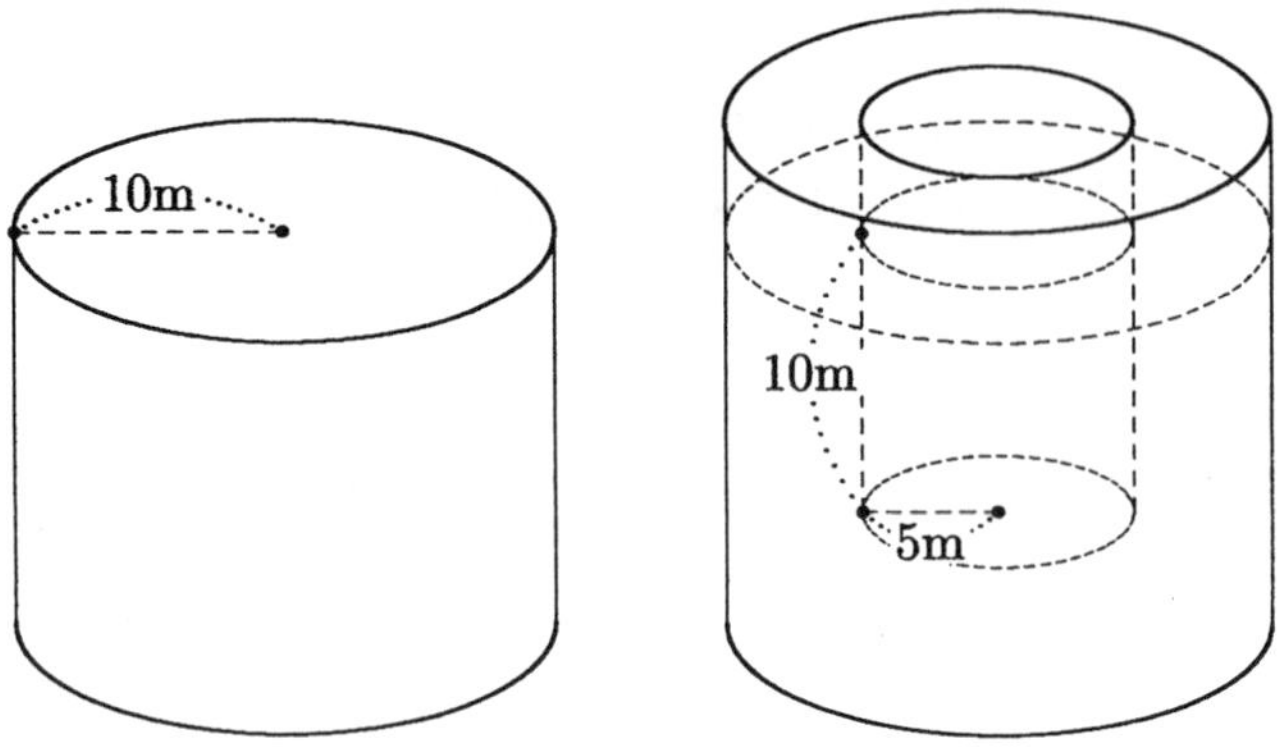

(48) 4連続の整数をかけ算した結果，160の倍数となりました。この条件をみたす4連続の整数の最小の組み合わせの中で，一番小さい整数を答えなさい。

(49) 毎週水曜日に放送されるテレビ番組があります。第25回の放送が2月8日水曜日のとき，第1回の放送は何月何日ですか。

(50) 7階建てのマンションの2階以上に住んでいる3人が，1階で同時に同じエレベーターに乗りました。そして，同時に自分の家のフロアのボタンを押しました。押されたボタンは光ります。ボタンの光り方は何通りありますか。ただし，全員が違うフロアに住んでいるとは限りません。

2023年度

普連土学園中学校

▶解　答

※　編集上の都合により，１日午後算数試験の解説は省略させていただきました。

算　数　＜１日午後算数試験＞（50分）＜満点：100点＞

解　答

(1)　$1\frac{3}{4}$　(2)　157　(3)　$2\frac{2}{3}$　(4)　４日13時間35分　(5)　23　(6)　３　(7)　７桁　(8)　79本　(9)　14点　(10)　16分40秒　(11)　12個　(12)　540度　(13)　$\frac{11}{24}$　(14)　７枚　(15)　７日目　(16)　306cm^3　(17)　11才　(18)　270ｇ　(19)　41秒　(20)　51度　(21)　７　(22)　８回　(23)　89度　(24)　84個　(25)　２：３：１　(26)　495万円　(27)　1200円　(28)　１時間30分　(29)　33　(30)　36人　(31)　４個　(32)　７通り　(33)　33人　(34)　３：２　(35)　55番目　(36)　34cm^2　(37)　４周　(38)　313個　(39)　121本　(40)　84.5cm^2　(41)　４周　(42)　18日間　(43)　７個　(44)　18cm^2　(45)　420ｍ　(46)　3793　(47)　$3\frac{1}{3}$ｍ　(48)　13　(49)　８月24日　(50)　41通り

Dr.福井の
入試に勝つ！脳とからだのウルトラ科学

勉強が楽しいと，記憶力も成績もアップする！

みんなは勉強が好き？　それとも嫌い？――たぶん「好きだ」と答える人はあまりいないだろうね。「好きじゃないけど，やらなければいけないから，いちおう勉強してます」という人が多いんじゃないかな。

だけど，これじゃダメなんだ。ウソでもいいから「勉強は楽しい」と思いながらやった方がいい。なぜなら，そう考えることによって記憶力がアップするのだから。

脳の中にはいろいろな種類のホルモンが出されているが，どのホルモンが出されるかによって脳の働きや気持ちが変わってしまうんだ。たとえば，楽しいことをやっているときは，ベーターエンドルフィンという物質が出され，記憶力がアップする。逆に，イヤだと思っているときには，ノルアドレナリンという物質が出され，記憶力がダウンしてしまう。

要するに，イヤイヤ勉強するよりも，楽しんで勉強したほうが，より多くの知識を身につけることができて，結果，成績も上がるというわけだ。そうすれば，さらに勉強が楽しくなっていって，もっと成績も上がっていくようになる。

でも，そうは言うものの，「勉強が楽しい」と思うのは難しいかもしれない。楽しいと思える部分は人それぞれだから，一筋縄に言うことはできないけど，たとえば，楽しいと思える教科・単元をつくることから始めてみてはどうだろう。初めは覚えることも多くて苦しいときもあると思うが，テストで成果が少しでも現れたら，楽しいと思えるきっかけになる。また，「勉強は楽しい」と思いこむのも一策。勉強が楽しくて仕方ない自分をイメージするだけでもちがうはずだ。

Dr.福井（福井《ふくい》一成《かずしげ》）…医学博士。開成中・高から東大・文Ⅱに入学後，再受験して翌年東大・理Ⅲに合格。同大医学部卒。さまざまな勉強法や脳科学に関する著書多数。

2023 年度 普連士学園中学校

【算　数】〈２日午後２科試験〉（50分）〈満点：100点〉

〔注意〕 解答欄《らん》に「式」とある場合には，式や考え方も書きなさい。

〈編集部注：実物の入試問題では，**3**の図はカラー印刷です。〉

1 次の □ にあてはまる数を求めなさい。

(1) $\dfrac{9}{14}+\dfrac{4}{13}-\dfrac{4}{9}+\dfrac{5}{26}+\dfrac{17}{18}-\dfrac{1}{7}=\square$

(2) $6.125\div\left(1.75+2\dfrac{1}{3}\right)-3\dfrac{1}{3}\div\left(\square\div1.125\right)=0.25$

2 次のように，ある規則にしたがって分数が並べられています。このとき，下の問いに答えなさい。

$\dfrac{1}{1}$, $\dfrac{2}{2}$, $\dfrac{3}{2}$, $\dfrac{4}{3}$, $\dfrac{5}{3}$, $\dfrac{6}{3}$, $\dfrac{7}{4}$, $\dfrac{8}{4}$, $\dfrac{9}{4}$, $\dfrac{10}{4}$, $\dfrac{11}{5}$, …

(1) 左から31番目にある分数はいくつですか。

(2) 分母が13である分数をすべて足すといくつになりますか。

(3) 約分すると整数となる分数を取り出して左から順に並べます。１番目の分数は $\dfrac{1}{1}$，２番目の分数は $\dfrac{2}{2}$，３番目の分数は $\dfrac{6}{3}$ です。このとき，５番目の分数と17番目の分数はいくつですか。約分せずにそのまま答えなさい。

3 広場に１辺３mの正三角形ABCの柵《さく》があり，１m間隔《かく》で杭《くい》が打たれています。杭に４mの長さのひもでイヌがつながれており，イヌは柵の内側には入れませんが，柵の外を自由に動き回ることができます。ただし，ひもの太さやイヌの大きさは考えないものとし，円周率は3.14とします。このとき，次の問いに答えなさい。

(1) 右の図のように，ひもが頂点Aの位置にある杭につながれているとき，イヌが動くことのできる範囲を解答欄の図にかきこみ，斜線をひきなさい。また，その範囲の面積を求めなさい。

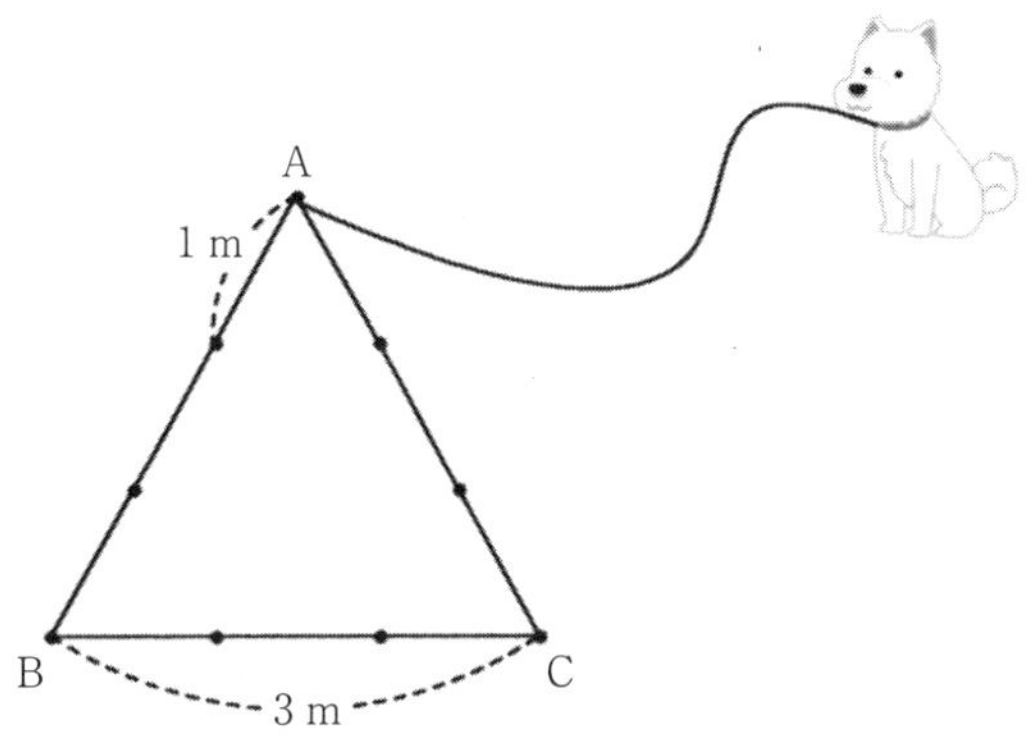

(2) 次のページの図のように，ひもが辺ABを３等分する点のうち，Aに近い点Pの位置にある杭につながれているとき，イヌが動くことのできる範囲を解答欄の図にかきこみ，斜線をひきなさい。また，その範囲の面積を求めなさい。ただし，答えは四捨五入して，小数第２位まで求めなさい。

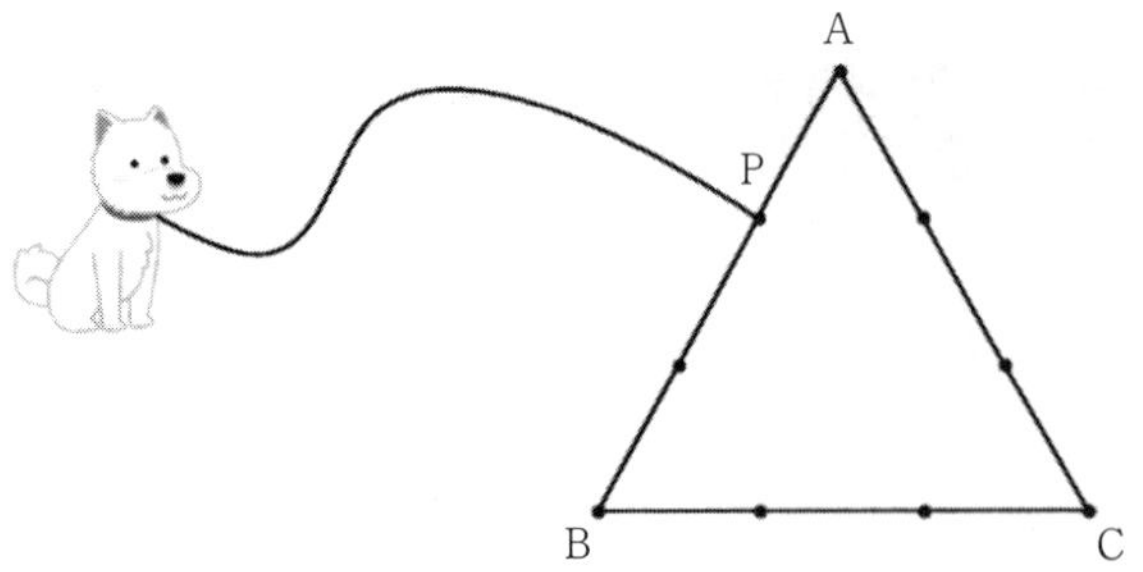

4　次のグラフ①～⑤はＡさんとＢさんがＰ地点とＱ地点の間を移動しているときのＰ地点からの距離と時間を表したものです。このとき，下の問いに答えなさい。

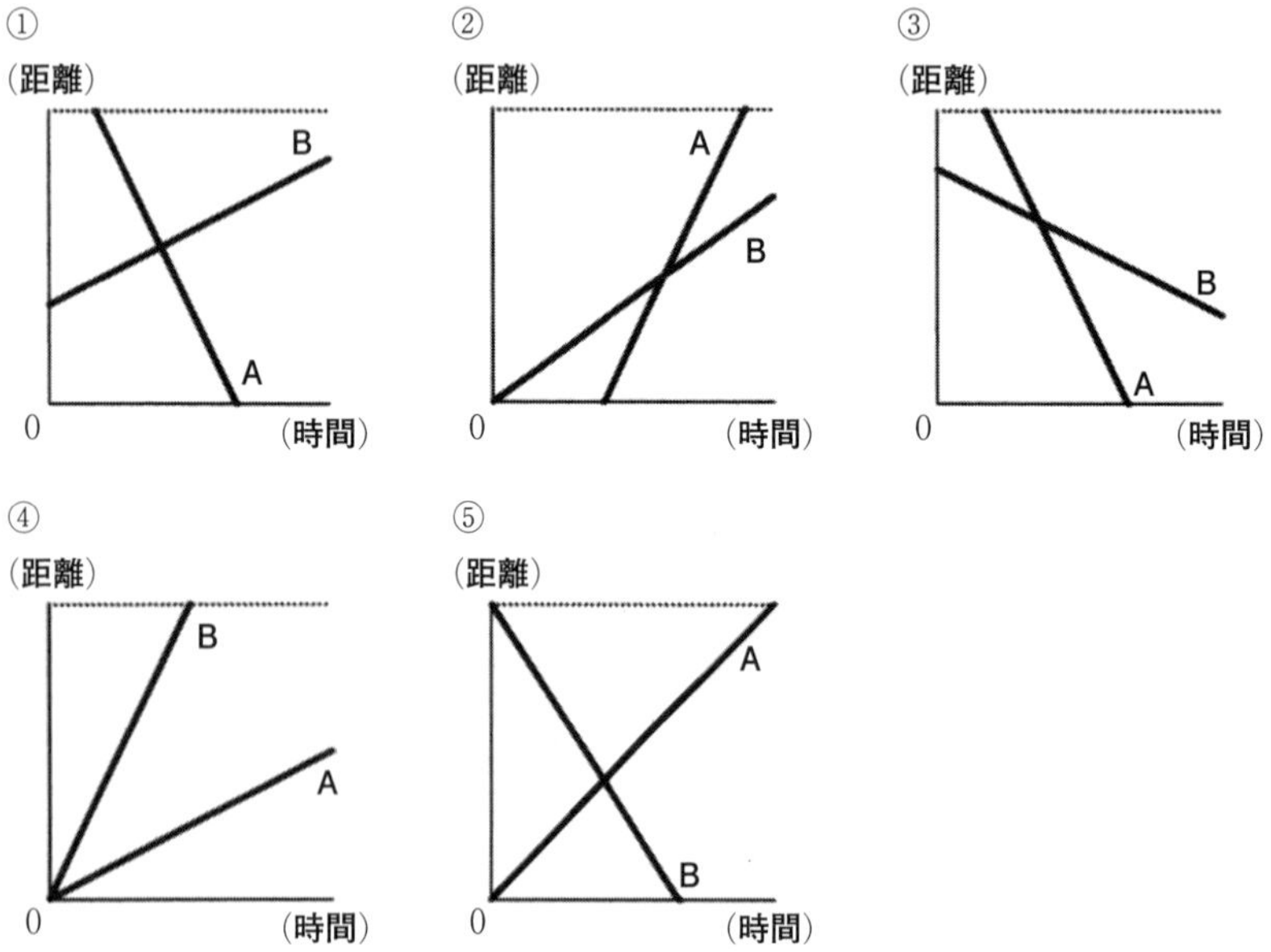

(1)　ＡさんとＢさんが同じ方向に進んでいる様子を表しているグラフをすべて選びなさい。

(2)　ＡさんとＢさんが出会った様子を表しているグラフをすべて選びなさい。

(3)　ＡさんがＢさんに追いついた様子を表しているグラフをすべて選びなさい。

(4)　ＢさんがＡさんよりも速いことがわかるグラフをすべて選びなさい。

5　あるお店で，みかんとりんごを売っています。このお店では，みかんとりんごを同時に１個ずつ買うと，１セットとして20円値引きしてもらえます。みかん10個とりんご６個を買うと1340円です。りんご１個の値段は110円です。このとき，次の問いに答えなさい。

(1)　みかん１個の値段は何円ですか。

(2)　友子さんはりんごをみかんの半分の個数だけ買い5250円払いました。りんごを何個買いましたか。

(3)　町子さんと三太さんはどちらもみかんを16個買い，りんごは三太さんの方が町子さんより６個少なく買ったので，三太さんは町子さんより580円少なく払いました。町子さんは何円払いましたか。

6 線をたどって2つの地点を移動するときの最短経路と最長経路を考えます。ただし，一度通った線は通れないものとします。例えば，図1で地点Pから地点Qまで移動することを考えると，図2の**ア**は最短経路を，**イ**は最長経路の一つを表しています。

図1

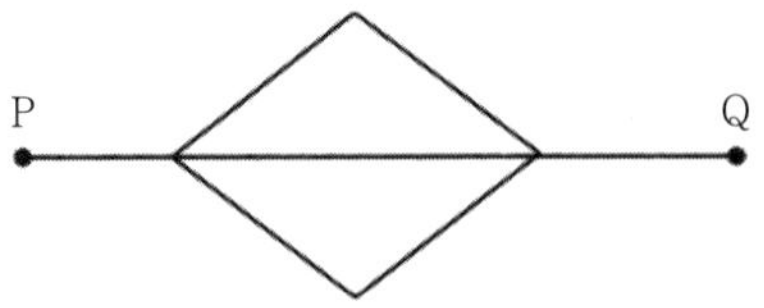

図2

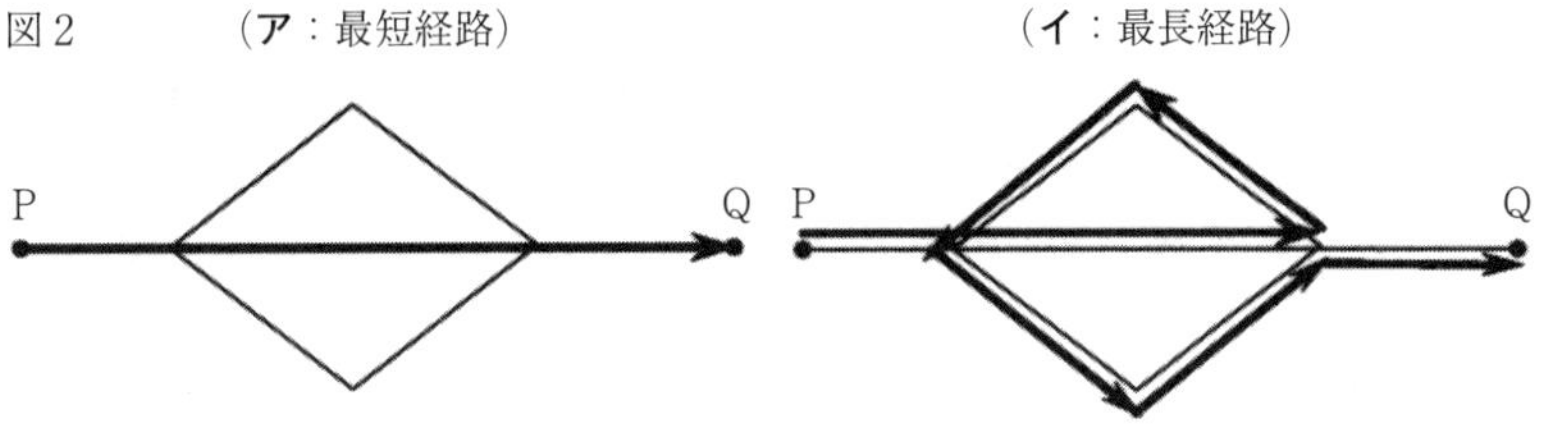

図3で地点Aから地点Bまで移動します。このとき，下の問いに答えなさい。

図3

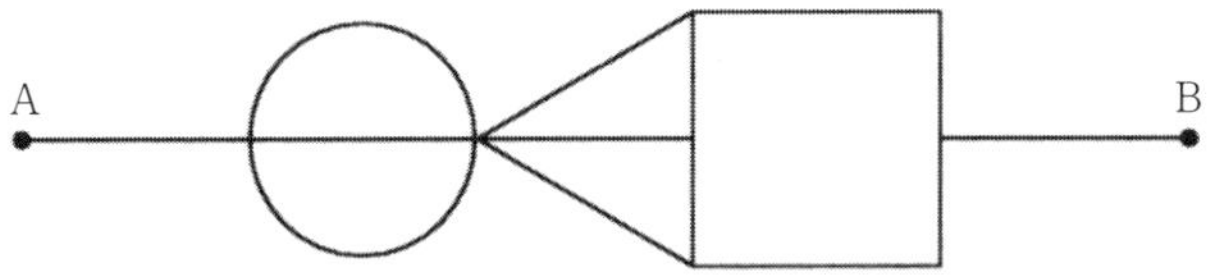

(1) 最短経路を解答欄の図に1通りだけかきなさい。また，全部で何通りあるか答えなさい。

(2) 最長経路を解答欄の図に1通りだけかきなさい。また，全部で何通りあるか答えなさい。

7　平らな地面に，垂直に高さ４ｍの街灯が立っています。このとき，次の問いに答えなさい。ただし，棒や壁は地面に垂直に立っているものとし，棒の太さや壁の厚さは考えないものとします。

図１

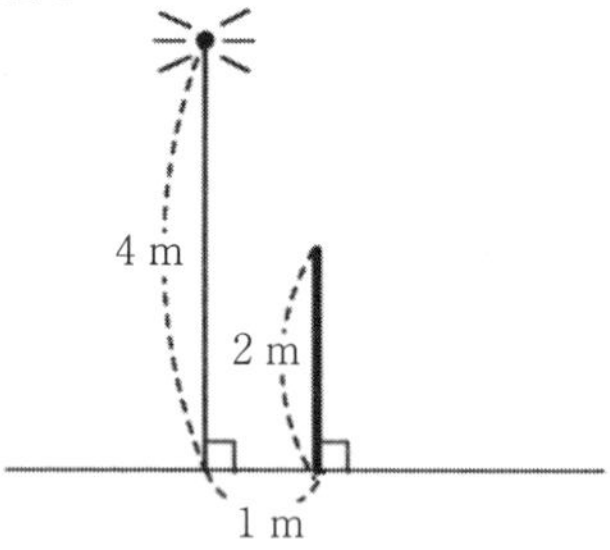

(1)　図１のように棒が立っているとき，地面にできる影の長さは何ｍですか。

(2)　図２のように長方形の壁が１枚あるとき，地面にできる影を解答欄の図にかきこみ，斜線をひきなさい。また，その影の面積は何m^2ですか。

図２　(ななめ上からみた図)　　　　(上からみた図)

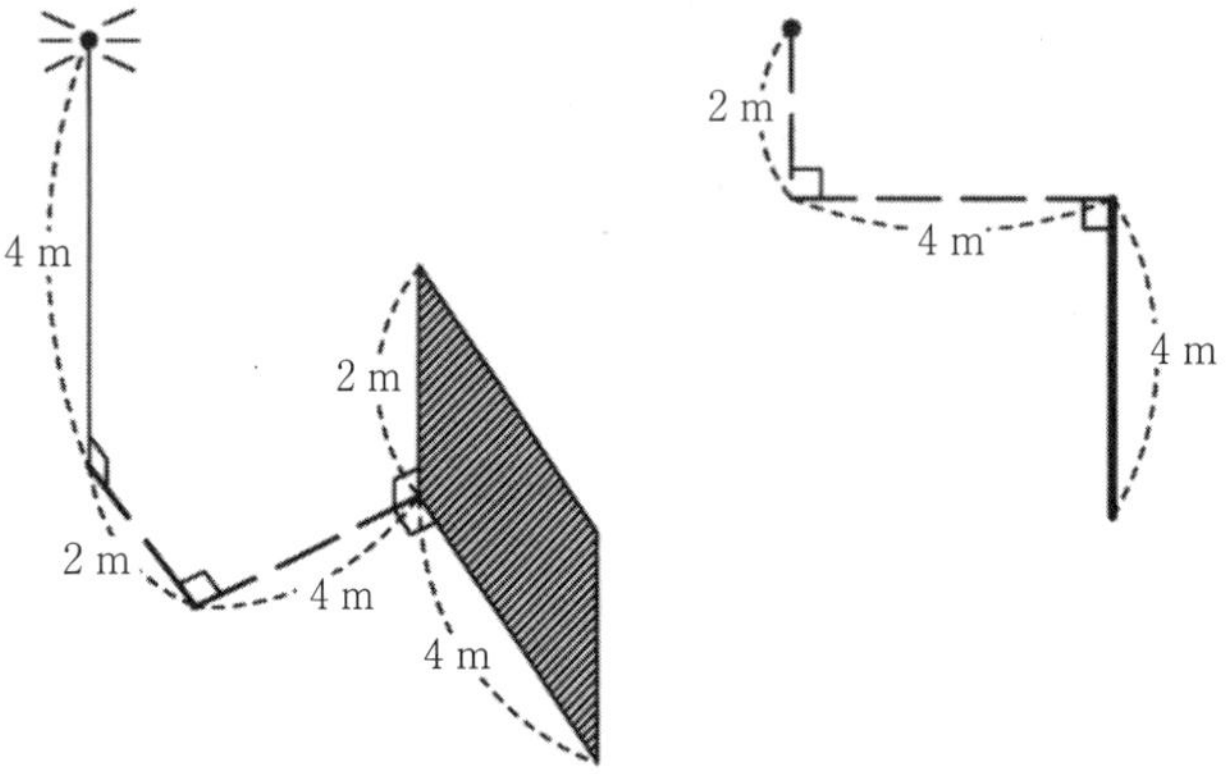

(3)　図３のように長方形の壁を４枚使って立体を作ります。立体は上からみると正方形になっています。地面にできる影を解答欄の図にかきこみ，斜線をひきなさい。また，その影の面積は何m^2ですか。ただし，壁にかこまれた地面にも影ができるものとします。

図３　(ななめ上からみた図)　　　　(上からみた図)

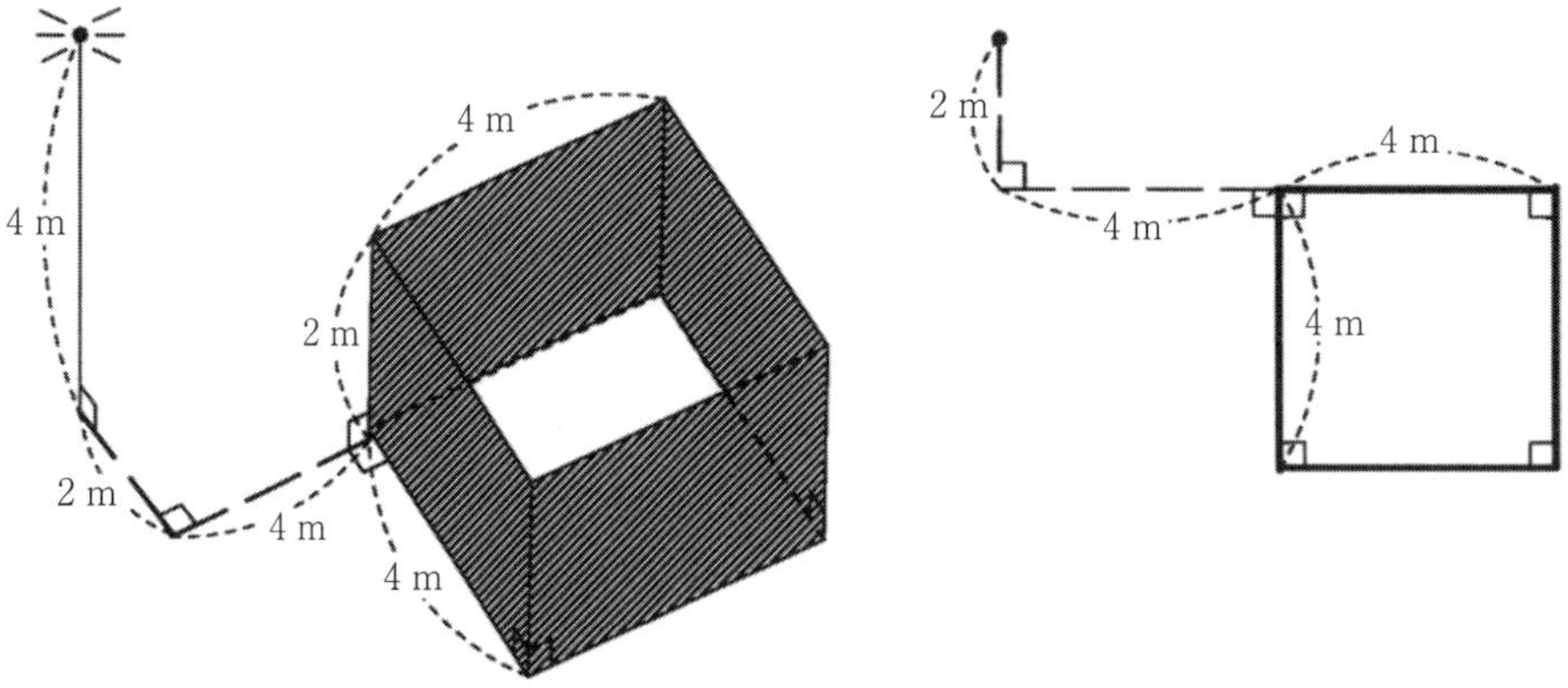

(4)　(3)について，街灯の高さが６ｍのとき，影の面積は何m^2ですか。

⑤
B　計画には彼《かれ》が一枚［　　］でいる。
A　教養を鼻に［　　］。
B　腕《うで》によりを［　　］た料理。

ア　自慢《まん》する。
イ　人の振《ふ》る舞《ま》いなどがうっとうしく感じられる。
ウ　後悔《かい》する。
エ　前もって念をおす。
オ　仕事や役目が本人に見合っている。
カ　うまくいったことがくり返されると期待する。
キ　くわだて、事件などに関係を持つ。

五

次の①～⑩の言葉に続けるのに最も適当な文を後のア～サから選び、それぞれ記号で答えなさい。

①　さっぱり
②　必ずしも
③　とんだ
④　なぜ
⑤　あらゆる
⑥　どうぞ
⑦　もし
⑧　いくら
⑨　たいした
⑩　たった

ア　そんないたずらをするのか。
イ　怪《け》我《が》でなくて良かった。
ウ　こちらへおいでください。
エ　一度だけ会った人だ。
オ　可能性を考える。
カ　正しいとはかぎらない。
キ　勝ったらとてもうれしい。
ク　探しても見つからない。
ケ　見当がつかない。
コ　太陽がまぶしい。
サ　勘《かん》ちがいをして笑われた。

自分がそのときに望んでいることを代弁してくれている部分もあるから。

オ　茉莉香のついたうそを、うそと知りながらもそのまま受け入れることで、自分が少しでも茉莉香に近づきたいと考えているから。

問十　――線⑨「泣き笑いのような顔をして」とありますが、このときの「咲ちゃん」の気持ちとして最も適当なものを次のア～オから選び、記号で答えなさい。

ア　自分を助けてくれたむっちゃんへの感謝と、大切な友だちであるむっちゃんにしてしまったことへの後悔《こうかい》が入り交じった気持ち。

イ　理想の姿からはほど遠い今の自分に悲しい気持ちを抱《いだ》くとともに、そんな自分を変えてくれたむっちゃんがいることにほっとした気持ち。

ウ　むっちゃんのようになりたいと思う気持ちを断《た》ち切り、自分の性格を前向きにとらえて生きようと決意したものの、本心ではまだ整理がつかず混乱している気持ち。

エ　むっちゃんと話をしたことで、自分はまだむっちゃんに今までのことを謝《あやま》っていないと気づき、むっちゃんへの申し訳なさと自分への情けなさが一気にこみ上げる気持ち。

オ　茉莉香が転校してきたことで、むっちゃんとの仲が悪くなってしまったが、むっちゃんと以前のように付き合うことができると分かって喜ばしい気持ち。

三

次の①～⑩の――線部のカタカナは漢字に、漢字はひらがなにそれぞれ直しなさい。

①　学習する際の姿勢と学力とのインガ関係を調べたい。

②　健康のため脂肪《しぼう》とトウの摂《と》りすぎには注意が必要だ。

③　フンマツの調味料で味付けする。

④　海の研究から都心にもヒガタがあることが分かった。

⑤　技術力の向上をハカる。

⑥　学生の本分は学問を修めることにある。

⑦　アメリカが優勝した表彰《しょう》式で星条旗が掲《かか》げられた。

⑧　飲み薬を処方された。

⑨　キリスト教のなかにも色々な宗派がある。

⑩　国内最大規模のファッションショーが行われる。

四

後の①～⑤のAとBは、どちらも慣用表現をふくんだ文です。例にならって、次の問に答えなさい。

問一　A、Bの空欄《らん》には共通する言葉が入ります。それぞれその言葉を言い切りの形に直し、ひらがなで答えなさい。

問二　Aの□をふくむ慣用表現の意味を後のア～キから選び、それぞれ記号で答えなさい。

例　A　もっともな意見に「なるほど」と膝《ひざ》を□た。
　　B　ポイントがつくならその金額で手を□う。
　　問一　共通する言葉………答　うつ
　　問二　Aの慣用表現の意味……答　感心する。

①　A　一度味を□たらやめられない。
　　B　業界トップの座を□。

②　A　板に□た司会ぶり。
　　B　きざな話し方が鼻に□。

③　A　他言するなと釘《くぎ》を□。
　　B　人に後ろ指を□れる。

④　A　後でほぞを□でもおそい。

けの時間を多くもつことで、これからは咲ちゃんを独り占《じ》めできなくなるのではないかとあせる気持ち。

オ　本当はせっかくの転校生である茉莉香ともっと仲良くなりたいのに、このままでは咲ちゃんに茉莉香を取られてしまうのではないかと残念に思う気持ち。

問四　――線③「そのうしろに隠れるようにして、咲ちゃんがくっついている」とありますが、「咲ちゃん」が茉莉香のうしろに隠れて、人目を避《さ》けるようにしていたのはなぜですか。説明しなさい。

問五　――線④「さっき帰ろうとしてたら、むっちゃんがひとりで掲示板を見回っているのが見えたから、追いかけてきた」とありますが、「咲ちゃん」が追いかけてきたのは何のためですか。答えなさい。

問六　――線⑤「わたしはわたしなんだなあ」とありますが、「咲ちゃん」はどのような意味をこめてこのように言ったと考えられますか。最も適当なものを次のア～オから選び、記号で答えなさい。

ア　本当は落ちこんでいることが多いのに、周囲からの何をしても平然としているという評価は変わらなかったという意味。

イ　自分がしてしまったことに対して、最後は自ら責任を取らなければならないことが理解できたという意味。

ウ　天然とかのんびりしているなどと評価される自分を変えたかったが、結局、変えることはできなかったという意味。

エ　誰《だれ》かのうしろに隠れて生きていることに嫌《いや》気がさしていたが、自分が先頭に立つことはやはり無理だったという意味。

オ　何でも自分一人でできると思っていたが、実際は誰かに助けてもらわないとどれもうまくできなかったという意味。

問七　――線⑥「咲ちゃんの声は、どこか遠くから聞こえてくるみたいに感じられた」とありますが、「わたし」がこのように感じた理由として最も適当なものを次のア～オから選び、記号で答えなさい。

ア　なぐさめたくて言ったことを咲ちゃんが否定したので、どう説明しようか考えていたから。

イ　咲ちゃんの仕草に気を取られていて、話している内容がよく理解できなかったから。

ウ　咲ちゃんが自身の性格に不満をもっていたことを知り、とても意外だと思ったから。

エ　自分の勘ちがいに気づいた咲ちゃんが大人の世界にいるようで、話を受け入れられなかったから。

オ　近くにいた自分がいちばん咲ちゃんを傷つけていたのだと気づき、ショックを受けたから。

問八　――線⑦「ずっと気になっていたこと」とありますが、それはどのようなことですか。答えなさい。

問九　――線⑧「わたしはみんなほど腹が立たないんだ」とありますが、「咲ちゃん」が茉莉香のうそに腹が立たない理由として最も適当なものを、次のア～オから選び、記号で答えなさい。

ア　茉莉香にも欠点があると分かって安心するとともに、茉莉香のうそは他人を傷つけるようなひどいものではなく共感できるところがあるから。

イ　自分も人を傷つけないためにうそをつくことがあるので、茉莉香の立場に立って彼《かの》女がうそをつく理由を考えることができるから。

ウ　茉莉香のうそを暴《あば》くために発言を一つずつ検証して、茉莉香の行動すべてに目を光らせるようなまねはしたくないと思っているから。

エ　茉莉香はただその場で思いついたうそを言っているだけだが、

つもわたしのことを心配してくれてるんだ、とか。ある日とつぜん会いに来てくれるんじゃないか、とか」

咲《さき》ちゃんは「ばかみたいでしょ?」と言った。

わたしは今まで、わたしの目にうつる咲ちゃんしか見てこなかった。天然で、ちょっとたよりなくて、ぼんやりしていてやさしい咲ちゃん。

でも本当は、ものすごくいろんなことを感じたり考えたりして、わたしなんかより、ずっと強くてしっかりしているのかもしれない。まわりのみんなのうわさとか悪口とかに、ふり回されないくらいに。

昇降口《しょうこうぐち》で立ち止まり、わたしは

「教室に荷物を置いてるから、わたしは戻《もど》るね」

と言って、教室に続く廊下《ろうか》のほうを小さく指さした。

咲ちゃんは、

「うん、それにしても寒いねえ」

と言いながら靴《くつ》をはき替《か》え、

「じゃあね」

と手をふって、二、三歩進んだところで立ち止まってふり向いた。

そしてわたしと目を合わせると、なぜだか⑨泣き笑いのような顔をして、

「むっちゃん、ごめんね……」

と、とてもやさしい声で言った。

咲ちゃんのその言葉は、冷たい空気に白く浮《う》かんで消えていった。

（中山聖子『雷《かみなり》のあとに』文研出版）

問一　文中の空欄《らん》 a ～ c に入れるのに最も適当な語をそれぞれ次のア～オから選び、記号で答えなさい。

ア　きっちりと　　イ　ぐいっと　　ウ　ひょこっと

エ　あっさりと　　オ　さっさと

問二　――線①「正直言って、わたしはおもしろくなかった」とありますが、「わたし」は何に対して「おもしろくなかった」と感じているのですか。最も適当なものを次のア～オから選び、記号で答えなさい。

ア　茉莉香は転校生というだけで特別扱《あつか》いされているのに、「わたし」の意見はみんなに無視されていること。

イ　茉莉香がいつも咲ちゃんのそばにいていっしょに行動していることと、転入生だからという理由で希望が簡単に通ったこと。

ウ　咲ちゃんが茉莉香のことばかり気にしていることと、茉莉香がいつの間にかクラスの中心になっていること。

エ　ボッチャンが加藤君と「わたし」を勝手にポスター委員にしたことと、加藤君がそれに甘えて何もしないこと。

オ　みんなはそれぞれやりたいことをやりたいようにやっているのに、「わたし」はそれを見ているしかないということ。

問三　――線②「さびしいような不安なような、もやもやとした気持ち」とありますが、このときの「わたし」の気持ちを説明したものとして最も適当なものを次のア～オから選び、記号で答えなさい。

ア　仲の良かった咲ちゃんが、これからは自分よりも茉莉香と仲良くなってしまうような気がして、今まで通りの咲ちゃんとの関係が続かないのではないかと心配する気持ち。

イ　自分がいなくなった後の茉莉香と咲ちゃんが、自分のことをどんなふうに話題にするのか気になり、悪口を言われるのではないかとおびえる気持ち。

ウ　いっしょに帰っていても自分だけ話に加われないことが多いため、先に別れてしまうとさらに話題についていけなくなってしまうのではないかと心細くなる気持ち。

エ　自分のいちばんの仲良しだった咲ちゃんが、茉莉香と二人だ

言っていた。

それが咲ちゃんを傷《きず》つけていたなんて、思いもしなかった。

「……ごめん、咲ちゃん」

「えっ？」

「わたしだよね、そういうこと言ってたの」

と言うと、咲ちゃんはわたしに向かって両手を開き、車のワイパーみたいに動かした。

「あ、ううん、そうじゃなくて。わたしがそういうキャラなのは本当のことで、だからべつにむっちゃんが悪いわけじゃなくて……。それよりも、茉莉香《まりか》がむっちゃんに不機嫌《ふきげん》な態度《たいど》をとったりしたとき、ちゃんとかばってあげられなかったわたしのほうこそ悪いと思ってて。そういう自分、ぜんぶ、丸ごと変わりたかったんだけど……」

「変わらなくていいよ」

「え？」

「咲ちゃんは変わらなくていいよ。わたしは咲ちゃんの、のんびりしてるところが大好きなんだから」

わたしが言うと、咲ちゃんは広げていた掌《てのひら》をぎゅっと結んで、

「うん」

とうなずくと、少しのあいだだまってしまった。

わたしは、だれもいなくなった廊下《ろうか》をゆっくりと歩きだした。咲ちゃんも横に並《なら》んだ。

十歩くらい進んだところで、思いきって、

「茉莉香のこと……」

と言いかけて、すぐに口をつぐんだ。⑦ずっと気になっていたことだけれど、やっぱり言ってはいけない気がした。

すると咲《さき》ちゃんのほうから、

「むっちゃんも知ってるんでしょ？」

と聞いてきた。わたしが言葉につまっていたら、

「うそつき茉莉香《まりか》って」

と続けた。

「うん、キミちゃんが言ってたから。咲ちゃんは平気？　そういうの」

と言うと、咲ちゃんは「んー」とうなりながら唇《くちびる》をかみ、それからゆっくりと、

「もちろん、はじめはびっくりしたし、今でもときどきいやだなあと思うことはあるけど。でも茉莉香のうそに、⑧わたしはみんなほど腹《はら》が立たないんだ。っていうか、あの茉莉香でもうそをつくんだって思ったら、むしろほっとするっていうか」

と言った。

「ほっとする？」

「そう。なんかね、茉莉香にもそういうところがあるんだってわかったら、なあんだ、茉莉香だって完璧《かんぺき》じゃないんだって気がして。それに茉莉香のうそって、ジャアクなうそじゃないから」

「ジャアク……、あ、邪悪《じゃあく》？」

「そう。茉莉香のうそは、邪悪なうそじゃないの。友だちをからかったり、いじめたりするためのうそじゃなくて、ぜんぶ自分のことばかり。こうだったらいいなとか、こうなったらうれしいなって思ったことを、つい本当のことみたいにしゃべっちゃうんだよね。その気持ち、わたしはちょっとわかるから」

「どうして？　咲ちゃんはうそなんかつかないのに」

「うん、口に出しては言わないけど、茉莉香と同じようなことを考えることはよくあるの。うちもお父さんいないから、小さいときからしょっちゅう想像《そうぞう》してた。わたしには、実はすごくカッコよくてお金持ちのお父さんがいて、今はしかたなくはなれて暮《く》らしているけど、い

「わたし、押さえとくから」

小さな声にふり向くと、ランドセルを背負《せお》ったままの咲《さき》ちゃんがそこにいた。わたしはポスターからはなれて位置を確認《かくにん》し、きちんと貼《は》り直《なお》した。

「ありがとう」

と言うと、咲ちゃんははにかんだように笑って首をふった。

「咲ちゃん、まだ帰らないの？」

「うん、④さっき帰ろうとしてたら、むっちゃんがひとりで掲示板《けいじばん》を見回っているのが見えたから、追いかけてきた」

咲ちゃんは、ふわふわの白いセーターを着て、ボリュームがあるたまご色のマフラーを巻《ま》き、オレンジと茶色のチェックのズボンをはいていた。まるで全身がスイーツみたいだ。

「今日、塾《じゅく》は？」

「今から行くよ。でも、時間はまだだいじょうぶ。茉莉香《まりか》には、先に行っといてって言ってあるし」

それから咲ちゃんはひと呼吸《こきゅう》おいて「あのね、むっちゃん」と、あらたまった感じで言った。

「うん？」

「このあいだは、ありがとう」

「え？」

「アナウンス当番のことで、みんなに笑われたとき。だれだって緊《きん》張《ちょう》するよって言ってかばってくれて。すごくうれしかった」

「あ、ううん」

わたしは、あわてて首をふった。あのときは、咲《さき》ちゃんをかばうとか、そんなつもりはちっともなかった。

ただ、咲ちゃんがどんなに勇気を出してアナウンスをしていたかがよくわかるから、咲ちゃんを笑うみんなに腹《はら》が立って、とっさに言葉が出てきただけだ。お礼を言われるようなことじゃない。

だけど咲ちゃんは、

「ずっと、ありがとうって言おうと思ってた」

と言う。

「そんなのいいよ。だって、本当にわたしだって緊張《きんちょう》すると思うから。全校放送なんて無理だよね。無理無理、ぜったい」

わたしが、自分のあごのあたりで右手をひらひらふると、咲ちゃんはちょっと笑った。だけど、その笑顔はあまり続かず、

「うん、でも……」

と言いながら、少し下を向いた。

「……あの放送のあと、わたしちょっと落ちこんだんだ。なんかやっぱり、⑤わたしはわたしなんだなあ、って思っちゃって」

「え、そんなに気にしなくてもだいじょうぶだよ。みんな、もうすっかり忘《わす》れてるから」

わたしが言うと、咲ちゃんは
「んー、そういうことじゃなくて」

と首をひねった。

「ほらわたし、天然だとかのんびりしてるとかって、よく言われるでしょう？　そういうキャラでいるのが、ずっといやだったんだ。それで、茉莉香《まりか》やキミちゃんたちみたいに、自分の思ってることをはっきり言えるようになりたくて……。最近は、ちょっとそうなれたような気がしてたんだけど、なんか勘《かん》ちがいだったみたい」
⑥咲《さき》ちゃんの声は、どこか遠くから聞こえてくるみたいに感じられた。
「もう、咲ちゃんったらしっかりして」「ほらまたぼうっとしてる」

と言って、咲ちゃんのことをよく笑っていたのは、このわたしだ。

他の子も言っていたけれど、近くにいたわたしが、たぶんいちばん

んが緊張《きんちょう》しているのはすぐにわかった。

月に一度のアナウンス当番のたびに咲ちゃんの声は上擦《うわず》るけれど、その日は特にひどい気がした。寒さのせいで、体が固くなっていたのかもしれない。

アナウンス当番の子の緊張がスピーカーから伝わると、みんなの耳はよけいに放送に集中するようになる。

教室が静かになったタイミングで、咲ちゃんは言った。

『お、おはようございまする』

「えっ」とだれかがつぶやいたあと、教室の中にクスクス笑いが広がった。「武士《ぶし》かよ」という男子の声も聞こえた。咲ちゃんはそんなことも知らずに、話しつづける。

『本日のアナウンス当番は、四年……じゃない、えっと、五年二組、西原咲《にしはらさき》と』

『沢《さわ》茉《ま》莉《り》香《か》です』

そのあとは、音楽だけが流れつづけた。「西原、うけるー」と木村君が言い、教室の笑い声は大きくなった。「あれでよくアナウンス委員になったよな」という声に混《ま》じって、「笑ったらかわいそう」というユーリの声も聞こえた。

それから五分ほどすると、教室に茉莉香が入ってきた。③そのうしろに隠《かく》れるようにして、咲ちゃんがくっついている。

席についたふたりに、

「おもしろかったでござる」

と男子が言った。

茉莉香は、それを無視《むし》して机《つくえ》の中からノートや教科書を取りだしはじめた。咲ちゃんは、顔を赤くしてうつむいた。

わたしのとなりの席の芽衣《めい》ちゃんが、

「さっきのあれって、うけねらいかな？」

とわたしを見たから、

「そんなわけないよ」

とっさに大声で言ってしまった。

「だれだって緊張《きんちょう》するよ、全校放送なんだから。わたしだってきっとできないと思う。ほんと、全然！」

わたしのその声が教室中に響《ひび》いてしまったのは、ちょうどそのタイミングでボッチャンが教室に入ってきたからだ。

あまり状況《じょうきょう》がわかっていないボッチャンが

「村山さん、まあ、朝なんだから落ち着こう」

と言い、わたしまで赤い顔をしてうつむくことになってしまった。

……中略……

その日はうちのクラスが校内掲示板《こうないけいじばん》の確認《かくにん》をする当番だったのに、加藤《かとう》君は終わりの挨拶《あいさつ》のあとで、［ C ］教室を出ていってしまった。

当番だということを忘《わす》れてしまっているのか、忘れたふりをしているのかはわからないけれど、どちらにしても腹《はら》が立つ。しかたなく、わたしはひとりで学校内の掲示板を見回りはじめた。

職員室《しょくいんしつ》前の掲示板を確認し、保健室《ほけんしつ》前では給食の献立表《こんだてひょう》がはがれかけているのを直した。

それから玄関《げんかん》ホールまで行って、正面の太い柱のボードに張《は》られている〈歯みがきをしよう〉というポスターがかたむいていることに気がついた。

押《お》しピンをそっとぬき、それを外した。そしてまた張ろうとしたのだけれど、きちんと位置が定まらない。少しはなれたところから確認しようとしても、手で押さえておかなければならないから、腕《うで》の長さまでしかはなれられない。

どうしよう、と思っていたら、ふいにだれかの手がわたしの右うしろからすっとのびてきて、ポスターを押《お》さえてくれた。

いう感じで、卵《たまご》をボウルに割《わ》り入《い》れてかき混《ま》ぜはじめた。

「どうって……」

それ以上なにも言わずにだまっていたら、

「わたしは嫌《きら》い。だってうそつきなんだもん」

キミちゃんが言った。

「うそつきって、茉莉香《まりか》が？」

興味《きょうみ》なさげにしてやり過《す》ごそうと思っていたのに、つい聞き返していた。しまった、と思ったときには遅《おそ》かった。エサに食いついてしまった魚といっしょだ。

キミちゃんは、さらに［　b　］近づいてきた。

おばあちゃんから茉莉香の家庭の事情を聞いたキミは、父親が外国に単身赴《ふ》任していることも、引っ越《こ》してきた理由も、茉莉香が話していたことはみんなうそなのだと睦子に教える。

キミちゃんはくすくす笑ったけれど、わたしはなにがおかしいのかわからなかった。するとキミちゃんも笑うのをやめた。

「うちのおばあちゃん、茉莉香《まりか》のこと、かわいそうにねえっていつも言うんだけど、なにそれって感じ。だって、だからうそついていいなんてことにはならないじゃない。ジジョーがある家の子なんていっぱいいるけど、みんなうそなんてつかないし。咲《さき》ちゃんだって、あんなにいい子なんだから」

「……うん」

……中略……

「わたしも、このあいだまで茉莉香のこと信じてたから、なんか損《そん》した気がするんだよね」

「……うん」

「バレエの大きなコンクールに出たって言ってたけど、あれもきっとうそだよ。ユーリの妹が、茉莉香がそんなに上手《じょうず》だなんて聞いたことないって言ってるらしいから。あ、ユーリの妹もバレエやってるんだけどね、大きなコンクールに出たのなら、ちょっとは話題になるはずでしょう？」

「うん。そう……なの？」

「そうだよ」

「ユーリも知ってるの？　茉莉香がうそついてるって」

「そりゃあね。陰《かげ》ではユーリ、うそつき茉莉香って言ってるくらいだから」

……中略……

始業時間が迫《せま》っているというのに、咲《さき》ちゃんと茉莉香《まりか》の姿《すがた》は教室になかった。

ふたりそろってお休みなのだろうかと思い、教室のうしろのロッカーをふり返って見たけれど、ふたりの棚《たな》にはちゃんとランドセルが置かれていた。

不思議に感じていたとき、黒板の上に取りつけられたスピーカーから、カチリと小さな音がした。そして、やたらと元気な校歌のメロディーにのって聞こえてきたのは、茉莉香の声だ。

『みなさんおはようございます。二月二十八日水曜日、今日の天気は曇《くも》りのち雨、気温は六度です。手洗《てあら》いとうがいを忘《わす》れずに、今日も一日、元気に過《す》ごしましょう』

そうか、今日はうちのクラスがアナウンス当番で、ふたりは放送室に入っているのか、と思った。当番になると、朝と昼、そして放課後のアナウンスをすることになっている。

茉莉香の言葉のあとで、咲ちゃんの『お……』という声がした。その声が少し震《ふる》えていたし、それから不自然な間があいたから、咲ちゃ

教室でもいっしょに行動するようになり、特にアナウンス委員になってからは、同じ委員の咲ちゃんのそばにいることが多くなった。

週に一度の会議があるときには、かならずふたりでおしゃべりしながら教室を出ていく。音楽発表会の前日などには、昼休みもいっしょに準備《じゅんび》をしていた。

うちのクラスのアナウンス委員は一人だけということになっていたし、それは四月の時点で咲ちゃんに決まっていたのだけれど、茉莉香は転入生ということで、特別に二人目のアナウンス委員になれた。

①正直言って、わたしはおもしろくなかった。

クラスに一人だけということだったから、わたしは咲ちゃんといっしょの委員をあきらめてポスター委員になったのだ。ポスター委員はクラスに二人いるけれど、もう一人の加藤《かとう》君はサボってばかりで、委員会の記録も会議での発表も、みんなわたしに押《お》しつけてくる。

そもそもわたしは、咲ちゃんといっしょならどの委員でもいいと思っていたのに、咲ちゃんはめずらしくアナウンス委員にこだわって、ひとりで立候補《りっこうほ》してしまったのだ。

そんな咲ちゃんにも、当たり前のように咲ちゃんの横にくっついている茉莉香にも、茉莉香の希望を通して［ａ］ルールを変えたボッチャンにも、やっぱり少し腹《はら》が立つ。

はじめの頃《ころ》は楽しかった登下校も、そのうち咲ちゃんと茉莉香のふたりだけで盛《も》り上《あ》がることが多くなった。

三人で帰っていても、茉莉香《まりか》は「ねえ咲《さき》ちゃん」「聞いてよ、咲ちゃん」と、咲ちゃんにばかり話しかける。

わたしがなにかを話しはじめると、茉莉香はつまらなそうに笑顔を消して、だまってしまう。そして、わたしと咲ちゃんの話の隙《すき》を見て、また咲ちゃんにだけ話しかけようとするのだ。

気づくとおしゃべりに夢中《むちゅう》になっているふたりの横を、無言で歩いていることが何度もあった。

おまけに、学校から家がいちばん近いのはわたしだったから、自分の家の近くで「バイバイ」と手をふったあとは、咲ちゃんと茉莉香のふたりで帰っていくことになる。

楽しそうにゆれるふたつのランドセルが遠ざかっていくのを見ると、②さびしいような不安なような、もやもやとした気持ちになった。

茉莉香は、咲だけでなく睦子と仲の良かったキミやユーリとも親しく話をするようになっていた。茉莉香から浴衣《ゆかた》を着て夏祭りに行こうと誘《さそ》われた睦子は、親が反対するからという理由で誘いを断った。その頃から、咲と茉莉香は睦子を遊びに誘わなくなり、二人で塾《じゅく》に通い始めたり二人だけで遊びに行ったりするようになる。家庭科の時間、睦子は同じ班になったキミから話しかけられた。

「むっちゃん、最近ちっとも咲《さき》ちゃんといっしょにいないよね。前はあんなに仲良かったのに」

「えっ？」

「咲ちゃんのこと、茉莉香《まりか》に取られちゃったね」

一瞬《いっしゅん》、なにを言っているのだろうと思ったけれど、その言葉の意味がじわじわとわかってくると、からかわれているような気持ちになった。

咲ちゃんは物じゃないのだから、取られるとか取られないとか、そんな言い方をされたのもいやだった。

「ねえむっちゃん、茉莉香のこと、どう思う？」

キミちゃんは、急に声を小さくした。こんな言葉のあとには、たいてい悪口が続く。

すぐ横にいる奈保ちゃんは、わたしたちの話なんてどうでもいいと

内で抜き出し、初めと終わりの五字をそれぞれ答えなさい。

問八　――線⑦「インターネットを開けば、そこには無限の知識と未知の世界が広がっている」とありますが、インターネットの普及によってどのような変化が起こりましたか。最も適当なものを次のア～オから選び、記号で答えなさい。

ア　インターネットが普及する前は、おとなは知識をもっているだけで信頼と尊敬の対象になっていたが、インターネットが普及した現在では、情報にアクセスする力をもっていないと信頼と尊敬の対象にはならないので、多くのおとなたちは子どもたちとの信頼関係を築けずにいる。

イ　インターネットが普及する前は、「未知のことを知りたい」という強い欲求を子どもたちはもっていたが、インターネットが普及した現在では、「無限の知識」に触《ふ》れることが容易になったので、子どもたちは強い欲求をもつ必要がなくなり、教育することが難しくなった。

ウ　インターネットが普及する前は、子どもたちは「子どもが知らない知識」をもっているおとなに憧れを抱いていたが、インターネットが普及した現在では、子どもたちが知識をもったおとなに憧れることがなくなり、信頼関係のない教育現場ではトラブルが続出するようになった。

エ　インターネットが普及する前は、おとなは知識や経験が豊富な存在として頼られていたが、インターネットが普及した現在では、「人間のもつ知識」にはキーワードを入れるだけで簡単にアクセスすることが可能となり、おとなは今まで以上に知識や経験を求められるようになった。

オ　インターネットが普及する前は、限られた情報のみがおとなたちから子どもたちに伝えられていたが、インターネットが普及した現在では、あらゆる情報に簡単に触れることができるため、過剰な情報にさらされ、本当に必要な知識は何かが分からなくなっている。

問九　――線⑧「サル真似はむしろ学びの基本である」とありますが、「サル真似」が「学びの基本である」と筆者が考えるのはなぜですか。最も適当なものを次のア～オから選び、記号で答えなさい。

ア　サル真似をすることで、それをしてみたいという強い動機や大きな憧れを新たにもつことができるから。

イ　サル真似をすることは、経験をもつおとなから未知の知識を学び、彼らとの信頼関係を築くことになるから。

ウ　サル真似をすることで、学ぶ目的が明確になる上、自分のなかに他者を感じることができるようになるから。

エ　サル真似をすることで、発想の展開が予想でき、過剰な情報によって想像する力を奪われるのを防げるから。

オ　サル真似をすることは、人との関わりをもちながら実践する力や考える力を養うことにつながるから。

二

次の文章を読み、後の問に答えなさい。

五月の連休が明けてすぐの頃《ころ》、五年二組に転校してきた沢《さわ》茉莉香《まりか》は、担任の「ボッチャン」から村山睦子《むつこ》(「わたし」)や西原咲《にしはらさき》と帰り道が同じ方向だと教えられ、二人に「いっしょに帰っていい？」と声をかける。茉莉香は、転校した事情や今の暮《く》らし、小さい頃からずっとバレエを習っていることなどを二人に話す。

そうして茉莉香は、わたしと咲ちゃんがずっとふたりで続けてきた登下校に加わった。

エ　自然のなかで暮らす多くの野生動物たちは人間と敵対関係にあり、人間に不信感をもっているので、人間のような性格をあたえてストーリーを展開させるのは良くないことなのだということ。

オ　人間の子どもたちは、絵本のなかで動物がしゃべることで動物たちと同化し、初めて出会う多様な動物たちから驚きをあたえられ、感動することによって想像する力を得ることができるのだということ。

問四　――線③「サルを知ることは人間を知ることにつながる」とありますが、筆者がこのように言うのは、どのような考えがあるからですか。答えなさい。

問五　――線④「まだほとんど成功した例を聞かない」とありますが、ゴリラやチンパンジー、オランウータンなどの野生復帰が成功しにくい理由を、筆者はどのように考えていますか。最も適当なものを次のア～オから選び、記号で答えなさい。

ア　親から離されて育った動物たちは、不安な心のなぐさめかたが分からないまま成長することになり、一匹《ぴき》で生活することが難しくなってしまうから。

イ　人間に不安な心をなぐさめてもらった経験のある動物たちは、その記憶が消えずに残るため、自分の仲間よりも人間のことを信頼し、好きになってしまうから。

ウ　絶滅の危機に瀕している動物たちは、群れとなって生活することに慣れていないので、野生の心をもつことができなくなってしまうから。

エ　人間からあたえられる食べ物でしか育たなかった動物たちは、野生の食物が口に合わず、人間がくれる食べ物をいつも望むようになってしまうから。

オ　人間に育てられた動物たちには、自分は人間であるという思いが生まれるので、野生での生活に嫌悪《けんお》感をもってしまうから。

問六　――線⑤「個食が目立つ現代の食事風景を見ると、子どもたちが野生の心を抱けずにいるのではないかと、ふと不安に思う」とありますが、それはなぜですか。最も適当なものを次のア～オから選び、記号で答えなさい。

ア　食事はあたえてくれる人たちに対して信頼の気持ちが芽生える場であるが、個食では信頼が育たなくなるため、仲間とともに共通の目標を立てて新しいことに挑戦する心がもてなくなるから。

イ　食事は単なる栄養補給ではなく安心できる世界を実感できる機会であるが、個食だと安心を実感できる機会がないため、様々な危険にあふれた野生の世界で生きられる強い心を育めないから。

ウ　食事は未知の領域にともに分け入っていっしょに歩こうとする仲間を見つけるために摂《と》るものなのに、個食ではいつまでたっても信頼できる仲間ができないから。

エ　食物にあふれた現代では食べ物はあたえられることで初めて食事として成立するのに、個食で自分から食べ物を探すのでは単なる栄養補給になってしまうから。

オ　離乳までの時間が野生の動物より短い人間の子どもは、個食をすることで野生の動物よりも親に食べさせてもらう期間が短くなり、より早く自立せざるを得なくなるから。

問七　――線⑥「人間以外の動物は、たとえ相手が自分の子どもであっても教えたり訓練したりすることはめったにない」とありますが、「人間以外の動物」が、親子の間以外に「教えたり訓練したり」しないことの理由を示している部分を本文中から二十五字以

い、未知のことを知りたいという強い欲求をもっていることだ。その望みをかなえるには憧れの人に会うこと、その知識や経験をもつ人に聞くことが一番である。これまで子どもたちはみんなそうしておとなになった。おとなは子どもが知らない知識をもっているからこそ、子どもたちに信頼され、教育することができた。

しかし今、子どもたちは知りたいことを人から学ぶ必要がない。⑦インターネットを開けば、そこには無限の知識と未知の世界が広がっている。人間のもつ知識はすべて情報としてアクセス可能だと子どもたちは思っている。キーワードを入れるだけで、知りたい答えがいつでも得られると考えているのだ。

学びの方法が変われば、教え方も変わらざるを得ない。子どもたちは知識を人に求めてはいないので、知識をあたえるだけでは信頼も尊敬もしてくれない。それでも相変わらず人はおせっかいなので、無理に教えようとして嫌《いや》がられてしまう。信頼関係をつくれない教育現場ではトラブルが続出するのだ。

現代は、知識そのものではなく、実践《せん》する力や考える力を教える時代であると私は思う。過剰《じょう》な情報はむしろ人々から想像する力を奪《うば》う。人間の身体を使って何ができるか、どんな発想の展開が可能か、それを知るには人と出会い、実践の場に参加しなければならない。⑧サル真似はむしろ学びの基本である。人と関わりをもちながら、他者のなかに自分を見つける楽しさを知ってほしい。そこに新しい時代の信頼と学びの場が開かれるのではないだろうか。

（山極寿一《やまぎわじゅいち》『ゴリラからの警告』毎日新聞出版）

〈注〉　＊デフォルメ…美術作品などで、対象を意識的に変形させて表現すること。

問一　文中の空欄《らん》 a ・ b に入れるのに最も適当な言葉をそれぞれ下のア～オから選び、記号で答えなさい。

a　ア　ペナルティー　イ　テクノロジー
ウ　リアリティー　エ　プライバシー
オ　クオリティー

b　ア　千里の道も一歩から
イ　石の上にも三年
ウ　一寸の虫にも五分の魂《たましい》
エ　三つ子の魂百まで
オ　百聞は一見にしかず

問二　――線①「大きな不満をもっていた」とありますが、それはどのような「不満」ですか。「不満」の内容を本文中から五十字以内で抜《ぬ》き出し、初めと終わりの五字をそれぞれ答えなさい。

問三　――線②「私のほうが間違っているのではないかと思いはじめた」とありますが、筆者はどのようなことに気付いてこのように思ったのですか。最も適当なものを次のア～オから選び、記号で答えなさい。

ア　絵本や昔話は、現実にはない動物の行動を想像して作られたものなので、そこに動物の世界の現実を当てはめてしまうと、人間の子どもたちは現実世界を誤ってながめることになるのだということ。

イ　世界中のどの民族にも絵本で語るような動物の物語があり、そこに登場する動物たちはみな人間の言葉をしゃべっているので、ゴリラ語で絵本を書くと世界中の物語と矛盾《むじゅん》してしまうのだということ。

ウ　人間の子どもたちは、野生の動物たちが実は人間の言葉や性格を理解した上で行動しているのだということを、昔話によって知り、そこで得られる驚きと感動が子どもたちを育てるのだということ。

てくれるお母さんは、いつも陰《かげ》に隠《かく》れて子どもたちを見守っている。食べ物をあたえるという行為《い》は、子どもにとってそれほど神聖で侵《おか》すべからざるものなのである。

食物が溢《あふ》れ、たやすく手に入る現代の私たちは、子どもたちに食べさせることをあまりにも軽《かろ》んじてはいないだろうか。3年間も母乳を吸って育つゴリラに比べ、人間の子どもはわずか2年足らずで離乳してしまう。しかし、離乳したゴリラはすぐに自立して食べはじめるのに対し、人間の子どもは長い間食べ物をあたえられて育つ。食事は単なる栄養補給ではない。子どもたちに安心できる世界を提供し、信頼の芽を育てる大切な機会なのである。

人間にとって野生の心とはなんだろう。それは、仲間とともに未知の領域に分け入って新しいことに挑《ちょう》戦する心であり、おそらく幼児のころに形づくられる。そのために仲間である人間を信頼し、共通の目標を立てていっしょに歩こうとする気持ちが必要だ。⑤個食が目立つ現代の食事風景を見ると、子どもたちが野生の心を抱《いだ》けずにいるのではないかと、ふと不安に思う。

人間とはおせっかいな動物だとつくづく思う。相手が困ってもいないのに忠告したり、手をさしのべたりする。相手が気づいていないことをわざわざ伝え、必要以上の物を用意してあたえる。その典型的な行為が教育である。

⑥人間以外の動物は、たとえ相手が自分の子どもであっても教えたり訓練したりすることはめったにない。唯《ゆい》一、教える行為が知られているのは猛禽《もうきん》類や食肉類だ。ミサゴの親鳥はせっかく捕《と》らえた魚をわざわざ放して幼鳥に捕獲《ほかく》させようとする。ライオンの母親は追いつめた獲《え》物を捕らえずに子どもに追跡《せき》させる。

でも、人間に近いサルや類人猿にこういった行動は見られない。チンパンジーでわずかに2例だけ報告されているにすぎない。母親が硬《かた》いナッツを木の枝を使って割るときに、ゆっくりとその動作をくり返して子どもに確認させたという例と、母親が道具を用いてシロアリを釣《つ》り上げていたとき、それをのぞきこんでいた子どもにわざとゆっくり動作を見せた後、釣り棒を残して立ち去ったという例である。いずれも、意図的だったかどうか、確証は難しい。

このことから、獲物を捕らえたり道具を使ったりする技術以外に、動物は教える必要がないことがわかる。人間も霊《れい》長類の一種で、もともとは植物が主食である。狩《か》りや道具が必要になるまで、教育とは無縁《えん》だったに違いない。しかも人間以外の動物では、親子の間以外に教えるという行為は見られない。それは、何かを教えると自分が損をすることが多いからである。自分が不利益を被《こうむ》ってまで教えようという動機をもつのは、親以外にはありえないのだ。

ではなぜ、人間は親子でもない赤の他人が一生懸《けん》命教えようとするのだろうか。それは人間が他者のなかに自分を見ようとする気持ちや、目標をもって歩もうとする性質をもっているからだと思う。そして何よりも、動物の親子のような信頼関係を、見ず知らずの他人との間にもつくることができるからである。

……中略……

サル真似《まね》とは、考えもなしにむやみに他人の動作を真似ることだ。人間はあまりにもそれが上手《じょうず》なので、サルになぞらえて戒《いまし》めたのだろうと思う。でもサル真似をするためには、相手の心と体に同化しなければならず、その上で動作のつながりと行為の目的を即《そく》座に理解する必要がある。そして何よりも、それをしてみたいという強い動機がなければならない。アイドルのしぐさやファッションがすぐに普及《ふきゅう》するのは、みんなが大きな憧《あこが》れを抱くからだ。

人間の子どもがゴリラの子どもと違うのは、だれかのようになりた

ちは本当の自然のなかに、人間としての自分を見つける。だから、動物園は動物たちの野生の姿を見せなければいけないのだ。

③サルを知ることは人間を知ることにつながる。実は、人間は自分の野生の姿や心をよく知らない。人間は長い間、サルや類人猿《えん》と同じ自然のなかで暮らしてきた。自然を改変し野生動物を排《はい》除して、人工的な環《かん》境で暮らしはじめたのはつい最近のことなのである。私たちを育てた野生の世界を知ることは、これから人間が歩むべき道を考えるときに役立つはずである。サルの世界を通してそれを伝えるのも、博物館の役割だと思う。

アフリカの熱帯雨林に野生復帰したゴリラを訪ねた。小さいころに親を失い、孤《こ》児院に保護されたり、そこで生まれたりしたゴリラだ。野生のゴリラの数が激減し、絶滅《めつ》の危機に瀕《ひん》しているので、人間のもとで育てられたゴリラを野生にもどし、数を増やそうという試みである。ゴリラを放すことによって、そこの生態系に新たに大きな影響《えいきょう》をあたえてはいけない。そこで、以前ゴリラが生息していたことがわかっていて現在は絶滅している場所が選ばれた。川で囲まれた孤島のような森である。ゴリラは泳げないから、川を渡って他の場所に移動することはない。

ボートで1時間かけて会いに行ったのだが、ゴリラとの出会いはとても印象深いものだった。2カ月前に放された十数頭の群れは、まだ野生の食物をほとんど口にすることができず、餌《えさ》を運んでくる人間をひたすら待っていた。水辺に設けられた鉄柵《さく》のこちら側から果物《くだもの》を投げてやると、走り寄ってむさぼりついた。野生のゴリラは毎晩ベッドを樹上や地上につくって寝《ね》るのだが、まだベッドをつくらずに地上の決まった場所で寝ているとのことだった。

別の場所に、数年前に放された3頭の若いゴリラがいた。もう野生の食物を自分でとって暮らしているという。しかし、ボートの音を聞きつけると水際《ぎわ》まで駆《か》け寄ってきた。3頭が肩《かた》をすり合わせるようにならんで、私たちをじっと見つめている。その目がなんとも悲しそうでいたたまれない気持ちになった。「なんで僕《ぼく》らを置き去りにしたの？」と訴《うった》えているような気がした。まだこのゴリラたちは人間に頼《たよ》っている。人間が好きで、人間といっしょにいたいのだ。野生の食物を口にしていても、心は人間のもとにあると私は思った。

親から離《はな》されて、子どものときから人間の手で育てられた野生動物に、本来の野生の心をもたせるのはとても難しい。毎日ミルクや食べ物をもらい、体をきれいにしてもらい、抱《だ》かれることで不安な心をなぐさめてもらう。その記憶《おく》は長い間消えることがない。本来なら母親や父親、年上のゴリラたちに育てられるはずのゴリラたちが、人間の世話で育った。このゴリラたちは自分の仲間よりも人間が好きになってしまったのである。ゴリラだけではない。チンパンジーやオランウータンなども世界各地に孤児院ができ、野生復帰が試みられているが、④まだほとんど成功した例を聞かない。

これは人間の子どもにもあてはまる話だ。「　b　」というように、幼いころの経験によってつくられた心は、おとなになっても変わることがない。生まれて初めて出会う人間に身の回りの世話をしてもらい、何もかも頼って暮らした経験が、人間を信頼《らい》して生きる心をつくる。逆に、幼いころに虐《ぎゃく》待を受けたり、裏切られたりした経験は、子どもの心に大きな傷を残す。

絵本には書いてはいけないことがあるという。それは、子どもに食べ物をあたえてくれる人を決して死なせてはいけないというタブーだ。子どもにとって食べ物をあたえてくれる人は、世界をあたえてくれる存在である。その人がいなくなったら子どもの世界は消失してしまう。いわれてみれば、『赤ずきん』も『三匹《びき》の子豚《ぶた》』も、食べ物をあたえ

2023年度

普連土学園中学校

【国　語】〈二日午後二科試験〉（五〇分）〈満点：一〇〇点〉

一　次の文章を読み、後の問に答えなさい。

　野生のサルやゴリラを研究してきた私は、子どもの絵本に間違《ちが》った動物の姿が描《えが》かれているのに①大きな不満をもっていた。大きな耳を羽ばたかせて空を飛ぶゾウや、大粒《つぶ》の涙《なみだ》を流しながら二足で立って歩くウサギなんてこの世にいるわけがない。そもそも動物が人間の言葉で話すなんてありえない。現実にはない動物の行動を物語にして子どもたちに聞かせるのは、教育として誤っているのではないかと思っていたのだ。

　だから昔、ゴリラの子どもと人間の子どもがアフリカのジャングルで出会う絵本をつくったとき、私はゴリラの子どもの気持ちになってゴリラ語で書いた。むろん、ゴリラ語などという言葉があるわけではない。でも、ゴリラは自分の気持ちを伝えるとき、決まった音声を出す。それを音声表記で書くことによって、現場の状況《きょう》を伝えたいと思ったのだ。絵を描いたのは、子どものころから現地で野生のゴリラに出会ってきたコンゴ人の画家である。現地の子どもの気持ちになって、彼《かれ》とストーリーをつくった。

　でも、アフリカの奥《おく》地でゴリラの調査をしながら、村々を渡《わた》り歩いて子どもたちの学びの場を目にすると、②私のほうが間違っているのではないかと思いはじめた。中央アフリカの熱帯雨林では、村人たちが子どもたちに昔話を語る。そこに登場する動物たちは絵本の世界のように、人間の言葉をしゃべり、人間のような性格でドラマを演じる。アフリカばかりでなく、世界中のどの民族にも、絵本で語るような動物の物語があるし、それを聞いて子どもたちは育つ。

　まず自然は、子どもたちにとって優《やさ》しいものでなければならないのだ。言葉を操《あやつ》る人間の子どもたちにとって、世界は体で感じる対象であるとともに、想像するものでもある。そのなかで動物たちはさまざまに＊デフォルメされ、子どもたちに語りかける。初めて出会う多様な動物たちに子どもたちは驚《おどろ》きの目を向け、その動物たちに同化して、世界をながめるようになる。その驚きと感動こそが、子どもたちに想像する力をあたえるのだ。

　動物園は、ちょうどこの絵本や昔話と現実世界との中間にあると思う。野生の動物たちが人間の前でのんきに日なたぼっこをすることなどめったにないし、自らやってきて語りかけることなどありえない。多くの野生動物たちは人間と敵対関係にあり、人間を避《さ》けようとしているからだ。彼らが実際どんな姿をして、どんな暮らしを送っているか、子どもたちが近くで詳《くわ》しく観察することは不可能なのである。

　動物園は、お話のなかに登場する動物たちの本当の姿を教えてくれる。どんなにおいがして、どんな声を出すか、人間と違うどんな能力があるのか。子どもたちはそこで、自然が自分たちの想像を超《こ》える［ a ］に満ちていることを悟《さと》るのだ。しかし、それはまだ本当の自然ではない。野生動物たちの能力は、彼らが実際に暮らしている自然のなかで発揮されるからである。

　私が園内を歩いた日、ワオキツネザルの赤ちゃんが誕生した。母親の母乳を気持ちよさそうに吸う赤ちゃんを、わずか20センチの距離《きょり》から人間の幼児がのぞきこんでいるのが印象的だった。彼らはここまで人間を受け入れてくれるようになった。きっとこの幼児はキツネザルの赤ちゃんになった自分を感じていたに違いない。それが人間の子どものすばらしい能力だ。子どもたちは動物ばかりか、岩にだって風にだって川の流れにだってなることができる。しかし、やがて子どもた

2023年度

普連土学園中学校

▶解説と解答

算　数　＜２日午後２科試験＞（50分）＜満点：100点＞

解　答

1 (1)　$1\frac{1}{2}$　(2)　3　**2** (1)　$\frac{31}{8}$　(2)　85　(3)　**５番目**…$\frac{15}{5}$，**17番目**…$\frac{153}{17}$
3 (1)　**図**…解説の図１を参照のこと。／43.96m^2　(2)　**図**…解説の図２を参照のこと。／38.73m^2　**4** (1)　②，③，④　(2)　①，⑤　(3)　②，③　(4)　④，⑤　**5** (1)　80円　(2)　21個　(3)　2940円　**6** (1)　**図**…解説の図①，②を参照のこと。／２通り　(2)　**図**…（例）　解説の図③を参照のこと。／48通り　**7** (1)　１ｍ　(2)　**図**…解説の図②を参照のこと。／24m^2　(3)　**図**…解説の図③を参照のこと。／100m^2　(4)　45m^2

解　説

1 **計算のくふう，逆算**

(1)　$\frac{9}{14}+\frac{4}{13}-\frac{4}{9}+\frac{5}{26}+\frac{17}{18}-\frac{1}{7}=\left(\frac{9}{14}-\frac{1}{7}\right)+\left(\frac{4}{13}+\frac{5}{26}\right)+\left(\frac{17}{18}-\frac{4}{9}\right)=\left(\frac{9}{14}-\frac{2}{14}\right)+\left(\frac{8}{26}+\frac{5}{26}\right)+\left(\frac{17}{18}-\frac{8}{18}\right)=\frac{7}{14}+\frac{13}{26}+\frac{9}{18}=\frac{1}{2}+\frac{1}{2}+\frac{1}{2}=\frac{3}{2}=1\frac{1}{2}$

(2)　$6.125\div\left(1.75+2\frac{1}{3}\right)-3\frac{1}{3}\div(\square\div1.125)=0.25$より，$3\frac{1}{3}\div(\square\div1.125)=6.125\div\left(1.75+2\frac{1}{3}\right)-0.25=6\frac{1}{8}\div\left(1\frac{3}{4}+2\frac{1}{3}\right)-\frac{1}{4}=\frac{49}{8}\div\left(\frac{7}{4}+\frac{7}{3}\right)-\frac{1}{4}=\frac{49}{8}\div\left(\frac{21}{12}+\frac{28}{12}\right)-\frac{1}{4}=\frac{49}{8}\div\frac{49}{12}-\frac{1}{4}=\frac{49}{8}\times\frac{12}{49}-\frac{1}{4}=\frac{6}{4}-\frac{1}{4}=\frac{5}{4}$，$\square\div1.125=3\frac{1}{3}\div\frac{5}{4}=\frac{10}{3}\times\frac{4}{5}=\frac{8}{3}$　よって，$\square=\frac{8}{3}\times1.125=\frac{8}{3}\times1\frac{1}{8}=\frac{8}{3}\times\frac{9}{8}=3$

2 **分数の性質**

(1)　分母の数は，１が１個，２が２個，３が３個，…と並ぶ。すると，$1+2+\cdots+7=(1+7)\times7\div2=28$，$28+8=36$より，左から31番目の分数の分母は８とわかる。また，分子は１から順に整数が並ぶ。よって，左から31番目の分数は$\frac{31}{8}$である。

(2)　$1+2+\cdots+12=(1+12)\times12\div2=78$，$78+13=91$より，分母が13の分数は左から79～91番目の分数になる。よって，分母が13である分数の分子をすべて足すと，$79+80+\cdots+91=(79+91)\times13\div2=1105$になるから，分母が13である分数をすべて足すと，$\frac{1105}{13}=85$になる。

(3)　下の表より，約分すると整数になる５番目の分数は$\frac{15}{5}$である。また，表より，それぞれの分母で，約分すると整数になる分数は１個ずつあることがわかる。そこで，17番目の分数の分母は17であり，$1+2+\cdots+16=(1+16)\times16\div2=136$，$136+17=153$より，分母が17の分数は左から137～153番目の分数になる。よって，$17\times9=153$だから，17番目の分数は$\frac{153}{17}$とわかる。

分母	1	2	3	4	5	6	7	8
分子	1	2～3	4～6	7～10	11～15	16～21	22～28	29～36
整数になる分数	$\frac{1}{1}$	$\frac{2}{2}$	$\frac{6}{3}$	$\frac{8}{4}$	$\frac{15}{5}$	$\frac{18}{6}$	$\frac{28}{7}$	$\frac{32}{8}$

3 平面図形─作図，面積

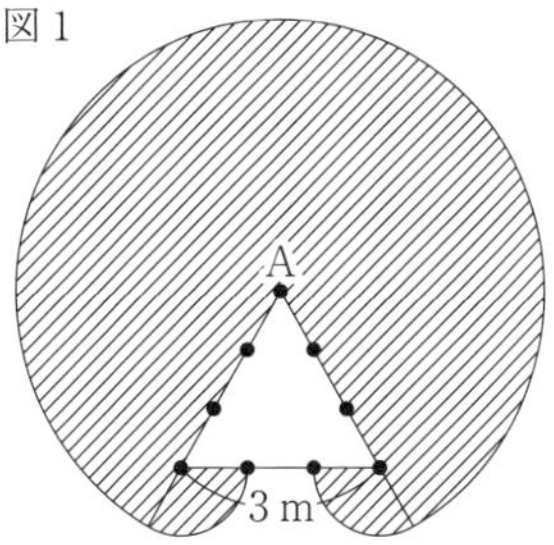

図１

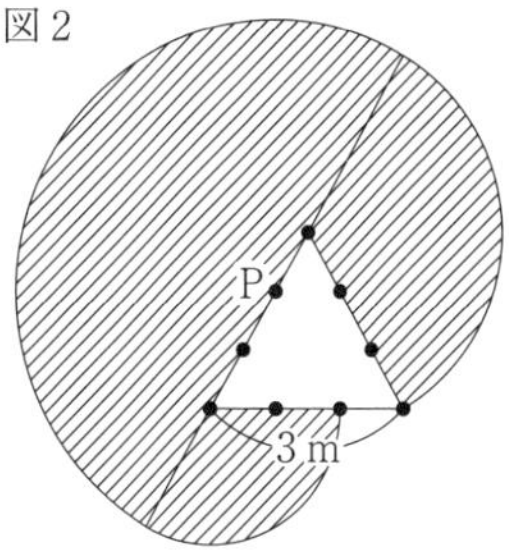

図２

(1) 右の図１のように，イヌが動くことのできる範《はん》囲《い》は，半径が４mで中心角が，360－60＝300(度)のおうぎ形と，半径が１mで中心角が，180－60＝120(度)のおうぎ形２個になる。よって，その面積は，$4\times4\times3.14\times\frac{300}{360}+1\times1\times3.14\times\frac{120}{360}\times2=\left(\frac{40}{3}+\frac{2}{3}\right)\times3.14=14\times3.14=43.96(\mathrm{m}^2)$とわかる。

(2) 右上の図２のように，イヌが動くことのできる範囲は，半径が４mの半円と，半径が３mで中心角が120度のおうぎ形と，半径が２mで中心角が120度のおうぎ形になる。よって，その面積は，$4\times4\times3.14\times\frac{1}{2}+3\times3\times3.14\times\frac{120}{360}+2\times2\times3.14\times\frac{120}{360}=\left(8+3+\frac{4}{3}\right)\times3.14=\frac{37}{3}\times3.14=38.726\cdots(\mathrm{m}^2)$であり，四捨五入して小数第２位まで求めると，$38.73\mathrm{m}^2$となる。

4 グラフ─速さ

(1) ２人が同じ方向に進むとき，グラフはどちらも右上がり，または右下がりになる。よって，２人が同じ方向に進んでいるグラフは②，③，④である。

(2) ①と⑤は２人が向かい合って進んでいる。また，どちらもグラフが交わっているので，２人が出会ったグラフは①，⑤とわかる。

(3) ２人が同じ方向に進んでいて，グラフが交わっているものは②と③である。どちらもＡさんがＢさんに追いついているから，あてはまるグラフは②，③になる。

(4) Ｂさんのグラフの傾《かたむ》きがＡさんよりも急になっているものなので，④，⑤とわかる。

5 条件の整理，差集め算

(1) ６セットで，20×６＝120(円)の値引きだから，みかん10個とりんご６個をセットにしないときの合計金額は，1340＋120＝1460(円)になる。りんご６個の金額は，110×６＝660(円)なので，みかん10個の金額は，1460－660＝800(円)となる。よって，みかん１個の値段は，800÷10＝80(円)とわかる。

(2) １セットの値段は，80＋110－20＝170(円)である。りんごをみかんの半分の個数だけ買うと，みかんだけの個数とセットの個数は同じになる。よって，りんごの個数はセットの個数と同じだから，5250÷(80＋170)＝21(個)と求められる。

(3) りんご６個の金額は，110×６＝660(円)だから，町子さんはこのうち，(660－580)÷20＝４(個)のりんごをセットで買っている。つまり，町子さんは，６－４＝２(個)のりんごをセットにしないで買っているから，町子さんが買ったりんごの個数は全部で，16＋２＝18(個)とわかる。よって，町子さんが払《はら》った金額は，170×16＋110×２＝2940(円)と求められる。

6 場合の数，作図

(1) 最短経路は，下の図①と図②になるから，全部で２通りある。

(2) 最長経路は，たとえば下の図③のようなものがある。また，図③で，はじめにアを進むとき，円の部分の残りは，イ→ウ，ウ→イの２通りあり，三角の部分は，エ→オ→カ，カ→オ→エ，カ→キ→ク，ク→キ→カの４通りある。このとき，ア→イ→ウ→エ→オ→カ→クのように，円の残りの部分を先に進む場合と，ア→エ→オ→カ→イ→ウ→クのように，三角の部分を先に進む場合の２通りあるから，はじめにアを進むときの経路は，２×４×２＝16(通り)ある。よって，はじめにイ，ウを進むときの経路も16通りずつあるから，最長経路は全部で，16×３＝48(通り)ある。

図①

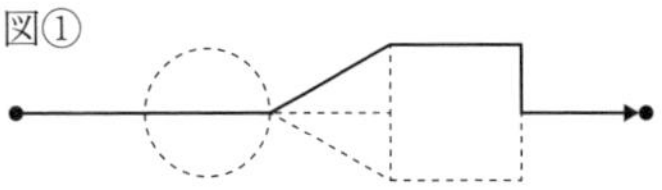

図②

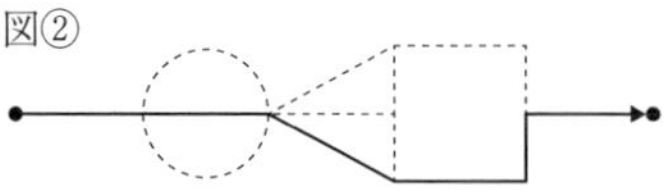

図③

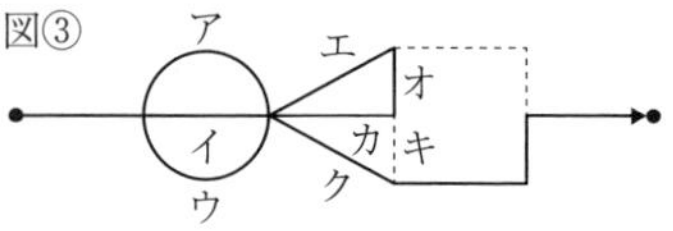

7 相似，長さ，体積，作図

⑴　右の図①で，三角形ABCと三角形DECは相似なので，BC：EC＝AB：DE＝４：２＝２：１となる。よって，BE：EC＝(２－１)：１＝１：１より，影《かげ》(EC)の長さは１mである。

図①

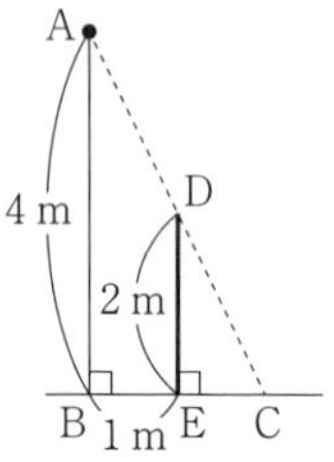

⑵　⑴より，街灯から壁《かべ》までと，壁から影の先までの長さの比は１：１になる。よって，地面にできる影は下の図②の斜線《しゃせん》部分になるから，その面積は，(４＋８)×４÷２＝24(m²)とわかる。

⑶　⑵と同様に考えると，地面にできる影は下の図③の斜線部分になる。台形FGHKの面積は，(４＋10)×４÷２＝28(m²)，台形KHIJの面積は，(10＋８)×８÷２＝72(m²)だから，影の面積は，28＋72＝100(m²)と求められる。

図②

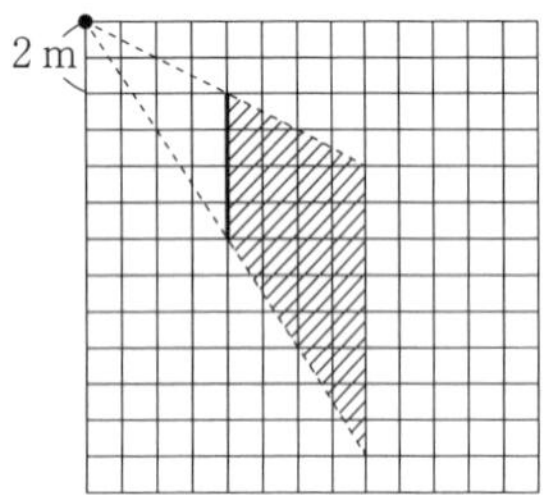

図③

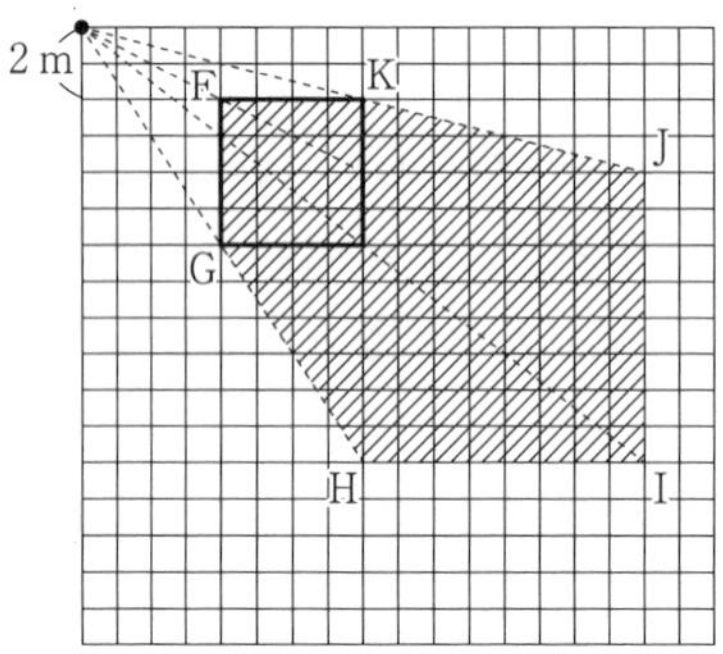

図④

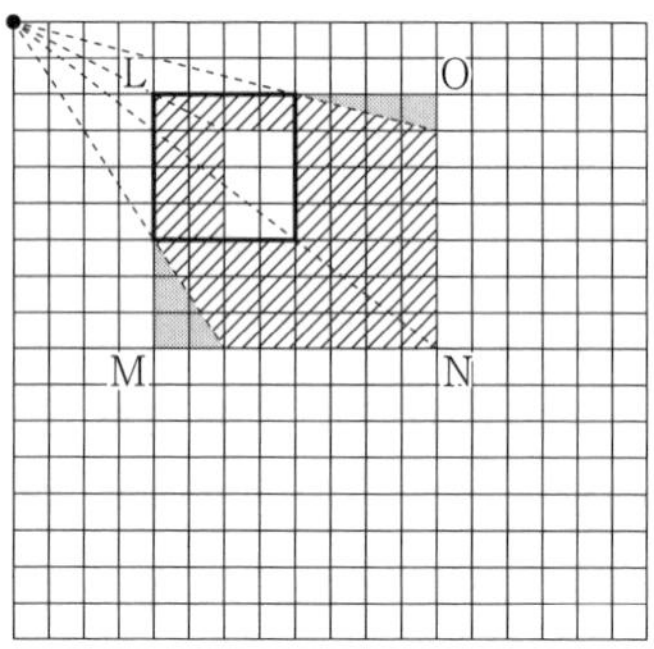

⑷　図①のABの長さが６mになると，BC：EC＝６：２＝３：１，BE：EC＝(３－１)：１＝２：１になる。つまり，街灯から壁までと，壁から影の先までの長さの比は２：１になるから，地面にできる影は上の図④の斜線部分になる(壁に囲まれた部分の一部は影にならないことに注意する)。長方形LMNOの面積は，７×８＝56(m²)，色をつけた三角形の面積はそれぞれ，２×３÷２＝３(m²)，４×１÷２＝２(m²)である。また，壁の中で影にならない部分の面積は，３×２＝６(m²)だから，図④の影の面積は，56－(３＋２＋６)＝45(m²)とわかる。

国　語　＜２日午後２科試験＞（50分）＜満点：100点＞

解　答

一 **問１**　**a**　ウ　**b**　エ　**問２**　現実にはな～ではないか　**問３**　オ　**問４**　(例)　私たちを育てた野生の世界を知ることは，これから人間が歩むべき道を考えるときに役立つはずであるという考え。　**問５**　イ　**問６**　ア　**問７**　何かを教え～が多いから　**問８**　ウ

問９　オ　　**二** **問１**　**a**　エ　**b**　イ　**c**　オ　**問２**　イ　**問３**　ア　**問４**　（例）　全校放送で言い間違えてしまったことが恥ずかしかったから。　**問５**　（例）　（みんなに笑われた時に）かばってくれた「わたし」にお礼を言うため。　**問６**　ウ　**問７**　オ　**問８**　（例）　茉莉香がうそをついていることを咲が知っているかということ。　**問９**　ア　**問10**　ア　　**三** ①～⑤　下記を参照のこと。　⑥　おさ　⑦　せいじょうき　⑧　しょほう　⑨　しゅうは　⑩　きぼ　　**四** **問１**　①　しめる　②　つく　③　さす　④　かむ　⑤　かける　**問２**　①　カ　②　オ　③　エ　④　ウ　⑤　ア　**五** ①　ケ　②　カ　③　サ　④　ア　⑤　オ　⑥　ウ　⑦　キ　⑧　ク　⑨　イ　⑩　エ

●漢字の書き取り

三 ①　因果　②　糖　③　粉末　④　干潟　⑤　図

解　説

一 **出典は山極寿一《やまぎわじゅいち》の『ゴリラからの警告―「人間社会，ここがおかしい」』による。** 野生のサルやゴリラの研究者である筆者が，研究を通して，現代の人間がどのように学び，育つべきかについて考えたことを述べている。

問１　**a**　子どもたちは，動物園で，お話のなかに登場する動物たちの本当の姿にふれるのだから，自然は「リアリティー」に満ちていることを知ることになる。「リアリティー」は現実。　**b**　「幼いころの経験によってつくられた心は，おとなになっても変わることがない」ことをいうことわざは「三つ子の魂百まで」である。

問２　筆者が「大きな不満」を感じていたのは，次の二文であげられている例にあるように，子どもの絵本に間違《まちが》った動物の姿が描《えが》かれていることに対してであった。具体的には，三文後にある「現実にはない動物の行動を物語にして子どもたちに聞かせるのは，教育として誤っているのではないか」という不満である。

問３　続く部分に注意する。世界中のどの民族にも「絵本で語るような動物の物語」があり，「初めて出会う多様な動物たち」に子どもたちは驚《おどろ》き，自分たちに「語りかける」動物たちに「同化」して，その「驚きと感動」から「想像する力」を得ることに筆者は気づき，「私のほうが間違っているのではないか」と思ったのだから，オがよい。

問４　続く部分から読み取る。人工的な環境《かんきょう》で暮らし始める以前，人間は長い間サルたちと同じ自然のなかで暮らしてきたが，「自分の野生の姿や心をよく知らない」のである。そのため，筆者は，私たちを育てた野生の世界を知ることは，「これから人間が歩むべき道を考えるときに役立つはず」だと考え，「サルを知ることは人間を知ることにつながる」と述べている。

問５　同じ段落に，筆者の考える理由が述べられている。親を失い，小さいころから人間に世話をされ，「不安な心をなぐさめて」もらって育った野生動物はその記憶《きおく》が消えず，「自分の仲間よりも人間が好きになってしまった」ため，野生復帰が難しくなるのである。よって，イが選べる。

問６　食事は，食事を与《あた》える人との間に「信頼《しんらい》の芽を育てる大切な機会」であり，また，「野生の心」は，「仲間とともに未知の領域に分け入って新しいことに挑戦《ちょうせん》する心」で，仲間を信頼し，「共通の目標を立てていっしょに歩く気持ちが必要」になる。個食ではこうした信頼が育たないの

ではないかと筆者は不安を感じているので，アが合う。

問7　二つ後の段落に，人間以外の動物が親子間以外に教える行為《こうい》をしない理由が，「何かを教えると自分が損をすることが多いから」だと示されている。

問8　おとなが「情報にアクセスする力」は問題になっていないこと，「『未知のことを知りたい』という強い欲求」が子どもたちにはなくなったこと，「おとなは今まで以上に知識や経験を求められるようになった」こと，「本当に必要な知識」が不明になったことは書かれていないことから，ア，イ，エ，オは合わない。

問9　「強い動機や大きな憧れ」は，サル真似をする理由で，その結果ではないこと，子どもたちは知識を人に求めてはいないこと，「学ぶ目的」の理解は，サル真似をするために必要なことで，その結果ではないこと，「過剰《かじょう》な情報によって想像する力を奪《うば》われる」のを防ぐ効果はサル真似にないことから，ア，イ，ウ，エは誤り。

二　**出典は中山聖子《なかやませいこ》の『雷《かみなり》のあとに』による。**転入生の茉莉香《まりか》が咲《さき》ちゃんといつも一緒《いっしょ》にいるようになり，「わたし」(睦子《むつこ》)は複雑な思いになるが，茉莉香はうそつきだといううわさを耳にする。

問1　**a**　きちんと決まっていたはずのルールを，茉莉香が転入生だからという理由でボッチャンは「あっさりと」変えたのである。「あっさりと」は，簡単に。　**b**　「わたし」が自分の話に興味を示したと感じたキミちゃんが，近づくようすを表す言葉を入れる。さらにくわしく話そうと勢いこんだと思われるので，勢いよくという意味の「ぐいっと」がよい。　**c**　次の文から，加藤君は当番を忘れているのか，忘れたふりをしているのだろうと「わたし」が考えていることが明らかなので，加藤君は「さっさと」教室を出たと思われる。「さっさと」は，すばやく。

問2　クラスで一人だけと決まっていたアナウンス委員は咲ちゃんが務めていたが，転入生だからと特例が認められた茉莉香はアナウンス委員になれ，咲ちゃんといつも一緒に行動するようになった。咲ちゃんと一緒の委員をあきらめた「わたし」はそれが不満なのだから，イが選べる。

問3　「わたし」は咲ちゃんと大の仲よしだったが，茉莉香が二人の登下校に加わって咲ちゃんにばかり話しかけるようになり，「わたし」はのけ者にされているような気分を味わっている。咲ちゃんが今後は自分より茉莉香と仲よくなるのではないかと気になっていると考えられるので，アがよい。

問4　茉莉香と咲ちゃんはこの朝アナウンス当番だったが，咲ちゃんは全校放送で緊張《きんちょう》のあまり言い間違えてしまい，教室には笑い声が広がった。男子がからかうと，咲ちゃんは顔を赤くしたことからわかるとおり，言い間違えてしまったことが恥《は》ずかしくて人目を避《さ》けようとしたと思われる。

問5　咲ちゃんはこの後，あらたまった感じで，アナウンス当番のことでみんなに笑われたときにかばってくれたことに対して「わたし」にお礼を言っている。「ずっと，ありがとうって言おうと思ってた」と言っているとおり，咲ちゃんはお礼を言いたくて「わたし」を追いかけてきたものと考えられる。

問6　ぼう線⑥の直前の咲ちゃんの言葉に注目する。ぼう線⑤のように言ったのは，「天然だとかのんびりしてるとか」言われる自分を変えたいと思い，少し変えられたかと思っていたが，やはり変わっていなかったという意味だと，咲ちゃんは説明している。よって，ウがあてはまる。

問7　続く部分に注意する。咲ちゃんは「天然」「のんびりしてる」と言われる自分を変えたいと言ったが，咲ちゃんの近くにいた自分が一番そう言って咲ちゃんを笑い，傷つけていたことに「わたし」は気づき，咲ちゃんに申しわけなかったと感じている。よって，オが合う。

問８　「茉莉香のこと………」と「わたし」が言いかけたのを，咲ちゃんは引き取り，茉莉香がうそをつくということを「わたし」も知っているのかときいている。キミちゃんにその話を聞いたとき，「わたし」はユーリも知っているのかとたずねているので，茉莉香と親しくしている咲ちゃんも茉莉香がうそをついていることを知っているかを「わたし」は当然気になっていたと考えられる。

問９　咲ちゃんは，この後，茉莉香も完璧ではなく欠点があることに「ほっとする」と語るとともに，茉莉香のうそは友だちを傷つけるようなものではなく，自分がこうだったらいいと思うという希望を口にしてしまっているだけなのでその気持ちはわかるとも言っている。よって，アが選べる。

問10　「わたし」に「ごめんね」と謝っているので，「わたし」に申しわけないという気持ちが書かれていないイ，ウ，オは誤り。「むっちゃんへの申し訳なさと自分への情けなさ」とあるエでは，「泣き笑い」の「笑い」の部分の説明がされていない。「感謝」と「後悔《こうかい》」とあるアがふさわしい。

三　漢字の読み書き

①　原因と結果。　②　炭水化物のなかであまみのあるもの。　③　こな状になっているもの。　④　遠浅の海で，潮が引いてあらわれた砂地。　⑤　音読みは「ト」「ズ」で，「意図」「図表」などの熟語がある。　⑥　音読みは「シュウ」「シュ」で，「修学」「修行」などの熟語がある。　⑦　アメリカ合衆国の国旗。十三本の赤白の横線と五十個の白い星が描かれている。　⑧　病気の状態に応じて薬の用量や用法を示すこと。　⑨　同じ宗教のなかでのいくつかのちがった仲間。　⑩　ものごとのつくりなどの大きさ。

四　慣用句の意味と用法

問１　①　Ｂの「しめる」は，“自分のものにする”という意味。　②　Ｂの「鼻につく」は，“いやみに感じられる”という意味。　③　Ｂの「後ろ指をさされる」は，“かげで非難される”という意味。　④　Ｂの「かむ」は，“何らかの役割をはたす”という意味。　⑤　Ｂの「腕《うで》によりをかける」は，“能力や技量を十分発揮する”という意味。

問２　①　「味をしめる」は，“一度うまくいったことがまた起こることを期待する”という意味。②　「板につく」は，“仕事や服装などが本人に似あっている”という意味。　③　「釘《くぎ》をさす」は，“事前に念を押《お》す”という意味。　④　「ほぞをかむ」は，“後悔する”という意味。　⑤　「鼻にかける」は，“自慢《じまん》する”，“得意になる”という意味。

五　副詞・連体詞の意味と用法

①　「さっぱり」は，“少しも”，“全く”という意味で，後に打ち消しの言葉をともなう副詞なので，ケがよい。　②　「必ずしも」は，そうとはかぎらないようすを表し，後に打ち消しの言葉を取るので，カが選べる。　③　「とんだ」は，“とんでもない”という意味の連体詞で，体言にかかるので，サが合う。　④　「なぜ」は，理由をたずねる副詞で，後に疑問や反語を表す「か」などを取るので，アがふさわしい。　⑤　「あらゆる」は，“すべての”という意味の連体詞で，体言にかかるので，オが選べる。　⑥　「どうぞ」は，相手にたのんだり，勧《すす》めたりするときに使う言葉なので，願望を表す「ください」などが後に来る。よって，ウがよい。　⑦　「もし」は，“仮に”という意味の副詞で，後に仮定条件を表す「たら」「なら」などを取るので，キが合う。⑧　「いくら」は，“どれほど”，“どんなに”という意味で，後に「ても」「でも」をともなって使うことが多いので，クがよい。　⑨　「たいした」は，“とりたてて言うほどの”という意味の連体

詞で，体言にかかるので，イが選べる。　⑩「たった」は，“わずか”という意味で，後に「だけ」などを取ることが多いので，エがよい。

2023年度 普連土学園中学校

【算　数】〈4日午前4科試験〉(60分)〈満点：100点〉

(注 意) 解答欄《らん》に「式」とある場合には，式や考え方も書きなさい。

1 次の $\square$ にあてはまる数を求めなさい。

(1) $7\frac{1}{2} \div 1.25 - \left\{16 \times \left(\frac{3}{4} - \frac{1}{3}\right) - 1\right\} = \square$

(2) $1.57 \times 1.25 + 1.25 \times 4.71 - 0.14 \times 2.5 = \square$

(3) $\left\{\left(5\frac{1}{9} - 2.5 \times 1\frac{2}{3}\right) \div \square + \frac{5}{6}\right\} \times 6.75 = 6$

2 次の問いに答えなさい。

(1) 1周1200mある池の周りを，三太さんは分速200m，友子さんは分速160mで走ります。この2人が，同じ地点から同じ向きに同時に出発します。池の周りを2周するとき，三太さんがゴールしてから何分後に友子さんがゴールしますか。

(2) 下の図は，三角形の紙を頂点Bが辺AC上にくるように折り曲げたものです。図の**ア**の角の大きさは何度ですか。

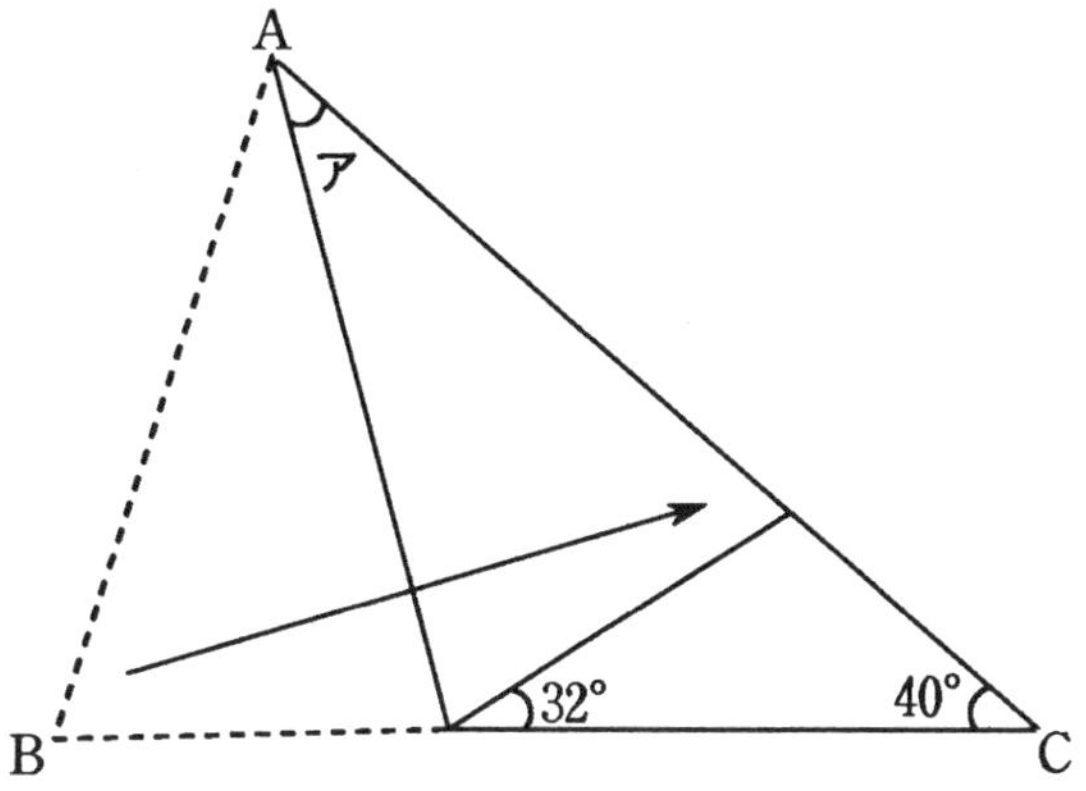

(3) 1から5のカードが3枚ずつ，合計15枚あります。

□×□×□

上の式の□にカードを1枚ずつ入れていきます。1×2×3と2×3×1のように計算結果は同じでも，順番が異なるものは区別して考えます。次の問いに答えなさい。

(i) 全部で何通りの式ができますか。

(ii) 計算結果が奇《き》数になるものは全部で何通りありますか。

(iii) 計算結果が5の倍数になるものは全部で何通りありますか。

3 友子さんは家を出発して分速50mで300m離《はな》れた図書館まで行きました。図書館で12分休んだ後，分速75mで図書館から900m離れた学校に向かいました。学校に着いて10分休み，学校に置いてあった自分の自転車に乗って分速200mで休むことなく家まで帰ってきました。家，図書館，学校がこの順に一直線上にあるものとして，次の問いに答えなさい。

(1) 友子さんが出発してから家に帰ってくるまでの距離《きょり》と時間の関係を解答欄のグラフにかきなさい。

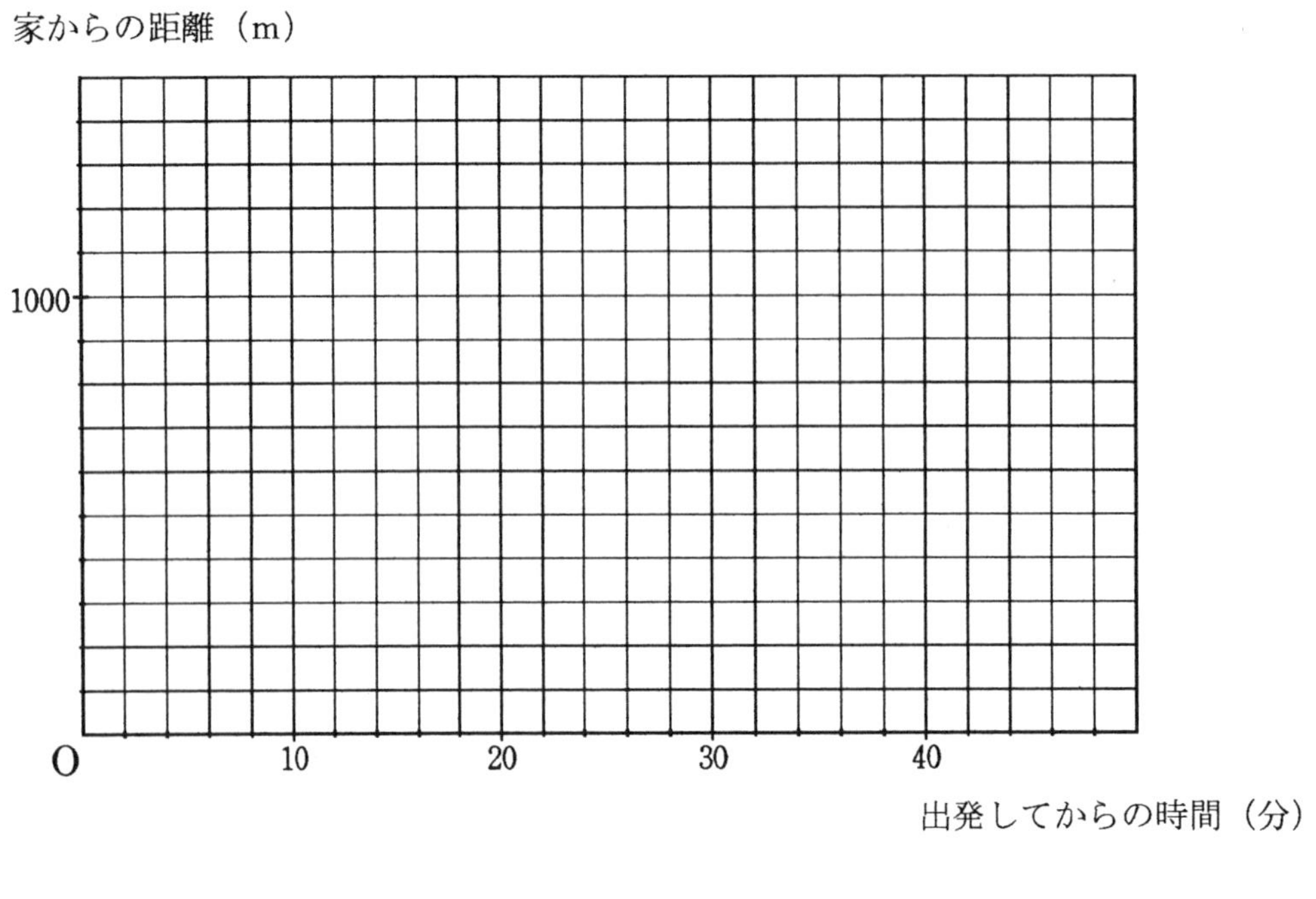

(2) 友子さんのお姉さんの町子さんは，友子さんが忘れものをしていることに気づき，友子さんが家を出発してから20分後に，家を出て休むことなく学校へ向かったところ，友子さんが学校にいる間に出会うことができました。町子さんの速さは分速何m以上何m以下ですか。

4 容器Aには6％の食塩水90gが，容器Bには4％の食塩水60gが，容器Cには水が240g入っています。次の問いに答えなさい。

(1) 容器Aと容器Bの食塩水をすべて混ぜると何％の食塩水になりますか。

(2) 初めの状態から容器Cの水を容器Aと容器Bに分けて入れ，容器Cは空になりました。容器Aと容器Bの食塩水の濃度が等しくなったとき，容器Cから容器Aに入れた水は何gですか。

(3) 初めの状態から容器Aと容器Bから1:3の割合で食塩水を取り出しました。さらに，容器Cから水を52g取り出し，それらをすべて混ぜ合わせたところ2.5％の食塩水ができました。このとき容器Aから取り出した食塩水は何gですか。

5 図のような直方体ABCD－EFGHを切断します。次の問いに答えなさい。ただし，三角錐《すい》の体積は（底面積）×（高さ）÷３で求めることができます。

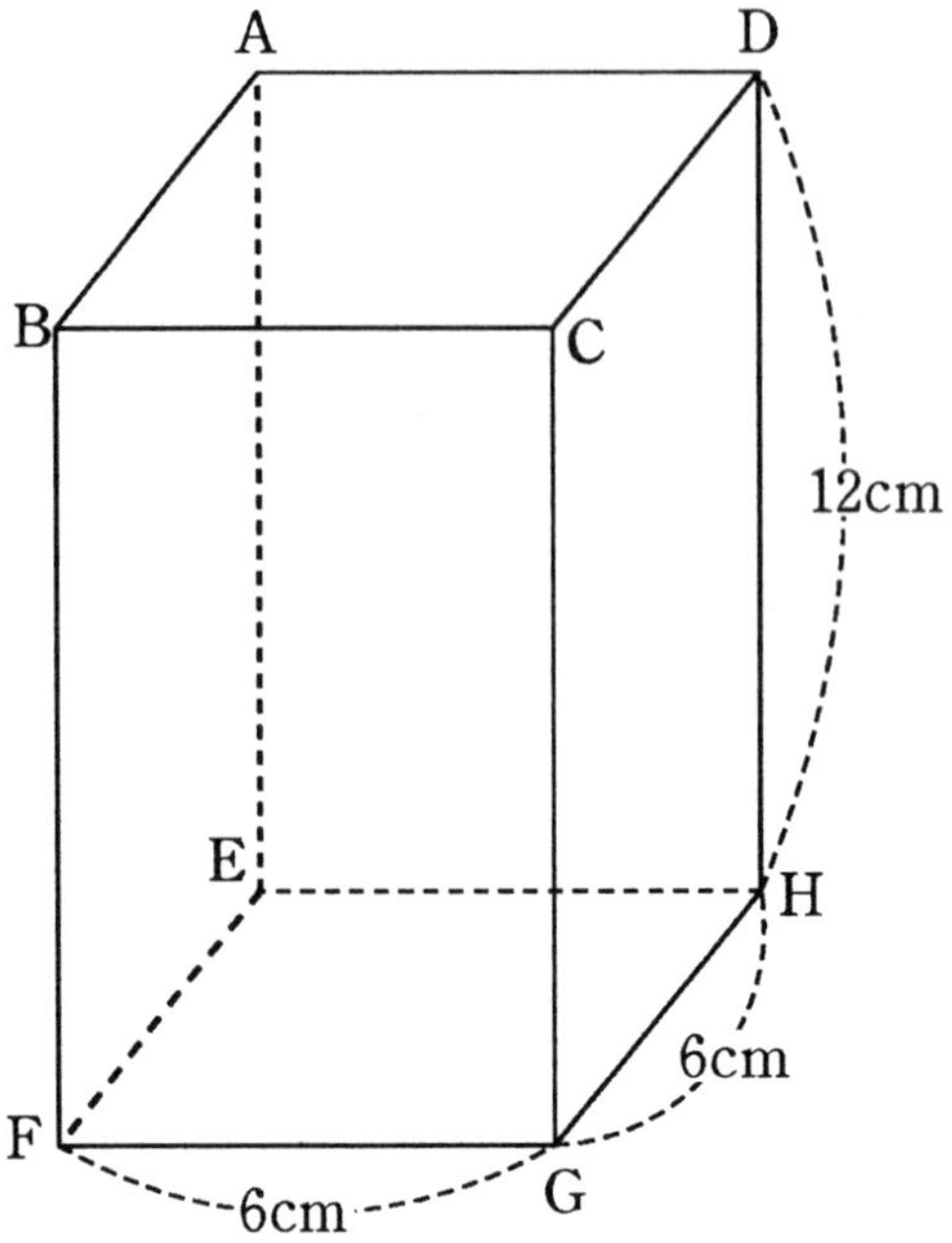

(1) 辺CGの真ん中の点を点Iとします。３点B, D, Iを通る平面で切断するとき，切断面の図形の最も適切な名称を答えなさい。

(2) ３点A, F, Hを通る平面で切断するとき，頂点Eが含まれている方の立体の体積を求めなさい。

(3) (2)の三角錐A－EFHにおいて，辺AF, AHの真ん中の点をそれぞれ点J, Kとします。三角錐A－EFHを３点E, J, Kを通る平面で切断して，２つの立体に分けます。そのうち，体積が大きい方の立体の体積を求めなさい。

6　次の文章は高校1年生の町子さんと小学校6年生の三太さんの会話です。
空欄に適するものを入れなさい。

町子：今日はまずは，次のルールで並べた数を一緒に考えてみるわよ。
「　」とあったら，かぎかっこの中の数字を1倍，2倍，3倍，……
とした数を並べていきます。
例えば「3」だったら，3, 6, 9, 12, 15, 18, …　といった感じよ。

三太：ということは「0.4」だったら，0.4, 0.8, 1.2, 1.6, 2, 2.4, 2.8, …　という
ことだね。

町子：その通りよ。
それでは，「2」と「1.8」それぞれについて，1番目から100番目までの
すべての数を合計すると，それぞれいくつになるかしら。

三太：「2」の100番目の数は ① になるから，「2」の100番目までの合計は
② になるね。同様に「1.8」の100番目の数は ③ になるから，
「1.8」の100番目までの合計は ④ だね。

町子：正解。では，これを踏《ふ》まえて次のルールで並べた数を考えてみるわよ。
＜　＞は「　」のそれぞれの数の小数点以下を切り捨てます。
例えば＜0.4＞だったら，「0.4」と見比べて，0, 0, 1, 1, 2, 2, 2, …
＜3＞だったら，3, 6, 9, 12, 15, 18, …　といった感じよ。

三太：あれ，＜3＞は「3」と同じになるんだね。

町子：いいことに気づいたわね。では早速問題よ。＜5＞の1番目から100番目
までのすべての数を合計すると，いくつになるかしら。

三太：これは「 ⑤ 」の場合と同じになるから，＜5＞の100番目までの合計
は ⑥ だね。

町子：その通り。では，＜0.25＞の1番目から100番目までのすべての数を合計
すると，いくつになるかしら。

三太：今度はちゃんと考えないと。取りあえず＜0.25＞を書き出してみて，何か法則がないか見てみると……
最初の3個は0が続くけど，それ以降は同じ数が4個ずつ並ぶので，4個ずつ区切って考えればよさそう。ということは，＜0.25＞の100番目までの合計は ⑦ だね。

町子：正解。では最後の問題よ。＜1.8＞の1番目から100番目までのすべての数を合計すると，いくつになるかしら。

三太：今度は＜1.8＞を取りあえず書き出してみて……　今度は何個ずつ区切ればよいんだろう。

町子：さっきは $0.25=\frac{1}{4}$ だったから4個ずつ区切ったことを考えると，
$1.8=\frac{9}{5}$ だから何個ずつで区切ればよいか分かるんじゃない。

三太：それを参考にして考えてみると，＜1.8＞の100番目までの合計は ⑧ かな。

町子：よくできました。最後までよく頑張りました。

【社　会】〈4日午前4科試験〉(30分)〈満点：75点〉

〈編集部注：実際の試験問題では，写真・グラフと1の地図はカラーです。〉

1　友子さんは、神戸を出発して地図中の各地をめぐり、その記録を付けました。訪れた土地Ａ～Ｈの記録について、あとの問いに答えなさい。

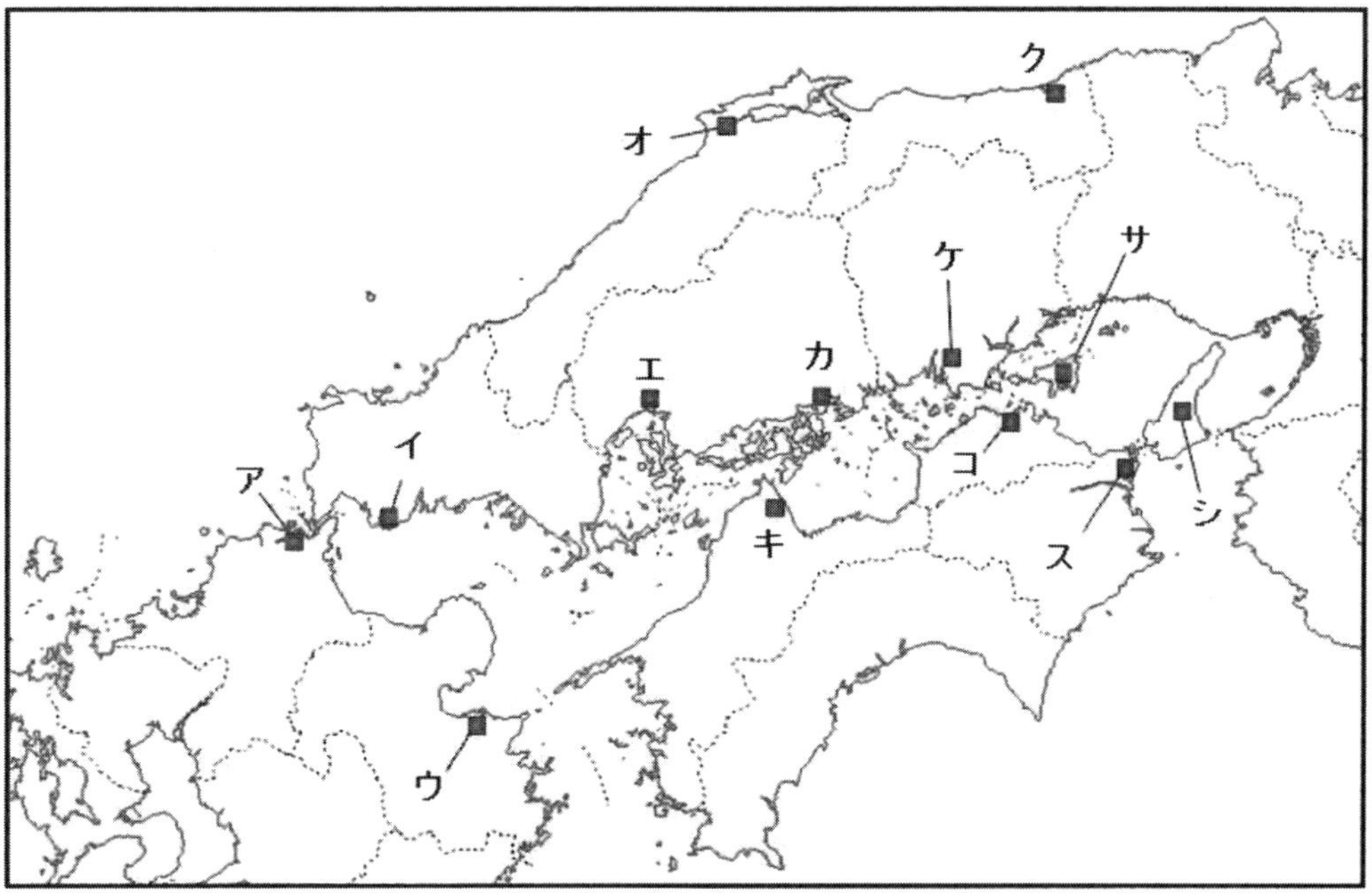

Ａの記録：　神戸市から（　あ　）海峡大橋を渡ってＡに到着した。瀬戸内海では最大面積の島で、人口は離島の中では最も多い約13万人だという。この島は酪農や漁業、タマネギ栽培などが有名で、食べものがおいしかった。播磨灘《はりまなだ》の美しい夕日を見ることができた。

↓

Ｂの記録：　Ａとの間にはこの市名の由来になった（　い　）海峡があり、有名なうず潮を見ることができた。その日は市内にある「（　い　）市ドイツ館」を訪問したことが印象に残っている。この地域には①第一次世界大戦当時、「板東《ばんどう》俘《ふ》虜《りょ》収《しゅう》容所《ようじょ》」と呼ばれたドイツ人の収容所があり、日本で初めてベートーヴェンの交響曲第９番の演奏が行われたことを初めて知った。

↓

Ｃの記録：　歴史の授業で聞いた②源平合戦の一つである屋島の戦いが行われた場所である。屋島の古戦場は、当時は海に囲まれた島だったそうだが、現在は陸続きになっていたことに時の流れを感じた。ここからは1988年に開通した橋を通る鉄道を利用して、Ｄへ向かう。

↓

Ｄの記録：　江戸時代に幕府が直接支配をしたことがきっかけで栄えた街で、白《しら》壁《かべ》の歴史ある街並みがとてもきれいだった。臨海部には重化学工業地域が形成されており、工場夜景も美しかった。また、デニムストリートがあり、そこでお土産をたくさん買った。

↓

Ｅの記録：　Ｄのある県の県庁所在地から（　う　）新幹線を使って、すぐに到着した。2023年の③Ｇ７サミットがこの地で開催されるらしい。歴史の授業で太平洋戦争のことを学んで以来、訪れてみたかった原爆ドームに行くことができた。

↓

Ｆの記録：　歴史的な街並みが残っていた。江戸時代には北海道と大阪を結び、昆布やにしんを運ぶ（　え　）船が寄港していたそうだ。ここからは自転車を使って島々をめぐりながらＧへ向かおう。

↓

Ｇの記録：　来島海峡大橋を渡ってたどり着いた。自転車で島々を渡ると、レモンやみかんの畑が見られたが、④この地の気候に合わせて栽培されたのだろう。伊予国府が置かれていたこの地は、近年はタオルや造船などの産業が有名である。お土産にタオルを買った。明日はこの県の県庁所在地の（　お　）市に移動してフェリーに乗って九州に行く。

↓

Ｈの記録：　（　お　）の港を出発してから瀬戸内海に出て最後は（　か　）海峡を渡って小倉港に着いた。ついに九州に上陸だ！この地にはかつて官営八幡製鉄所が設置され、日本国内最大の鉄鋼供給地として工業が発達したそうだ。

問１　Ａ～Ｈの記録は、それぞれどの地点について書かれたものですか。地図中のア～スからそれぞれ選び、記号で答えなさい。

問２　文中の（　あ　）～（　か　）にあてはまる語句をそれぞれ漢字２字で答えなさい。

問3　下線部①について、日本にドイツ人の俘虜（捕虜《ほりょ》）収容所ができた経緯を述べた次の文の（　ア　）～（　ウ　）にあてはまる語句を答えなさい。

> 1914年、日本は同盟国である（　ア　）の求めに応じる形でドイツに宣戦布告し、ドイツの中国における拠点であった（　イ　）半島の青島を攻めました。青島を守備するドイツ兵は少数であったため戦闘は短期間で終了しましたが、これにより4,500人を超えるドイツ人俘虜が生じ、日本各地の収容所に移されました。その後ドイツとの講和条約である（　ウ　）条約締結によって本国に送り返される1920年まで、ドイツ人俘虜は収容所で生活しました。

問4　下線部②について、次のア～ウの戦いを古い順に並べ変えなさい。

ア．屋島の戦い　　イ．壇ノ浦の戦い　　ウ．富士川の戦い

問5　下線部③について、この参加国として**誤っているもの**を次から2つ選び、記号で答えなさい。

ア．ロシア　　イ．フランス　　ウ．中華人民共和国
エ．イギリス　　オ．アメリカ合衆国　　カ．イタリア

問6　下線部④について、この地域の気候を正しく述べたものを次から選び、記号で答えなさい。

ア．山地によって季節風が遮《さえぎ》られるため、一年を通して降水量が少なく温暖である。
イ．北東季節風の影響を受けるため、冬に降水量が多い。
ウ．南東季節風の影響を受けるため、夏の降水量が多い。
エ．１年の気温の差が大きく、特に冬の寒さが厳しい。

2 **次の各カードは日本の地下資源との関わりについて説明したものです。カード1～3を読んで、あとの問いに答えなさい。**

カード1　弥生時代、①稲作と同時に金属器が日本に伝わり社会が大きく変化しました。古墳時代には、大和政権が豪族を束ねるために、大陸や朝鮮半島から鉄を輸入します。古代の日本に地下資源がなかったわけではなく、飛鳥時代の終わりには武蔵国秩父に②銅が産出し、記念として、中国のものを真似た貨幣がつくられました。

カード2　鎌倉時代になると、日本は外国で「黄金の国ジパング」と紹介されました。これは奥州で豊かな砂金をもとに藤原氏が栄え、平泉に中尊寺金色堂が建立したことが伝わった影響と考えられます。

戦国時代となって、武将たちは領地の経済力を高めようと、鉱山の開発に積極的になります。徳川幕府が天下を治めると、③重要鉱山は直接の支配下に置かれ、金や銀、銅などが大量に採掘されました。

カード3　近代になると、エネルギー資源の中心は石炭になりました。明治時代の日本でも石炭の採掘量が増加します。明治政府は、重工業に力を入れ④官営八幡製鉄所を建設しました。産業の発達にともない、より多くの地下資源が必要となる傾向は高度経済成長でさらに加速します。そして現代にいたる地下資源を輸入に頼る産業構造を生み出しました。現在、世界では⑤資源やエネルギーの問題を再検討し、持続可能な社会を目指す必要があるとされていて、日本でも解決に向けて動き出しています。

問1　下線部①について説明した文として正しいものを次のア～エから1つ選び、記号で答えなさい。

ア．青銅器を農具に用いて深く耕し、土地が肥えて収穫が増えました。

イ．鉄器で稲穂の先を刈り取り、一度に作業する量を増やしました。

ウ．金属器が日本に伝わると、石器は使用されなくなりました。

エ．青銅器は銅鐸や銅剣など豊作を祈る祭りに用いられました。

問２　下線部②に関連して、次の問いに答えなさい。

（１）この時つくられた貨幣を次のア～エから１つ選び、記号で答えなさい。

ア．

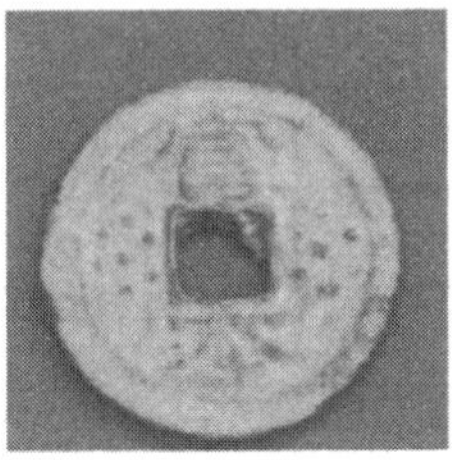

イ．

ウ．

エ．

（２）古代から中世までの貨幣について説明した文として、正しいものを次のア～エから１つ選び、記号で答えなさい。

ア．和同開珎は都で使用され、全国的には物々交換が主流でした。

イ．鎌倉時代には明銭が大量に輸入され、日本国内で流通しました。

ウ．貨幣の使用が増えると、平安時代には金貸しが登場しました。

エ．奈良時代以降も室町時代まで国内で貨幣がつくられました。

問３　下線部③について、次の問いに答えなさい。

（１）地図中のＡ～Ｃの鉱山名をそれぞれ答えなさい。なおＡは金、Ｂは銅、Ｃは銀が採れました。

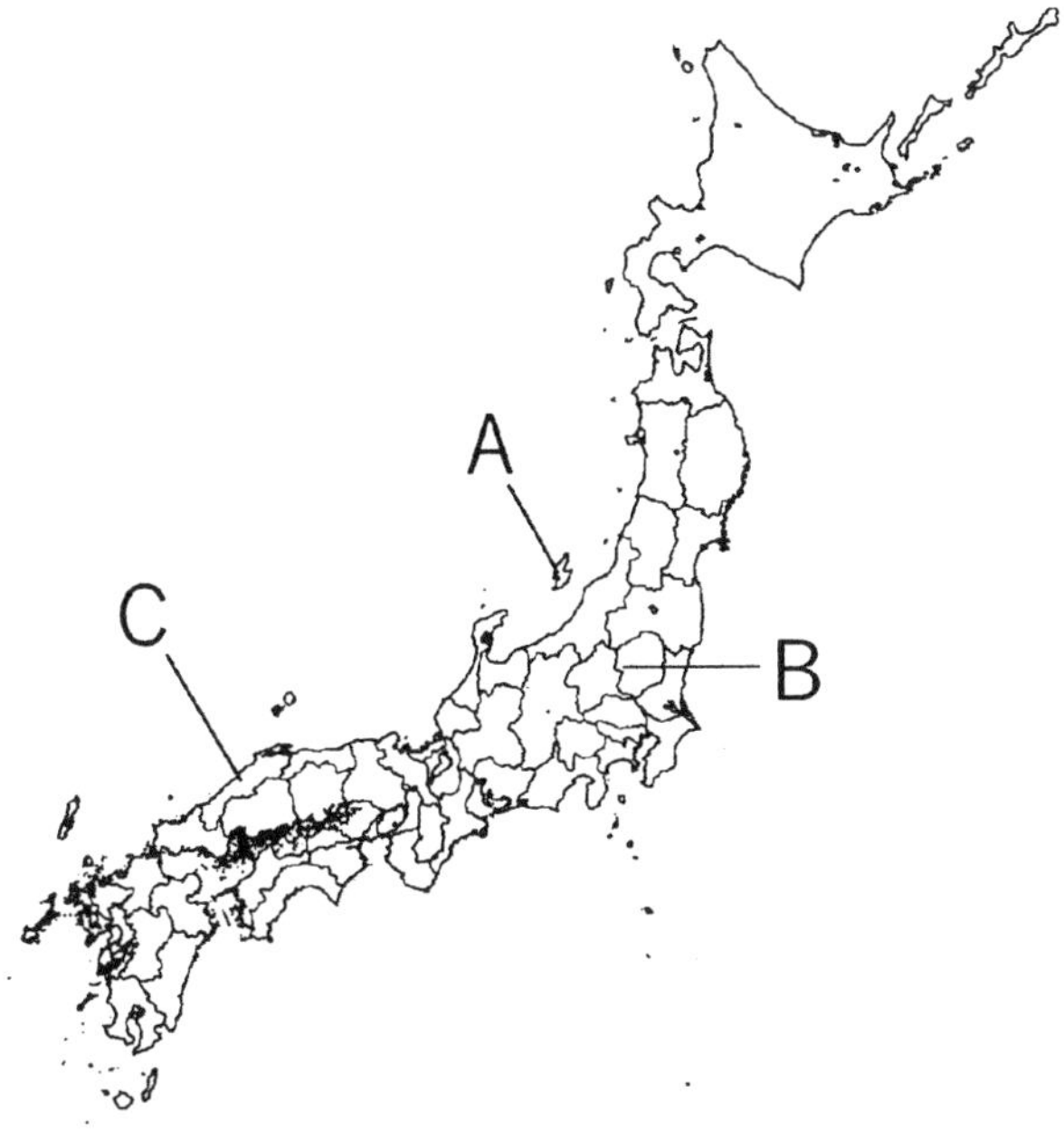

（２）次の表は、江戸時代の金貨の変化を表したものです。説明として正しいものを下のア～オから２つ選び、記号で答えなさい。

つくられた時期	小判	金の含まれる割合（%）	1枚の重さ（g）
家康（1600）	慶長小判	86.8	17.85
綱吉（1695）	元禄小判	57.4	17.85
家継（1715）	正徳小判	86.8	17.85
吉宗（1716）	享保小判	86.8	17.85
家慶（1837）	天保小判	56.8	11.25
家茂（1860）	万延小判	56.8	3.30

（浜島書店『新詳日本史』をもとに作成。）

ア．５代将軍の時、金の含まれる割合がそれ以前と比較して減少しました。その結果、物価が下がり、経済は混乱しました。

イ．５代将軍の時、金の含まれる割合がそれ以前と比較して増加しました。これは、出費が増え過ぎて財政が苦しくなったためです。

ウ．７代将軍の時、金の含まれる割合が初代の時と同じ割合になりました。これはそれ以前の政治で混乱した経済を立て直すために、新井白石が考えました。

エ．14代将軍の時、金の含まれる割合が初代の時と比較して減少し、貨幣そのものも最も小さくなりました。これは開国して海外と貿易し混乱した経済に対応するためです。

オ．初代将軍と８代将軍、12代将軍の時、金の含まれる割合が同じになっていることから、初代将軍の政治を手本としたことがわかります。

問４　下線部④について説明した次の文の空らんにあてはまる語句をそれぞれ漢字で答えなさい。

> 1901年に鉄の生産を開始しました。原料の（　あ　）は中国から主に輸入し、燃料の石炭は、九州北部の（　い　）炭田から採りました。原料と燃料が供給しやすい立地を活かして、製鉄を盛んに行い、やがて国内の鉄の約８割を生産するようになりました。

問５　下線部⑤に関連して、次のグラフはエネルギー供給の移り変わりを表しています。これらの割合の変化のうち、2010年から2020年の変化について語群の語句をすべて用いて説明しなさい。

語群【　原発事故　持続可能な社会　】

＜エネルギーの供給割合の移り変わり＞

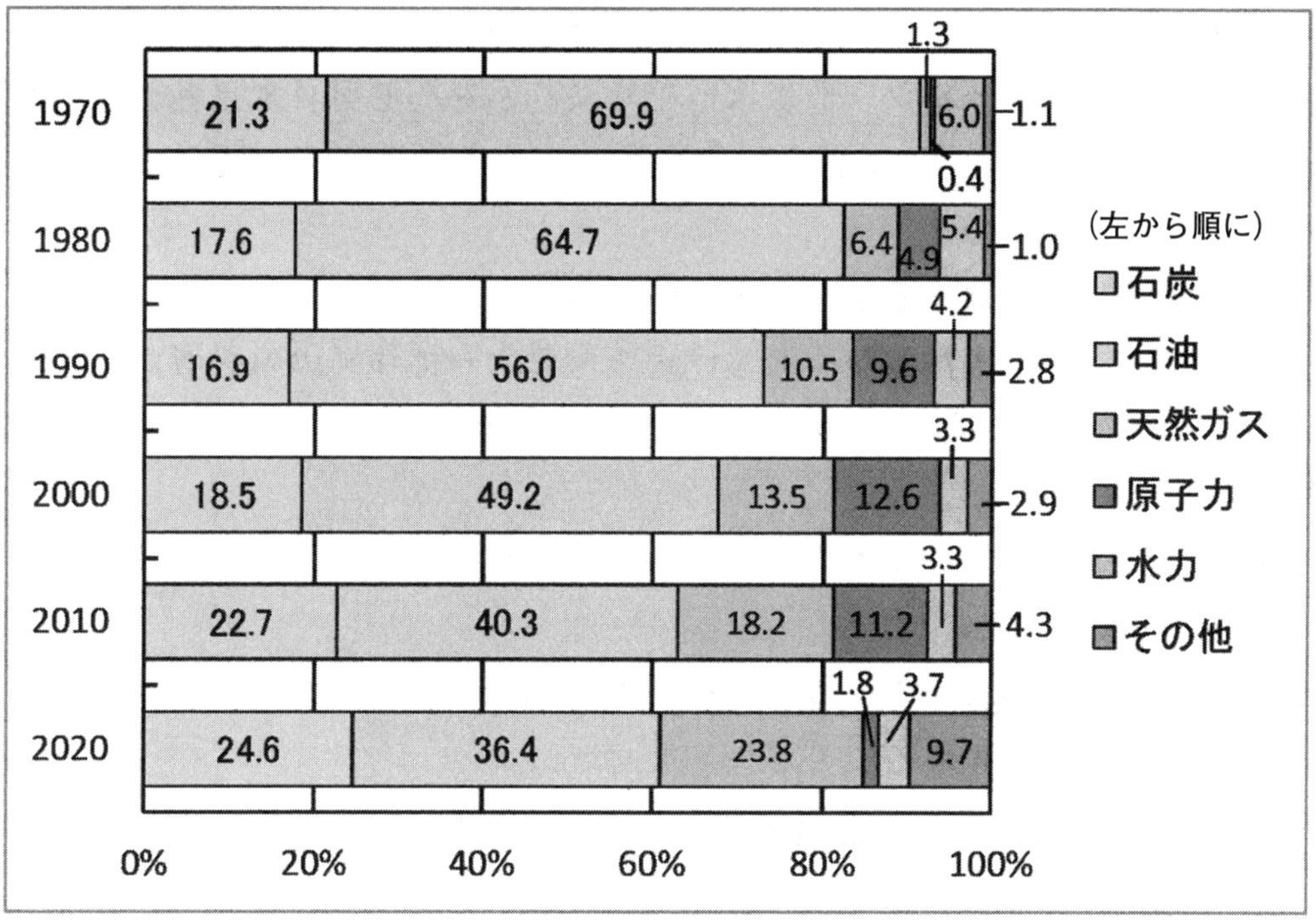

(『日本国勢図会2022/23』をもとに作成。)

3 **次の会話文を読んで、あとの問いに答えなさい。**

友子：　冬休みに上野動物園にパンダを見に行きました。2022年はパンダが日本に来て50年だったそうです。

先生：　そうですね。①1972年に（　a　）との国交が回復したことを記念して、ランランとカンカンの２頭がやってきたんだよ。

町代：　1972年まで（　a　）との国交はなかったんですか。

先生：　1952年にサンフランシスコ平和条約が発効して日本は独立を回復したのだけど、（　a　）とはこの条約を結ぶことができず、国交がなかったんだ。

友子：　昨年は沖縄返還から50年というニュースも見ました。

先生：　アジア太平洋戦争で激しい地上戦によって多くの犠牲者《ぎせいしゃ》が出た沖縄は、日本が独立を回復した後も1972年まで、（　b　）に占領され続けたんだ。

町代：　沖縄には現在でも多くの軍事施設が集中していることも問題になっていますね。

先生：　②日本の安全をどう守るのかも大切な問題ですが、沖縄の人たちの思いを尊重することが大切ですね。

友子：　昨年は日本で③鉄道が開業してから150年の節目の年でもありましたね。

町代：　普連土学園の近くには、鉄道開業当時の遺跡がありますね。

先生：　高輪築堤《ちくてい》ですね。現在再開発が進められていますが、④世界遺産の登録などを行う国際機関の諮問機関《しもんきかん》であるイコモスからは、国際的に重要な遺跡だとして保存を求められているんだよ。

友子：　鉄道といえば、昨年は久しぶりに⑤東北新幹線に乗って祖父母の家を訪れたのですが、開業40周年のイベントを行っていました。

町代：　９月には新しい新幹線が開業しましたね。

先生：　新幹線は⑥全国新幹線鉄道整備法という法律に基づいて作られた整備計画に基づき建設されているんだよ。

友子：　祖父母の家の近くを走っているローカル線は乗客が減っていると聞きました。病院に通うのに使っているのでなくなると困ると言っていました。

先生：　⑦公共交通機関をどう守るかも大きな課題になっていますね。

友子：　⑧2022年7月には国会議員の選挙もありましたね。

先生：　衆議院の解散がなければ、次の国会議員の選挙は【　X　】年にありますね。18歳になると最高裁判所裁判官の【　Y　】もできるようになります。

町代：　成人年齢を定める法である【　Z　】が改正され、2022年の4月から、成人年齢が18歳になったというニュースも見ました。成人するとどんなことをできるようになるんですか。

先生：　一人暮らしの部屋を借りるなどの契約を、保護者の同意がなくても結ぶことができるようになります。みなさんもあと6年で18歳ですね。これから世の中のことをしっかり学んでいきましょう。

問1　空らん（　a　）（　b　）にあてはまる国名を、次のア～オからそれぞれ選び、記号で答えなさい。

ア．アメリカ合衆国　　イ．イギリス　　ウ．中華人民共和国

エ．ロシア連邦　　オ．大韓民国

問2　空らん【　X　】～【　Z　】にあてはまる年号や語句を答えなさい。ただし、【　X　】は西暦で答えなさい。

問3　下線部①について、（　a　）の国と国交が回復した時の内閣総理大臣は誰ですか。次のア～エから1人選び、記号で答えなさい。

ア．吉田茂　　イ．佐藤栄作　　ウ．田中角栄　　エ．小泉純一郎

問4　下線部②に関連して、次の文は日本国憲法第9条の条文です。空らん（　ア　）（　イ　）にあてはまる語句を答えなさい。

①日本国民は、正義と秩序を基《き》調《ちょう》とする国際平和を誠実に希《き》求《きゅう》し、国権の発動たる戦争と、（　ア　）による威《い》嚇《かく》又は（　ア　）の行使は、国際紛争を解決する手段としては、永久にこれを放棄する。

②前項の目的を達するため、陸海空軍その他の（　イ　）は、これを保持しない。国の交戦権は、これを認めない。

問5　下線部③に関連して、お菓子のパッケージに次のマークがついているのを見つけました。このマークは商品を輸送する時に、トラックよりも二酸化炭素の排出量が少ない貨物列車を一定の割合以上利用している場合に商品につけることができます。貨物輸送をトラックから鉄道などに転換することを何といいますか。

問6　下線部④について、この国際機関を次のア〜エから1つ選び、記号で答えなさい。

ア．WTO　イ．UNICEF　ウ．WHO　エ．UNESCO

問7　下線部⑤について、次の図は開業時の東北新幹線の路線図です。空らん①〜④にふさわしい駅名を次のア〜コからそれぞれ選び、記号で答えなさい。

大宮	小山	①	那須塩原	新白河	郡山	②	白石蔵王	③	古川	一ノ関	北上	④

ア．秋田　イ．宇都宮　ウ．新青森　エ．盛岡　オ．高崎

カ．福島　キ．山形　ク．仙台　ケ．水戸　コ．新潟

問8　下線部⑥について、新幹線の路線整備計画を担当するのはどの省庁ですか。次のア〜エから1つ選び、記号で答えなさい。

ア．環境省　イ．経済産業省　ウ．財務省　エ．国土交通省

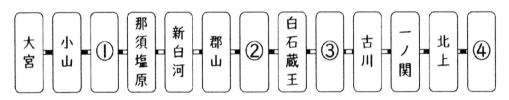

問9　下線部⑦に関連して、全国のローカル線では、利用客を増やすためにさまざまな取り組みをしています。このような取り組みの例として**誤っているもの**を次のア～エから1つ選び、記号で答えなさい。

ア．運行本数を減らしたり、駅の無人化などの合理化を進めて赤字を少なくする取り組み。
イ．通院する乗客のために、駅に駐車場を整備、アテンダントが乗車して通院客をサポートする取り組み。
ウ．地元の食材、旬の食材にこだわった食事を提供する観光列車を走らせる取り組み。
エ．多くの人が利用しやすいライトレール（路面電車）に転換し、路面電車の整備とまちづくりをあわせて行う取り組み。

問10　下線部⑧について、次の問いに答えなさい。
（1）この選挙では、1名の欠員補《ほ》充《じゅう》をのぞくと、何名の議員が新たに選ばれたか答えなさい。

（2）この選挙で選ばれた議員にできないことはどれですか。次のア～エから1つ選び、記号で答えなさい。
ア．法律案の審議を行うこと。
イ．予算案の審議を行うこと。
ウ．内閣総理大臣を指名すること。
エ．内閣不信任案の審議を行うこと。

4 次の文を読んで、あとの問いに答えなさい。

100年前の1923年9月1日、①関東地方を大きな地震がおそいました。大正関東地震、いわゆる関東大震災です。東京では、震度7の揺《ゆ》れで建物が倒壊《とうかい》し、昼食の時間帯だったため、火災が多数発生しました。②首都機能は麻痺《まひ》し、「関東全域が壊滅《かいめつ》・水没」、「津波が赤城山の山麓《さんろく》にまで達した」などの③誤った情報が流れたと言われています。

震災をうけて、世界各地から支援が届きました。特にアメリカ合衆国からの支援は大規模なもので、民間での募金運動や海軍による物資の輸送などがおこなわれました。日本政府も復興計画を進めました。都心部に建てられた鉄筋コンクリート製の小学校は復興小学校と呼ばれ、港区立高輪台小学校など、現在でも一部の学校では、校舎として使用されています。

復興が進んだ東京でしたが、今度は戦火に見舞われました。1941年から始まる太平洋戦争です。開戦当初は優勢でしたが、1942年の（　あ　）海戦での敗北以降、戦況は悪化しました。サイパン島が占領されると、アメリカ軍の爆撃機《ばくげきき》による日本本土への空襲が激しくなりました。1945年3月の東京大空襲では、約300機の爆撃機が爆弾を投下し、一晩で約10万人が犠牲《ぎせい》になりました。同年8月、（　い　）宣言を受け入れて、終戦となりました。

戦争によって、国民の生活は破壊されました。空襲で焼け野原になった場所にバラック小屋を建てたりして生活しました。物資不足により米の配給がとどこおり、多くの餓死者《がししゃ》が出ました。町中には戦火で家族を失った戦災孤児《こじ》があふれかえっていました。この状況に対して、アメリカ合衆国でアジア救援公認団体（ＬＡＲＡ）が設立され、日本に援助物資が送られることになりました。これをララ物資と言います。食糧《しょくりょう》や医薬品、衣料品などの物資が中心で、乳牛やヤギなども届けられたと言います。④大部分は食糧支援でした。この支援活動に携わった人物が、戦前に普連土学園で教師をつとめ戦後に学園長となるエスター＝ビドル＝ローズ氏でした。

問1　空らん（　あ　）（　い　）にあてはまる語句をそれぞれカタカナで答えなさい。

問２　次の文は、下線部①の地域の特徴についてまとめたものですが、一部に誤りがあります。波線部ａ～ｃを正しい語句に直しなさい。

> 関東平野は、関東ローム層と呼ばれる火山灰の地層が広がっています。中央部を流れる利根川の河口に位置する銚子は、ａ遠洋漁業が盛んな地域で、しょう油の産地としても知られています。茨城県にあるｂ本栖湖は、日本第二の広さを持ち、川魚の養殖がおこなわれています。一方、群馬県嬬恋村は浅間山の山ろくに位置し、レタスなどの野菜を夏につくるｃ促成栽培をおこなっています。

問３　下線部②について、次の問いに答えなさい。

（１）関東大震災後、首都機能を移転させるという案が出されたことがあります。首都機能移転の利点に**あてはまらないもの**を次のア～エから１つ選び、記号で答えなさい。

ア．首都圏の過密化を避けることができます。

イ．移転した地域の経済活性化につなげることができます。

ウ．大規模災害時の政府へのダメージを減らすことができます。

エ．地方への国庫支出金の配分を減らすことができます。

（２）近年、京都に機能を一部移転した省庁を次のア～エから１つ選び、記号で答えなさい。なお、この省庁は、文部科学省が管轄《かんかつ》しています。

ア．気象庁　　イ．文化庁　　ウ．国税庁　　エ．警察庁

問４　下線部③に関連して、現在も誤った情報が信じられてしまうことがあります。そのため、情報をあつかう上でメディアリテラシーが重要になります。これはどのような力ですか。説明しなさい。

問５　下線部④について、この支援をもとに都市部の学校で始まったことは何ですか。

【理　科】〈4日午前4科試験〉（30分）〈満点：75点〉

〈編集部注：実際の試験問題では，2の図の一部はカラーです。〉

1　ばね振《ふ》り子について、1～5の問いに答えなさい。ばね、板、糸は非常に軽いものとします。

問1　ばねの伸《の》びはばねにつり下げたおもりの重さに比例《ひれい》することが知られています。次の表の空欄《くうらん》（ア）～（ウ）に入る数値を答えなさい。

おもりの重さ〔g〕	（ア）	200	300	400	（イ）	500
ばねの長さ〔cm〕	12	14	（ウ）	18	19	20

問2　問1と同じばねを2本用意しました。

①　ばねを図のように2本直列でつなぎ、一端《いったん》を固定しました。もう一方の端に400gのおもりをつり下げたときの、2本のばねの長さの合計を求めなさい。

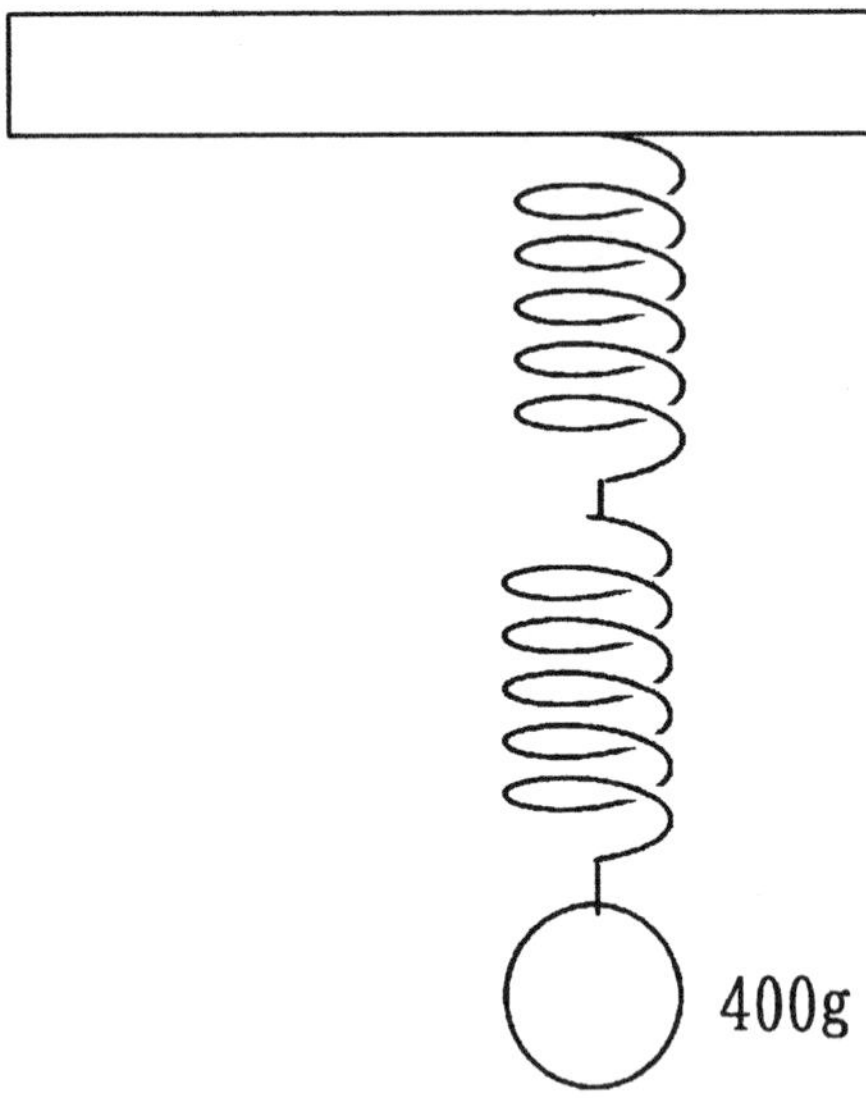

② ばねを図のように2本並列《へいれつ》でつなぎ、それぞれの一端を固定しました。もう一方の端に板を取り付け、その板に400gのおもりを2本のばねの中点にあたる位置につり下げたときのばねの長さを求めなさい。

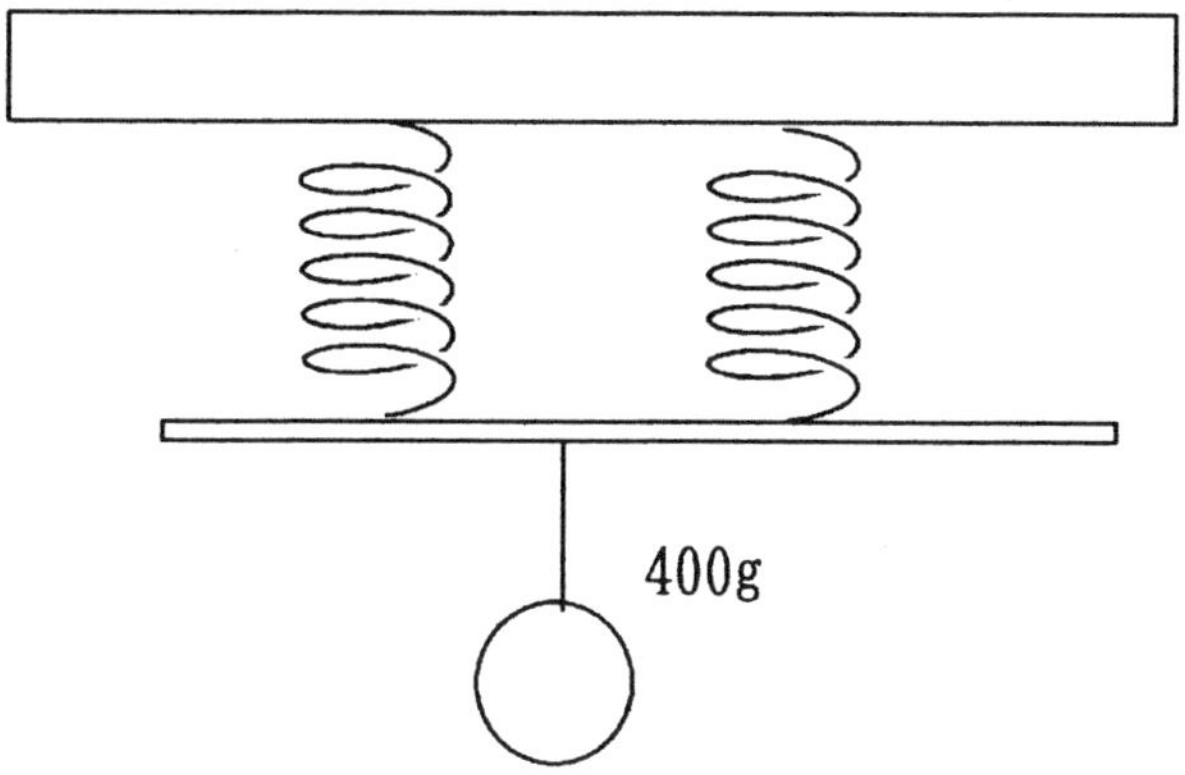

問3　問1と同じばねを1本用意し、両端に 400gのおもりをつり下げたときのばねの長さを求めなさい。

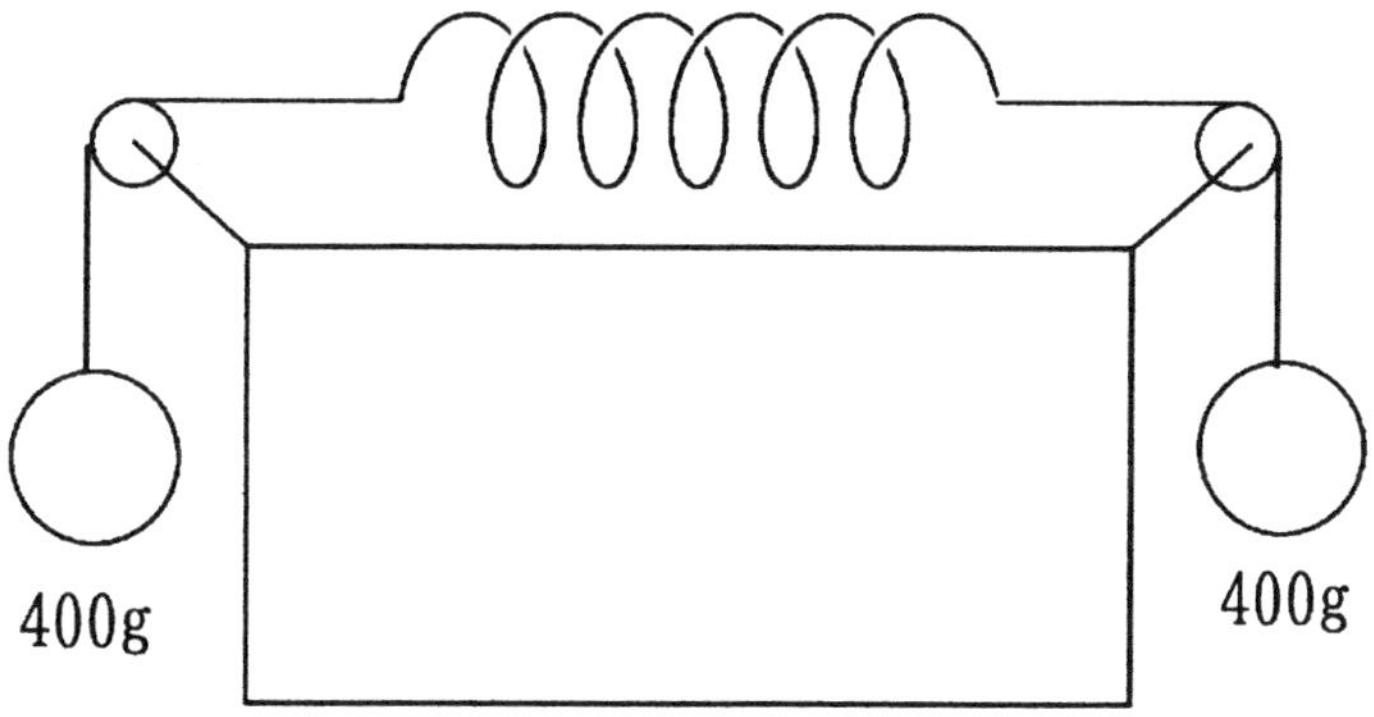

問4　ばねの種類は、その伸び具合によって分類できます。ばねの伸びとおもりの重さは比例関係にあるので、

重さ　＝　□　×　伸び

と表すことができ、□を「ばねの強さ」と呼ぶことにします。問1で用いたばねの「ばねの強さ〔g/cm〕」を求めなさい。

ばねにおもりをつり下げ、静止《せいし》させた。その後、おもりを下に少し引っ張ってはなすと、おもりは振動した。この振動の周期とばねの種類・おもりの重さの関係性について調べると次の表のようになった。

種類	A	A	A	A	A
重さ〔g〕	100	200	300	400	900
周期〔秒〕	0.28	0.40	0.49	0.56	0.84

種類	B	B	B	B	B
重さ〔g〕	100	200	300	400	900
周期〔秒〕	0.20	0.28	0.34	(エ)	0.60

種類	C	C	C	C	C
重さ〔g〕	100	200	300	400	900
周期〔秒〕	0.40	(オ)	(カ)		1.2

問5　ばねAの「ばねの強さ」は問1のばねと同じ、ばねBの「ばねの強さ」は100g/cm、ばねCの「ばねの強さ」は25g/cmです。

表の空欄（エ）～（カ）に入る値を求めなさい。

2 次の会話文を読み、1～6の問いに答えなさい。

友子さん：今日は理科の授業のときに実験で噴水《ふんすい》を作ったよ。①水を少し入れた丸底フラスコに、ガラス管がついたゴム栓でフタをして、フラスコをお湯につけたら、ガラス管の先から勢いよく水がふきあがったんだよ。

お父さん：水がふきあがったのはなぜかわかるかな？

友子さん：（　　　1　　　）だよね？

お父さん：そうだね。それとよく似た原理を使ってコーヒーを淹《い》れる道具があるよ。サイフォンという道具なのだけれど、今日はそれでコーヒーを淹れてみよう。

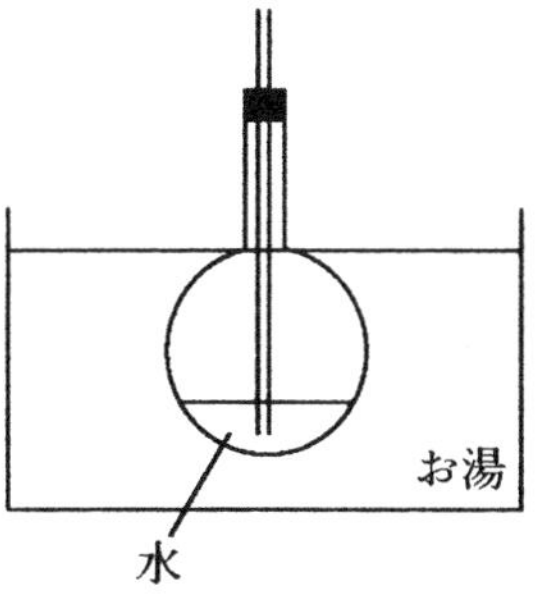

図1：実験で作った噴水

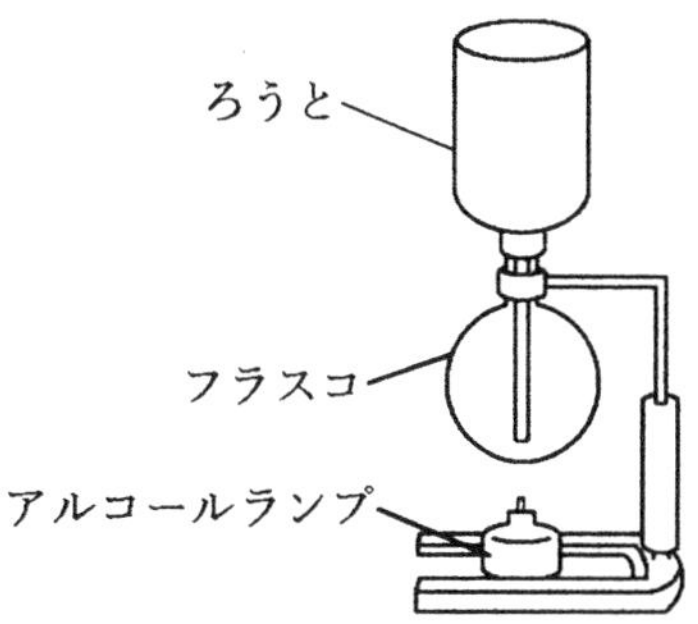

図2：サイフォン

お父さん：まずはフラスコに水を入れて、アルコールランプで加熱して水を沸騰《ふっとう》させるよ。その間にろうとに布のフィルターを付けて、コーヒー粉を入れておこう。

友子さん：あれ？買ってきたときはもっと大きい粒じゃなかった？

お父さん：それはコーヒー豆だね。コーヒー粉は、そのコーヒー豆を専用の器具で細かくすりつぶしたものだよ。同じ量《りょう》のコーヒー豆でも、細かくすりつぶしたものと、荒くすりつぶしたものではコーヒーの味が変わるんだよ。

フラスコの中の水が沸騰してきたね。このまま②ろうとをフラスコにしっかり差し込《こ》むと、フラスコのお湯が少しずつろうとのほうに上がってきたね。

お湯が上に上がってくるのはなぜかわかるかな？

友子さん：（　　　2　　　）

お父さん：その通り。コーヒー粉全体にお湯がしっかり浸透《しんとう》するようにヘラでかきまぜて….。コーヒー粉とお湯がふれあうと、徐々《じょじょ》にコーヒーの成分がお湯に溶《と》けだしてくるんだよ。こんなふうに物質の成分を液体に溶かして取り出す作業を「抽出《ちゅうしゅつ》」というよ。30秒くらい抽出したら、アルコールランプの火を消すよ。

友子さん：③フラスコにコーヒーの液体だけが落ちてきた！

お父さん：いい香りだ。味はどうかな？

友子さん：私はもっと④濃《こ》いコーヒーが好きだな。

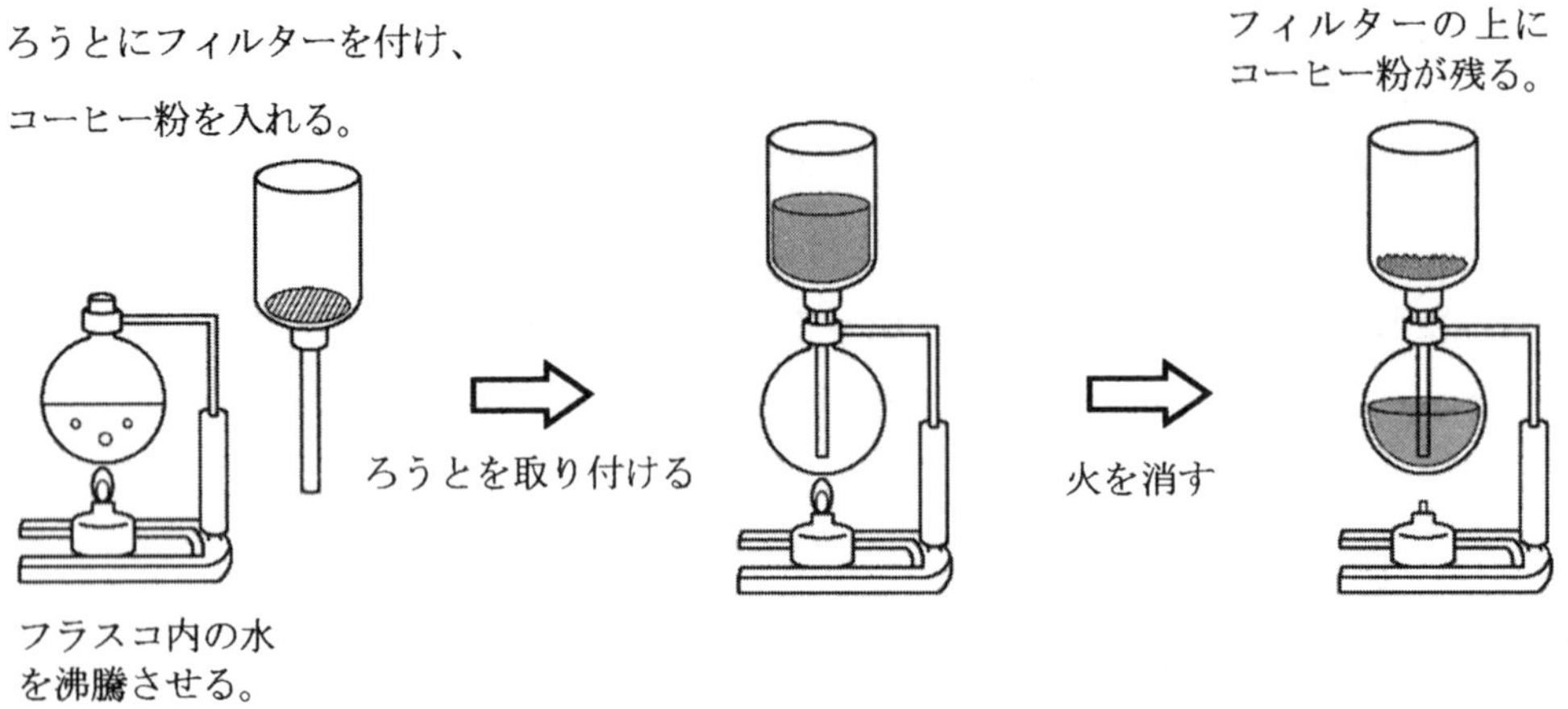
ろうとにフィルターを付け、
コーヒー粉を入れる。
フラスコ内の水
を沸騰させる。
ろうとを取り付ける
火を消す
フィルターの上に
コーヒー粉が残る。

図３：サイフォンでコーヒーを淹れる手順

問１　空欄《くうらん》（　１　）に当てはまる、下線部①のようになる理由を、（あ）～（お）より１つ選び、記号で答えなさい。

（あ）　フラスコ内の水が温められて膨張《ぼうちょう》したから

（い）　フラスコ内の空気が温められて膨張し、水を押《お》し上げたから

（う）　フラスコ内の水が沸騰して、水蒸気《すいじょうき》が発生し、水を押し上げたから

（え）　フラスコ内の水が沸騰して膨張したから

（お）　フラスコが温められて膨張し、水を押し上げたから

問２　友子さんが授業で行った実験を以下の条件で行うと、結果はどう変わりますか。（あ）～（う）より１つ選び、記号で答えなさい。

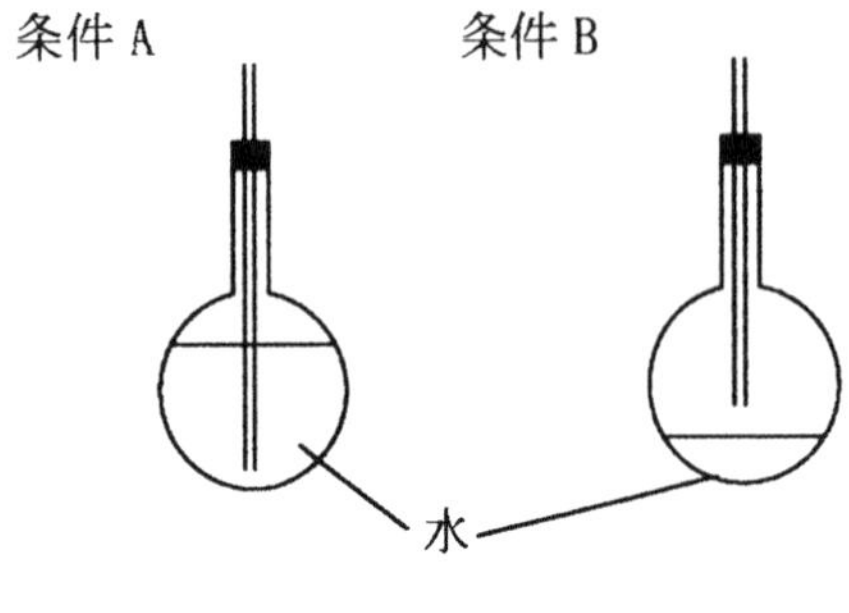
条件A
条件B
水

（あ）　ゆっくりと水がふき出す。

（い）　水が勢《いきお》いよくふき出す。

（う）　水がふき出さない。

問3　アルコールランプの使い方として正しいものを、(あ)～(か) よりすべて選び、記号で答えなさい。

(あ)　火のついていないアルコールランプに、火がついているアルコールランプを近づけて火をつける。

(い)　アルコールランプを消すときは息を吹《ふ》きかけるか、水をかけて消す。

(う)　アルコールランプの燃料《ねんりょう》が少ない場合は、容器の八分目くらいまで補充《ほじゅう》してから使用する。

(え)　アルコールランプの燃料には、料理用のサラダ油を代用することができる。

(お)　燃料が少なくなったときは、火がついたままアルコールを継《つ》ぎ足してよい。

(か)　アルコールランプがたおれて、こぼれたアルコールに引火したとき、ぬれ雑《ぞう》巾《きん》をかぶせて消火する。

問4　空欄(　2　)に、下線部②のようになる理由を書きなさい。

問5　下線部③のように、液体と固体が混《ま》ざったものをフィルターなどに通すことで、固体と液体に分ける操作《そうさ》のことを何といいますか。

問6　下線部④について、コーヒー粉の量を変えずに、コーヒーを濃くするにはどうしたらよいでしょうか。その方法を2つ書きなさい。

3　図1は、光合成の流れを示したものです。1～5の問いに答えなさい。

光

↓

A水　＋　B二酸化炭素　⟶　Cデンプン　＋　酸素

図1

問1　下線部Aの水は、地中から吸収《きゅうしゅう》されて、光合成に利用されます。このとき、地中から吸収された水が通る通り道の名称《めいしょう》を答えなさい。

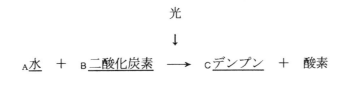

問２　下線部Ｂの二酸化炭素は、植物の体のある部位から植物の体内に取り入れられます。この部位の名称を答えなさい。

問３　下線部Ｃのデンプンは、水に溶《と》ける形となって植物の全身へと運ばれ、生きるために利用されます。このときの養分が通る通り道の名称を答えなさい。

問４　植物の葉の裏《うら》などにある気孔《きこう》からは、根から吸収された水分の一部が、水蒸気《すいじょうき》となって排出《はいしゅつ》されていることが知られています。このはたらきを蒸散《じょうさん》といい、地中から水分を吸い上げる役割を果たしています。したがって、光合成が活発に行われるためには、蒸散によって水分をより多く、地中から取り入れる必要があります。

この蒸散の量《りょう》が変化する要因のひとつに、周囲《しゅうい》を取り囲《かこ》む空気 1 ㎥中に含《ふく》むことができる水蒸気の量があります。この数値を飽差《ほうさ》と言い、気温と湿度《しつど》から決めることができて、飽差が大きいほど蒸散しやすい環境と言えます。気温 20～30℃、湿度 40～95%のときの飽差を表にまとめると、表１のようになります。

表１

単位：g/㎥

	湿度（%）											
温度（℃）	40	45	50	55	60	65	70	75	80	85	90	95
20	10.4	9.5	8.7	7.8	6.9	6.1	5.2	4.3	3.5	2.6	1.7	0.9
21	11.0	10.1	9.2	8.3	7.3	6.4	5.5	4.6	3.7	2.8	1.8	0.9
22	11.7	10.7	9.7	8.7	7.8	6.8	5.8	4.9	3.9	2.9	1.9	1.0
23	12.4	11.3	10.3	9.3	8.2	7.2	6.2	5.1	4.1	3.1	2.1	1.0
24	13.1	12.0	10.9	9.8	8.7	7.6	6.5	5.4	4.4	3.3	2.2	1.1
25	13.8	12.7	11.5	10.4	9.2	8.1	6.9	5.8	4.6	3.5	2.3	1.2
26	14.6	13.4	12.2	11.0	9.8	8.5	7.3	6.1	4.9	3.7	2.4	1.2
27	15.5	14.2	12.9	11.6	10.3	9.0	7.7	6.4	5.2	3.9	2.6	1.3
28	16.3	15.0	13.6	12.3	10.9	9.5	8.2	6.8	5.4	4.1	2.7	1.4
29	17.3	15.8	14.4	12.9	11.5	10.1	8.6	7.2	5.8	4.3	2.9	1.4
30	18.3	16.7	15.2	13.7	12.1	10.6	9.1	7.6	6.1	4.6	3.0	1.5

表1をもとに、光合成と蒸散が活発に行われる環境を調べるため、次の環境で植物Xを育てました。すると、表2のような結果を得ました。

表2

温度	湿度	飽差	植物のようす
21℃	40%	(ア)	×
21℃	60%	7.3	○
21℃	90%	1.8	×
30℃	40%	18.3	×
30℃	60%	(イ)	×
30℃	90%	3.0	○

×…生育不良、○…良好

① (ア)・(イ)に当てはまる数字を、表1をもとに答えなさい。

② 次の文章は、表2の結果から導《みちび》くことができる、植物の生育と飽差の関係について述べたものです。空欄《くうらん》(ウ)・(エ)に当てはまる数値と、(オ)に当てはまる説明を答えなさい。

表2からは、適切な飽差の下限《かげん》は1.8～(ウ)の間、上限は7.3～(エ)の間であることが分かる。したがって、植物Xを生育させるためには、飽差を(ウ)～7.3の間にすればよいと予想できる。

飽差が小さすぎると、(オ)ため、成長しにくくなると考えられる。また、飽差が大きすぎると、蒸散によって多量に水分が失われ、植物が乾燥《かんそう》に耐えられず、成長に適さないと考えられる。

問５　サボテンなどの植物は、問４の植物Ｘとは異なり、高温で乾燥した環境でも生育することができます。その仕組みは次の通りです。

昼間に比べて温度が低い夜間に、二酸化炭素を取り込み、別の物質に変換《へんかん》して体内に蓄《たくわ》えておく。昼間は、その蓄えておいた物質から二酸化炭素を取り出して、それをもとに光合成を行う。これにより、日中に蒸散による水分の喪失《そうしつ》を防ぎながら、光合成を行うことができる。

以上のことを踏《ふ》まえて、次の①～④に当てはまるグラフを、下の（あ）～（く）から選び、記号で答えなさい。なお、同じグラフを何度選んでも構いません。

①　植物Ｘにおける、時刻《じこく》ごとの気孔の開き具合の変化。
②　植物Ｘにおける、時刻ごとの蒸散速度の変化。
③　サボテンなどの植物における、時刻ごとの気孔の開き具合の変化。
④　サボテンなどの植物における、時刻ごとの二酸化炭素取り込み速度の変化。

（あ）
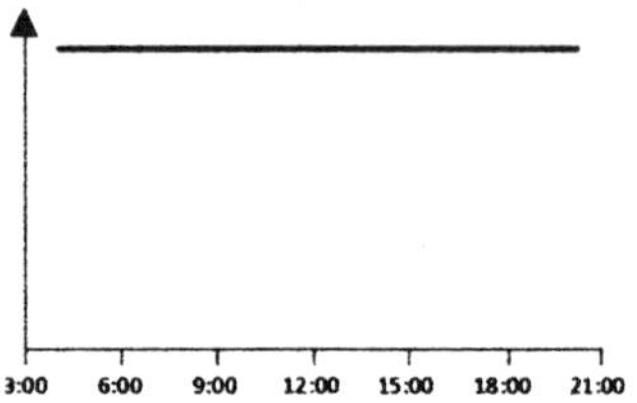

（い）
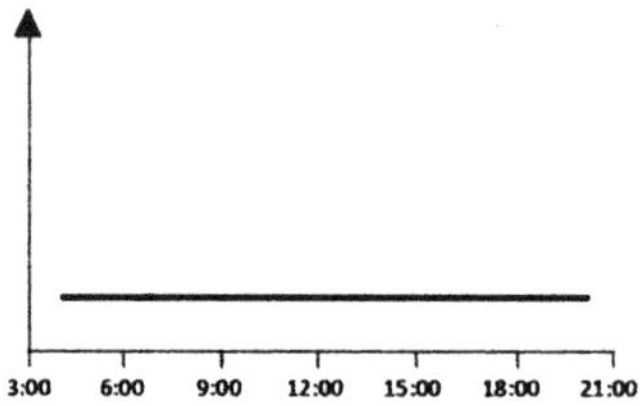

（う）
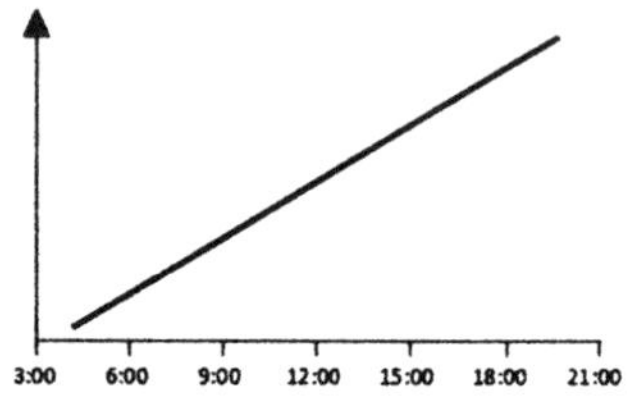

（え）
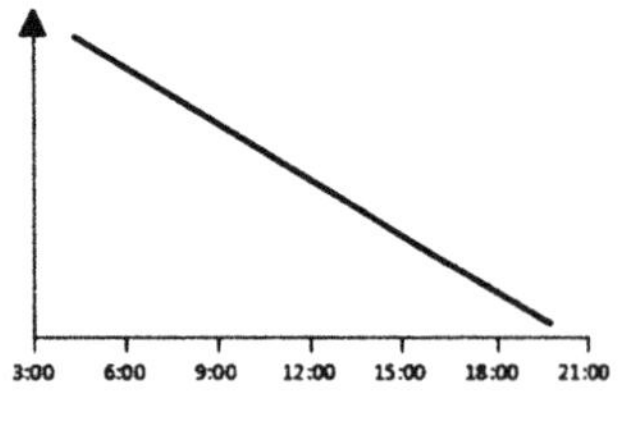

（お）
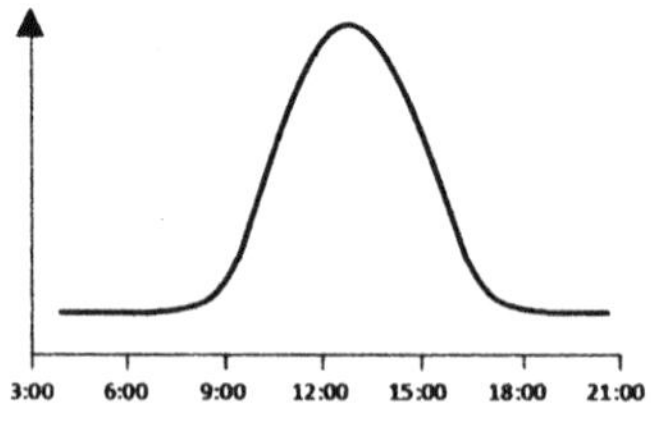

（か）
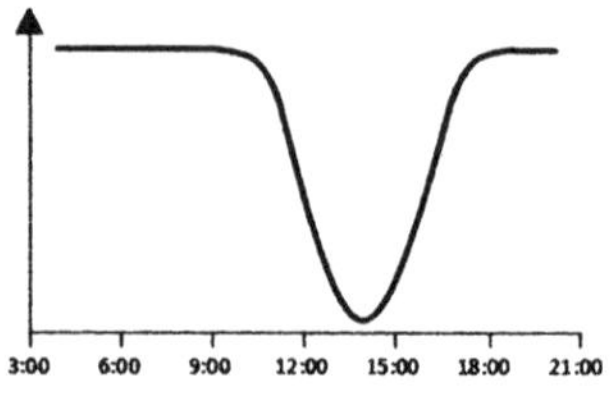

（き）
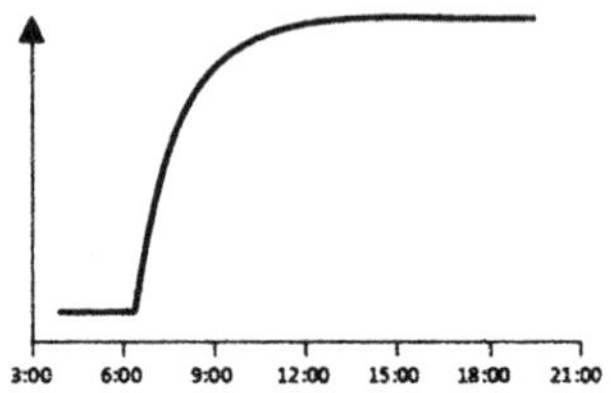

（く）
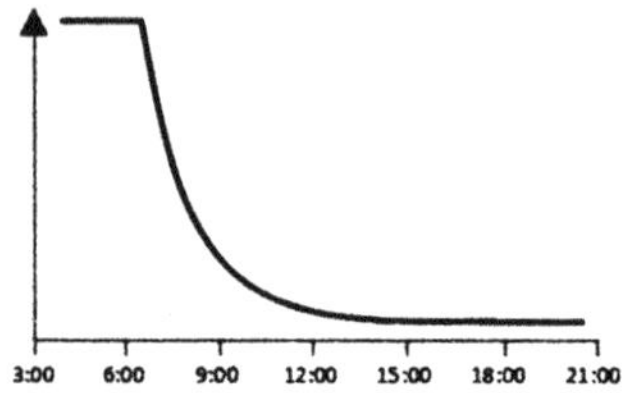

4　地球は自転しながら太陽の周《まわ》りを公転しています。また、月は自転しながら地球の周りを公転しています。１～４の問いに答えなさい。

問１　太陽、地球、月のような天体を表す語として、正しい組み合わせを選び、記号で答えなさい。

	太陽	地球	月
(あ)	衛《えい》 星《せい》	恒《こう》 星《せい》	惑《わく》 星《せい》
(い)	衛 星	惑 星	恒 星
(う)	惑 星	衛 星	恒 星
(え)	惑 星	恒 星	衛 星
(お)	恒 星	衛 星	惑 星
(か)	恒 星	惑 星	衛 星

問２　地球の直《ちょっ》径《けい》は約 12,900 km、地球と太陽との距離は約 15,000 万 km です。地球が 1 日（＝24 時間）で 1 回自転し、365 日で 1 回公転するものとして、自転の速度〔km/時〕・公転の速度〔万 km/時〕をそれぞれ求め、小数第１位を四捨五入して整数値で答えなさい。ただし、円周率は 3.14 とします。

問３　図１は、地球を北極点側《がわ》からみたときの、地球と公転軌《き》道《どう》上の月の位置関係を示しています。

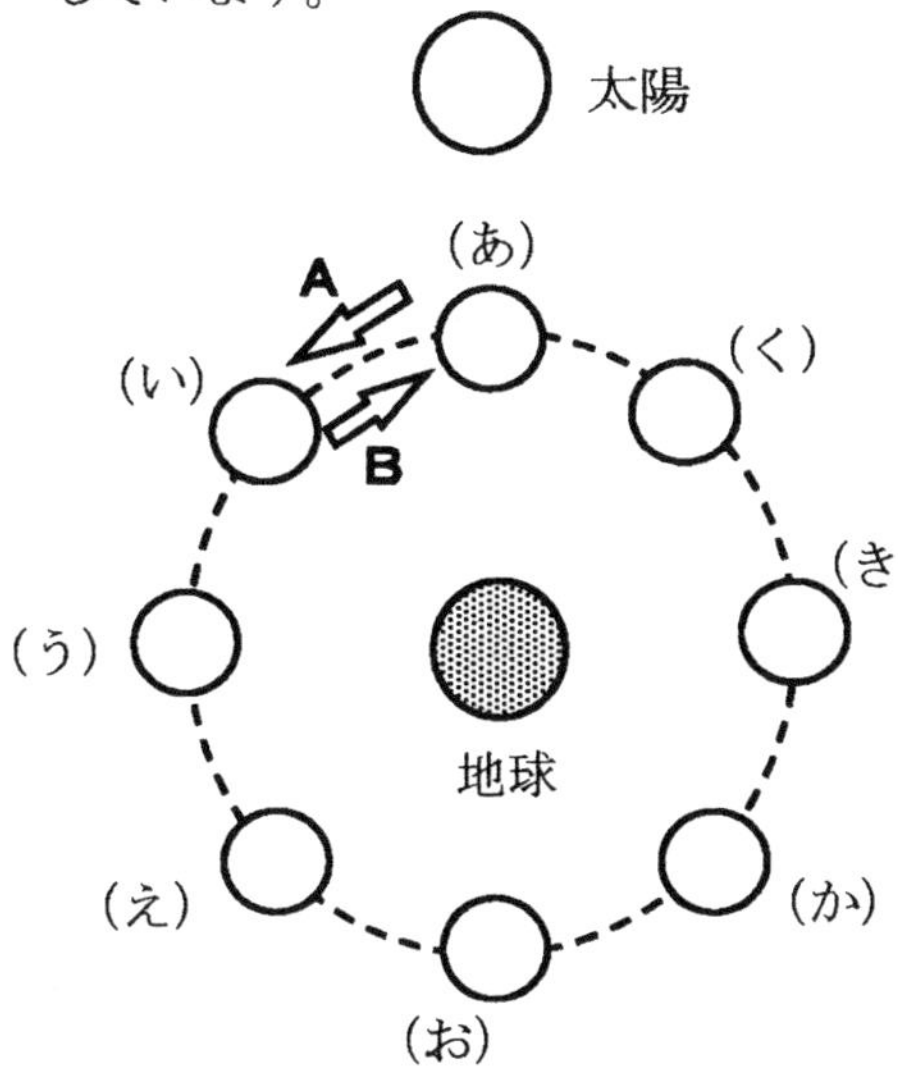

図１

①　月の公転方向は図中の**A**・**B**のどちらか答えなさい。

②　図１の（あ）の位置にある月を何といいますか。

③　月が次の（ｉ）および（ⅱ）のようにみえるときの位置を、図１の（あ）～（く）よりそれぞれ選び、記号で答えなさい。

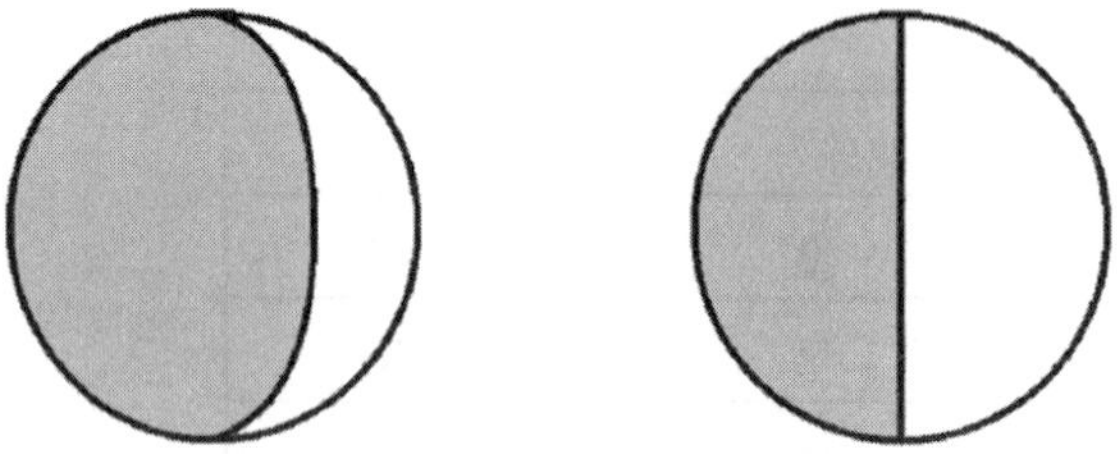

（ｉ）　　　　　　（ⅱ）

問４　月は、その満ち欠けを暦《こよみ》として用いるなど、私たちにとって最も身近な天体であるため、昔から数多くの文学作品にも登場します。

次の①・②は、どの季節のどの位置にある月を詠《よ》んだものですか。その季節の太陽と地球の位置関係を図２の（ア）～（エ）より、地球からみた月の位置を図１の（あ）～（く）よりそれぞれ選び、記号で答えなさい。

①　菜の花や　月は東に　日は西に　（与謝蕪村）

②　三日月や　地はおぼろなり　蕎麦《そば》の花　（松尾芭蕉）

＊　菜の花…春の季語　　　蕎麦（の花）…秋の季語

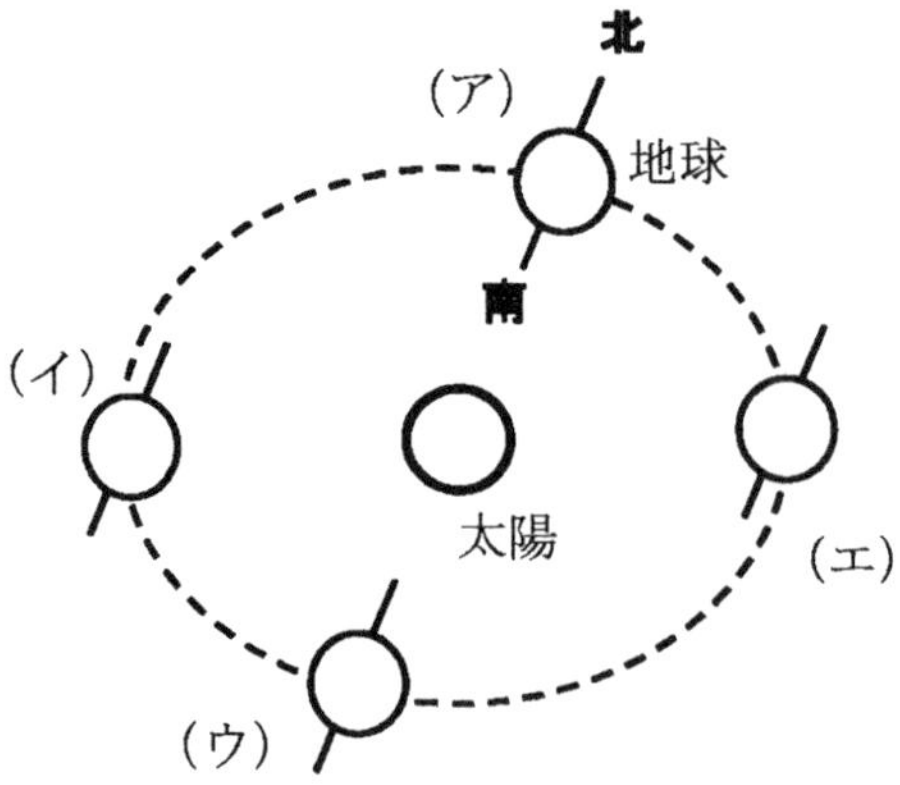

図２

五 次の①～⑤の意味・用例に当たる三字熟語を、それぞれ後の（　）内の漢字を用いて完成させなさい。
なお、用例の「――」部分には、その三字熟語が当てはまります。

① 感情や緊《きん》張がもっとも高まった様子。「――に達する」
（紅　高　頂　最　際　潮　調）

② ここぞという大事な場面や局面。「むこう一週間が――だ」
（正　生　年　念　面　馬　場）

③ うまく後始末をつけるための手段。「――を講じる」
（全　作　前　後　策　善　誤）

④ 文書で表現されていない法。暗黙《もく》の了《りょう》解。「我《わ》が校の――」
（分　文　不　付　負　律　率）

⑤ その物事を専門にしていない人。「料理に関しては――だ」
（外　官　門　害　問　漢　関）

四 次の①～⑩の【　】に当てはまる最も適当な語を、後のア～ソから選び、それぞれ記号で答えなさい。

① 差し向かいで囲碁《いご》を【　】。
② 休日に父と将棋《しょうぎ》を【　】。
③ 兄と相撲《すもう》を【　】。
④ あれこれと弟の世話を【　】。
⑤ 映画の迫《はく》力に息を【　】。
⑥ 叱《しか》られるのではないかと気を【　】。
⑦ 満点を取って調子に【　】。
⑧ 悪い評判が【　】。
⑨ 杵《きね》を持って、臼《うす》で餅《もち》を【　】。
⑩ 肩《かた》で風を【　】。

ア　うける　　イ　うつ　　ウ　かける　　エ　かる　　オ　きる
カ　さす　　キ　たつ　　ク　つく　　ケ　とる　　コ　なる
サ　のむ　　シ　のる　　ス　もつ　　セ　もむ　　ソ　やく

問八　――線⑦「梢はほっとしたような笑みを浮かべていた」とありますが、「梢」が「ほっとした」のはなぜですか。説明しなさい。

問九　――線⑧「この学校に来てから、給食をおいしいと感じたのはこれがはじめてだった」とありますが、これは「わたし」のどのような心情の表れですか。説明しなさい。

三　次の①～⑩の――線部のカタカナは漢字に、漢字はひらがなにそれぞれ直しなさい。

① 日本人はショサが美しいと海外からもほめられている。
② 知り合いの人にシャクヤを紹介《しょうかい》してもらう。
③ 新しい法案を通すため会議で決をトる。
④ 静かなゾウキバヤシの中を散策する。
⑤ 祖父の家のエンガワで線香《こう》花火をする。
⑥ 彼《かれ》の顔はまるで悪魔《ま》のような形相だった。
⑦ この参考書は学生たちに重宝されている。
⑧ 勇気を奮い立たせて肝試《きもだめ》しの会場へ向かう。
⑨ 父は田舎ぐらしにあこがれている。
⑩ 彼は学問を究めた偉《い》大な人物だ。

問五　――線④「梢の態度からは、給食のときのふてぶてしさが消えていた。大きな体を縮こまらせて、梢はぼそぼそとこたえた」とありますが、どうして「梢」はこのような態度になってしまったのですか。この説明として最も適当なものを次のア～オから選び、記号で答えなさい。

ア　「わたし」が落ち着いて話しかけてきたので、仲直りしようと思い始めていたから。

イ　「わたし」が自分の顔をにらみつけてきたことで、恐怖《きょうふ》を感じたから。

ウ　「わたし」に怒《いか》りをぶつけることができ、あとはもうどうでもいいと思ったから。

エ　「わたし」に自分のいらだちをぶつけたことを、申し訳なく思ったから。

オ　「わたし」の冷たい態度に接して、もう友達として関わることはできないと思ったから。

問六　――線⑤「そう話す梢は本気で傷ついているようで、わたしは動揺してしまった」とありますが、「わたし」は何が「梢」を傷つけたと思ったのですか。答えなさい。

問七　――線⑥「こっちの気も知らずに、のんきな笑顔で」とありますが、この時「わたし」は「祖母」にどのような思いを抱《いだ》いていたのですか。この説明として最も適当なものを次のア～オから選び、記号で答えなさい。

ア　親の都合で転校することになり、みじめな思いを抱《かか》えて日々を過ごす「わたし」を憐れんでいる祖母を、憎《にく》らしく思っている。

イ　傷ついた「わたし」の様子に気づいたようでありながら、いつもと変わらずのほほんと声をかけてくる祖母に、反感を抱いている。

ウ　自分が親切で話したことが、かえって「わたし」を傷つけることになってしまい後悔している祖母を、痛々しく感じている。

エ　仲良くしてあげるよう前もって伝えておいたから、学校の友人達とはうまくいっているはずだと満足そうな祖母に、あきれている。

オ　「わたし」が一番知られたくないことを、学校の友人達に伝わるようにしゃべってしまった無神経な祖母に、怒りを抱いている。

問一 ═線部ⓐ「相槌を打つ」・ⓑ「投げやり」の文中での意味として最も適当なものをそれぞれ下のア～オから選び、記号で答えなさい。

ⓐ 相槌を打つ

ア 相手に意見を言う
イ 相手に手の内を明かす
ウ 相手の話に調子を合わせる
エ 相手をあしらう
オ 相手を放っておく

ⓑ 投げやり

ア 物事に気を配る
イ 物事に距離《きょり》を置く
ウ 物事に無関心になる
エ 物事をいいかげんに行う
オ 物事を真面目に考える

問二 ――線①「不満そうな梢」とありますが、「梢」は何に対して「不満そう」なのですか。答えなさい。

問三 ――線②「その気持ちは、それからすぐにふっと消えてしまった」とありますが、見覚えのある写真を見つけたことで「その気持ち」が「消えてしまった」のはなぜですか。答えなさい。

問四 ――線③「だけどみんなに教えられるわけがない」とありますが、それはなぜですか。説明しなさい。

わたしはためらいがちにその皿を受け取った。ゼリーを飾《かざ》る星型のトッピングは、全部で十個あった。トッピングはひとつのゼリーに二個。梢と朋華《ともか》のゼリーからは、トッピングがなくなっていた。さらにとなりの班に目をやると、高梨《たかなし》さんが恥《は》ずかしそうにほほえみ、沢村《さわむら》さんがいつもの無表情のまま親指を立ててみせた。それを見たわたしは、もう涙《なみだ》をこらえきれなくなってしまった。

「どうよ美貴、こんなデザート、さすがに前の学校でも出なかったんじゃないの？」

朋華のおどけた科白《せりふ》に、わたしはうん、とうなずいた。当たり前だ。こんな特別なメニュー、どんな学校の給食だって、食べられるわけがない。

「ありがとう……それに、ごめんなさい」

ずっと言えなかったその言葉が、自然とわたしの口からこぼれた。にじんだ視界で梢の顔を見つめると、⑦梢はほっとしたような笑《え》みを浮かべていた。

足立《あだち》くんがわざとらしく聞いてきた。

「いやあ、すっげえなあ、それ。おれのと交換《かん》しねえ？」

「……だめ、これは絶対あげない」

涙まじりの笑顔《えがお》でこたえると、わたしはゼリーをスプーンですくい、イチゴジャムのソースをつけて口に運んだ。甘酸《あまず》っぱい味と、ひんやりした食感が口の中に広がる。その味と食感を大切に味わってから、わたしは「おいしい」とつぶやいた。⑧この学校に来てから、給食をおいしいと感じたのはこれがはじめてだった。

きょうの部活が終わったら、とわたしは思った。きょうの部活が終わったら、帰り道に公民館に寄って、七夕飾《かざ》りの短冊《たんざく》の願いごとを書きかえよう。それから図書室で、みんなにすすめてもらった本を借りることにしよう。

七夕ゼリーのまわりに飾られた星型のトッピングを見つめて、わたしはそう心に決めた。

（如月《きさらぎ》　かずさ『給食アンサンブル』　光村《みつむら》図書出版）

梢のほうを向いたときには、無意識にまた不機嫌《ふきげん》な表情になってしまっていて、わたしは心の中で自分をなじった。だけどわたしの不機嫌顔は、梢の持った皿を見た瞬間《しゅんかん》、驚《おどろ》きで塗《ぬ》りつぶされていた。

その皿のまんなかには、カップから丁寧《ていねい》に取りだされた七夕ゼリーが載《の》っていた。しかもゼリーのまわりは、たくさんの星型のトッピングで飾《かざ》られ、皿にはイチゴジャムでお洒落《しゃれ》な模様が描《えが》いてあった。

その模様とトッピングのデザインには見おぼえがあった。勉強会のときに見た、高級スイーツの写真とそっくりだったのだ。

「うおっ、なんだその豪華《ごうか》ゼリー！」

足立《あだち》くんが驚きの声をあげた。すると朋華が横から、「すごいでしょう、梢シェフのスペシャル七夕ゼリーよぉ」と自慢《じまん》する。

「美貴、これ、美貴に……」

梢がおずおずとゼリーの皿を差しだしてきた。

「えっ、なんでわたしに……」

「その、この前のお詫《わ》びにっていうか……美貴、すごく怒《おこ》ってるだろうから、どうしたら許してもらえるか、みんなに相談したんだ。そしたら朋華がアイデアを出してくれて……」

梢が横目でとなりの朋華を見た。わたしもつられて朋華に視線を移すと、朋華はしたり顔で言った。

「ほら、お金で買ったものをあげるのもなんか違《ちが》うでしょ、この場合。それでいろいろ考えたんだけど、このあいだ美貴《みき》があの高級スイーツの写真をすごく熱心に見てたから、こういうのなら喜んでくれるんじゃないかなあ、って思って」

わたしは言葉を失ったまま、再び梢《こずえ》の顔を見た。梢は目を伏《ふ》せて、わたしに謝ってきた。

「この前は、ごめん。美貴がつらいのはわかってたのに、勝手にいらついて、美貴が秘密にしておきたいことをばらしたりして……」

「違《ちが》う、梢はなにも悪くない。なのにお詫《わ》びなんてもらえないわ」

わたしはとっさにそう言っていた。けれど梢は、「いいから、あたしが美貴にあげたいの。だから、はい」と、ゼリーの皿を差しだしてくる。

くらべるのは、ただ無意味につらくなるだけだ。

わたしはため息をついて、食パンに塗《ぬ》るイチゴジャムの小袋《こぶくろ》を開けようとした。するとそのとき、梢が「ねえ」とわたしに声をかけた。

話をする気はなかったのに、反射的にそちらを向いてしまうと、梢は遠慮《えんりょ》がちに言った。わたしの七夕ゼリーを指差して。

「それ、くれない？」

わたしは唖然《あぜん》として梢の顔を見つめた。梢は上目遣《うわめづか》いにわたしの返事を待っていた。

驚《おどろ》きとあきれがいらだちに変わり、けれど嫌だと返事をするのも癪《しゃく》で、わたしはゼリーのカップを乱暴に梢の給食のトレイに置いた。ありがと、と梢が言ってきたけど、わたしはそれを無視した。

まったく、あきれてものも言えないとはこのことだ。いくら食い意地が張っているといったって、よりにもよってわたしの給食をほしがるなんて。

胸の中で軽蔑《けいべつ》の言葉をならべながら、イチゴジャムの袋《ふくろ》を千切ると、いきおいよく飛びだしたジャムがトレイを汚《よご》して、頭がカッと熱くなった。けれど怒《いか》りはすぐに冷えてしぼまり、同時にわたしの心も暗く落ちこんだ。

……どうして、あんなつっけんどんにわたしたりしてしまったんだろう。気づけばわたしはそう後悔《こうかい》していた。しょうがないなあ、と苦《にが》笑いでも浮《う》かべて手渡《てわた》していれば、それをきっかけに梢《こずえ》と仲なおりできたかもしれないのに、と。

強がってごまかすことはもうできなかった。梢と仲なおりがしたい。朋華《ともか》たちともまた仲よくつきあいたい。それはわたしの本心だった。

たしかに梢はわたしが隠《かく》していたことをばらした。だけど、もともと悪いのはわたしだ。最初の理由がなんだって、梢はずっとわたしにやさしくしてくれた。わたしをひとりにしないでくれた。なのにわたしはつまらない意地を張って見栄《みえ》を張って、梢のことを傷つけて……。

そんなことはもうとっくにわかっていたのに、それでもまだ梢のことを避《さ》け続けている自分に、心底嫌気《いやけ》が差した。給食に手もつけず、机の下でぎゅっと両手を握《にぎ》りしめていると、騒々《そうぞう》しいまわりの声が急速に遠ざかっていくのを感じた。

自分が泣きそうになっているのがわかった。けれど涙《なみだ》があふれる寸前で、「美貴《みき》」とわたしの名前を呼ぶ梢の声が耳に届いた。

その日の部活は仮病《けびょう》を使って休んだ。梢《こずえ》と顔をあわせたくなかったから。

家に帰ると、玄関先《げんかんさき》で花の水やりをしていた祖母が声をかけてきた。⑥こっちの気も知らずに、のんきな笑顔《えがお》で。

「あら、おかえりなさい。きょうは早かったのねえ」

「おばあちゃん、なんでわたしのことを……」

挨拶《あいさつ》もかえさずに食ってかかりそうになってから、わたしは唇《くちびる》を強くかんで言葉をせき止めた。ここでこらえなければ、取りかえしのつかないことになってしまいそうな予感があった。きょとんとしている祖母の顔をにらみつけて、わたしは無言で家にあがった。

自分の部屋に引っこむと、カバンを乱暴に放りだして、畳《たたみ》に倒《たお》れた。畳のにおいがいつもより鼻について、口で浅く息をしていた。

…… 中略 ……

次の日から、わたしはひとりになった。教室でも部活でも、誰《だれ》ともつきあわなくなった。ときどき梢《こずえ》が話しかけようとしてくるのがわかったけど、わたしは頑《かたく》なに気づかないふりをした。

朋華《ともか》も高梨《たかなし》さんも沢村《さわむら》さんも、わたしに関わってはこなかった。関わりあいを拒絶《きょぜつ》する空気を、わたしが発していたせいかもしれないけど、もともと彼女たちは梢の友達だ。梢と仲違《なかたが》いをしたわたしと仲よくする理由はない。

せいせいした。そんなふうに強気でいられたのは、最初のうちだけだった。

清凜《せいりん》女子学院に通っていたころは、友達がたくさんいた。こっちに来てからも、梢がすぐに仲間の輪に入れてくれた。自ら望んでひとりになってはじめて、わたしはひとりでいることの寂《さび》しさを知った。

ひとりぼっちのまま数日が過ぎて、七夕の日になった。公立の中学でも、七夕の給食には七夕ゼリーが出るものらしい。

それは紙製のカップに入った白いゼリーで、トッピングに星型の小さなゼリーが二個、申し訳程度に載《の》っていた。

「……安っぽい」

わたしは誰《だれ》にも聞こえない声でつぶやいた。それから、去年までの七夕ゼリーは、と思いだそうとして、もういいかげん嫌《いや》になった。

どんなに強く願ったところで、どうせもうわたしは、清凜にはもどれない。だからこうやっていちいちあのころといまを

声が震《ふる》えてしまわないように、わたしは「そう」と無感情に言った。

「つまり、最初からわたしのことを憐《あわ》れんで、親切にしてくれてたわけね」

「そんなつもりじゃ……」

言いかえそうとした梢《こずえ》の顔を、わたしはきつくにらんだ。そうしていないと、くやしくて涙《なみだ》がこぼれそうだった。対等と思っていた相手から、ひそかにずっと憐れみを受けていた。そのことはわたしにとって、耐《た》えられないほどの屈辱《くつじょく》だった。

「それで、どうしていまさらわたしの事情をばらしたりしたの。朝からわたしに怒《おこ》ってたみたいだけど、わたし、なにか気にさわることでもした？」

「それは、美貴《みき》があんなこと書くから……」

わたしは「あんなこと？」とまゆをひそめた。すると梢は責めるような瞳《ひとみ》でわたしを見つめてこたえた。

「……公民館の、七夕飾《かざ》りの短冊《たんざく》。清凜《せいりん》に帰りたいって、あれ美貴が書いたんでしょ」

ああ、とため息まじりの声がもれた。勉強会が解散したあと、わたしはこっそり公民館にもどって、短冊に願いを書いていた。意味がないことはわかっていても、書かずにはいられなかったのだ。誰《だれ》にもわかりはしないだろう、と高をくくっていたのが間違《まちが》いだった。

まあ、もうどうだっていいけど。そんなふうにⓑ投げやりな気分で考えていたら、梢がうつむいて続けた。

「あの短冊を見つけたとき、すごく悲しかった。あたしはもうすっかり美貴と友達のつもりだったのに、美貴はずっともとの学校に帰りたかったんだって。あたしたちのことなんて、なんとも思ってなかったんだって。それでいらいらして、あんな……」

⑤そう話す梢は本気で傷ついているようで、わたしは動揺《どうよう》してしまった。顔を上げた梢の目には涙のつぶが浮《う》かんでいて、それを見たわたしはとっさに、梢に背を向けていた。

「もういいわ、じゃあ」

わたしは足早に教室を出た。廊下《ろうか》で聞き耳を立てていた朋華《ともか》のことも無視した。

しばらくしても梢が追いかけてこないのでほっとした。鼻の奥《おく》がさっきからずっと熱かったけど、意地でも泣いてやるものかと決めた。

「そういうわけじゃないわ。ただ、なんだか食欲がなくて……」

「無理しなくたっていいよ。お嬢様学校《じょうさまがっこう》の豪華《ごうか》な給食を食べ慣れてるから、こんな貧乏《びんぼう》くさい給食は食べたくないんでしょう？」

わたしは耳を疑った。どうして梢が、わたしの小学校のことを知ってるの？　混乱して言葉をなくしていると、朋華《ともか》が騒《さわ》ぎだした。

「なになに、美貴《みき》ってそんなすごい小学校に通ってたの!?　なんで教えてくれないのよ！」

「あっ、もしかしてあれじゃね？　実は夜逃《よに》げしてこっちに引《ひ》っ越《こ》してきたから、言いたくなかったとか？」

冗談《じょうだん》めかした足立くんの言葉に、びくりと肩《かた》が震《ふる》えた。けれど動揺《どうよう》はそれだけでなんとかおさえこんで、わたしは平然とした態度で言った。

「……引っ越しは、単に親の都合。けど、貧乏くさい給食を食べたくないっていうのはそのとおりだから、食べたければ遠《えん》慮《りょ》しないでどうぞ」

冷ややかにそう告げると、足立くんは「いや、ああ、悪《わり》ィ」と面食らったように、わたしが差しだしたフライドチキンの皿を受け取った。

そのあとで、わたしは梢の顔をにらみつけた。すると梢はわたしをにらみかえそうとしかけてから、気まずそうに給食に視線を落とした。

給食が終わったあと、わたしは空き教室で梢に問いただした。

「誰《だれ》に聞いたの」

④梢の態度からは、給食のときのふてぶてしさが消えていた。大きな体を縮こまらせて、梢はぼそぼそとこたえた。

「……美貴のおばあちゃんに。美貴のおばあちゃん、うちのおばあちゃんと友達で、たまに話しにくるのよ。春休みに会ったときに、美貴のことを聞いて、いっしょのクラスになったら仲よくしてあげてくれって……」

信じられない。わたしは思わずそうつぶやいていた。親の会社がつぶれて私立の学校に通えなくなったなんてこと、同級生に知られたら、わたしがどんなにみじめな気分になるか、祖母は考えもしなかったのだろうか。

わたしはすっかり冷めた気持ちで、写真をじっと見つめていた。すると朋華《ともか》が突然《とつぜん》、「わっ、なにあれ、笹《ささ》!?」と声をあげた。

朋華が指差すほうを見ると、公民館の玄関《げんかん》に七夕の笹飾りが設置されているところだった。梢が公民館の職員の人に話を聞くと、来館者に願い事を書いた短冊《たんざく》を自由に吊《つ》るしてもらう企画《きかく》らしい。

「どうだい、一番乗りで吊るしてくかい?」

「吊るします吊るします！　わあ、短冊とか吊るすのひさしぶり！」

梢たちがわいわい騒《さわ》ぎながら短冊を書きだした。梢の短冊は、「みんなをしあわせにする料理人になりたい」。朋華のは「『ヴァイスブレイド』が打ちきりになりませんように」で、高梨《たかなし》さんのは「童話作家になれますように」、沢村《さわむら》さんは「未知との遭遇《そうぐう》」だった。

「はい次、美貴の番」

「あっ、わたしは、思いつかないからまたあとで……」

「え――っ、なんかずるいなあ。美貴《みき》の願いごとも教えなよぉ」

梢《こずえ》がふざけて問いつめてくる。③だけどみんなに教えられるわけがない。だって、わたしの願いはひとつだけだ。

清凜《せいりん》女子学院に帰りたい。春まで住んでいたマンションで、もとの暮らしにもどって、仲よしだった友達といっしょに、またあの素敵な学校に通いたい。それがわたしの、唯一《ゆいいつ》の願い。親しくしてくれる梢たちには申し訳ないけど、わたしはこの環境《かんきょう》に、いまの状況《じょうきょう》に慣れてしまいたくなかった。

……そんな意地を張ったって、なんの意味もないってわかってるけど。

……　中略　……

「そんなにこの学校の給食が気に入らないわけ?」

はっとしてとなりを見ると、梢が横目でわたしをにらんでいた。なぜにらまれているのかわからず、わたしは戸惑《とまど》って言った。

このあと、高梨さんが童話を、朋華が漫画の原作本を、沢村さんがオカルト系の本を、と、なぜかそれぞれがわたしにお勧《すす》めの本を紹《しょう》介《かい》する流れになり、最後に梢がお勧めの本を持ってきた。

「じゃあ、あたしはこれで」

最後に梢が絶品スイーツの紹介《しょうかい》本を重ねるので、わたしはついふきだしてしまった。

「ちょっと、あたしのときだけなにその反応！」と①不満そうな梢を、朋華がすかさずからかった。

「梢《こずえ》の食い意地にあきれてるんだってば。ねえ美貴《みき》」

「そうじゃなくて、梢らしいなって思って……」

「それ、フォローになってないから！」

しかめっ面《つら》で指摘《してき》してから、梢もこらえきれなくなったように笑った。

テスト勉強はちっともはかどらないけど、まあ、たまにはこういうのも悪くはないかな。ほかのみんなの笑顔《えがお》をながめているうちに、わたしはそんなふうに思いはじめていた。

けれど②その気持ちは、それからすぐにふっと消えてしまった。梢のすすめてくれたスイーツ本の中に、見おぼえのある写真を見つけたせいだ。

写真に載《の》っていたのは、高級そうな皿に載ったババロアだった。雪のように白いババロアのまわりには、色とりどりの星型のトッピングが飾《かざ》られ、鮮《あざ》やかな紅色のソースが、皿にお洒落《しゃれ》な模様を描《えが》いている。

「いいよねえ、いっぺん食べてみたいわそういうの」

梢のうっとりした声に、わたしはⓐ相槌《あいづち》を打つことができなかった。写真に載ったそのスイーツを、わたしは実際に食べたことがあったからだ。都心にある高級レストランで。まだ半年とちょっとしか経《た》っていない、去年の秋のことだ。

ああ、そうだ。都会の高層マンションに住んで、素《す》敵な私立の学校に通い、たまに高級なレストランに食事に連れていってもらったりもする。ほんの数ヶ月前まで、それがわたしの日常だった。その数ヶ月前が、いまではもう遠い昔のように感じられて、わたしの胸の中は悲しみでいっぱいになった。

問九　次のア〜オについて、本文の内容と合うものには「〇」、合わないものには「×」で、それぞれ答えなさい。
ア　与《あた》えられた設問に素早く解を出す学習法を身につけることで、失敗した原因を分析《せき》することができるようになり、その失敗を生かした新たなものを生み出すことが可能となる。
イ　「失敗は成功のもと」「失敗は成功の母」といった言葉は、「回り道」「不必要なもの」「隠すべきもの」といった失敗の負の側面を安易に否定するものである。
ウ　失敗を恐《おそ》れて行動しなければ何も得ることはできないので、同じ失敗を何度も繰り返しても恐れずひたすら突き進んでいく強い意志と勇気がこれからの社会の発展のために求められる。
エ　失敗を隠すことはさらに大きな失敗を招くことにもなりかねないので、これまでのように失敗を忌み嫌うのではなく、失敗との上手なつき合い方を考えていくことが、今の時代では必要とされる。
オ　かつて筆者から「正しいやり方」を学んだ学生たちが身につけた知識は表面的なものにすぎず、新しいものを自分たちで考えてつくる際にはほとんど役に立たなかった。

二　次の文章を読み、後の問に答えなさい。

期末テストに向けた勉強会の参加者は、わたしと梢《こずえ》に、クラスメイトの三人を加えた計五人だった。梢以外のメンバーは、同じ班で少年漫画《しょうねんまんが》が好きな朋華《ともか》と、内気な高梨《たかなし》さん、それとつかみどころのないふんいきの沢村《さわむら》さんだ。

これまでのつきあいで、だいたい予想はできていたけど、公民館の自習室の机で真面目に勉強にはげんでいたのは、最初の三十分程度だった。いまでは梢はお腹《なか》が空《す》いて集中できないと机に突《つ》っ伏《ぷ》し、朋華はノートの隅《すみ》に漫画の絵を描《か》きはじめている。高梨さんはとなりの図書室に行ったきりで、沢村さんはスマートフォンで心霊写真《しんれいしゃしん》かなにかの載《の》った不気味なサイトを熱心にながめていた。

こんなに趣味《しゅみ》も性格もばらばらなメンバーが、よくいつもいっしょにいるものだ。たまにそう感心したりもするけど、それはきっと世話焼きの梢《こずえ》が、ばらばらなみんなをまんなかでしっかりつないでいるからだろう。

問五　――線④「本当に欲しくなる話は何でしょうか。それがじつは『こうすればまずくなる』という失敗話なのです」とありますが、新しい企画を考えるときに「『こうすればまずくなる』という失敗話」が「欲しくなる」のはなぜですか。説明しなさい。

問六　――線⑤「陰の世界の知識伝達には、さらに別の大きなメリットもあります」とありますが、「別の大きなメリット」とはどのようなことですか。次のア～オから最も適当なものを一つ選び、記号で答えなさい。

ア　ある問題に対して決まった解を出すやり方を学ぶことで、最短かつ効果的に知識を身につけることができるようになること。

イ　失敗経験を伝えることの教育上の意義を広く理解してもらうことで、失敗そのものに付きまとう負のイメージを解消することができること。

ウ　正しい知識とともに伝えられた、人が「痛い目」にあった体験の話は、人が成功した話よりもずっとよく聞き手の頭の中に入るものであるということ。

エ　他人の「痛い目」にあった体験の話が伝達されることで、学ぶ人間がわざわざ自分自身で実際に「痛い目」にあわなくても済むこと。

オ　パターン化された既成の問題にきちんと対応できるようになるだけでなく、新しいものを自分たちで考えてつくることができるようになること。

問七　――線⑥「失敗に対するこの見方」とありますが、これはどのような見方のことですか。それを説明した次の文の空欄に当てはまる部分を本文中から十四字で抜き出して答えなさい。

失敗には[　　　　　　　　]とする見方。

問八　――線⑦「失敗をうまく生かせば、将来への大きなプラスへ転じさせる可能性を秘めています」とありますが、ここでの「失敗をうまく生かす」というのは具体的にはどうすることですか。本文中から五十五字以内の部分を探し、初めと終わりの五字をそれぞれ答えなさい。

のを生かすこともできません。その意味では、予想される失敗に関する知識を得て、それを念頭に置きながら行動することで、不必要な失敗を避けるということも重要です。

大切なのは、失敗の法則性を理解し、失敗の要因を知り、失敗が本当に致命的なものになる前に、未然に防止する術《すべ》を覚えることです。これをマスターすることが、小さな失敗経験を新たな成長へ導く力にすることになります。

さらに新しいことにチャレンジするとき、人は好むと好まざるとにかかわらず再び失敗を経験するでしょう。そこでもまた、致命的にならないうちに失敗原因を探《さぐ》り、対策を考え、新たな知識を得て対処すれば、必ずや次の段階へと導かれます。そして、単純に見えるこの繰り返しこそが、じつは大きな成長、発展への原動力なのです。

人の営みが続くかぎり、これから先も失敗は続くし、事故も起こるでしょう。とすれば、これを単に忌み嫌って避けているのは意味がなく、むしろ失敗と上手につき合う方法を見つけていくべきなのです。

（畑村《はたむら》　洋太郎《ようたろう》『失敗学のすすめ』　講談社文庫）

〈注〉＊いかんで……「～によって」「～次《し》第で」の意。

問一　文中の空欄《らん》［a］・［b］に入れるのに最も適当な語をそれぞれ次のア～オから選び、記号で答えなさい。

ア　あるいは　　イ　しかし　　ウ　たとえば　　エ　つまり　　オ　もし

問二　——線①「失敗はとかくマイナスに見られがちですが、じつは新たな創造の種となる貴重な体験なのです」とありますが、なぜ筆者は「失敗」が「新たな創造の種となる貴重な体験」になると考えているのですか。本文中の言葉を用いて答えなさい。

問三　——線②「重視されているのは、決められた設問への解を最短で出す方法、『こうすればうまくいく』『失敗しない』ことを学ぶ方法ばかりです」とありますが、このような方法が重視されていたのはなぜですか。「～から。」に続くように、本文中から三十五字以内の部分を探し、初めと終わりの五字をそれぞれ答えなさい。

問四　——線③「いまの時代に求められている真の創造力」とありますが、これを身につけるためには何が必要ですか。本文中から十五字以内で抜《ぬ》き出して答えなさい。

「聞こえにくい」し、「見たくないもの」は「見えなくなる」ものです。

しかし、失敗を隠すことによって起きるのは、次の失敗、さらに大きな失敗という、より大きなマイナスの結果でしかありません。失敗から目を背《そむ》けるあまり、結果として、「まさか」という致《ち》命的な事故がくり返し起こっているのだとすれば、⑥失敗に対するこの見方そのものを変えていく必要があります。

すなわち、最近のような事故を防ぐ上でも、やはり失敗とのつき合い方そのものを変えていくことが大きなポイントになります。忌み嫌うだけのいままでの方法には限界があることは、最近になって相次いで起こっている事故を見れば明らかです。そこから一歩進んで、失敗と上手につき合っていくことが、いまの時代では必要とされているのです。

失敗はたしかにマイナスの結果をもたらすものですが、その反面、⑦失敗をうまく生かせば、将来への大きなプラスへ転じさせる可能性を秘《ひ》めています。事実、人類には、失敗から新技術や新たなアイデアを生み出し、社会を大きく発展させてきた歴史があります。

これは個人の行動にも、そのままあてはまります。どうしても起こしてしまう失敗に、どのような姿勢で臨《のぞ》むかによって、その人が得るものも異なり、成長の度合いも大きく変わってきます。[b]、失敗とのつき合い方*いかんで、その人は大きく飛躍《やく》するチャンスをつかむことができるのです。

人は行動しなければ何も起こりません。世の中には失敗を怖《おそ》れるあまり、何ひとつアクションを起こさない慎《しん》重な人もいます。それでは失敗を避けることはできますが、その代わりに、その人は何もできないし、何も得ることができません。

これとは正反対に、失敗することをまったく考えず、ひたすら突《つ》き進む生き方を好む人もいます。一見すると強い意志と勇気の持ち主のように見えますが、危険を認《にん》識できない無知が背景にあるとすれば、まわりの人々にとっては、ただ迷惑《めいわく》なだけの生き方でしょう。

おそらくこの人は、同じ失敗を何度も何度も繰《く》り返すでしょう。現実に、失敗に直面しても真の失敗原因の究明を行おうとせず、まわりをごまかすための言い訳に終始する人も少なくありませんが、それではその人は、いつまでたっても成長しないでしょう。

また人が活動する上で失敗は避けられないとはいえ、それが致命的なものになってしまっては、せっかく失敗から得たも

じつは私もかつては大学の授業で、ある問題に対して決まった解を出す、「正しいやり方」のみを学生たちに指導していました。当時は、知識を身につけさせる上で、それが最短かつ効果的な方法と考えていたからです。

しかし結果として、「正しいやり方」を学んだ学生たちが身につけた知識は、表面的なものにすぎなかったのです。パターン化された既《き》成の問題にはきちんと対応できても、実際に新しいものを自分たちで考えさせてつくらせてみると、こうした知識はほとんど役に立ちません。それ以前の問題として、自分が新たにどういうものを生み出そうとするのか、肝《かん》心の課題設定さえ自分の力で行う能力が身についていない学生が数多くいました。

この問題点を解消するために、私は効果的な指導方法をいろいろと模索したのですが、その中で予期しないことが起こり、思いどおりにならない経験から真の理解の必要性を痛感することの有効性に気づきました。

大事なことは、ひとつには学ぶ人間が自分自身で実際に「痛い目」にあうこと、もうひとつは自分で体験しないまでも、人が「痛い目」にあった体験を正しい知識とともに伝えることです。後に詳《くわ》しく触《ふ》れますが、「痛い話」というのは、「人が成功した話」よりずっとよく聞き手の頭にも入るものなのです。

このように、陰の世界の知識、すなわち失敗経験を伝えることは、教育上大いに意義のあることですが、残念なことに失敗そのものには、「回り道」「不必要なもの」「人から忌《い》み嫌《きら》われるもの」「隠《かく》すべきもの」などといった負のイメージが常につきまとっています。そのせいか、いまの日本には、失敗体験が情報として積極的に伝達されることがほとんどありません。

本来は成功を生み出す「もと」であり「母」であるはずのものが、まったく生かされていないのは、非常にもったいないことです。

…… 中略 ……

人の心は意外に弱いものです。強い負のイメージがつきまとう失敗を前にすると、誰《だれ》しもつい「恥《は》ずかしいから直視できない」「できれば人に知られたくない」などと考えがちです。失敗に対するこうした見方は、残念ながらいまでは日本中のありとあらゆる場面で見受けられます。

実際、負のイメージでしか語られない失敗は、情報として伝達されるときにどうしても小さく扱《あつか》われがちで、「効率や利益」と「失敗しないための対策」を秤《はかり》にかけると、前者が重くなるのはよくあることです。人は「聞きたくないもの」は

れる機会は、悲しいかなほとんどありません。これが、「日本人の欠点」として諸外国から指摘《てき》され、また、自らも自覚している「創造力の欠如《じょ》」にそのまま結びついているのではないでしょうか。

たしかに以前は、ほかの人の成功事例をマネすることが、成功への近道だった時代がありました。そうした時代には、決められた設問に正確な解を素《す》早く出す学習法が有効だったのは事実です。

［ａ］、ほかの人の成功事例をマネすることが、必ずしも自分の成功を約束するものではなくなったのがいまの時代です。昨日までの成功は、今日の成功を意味しません。そのような時代に大切なのは、やはり創造力です。そして創造力とは新しいものをつくりだす力を意味している以上、失敗を避《さ》けて培えるものではありません。

創造力を身につける上でまず第一に必要なのは、決められた課題に解を出すことではなく、自分で課題を設定する能力です。あたえられた課題の答えのみを最短の道のりで出していく、いまの日本人が慣れ親しんでいる学習法では、少なくとも③いまの時代に求められている真の創造力を身につけることはできません。

それでは、創造的な仕事をする場合、できれば身につけていたい知識とはなんでしょうか？

それを知るためにも、自分が新しい企画を考えるときの様子を想像してみることにしましょう。

あなたはまず、「こうすればうまくいく」という成功話を見聞きしたいと思うかもしれません。たしかに受験勉強などで、ある決められた仕事をこなすためには、「こうすればうまくいく」話はたいへん有効です。しかしあなたはじきに、「こうすればうまくいく」話だけでは不十分だということに気づくでしょう。なぜなら「うまくいく」話をもとにつくった企画は「どこかで見聞きした企画」にすぎないからです。

ではそこで、④本当に欲《ほ》しくなる話は何でしょうか。それがじつは「こうすればまずくなる」という失敗話なのです。「こうすればうまくいく」といういわば陽の世界の知識伝達によって新たにつくりだせるものは、結局はマネでしかありません。ところが、「こうやるとまずくなる」という陰《いん》の世界の知識伝達によって、まずくなる必然性を知って企画することは、人と同じ失敗をする時間と手間を省《はぶ》き、前の人よりも一ランク上の創造の次元から企画をスタートさせることができます。

この⑤陰の世界の知識伝達には、さらに別の大きなメリットもあります。

2023年度 普連土学園中学校

【国　語】〈四日午前四科試験〉（六〇分）〈満点：一〇〇点〉

一　次の文章を読み、後の問に答えなさい。

昔から伝わる言葉に、「失敗は成功のもと」「失敗は成功の母」という名言があります。失敗しても、それを反省して欠点をあらためていけば、必ずや成功に導くことができるという深遠な意味を含《ふく》んだ教訓です。

私は大学で機械の設計について指導していますが、設計の世界でも、

「よい設計をするには経験が大切だ」

などということがよくいわれます。私はその言葉を、

「創造的な設計をするためには、多くの失敗が必要だ」

といいかえることができると考えています。

なぜなら人が新しいものをつくりだすとき、最初は失敗から始まるのは当然のことだからです。

人は失敗から学び、さらに考えを深めてゆきます。

これは、なにも設計者の世界だけの話ではありません。営業企《き》画やイベント企画、デザイン、料理、その他アイデアを必要とするありとあらゆる創造的な仕事に共通する言葉です。つまり、①失敗はとかくマイナスに見られがちですが、じつは新たな創造の種となる貴重な体験なのです。

いまの日本の教育現場を見てみますと、残念なことに「失敗は成功のもと」「失敗は成功の母」という考え方が、ほとんど取り入れられていないことに気づきます。それどころか、②重視されているのは、決められた設問への解を最短で出す方法、「こうすればうまくいく」「失敗しない」ことを学ぶ方法ばかりです。

これは受験勉強にかぎりません。実社会でも通用する知識・教養を教える最高学府であるはずの大学での学習もまた同じです。失敗から学ぶ体験実習のように、自分の力で考え、失敗経験を通じて新たな道を模索《さく》する、創造力を培《つちか》う演習が行わ

2023年度

普連土学園中学校

▶解　答

※　編集上の都合により，４日午前４科試験の解説は省略させていただきました。

算　数　＜４日午前４科試験＞（60分）＜満点：100点＞

解　答

1 (1) $\frac{1}{3}$　(2) 7.5　(3) 17　2 (1) 3分後　(2) 34度　(3) (i) 125通り　(ii) 27通り　(iii) 61通り　3 (1) 右の図　(2) 分速60m以上120m以下　4 (1) 5.2%　(2) 180g　(3) 16.25g　5 (1) 正三角形　(2) $72cm^3$　(3) $54cm^3$　6 ① 200　② 10100　③ 180　④ 9090　⑤ 5　⑥ 25250　⑦ 1225　⑧ 9050

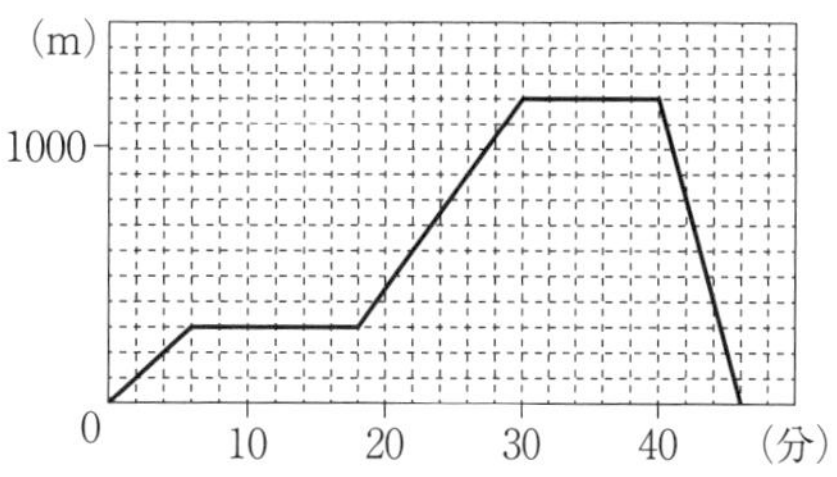

社　会　＜４日午前４科試験＞（30分）＜満点：75点＞

解　答

1 **問１**　A シ　B ス　C コ　D ケ　E エ　F カ　G キ　H ア　**問２**　あ 明石　い 鳴門　う 山陽　え 北前　お 松山　か 関門　**問３**　ア イギリス　イ 山東　ウ ベルサイユ　**問４**　ウ→ア→イ　**問５**　ア，ウ　**問６**　ア　2 **問１**　エ　**問２**　(1) ウ　(2) ア　**問３**　(1) A 佐渡(金山)　B 足尾(銅山)　C 石見(銀山)　(2) ウ，エ　**問４**　あ 鉄鉱石　い 筑豊　**問５**　(例) 2011年におきた原発事故により，原子力の割合が減少した。また，持続可能な社会を求める動きによって，再生可能エネルギーなどその他の割合が増えた。　3 **問１**　a ウ　b ア　**問２**　X 2025　Y 国民審査　Z 民法　**問３**　ウ　**問４**　ア 武力　イ 戦力　**問５**　モーダルシフト　**問６**　エ　**問７**　① イ　② カ　③ ク　④ エ　**問８**　エ　**問９**　ア　**問10**　(1) 124(名)　(2) エ　4 **問１**　あ ミッドウェー　い ポツダム　**問２**　a 沖合漁業　b 霞ケ浦　c 抑制栽培(高冷地農業)　**問３**　(1) エ　(2) イ　**問４**　(例) 多くの情報を比較・検討して正しいかどうかを判断し，その情報を活用する能力。　**問５**　学校給食

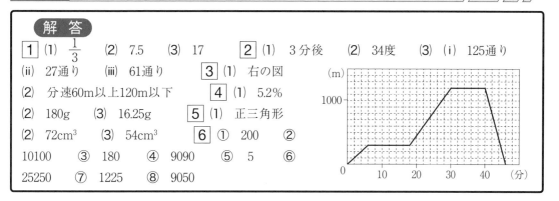

理　科　＜4日午前4科試験＞（30分）＜満点：75点＞

解　答

1 **問1**　**ア**　100　**イ**　450　**ウ**　16　**問2**　①　36cm　②　14cm　**問3**　18cm　**問4**　50g/cm　**問5**　**エ**　0.40　**オ**　0.56　**カ**　0.68　**2** **問1**　(い)　**問2**　**A**　(あ)　**B**　(う)　**問3**　(う)，(か)　**問4**　(例)　フラスコ内の水が沸騰して水蒸気が発生し，水を押し上げたから。　**問5**　ろ過　**問6**　(例)　抽出時間を長くする。／コーヒー豆を細かくすりつぶす。　**3** **問1**　道管　**問2**　気孔　**問3**　師管　**問4**　①　**ア**　11.0　**イ**　12.1　②　**ウ**　3.0　**エ**　11.0　**オ**　(例)　空気中に含むことができる水蒸気の量が少なく，蒸散しにくい　**問5**　①　(お)　②　(お)　③　(か)　④　(か)　**4** **問1**　(か)　**問2**　**自転**…1688km/時　**公転**…11万km/時　**問3**　①　A　②　新月　③　(i)　(い)　(ii)　(う)　**問4**　(太陽と地球の位置関係，地球からみた月の位置の順に)　①　(ア)，(お)　②　(ウ)，(い)

国　語　＜4日午前4科試験＞（60分）＜満点：100点＞

解　答

一 **問1**　**a**　イ　**b**　エ　**問2**　(例)　人は失敗から学び，さらに考えを深めていくことができるから。　**問3**　以前は，ほ～近道だった(から。)　**問4**　自分で課題を設定する能力　**問5**　(例)　(「どこかで見聞きした企画」におちいらず，)人と同じ失敗をする時間と手間を省き，前の人よりも一ランク上の創造の次元から企画をスタートさせることができるから。　**問6**　ウ　**問7**　(失敗には)強い負のイメージがつきまとう(とする見方。)　**問8**　失敗の法則～覚えること　**問9**　**ア**　×　**イ**　×　**ウ**　×　**エ**　○　**オ**　○　**二** **問1**　ⓐ　ウ　ⓑ　エ　**問2**　(例)　自分(梢)がすすめた本のときだけ「わたし」(美貴)が吹き出したこと。　**問3**　(例)　今よりもっと楽しかった転校前の生活が思い出され，その思い出が今の気持ちをおおいつくしてしまったから。　**問4**　(例)　「清凛にかえりたい」という「わたし」の願いが，今一緒に過ごしている梢たちとの友だち関係を否定することになるものだから。　**問5**　エ　**問6**　(例)　「わたし」の書いた「清凛にかえりたい」という短冊の言葉。　**問7**　オ　**問8**　(例)　願った通りに「わたし」と仲直りすることができたと感じたから。　**問9**　(例)　以前の暮らしにこだわる自分の気持ちが吹っ切れ，今の友人たちとの学校生活に満足を感じるようになったということ。　**三**　①～⑤　下記を参照のこと。　⑥　ぎょうそう　⑦　ちょうほう　⑧　ふる　⑨　いなか　⑩　きわ　**四**　①　イ　②　カ　③　ケ　④　ソ　⑤　サ　⑥　セ　⑦　シ　⑧　キ　⑨　ク　⑩　オ　**五**　①　最高潮　②　正念場　③　善後策　④　不文律　⑤　門外漢

●漢字の書き取り

三　①　所作　②　借家　③　採　④　雑木林　⑤　縁側

2022年度　普連土学園中学校

〔電　話〕　(03) 3451－４６１６
〔所在地〕　〒108-0073　東京都港区三田４－14－16
〔交　通〕　都営浅草線・三田線－「三田駅」より徒歩７分
　　　　　　JR山手線－「田町駅」より徒歩８分

【算　数】〈**１日午前４科試験**〉(60分)〈満点：100点〉

〔注意〕　解答欄《らん》に「式」とある場合には，式や考え方も書きなさい。

1　次の $\square$ にあてはまる数を求めなさい。

(1)　$5\frac{7}{17}\div\frac{4}{17}\times572-5\frac{2}{3}\times2025\div1\frac{2}{15}=\square$

(2)　$2.34\times4.36+23.4\times0.389+0.234\times27.5=\square$

(3)　$3\div\left(0.125+\frac{1}{6}-\frac{1}{4}\right)-1.44\times\frac{5}{12}\div\frac{1}{\square}=57$

2　次の問いに答えなさい。

(1)　スーパーマーケットで，アイスクリームＡとアイスクリームＢがそれぞれセールになっています。どちらのアイスクリームがお得ですか。また，その理由も書きなさい。

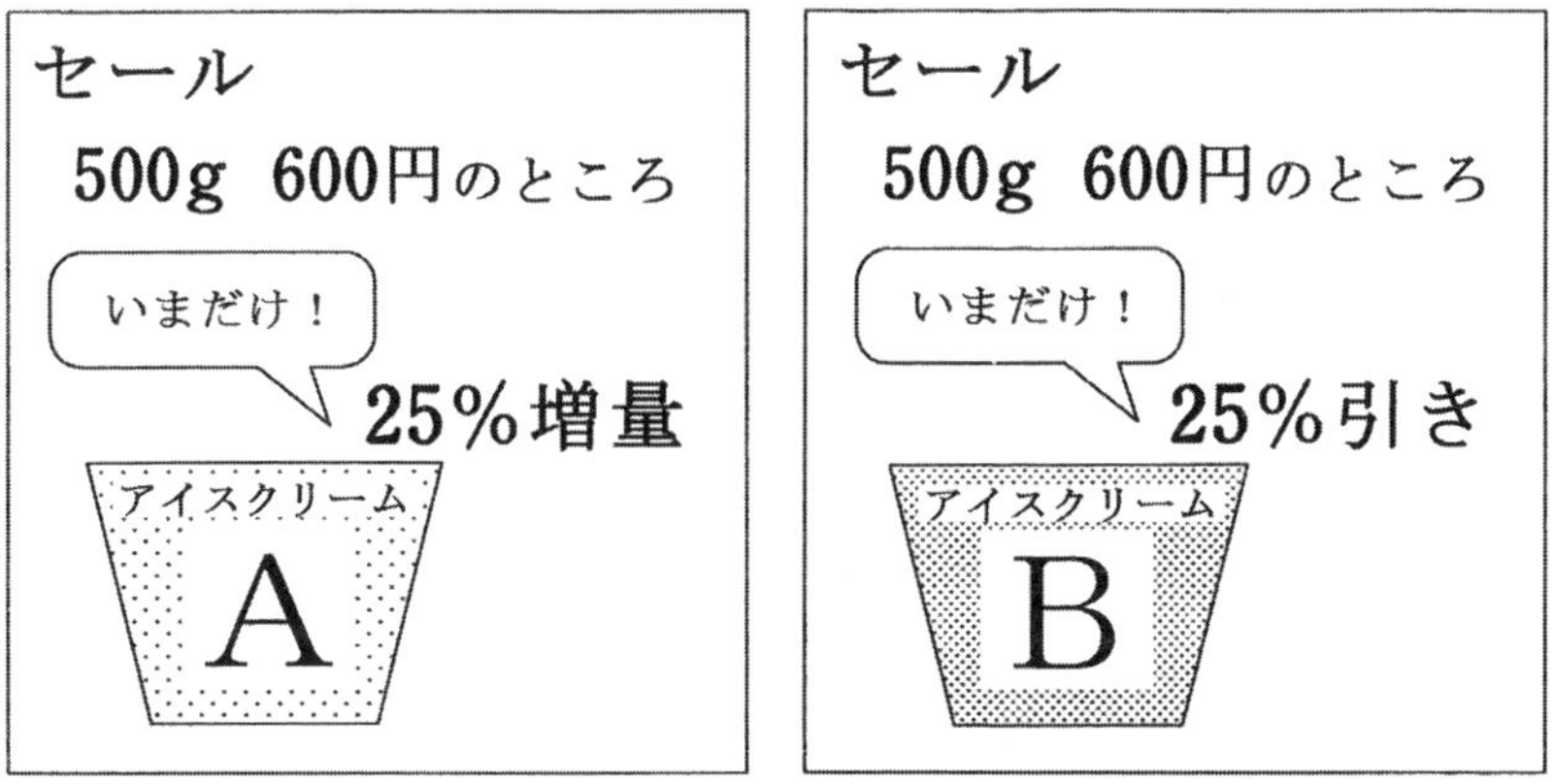

(2)　下の図のように，時計の長針と短針が２時と３時の間でちょうど重なっています。このときの時刻は２時何分ですか。

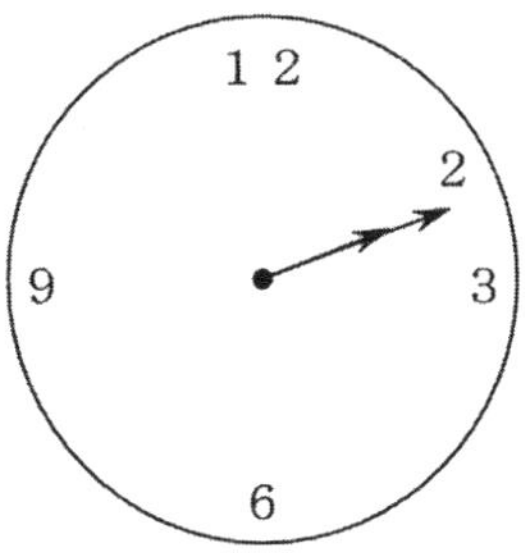

(3)　右の図のように，１辺10cmの正三角形ABCが，１辺30cmの正三角形の周りを滑《すべ》ることなく回転して１周しました。頂点Aの移動について，次の問いに答えなさい。ただし，円周率は3.14とします。

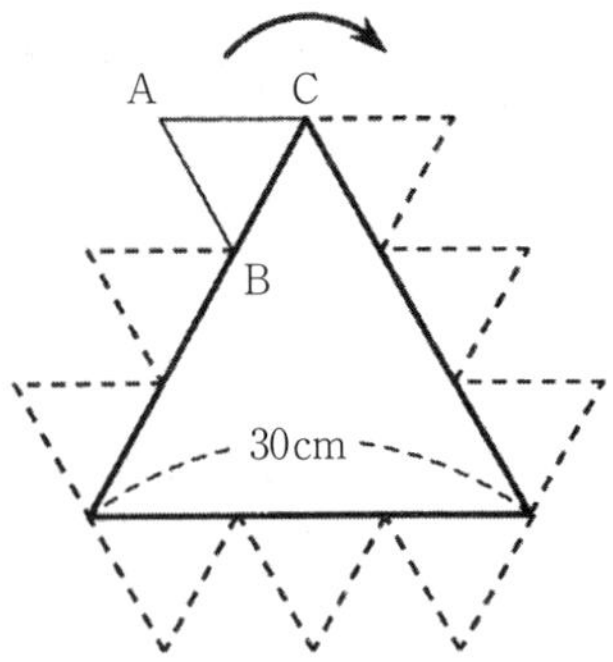

①　頂点Aの移動の様子を解答欄の図に描き込《こ》みなさい。

②　頂点Aが移動した距離を求めなさい。

3　縦25cm，横35cmの画用紙があります。この画用紙を，図１のように２cmずつ重ねて画びょうでとめていきます。このとき，下の問いに答えなさい。

図１

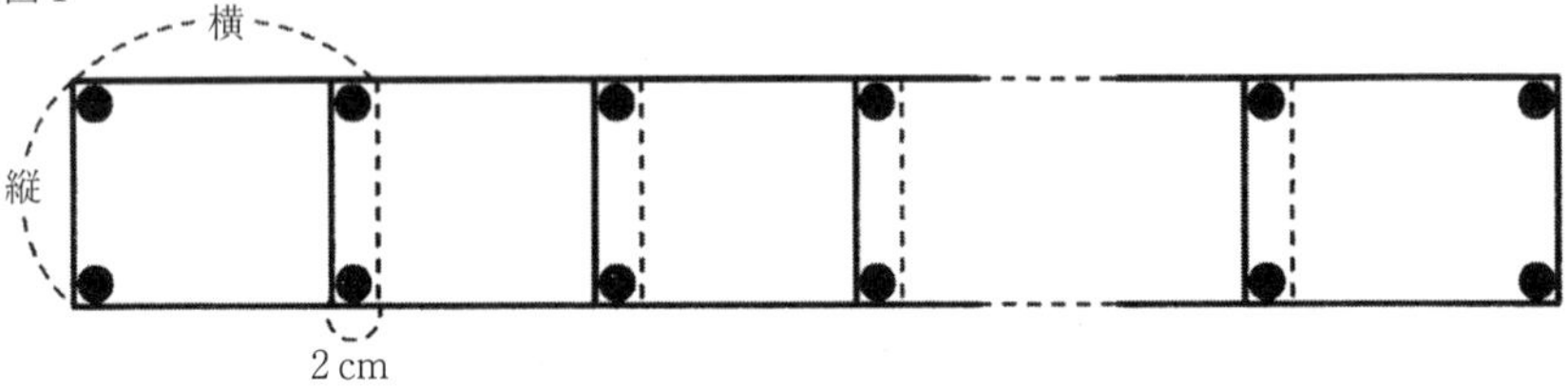

(1)　画用紙40枚を画びょうでとめたとき，全体の横の長さは何cmになりますか。

(2)　画用紙50枚を画びょうでとめたとき，使用した画びょうの数は何個になりますか。

図２

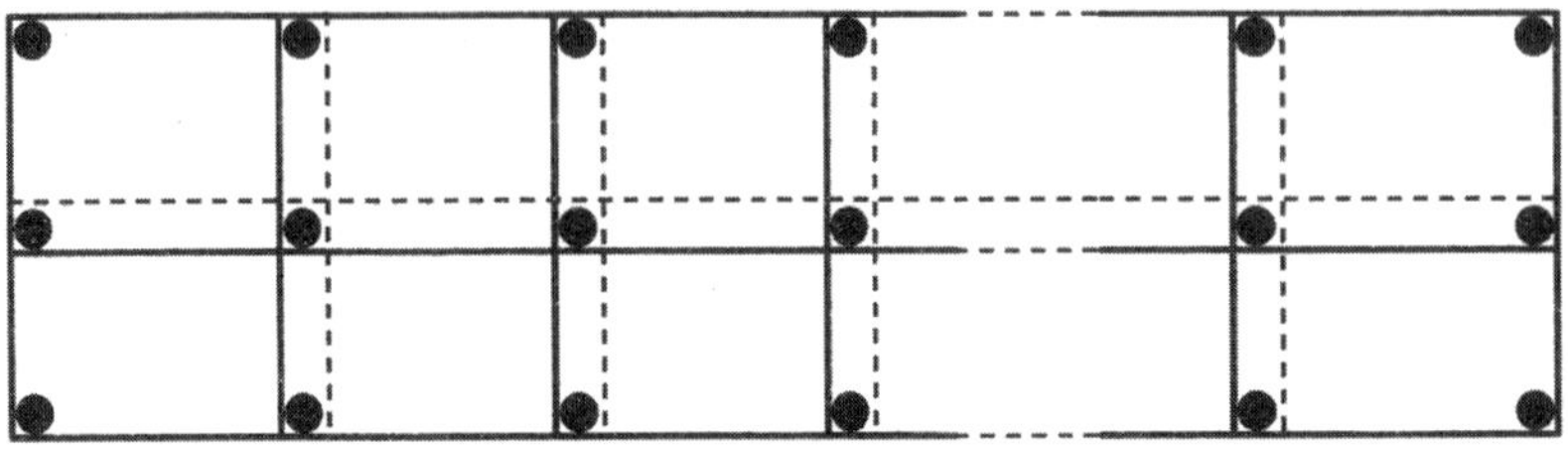

(3)　この画用紙を，図２のように２段に並べて貼《は》ります。画用紙150枚を画びょうでとめたとき，使用した画びょうの数は何個になりますか。

(4)　画用紙が150枚あります。図２と同じ重ね方で10段に並べて貼ったとき，使用した画びょうの数は何個になりますか。

4　56kmはなれたA駅とB駅の間を，特急電車と普通電車が走っています。特急電車は７時から10分おきにA駅を出発し，時速63kmでB駅に向かいます。B駅に到着後７分間停車し，同じ速さで再びA駅に向かいます。普通電車は７時から10分おきにB駅を出発し，時速42kmでA駅に向かいます。このとき次の問いに答えなさい。

(1)　７時に出発した特急電車と普通電車が最初にすれ違《ちが》うのは，７時何分ですか。

(2)　７時10分にA駅を出発した特急電車が，再びA駅に戻ってくるのは何時何分何秒ですか。

(3)　７時にB駅を出発した普通電車が，A駅に到着するまでの間に，特急電車と最後にすれ違うのは，B駅から何kmの地点ですか。必要ならば，解答用紙のグラフを利用してもかまいません。

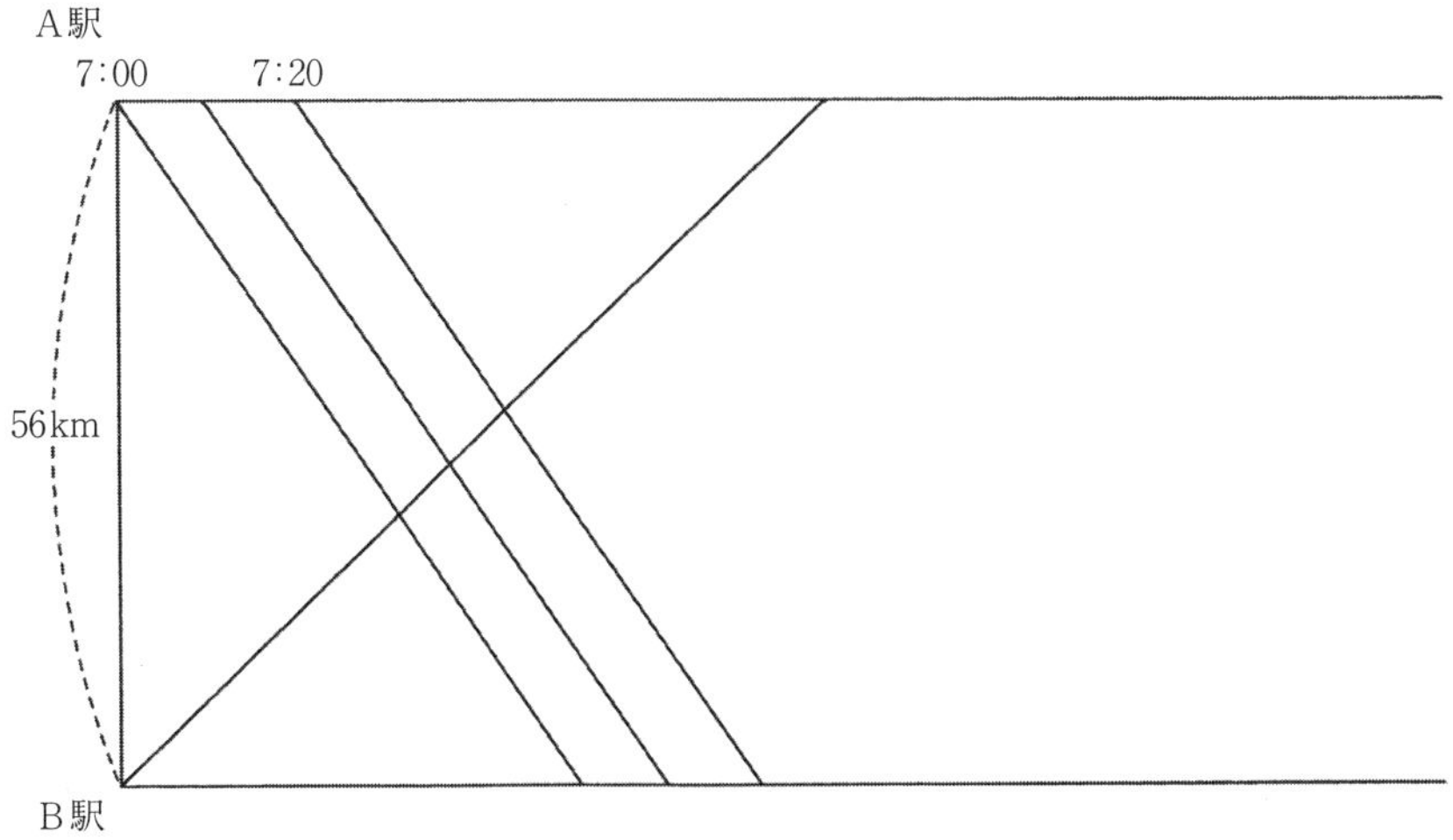

5　1辺6cmの正方形の枠《わく》内に，1辺2cmの立方体を図1の数字の数だけ上にぴったりと積み重ねていった立体があります。このとき次の問いに答えなさい。

(1)　この立体の体積を求めなさい。

(2)　図1の数字と同じ数字を，その上にあるすべての立方体の側面に図2のように描きました。

図1の①から見た立体の様子は図3のようになりました。②から見た立体の様子を解答欄の図に描きなさい。

図1

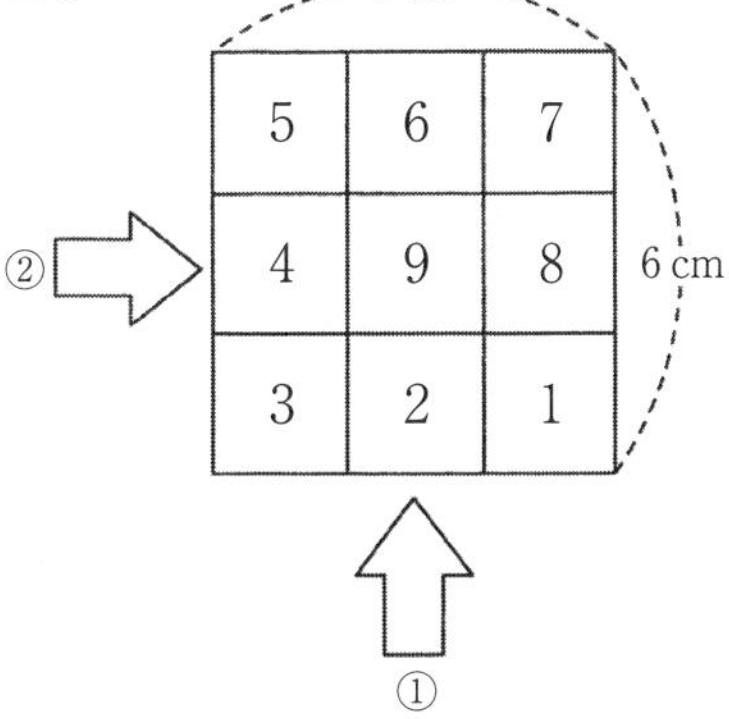

図2

図3

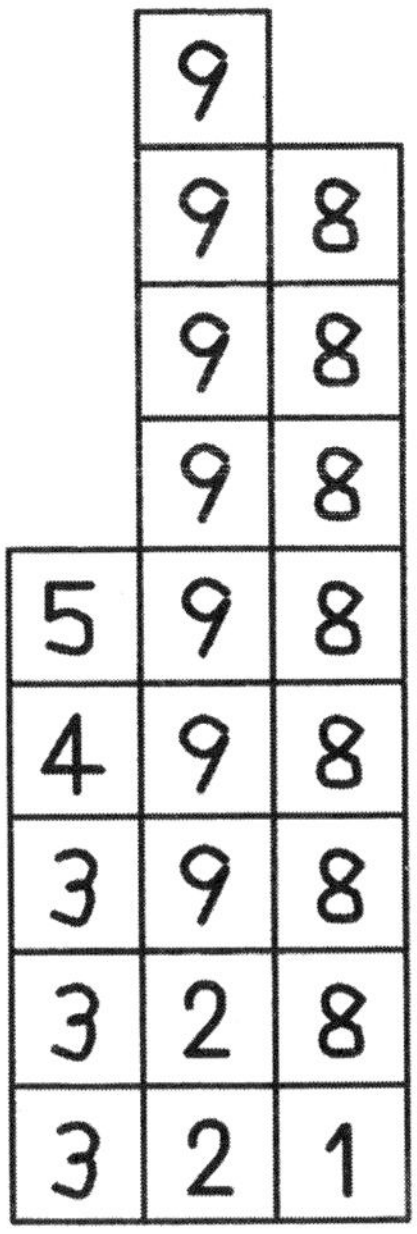

(3)　この立体を地面と平行に切断し，上と下の立体の体積が等しくなるようにします。このとき地面から高さ何cmのところで切ればよいですか。

6 整数を入力したとき，その整数を分母とする分数(分子は１からその整数の１つ前の数まで)の合計を計算してくれる装置があります。例えば５を入力すると，$\frac{1}{5}+\frac{2}{5}+\frac{3}{5}+\frac{4}{5}=2$ が出てきます。ただし，６を入力すると，$\frac{1}{6}+\frac{5}{6}=1$ が出てきます。この装置は，約分できるものは分母が変わるため合計しない仕組みになっています。このとき，次の二人の会話を読んで空欄に適するものを入れなさい。

町子：それでは早速実験してみましょう。７を入れたらどうなるかしら。

三太：$\frac{1}{7}+\frac{2}{7}+\frac{3}{7}+\frac{\square}{7}+\frac{\square}{7}+\frac{\square}{7}$ を計算すればよいから，［　①　］だね。

町子：その通り。では19と31を入れてみて。

三太：$\frac{1}{19}+\frac{2}{19}+\frac{3}{19}+\cdots+\frac{18}{19}$ か。何だ，結局どれも約分できないから，１から18までの和を求めて19で割ればいいよね。だから［　②　］だね。31も同じように考えると［　③　］になるね。

町子：さすが三太。どうやら素数(１とその数自身しか約数を持たない数)を入力したときの法則を見つけたようね。では，どんどん行くわよ。14と21を入れてみて。

三太：ふたつとも素数ではないけれど，それぞれ７の倍数だね。とりあえず素直に計算してみると，$\frac{1}{14}+\frac{3}{14}+\frac{5}{14}+\cdots+\frac{13}{14}$ だから，［　④　］だね。あれ？　［①］と同じ結果になったよ。21も計算してみよっと。あれ？　今度は［　⑤　］か。

町子：では，次は42を入れてみて。

三太：$42=2\times3\times7$ だから，今回も何かつながりがありそうだ。約分できないものを全部足し合わせると…，ほほう，［　⑥　］になったよ。

町子：よくできました。では，最後に2022を入力してみて。

三太：最後はやっぱりそれかぁ。$\frac{1}{2022}+\frac{5}{2022}+\frac{7}{2022}+\cdots$ かな。でも，こんなことしていたら日が暮れちゃうよ。

町子：すぐにあきらめないで。$2022=2\times3\times$［　⑦　］よね？　この［⑦］は素数です。

三太：ということは，42と同じ法則が使えるのか。解決の糸口が見えてきたぞ。答えは［　⑧　］だ！

町子：正解です。よくできました。

【社　会】〈1日午前4科試験〉（30分）〈満点：75点〉

1 　次の文を読んで，あとの問いに答えなさい。

2021年夏，一年延期されていたオリンピック・パラリンピック競技大会が【 a 】で開催《かいさい》されました。世界中からたくさんの選手が集まり，熱い戦いがくり広げられました。

現在行われているオリンピックは，フランスのクーベルタン男爵《だんしゃく》の提唱で，1896年から始まりました。古代ギリシアのオリンピア競技会と同様に，4年に一度開催されています。日本人選手が初めて参加したのは，①1912年のストックホルム大会です。②熊本県出身の金栗四三《かなくりしそう》選手がマラソン，【 a 】出身の三島弥彦《みしまやひこ》選手が短距離走《たんきょりそう》に出場しました。日本人最初のメダリスト(銀メダル)が誕生したのが，③1920年のアントワープ大会でした。1928年のアムステルダム大会では，人見絹枝《ひとみきぬえ》選手が800メートル走で銀メダルを獲得し，女性初のオリンピック選手かつメダリストになりました。

「平和の祭典」とも言われるオリンピックですが，戦争によって中止になることもありました。そのうちの一つが1940年に計画されていた【 a 】大会です。1936年に開催が決定しましたが，翌年7月，盧溝橋《ろこうきょう》事件をきっかけに[A]戦争が始まりました。戦争の拡大・長期化によって準備は進まず，同じ年に計画されていた【 b 】での冬季大会とともに，1938年に開催を返上することになりました。その後，日本はハワイの真珠湾を攻撃《こうげき》し，太平洋戦争へと突入しました。

④敗戦国の日本は，戦後最初の1948年の大会への参加は認められませんでした。1951年に結ばれた[B]平和条約で主権を回復したのち，1952年の大会から復帰しました。1936年のベルリン大会以来16年ぶりの参加でした。戦後の経済復興期から高度経済成長期へと移る中，[C]年の開催地が再び【 a 】に決まりました。

大会開幕の約1ヶ月前の9月，聖火リレーがアメリカ統治下の【 c 】から始まりました。聖火リレーを行ったことは，【 c 】の本土復帰を目指す運動に影響したと言われています。10月10日，聖火は，1945年8月6日に【 d 】で生まれた青年によって聖火台にともされました。開催中止から24年の時を経て，ついに【 a 】オリンピックが開催されたのです。オリンピック後には，第2回パラリンピックも開催され，日本国内の障害者スポーツの普及に大きく貢献《こうけん》することになりました。

その後，日本では⑤1972年に【 b 】で，1998年には長野で冬季大会が開催されました。そして，昨年夏に57年ぶりに【 a 】に夏季大会が戻ってきました。次の夏季オリンピック・パラリンピック競技大会は，2024年にフランスの首都[D]で100年ぶりに開催されます。どのような大会になるのでしょうか。

（東京都教育委員会『オリンピック・パラリンピック学習読本　高等学校編』をもとに作成。）

問1　空らん【a】～【d】にあてはまる語句を，次のア～カからそれぞれ選び，記号で答えなさい。

ア．長崎　　イ．広島　　ウ．東京

エ．新潟　　オ．沖縄　　カ．札幌

問2　空らん[A]にあてはまる語句を漢字2字で答えなさい。

問3　空らん[B]・[D]にあてはまる語句をそれぞれカタカナで答えなさい。

問4　空らん[C]にあてはまる西暦を算用数字で答えなさい。

問5　下線部①について，この年に45年続いた元号が変わることになりました。変わった後の元号を漢字で答えなさい。

問6　下線部②について，熊本県で生産がさかんな，たたみ表の原料は何か答えなさい。

問7　下線部③について，この年に設立された国際連盟は，平和のための組織でした。しかし，第二次世界大戦を阻止《そし》することができませんでした。それはなぜですか。1行以内で説明しなさい。

問8　次の文は，下線部④についてまとめたものです。これについてあとの問いに答えなさい。

> 戦後の日本は，GHQの指導で戦後改革を行いました。1946年には，a日本国憲法が公布されました。大日本帝国憲法では，（ ① ）が主権者でしたが，日本国憲法では国民が主権者であると規定されています。国民主権とともに，b基本的人権の尊重と（ ② ）主義が日本国憲法の三原則です。一方で，納税や勤労，（ ③ ）を受けさせる義務など，国民の義務も明記されています。

(1)　空らん(①)～(③)にあてはまる語句をそれぞれ漢字2字で答えなさい。

(2)　下線部aについて，日本国憲法が公布された月日を答えなさい。

(3)　下線部bについて，生存権は日本国憲法第25条にどのように規定されていますか。1行以内で説明しなさい。

問9　下線部⑤について，この年に開催された国連人間環境会議について述べた文として正しいものを次のア～エから1つ選び，記号で答えなさい。

ア．ブラジルのリオデジャネイロで開かれました。

イ．「地球サミット」とよばれました。

ウ．京都議定書が採択されました。

エ．「かけがえのない地球」をスローガンにして開かれました。

2　**次の資料は，日本の木材の生産地に関するものです。これについてあとの問いに答えなさい。**

A　この地域は，南アルプスの西南部に位置し，江戸時代から①天竜川の流れを利用して，木材を港へ流し江戸に運びました。明治時代に天竜川の水害を抑えるため，流域一帯の植林が進められました。

B　この地域は，桜で有名な②吉野山の付近に位置し，1500年頃に植林が始まり日本で最も古い植林の歴史を持ちます。安土桃山時代には社寺に用いられ現在も京都御所や明治神宮などの建築に使われています。

C　この地域は，丹波高地に位置し，水が豊かで冷涼であり，特にスギの木の育成に適しています。③室町時代から「北山丸太」が生産されましたが，特に④茶室や数奇屋《すきや》建築が広まったことが影響しています。

D　熊野灘《なだ》に面する⑤尾鷲《おわせ》は，ヒノキの産地として有名です。この地域では，1630年頃に林業が始まり，海が近い立地条件を利用して⑥木材を江戸に運びました。

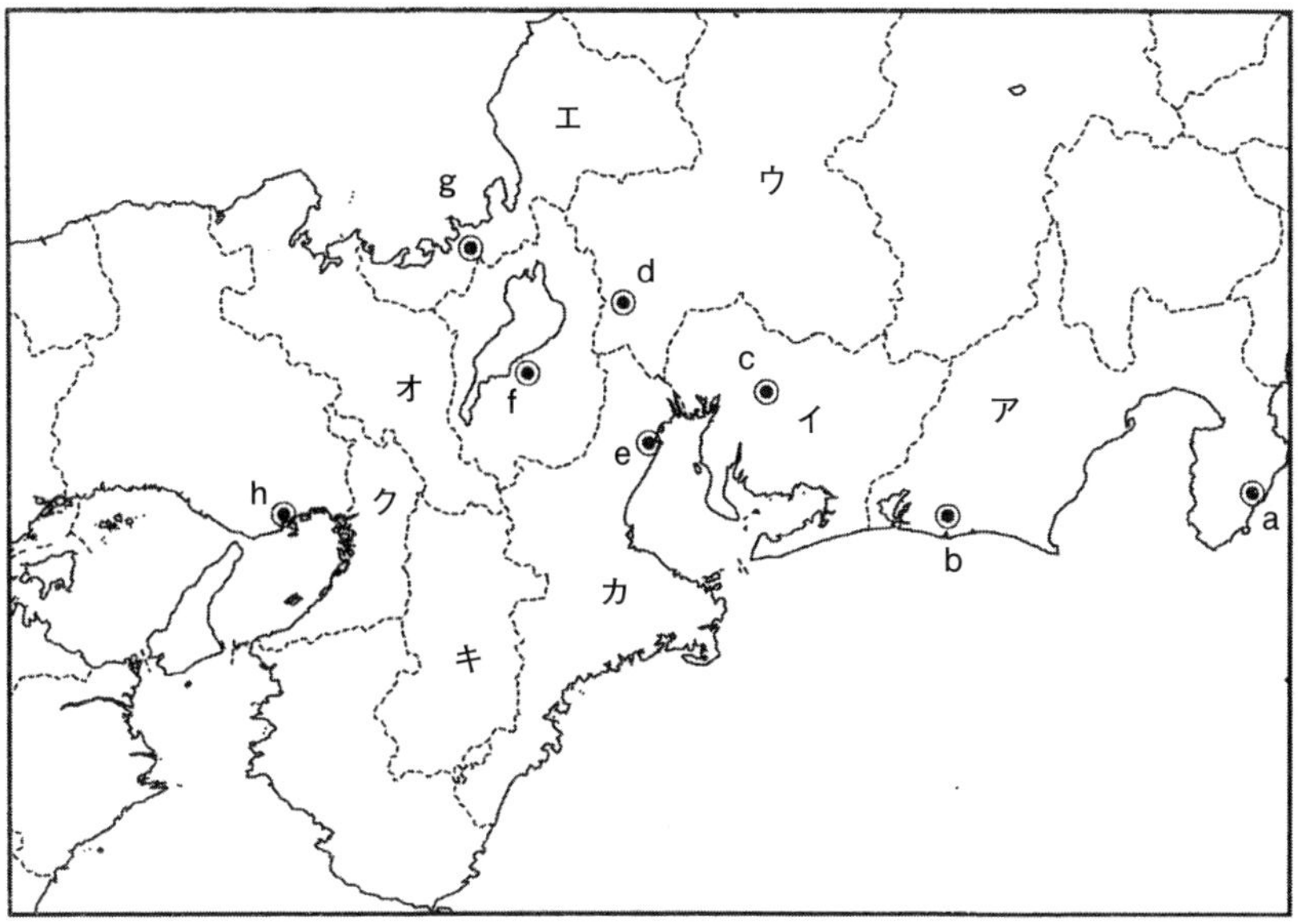

問１　Ａ～Ｄの生産地が位置する都道府県の場所として正しいものを地図中のア～クからそれぞれ選び，記号で答えなさい。

問２　次の①～④の説明にあてはまる場所を地図中のａ～ｇからそれぞれ選び，記号で答えなさい。

①　1600年に天下分け目の戦いが起こりました。

②　1576年に織田信長が安土城を築きました。

③　東海工業地域に属し，楽器やオートバイの生産がさかんです。

④　日本有数の石油化学コンビナートが発達しています。かつて亜硫酸ガスが原因となる公害病が発生しました。

問３　下線部①について，(a)天竜川の水源の１つとなっている湖の名前と(b)木材を基礎としてＡの都道府県でさかんになった産業の組み合わせとして正しいものを次のア～エから選び，記号で答えなさい。

ア．(a)　諏訪湖　(b)　製紙・パルプ

イ．(a)　諏訪湖　(b)　精密機械

ウ．(a)　浜名湖　(b)　製紙・パルプ

エ．(a)　浜名湖　(b)　精密機械

問４　下線部②について，次の問いに答えなさい。

(1)　この地域の豊富な木材は，伝統工芸品としても親しまれています。木材を生かして，Ｂが位置する都道府県で生産される伝統工芸品を次のア～オから１つ選び，記号で答えなさい。

ア．清水焼　　イ．加賀友禅　　ウ．美濃和紙　　エ．筆　　オ．天童将棋駒

(2)　この木材は，「金閣」が有名な鹿苑寺《ろくおんじ》の建築にも使用されています。【　】は世界文化遺産を時代が古いものから順に並べたものです。鹿苑寺の建立された時代はどこに入りますか。あとのア～エから１つ選び，記号で答えなさい。

【百《も》舌《ず》鳥・古市古墳群→法隆寺→中尊寺→姫路城】

ア．百舌鳥・古市古墳群と法隆寺の間　　イ．法隆寺と中尊寺の間

ウ．中尊寺と姫路城の間　　エ．姫路城よりも後の時代

問5　下線部③について，次の図は，室町幕府のしくみを表したものです。図中のA～Cにあてはまる役職や役所のなまえを，下のア～オからそれぞれ選び，記号で答えなさい。

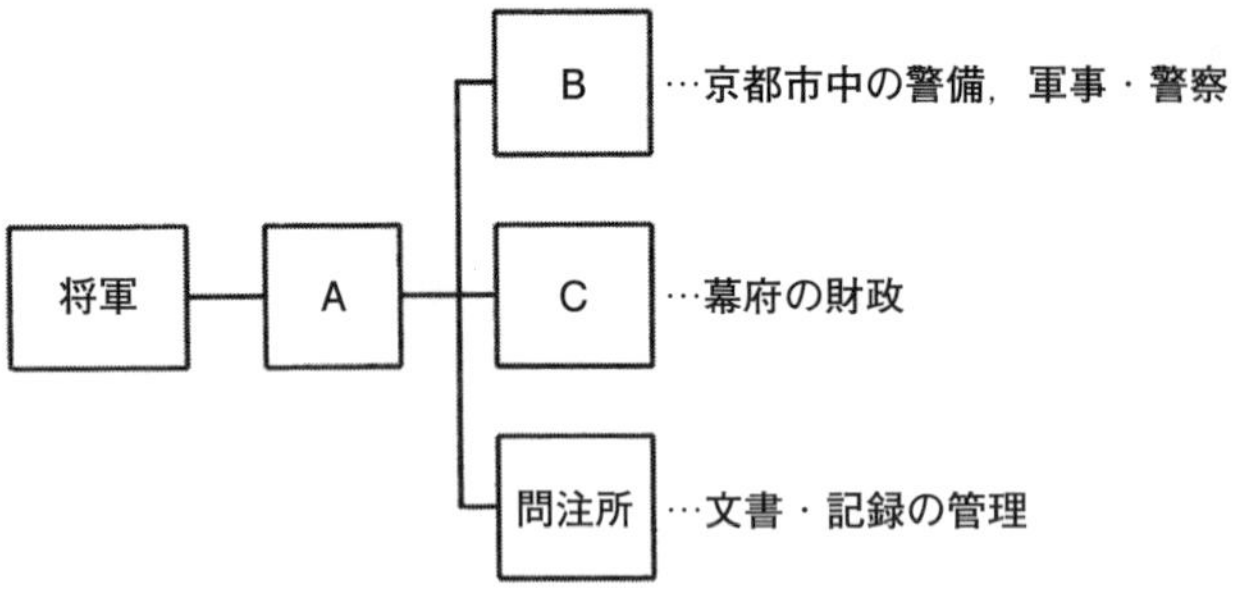

ア．政所　　イ．侍所　　ウ．老中　　エ．執権　　オ．管領

問6　下線部④について，次の問いに答えなさい。

(1)　茶の湯の作法を大成した堺の商人の名前を漢字で答えなさい。

(2)　この時代には，現代和風住宅のもととなる(　　)が発展しました。(　　)は，違い棚・床の間・明障子などの特徴があり，床の間にはこの木材が使用されています。(　)にあてはまる語句を漢字3字で答えなさい。

問7　下線部⑤について，次の雨温図は松本市・京都市・尾鷲市のいずれかを表しています。尾鷲市の雨温図を次のア～ウから1つ選び，記号で答えなさい。

ア．　　イ．　　ウ．

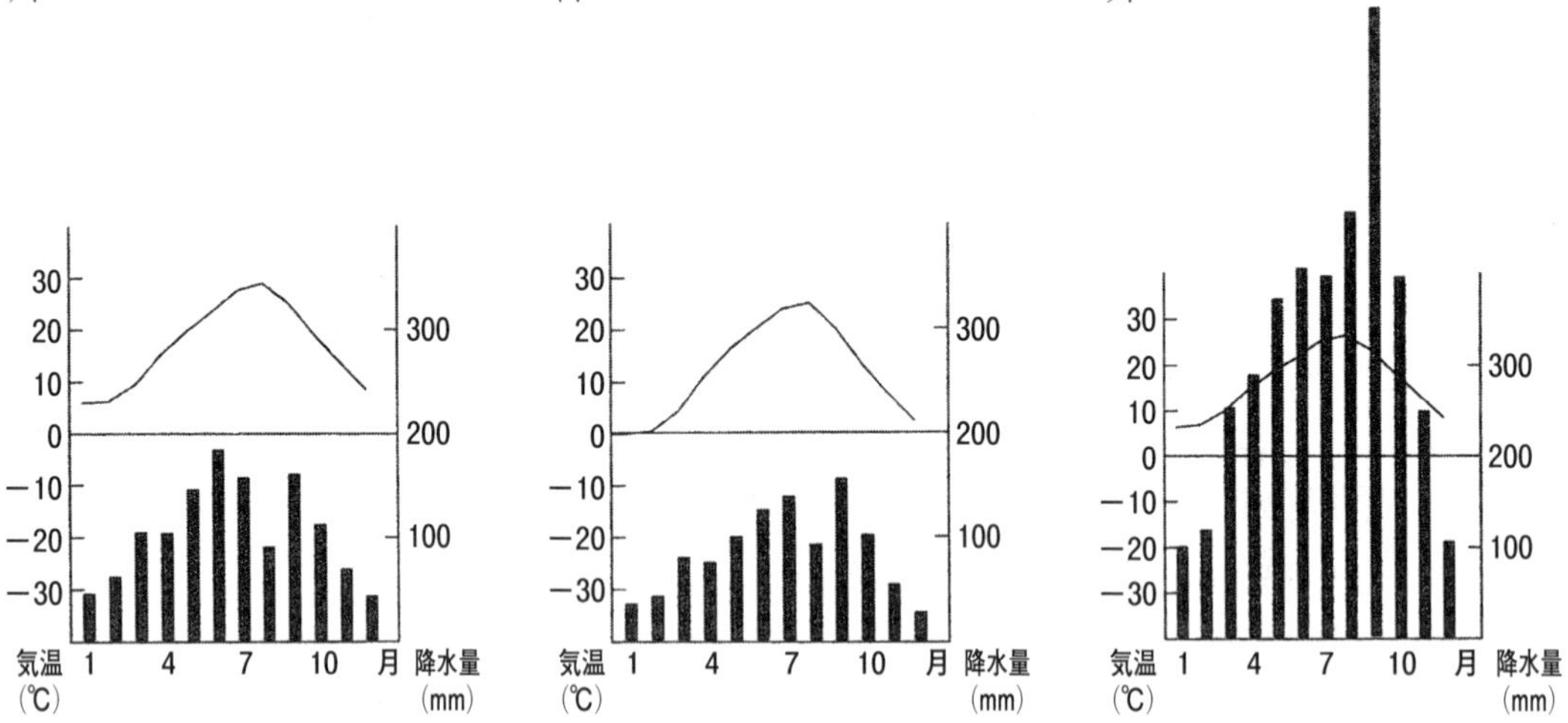

問8　下線部⑥について，江戸時代には水運が発達し，特に京都と大阪の間では，船によって人やものが行き来しました。江戸時代の流通と交通について述べた文として正しいものを次のア～エから1つ選び，記号で答えなさい。

ア．東廻り航路では大阪で塩と酒を積み込み，蝦夷地から昆布や海産物を運び太平洋側を行き来しました。

イ．各藩は大阪に蔵屋敷を置いて，年貢米や特産物を販売しました。

ウ．大阪と江戸をつなぐ航路は河村瑞賢《ずいけん》によって開かれ，西廻り航路と呼ばれました。

エ．五街道の起点は全て江戸の日本橋ですが，東海道と中山道の終着点は大阪でした。

問9　地図中のhについて，この港は戦後の産業の発達と大都市圏の形成にともなって，日本有数の港となりました。次の表ア～エは，関西国際空港・名古屋港・成田国際空港・hの貿易合計額と主要貿易品目の割合を示したものです。hにあてはまるものを1つ選び，記号で答えなさい。

ア.

貿易合計額	17兆3916億円
輸出(%)	自動車（26.3）　自動車部品（16.7） 内燃機関（4.3）　金属加工機械（3.9）　電気計測機器（3.4）
輸入(%)	液化ガス（8.4）　石油（7.8） 衣類（7.1）　ケーブルなど（5.1）　アルミニウム（4.5）

イ.

貿易合計額	23兆4816億円
輸出(%)	半導体等製造装置（8.1）　科学光学機器（6.2） 金(非貨幣用)（5.7）　電気回路用品（3.9）　集積回路（3.6）
輸入(%)	通信機（13.7）　医薬品（12.3） コンピュータ（8.8）　集積回路（8.4）　科学光学機器（6.4）

ウ.

貿易合計額	9兆1567億円
輸出(%)	集積回路（19.0）　電気回路用品（6.5） 科学光学機器（6.4）　個別半導体（6.2）　半導体等製造装置（4.8）
輸入(%)	医薬品（23.2）　通信機（14.2） 集積回路（6.2）　科学光学機器（4.8）　衣類（2.9）

エ.

貿易合計額	8兆8675億円
輸出(%)	プラスチック（6.3）　建設・鉱山用機械（5.6） 内燃機関（3.3）　織物類（3.1）　自動車部品（3.0）
輸入(%)	たばこ（6.8）　衣類（6.5） 無機化合物（4.2）　有機化合物（3.9）　プラスチック（3.1）

（2019年の統計。『日本国勢図会 2020/21』より作成。）

問10　日本には豊富な森林資源があるにも関わらず，世界有数の木材輸入国になっています。戦後木材の輸入が増えた理由として，**誤っているもの**を次のア～エから1つ選び，記号で答えなさい。

ア．外国の木材は，天然林が多く同質の木材を大量に仕入れることができるから。

イ．日本の林業従事者は減少し，高齢化も進んでいるため，働き手が少なくなっているから。

ウ．1960年代から日本は人口が減少したため，住宅などに使う国産材の需要が低下していったから。

エ．輸入された木材の方が，運賃や加工費などをいれても国産の木材よりも安いから。

3　次の会話文を読んで，あとの問いに答えなさい。

SUSTAINABLE DEVELOPMENT GOALS

友子：最近このロゴマークを見かけますね。

姉　：そうですね。私の勤めている会社でもこの取り組みを始めました。学校では，この取り組みについて学びましたか。

友子：はい。①国際連合が掲《かか》げる目標，「[X]な開発目標」ですね。

姉　：その通りです。2015年に国際連合サミットで可決した，2030年までに[X]で，よりよい世界を目指す国際目標です。[Y]の目標と169のターゲットからつくられ，「誰一人取り残さない」ことをうたっています。この目標は，先進国だけでなく，発展途上国も取り組むべきものとされ，日本も積極的に取り組んでいます。

友子：授業では，クラスでグループをつくり，それぞれの目標とこれまでの社会科で学んだことを結びつけた発表をしました。

姉　：どのような発表があったのですか。

友子：私のグループは目標5「ジェンダー平等を実現しよう」と②女性の社会進出について取り上げ，その歴史と現代の問題を考えました。特に調べていて，目標5の達成度が先進国の中でも日本は低い理由がいろいろな角度からわかりました。また，同じ目標5について発表したグループでも，③働き方についての憲法や法律を中心に考えていて，興味深く感じました。

姉　：最近では女性の管理職や地方議員の増加，賃金格差の改善も見られています。私の職場では，性別や国籍，様々な背景がある人が一緒に働くダイバーシティマネジメントという考え方が取り入れられていますよ。一方で夫婦同姓を法律が定めることは④憲法違反でないと最高裁判所が判断し，希望しても夫婦別姓を選択できない問題がニュースにもなりました。開発目標に取り組みながら，日本のあり方や私たちがどのように生きたいか考えたいですね。

友子：そうですね。私たちが自分のこととして，この目標に取り組む姿勢が大切だとわかりました。次の社会の時間では，他のグループの発表で気になった目標を深めて学習します。私は，目標14「海の豊かさを守ろう」の発表を聞いて新たに関心を持ったので，予習をして臨みたいです。

姉　：目標14は海に囲まれた日本にとっても身近で，自分のこととして考える必要がある目標ですね。特に何について関心があるのですか。

友子：⑤水産資源の保護と日本や世界の漁業について調べてみようと思います。

問1　下線部①について，次の問いに答えなさい。

(1) 国際連合のマークとして，正しいものを次のア～ウから1つ選び，記号で答えなさい。

ア.

イ.

ウ.

(2) 国際連合の本部はどこの都市に置かれていますか。都市のなまえを答えなさい。

問2 文中の空らん X と Y について，あてはまる語句をそれぞれ答えなさい。ただし，X は漢字4字で，Y は算用数字で答えなさい。

問3 下線部②について，次の問いに答えなさい。

(1) 歴史上の女性に関する次の文ア～エを古い順に並べなさい。

ア. 領地は分割相続で，女性にも相続でき女性の地頭も多数いました。

イ. 娘を天皇に嫁《とつ》がせるときに，優秀な女性を近くに置いたため女性が宮中で文学の才能を発揮しました。

ウ. 最初の女子留学生として渡米した津田梅子は，女子英学塾を創立し，高等教育の普及に努めました。

エ. 出雲阿国が京都で始めた歌舞伎踊りは，人気を集めました。

(2) 次の文を読んで，空らん(あ)～(う)にあてはまる語句をそれぞれ答えなさい。

> 近代日本において女性の権利のために立ち上がった人物が(あ)です。彼女は1911年に青鞜社《せいとうしゃ》をつくり女性の解放を，1920年には市川房枝とともに(い)を結成，女性の選挙権獲得を目指しました。実際，女性が参政権を得るのは1946年のことです。その後，39名の女性議員が戦後初の選挙で選ばれましたが，女性大臣登場は1960年と時間がかかっています。1985年には「男女(う)均等法」が制定され，職場での格差も意識されるようになりました。

問4 下線部③について，次の文は日本国憲法や法律に定められた内容です。正しいものを次のア～エから1つ選び，記号で答えなさい。

ア. 憲法の平等権に働く権利について示されていて，法の下に平等で差別なく同じ扱いを受けることができます。

イ. 労働者が持つ団結権・団体交渉権・団体行動権を労働三権と呼び，雇《やと》い主から労働者に与えられるものです。

ウ. 労働時間や最低賃金を定めた労働基準法は，労働者の権利を守るために制定されています。

エ. 働くことができずに収入がなく生活できない人のための公的扶助《こうてきふじょ》として，国民年金が機能しています。

問5 下線部④について，次の問いに答えなさい。

(1) 法律が憲法違反でないか判断するこの権限を何といいますか。

(2)　司法の仕組みを説明した次の文を読んで，空らん(あ)～(え)にあてはまる語句をそれぞれ答えなさい。

> 裁判所には，最高裁判所のほかに(　あ　)裁判所，地方裁判所，(　い　)裁判所，簡易裁判所の５つの種類があります。(　い　)裁判所は青少年の犯罪や，家族内での問題などの裁判を扱い，非公開で行います。慎重《しんちょう》に裁判を行うために，原則３回まで裁判を受けることができ，これを(　う　)といいます。また公平な裁判を行うため，国会や内閣，その他いかなる権力や団体からも干渉や圧力を受けないという原則は「(　え　)の独立」と呼ばれ，憲法に定められています。

問６　下線部⑤について，あとの問いに答えなさい。

＜漁業別漁獲高の変化＞

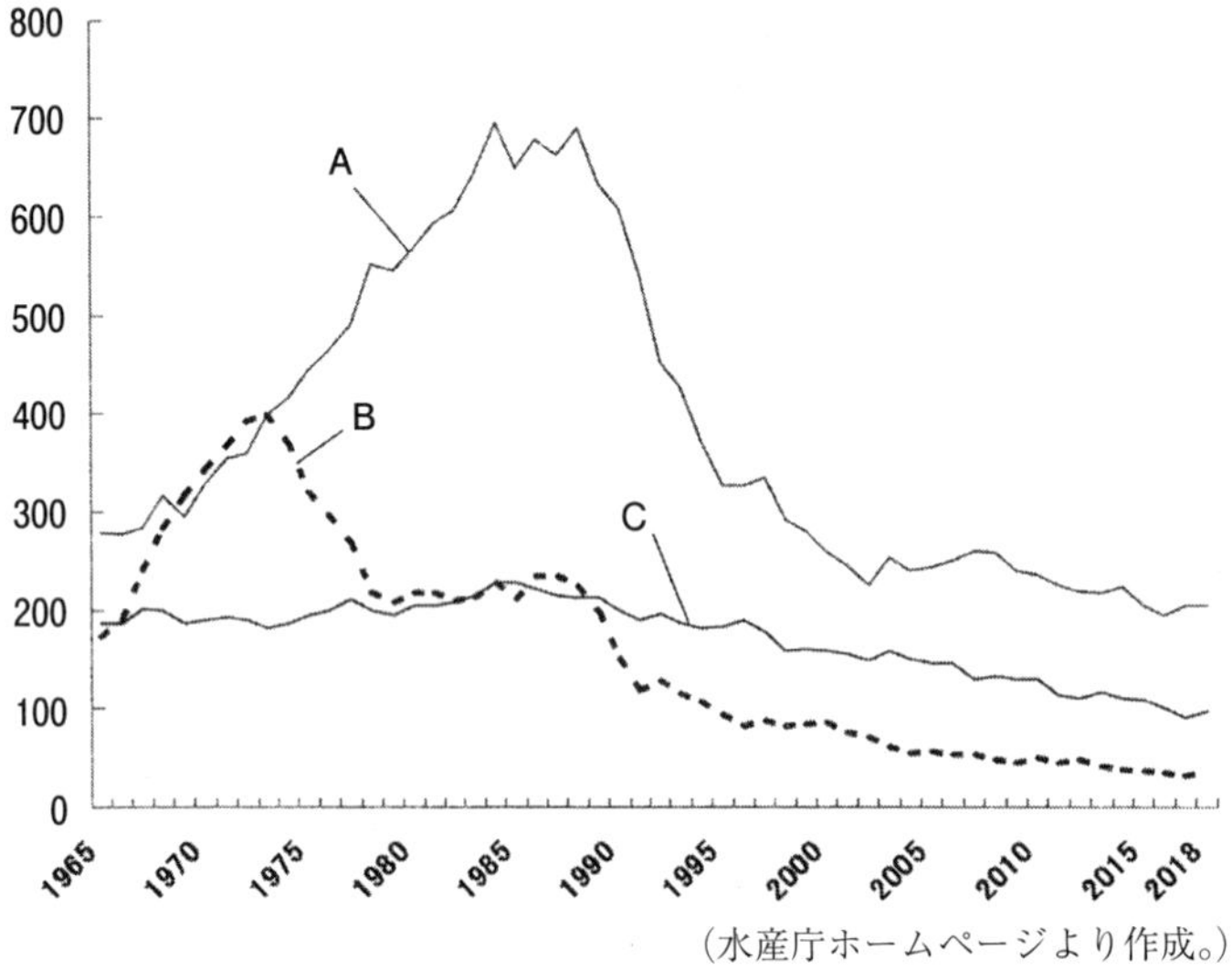

(水産庁ホームページより作成。)

(1)　グラフ中のＡ～Ｃは，沿岸漁業・沖合漁業・遠洋漁業のいずれかを示しています。どのグラフも減少していますが，その理由としてあてはまる文を次のア～エからそれぞれ選び，記号で答えなさい。

ア．石油危機により燃料費が値上がりし，排他的経済水域を各国が設定したことで漁獲量が大幅に減少しました。

イ．海の汚染や赤潮，海岸の埋め立てなどで漁獲量が減少しました。

ウ．中心となるイワシの漁獲高が減り，全体の漁獲量が減少しました。

エ．えさ代が高く，赤潮による漁場環境の悪化により稚魚を放流できず，漁獲高が減少しました。

(2)　水産資源の保護は，文中の「　X　な開発目標」に照らして考えたとき，海に面した途上国の漁業に大きく関係のある取り組みです。水産資源が乏《とぼ》しくなると，海に面する途上国にどのような影響がありますか。次の語群の語句をすべて用いて説明しなさい。

語群　【小規模漁業　　経済　　失業】

【理　科】〈1日午前4科試験〉（30分）〈満点：75点〉

1　音は空気や水などの振動《しんどう》が伝わる現象で，これらのように振動を伝える物質を媒質《ばいしつ》といいます。そのため，振動しやすい媒質ほど，音は速く伝わります。また，音の高さは媒質が1秒間にどれだけ振動するかで表すことができ，1秒間あたりの振動回数が多くなるほど高い音に聞こえます。動画などの再生スピードを上げると，音声が高くなって聞こえることがあるのは，1秒間あたりの振動回数が増えるからです。1～4の問に答えなさい。

問1　以下の(あ)～(え)のうち正しいものをすべて選び，記号で答えなさい。

(あ)　音は真空中では伝わらない。

(い)　音は固体・液体・気体の中では気体で最も速く伝わる。

(う)　音は気温が高い方が速く伝わる。

(え)　音が高い方が速く伝わる。

問2　気温が□〔℃〕のときの音速は

331.5＋0.6×□

という式で，求めることができます。気温が24℃のときの音速を求めなさい。小数第1位を四捨五入し，整数値で答えなさい。

問3　沖合で静止している船Aが岸壁《がんぺき》に向かって汽笛《きてき》を鳴らしたところ，岸壁からの反射音《はんしゃおん》を10秒後に船Aの船上で聞いた。船Aから岸壁までの間の距離《きょり》を求めなさい。計算過程も示しなさい。ただし，音速を340m/秒とします。

問4　沖合にいる船Bが岸壁に向かって進みながら汽笛を5秒間鳴らしたところ，岸壁ではその汽笛が4.9秒間聞こえた。このことから，船Bの速さを求めてみよう。ただし，音速を340m/秒とします。

①　このとき，岸壁で聞こえる汽笛の音の高さは，元の汽笛の音に比べてどうなっていますか。(あ)～(う)より1つ選び，記号で答えなさい。

(あ)　高い　　(い)　低い　　(う)　同じ

②　船Bが汽笛を鳴らし始めたときの岸壁から船Bまでの距離を□〔m〕として，鳴らし始めたときの音が岸壁に届くまでの時間〔秒〕を□を使って分数で表しなさい。

③　船Bが汽笛を鳴らし終わるまでに進んだ距離を，船の速さを○〔m/秒〕として式で表しなさい。

④　汽笛の鳴り終わりが船Bから岸壁に届くまでの時間〔秒〕を，□と○を使って式で表しなさい。

⑤　以上の結果から，船Bの速さ〔m/秒〕を求めなさい。

2　A～Gの7つのビーカーに下の7つの水溶液《すいようえき》(ア)～(キ)のいずれか一つが入っています。見た目では区別がつかなかったので，いくつかの実験を行い，水溶液を判別しました。実験の結果は次のページの図のようにまとめました。1～5の問に答えなさい。

【水溶液】

(ア)　食塩水　　(イ)　塩酸　　(ウ)　水酸化ナトリウム水溶液

(エ)　アルコール水　　(オ)　砂糖水　　(カ)　炭酸水

(キ)　アンモニア水

【実験結果】

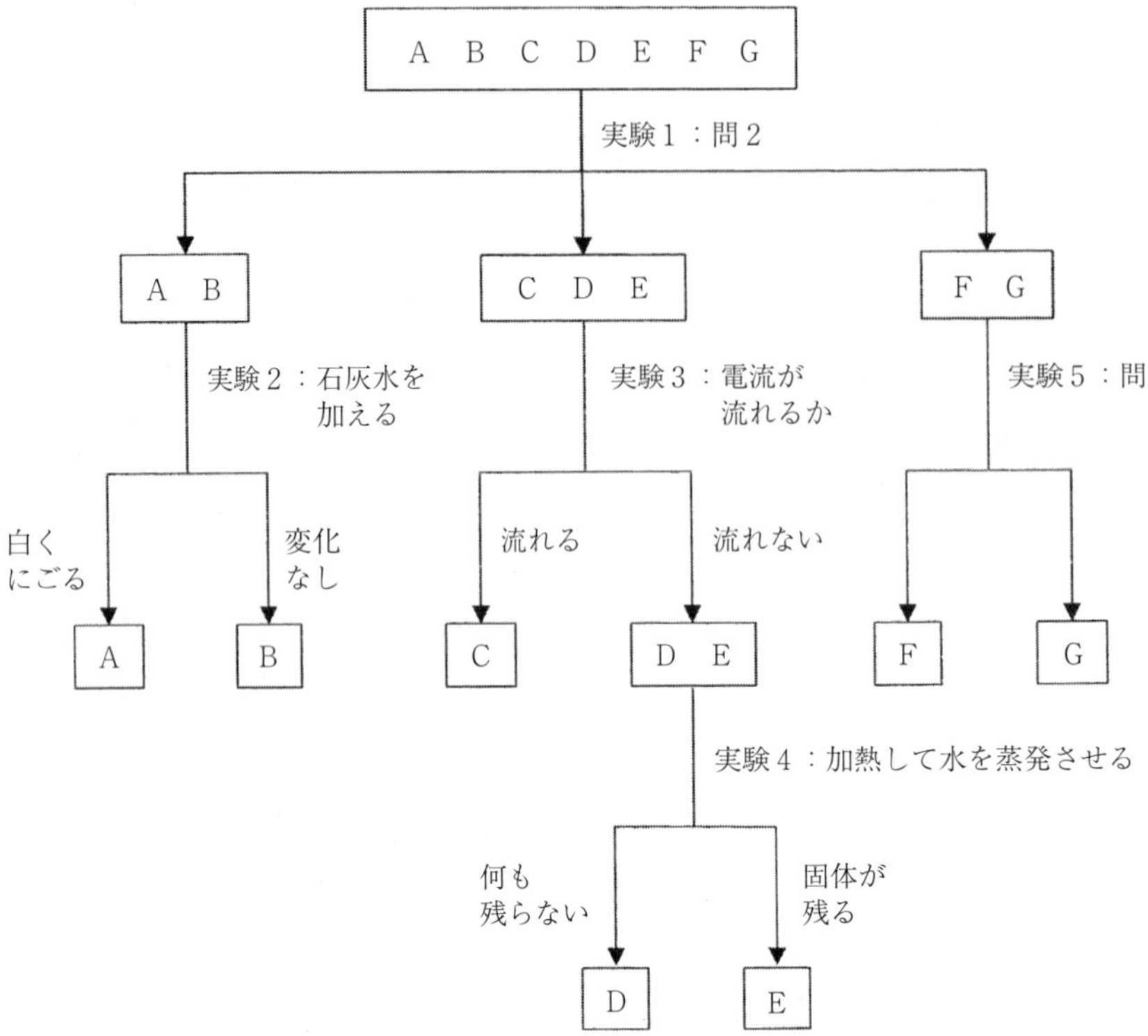

問1　7つの水溶液のうち，溶けている物質が固体であるもの，液体であるもの，気体であるものはそれぞれいくつありますか。

問2　図中の実験1として正しいものを(あ)～(え)より1つ選び，記号で答えなさい。

(あ)　赤色リトマス紙につける。

(い)　青色リトマス紙につける。

(う)　BTB溶液を加える。

(え)　アルミニウム片を加える。

問3　実験の結果からA～Eの水溶液はそれぞれ何だと分かりますか。(ア)～(キ)より1つずつ選び，それぞれ記号で答えなさい。

問4　FとGの水溶液を区別するためには，実験5としてどのような実験をすれば良いですか。実験1～4とは異なる方法で答えなさい。

問5　7つの水溶液より，一回の実験で塩酸のみを区別したい場合，どのような実験をすれば良いですか，答えなさい。

3　友子さんのクラスでは，メダカを飼育《しいく》して観察を行うことになりました。魚の生態《せいたい》に関する，1～4の問に答えなさい。

問1　次の(あ)～(お)は，メダカの飼《か》い方について説明した文章です。正しいものをすべて選び，記号で答えなさい。

(あ)　水槽《すいそう》は，日光がよくあたる，明るいところに置く。

(い)　水を替《か》えるときは，水道水を使って一度に全部入れかえる。

(う)　水は，水道水をくみ置いたものを入れる。

(え)　えさは，食べ残さないぐらいの量を，１日１～２回ほどあたえる。

(お)　メダカが卵を産みやすくするため，めすだけを水槽に入れて飼う。

問２　友子さんの家では，お祖父《じい》さんがクマノミを水槽で飼っています。そこで友子さんは，理科でメダカの飼い方を習った日に，クマノミの水槽も同じように水を交換《こうかん》しようと考えました。しかし，準備をしているところで，お祖父さんにとめられてしまいました。次の会話は，友子さんとお祖父さんの会話です。

友子さん：授業で習ったように水を用意したけれど，これではいけないの？

お祖父さん：そうなんだ。メダカはどんなところに住んでいるかも習ったかな？

友子さん：うん，習ったよ。［　ア　］に住んでいるって。

お祖父さん：その通り。では，クマノミはどんなところに住んでいる？

友子さん：沖縄に行ったとき，シュノーケリングをしながら見つけたから…。クマノミは海に住んでいるんだ！

お祖父さん：そうだね。ということは，水槽で飼うときも，海に似た環境をつくってあげないといけないんだ。海水は約３％の塩分を含んでいると言われているよ。

友子さん：そっか！　じゃあ，いま用意した水に塩を入れればいいんだね。家にある水槽は55リットル入るから，水を50kg用意して，［　イ　］gの塩をキッチンから持ってくるよ！

お祖父さん：確かに塩分は約３％だけれど，実際には塩以外にもいろいろな成分を含んでいる必要があるんだ。だから，今日は塩を入れるのではなく，この人工海水のもとを使って，用意をしよう。

①　会話の文章中の空欄《くうらん》［ア］に入る環境として誤《あやま》っているものを，次の(あ)～(え)より１つ選び，記号で答えなさい。

(あ)　水を張った田んぼのなか

(い)　流れのゆるやかな用水路や小川

(う)　満潮《まんちょう》時に海水が流れ込む小さな磯《いそ》

(え)　天敵《てんてき》が少ない浅い池

②　次の(あ)～(う)の魚類を水槽で飼うときには，メダカと同じ環境，クマノミと同じ環境のどちらに設定しますか。メダカと同じ環境に設定するものを，(あ)～(う)よりすべて選び，記号で答えなさい。

(あ)　キンギョ　　(い)　ルリスズメダイ　　(う)　ナンヨウハギ

③　50kgの水と合わせて濃度《のうど》３％の塩水を用意するために必要な，会話の文章中の空欄［イ］にあてはまる塩の量を求めなさい。割り切れない場合は，小数第１位を四捨五入して整数値で答えなさい。

問３　クマノミの水槽の水替えを行った数日後，土用《どよう》の丑《うし》の日に，友子さんはお祖父さんとふたりで外食をしに出かけました。次の会話は，友子さんとお祖父さんの会話です。会話の文章中の下線部(ウ)にあてはまる魚類を，下の(あ)～(え)から１つ選び，記号で答えなさい。

お祖父さん：今日は土用の丑の日だから，「う」のつく食べ物を食べに行こうか。

友子さん：それなら，うどんを食べたいな！

お祖父さん：じゃあ，近くのうどん屋さんに行こうか。
　土用の丑の日といえば，ウナギを思い浮かべる人も多いかもしれないね。ウナギはちょっと変わった生態をもつ魚なんだよ。天然のウナギは，海でも川でも暮らすことができる魚なんだ。

友子さん：そうなんだ！　この前，クマノミの水槽には人工の海水を用意したけど，ウナギは海水でもそうでなくても，生きていけるってこと？

お祖父さん：そのとおり。不思議だろう？　ウナギと同じように，(ウ)海でも川でも暮らすことができる魚は他にもいるよ。

友子さん：面白いなあ。そうだ，これを夏休みの自由研究のテーマにしよう！

(あ)　クロマグロ　　(い)　サケ

(う)　ドジョウ　　(え)　マサバ

問4　友子さんは，ウナギの生態について図書館で資料を集め，次のような自由研究のポスターをつくりました。

ウナギの不思議な生態

6年X組　三田友子

○ウナギは海水魚？　淡水魚？

　ウナギは，不思議な生態をもつ魚です。海で卵からかえったウナギの稚魚《ちぎょ》は，川をのぼって大きくなり，また海へ出て卵を産みます。ウナギは海水でも淡水でも生きることができるのです。

○海の魚は「漬《つ》け物」状態

　キュウリに塩をまぶすと，水分が出てきて，しんなりします。同じように，塩水である海水のなかでは，体の内側から外側に向かって，水分が出て行ってしまうことが知られています。しかし，海に暮らす魚は，漬け物のようにはなりません。これは，体のなかで水分と塩分のバランスを保つしくみをもっているからです。

　右のグラフは，コイとウナギについて，体の外側の塩分濃度が変わったときの，体内の塩分濃度の変化を示したものです。ウナギは，体の外側の塩分濃度が高くなっても，体の内側の塩分濃度はあまり変わっていません。しかしコイは，体の外側の塩分濃度が★マークよりも高くなると，内側の塩分濃度も上がってしまいます。

　だから，ウナギは海水中でも淡水中でも生きることができるのです。

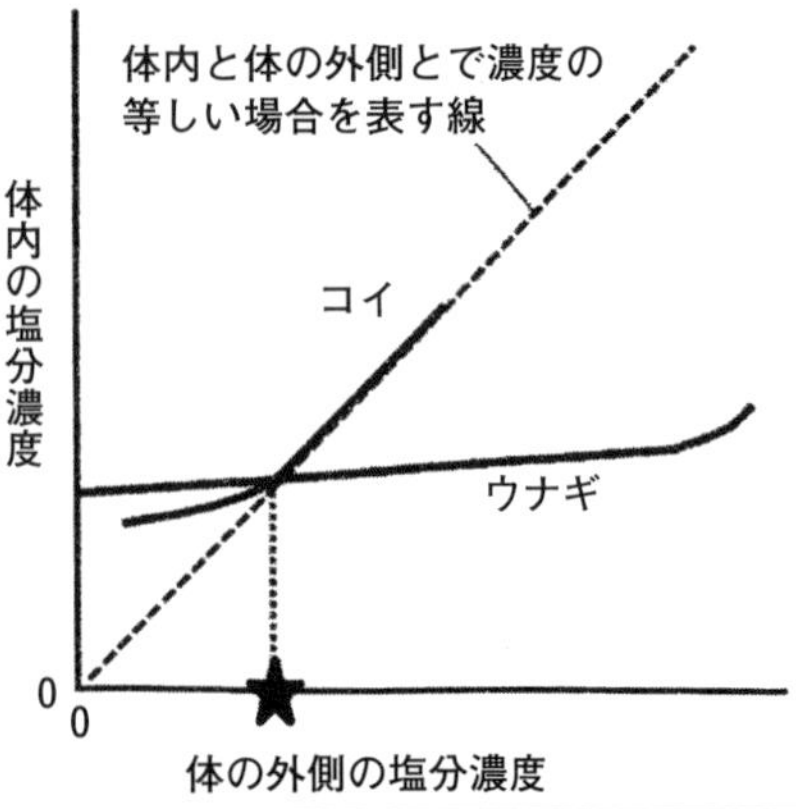

①　夏休みが明けて，友子さんはポスターの内容についてクラスで発表をしました。次の文章は，その発表内容に関するクラスメイトの感想ですが，誤解《ごかい》をしてしまっている人が1人います。誤解をしている人は誰ですか。また，その誤った発言について，下線部を訂正して，正しい内容に変えなさい。

Aさん：ウナギは嫌いだったけど，不思議な生態については面白かった。淡水でも海水でも生きられるけれど，大きくなるときには淡水でくらしているから，水槽で飼うときにはメダカの水槽と同じようにしてあげるといいと思う。

Bさん：うちの庭の池でもニシキゴイを飼っているので，コイが出てきてよかった。しかも，ウナギとコイは一緒に飼うことができるなんて驚《おどろ》いた。ウナギはお父さんの好物だから，家の池でも飼えたら良いのにと思った。

Cさん：魚によって，生きるしくみが違うなんて知らなかった。ウナギよりもコイの方が，水分と塩分のバランスを保つしくみが優れていることが分かった。ウナギはドジョウと似ているけれど，ドジョウはどうなのか知りたい。

Dさん：いままで，あまり淡水とか海水とか気にしたことがなかった。コイが海水にひたってしまうと，漬け物のように体の中から水分が出て行ってしまうなんて，少し怖くなった。私はカニが好きなので，カニについてもっと調べてみたい。

② 友子さんのクラスメイトのDさんは，カニの生態について調べてみることにしました。すると，次のグラフを見つけました。図に示された3種のカニについて，生息できる範《はん》囲《い》が広い順に並べ替え，X～Zの記号で答えなさい。

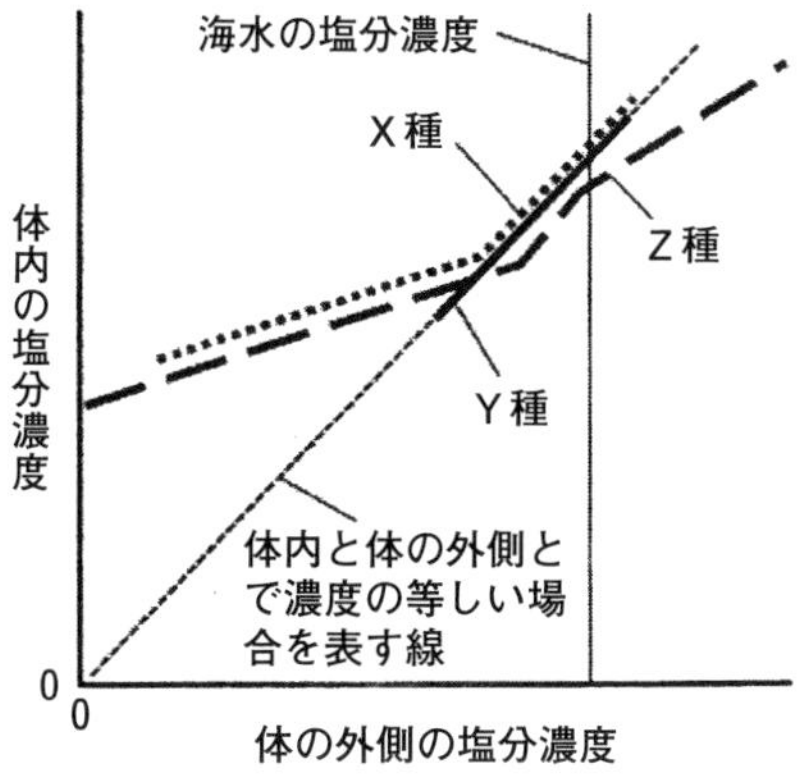

4 地形の成り立ちと流水のはたらきについて，1～4の問に答えなさい。

問1 次の文章は，流水や氷のはたらきと，地形のでき方についての説明です。

水や氷が地表を移動すると，岩石を削《けず》る［ a ］が起こる。河川の上流では，ふつう，流れが速いので，［ a ］の力が大きく，しだいに谷が深くなる。このような場所では（ ア ）という地形ができやすい。また，河川が山から平野に出る所では，［ a ］は弱くなり，さらに［ b ］よりも［ c ］のはたらきが大きくなり，多量の土砂がたまるため，しばしば（ イ ）という地形が形成される。

① 上文の空欄《くうらん》［ a ］～［ c ］に当てはまる語句の正しい組み合わせを，次の(あ)～(か)より1つ選び，記号で答えなさい。

	a	b	c
(あ)	堆積《たいせき》	運搬《うんぱん》	侵食《しんしょく》
(い)	堆積	侵食	運搬
(う)	運搬	侵食	堆積
(え)	運搬	堆積	侵食
(お)	侵食	運搬	堆積
(か)	侵食	堆積	運搬

② 上文の空欄(ア)・(イ)に当てはまる正しい語句を，次の(あ)～(く)より1つずつ選び，記号で答えなさい。

(あ) 三角州　(い) 扇状地《せんじょうち》　(う) カルスト地形

(え) V字谷　(お) 三日月湖　(か) 溶岩台地

(き) リアス式海岸　(く) フィヨルド

問2 下の図1は，山岳《さんがく》と河川から海までつづく地形を模式的《もしきてき》に表しています。図中のd地点は山岳の頂上付近で数十年前まで氷河の先端に位置していました。また，e地点は河川の上流部，f地点は河口に位置します。

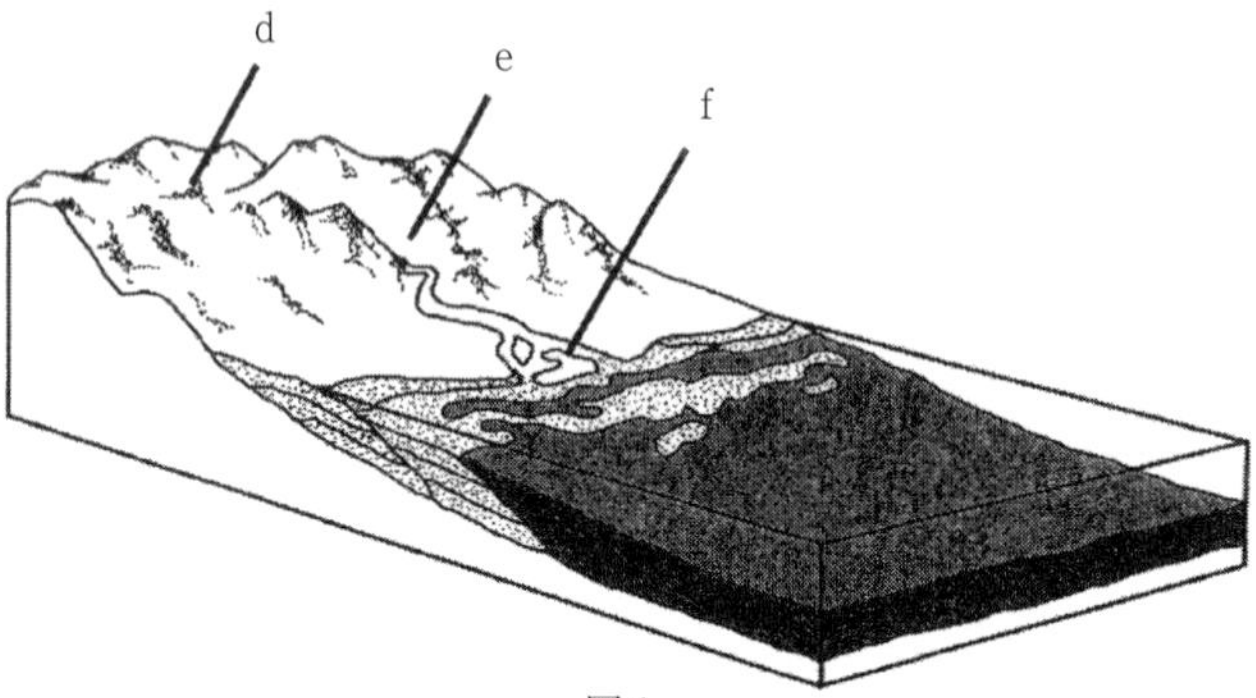

図1

① d～f地点では，それぞれどのような土砂(石)が見られるでしょうか。

流水のはたらきをふまえて，各地点で見られた土砂(石)の図の正しい組み合わせを，あとの(あ)～(か)より1つ選び，記号で答えなさい。

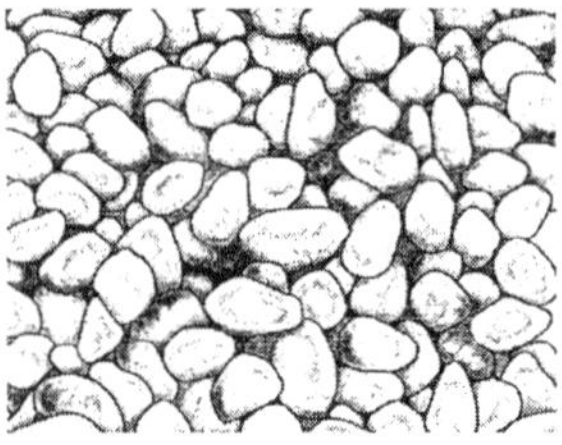

A

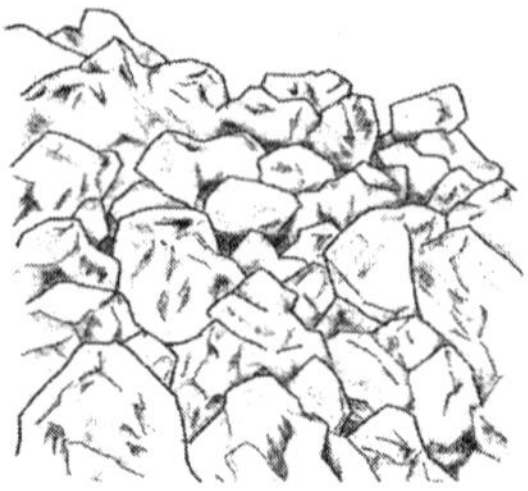

B

C

	d地点	e地点	f地点
(あ)	A	B	C
(い)	A	C	B
(う)	B	A	C
(え)	B	C	A
(お)	C	A	B
(か)	C	B	A

② この地形で，流水のはたらきが長期間続いた場合，図のe地点，f地点の標高はどうなると考えられますか。次の(あ)～(け)より正しい組み合わせを1つ選び，記号で答えなさい。

	e	f
(あ)	高くなる	高くなる
(い)	高くなる	変わらない
(う)	高くなる	低くなる
(え)	変わらない	高くなる
(お)	変わらない	変わらない
(か)	変わらない	低くなる
(き)	低くなる	高くなる
(く)	低くなる	変わらない
(け)	低くなる	低くなる

問3 流水のはたらきと地殻《ちかく》変動が組み合わさることでつくられる地形に，河岸段丘や海岸段丘などがあります。

河岸段丘

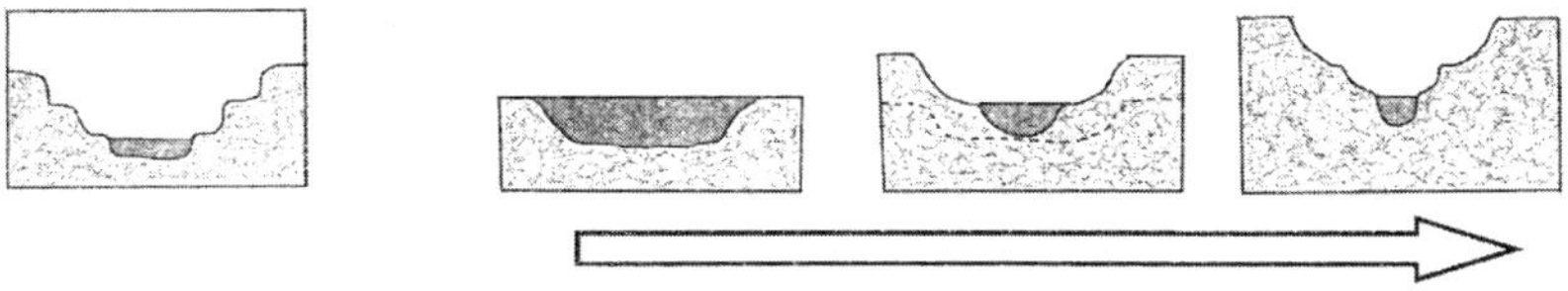

海岸段丘

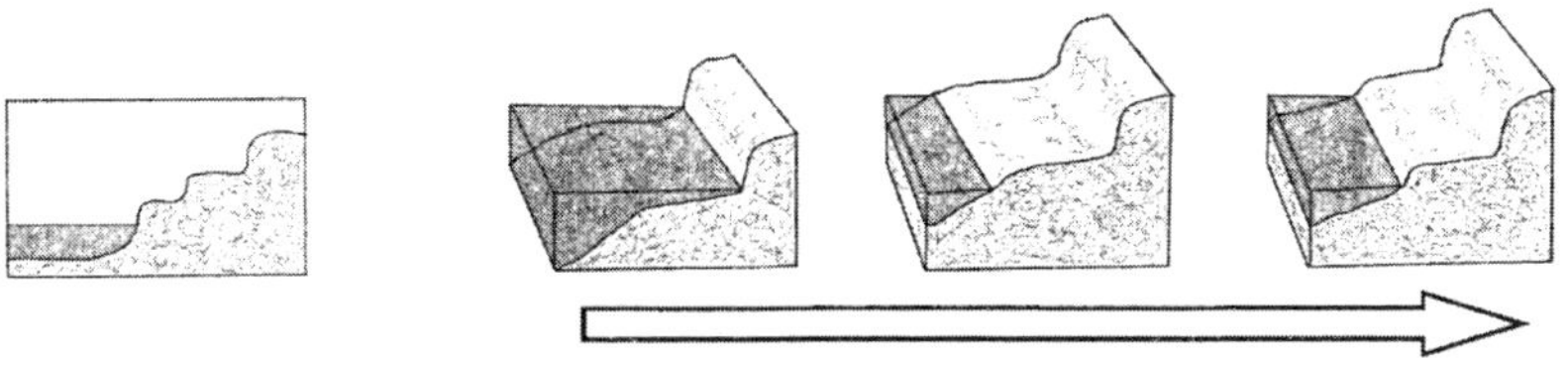

次の文章は，このような地形ができるしくみを説明しています。文中の空欄[g]～[k]に当てはまる語句の最も正しい組み合わせを，あとの(あ)～(く)より1つ選び，記号で答えなさい。

また，空欄(ウ)に当てはまる語句を，問1②の選択肢《せんたくし》より1つ選び，記号で答えなさい。

このような段丘地形は，陸地が[g]することにより侵食作用を受ける面が一段[h]くなることでつくられる。海岸段丘は海水面の[i]によっても形成される。

谷間に海水が入り込んだ(ウ)は，反対に，陸地が[j]したり，海水面が[k]することで形成される。

	g	h	i	j	k
(あ)	隆起《りゅうき》	高く	低下	沈降《ちんこう》	上昇
(い)	隆起	低く	低下	沈降	上昇
(う)	隆起	高く	上昇	沈降	低下
(え)	隆起	低く	上昇	沈降	低下
(お)	沈降	高く	低下	隆起	上昇
(か)	沈降	低く	低下	隆起	上昇
(き)	沈降	高く	上昇	隆起	低下
(く)	沈降	低く	上昇	隆起	低下

問4　図のような河岸段丘地形があります。

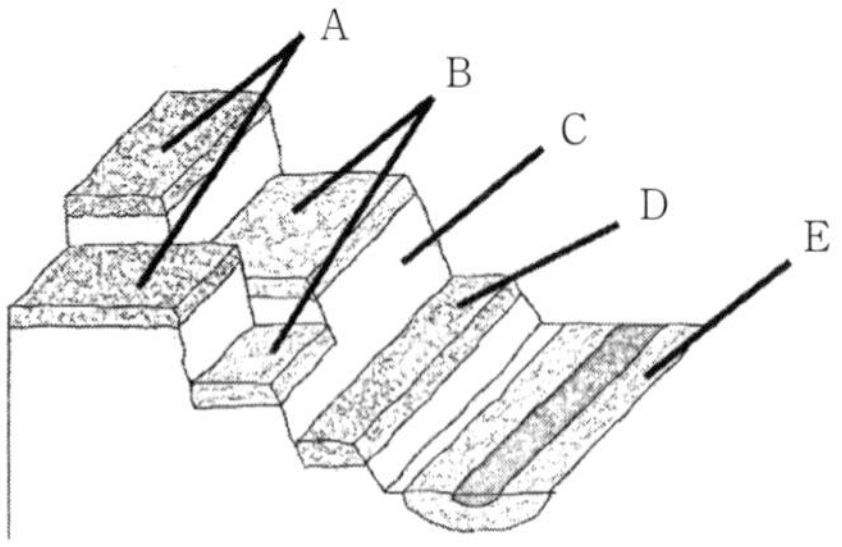

A　角張った礫《れき》からなる

B　丸い礫からなる

C　とても細かい泥《どろ》からなる

D　白い砂からなる

E　丸い礫からなる

①　A～Eの地層を，古い順に並べ替え，A～Eの記号で答えなさい。

②　断層が生じたのは，A～Eのどの層ができた後ですか，記号で答えなさい。

③　A～Eをつくる岩石を調べたところ，木の葉の化石，サンゴの化石，カタツムリの化石が，それぞれ異なる層から見つかりました。サンゴの化石が見つかったのはA～Eのどの層と考えられるか，記号で答えなさい。また，そのように判断した理由を説明しなさい。

それぞれ直しなさい。

① 昼休みの教室のあまりの騒《さわ》がしさにヘイコウした。
② 二十世紀になると、技術のカクシンが飛躍《やく》的に進んだ。
③ チーム内でのもめ事を公正にサバく。
④ はじめて訪《おとず》れた森林公園の中を自由にサンサクした。
⑤ 最後の試合に勝ち、ユウシュウの美を飾《かざ》ることができた。
⑥ 高速道路でのスピードの出し過ぎは禁物だ。
⑦ 世の中の風潮に安易に流されてはいけない。
⑧ 決められた時間に参加者全員を点呼する。
⑨ 誰《だれ》からの指図も受けずに自力で問題を解決した。
⑩ 泳いでいる魚を素手で捕《つか》まえるのは不可能だ。

四

次の①~⑤の——線部のカタカナを漢字に直し、その漢字の意味にあたるものを後のア~ソから選び、それぞれ記号で答えなさい。

① 地震《しん》の時はまず身の安全をハカるべきだ。
② 彼《かれ》は突《とつ》然顔色をカえて怒《おこ》りだした。
③ 富士山のノボり口は一つではない。
④ 注文の品物を期日通りにオサめる。
⑤ 彼《かの》女は喜びを顔にアラワした。

ア あることが実現するように企《くわだ》てる。
イ 時間や数などを数える。考える。
ウ 重さ、容積を調べる。
エ 前と異なる状態になる。
オ ある役割を別のものにさせる。
カ 物と物を交換《かん》する。
キ 公《おおやけ》の場に出る。
ク 高いところに進む。
ケ 太陽や月が高いところへ移る。
コ 手に入れる。よい結果を得る。
サ きちんと入れるべき所に入れる。
シ 人格や行いを立派にする。
ス 本などを書いて世に出す。
セ 思いが外に出る。
ソ 隠《かく》れていたものが見えるようになる。

五

次の①~⑩の□にあてはまる慣用句を後のア~シから選び、それぞれ記号で答えなさい。

① 彼《かれ》の忠告は、正論なだけに□。
② 上京して十五年たって、やっと故郷に□ことができた。
③ 妹がスピーチコンテストで優勝したので、私も□。
④ 弟のいたずらのあまりの激しさに□。
⑤ 次から次へと仕事に追われて、毎日□。
⑥ 誰《だれ》もが嫌《いや》がる役割を□。
⑦ 私には□ような覚えがない。
⑧ 作家が、作品の完成に□。
⑨ 彼《かの》女は本当は気が強いのに、人前では□。
⑩ 久しぶりに友人と会うと、つい会話に□。

ア 手を打つ　イ 手を焼く
ウ 鼻が高い　エ 錦《にしき》を飾《かざ》る
オ 花が咲《さ》く　カ 買って出る
キ 見栄《みえ》をはる　ク 心血を注ぐ
ケ 耳が痛い　コ 目が回る
サ 猫《ねこ》をかぶる　シ うらみを買う

（廣嶋玲子《ひろしまれいこ》『十年屋　時の魔法はいかがでしょう?』静山社）

〈注〉　＊懐中時計…スーツやズボンのポケットなどに入れて持ち歩く、小型の時計。

問一　文中の A ～ C に入る最も適当な語を次のア～クからそれぞれ選び、記号で答えなさい。

ア　きりっと　　イ　だらだらと　　ウ　ふうっと
エ　きちんと　　オ　こそっと　　カ　さっと
キ　ぼんやりと　　ク　するっと

問二　――線部①「そんなこと」とありますが、ニナの言う「そんなこと」とは、ジンのどのようなことですか。答えなさい。

問三　――線部②「そんなジンを、父親のゼスは苦々しく見ていた」とありますが、それはなぜですか。答えなさい。

問四　――線部③「祖父がいたずらっぽく笑いながら打ち明けてきた」とありますが、祖父がジンにこのように告げたのはどのような思いからであると考えられますか。最も適当なものを次のア～オから選び、記号で答えなさい。

ア　とてもまねできないようなとびきりすてきな時計を作ることで、ジンに時計作りを諦《あきら》めさせたいと思っている。

イ　ジンがあこがれを抱《いだ》きそうなとびきりすてきな時計を作り、時計職人になろうとするジンを励《はげ》ましたいと思っている。

ウ　ジンの期待を上回るほどのとびきりすてきな時計を作り、自分への尊敬の念をより大きなものにさせたいと思っている。

エ　とびきりすてきな時計を作ることを告げて期待させ、その期待に違《たが》わぬ時計を作ってジンを喜ばせたいと思っている。

オ　愛する孫であるジンのためにとびきりすてきな時計を作って、十二歳の誕生日にジンを驚《おどろ》かせたいと思っている。

問五　――線部④「その目は奇妙にぎらついていて、口元には薄く笑いさえ浮かんでいた」とありますが、この時の父の思いはどのようなものであったと考えられますか。最も適当なものを次のア～オから選び、記号で答えなさい。

ア　不意に声をかけたせいでこわれた時計を、ジンは自分のせいだと思っていると知り、助かったと思っている。

イ　この失敗を機に、ジンの祖父との関わりを絶ち、ジンを自分の望む通りの人間に育て上げようと思っている。

ウ　取り返しのつかない失敗をしたジンを、自分の導きで祖父に許される立派な人間にしてやろうと思っている。

エ　こわした時計を見て泣くジンが、これで自分は時計を作る側の人間ではないと気付けただろうと思っている。

オ　なかなか自分に従わなかったジンが、時計をこわしたことで自分を頼《たよ》ってくれることを嬉《うれ》しいと思っている。

問六　――線部⑤「これを私が直してしまうのは簡単だが、それではおまえのためにならないと思ってね」とありますが、ギンは、「こわれたまま」の時計を直さずに渡《わた》すことがどのようにジンのためになると考えたのですか。答えなさい。

問七　――線部⑥「この時計が憎いような気もする」とありますが、なぜ「憎い」のですか。説明しなさい。

問八　――線部⑦「もっと早く迎えに来られるかもしれませんね」とありますが、魔法使いがこのように言ったのはなぜですか。答えなさい。

問九　――線部⑧「自分に起こった出来事と変化を、ニナに話したい」とありますが、なぜ「ニナに話したい」のですか。説明しなさい。

三　次の①～⑩の――線部のカタカナは漢字に、漢字はひらがなに

「…………」

ジンは長い間、＊懐中時計《かいちゅうどけい》を見つめていた。頭の中ではさまざまな思いや考えが、火山のマグマのように噴《ふ》き上がってきていた。

おじいちゃんはぼくに会いたがっていた？　ぼくを許していた？　なのに、なぜ？　……ああ、そうか。父さんだ。父さんが全部やったんだ。ぼくを操《あやつ》り、おじいちゃんから遠ざけた。父さんのせいだったんだ。

そう思うと、そのきっかけになった⑥この時計が憎《にく》いような気もする。でも、これは祖父が自分のために作ってくれたものでもあるのだ。こわれたままで残したのにも、ちゃんと意味がある。

ジンは夢《ゆめ》から覚めたような気持ちで、ぎゅっと懐中時計を握《にぎ》りしめ、自分の胸《むね》に押《お》し当てた。

こうして懐中時計はジンのものとなった。だが、これで終わりではないと、ジンはふたたび魔法使いを見た。

「同じ品物をもう一度預けることって、できるんですか？」

「はい、できますよ。その場合は、新たにお客様の時間を一年分、払《はら》っていただくことになるのですが」

「時間？」

ふわっと、魔法使いが微笑《ほほえ》んだ。

「ここは十年屋、十年間の保管《ほかん》に対して一年の寿命《じゅみょう》をいただく店ですので。ギン様も、残りの寿命をすべてお支払《しはら》いになって、この時計をこちらに預けられたのですよ」

そうまでして、祖父は自分の想《おも》いをジンにわたしたかったということだ。その想いに応《こた》えなくてはという気持ちがますます高まった。

「では、ぼくから寿命を取ってください」

「この時計を、また十年預けると？」

「はい。今のぼくでは、この時計を直せないので。……十年の間に、その時計を修理《しゅうり》できるほどの時計職人になってみせます」

決意をたたえた青年の目を、魔法使いはじっと見つめ返した。それから、にこっと笑ったのだ。

「もしかしたら、⑦もっと早く迎《むか》えに来られるかもしれませんね。ギン様は、あなたは自慢《じまん》の孫だとおっしゃっておいででした。時計作りの才能《さいのう》もあるようだと。……では、改めてのお預かりと言うことで、契約《けいやく》をいたしましょう」

その後、契約書にサインをしたジンは、ふたたび元いた公園へと舞いもどった。

[C]、ジンは息をついた。さて、これからいそがしくなる。時計職人になるための修業先《しゅぎょうさき》を見つけなければ。祖父の仕事仲間のつてを当たれば、それはなんとかなるだろう。だが、その前に今やっている事業をしかるべき形で終わらせ、身の周りもきれいにしなくては。

いちばん厄介《やっかい》なのは、父だ。時計職人になると言ったら、父のことだ、烈火《れっか》のごとく怒《いか》り狂《くる》うだろう。正直、あの人に逆らうことを考えただけで、身がすくむ思いがする。長年、父にしめつけられていた心や人格《じんかく》は、そう簡単には変えられないものだ。

だが、今のジンには祖父の残してくれた言葉がある。あの一言一言が、父に抵抗《ていこう》するジンを守ってくれるだろう。そしてなにより、時計を直したいという目標ができたのだ。何かをやりたいと思うのはひさしぶりだ。

大きく息を吸《す》いこみながら、ジンは空を見た。きれいな青い空だ。ちゃんときれいだと思えるのは、何年ぶりだろう。

ふと思った。⑧自分に起こった出来事と変化を、ニナに話したいと。この時間なら、たぶん、大学の研究室にいるはずだ。ニナに今すぐ会わなくては。

ジンは大急ぎで大学に向かって歩き出した。

そうして、思い出はすべて心の奥底《おくそこ》に封印《ふういん》され、父の思いどおりに動く、父の分身ジンが出来上がったのだ。

あふれた記憶《きおく》はあまりにも多く、混乱《こんらん》のあまり頭痛《ずつう》までしてきた。

「うっ……ううう……」

うめきながら顔をおおうジンに、魔法使いはやさしくささやいた。

「じつは、伝言も預かっているのです」

「で、伝言って、祖父からですか？」

「はい。どうぞお聞きください」

そう言って、魔法使いが取りだしたのは、大きな巻貝《まきがい》だった。真珠《しんじゅ》色に淡《あわ》く光っていて、しっかりとコルクのふたがはめこまれている。魔法使いがそのコルクを引きぬくと、貝から深みのある温かい声が流れ出てきた。

「かわいい孫のジン。元気にしているかい？」

どっと、ジンの目から涙《なみだ》があふれた。

覚えている。この声は祖父のものだ。間違《まちが》いない。

まるですぐ目の前に祖父がいるような気がして、涙が止まらなくなってしまった。その間も、貝殻《かいがら》に封《ふう》じられたギンの言葉はよどみなく流れつづけた。

「ジン。急にうちに来なくなったのは、やっぱり、あの時計のせいかい？　そのことなら、私はまったくおこりもがっかりもしてないよ。形あるものはいずれはこわれる。だから、大切に使う意味があるんだ。そう伝えるために、何度も手紙を送ったし、会いにも行ったんだよ。でも、手紙は届かなかったようだね。私のほうも、いつも『あの子は会いたくないそうです』と、追い返されてしまったんだ。そうこうするうちに、私に病気が見つかってしまってね。だから、形見としてこの時計をこわれたまま、おまえに残すと決めた。⑤これを私が直してしまうのは簡単《かんたん》だが、それではおまえのためにならないと思ってね。でも、このまま残しておけば、おまえのお父さんは私が死んだあと、おまえにわたすことなく処分《しょぶん》してしまうだろう。だから、十年屋さんにたのんで、預かってもらうことにした。受取人をおまえに指定してね。

ああ、ジン。おまえは今、二十一歳なんだろう。どんな大人になっているか、私は少し心配している。というのも、おまえのそばにはお父さんがいるからだ。おまえのお父さんは頭が良くて金もうけにはすぐれている人かもしれないが、心は貧《まず》しい。おまえが染《そ》まっていないか、心配でならない。どうか、ジン、心を失わないでくれ。時計職《しょく》人《にん》になると笑顔《えがお》で言ってくれた少年の心を忘れないでくれ。私からの切なるたのみだ。時計職人にならなくたっていい。ただ、おまえが実りある人生を過ごせることを願っている」

メッセージはそこで終わった。

静寂《せいじゃく》が広がる中、ジンは石像《せきぞう》のようにかたまっていた。もはや涙も止まっていた。

しばらくしてから、ジンはのろのろと魔法使いを見た。

「おじいちゃんは……ぼくを、許してた？」

「そのあたりの事情《じじょう》は存《ぞん》じませんが、あなたにとても会いたがっておられたのは本当ですよ。あの子のことが心配だとしきりにおっしゃっておられたので、この貝にメッセージを吹《ふ》きこむことをおすすめしたのです」

「…………」

「ともかく、お預かりしていたものはこれで全部です。さて、どうなさいます？　このこわれた時計を持ち帰られますか？　それとも、受け取りを拒否《きょひ》なさいますか？　どちらでも、お好きなほうをお選びください」

いるのか？」

「…………」

「ただ謝《あやま》っても、きっと許《ゆる》してはくれないだろう。時計はおじいちゃんの宝物《たからもの》、命と言ってもいいものだからな。……おまえの顔など見たくもないと思うはずだ」

うわっと、ジンは泣き出してしまった。自分がしでかしてしまった罪《つみ》の重さに、耐《た》えきれなかったのだ。

「ど、どうしたら、ひぐ、い、いいの？」

「立派な人間になりなさい、ジン」

がしりと、父はジンの両肩《りょうかた》をつかんできた。④その目は奇妙《きみょう》にぎらついていて、口元には薄《うす》く笑いさえ浮《う》かんでいた。

「おじいちゃんがほこりに思ってくれるような、立派な人間になるんだ。そうすれば、おじいちゃんもいつしか許してくれるだろう。大丈夫《だいじょうぶ》だ。私が導《みちび》いてやる。私の言うとおりにすればいいから」

私はおまえの味方だよと言われ、ジンは泣きながら父にしがみついた。

父はジンを部屋から連れ出し、祖父に会うことなく家にもどった。

その日から、ジンはなんでも父の言うとおりにするようにした。勉強をしっかりして、父がすすめる服を着て、すすめられた本を読んで。とてもつらかったが、これは罰《ばつ》だと思って、受け入れた。それに、いい子になれば、また祖父に会えるはず。それを心の支《ささ》えにして、がんばった。

というのも、あれ以来、祖父からの連絡《れんらく》がぴたりと途絶《とだ》えてしまったからだ。手紙も電話も来ない。もちろん、家にも遊びに来てくれない。かと言って、ジンのほうから祖父のところへ行くことはできなかった。そんな勇気はなかったし、「何しに来た！」と怒鳴《どな》られるのがこわかったのだ。

それでもときどき、父に聞いてみた。

「おじいちゃんからなんか知らせはあった？」

おそるおそる聞くジンに、父はいつも憂鬱《ゆううつ》そうにうなずいた。

「ああ。……残念ながら、まだおまえのことをすごくおこっているようだ。あの人はがんこだからね。もう少し時間を空けたほうがいいだろう」

そう言われるたびに、心臓《しんぞう》をつかまれるような気がした。

そうこうするうちに、ジンは十二歳の誕生日を迎《むか》えた。その日を、ジンは待ちわびていた。心の中で、少し期待していたのだ。

もしかしたら、今日はおじいちゃんが来てくれるかもしれない。じゃなければ、プレゼントを送ってきてくれるかもしれない。もうおこってないよという意味をこめて。何か少しでもそういうしるしをもらえれば、ぼくは一目散におじいちゃんのところに行って、謝ることができるんだ。だから、しるしがほしい。どうかどうか、おじいちゃん、ぼくを許すって言って。

祈《いの》りながら一日待ったが、祖父は来てくれなかった。プレゼントも届かなかった。

まだ許してはもらえないのだ。

絶望《ぜつぼう》のあまり、ジンはその夜、ひたすらベッドで泣いた。

結局、再会《さいかい》することなく、祖父は亡《な》くなってしまった。ジンの誕生日からほぼ半年後のことだ。

父からそれを知らされた時から、ジンは自分で考えるのをやめた。父の言いなりになって生きるほうがいいと、わかったのだ。

父に従っていれば、何かを疑《うたが》ったりこわくなったりすることもない。感覚がマヒしていくように、何も感じなくなるのは楽でいい。祖父からもらった時計作りの道具にも二度と触《さわ》らなかった。祖父を思い出すのがいやで、存在《そんざい》そのものを忘れたかったから。

そう言って、祖父は仕事部屋にジンを入れてくれなくなった。

あの祖父が「とびきり」と言うのだから、きっとそれはすばらしい時計に違いない。

見たくて見たくて、ジンは誕生日が待ちきれない思いだった。

そんなある日、めずらしく父が「今日はおじいちゃんの家に行く」と言った。

「あの人にちょっと話があるんだ。おまえは留守番《るすばん》しているか？」

「行く！　一緒に行くよ」

「なら、早く支度《したく》をしなさい。今日は緑の上着を着るといいだろう」

「あれはきらいだよ。ちくちくするんだもの」

「だが、仕立てのいいものだ。みっともないものを着るよりもいいだろう。あと、ネクタイも忘《わす》れるんじゃないぞ。いいな」

「………」

ここでおこらせたら、連れて行ってもらえなくなるかもしれない。今日は従《したが》うことにしよう。

ジンは言われたとおりの服を着た。やっぱり上着はちくちくしたし、ネクタイが息苦しくてしかたない。それでも、祖父の家に行きたい一心で、我慢《がまん》した。そして、父の車に乗りこんだのだ。

あいにくと、祖父は留守《るす》だった。だが、ドアのカギは開いていた。

「不用心な」と、父は顔をしかめた。

「まあ、カギが開いているということは、ちょっと近所にでも出かけたんだろう。すぐにもどってくるだろうから、中で待たせてもらうとしよう」

「うん」

父と並《なら》んでソファーに座ったが、なんだか落ち着かなかった。そこで、「ちょっとトイレに行ってくる」と言って、居間をぬけ出した。

父の視線《しせん》の届《とど》かぬところに行き、ほっと息をついた時だ。はっとした。祖父の仕事部屋のドアが少しだけ開いていたのだ。

チャンスとばかりに、ジンはさっと仕事部屋へとすべりこんだ。

……中略……

「ジン！　何をやっているんだ！」

ドアを開けて、父のゼスが姿《すがた》を現《あらわ》した。

あまりに突然《とつぜん》だったので、ジンはびくっとした。その拍子《ひょうし》に、ちょうどつまみをいじっていた指がはずれ、［B］、時計が落ちていった。

ガンッ。

小さいが、いやな音を立てて、時計が床《ゆか》にぶつかった。

ジンは硬直《こうちょく》してしまった。なんてことだ。時計を落としてしまうなんて。

真っ青になる少年の前で、父はゆっくりと時計を拾い上げた。そうして時計を一目見るなり、顔をしかめたのだ。

「こわれている……」

「そ、そんな！　うそ……」

「本当だ。見なさい」

ジンは父の手から時計を受け取った。

本当だった。時計にはめこまれたガラスには細いひびが入っていたし、落ちた衝撃《しょうげき》で、幻獣《げんじゅう》たちの体のあちこちが欠け落ちてしまっている。針《はり》も一本、はずれてしまっていた。見事な出来栄《できば》えゆえに、繊《せん》細《さい》なものだったのだろう。

無残なこわれ方に、ジンは息が止まってしまいそうだった。悲しくて、そしてこわくて、おそろしくて。

そんなジンを追いつめるように、父は重々しく言った。

「おまえ、とんでもないことをしたな。おじいちゃんの作品をこわすなんて。……あの人がこれを知ったら、どんなに悲しむか、わかって

あわれむようにニナはジンを見た。

「あなたって、いつもつまらなそうなんだもの。一緒《いっしょ》にいると、私《わたし》まで気分が滅入《めい》ってくる。私じゃあなたを幸せにしてあげられないんだって、思い知らされるから。……私からの最後のアドバイスよ。何にふてくされているのか知らないけど、そんなに気に入らないことがあるなら、徹底的《てっていてき》に戦ってみたらどう?」

そう言って、ニナは振《ふ》り返《かえ》ることもなく出ていってしまった。

それが一週間前のこと。こうしてニナがいなくなってみて、ジンはわかった。あまり、影響《えいきょう》はないなと。

ニナがいてもいなくても、やっぱり毎日はつまらない。ああ、だからニナは出ていってしまったのか。ジンのそばに自分がいる意味がないとわかって……。

ジンは空を見た。青いきれいな初夏の空。だが、ジンの目には灰色に映《うつ》った。

ジンがベンチに座って目を閉じていると、膝《ひざ》の上に「十年屋」と書かれたカードが舞《ま》い落ちてきた。自分宛《あて》の預《あず》かり品があるので取りに来て欲《ほ》しいというメッセージに従ってカードを開くと、ジンは霧《きり》に満ちた横町にある「十年屋」の前に立っていた。「十年屋」に入り、魔法使《まほうつか》いである店主から聞かされた預かり物は、思いもかけない人からのものであった。

からくり時計のギン。

世の人にそう呼《よ》ばれる祖父《そふ》のことが、ジンは大好きだった。おもしろいし、おしゃべり上手だし。その上、その手は本当に器用で、目がちかちかしてしまうような小さなねじを使い歯車を組み立て、時計という一つの世界を創造《そうぞう》していく。その魔法《まほう》のような工程《こうてい》に魅了《みりょう》された。

祖父が作る時計は、その部品の一つにいたるまで全部手作りで、同じものは一つとしてない。正確《せいかく》に時を教えてくれると同時に、凝《こ》った細工《さいく》で遊び心にあふれている。

ぼくもおじいちゃんのようになりたい。そして、おじいちゃんよりももっとすてきな時計を、いつか作ってみたい。

そう言ったところ、祖父は大変喜んで、道具を一式プレゼントしてくれ、少しずつ技《わざ》を教えてくれるようになった。

ジンは道具を家に持ちこんで、ひまを見つけては、歯車をいじくるようになった。

②そんなジンを、父親のゼスは苦々しく見ていたようだ。

「おじいちゃんのところへは、あまり行くんじゃない」

そうはっきり言われたこともあった。

「幸い、おまえは私に似《に》て優秀《ゆうしゅう》だ。今がんばれば、将来《しょうらい》、きちんとした立派《りっぱ》な人間になれるだろう。……われわれは高級時計を買う側の人間だ。作る側の人間とは違《ちが》うのだから」

そういうことを言う時の父は、決まって目が冷たく光っていて、ジンは心底こわかった。それでも言いつけを守ることはせず、ひまを見つけては祖父のもとを訪《たず》ねた。父の言っている言葉は理不尽《りふじん》で、ちっとも納得《なっとく》できなかったからだ。

……中略……

そうしてジンは十一歳となった。

ある日、③祖父がいたずらっぽく笑いながら打ち明けてきた。

「今ね、おまえのためにとびきりすてきな時計を作っているんだよ」

「どんなの? 見せて」

「だめだめ。次の誕生日《たんじょうび》までのお楽しみだよ。これから、おまえの修業《しゅぎょう》は居間《いま》で見てあげるから。この仕事部屋は当分立ち入り禁止《きんし》だよ」

ということは理解していないことになるから。

エ　頭の中の考えを言葉にすることに慣れているので、言葉にできないのは考えが整理されていないことになるから。

オ　頭で理解していることは表現できるはずなので、うまく言えないのは表現力が足りていないことになるから。

問七　――線部⑥「言葉の数は絶対に多い方がいいと私は考えています」とありますが、それはなぜですか。答えなさい。

問八　――線部⑦「『診断と治療方針を必ず決めてから質問・相談に来なさい』と言うようにしています」とありますが、筆者はなぜ研修医にこのように言うのですか。最も適当なものを次のア～オから選び、記号で答えなさい。

ア　治療方針を自ら考え決めることではじめて、他者のアドバイスに耳を傾《かたむ》けられるようになるから。

イ　あらかじめ治療方針を自ら考えておいた方が、よりよい治療方針を議論するのに好都合であるから。

ウ　世の中にあふれている情報を自分なりに取捨選択することで、考える力を身に付けてほしいから。

エ　治療方針という目の前の問題に自ら向き合うことで、医者として成長してほしいと考えているから。

オ　はじめから正解に近い治療方針を耳にすると、それにとらわれて正しい判断力を失ってしまうから。

問九　――線部⑧「答えの出ない問題に向き合っていくとき、本が強い味方になってくれます」とありますが、なぜそのように言えるのですか。説明しなさい。

二　次の文章を読み、後の問に答えなさい。

よく晴れた日曜日、ジンは公園の木かげのベンチに座《すわ》って、[A]空を見上げていた。

ジンは二十一歳《さい》になる青年実業家だ。なかなかハンサムで、背《せ》も高く、おまけに頭脳《ずのう》にも恵《めぐ》まれている。大学を飛び級で卒業した今は、父に手取り足取り教えこまれた事業のノウハウを生かし、いくつかの事業を興《おこ》し、かなりの財産《ざいさん》を築《きず》いている。世間から嫉妬《しっと》と憧《あこが》れのまなざしを向けられる若《わか》き成功者というわけだ。

が、ジンにしてみると、人生は灰《はい》色だった。おもしろいと思えるものが何もないのだ。

大学は父の望みどおりの学部に入り、望みどおり投資《とうし》の勉強をした。飛び級できたのは、つまらない授業《じゅぎょう》や勉強を早く終わらせたかったからだ。今やっている仕事も、ただ作業をこなしているという感じだ。ほかにやりたいこともないから、父親に逆《さか》らうのも面倒《めんどう》だから、しかたなくやっている。

仕事だけではなく、日々の暮《く》らしも同じようなものだった。適当《てきとう》に食べて、適当に遊んで、人様からばかにされないような服を着て。そこにジンという個性《こせい》はなかった。

そんなジンに、恋人《こいびと》のニナはついに愛想《あいそ》をつかした。

「悪いけど、もう付き合ってられないわ。別れましょ」

「待ってくれ」

さすがに焦《あせ》り、ジンはニナにすがった。明るく前向きなニナは、大学時代からの友達でもある。灰色の日々を過《す》ごしているジンにとって、ニナの明るさやはきはきしたところは、唯一《ゆいいつ》の救いだったのに。失いたくなくて、必死で言った。

「ぼくの何が気に入らないんだい？　見た目は悪くないと思うし、お金だってある。世間はぼくを……」

「ああ、やめてよ、ばかなことを言うのは。①そんなこと、どうでもいいのよ」

……中略……

今、世の中にはおかしな情報がたくさん流れています。新聞やテレビのニュースといった本来なら信頼《らい》がおけたはずの情報の中にすら、奇妙《きみょう》な部分が増えてきています。ときには明らかに間違《ちが》った情報さえ目にします。考える力というのは、目の前に提示された情報の真偽《ぎ》を見抜《ぬ》く力でもあります。何か印象的な情報に接したときに、それを鵜《う》呑《の》みにするのではなく、問題の本質がなんであるかを見抜くための「考える力」です。

先日、東京医科大学で、女性の受験生の点数を無断で引いて、男性を優先的に入学させているといった事件がありました。あんな卑劣《ひれつ》な行為《い》は全く許されないことです。あってはいけないことです。しかし報道されている内容は、その原因として、医学部が旧態依然《い》としているから、男尊女卑の価値観から抜け出せていない古い組織だからだと言うだけです。これは的外れな解釈《しゃく》です。私は医療の内側にいる人間なので、そのことをよく知っています。問題はもっと難しいところにあるのです。[c] 考える力の低下したマスメディアは、型に嵌《はま》った批判を繰り返すばかりですし、受け取る側の人たちもまた同様に、その情報を鵜呑みにして、社会全体が問題の核心《かく》からはるか遠いところで浅薄《せんぱく》な批判を繰り返しているばかりです。

皆さんは、考えるということを決して忘れないようにしてください。そうした力を育ててくれるものが読書です。⑧答えの出ない問題に向き合っていくとき、本が強い味方になってくれます。

（夏川草介《なつかわそうすけ》「本はともだち」『答えは本の中に隠《かく》れている』
岩波ジュニア新書所収）

〈注〉＊研修医…知識や技能を高めるために学習や実習をする初任者の医師。

問一　文中の[a]～[c]に入れるのに最も適当な語をそれぞれ次のア～オから選び、記号で答えなさい。

ア　さらに　　イ　もしくは　　ウ　たとえば
エ　つまり　　オ　しかし

問二　――線部①「読書の射程がどんどん広がっていきました」とありますが、「読書の射程」が広がるとはどのようなことですか。答えなさい。

問三　――線部②「それ」とは、どのようなことですか。答えなさい。

問四　――線部③「だんだん人に対して怒らなくなってくるんです」とありますが、このようになる理由について説明した次の文のA～Cに当てはまる漢字二字の言葉を、それぞれ本文中から抜き出して答えなさい。

多くの[A]に触れることで、自分とは異なるさまざまな人々の人生を[B]し、多様な人の気持ちに[C]できるようになったから。

問五　――線部④「『何で待たせるんだ』と怒り出す人がいる」とありますが、怒っている人が医者に対して想像すべきことはどのようなことだと筆者は考えていますか、答えなさい。

問六　――線部⑤「実はそれは分かっていないということと同義なんです」とありますが、なぜ「頭では分かっているんだけど、うまく言えない」ということが「分かっていないこと」と同じと言えるのですか。最も適当なものを次のア～オから選び、記号で答えなさい。

ア　言葉で表現できなければ分かったとは言えないので、部分的にしか理解できていないことになるから。

イ　言葉で表現するには考える必要があるので、表現できないのは思考力が不足していることになるから。

ウ　先に言葉があって考えが生まれるので、言葉で表現できない

ていくという方法が示されています。国語の辞書が毎年だんだん薄くなっていくわけです。結果としてどういうことが起こるかというと、国民は自分が勉強をする言葉が減るから楽になったと感じるのですが、同時に少しずつ難しいことを考えることができなくなって、自身の置かれた社会の状況《きょう》が何かおかしいとは思いつつ、何がおかしいのか表現できなくなっていくんです。表現力を失った人々は、やがて考えることをやめて、従順になっていく。そういうシーンが印象的に描かれています。

とても恐ろしい情景ですが、大切なことを語っていると思います。自分の中の言葉が減ってくると考える能力が落ちるのです。今この国では、時代とともに学校で習う言葉や漢字の数を減らしていく傾《けい》向にあります。これはかなり危険な選択《たく》だと思います。もちろん山のように覚えればいいというものではないでしょうけれど、⑥言葉の数は絶対に多い方がいいと私は考えています。

……中略……

「考える」ということについて話をします。ここまで時間をかけて本がもたらしてくれる「知識」「想像力」そして「言葉」というものの大切さをお話ししました。しかしこれで終わりではありません。この三つをしっかり身に付けた上で、一番大切なことは、物事をしっかりと考えるということです。

若い方たちは、これから答えの出ない問題にたくさん出会います。年齢《れい》とともに問題は減っていくかというとそうではなく、年を重ねれば重ねるほど、いよいよ難しい問題が増えてきます。私は今、三九歳《さい》ですが、毎日、正解のない問題を突《つ》き付けられています。子どもの頃にも無論たくさんの問題にぶつかりましたが、答えが見つからなければ、そのまま放置しておくことができました。でも大人になると、そういうわけにはいかなくなるのです。

たとえば医療現場では、うつ病の患者さんにがんが見つかった時に、がんだと告げて良いのかどうかという問題に出会います。病名は患者本人に必ず伝えるのが原則ですが、うつ病の人にがんだと言って自殺をしてしまうことは避《さ》けなければいけないわけです。病名を告げるべきか告げないでおくべきか、答えが出せないから一年くらい放置して、また来年考えるというわけにはいきません。また膵《すい》がんが見つかった人に、非常に強力でよく効くけれど、その分副作用の強い薬を使うのか。［ b ］、効果は弱いけれど、副作用のほとんどない薬を使うべきか。こういう問題も教科書に答えがあるわけではありません。

例えが偏《かたよ》ってしまいましたが、こんな風に大人になると、正解のない問題に答えを出さなければいけなくなるときが来ます。あらかじめ用意された正解を探し出すのではなく、正解のないところに、自分なりの正解を作り上げなければいけないのです。その時に必要なことが「考える」ということなのです。

私は、研修医が難しい患者さんを診《み》る際には、⑦「診《しん》断と治療方針を必ず決めてから質問・相談に来なさい」と言うようにしています。これは目の前の問題に対する自分なりの答えを自分で作りなさい、ということです。それをしないと、人間は成長しないんです。医者で言えば全然医者として成長しないんです。いつまで経っても自分の考えを組み立てることができず、挙句に目の前の安易な情報に飛び付いて自分の意見にしてしまう癖《くせ》が付いてしまいます。情報は山のように世の中にあふれています。インターネットを開けば、言葉だけは山のように転がっています。けれども「目の前の患者さんの治療方針」はどこにも書かれてはいないんです。自分で考えるしかない。ところが、この「考える力」が、今多くの人で、とても低下していると感じるのです。

のは、そういう人の切実な大変さが、少しだけ分かる気がするからです。

……中略……

ホームレスの話はやや極端な例ですが、魚屋さんや、飲み屋のマスターや、何でも良いのですが、自分とは異なる立場にある人たちが、日々どんな生活をしているのかというのは、やはり外から見ているだけでは分かりません。でも、その分からない部分を描《えが》いた良い作品に出会うと、そうした人たちの姿が身近なものに感じられてくるようになります。そうすると③だんだん人に対して怒《おこ》らなくなってくるんです。みんなに事情があるんだという、非常に単純な話なのですが、そういう感性が「想像力」というもので、大事な力だと思うのです。

最近外来をやっていて思うのは、「想像力」がなくなってきている人が多いということです。私が医者になった一五年ぐらい前は、夜中の二時に救急外来に来た患《かん》者さんの多くが、「夜中にすいません、先生」とひと声かけてくれました。具合が悪くなったのが、たまたまその時間だっただけなのに、そんな気遣《づか》いの言葉を口にしてくれるんです。ところが最近の人は夜中の二時とか三時に来て、「胃薬が欲しい」と言い、一五分待たせたら、④「何で待たせるんだ」と怒り出す人がいるんです。医者は医者で徹《てつ》夜で働いていますし、他に急患がいれば軽症《しょう》の人は後に回すのですが、そういうことに対し想像力が働かなくなっていると感じます。これは患者さんだけではなくて、医療《りょう》者の側もです。多くの人が物語に触れなくなったせいではないかと考えたりもします。

そういう意味で、皆《みな》さんには本の中でも特に、いろいろな物語に、小説に触れてほしいと思います。もちろん啓蒙書《けいもうしょ》とか、実用書と言われる分野の、知識が詰《つ》め込《こ》まれた本も良いのですが、物語の持つ力は特別です。多くの物語に触れ、いろいろな人の人生を体験して、多様な人に共感できる想像力を身に付けてほしいと願っています。

……中略……

さて、読書の効能の三つめは、「語る」ということです。私は、この要素は「想像力」と同じくらい重要だと考えています。たくさんの優れた文章を読むと、語彙《ごい》力が増えます。知っている言葉が増えると多彩《さい》な事柄《がら》が表現できるようになります。表現するということは、単に話したり書いたりするということだけではなく、「考える」ということにつながります。ものを考えるときに言葉はとても大事です。一昔前は、人間は、何か頭の中に考えが浮《う》かんでから、それを言葉に変換《かん》して表現している生き物だと言われていました。現代の脳生理学の世界では逆で、先に言葉があってから考えが生まれるということが指摘《てき》されています。難しく聞こえるかもしれませんが、言葉にできない思考というものは存在しない、思考の前に言葉があるということです。

私は、臨床《しょう》現場では＊研修医の指導もしています。研修医から時々聞く言葉に「頭では分かっているんだけど、うまく言えない」という返事があります。⑤実はそれは分かっていないということと同義なんです。言えるということ、表現できるということが理解そのもの、つまり言葉が先なんです。言葉が少ない人は思考が貧しくなるともいえます。たくさんの言葉を知っている人は、複雑な思考ができるようになります。本当だろうかと思う人もいるかもしれませんが、このことをそのまま小説にしている作品があります。ジョージ・オーウェルの『一九八四年』というSF作品です。ある独裁国家が舞《ぶ》台で、そこでは国家によって国民が完全に支配されて生活をしています。少しでも反逆を示すような態度を見せるとたちまち捕《つか》まって殺されてしまう恐《おそ》ろしい国で、国中に監《かん》視カメラが置かれ、あちこちに国家のスパイが潜《もぐ》りこんでいます。そんな中で、国民をより強力に支配する方法の一つとして、その国の国語辞典に載《の》っている単語を毎年少しずつ減らし

二〇二二年度　普連土学園中学校

【国　語】〈一日午前四科試験〉（六〇分）〈満点：一〇〇点〉

一　次の文章を読み、後の問に答えなさい。

乱読という言葉があります。手当たり次第に本を読むということです。私は大学二年生の頃《ころ》に年間二五〇冊くらいの本を読んだとお話ししましたが、それがまさに乱読の時期でした。夏目漱石《そうせき》が好きでしたが、漱石だけを繰《く》り返し読んでいたわけではありません。漱石作品を一通り読み終えたあと、今度は漱石と関わった、さまざまな人たちの本を手に取りました。漱石は、漱石山房《ぼう》という自宅の一部を開放していろいろな人たちと会話をするサロンのような空間を作っていて、木曜日になると毎週そこに多彩《さい》な訪問客が集《つど》ったと言います。内田百《ひゃっ》閒《けん》や芥川龍之介《りゅうのすけ》、寺田寅彦《とらひこ》など、漱石山房を訪れた人たちの作品にも触《ふ》れていくことで、①読書の射程がどんどん広がっていきました。随《ずい》筆もあれば小説もあり、詩や俳句にも出会って、よくもまあ薄《うす》暗い部屋でこれほど闇雲《やみくも》に読んだものだと自分でも不思議に思うほどの乱読の時期でした。

もちろんずっと乱読を続けているわけではありません。延々と乱読を続けることが良いことだとも思いません。ただ、そういう色々な読書の経験を経て、気が付いたことがあります。本が読み手にもたらしてくれるものが三つあると考えています。

一つは、とても単純な話ですが「知識」です。言うまでもないことですが、たくさん読むとたくさんの知識が手に入ります。何かとても短絡《らく》的な話に聞こえるかもしれませんが、知識が増えることはとても大事です。知らないより知っているに越《こ》したことはありません。とくに今の世の中は、複雑になっていて、知らないとどうにもならないことがたくさんあります。若いうちは、いろいろな本を読んで、いろいろなことを知っていただきたい。知識を得る、ただその一点をもってもたくさんの本を読むということは大事なことなのです。しかしもちろん、②それだけではないわけです。

大事なのは、ここから先の二つです。二つめは「想像力」です。いろいろな本、特に小説を読むと、いろいろな人間が出てきます。人間は短い人生で、限られた世界の中で生きています。しかし本を読むと、自分が経験できなかった別の人生というものを体験できます。私は医者をやって、一七年ぐらいになりますけど、どんなに医者を究《きわ》めても所詮《せん》医者の人生しか分かりません。外来にいると自分の知らない世界からいろいろな人がやって来ます。老若《にゃく》男女を問わず、どこかの裕《ゆう》福な会社の社長さんから、ホームレスのおじいさんまで。そのたびにいかに世の中が広くて、自分の見ている世界が狭《せま》いかということを痛感させられるのですが、たくさんの本を読んで、たくさんの人の人生を体験していると、そういう多様な人の気持ちに共感できることが増えてきます。

［a］ホームレスのお爺《じい》さんが真冬の夜に突《とつ》然救急車で運ばれてくることがあります。ひどい腹痛で運ばれてきて、慌《あわ》てて検査をしてみたものの今一つ原因は分からない。分からないものの、あまりに痛がっているから帰すわけにもいかず、そのまま入院させることにして、病棟《とう》のベッドが確保できた途端《とたん》「売店に行ってパンを買ってくる」と言って、急に歩き出したりするんです。一瞬《しゅん》何が起こったのか分からないんですが、要するにおじいさんは寒くて寝《ね》る場所がなかったから救急車を呼んだんです。最初から病気でもなんでもないわけです。ひどい話だと頭にきます。冗《じょう》談じゃないと怒《ど》鳴りつけたくなります。しかし病棟まで足を運んでいるうちに、何となく苦笑してしまう

2022年度

普連土学園中学校　▶解説と解答

算　数　＜１日午前４科試験＞（60分）＜満点：100点＞

解　答

[1] (1)　3031　(2)　25.74　(3)　25　[2] (1)　Ｂ／**理由**…100ｇあたり６円安いから。(2)　２時$10\frac{10}{11}$分　(3)　①　解説の図を参照のこと。　②　188.4cm　[3] (1)　1322cm　(2)　102個　(3)　228個　(4)　176個　[4] (1)　７時32分　(2)　９時３分40秒　(3)　51.8km　[5] (1)　360cm^3　(2)　解説の図を参照のこと。　(3)　$5\frac{4}{7}$cm　[6] ①　3　②　9　③　15　④　3　⑤　6　⑥　6　⑦　337　⑧　336

解　説

[1] 四則計算，計算のくふう，逆算

(1)　$5\frac{7}{17}\div\frac{4}{17}\times572-5\frac{2}{3}\times2025\div1\frac{2}{15}=\frac{92}{17}\times\frac{17}{4}\times572-\frac{17}{3}\times2025\div\frac{17}{15}=13156-17\times675\times\frac{15}{17}=13156-10125=3031$

(2)　$A\times B+A\times C=A\times(B+C)$となることを利用すると，$2.34\times4.36+23.4\times0.389+0.234\times27.5=2.34\times4.36+2.34\times10\times0.389+2.34\times\frac{1}{10}\times27.5=2.34\times4.36+2.34\times3.89+2.34\times2.75=2.34\times(4.36+3.89+2.75)=2.34\times11=25.74$

(3)　$3\div\left(0.125+\frac{1}{6}-\frac{1}{4}\right)=3\div\left(\frac{1}{8}+\frac{1}{6}-\frac{1}{4}\right)=3\div\left(\frac{3}{24}+\frac{4}{24}-\frac{6}{24}\right)=3\div\frac{1}{24}=3\times\frac{24}{1}=72$，$1.44\times\frac{5}{12}=\frac{144}{100}\times\frac{5}{12}=\frac{5}{3}$より，$72-\frac{3}{5}\div\frac{1}{□}=57$，$\frac{3}{5}\div\frac{1}{□}=72-57=15$，$\frac{1}{□}=\frac{3}{5}\div15=\frac{3}{5}\times\frac{1}{15}=\frac{1}{25}$
よって，□＝25

[2] 割合，時計算，図形の移動，長さ

(1)　Ａは25％増量だから，600円で買える量は，500×（１＋0.25）＝625（ｇ）となり，100ｇあたりの値段は，600÷（625÷100）＝96（円）である。また，Ｂは25％引きなので，500ｇの値段は，600×（１－0.25）＝450（円）になり，100ｇあたりの値段は，450÷（500÷100）＝90（円）である。よって，お得なのは100ｇあたり，96－90＝６（円）安いＢとわかる。

(2)　長針は１分間に，360÷60＝６（度），短針は１分間に，360÷12÷60＝0.5（度）動くから，長針は短針よりも１分間に，６－0.5＝5.5（度）多く動く。また，２時ちょうどに長針と短針がつくる小さい方の角の大きさは，30×２＝60（度）なので，２時と３時の間で長針と短針がちょうど重なるのは，長針が短針よりも60度多く動いたときである。よって，$60\div5.5=\frac{120}{11}=10\frac{10}{11}$（分）より，２時$10\frac{10}{11}$分とわかる。

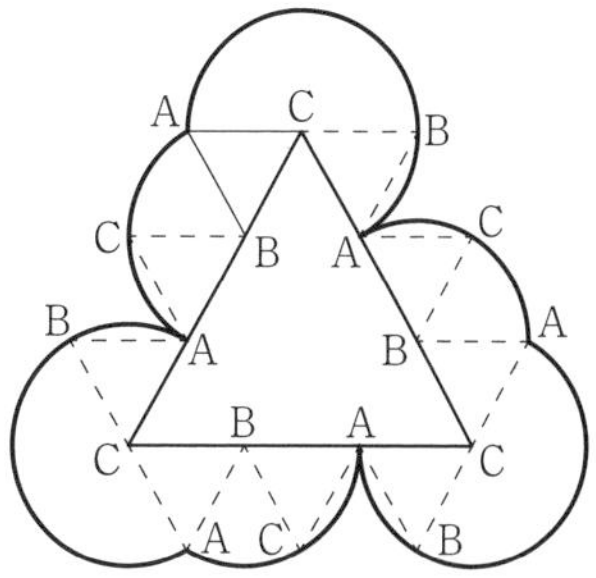

(3)　①　移動した正三角形ABCの頂点の記号をかいて，それぞれの頂点Ａをおうぎ形の弧《こ》を描《えが》くように結ぶと，右の図のようになる。　②　右の図で，２種類のおうぎ形の弧を合わせると円

になるから，頂点Aが移動した距離《きょり》は円の周3個分とわかる。よって，その距離は，$10\times2\times3.14\times3=188.4$(cm)と求められる。

3 植木算

(1) 画用紙を重ねた部分は画用紙の枚数より1か所少ないので，重なった部分は，$40-1=39$(か所)とわかる。よって，全体の横の長さは，$35\times40-2\times39=1322$(cm)と求められる。

(2) 画びょうでとめた部分は画用紙の枚数より横に1か所多いから，画びょうでとめた部分は，横に，$50+1=51$(か所)とわかる。よって，使用した画びょうの数は，$2\times51=102$(個)である。

(3) 2段に並べて貼《は》ったので，横に並んだ画用紙は，$150\div2=75$(枚)となり，画びょうでとめた部分は，横に，$75+1=76$(か所)になる。よって，使用した画びょうの数は，$3\times76=228$(個)となる。

(4) 10段に並べて貼ったから，横に並んだ画用紙は，$150\div10=15$(枚)であり，画びょうでとめた部分は，横に，$15+1=16$(か所)になる。また，縦にとめるために使用した画びょうの数は，縦に並んだ画用紙の枚数より1個多い，$10+1=11$(個)とわかる。よって，使用した画びょうの数は，$11\times16=176$(個)と求められる。

4 速さ，旅人算

(1) 特急電車と普通電車は1時間で，$63+42=105$(km)ずつ近づく。すると，56kmはなれた2つの電車がすれ違《ちが》うのにかかる時間は，$56\div105=\dfrac{8}{15}$(時間)，つまり，$60\times\dfrac{8}{15}=32$(分)となるから，7時に出発した電車どうしがすれ違うのは7時32分とわかる。

(2) 特急電車がA駅からB駅まで進むのにかかる時間は，$56\div63=\dfrac{8}{9}$(時間)，つまり，$60\times\dfrac{8}{9}=53\dfrac{1}{3}$(分)，$60\times\dfrac{1}{3}=20$(秒)より，53分20秒になる。よって，特急電車が再びA駅に戻《もど》ってくるのは，7時10分＋53分20秒×2＋7分＝9時3分40秒である。

(3) 普通電車がB駅からA駅まで進むのにかかる時間は，$56\div42=1\dfrac{1}{3}$(時間)，つまり，$60\times\dfrac{1}{3}=20$(分)より，1時間20分なので，2つの電車が進むようすは，右のグラフのようになる。最後に2つの電車がすれ違ったのはグラフの点Pの部分で，かげをつけた2つの三角形は相似であり，相似比は，(8時10分$+53\dfrac{1}{3}$分－7時)：(8時20分－8時10分)＝$123\dfrac{1}{3}$分：10分＝37：3だから，アとイの比も37：3となる。よって，B駅から点Pまでの距離と点PからA駅までの距離の比も37：3なので，普通電車と特急電車がすれ違うのはB駅から，$56\times\dfrac{37}{37+3}=51.8$(km)の地点と求められる。

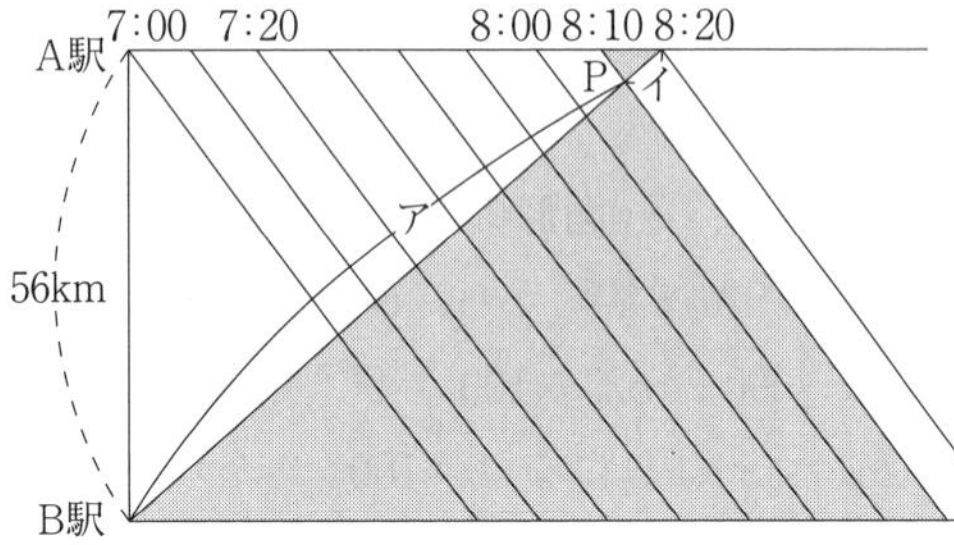

5 立体図形―体積，構成，高さ

(1) 立方体1個の体積は，$2\times2\times2=8$(cm^3)である。立方体は全部で，$1+2+3+4+5+6+7+8+9=(1+9)\times9\div2=45$(個)あるので，この立体の体積は，$8\times45=360$(cm^3)となる。

(2) 問題文中の図1を②から見ると，左の段は，下から5個に5が描かれ，下から6個目は6，下から7個目は7が描かれている。真ん中の段は，下から4個に4が描かれ，下から5個目から9個

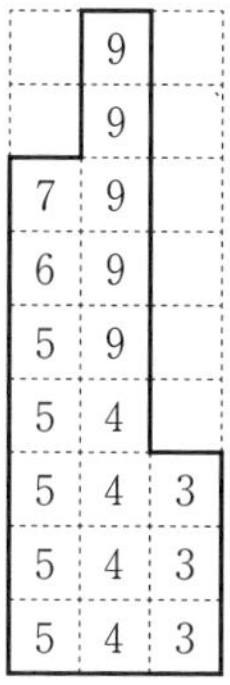

目までは９が描かれている。右の段は，下から３個に３が描かれている。よって，立体の様子は右の図のようになる。

(3)　下の立体の体積は，360÷２＝180(cm^3)である。下から２段目までにある立方体の個数は，１＋２×８＝17(個)なので，その体積は，８×17＝136(cm^3)になる。３段目は底面積が，２×２×７＝28(cm^2)の角柱なので，残りの，180－136＝44(cm^3)の立体の高さは，44÷28＝$1\frac{4}{7}$(cm)とわかる。よって，地面からの高さは，$2\times2+1\frac{4}{7}=5\frac{4}{7}$(cm)と求められる。

6 数の性質

この装置に７を入れると，$\frac{1}{7}+\frac{2}{7}+\frac{3}{7}+\frac{4}{7}+\frac{5}{7}+\frac{6}{7}=\left(\frac{1}{7}+\frac{6}{7}\right)\times6\div2=3$（…①）が出てくる。次に，19を入れると，（１＋18）×18÷２÷19＝９（…②）が，31を入れると，（１＋30）×30÷２÷31＝15（…③）が出てくる。そして，14を入れると，$\frac{1}{14}+\frac{3}{14}+\frac{5}{14}+\frac{9}{14}+\frac{11}{14}+\frac{13}{14}=3$（…④）が，21を入れると，$\frac{1}{21}+\frac{2}{21}+\frac{4}{21}+\frac{5}{21}+\frac{8}{21}+\frac{10}{21}+\frac{11}{21}+\frac{13}{21}+\frac{16}{21}+\frac{17}{21}+\frac{19}{21}+\frac{20}{21}=6$（…⑤）が出てくる。また，42を入れると，（１＋５＋11＋13＋17＋19＋23＋25＋29＋31＋37＋41）÷42＝｛（１＋41）＋（５＋37）＋（11＋31）＋（13＋29）＋（17＋25）＋（19＋23）｝÷42＝42×６÷42＝６（…⑥）が出てくる。ここで，42＝２×３×７＝６×７より，42は６の倍数で，６を入力したときに２つの分数を加えることから，42を分母とする分数を６ずつ区切って考えると，加える分数の数は，２×７＝14(個)から，７×１＝７，と７×５＝35を引いた，14－２＝12(個)とわかる。同様に考えると，2022＝２×３×337＝６×337（…⑦）より，2022を入力したときに加える分数の個数は，２×337－２＝672(個)となる。また，１＋2021＝2022，５＋2017＝2022，…のように考えると，2022を入力したときの分子のうち，和が2022になる組が，672÷２＝336(組)できる。よって，求める分数の和は，2022×336÷2022＝336（…⑧）になる。

社　会　＜１日午前４科試験＞（30分）＜満点：75点＞

解　答

1 **問1**　**a**　ウ　**b**　カ　**c**　オ　**d**　イ　**問2**　日中　**問3**　**B**　サンフランシスコ　**D**　パリ　**問4**　1964　**問5**　大正　**問6**　い草　**問7**　(例)　経済制裁しかできなかったから。(大国が不参加であったから。)(全会一致のため意見がまとまりにくかったから。)　**問8**　(1)　①　天皇　②　平和　③　教育　(2)　11(月)３(日)　(3)　(例)　健康で文化的な最低限度の生活を営む権利。　**問9**　エ　**2** **問1**　**A**　ア　**B**　キ　**C**　オ　**D**　カ　**問2**　①　d　②　f　③　b　④　e　**問3**　ア　**問4**　(1)　エ　(2)　ウ　**問5**　**A**　オ　**B**　イ　**C**　ア　**問6**　(1)　千利休　(2)　書院造　**問7**　ウ　**問8**　イ　**問9**　エ　**問10**　ウ　**3** **問1**　(1)　ア　(2)　ニューヨーク　**問2**　**X**　持続可能　**Y**　17　**問3**　(1)　イ→ア→エ→ウ　(2)　**あ**　平塚雷鳥　**い**　新婦人協会　**う**　雇用機会　**問4**　ウ　**問5**　(1)　違憲立法審査権(違憲審査権)　(2)　**あ**　高等　**い**　家庭　**う**　三審制　**え**　司法権　**問6**　(1)　**A**　ウ　**B**　ア　**C**　イ　(2)　(例)　途上国では，小規模漁業が多く水産資源が減少すると漁獲量も減って，失業する漁師も増えると予想され，その国の経済にも大きな影響を与える。

解　説

1　オリンピック・パラリンピックを題材とした問題

問１　**a**　2021年，一年の開催《かいさい》延期を経《へ》て，東京で夏季オリンピック・パラリンピック競技大会が開催された。　**b**　1972年，アジアで初めての開催となる冬季オリンピック競技大会が北海道の札幌で開催された。　**c**　太平洋戦争(1941～45年)終結後，沖縄はアメリカの統治下に置かれた。その後の1972年，沖縄は日本に返還され，本土復帰をはたした。　**d**　1945年８月６日は，アメリカ軍によって広島に原子爆弾が投下された日である。ここから，広島があてはまると推測できる。

問２　1937年，北京《ペキン》(中国)郊外の盧溝橋《ろこうきょう》で日中両軍が武力衝突《しょうとつ》を起こした。この盧溝橋事件をきっかけとして，日中戦争が始まった。

問３　**B**　1951年，吉田茂《しげる》首相を代表とする日本は，連合国48か国とサンフランシスコ平和条約を結んだ。この条約が翌52年に発効したことで日本は主権を回復した。　**D**　フランスの首都はパリで，2024年の夏季オリンピック・パラリンピック競技大会の開催予定地となっている。

問４　1964年，アジアで初めての開催となる夏季オリンピック競技大会が東京で開かれ，日本は高度経済成長による戦後復興を世界の国々にアピールした。

問５　1868年から45年続いた明治時代は，1912年７月，明治天皇が亡くなったことにともなって終わり，元号は明治から大正に改められた。

問６　たたみ表の原料はい草で，熊本県の生産量が全国の99％を占《し》めている。統計資料は『日本国勢図会』2020／21年版および『データでみる県勢』2021年版による(以下同じ)。

問７　1920年，第一次世界大戦の反省にもとづき，初の国際平和機関として国際連盟が発足した。国際連盟は，提唱国のアメリカが議会の反対で参加せず，ソ連もあとからの加盟，日本とドイツはのちに脱退《だったい》するなど，世界情勢を左右する大国がそろって参加する組織にはならなかった。また，侵略行為《しんりゃくこうい》に対して経済制裁はできたものの武力制裁はできず，決議に全会一致制を採用したため，重要な議案では各国の意見がまとまらなかった。こうした理由から十分な役割をはたせず，第二次世界大戦(1939～45年)を阻止《そし》することができなかった。

問８　(1)　①　大日本帝国憲法では天皇が主権者とされ，政治・軍事などにおいて強い権限を持っていた。　②　日本国憲法は，国民主権・基本的人権の尊重・平和主義を三原則としており，平和主義は前文と第９条に明記されている。　③　日本国憲法は，養育する子女(子ども)に普通教育を受けさせる義務(第26条)，勤労の義務(第27条)，納税の義務(第30条)の三つを，国民の義務として定めている。　(2)　日本国憲法は1946年11月３日に公布され，翌47年５月３日に施行された。現在，公布日の11月３日は「文化の日」，施行日の５月３日は「憲法記念日」として，国民の祝日になっている。　(3)　日本国憲法第25条は，「すべて国民は，健康で文化的な最低限度の生活を営む権利を有する」として，国民の生存権を保障している。

問９　1972年，スウェーデンのストックホルムで，「かけがえのない地球」をスローガン(標語)として国連人間環境会議が開かれた。なお，アとイは1992年の国連環境開発会議について述べた文，ウは1997年のできごとである。

2　日本の木材の生産地を題材とした地理と歴史の問題

問１　**A**　南アルプスともよばれる赤石山脈は，アの静岡県と山梨県，長野県の三県にまたがっている。また，静岡県の西部では，北から南へと天竜《てんりゅう》川が流れ，その流域には天竜スギの産地が広がっている。　**B**　キの奈良県の中央部には，桜の名所として知られる吉野山がある。その周辺は，吉野スギの産地として知られている。　**C**　丹波《たんば》は，オの京都府の中部の旧国名である。京都市北部から丹波高地に続く地域は北山とよばれ，北山スギとよばれるスギの産地となっている。　**D**　カの三重県南部で熊野灘《くまのなだ》(太平洋)に面する尾鷲《おわせ》は，尾鷲ヒノキの産地として知られる。天竜スギ・吉野スギ・尾鷲ヒノキは，合わせて「人工の三大美林」とよばれる。　なお，イは愛知県，ウは岐阜県，エは福井県，クは大阪府。

問２　①　関ヶ原の戦い(1600年)について述べた文で，関ヶ原は岐阜県の西部，滋賀県との県境近くにある。　②　1576年，織田信長は全国支配の根拠《こんきょ》地として，琵琶湖東岸で安土城の築城を始めた。　③　東海工業地域は，静岡県の太平洋岸を中心とする工業地域で，県西部の浜松市では楽器やオートバイの生産がさかんに行われている。　④　三重県北東部の四日市市には，第二次世界大戦後に大規模な石油化学コンビナートが造成されたが，ここから排出された煙《けむり》にふくまれていた亜硫酸《ありゅうさん》ガス(二酸化硫黄《いおう》)が原因となり，四日市ぜんそくという公害病が発生した。

問３　天竜川は，長野県中央部にある諏訪《すわ》湖を水源として南へと流れ，静岡県西部で遠州灘(太平洋)に注ぐ。また，静岡県東部の富士市や富士宮市では，森林資源と，富士山から流れ出す豊かな地下水を利用した製紙・パルプ工業が発達している。なお，諏訪湖周辺では精密機械工業がさかんである。

問４　(1)　奈良県は，古くから仏教文化が栄え，写経が行われてきたことなどから，筆や墨《すみ》がさかんにつくられてきた。その製法が受けつがれ，現在，奈良筆・奈良墨は国の伝統的工芸品に指定されている。なお，清水焼は京都府，加賀友禅《ゆうぜん》は石川県，美濃《みの》和紙は岐阜県，天童将棋駒《しょうぎごま》は山形県の伝統的工芸品。　(2)　金閣は，室町時代前半の1397年頃，室町幕府の第３代将軍をつとめた足利義満が京都北山の山荘内に建てたもので，義満の死後，山荘一帯が鹿苑《ろくおん》寺という寺とされた。百舌鳥《もず》・古市古墳群は古墳時代，法隆寺は飛鳥時代，中尊寺は平安時代，姫路《ひめじ》城は安土桃山時代から江戸時代にかけて建築されたものなので，時期としては中尊寺と姫路城の間に入る。

問５　**A～C**　室町幕府では，将軍を補佐する役職として管領《かんれい》が置かれ，有力守護大名の細川・斯《し》波《ば》・畠山《はたけやま》氏が交代で就任した(三管領)。軍事・警察は，鎌倉幕府に引き続いて置かれた侍所《さむらいどころ》が担当し，室町幕府では，幕府のあった山城(京都府南部)の守護も兼《か》ねた。財政は，鎌倉幕府同様，政所《まんどころ》が担当した。なお，老中は江戸幕府で政務をまとめた最高職，執権《しっけん》は鎌倉幕府で将軍を補佐した役職。

問６　(1)　堺(大阪府)の豪商であった千利休《せんのりきゅう》は，茶の湯の作法を「わび茶」として完成させ，茶道を大成した。織田信長・豊臣秀吉に茶頭《さどう》(茶事をつかさどるかしら)として仕えたが，秀吉の怒《いか》りにふれて自害させられた。　(2)　書院造は室町時代に広がった建築様式で，禅宗の影響《えいきょう》を受けており，ふすまや明障子《あかりしょうじ》，床《とこ》の間や違《ちが》い棚《だな》などを備えることが特徴《とくちょう》となっている。現代和風住宅のもととなった建築様式で，銀閣(慈照《じしょう》寺)や，そのとなりにある東求堂同仁斎《とうぐどうどうじんさい》に用いられている。

問７　三重県南部に位置する尾鷲市は，梅雨や台風，南東の季節風の影響を受けて夏～秋の降水量が多くなる太平洋側の気候に属しており，全国でも特に降水量が多い地域として知られている。なお，アは京都市，イは松本市の雨温図。

問８　ア　東廻《まわ》り航路は，津軽海峡や太平洋沿岸を経由して，東北地方の日本海側と江戸を結ぶ航路である。関門海峡や瀬戸内海を経由して，東北地方の日本海側と大阪を結ぶ西廻り航路には，北前船とよばれる船が就航し，蝦夷《えぞ》地(北海道)の産物を運んだ。　イ　江戸時代の流通について，正しく説明している。　ウ　大阪と江戸を結ぶ航路は南海路とよばれ，菱垣廻船《ひがきかいせん》や樽《たる》廻船が就航した。　エ　東海道の終点は京都の三条大橋だったが，実際には大津(滋賀県)から分かれ，大阪に至る京街道が東海道の一部として整備された。中山道の終点は京都の三条大橋で，草津(滋賀県)で東海道と接続した。

問9　hは兵庫県の神戸港にあたる。集積回路のように，小型・軽量で高価なものが貿易品目の中心となっているイとウは空港だと判断でき，このうち，貿易額が多いイが成田国際空港(千葉県)，少ないほうのウが関西国際空港(大阪府)である。輸出品の上位を自動車・自動車部品が占めるアには，自動車工業がさかんな愛知県にある名古屋港があてはまる。残ったエが神戸港である。なお，成田国際空港は輸出入を合わせた貿易額が，名古屋港は輸出額が全国の港の中で最も多い。

問10　1960年代は高度経済成長の時期にあたり，日本の人口は増加傾向《けいこう》にあった。また，1970年台前半には，第二次ベビーブームとよばれる人口増加の時期があった。日本の人口が減少に転じたのは，2000年代以降のことである。

3　SDGsを題材にした問題

問1　(1)　国際連合は第二次世界大戦のあとに成立した国際平和機関で，そのマークは，北極を中心にした正距方位図法の世界地図が，平和の象徴とされる2本のオリーブに囲まれたデザインとなっている。なお，イはEU(ヨーロッパ連合)の旗，ウは環境保全に役立つと認定された商品につけられるエコマーク。　(2)　国際連合の本部は，アメリカ合衆国東部の都市・ニューヨークに置かれている。

問2　**X，Y**　2015年に国際連合の総会で採択《さいたく》された「持続可能な開発目標」はSDGsと略され，2030年までに国際社会が達成するべき17の目標(ゴール)と169のターゲット(具体的な達成基準)が盛りこまれている。

問3　(1)　アは鎌倉時代，イは平安時代，ウは明治時代，エは安土桃山～江戸時代の女性について述べているので，時代の古い順にイ→ア→エ→ウとなる。　(2)　**あ，い**　平塚雷鳥《らいてう》は女性解放運動家で，1911年に女子のみの文学団体である青鞜《せいとう》社を設立し，雑誌「青鞜」を創刊した。また，1920年には市川房枝《ふさえ》らとともに新婦人協会を設立し，女性参政権の実現を目指した。　**う**　国際連合で採択された女性差別撤廃《てっぱい》条約を批准《ひじゅん》(国家として承認すること)するための法整備の一つとして，1985年，雇用《こよう》や職場での待遇《たいぐう》・昇進などにおける女性差別を禁止する男女雇用機会均等法が成立した。

問4　ア　働く権利は，平等権ではなく社会権に分類される。　イ　労働三権は，雇《やと》い主から与えられる権利ではなく，社会権の一つとして労働者に認められている。　ウ　労働基準法は戦後の民主化政策の一つとして1947年に制定された法律で，労働時間や賃金など，労働条件の最低基準が定められている。よって，正しい。　エ　国民年金は，公的扶助《ふじょ》(生活保護)・社会保険・社会福祉・公衆衛生からなる社会保障制度のうち，社会保険に分類される。

問5　(1)　すべての裁判所は，国会が制定した法律が憲法違反かどうかを，具体的な裁判を通して判断する権限を持っている。この権限を，違憲立法審査権という。なお，裁判所には，行政処分などについて合憲か違憲かを判断する権限もあり，合わせて違憲審査ということもある。　(2)　**あ，**

い　裁判所は，最高裁判所を唯一《ゆいいつ》の上級裁判所とし，高等・地方・家庭・簡易の4種類の下級裁判所からなる。このうち，家庭裁判所は家庭内の争いや少年犯罪を専門に扱《あつか》う。　**う**　日本の裁判では，審理を慎重《しんちょう》に行って国民の基本的人権を守るため，同一事件について原則3回まで裁判を受けることができるという三審制のしくみを導入している。　**え**　司法権は裁判を行う権限で，判決の公平性を保つため，日本国憲法では「司法権の独立」が規定されている。これにもとづき，裁判官は身分が保障され，その判断についてはほかのいかなる権力や団体からも干渉《かんしょう》されない。

問6　(1)　**A〜C**　日本の漁業は，1970年代前半には遠洋漁業の漁獲《ぎょかく》高が最も多かった。しかし，1973年に起こった石油危機で燃料費が大きく値上がりしたことや，各国が沿岸から200海里の排他的経済水域を設定するようになったことから，漁獲高が激減した。その後は沖合漁業の漁獲高がのびたが，1990年代からイワシなどの漁業資源が激減し，これにともなって沖合漁業の漁獲高も大きく減った。沿岸漁業の漁獲高はほぼ横ばいだが，沿岸の埋《う》め立てや赤潮の影響を受けやすく，これが漁獲高の減少につながると考えられる。なお，エは海面養殖業にあてはまる。　(2)　海に面する途上国では，家族経営による小規模漁業が行われていることが多いと考えられる。こうした状況《じょうきょう》で水産資源が減少すると，漁獲量が減って生活が苦しくなり，失業する漁師が出る。失業者が増えると消費も減り，その国の経済に大きな影響を与えることになる。

理　科　＜1日午前4科試験＞（30分）＜満点：75点＞

解　答

1　**問1**　(あ)，(う)　**問2**　346m/秒　**問3**　1700m　**問4**　①　(あ)　②　$\frac{\square}{340}$秒　③　○×5m　④　$\frac{\square-\bigcirc\times5}{340}$秒　⑤　6.8m/秒　2　**問1**　**固体**…3つ　**液体**…1つ　**気体**…3つ　**問2**　(う)　**問3**　**A**　(カ)　**B**　(イ)　**C**　(ア)　**D**　(エ)　**E**　(オ)　**問4**　(例)　においをかぐ。　**問5**　(例)　鉄を加える。　3　**問1**　(う)，(え)　**問2**　①　(う)　②　(あ)　③　1546g　**問3**　(い)　**問4**　①　**誤解をしている人**…Cさん　**訂正**…(例)　コイよりもウナギの方が，水分と塩分のバランスを保つしくみが優れている　②　Z＞X＞Y　4　**問1**　①　(お)　②　**ア**　(え)　**イ**　(い)　**問2**　①　(か)　②　(き)　**問3**　**組み合わせ**…(い)　**ウ**…(き)　**問4**　①　C→A→B→D→E　②　B　③　**記号**…D　**説明**…(例)　白い砂からなる層であり，浅い海で堆積したことが考えられるから。

解　説

1　音の伝わり方についての問題

問1　音は振動《しんどう》を伝える物質がないと伝わらない。したがって，真空中では伝わらない。また，音の伝わる速さは固体中が最も速く，気体中が最もおそい。同じ物質内では，音は気温が高い方が速く伝わり，音の伝わる速さは音の高低に関係しない。

問2　気温が24℃のときの音速は，331.5＋0.6×24＝345.9より，346m/秒である。

問3　汽笛は10秒間に船Aと岸壁《がんぺき》を往復しているので，船Aから岸壁までの距離《きょり》は，340×10÷2＝1700(m)になる。

問4　①　5秒間振動させた音を4.9秒間で聞くため，同じ時間あたりの振動回数が多くなり，岸壁で聞こえる汽笛の音の高さは，元の汽笛の音より高くなっている。　②　音は岸壁から船Ｂまでの距離□ｍを340m/秒の速さで伝わるから，音が岸壁に届くまでの時間は，□÷340＝$\frac{\square}{340}$秒である。　③　船Ｂの速さが○m/秒のとき，船Ｂが汽笛を鳴らし終わるまでに進んだ距離は，(○×５)ｍとなる。　④　汽笛の鳴り終わりのときの船Ｂから岸壁までの距離は，(□－○×５)ｍなので，鳴り終わりの音が岸壁に届くまでの時間は，$\frac{\square-\bigcirc\times5}{340}$秒で表される。　⑤　岸壁では船Ｂが汽笛を鳴らし始めて，$\frac{\square}{340}$秒後に鳴らし始めの音が届き，汽笛の鳴り終わりの音が，$\left(5+\frac{\square-\bigcirc\times5}{340}\right)$秒後に届く。この鳴らし始めの音が届いてから鳴り終わりの音が届くまでの時間が4.9秒間なので，$5+\frac{\square-\bigcirc\times5}{340}-\frac{\square}{340}=4.9$が成り立つ。すると，$\frac{\bigcirc\times5}{340}=0.1$とわかり，○×５＝0.1×340＝34より，○＝34÷５＝6.8(m/秒)と求められる。

2　水溶液《すいようえき》の判別についての問題

問１　食塩水は固体の食塩，塩酸は気体の塩化水素，水酸化ナトリウム水溶液は固体の水酸化ナトリウム，アルコール水は液体のアルコール，砂糖水は固体の砂糖，炭酸水は気体の二酸化炭素，アンモニア水は気体のアンモニアが溶《と》けている。

問２　アルカリ性の水溶液を赤色リトマス紙につけると青色に変化し，酸性の水溶液を青色リトマス紙につけると赤色に変化する。また，水溶液にアルミニウム片を加えると，あわを出しながらアルミニウム片が溶けるものがある。これらの方法では，水溶液を２種類にしか分けることができない。BTB溶液を加えると，酸性の水溶液(塩酸，炭酸水)は黄色，中性の水溶液(食塩水，アルコール水，砂糖水)は緑色，アルカリ性の水溶液(水酸化ナトリウム水溶液，アンモニア水)は青色を示し，７つの水溶液を３種類に分けることができる。

問３　実験２で，炭酸水に石灰水を加えると白くにごるから，Ａが炭酸水と分かり，Ｂは残りの酸性の水溶液の塩酸となる。問２で述べたように，実験１では３種類ある中性の水溶液は同じ結果を示すため，Ｃ～Ｅは中性の水溶液である。実験３で，食塩水には電流が流れるので，Ｃは食塩水になる。実験４で，加熱して水を蒸発させると，液体が溶けているアルコール水では何も残らず，固体が溶けている砂糖水では固体が残る。よって，Ｄはアルコール水，Ｅは砂糖水となる。

問４　Ｆ，Ｇは水酸化ナトリウム水溶液，アンモニア水のいずれかで，アンモニア水には鼻をさすようなにおいがあるが，水酸化ナトリウム水溶液にはにおいがないため，においをかげばよい。

問５　塩酸に鉄を加えると，鉄が溶けて水素が発生する。このとき，あわを出しながら鉄が溶けていくようすを観察できるが，ほかの水溶液に鉄を加えてもそのようなようすを観察することはできないから，鉄を加えれば一回の実験で塩酸のみを区別できる。

3　魚の生態についての問題

問１　(あ)　水槽《すいそう》は水温が上がり過ぎないように，日光が直接あたらない，明るいところに置く。(い)，(う)　水槽の水は水道水をくみ置いたものを入れ，$\frac{1}{2}$～$\frac{1}{3}$ぐらいずつ入れ替《か》える。　(お)　メダカに卵を産ませるためには，おすとめすの両方を入れて飼う必要がある。

問２　①　メダカは淡水《たんすい》に住んでいて，満潮時《まんちょうじ》に海水が流れ込む小さな磯《いそ》には住んでいない。②　キンギョは淡水に住んでいるからメダカと同じような環境《かんきょう》に設定し，ルリスズメダイとナンヨウハギは海水に住んでいるのでクマノミと同じような環境に設定する。　③　水50kg(50000ｇ)が塩水全体の，100－３＝97(％)にあたるようにするためには，水50kgに塩を，50000÷0.97－50000

＝1546.3…より，1546ｇ合わせればよい。

問3　サケは成長段階に応じて生活場所を川から海，海から再び川へと変え，海でも川でも暮らすことができる。クロマグロとマサバは海で暮らし，ドジョウは川や水田などで暮らす。

問4　①　グラフより，体の外側の塩分濃度《のうど》が変わったとき，体内の塩分濃度の変化は，コイよりウナギの方が小さいことが分かる。よって，コイよりウナギの方が，水分と塩分のバランスを保つしくみが優れていると考えられる。　②　体の外側の塩分濃度が変わったとき，グラフが体内と体の外側とで濃度の等しい場合を表す線と同じようにならずに，より広い範囲《はんい》で体内の塩分濃度を調節できているものから順に並べると，Z種，X種，Y種となる。したがって，生息できる範囲が広い順もZ種，X種，Y種と考えられる。

4　地形の成り立ちと流水のはたらきについての問題

問1　流水のはたらきのうち，岩石を削《けず》るはたらきを侵食《しんしょく》，土砂《どしゃ》を運ぶはたらきを運搬《うんぱん》，土砂を積もらせるはたらきを堆積《たいせき》という。河川の上流では川底がさかんに侵食され，しだいに谷が深くなって断面がVの字のような谷ができることがある。このような地形をV字谷という。また，河川が山から平地に出る所では流れがおそくなり，運搬より堆積のはたらきが大きくなり，多量の土砂が扇《おうぎ》を広げたようにたまることがある。このような地形は扇状地《せんじょうち》とよばれる。

問2　①　山岳《さんがく》の頂上付近のｄ地点ではCのような大きく角ばった石が多く見られ，河口付近のｆ地点ではAのような小さく丸みをおびた石が多く見られる。　②　ｅ地点は河川の上流だから侵食がさかんなため，標高は低くなっていき，ｆ地点は河口に位置しているので堆積がさかんなため，標高は高くなっていくと考えられる。

問3　段丘地形は，陸地が隆起《りゅうき》することにより，侵食作用を受ける面が一段低くなることでつくられる。海岸段丘の場合は，海水面がしだいに低下することによっても形成される。また，谷間に海水が入り込んだリアス(式)海岸は，陸地が沈降《ちんこう》したり，海水面が上昇《じょうしょう》したりすることで形成される。

問4　①　河岸段丘では上の段丘面ほど古いので，A，B，D，Eのうち，Aが最も古く，Eが最も新しい。また，これらの段丘面は，Cの上に堆積していると考えられるので，古い順に並べると，C→A→B→D→Eとなる。　②　AとBの段丘面がずれているから，Bができた後に断層が生じたと考えられる。　③　サンゴは暖かく浅い海に生息しているから，その化石は白い砂からなるDから見つかったと考えられる。

国語　＜1日午前4科試験＞（60分）＜満点：100点＞

解答

一　**問1**　**a**　ウ　**b**　イ　**c**　オ　**問2**　(例)　さまざまなジャンルの作品を読むようになること。　**問3**　(例)　知識を得ること。　**問4**　**A**　物語　**B**　体験　**C**　共感　**問5**　(例)　医者が徹夜で働いていて大変であることや，急患がいれば軽症者の順番を後に回すであろうということ。　**問6**　ウ　**問7**　(例)　自分の中の言葉が多い方が豊かで複雑な思考ができると考えているから。　**問8**　エ　**問9**　(例)　読書が，答えのない問題に自分なりの答えを出すために必要な「考える力」を養ってくれるから。　**二**　**問1**　**A**　キ　**B**

ク　**C**　ウ　**問2**　(例)　見た目が悪くなく，財産もあり，世間から嫉妬と憧れのまなざしを向けられる成功者であるということ。　**問3**　(例)　ジンが，自分のなってほしい人間の生き方とは全く違う，時計を作る側の人間になろうとしていたから。　**問4**　エ　**問5**　イ　**問6**　(例)　ジンが時計を直すことで少年の心を思い出し，実りある人生を過ごせるようになると考えた。　**問7**　(例)　自分を祖父と遠ざけるきっかけになったから。　**問8**　(例)　ギンが時計作りの才能を認めていたジンの決意の強さを感じ取り，十年もせずに立派な時計職人になれるだろうと考えたから。　**問9**　(例)　ニナなら，全てをあきらめふてくされていた自分が，父に逆らい，やりたいことをやろうとしていることを喜んでくれると思ったから。

三　①～⑤　下記を参照のこと。　⑥　きんもつ　⑦　ふうちょう　⑧　てんこ　⑨　さしず　⑩　すで　四　**漢字**…①　図　②　変　③　登　④　納　⑤　表　**意味**…①　ア　②　エ　③　ク　④　サ　⑤　セ　五　①　ケ　②　エ　③　ウ　④　イ　⑤　コ　⑥　カ　⑦　シ　⑧　ク　⑨　サ　⑩　オ

●漢字の書き取り

三　①　閉口　②　革新　③　裁　④　散策　⑤　有終

解説

一　**出典は岩波ジュニア新書編集部編の『答えは本の中に隠《かく》れている』所収の「本はともだち(夏川《なつかわ》草介《そうすけ》著)」による。**読書は「知識」「想像力」「言葉」を読者にもたらし，さらに「考える力」を育ててくれると述べている。

問1　**a**　直前に，本を読んでたくさんの人の人生を体験すると，多様な人に共感できることが増えるとある。その例として，後にホームレスのお爺《じい》さんの大変さが少しわかった体験があげられているので，具体的な例をあげるときに用いる「たとえば」が入る。　**b**　前には，非常に効果は高いが副作用も強い薬を使うべきか，後には，効果は弱いが副作用がほとんどない薬を使うべきかとある。よって，二つ以上のことがらのうち，どちらか一方を選ぶときに用いる「もしくは」が合う。　**c**　前には，ある事件について報道されている内容は的外れだとある。後には，それにもかかわらず，マスメディアは型にはまった批判をくり返し，社会全体も問題の核心《かくしん》から遠いところで批判するばかりだと続く。よって，前のことがらを受けて，それに反する内容を述べるときに用いる「しかし」がよい。

問2　次の文に，当時筆者が読んだ本について「随筆《ずいひつ》もあれば小説もあり，詩や俳句にも出会っ」たと書かれている。さまざまなジャンルの本を読むようになることを「読書の射程」が広がると表現しているものとわかる。

問3　この段落は，本が読み手にもたらしてくれるものの一つ目は，「知識」であることを述べた段落である。「それだけではない」とされた「それ」とは，直前の文中にある「知識を得る」ことを指す。

問4　ぼう線部③の直前に「そうすると」とあるので，直前の部分に注目する。自分とは異なる立場の人たちの生活を描《えが》いたよい作品に出会い，さまざまな人々の事情が身近に感じられることで，人に対して怒《いか》りを感じなくなるのである。筆者のこの考えは，二段落後の最後の文にまとめられている。これを参考に，Ａに物語，Ｂに体験，Ｃに共感を入れる。

問５　次の文にあるように，医者は徹夜《てつや》で働いていて大変であることや，急患《きゅうかん》がいれば軽症《けいしょう》者を診察《しんさつ》する順番は後に回すだろうということを想像してほしい，と筆者は考えている。

問６　筆者は，先に言葉があって考えが生まれるのであり，言葉にできない思考は存在しないと述べている。よって，うまく言葉にできないということはわかっていない，理解していないといえるのだから，ウがあてはまる。

問７　同じ段落と直前の段落には，多くの言葉を知っていれば複雑な思考ができる，言葉が減ると考える能力が落ちると述べられている。ぼう線部⑥のように筆者が考えるのは，自分のなかの言葉が多いほうが豊かで複雑な思考ができると考えているからといえる。

問８　続く三文に注目する。目の前の問題に対する自分なりの答えを自分でつくらないと，医者として成長しないと筆者は考えてぼう線部⑦のように言うようにしているのだから，エがふさわしい。

問９　空らんｂの直後の段落に，正解のない問題に自分なりの答えを出すときに必要なことが「考える」ことだとある。また，ぼう線部⑧の段落には，考える力を育ててくれるのが読書だとある。読書が，答えのない問題に自分なりの答えを出すために必要な「考える力」を養ってくれるため，筆者はぼう線部⑧のように述べているのである。

二　出典は廣嶋玲子《ひろしまれいこ》の『十年屋　時の魔法《まほう》はいかがでしょう？』による。成功《せいこう》したがつまらない毎日を送っていたジンは，祖父からの預かり品と伝言を手にし，時計職人になろうと決心する。

問１　**Ａ**　ジンにとって，おもしろいと思えるものが何もない人生は灰色《はいいろ》で，青空も灰色に映ったと後にある。よって，「ぼんやりと」空を見上げていたものと考えられる。「ぼんやりと」は，集中力がなく，活気がないようす。　**Ｂ**　指から時計がぬけ落ちるようすを表す言葉が入るので，すべるように動くようすをいう「するっと」が合う。　**Ｃ**　息をつく場面なので，強く息をつく音を表す「ふうっと」がよい。

問２　ニナにとってどうでもいいのは，ジンがあげたジンのよいところなので，見た目が悪くなく，財産もあり，世間からは嫉妬《しっと》と憧《あこが》れのまなざしを向けられる成功者だということになる。世間がジンをどう見ているかは，二番目の段落に書かれている。

問３　「そんなジン」とは，祖父のような時計職人になろうと道具に夢中なジンのことを指す。続くゼスの言葉に注意する。ゼスはジンに，やり手の事業家である自分と同じような生き方をしてほしいと望んでいたが，ジンは時計を買う側でなく作る側の人間になろうとしていたので，不愉快《ふゆかい》だったのである。

問４　祖父の作る時計にジンは魅《み》せられ，時計職人にあこがれていた。そんなジンにすてきな時計を作ると予告して期待させ，期待どおりの時計を作って喜ばせようと思ったものと考えられるので，エがよい。

問５　祖父の作品である時計をこわしたジンに，父は祖父が許さないだろうと言ってジンを動揺《どうよう》させ，自分に従って立派な人間になるようにとたたみかけている。ジンが祖父と同じ時計職人になりたがっているのを苦々しく思っていた父は，このジンの失敗を，ジンと祖父とのかかわりを絶ち，ジンを自分の望むとおりの人間にする機会にしようと考えつき，うす笑いを浮かべたのである。よって，イが合う。

問６　続く祖父の言葉から，祖父は，父の影響《えいきょう》でジンが心の貧しい大人になっていないか心配していたことがわかる。こわれたままの時計を渡《わた》せば，ジンは時計を直し，それをきっかけに時計職人にあこがれていた少年の心を思い出し，実りある人生を過ごせるようになると祖父は考えたのである。

問7　ぼう線部⑥の直前には，「そう思うと，そのきっかけになった」とある。この時計をこわしたことをきっかけに，父はジンを巧妙《こうみょう》に祖父から遠ざけ，自分の思うとおりの人間にジンをしたてた。ジンは，自身を祖父から遠ざけるきっかけになったと思うと，この時計が憎《にく》いようにも感じられたと考えられる。

問8　十年の間にその時計を修理できる時計職人になろうとジンは決意し，それまで時計を預かってもらうことにした。魔法使いは，ギンがジンの時計作りの才能を認めていたことを思い出し，そのジンの決意の強さを感じ取り，もっと早く立派な時計職人になれるだろうと考えたと思われる。

問9　いつもつまらなさそうでふてくされているジンにあいそをつかし，徹底的に戦うべきだとニナは忠告した。父に言われたとおり，おもしろいことのない人生を送っていたジンだったが，父に逆らい，自分のやりたい時計職人になろうとしていることを，ニナは喜んでくれると思ったのである。

三　漢字の書き取りと読み

①　手に負えずに困ること。　②　古いものを改めて新しくすること。　③　音読みは「サイ」で，「裁判」などの熟語がある。訓読みにはほかに「た(つ)」がある。　④　特に目的もなく，ぶらぶら歩くこと。　⑤「有終の美を飾《かざ》る」は，“最後までりっぱにやりとげる”という意味。　⑥　してはいけないこと。　⑦　世の中のなりゆき。　⑧　一人一人の名前を呼んで，全員そろっているかを確かめること。　⑨　ものごとのやり方などを指示して人を動かすこと。　⑩　何も手に持っていないこと。

四　ことばの知識

①　音読みは「ズ」「ト」で，「図解」「意図」などの熟語がある。「図る」は，“計画を立て，実現をめざす”という意味。　②　音読みは「ヘン」で，「変化」などの熟語がある。「変える」は，“前とちがう状態にする”という意味。　③　音読みは「トウ」「ト」で，「登頂」「登山」などの熟語がある。「登る」は，“高いところに行く”という意味。　④　音読みは「ノウ」「ナッ」「ナ」「ナン」「トウ」で，「納品」「納豆」「納屋」「納戸」「出納」などの熟語がある。「納める」は，“納入する，納め入れる”という意味。　⑤　音読みは「ヒョウ」で，「表情」などの熟語がある。訓読みにはほかに「おもて」がある。「表す」は，“感情などを表に出す”という意味。

五　慣用句の知識

①「耳が痛い」は，弱点や欠点を言われてつらいようす。　②「錦《にしき》を飾《かざ》る」は，“りっぱに成功してふるさとに帰る”という意味。　③「鼻が高い」は，得意であるようす。　④「手を焼く」は，“もてあます”という意味。　⑤「目が回る」は，“とてもいそがしい”という意味。　⑥「買って出る」は，“自分から進んで大変な役目を担う”という意味。　⑦「うらみを買う」は，“自分が言ったりしたりしたことでうらまれる”という意味。　⑧「心血を注ぐ」は，“全力で取り組む”という意味。　⑨「猫《ねこ》をかぶる」は，“おとなしいふりをする”という意味。　⑩「花が咲《さ》く」は，“さかんになる”という意味。

2022年度　普連土学園中学校

〔電　話〕　(03) 3451－4616
〔所在地〕　〒108－0073　東京都港区三田4－14－16
〔交　通〕　都営浅草線・三田線 —「三田駅」より徒歩7分
JR山手線 —「田町駅」より徒歩8分

【算　数】〈1日午後算数試験〉(50分)〈満点：100点〉

※ 円周率は3.14として計算しなさい。

次の問いに答えなさい。

(1) $1\div 2\times 3+4\div 6\times 7-8\div 9$ を計算し，帯分数で答えなさい。

(2) $0.875\div\left(3\frac{1}{4}-4\frac{1}{8}\div 2\frac{3}{4}\right)$ を計算し，分数で答えなさい。

(3) $3\frac{2}{3}-\left(1\frac{5}{6}-3\times\frac{1}{\square}\right)\times 2=1.5$ の計算で，$\square$ に入る整数を答えなさい。

(4) $1+2+3+\cdots+19$ を計算しなさい。

(5) $4\times 5\times 8\times 25\times 125\times 200$ を計算すると，何桁《けた》の整数になりますか。

(6) 1坪《つぼ》を 3.3m^2 とします。84m^2 は何坪ですか。小数第2位を四捨五入し，小数で答えなさい。

(7) $0.12\,\text{m}^3-9\,\text{L}=\square\,\text{cm}^3$ の $\square$ に入る整数を答えなさい。

(8) 図の三角形ABCで，角Bの二等分線と角Cの二等分線の交点をPとします。角BPCが124度のとき，x の角の大きさは何度ですか。

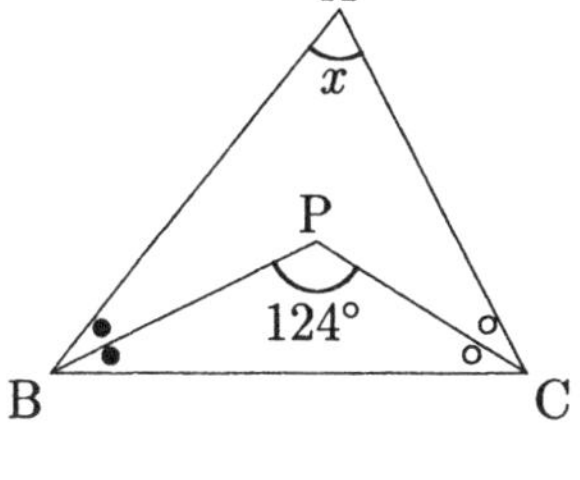

(9) 1個60円のアメと1個90円のガムをあわせて50個買ったときの代金は3630円でした。60円のアメは何個買いましたか。

(10) 420gの70％は□gの60％です。□に入る整数を答えなさい。

(11) 整数がある規則に従って並んでいます。50番目の整数を答えなさい。

2022，2015，2008，2001，・・・

(12) 半径6cmの半円を図のように45度回転させました。斜《しゃ》線部分の面積は何cm^2ですか。小数で答えなさい。

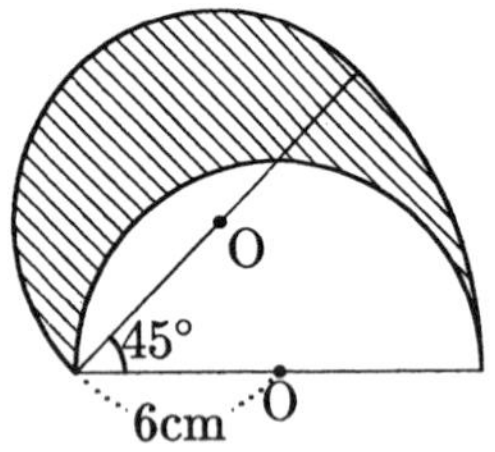

(13) 6桁《けた》の整数456A32が9の倍数となるとき，Aに入る数を答えなさい。

(14) 100mを9.5秒で走る人が，この速さのまま30km走ると何分何秒かかりますか。

(15) 生徒たちにえんぴつを11本ずつ配ると44本余り，14本ずつ配ると13本足りませんでした。生徒は何人いましたか。

(16) 底面積が$400cm^2$の水槽《そう》に30cmの深さまで水が入っています。この水槽に水より重い1辺10cmの立方体の重りを沈《しず》めると水の深さは何cmになりますか。小数で答えなさい。

(17) $\frac{1}{7}$を小数で表したとき，小数第100位の数を答えなさい。

(18) A◎BはAをB回かけて，さらにBをかけた積とします。例えば，$4◎2 = 4 \times 4 \times 2 = 32$ です。$\square ◎ 5 = \frac{5}{32}$ をみたす $\square$ に入る分数を答えなさい。

(19) 定価1500円の商品を15％引きで売ると，仕入れ値の25％の利益があります。このとき，仕入れ値は何円ですか。

(20) 1マス1cmの方眼紙があります。図の斜《しゃ》線部分を直線 m を軸として1回転させたときにできる立体の体積は何 cm^3 ですか。小数で答えなさい。

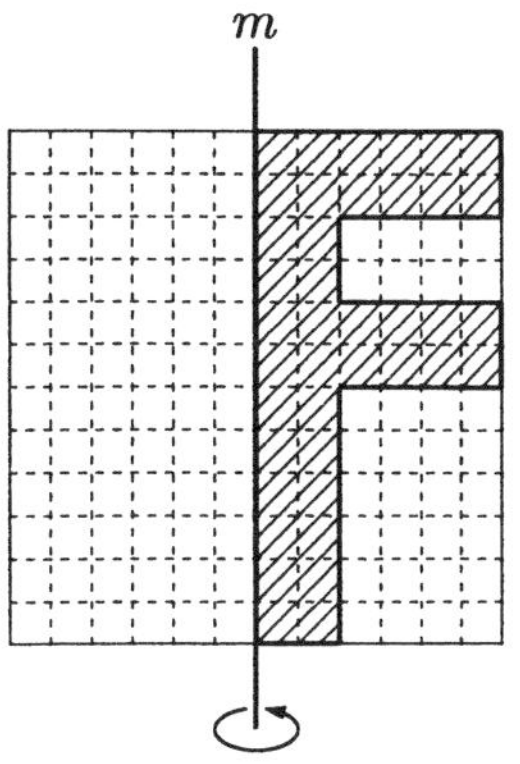

(21) 周囲の長さが1800mの池の周りを姉と妹が歩きます。2人が同じ地点から出発して，反対方向に歩くと12分後に姉と妹は出会い，同じ方向に歩くと1時間後に姉が妹に1周分多く歩いて追いつきました。妹の速さは分速何mですか。

(22) 1から100までの整数のうち，3でも5でも割り切れない整数は全部で何個ありますか。

(23) 分数に対して，次のような操作を整数が出てくるまで繰《く》り返します。

$\frac{3}{8} \to \frac{8}{3} = 2\frac{2}{3} \Rightarrow \frac{2}{3} \to \frac{3}{2} = 1\frac{1}{2} \Rightarrow \frac{1}{2} \to 2$

$\frac{7}{20}$ にこの操作を行ったとき，出てくる最終的な整数を答えなさい。

(24) 分子と分母の和が495で，約分すると $\frac{7}{26}$ になる分数を答えなさい。

(25) ５人が算数のテストを受けたところ平均点は 76 点でした。後日，A さんがこのテストを受けたところ，６人の平均点は 78 点になりました。A さんは何点とりましたか。

(26) ３％の食塩水 400g に５％の食塩水 200g を混ぜ，さらに水を蒸発させると８％の食塩水になりました。蒸発させた水の重さは何 g ですか。

(27) 図の三角形 ABC において，AD : DB=1 : 3，BE : EC=3 : 2 です。三角形 ABC の面積が 100cm^2 のとき，三角形 BDE の面積は何 cm^2 ですか。

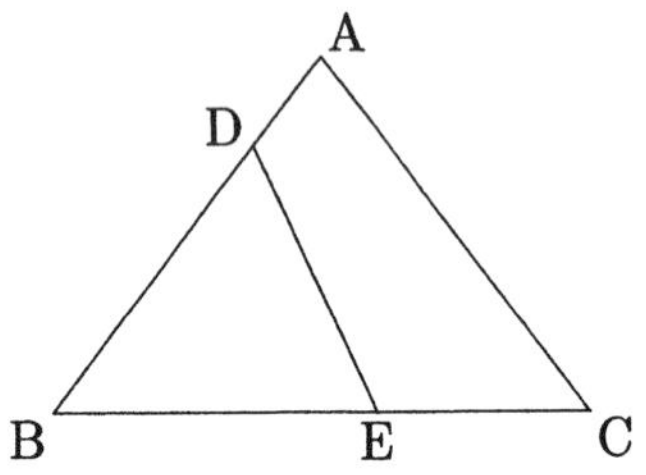

(28) 2022 年２月１日は火曜日です。2025 年２月１日は何曜日ですか。ただし，2024 年はうるう年で，２月は 29 日あります。

(29) 友子さんと町子さんは 12 時に同じカフェで会う約束をしています。友子さんの家は，カフェから 900m 離れており，町子さんの家からカフェまでは友子さんの 2.5 倍離れています。友子さんは分速 60m で歩き，町子さんは分速 125m で自転車に乗ってそれぞれカフェに向かいます。２人とも 12 時ちょうどにカフェに着いたとき，町子さんは友子さんより何分早く家を出ましたか。

(30) りんご２個とみかん１個と袋の合計金額は 250 円です。りんご１個とみかん１個と袋の合計金額は 170 円です。みかん２個と袋の合計金額は 160 円です。袋は何円ですか。

(31) 長方形ABCDの辺上にBE：EC=2：1，CF：FD=1：1となるように点E,Fをとります。斜《しゃ》線部分の面積は，もとの長方形ABCDの面積の何倍ですか。分数で答えなさい。

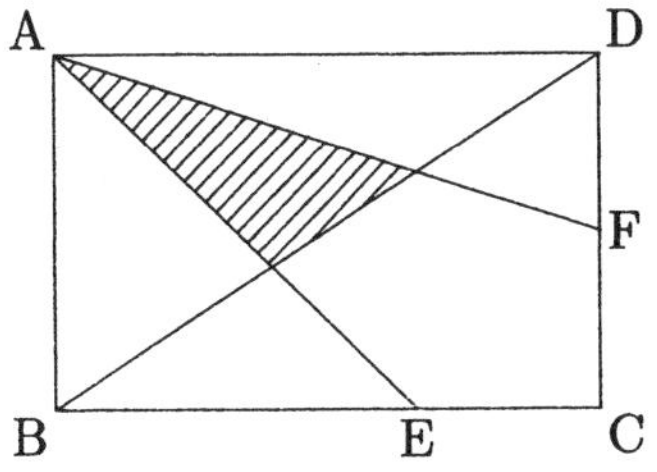

(32) 12で割ると10余り，15で割ると13余る整数のうち，小さい方から4番目の整数を答えなさい。

(33) 1,1,1,2,2,3の6個の整数から3個を選び，3桁《けた》の整数を作るとき，整数は何通り作れますか。

(34) 3羽のニワトリが3日で3個の卵を産みます。このペースでいくと，6日で8個の卵を産むには何羽のニワトリが必要ですか。

(35) 底面の半径が4cmの円柱Aと底面の半径が2cmの円柱Bがあります。円柱Aと円柱Bの体積が等しいとき，円柱Aと円柱Bの高さの比を最も簡単な整数の比で答えなさい。

(36) A町とB町の間を往復しました。行きは毎時4kmで，帰りは毎時6kmで歩きました。平均の速さは時速何kmですか。小数で答えなさい。

(37) ある本を初日に全体の$\frac{1}{4}$と20ページ読み，翌日に残りの$\frac{7}{11}$を読み，3日目に80ページを読んで，読み終えることができました。この本は何ページありますか。

(38) A,B,Cの3人である仕事をします。この仕事を仕上げるのにAとBの2人で仕事をすると90分かかり，BとCの2人で仕事をすると110分かかり，CとAの2人で仕事をすると99分かかります。この仕事を仕上げるためにA,B,Cの3人で仕事をすると何分かかりますか。

(39) 図は直角二等辺三角形と中心角が 90 度のおうぎ形を合わせた図形です。この図形の面積は何 cm^2 ですか。

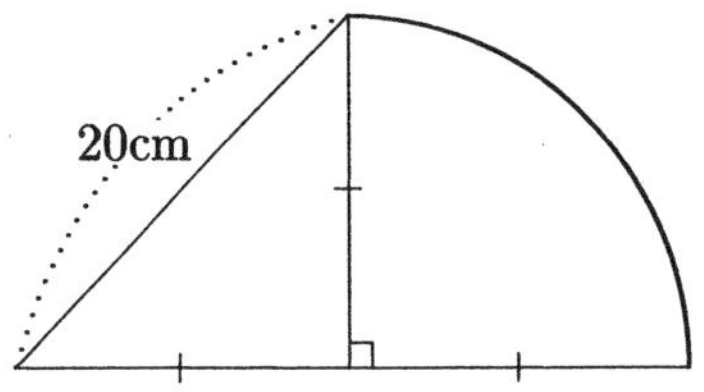

(40) ビンの中にオレンジジュースが入っていて，そのオレンジジュースの $\frac{2}{9}$ だけ飲んで，ビンを含めた全体の重さを量ると，もとの重さの $\frac{29}{36}$ 倍になりました。ビンの重さが 270g であるとき，ビンに残っているオレンジジュースの重さは何 g ですか。

(41) 6 個のみかんを A , B , C の 3 人に分けます。3 人とも必ず 1 個はもらえるとすると，個数の分け方は何通りありますか。

(42) 長さがともに 135m の電車 A と電車 B があります。電車 A の速さは毎分 800m，電車 B の速さは電車 A の速さの 1.25 倍で，ともに一定の速さで走ります。電車 A と電車 B がすれ違うのに何秒かかりますか。

(43) 図は立方体です。頂点 A から頂点 B まで辺上を移動します。それ以外の頂点を一度ずつ通っていく行き方は何通りありますか。

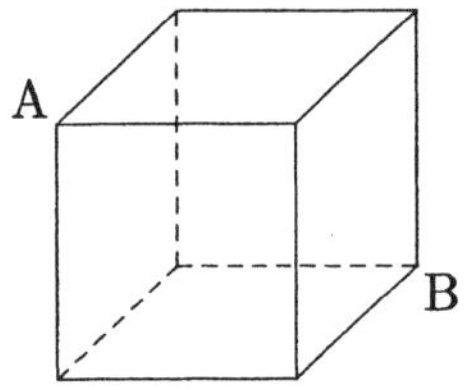

(44) 現在，父の年齢《れい》は娘の年齢の 5 倍で，8 年後には 3 倍になり，現在から □ 年後には 2 倍になります。□ に入る整数を答えなさい。

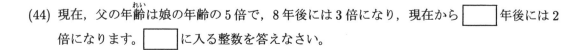

(45) 異なる4つの整数があります。この中から2つ選んでかけ合わせると，12，27，36，48，108の5種類の整数ができました。このとき，もとの4つの整数のうち，2番目に大きい整数を答えなさい。

(46) 1辺の長さが5cmの正方形の折り紙を，図1のように①,②,③の順に折りました。さらに図2のように，3つの直角二等辺三角形を切り取ります。残った部分を展開したときの折り紙の面積は何cm^2ですか。

図1

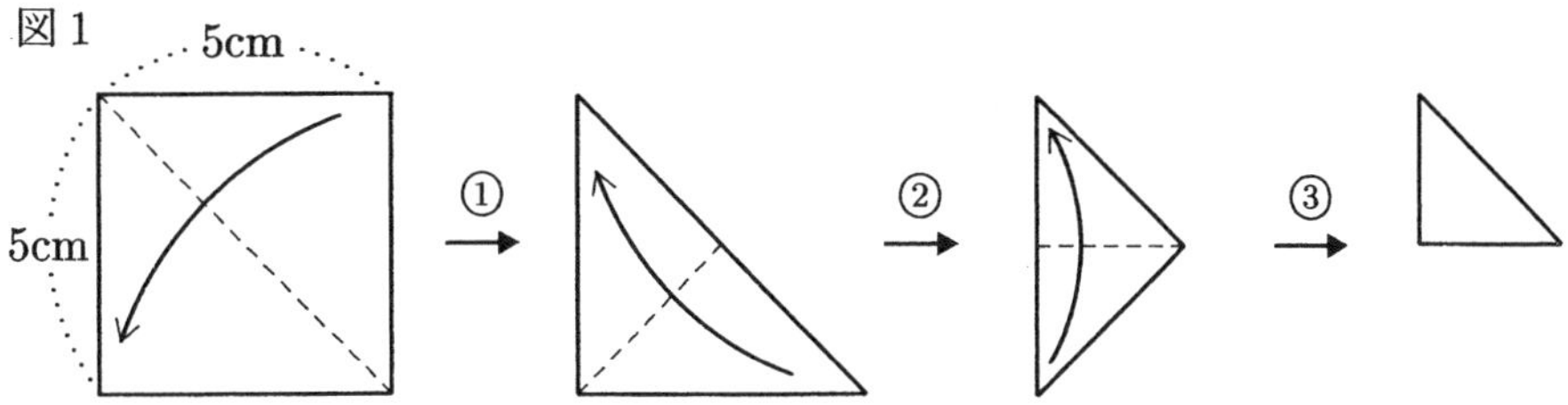

図2

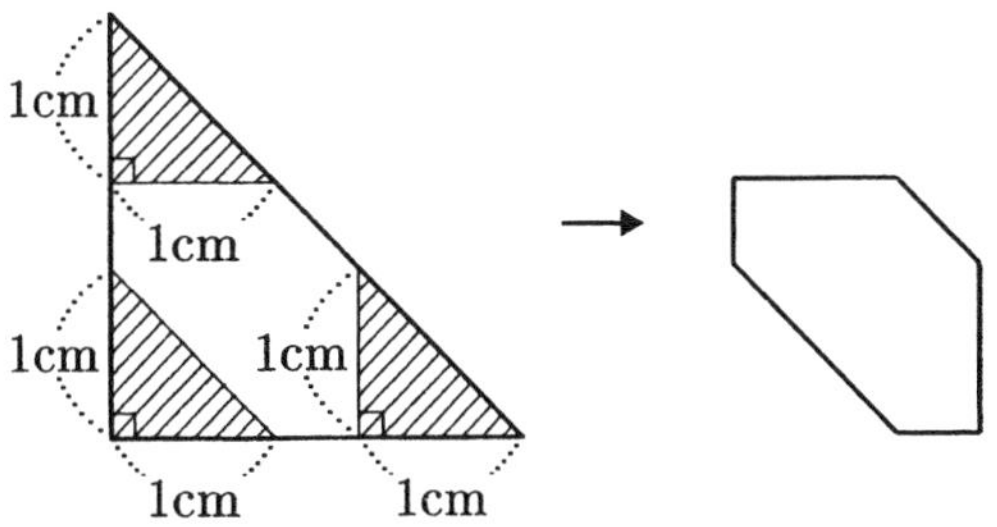

(47) 姉と妹の所持金の比は16：7でしたが，お菓《か》子代として姉は200円，妹は100円を使ったところ，残金の比が3：1になりました。姉のはじめの所持金は何円でしたか。

(48) 友子さんが6歩で進む距離《きょり》を三太くんは5歩で進み，友子さんが7歩進む時間で三太くんは10歩進みます。このとき，友子さんと三太くんの進む速さの比を最も簡単な整数の比で答えなさい。

(49) ある商品をいくつか買うために2880円用意しましたが，実際には2割引きで買えたので，おつりなしで24個多く買うことができました。この商品1個の元の値段は何円でしたか。

(50) 8枚の合同な正三角形でできた立体を正八面体といいます。向かい合う平行な面の和が9となるように正八面体の各面に整数を書きました。この正八面体の展開図が下図のようになるとき，アに入る整数を答えなさい。

正八面体

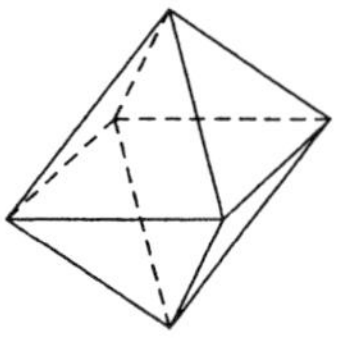

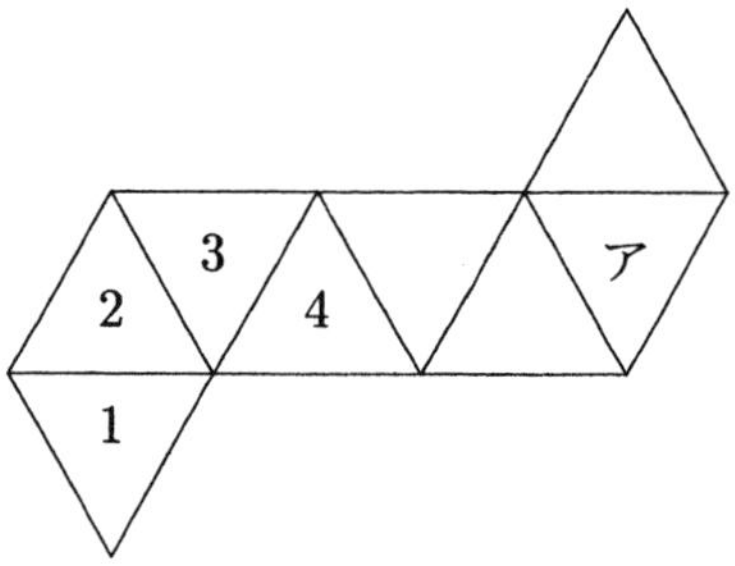

2022年度

普連土学園中学校

▶解　答

※　編集上の都合により，１日午後算数試験の解説は省略させていただきました。

算　数　＜１日午後算数試験＞（50分）＜満点：100点＞

解　答

(1)　$5\frac{5}{18}$　(2)　$\frac{1}{2}$　(3)　4　(4)　190　(5)　９桁　(6)　25.5坪　(7)　111000　(8)
68度　(9)　29個　(10)　490　(11)　1679　(12)　$56.52cm^2$　(13)　7　(14)　47分30秒　(15)
19人　(16)　32.5cm　(17)　8　(18)　$\frac{1}{2}$　(19)　1020円　(20)　$552.64cm^3$　(21)　分速60m
(22)　53個　(23)　6　(24)　$\frac{105}{390}$　(25)　88点　(26)　325ｇ　(27)　$45cm^2$　(28)　土曜日
(29)　３分　(30)　20円　(31)　$\frac{2}{15}$倍　(32)　238　(33)　19通り　(34)　４羽　(35)　１：４
(36)　時速4.8km　(37)　320ページ　(38)　66分　(39)　$257cm^2$　(40)　1470ｇ　(41)　10通り
(42)　９秒　(43)　６通り　(44)　24　(45)　9　(46)　$13cm^2$　(47)　320円　(48)　７：12
(49)　30円　(50)　5

Dr.福井の 入試に勝つ! 脳とからだのウルトラ科学

試験場でアガらない秘けつ

キミたちの多くは，今まで何度か模擬試験（たとえば合不合判定テストや首都圏模試）を受けていて，大勢のライバルに囲まれながらテストを受ける雰囲気を味わっているだろう。しかし，模擬試験と本番とでは雰囲気がまったくちがう。そういうところでも緊張しない性格ならば問題ないが，入試独特の雰囲気に飲みこまれてアガってしまうと，実力を出せなくなってしまう。

試験場でアガらないためには，試験を突破するぞという意気ごみを持つこと。つまり，気合いを入れることだ。たとえば，中学の校門前にはあちこちの塾の先生が激励《げきれい》のために立っている。もし，キミが通った塾の先生を見つけたら，「がんばります！」とあいさつをしよう。そうすれば先生は必ずはげましてくれる。これだけでもかなり気合いが入るはずだ。ちなみに，ヤル気が出るのは，TRHホルモンという物質の作用によるもので，十分な睡眠をとる，運動する（特に歩く），ガムをかむことなどで出されやすい。

試験開始の直前になってもアガっているときは，腹式呼吸が効果的だ。目を閉じ，おなかをふくらませるようにしながら，ゆっくりと大きく息を吸う。ここでは「ゆっくり」「大きく」がポイントだ。そして，ゆっくりと息をはく。これをくり返し何回も行うと，ノルアドレナリンという悪いホルモンが減っていくので，アガりを解消することができる。

よく「手のひらに“人”の字を書いて飲みこむことを3回行う」とアガらないというが，そのようなおまじないを信じて実行し，自分に暗示をかけてもいいだろう。要は，入試に対するさまざまな不安な気持ちを消し去って，試験に集中できるようなくふうをこらせばいいのだ。

Dr.福井（福《ふく》井《い》一成《かずしげ》）…医学博士。開成中・高から東大・文Ⅱに入学後，再受験して翌年東大・理Ⅲに合格。同大医学部卒。さまざまな勉強法や脳科学に関する著書多数。

2022年度　普連土学園中学校

〔電　話〕 (03) 3451―４６１６
〔所在地〕 〒108-0073　東京都港区三田４―14―16
〔交　通〕 都営浅草線・三田線―「三田駅」より徒歩７分
JR山手線―「田町駅」より徒歩８分

【算　数】〈２日午後２科試験〉(50分)〈満点：100点〉

〔注意〕 解答欄《らん》に「式」とある場合には，式や考え方も書きなさい。

1 次の $\square$ にあてはまる数を求めなさい。

(1) $\left(4\frac{2}{3}\times\frac{6}{7}\div2\frac{8}{9}+0.25\div0.13\times2\frac{4}{5}\right)\div3\frac{5}{13}=\square$

(2) $\left(4.2+2\frac{2}{3}\div1\frac{1}{9}\right)\div\square+0.625\div0.75=1\frac{1}{2}$

2 ５枚のカード $\boxed{1}$ $\boxed{2}$ $\boxed{3}$ $\boxed{4}$ $\boxed{.}$ があります。この５枚のカードをすべて並べて数を作るとき，次の問いに答えなさい。ただし，$\boxed{.}$ は小数点で端《はし》にはきません。つまり，$\boxed{.}$ $\boxed{2}$ $\boxed{3}$ $\boxed{1}$ $\boxed{4}$ や $\boxed{1}$ $\boxed{4}$ $\boxed{3}$ $\boxed{2}$ $\boxed{.}$ などは考えないものとします。

(1) 数は何通り作れますか。

(2) ３より大きい数は何通り作れますか。

3 右の図のように上流から流れてきた川が途中のＢ地点で分《ぶん》岐《き》しています。川の流れの速さはＢからＡ，ＢからＣともに時速５kmで，AB間の距離は30km，BC間の距離は25kmです。この川を，静水時の速さが時速20kmの船でＡからＢを通りＣまで行き，その後Ｂを通りＡまで戻ってきます。ただし，船は途中の地点では止まらないものとします。このとき，次の問いに答えなさい。

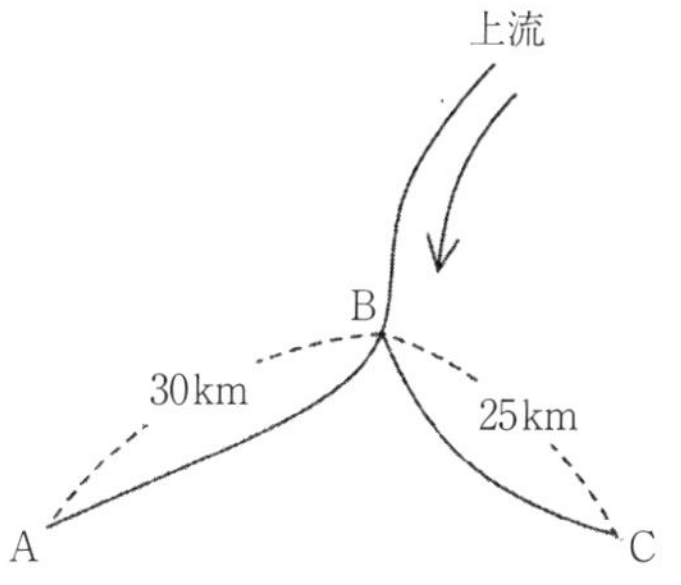

(1) ＡからＣまで行くのにかかる時間を求めなさい。

(2) 往復にかかる時間を求めなさい。

(3) ＣからＢへ戻る途中で雨が降り始め，川の流れの速さが時速10kmに変化しました。その結果往復に５時間50分かかりました。雨が降り始めたのはＡを出発してから何時間何分後ですか。ただし，雨が降り始めた瞬間から川の流れが変化したとします。

4 １辺の長さが10cmの立方体ABCD-EFGHがあります。この立方体を辺AEを回転の軸として１回転させるとき，次の問いに答えなさい。ただし，円周率は3.14とします。

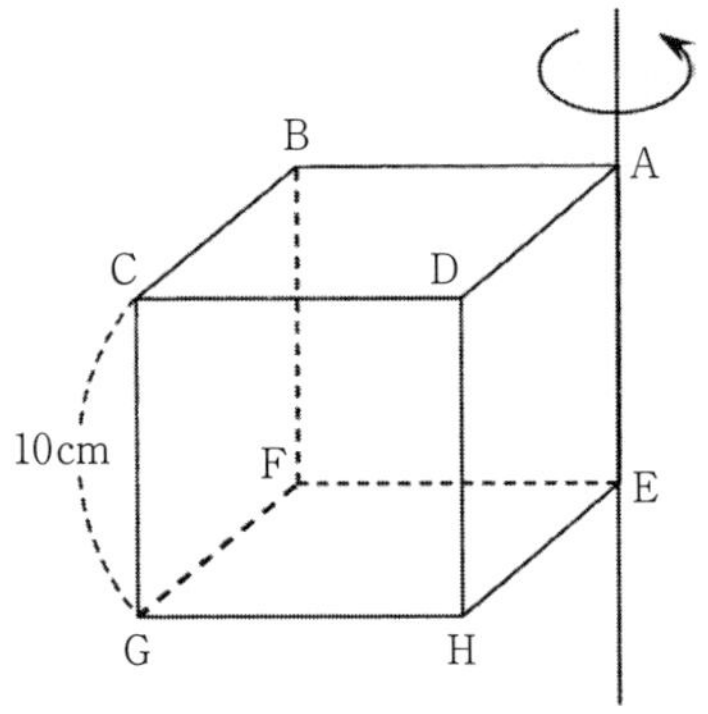

(1)　面 ABFE が通る部分の体積を求めなさい。

(2)　面 DCGH が通る部分の体積を求めなさい。

5　あるお店で，みかん，かき，りんごが売られています。初めにあったみかん，かき，りんごの個数の比は5：4：3です。Aさんはみかんをその個数の20％買い，りんごを9個買いました。次に，Bさんはみかんを4個，かきを10個，りんごを残っていた個数の$\frac{1}{3}$買いました。最後に，Cさんはみかん，かき，りんごを同じ個数ずつ買いました。その結果，残りのみかんとかきは合わせて58個，残りのみかんとりんごの個数の比は16：5となりました。このとき，次の問いに答えなさい。

(1)　みかんとかきの残りの個数の差は何個ですか。

(2)　りんごの残りの個数は何個ですか。

(3)　Cさんはみかん，かき，りんごを何個ずつ買いましたか。

6　△をある数とします。△に対して，「△の数をこえない最も大きい整数を△から引いた数」を｛△｝で表します。例えば

$$\left\{\frac{3}{2}\right\}=\frac{3}{2}-1=\frac{1}{2},\quad \{2\}=2-2=0,\quad \left\{\frac{1}{3}\right\}=\frac{1}{3}-0=\frac{1}{3}$$

となります。また，この記号｛　｝で表される数の足し算を考えます。例えば

$$\{2\}+\left\{\frac{5}{2}\right\}=0+\frac{1}{2}=\frac{1}{2},\quad \left\{\frac{3}{2}\right\}+\left\{\frac{5}{2}\right\}=\frac{1}{2}+\frac{1}{2}=1$$

となります。このとき，次の問いに答えなさい。

(1)　次の$\boxed{}$にあてはまる数を求めなさい。

・$\left\{\frac{2021}{4}\right\}=\frac{2021}{4}-\boxed{\text{ア}}=\boxed{\text{イ}}$

・$\left\{\frac{5}{4}\right\}+\left\{\frac{6}{4}\right\}=\boxed{\text{ウ}}$

(2)　$\left\{\frac{1}{4}\right\}+\left\{\frac{2}{4}\right\}+\left\{\frac{3}{4}\right\}+\left\{\frac{4}{4}\right\}+\cdots\cdots+\left\{\frac{2020}{4}\right\}+\left\{\frac{2021}{4}\right\}+\left\{\frac{2022}{4}\right\}$を計算しなさい。答えは仮分数のままでかまいません。

(3)　次に数①，②，③，…，⑥を

$①=\frac{1}{13}$，$②=①\times 10=\frac{10}{13}$，$③=②\times 10=\frac{100}{13}$，…，$⑥=⑤\times 10=\frac{100000}{13}$

のように定めます。このとき，｛①｝＋｛②｝＋｛③｝＋｛④｝＋｛⑤｝＋｛⑥｝を計算しなさい。

7　縦12cm，横10cmの長方形の紙があります。このとき，次の問いに答えなさい。

(1)　図1のように点Aより出発し，点Eに向かってハサミで切っていきます。続けて点Eから点Fへ，次は点Fから点Gへ，最後は点Gから点Hに向かって切り取ります。このとき，残った四角形Sの面積を求めなさい。

図1

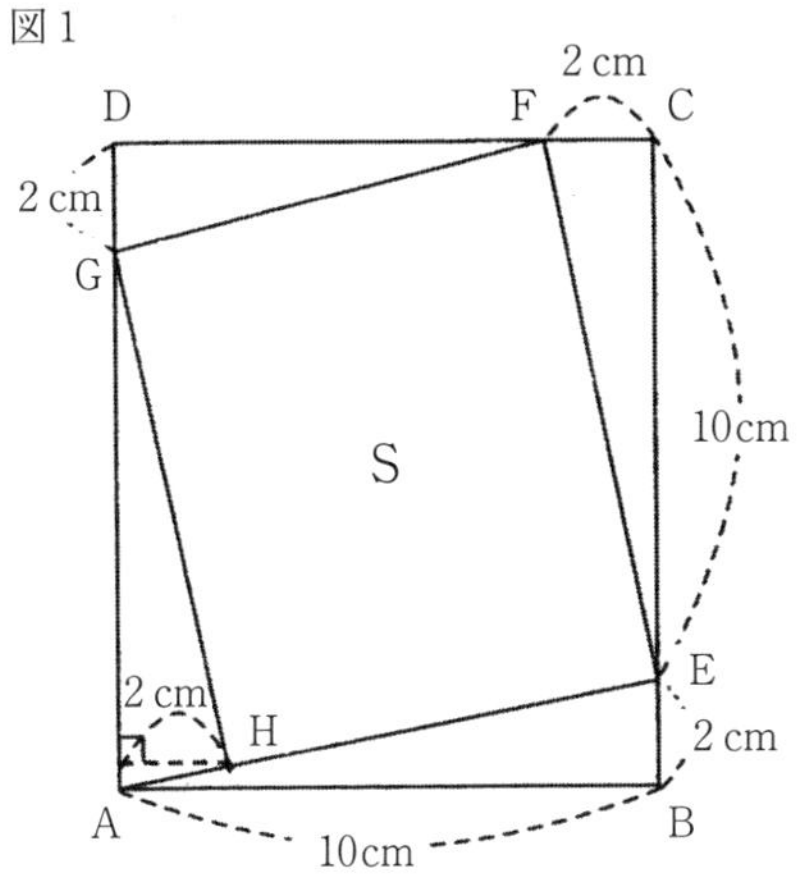

図2

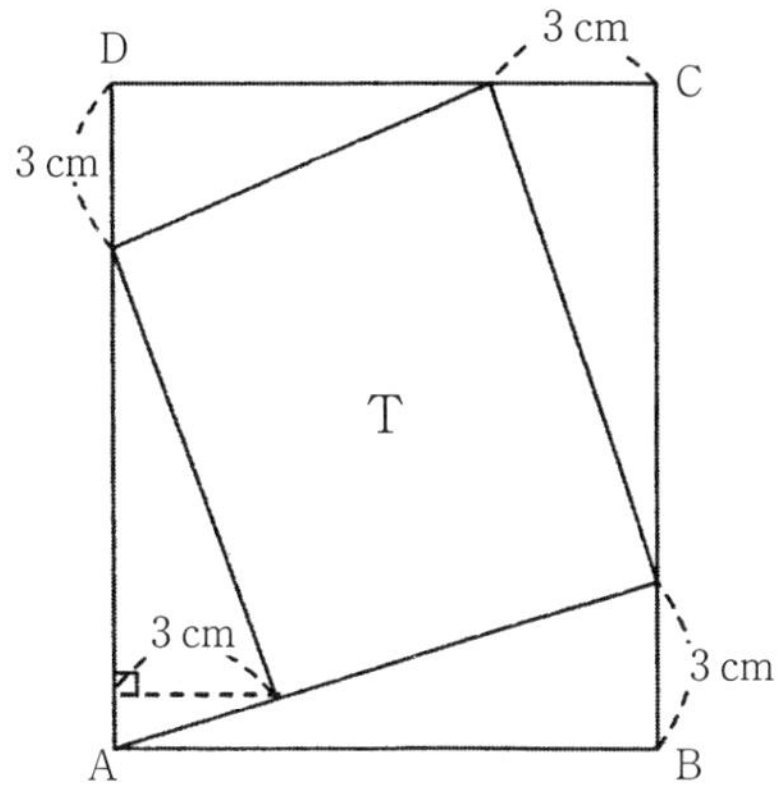

(2)　(1)と同様に点Aから始めて，図2のように切り取っていきます。このとき，残った四角形Tの面積を求めなさい。

(3)　図3のように点Aから点E，点Eから点Fまでは(1)と同じように切り取りました。その後は四角形Uが長方形となるように切っていきました。このとき，辺DIの長さと長方形Uの面積を求めなさい。

図3

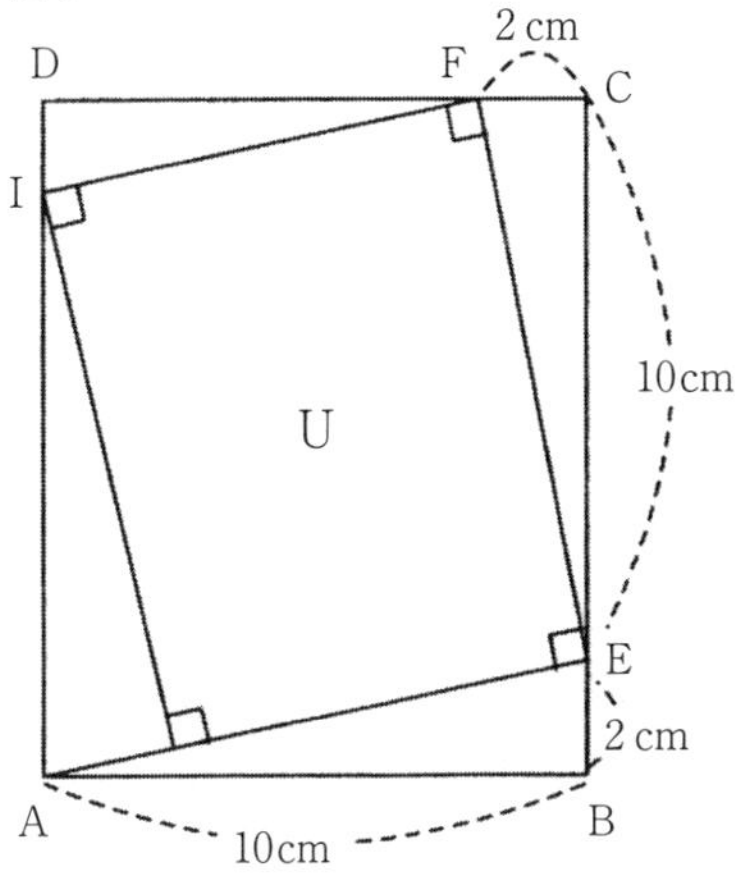

五

二字熟語には、意味が対になっている漢字を組み合わせてできたものがあります。次の①～⑩について、意味が対になる漢字を組み合わせた二字熟語になるように、□に当てはまる漢字を答えなさい。

① 売□

② 因□

③ □暖

④ □罪

⑤ □旧

⑥ 単□

⑦ 加□

⑧ 干□

⑨ 名□

⑩ □受

エ　めぐみが思うような優等生ではない私には、苦しんでいるめぐみの気持ちが理解できるということ。

オ　めぐみの気持ちも考えずにバスケットボールの練習をさせたことを、申し訳なく思っているということ。

カ　めぐみは自分で思っているよりずっとバスケットボールの才能に恵《めぐ》まれているのだということ。

問九　――線部⑧「お姉ちゃんと、手をつないでるみたいだった」とありますが、この時の私の心情を説明したものとして、最も適当なものを次のア～オから選び、記号で答えなさい。

ア　なんでもできて、人気者でいつも一番なお姉ちゃんが味方してくれるので、何が起こっても心強いと思った。

イ　バスケットボールの上手な姉がくれたリストバンドを身につけたら、自分もきっとうまくなれると思った。

ウ　私を励ますために過去のつらい体験を打ち明けてくれた姉と、心が通い合うような感じがした。

エ　姉のつらい過去に気づかずに責めてしまった自分を、姉が許してくれたことの証を得て安心した。

オ　周囲からの嫌《いや》がらせに苦しんでいるのは自分だけではないとわかって、さびしさが紛《まぎ》れた。

三

次の①～⑩の――線部のカタカナは漢字に、漢字はひらがなにそれぞれ直しなさい。

① キリツ正しい生活を心がける。

② センモン的な知識を身につける。

③ ケットウ書の付いた子犬を飼うことにした。

④ ジシャクのN極とS極。

⑤ 区役所の新しいチョウシャが完成した。

⑥ 盗賊《とうぞく》が行方をくらました。

⑦ 料理の本を見ながら小豆を煮《に》る。

⑧ 一人暮らしを始める姉が賃貸マンションを契《けい》約した。

⑨ 彼《かれ》の言葉は額面通りに受け取らない方がいい。

⑩ 伝家の宝刀を抜《ぬ》く。

四

次の①～⑤は、日本語の表現としての不適切なあり方を示したものです。不適切な表現を含む後のア～コの文から①～⑤に当てはまるものを選び、それぞれ記号で答えなさい。

① 主語と述語が整っていない。

② 呼応する言葉の使い方が不適切である。

③ 時間の流れを表す表現が整っていない。

④ 「て・に・を・は」の使い方が不適切である。

⑤ 敬語の使い方が不適切である。

ア　姉は終わっていない夏休みの宿題を母に手伝わせた。

イ　今からお風呂《ふろ》に入り、その後すぐに寝《ね》た。

ウ　壁《かべ》に掛《か》けられた絵を、思わず心奪《うば》われた。

エ　成人の日には晴れ着姿の女性が町中で見れた。

オ　先生が申し上げた通りの手順で実験を進めた。

カ　たとえ雨が降ったら、体育祭は中止です。

キ　集合時間に遅《ち》刻した理由は、うっかり朝寝坊《ねぼう》した。

ク　冬の夜空には、多くのキラキラと星が光っている。

ケ　まだこの本を読み終えていないのに、結末を知らない。

コ　休みの日には、映画や旅行をします。

問三　――線部②「胸に抱きしめるようにして、わたしは小走りで集合場所に向かった」とありますが、この時のめぐみの心情を説明したものとして、最も適当なものを次のア～オから選び、記号で答えなさい。

ア　バスケのことをはじめてほめてくれた五十嵐さんの言葉をうれしく思っている。

イ　自分のプレーを認めてくれる人がいたことをめずらしいことだと感じている。

ウ　どうすることもできずにいた自分を五十嵐さんが助けてくれたことに感謝している。

エ　いじわるな一伽がやっつけられたことを悪いと思いながらもひそかに喜んでいる。

オ　バスケットボールがうまくなるために、さらに練習にはげもうと前向きな気持ちになっている。

問四　――線部③「わたしとは、なにもかもちがう」とありますが、「わたし」のどのようなところが姉と違《ちが》うと考えていますか。最も適当なものを次のア～オから選び、記号で答えなさい。

ア　自分からはたらきかけずに自然の流れにまかせているままでは、友人をつくることが困難であるところ。

イ　ひたすら努力をくり返してもいっこうにバスケットボールがうまくならないところ。

ウ　自分からは目立たないようにしているのに、どういうわけか人にいじめられてしまうところ。

エ　人にいじわるされても何も言い返せず、どのような行動をとったらよいかわからなくなってしまうところ。

オ　友達とはそれなりにうまくやっているつもりではあるが、しばしば誤解されてしまうところ。

問五　――線部④「勘ちがいだったんだ」とありますが、それはどのような「勘ちがい」ですか。答えなさい。

問六　――線部⑤「ほんのすこしさびしそうにまゆをよせて」とありますが、この時の姉の心情を説明したものとして最も適当なものを次のア～オから選び、記号で答えなさい。

ア　自分は昔妹が思っていたようなすごい人ではなくなってしまったことを後悔《かい》している。

イ　今の自分はもう妹の期待に応えられるような姉ではないことを妹に申し訳なく感じている。

ウ　妹のせいで妹の期待を裏切るような話を切り出さねばならなくなったことをつらく感じている。

エ　妹が持っている自分のイメージがやがては大きく変化してしまうだろうことを残念に感じている。

オ　妹がいまだに自分のことを立派な人間であると思っていることを不思議に感じている。

問七　――線部⑥「びっくりしたよ」とありますが、姉はどのようなことに驚《おどろ》いたのですか。説明しなさい。

問八　――線部⑦「このことというのめぐみがはじめてなんだ」とありますが、この時の姉はめぐみにどのようなことをわかってもらいたかったのですか。適当なものを次のア～カから二つ選び、記号で答えなさい。

ア　私もいじめられて高校に行けなくなるほど悩《なや》んでいたので、これ以上いじめの話をしないでほしいということ。

イ　私が相手の事情も考えずに厳しい言葉を投げつけ、めぐみの心を深く傷つけたことを許してほしいということ。

ウ　私の経験からもわかるように、めぐみも今の現状を受け入れて生きていくしかないということ。

分にいいきかせてた」

わたしは一年前のお姉ちゃんを思いうかべた。朝はやく、バスケ部のおおきなスポーツバッグを手にして、玄関《げんかん》をでていくお姉ちゃん。部活のない日曜日、てきぱきと家事をこなすお姉ちゃん。庭のカリンの根元をほり、肥料《ひりょう》をやり、枝葉《えだは》をかりとるお姉ちゃん……。いくつものシーンがつぎつぎによみがえってきたけれど、どの場面でも、お姉ちゃんは笑っていた。笑顔のお姉ちゃんしか思いうかばなかった。

でも、とお姉ちゃんはいった。

「お母さんは気づいてたんだろうね。去年の暮《く》れ、ふたりで洗《あら》いものしてたとき、お母さん、急に手を止めていったの。ねえ美帆、つらいことをがまんしていても、心が強くなるとは限《かぎ》らないんだよ、って。⑥びっくりしたよ。え、なんのこと？　ってとぼける前に、心がくらくらして、胸にしまってたくやしさとか、さびしさとか、いろんな感《かん》情《じょう》がおしよせてきて、もう思いきり泣いちゃった。お母さんは最後までなにがあったのかきかなかった。だから、⑦このことというのめぐみがはじめてなんだ」

「……どうしてわたしに？」

「ひとつはね」とお姉ちゃんはいった。「めぐみにあやまりたかったから。高校やめて、バスケする場所がなくて、ずっとうずうずしてたの。めぐみ、上達がはやいし、いっしょにバスケしててほんとうに楽しかった。ただ、わたしは楽しくてもめぐみはどうだったのかな、って。必要以上に練習させて、追いつめてたのかもしれないなって。もうすこしめぐみの気持ちを考えるべきだったね。ごめんね」

「そんなこと」わたしは首をふった。お姉ちゃんはすっと両目を細くして、もうひとつはね、と続けた。

「くやしかったの。さっき、お姉ちゃんなんかにわたしの気持ちわかるわけないっていったでしょ。それがすこし、くやしかった」

ごめん、とわたしはあやまった。お姉ちゃんはほおをゆるめて、わたしの背中《せなか》を軽くたたいた。気にしてないよ、の意味にも、元気だしなよ、のはげましにも思えて、胸が熱くなった。

お姉ちゃんは赤いリストバンドをはずしてわたしにくれた。

部屋にもどるとちゅう、さっそく腕にはめてみると、バンドはまだあたたかかった。

⑧お姉ちゃんと、手をつないでるみたいだった。

（蒼沼洋人《あおぬまようと》『さくらいろの季節』ポプラ社）

〈注〉＊優希…すでに転校してしまっためぐみの元クラスメイト。めぐみと同様、一伽たちに目のかたきにされていたが、言い返していた。

問一　空欄[a]～[c]に当てはまる最も適当な語を漢字一字でそれぞれ答えなさい。

問二　――線部①「自分でつかったボールは、自分でかたづけるように」とありますが、五十嵐さんはなぜこう言ってボールを投げたのですか。最も適当なものを次のア～オから選び、記号で答えなさい。

ア　スポーツをする上での基本的なルールを皆《みな》が守ってほしいと思ったから。

イ　一伽の傍若無《ぼうじゃくぶ》人な振《ふ》る舞《ま》いをここで戒《いまし》め、自分が優位に立ちたいと思ったから。

ウ　一伽や葉子たちのいじわるな行為《い》をそのままにしておけないと思ったから。

エ　自分たちのチームが仲が悪いことを他のクラスの人たちに知られたくなかったから。

オ　途《と》方に暮れているめぐみをなんとかして勇気づけてあげたかったから。

ポスターが二枚貼《まいは》ってあり、一枚は映画《えいが》『スタンド・バイ・ミー』にでていた俳優《はいゆう》のリバー・フェニックス、もう一枚はお姉ちゃんが尊敬《そんけい》するキング牧師《ぼくし》の演説《えんぜつ》風景だ。本棚《ほんだな》には写真集や画集がずらりとならんでいる。

わたしは群青色《ぐんじょういろ》のカバーがかかったベッドのはしに腰《こし》をおろした。すこしおくれて、お姉ちゃんもとなりに座《すわ》った。

「ちいさいころさ」とお姉ちゃんはいった。「めぐみがまだ一年生か二年生のころ、学校の作文でわたしのこと書いてくれたよね」

変なこときくなあ、と思いながらわたしはうなずいた。国語の授《じゅ》業《ぎょう》で家族をテーマに作文を書け、といわれて、わたしはお姉ちゃんについて書いた。お姉ちゃんはいつもいちばんで、でもちっともいばらなくて、すごいと思います……というような、今思いだすとかなり恥ずかしい内容だった。しかし、なぜか当時の担任がその作文を気にいり、学級通信に全文をのせてしまったのだ。

「今だからいうけど、あれ読んだとき、かなりびっくりしたんだ。わたしのこと、めぐみがあんなふうに見てるなんて知らなかったから。うれしかったけど、自分が自分じゃないような、ちょっと変な感じがした」

お姉ちゃんは肩《かた》をすくめて、くすっと笑った。そして、笑顔のまま、⑤ほんのすこしさびしそうにまゆをよせて、

「めぐみのなかのわたしは、まだあのころと同じなんだね」

といった。

話がどこに行きつくのかわからなかった。お姉ちゃんは机のほうに歩いていき、一冊《さつ》のノートを持ってきた。つやのある淡《あわ》い桃色《ももいろ》の表紙で、上のほうには緑色のペンで「ＥＮＧＬＩＳＨ《イングリッシュ》」と書いてある。右下にはなにかをマジックで塗《ぬ》りつぶしたような、黒いあとがあった。

なにこれ？　顔をあげて目でたずねても、お姉ちゃんは視線《しせん》を合わせようとしない。しかたなく表紙をめくった瞬間、[c]をのんだ。ページのまんなかに、殴《なぐ》り書きのような汚《きたな》い字で、「バーカ」「男たらし」「死ね」と書いてある。別のページをめくると、落書きはいくつも見つかった。言葉だけじゃなく、わけのわからないイラストや、赤インクをぶちまけたような不気味なにじみもある。

もしかして、とわたしは思った。もしかして、これって……。

ノートをとじ、もう一度表紙のマジックのあとに目をこらすと、黒いインクの奥《おく》に、かすかに、佐倉美帆《さくらみほ》という名前が見えた。

「わたしはね」お姉ちゃんがいった。「高校に行かなくなったんじゃなくて、行けなくなったの」

「どうして？」声が震《ふる》えた。「どうして、お姉ちゃんが……」

うそでしょ、という言葉は声にならなかった。いつだってお姉ちゃんは人気者で、子ども会のパーティーでも、親戚《しんせき》の集まりでも、お姉ちゃんのまわりには、自然と人の輪ができた。悪口がきらいで、人を笑わせることが大好きで……いじめのターゲットになんて、なるはずがないのに。

お姉ちゃんは床にあったクッションをひざにのせ、すこし前かがみになりながら、静かに口をひらいた。

「いろいろと理由はあったんだと思う。どこかで、なにかがうまくいかなかったのかもしれないし、知らないところで、だれかにうらまれていたのかもしれない。でも、正直、わたしにもよくわからない」

「ひどい」わたしはうめいた。冷たい水をたらされたみたいに、首筋《くびすじ》がぞくっとした。「こんなの、あんまりだよ」

「うん」お姉ちゃんはかすかに笑った。「わたしもそう思った。だから、教室でいやなことをいわれても、部活の練習でパスが回ってこなくなっても、学校を休もうとは思わなかった。わるいのはあの子たちだ、わたしはまちがったことはしていない、負けてたまるかって、自

「めぐみ、着がえ終わったら、すぐおりといで。つかれを残さないよう、今日ははやめに切りあげよう」

「いやだ」

「え?」

「もう、いやっ」足を止め、階段の下を見た。「あしたの球技大会、わたしはでない」

お姉ちゃんは戸惑《とまど》った様子で、どうしたの、とすこし怒《おこ》ったようにいった。

「めぐみ、せっかくここまでがんばったんだよ。パスもうまくなったし、ランニングシュートだって……」

「うそっ。あんなに練習したのに、わたしちっともうまくなってない」

「めぐみ……」

「お姉ちゃんのいうことなんか、きかなきゃよかった。努力《どりょく》したって、意味ないよっ。ほんっと能天気《のうてんき》だよねお姉ちゃんって。なんでもよくできて、いいことばっかりに囲まれて、そんな人にわたしの気持ち、わかるわけないっ」

部屋に入り、[b]まかせにドアをしめた。もう、なにもかもいやだった。

ベッドに寝《ね》そべって、まっ白なまくらを抱きしめ、ぎゅっと目をとじた。

まぶたの裏《うら》に、いくつもの光景がうかびあがる。

何度打ってもリングをそれていくボール、怒《いか》りを通りこしてあわれむようにわたしを見る一伽の顔、そして、最後に人前で吐く最低のシーンが頭のなかでぐるぐる回った。

お姉ちゃんはわたしがうまくなったといった。

わたしもそう思っていたけど、結局《けっきょく》、それは④勘《かん》ちがいだったんだ。それなのに、調子にのってシュートにこだわって、全部はずしてチームに迷惑《めいわく》をかけた。

あのあと、わたしは自分のバッグだけつかんで、逃げるように体育館をとびだした。自分の吐いたものの後始末《あとしまつ》もせず、だまって家に帰った。一伽はそうとう怒っているだろう。三組の女の子たちも、とちゅうで練習試合がぶちこわしになって、腹《はら》を立てているにちがいない。

これ以上ひどくなるわけがないと思っていた気分がさらに落ちこみ、まくらを抱く手に力をこめた。消えてしまいたかった。

ノックの音で目がさめた。

どのくらい眠《ねむ》っていたのか、部屋は夕暮《ゆうぐ》れの薄《うす》むらさきに染《そ》まっていた。カーテンを引き、蛍光灯《けいこうとう》のひもを引っぱり、そっとドアをひらく。隙間《すきま》の向こうにお姉ちゃんの顔が見えた。

「めぐみ、話せる?」

笑ってはいるものの、いつもの笑顔《えがお》とはすこしちがう。つかれているような、どこか無理をしている感じだった。さっきお姉ちゃんにぶつけた言葉を思いだし、たちまち気まずくなる。気分は落ちこんだままだったけれど、いくらか眠ったせいか、頭のなかは冷静になっていた。

「ちょっと、わたしの部屋に来てくれる?」

お姉ちゃんはわたしの手をとり、そっと引いた。わたしはだまってうなずいた。なにもいわなくていいよ、というふうに、お姉ちゃんはにっこりした。今度は、いつもの笑顔だった。

お姉ちゃんの部屋はいつもいい香《かお》りがする。

真夏の森のなかのような、濃《こ》い緑のにおいだ。窓際《まどぎわ》の机《つくえ》にはシルバーカラーのノートパソコンと、薄《うす》い洋書が何冊《なんさつ》か置いてある。壁《かべ》には

公園に向かった。

バスケットコートにはだれもいなかった。お姉ちゃんはドリブルしながらコートを歩いていき、ゴールに向かってやや右側、センターラインの真上あたりで足を止めた。

「今日から本番まで、ふたつのことを目標にしよう」

「ふたつ?」

「ひとつはドリブル。めぐみの場合、スピードをあげようって気持ちが強すぎて、手と足の動きがばらばらになってる。まずは動きのバランスをとることが大切。これはもう、練習をくりかえすしかない」

わたしはうなずいた。

「もうひとつは、ランニングシュートをマスターすること」

「むりだよっ」わたしはのけぞった。

「むりむり。だってわたし、ドリブルも満足にできないんだよ。あんなワザ、できるわけないじゃん」

……中略……

とりあえず、わたしが手本を見せるから見ててね。

お姉ちゃんはいうがはやいかドリブルをはじめ、ゴールめがけて走りだした。スリーポイントラインを越《こ》え、一歩、二歩目でふみきり、ふわりとうきあがる。宙《ちゅう》にういた体が夕陽《ゆうひ》を受け、一瞬《いっしゅん》、完全なシルエットに変わった。

ゴールネットが音もなくゆれるのを見ながら、ちいさくため息をついた。思わずはっとするほど、美しいフォームだった。

中学時代のお姉ちゃんの姿《すがた》がふと思いうかぶ。お母さんと見にいった県大会の準決勝《じゅんけっしょう》だ。試合は負けてしまったけれど、お姉ちゃんはひとりでスリーポイントを六本も決めた。お姉ちゃんだけがコートを走り、シュートをし、パスをだしていた。すくなくともわたしにはそう見えた。終盤《しゅうばん》、シュートをいれるたびにチームメートからもみくちゃにされる姿は、家にいるお姉ちゃんとは、まったくちがう人のようだった。

お姉ちゃんはいつも人の輪の中心にいた。

自分から目立とうとしなくても、自然と注目が集まってしまう。友だちも多い。たぶん、お姉ちゃんなら、一伽たちにいじわるをされるようなことはないだろう。たとえされたとしても、決して負けないだろう。③<u>わたしとは、なにもかもがちがう。</u>

お姉ちゃんはにこにこしながらもどってきて、はい、とボールをさしだした。

「さ、めぐみもやってみて。気づいたところがあったら、そのつどアドバイスするからね。球技大会まで、毎日最低、二百本やってみよう」

二百本、というひびきをきいた瞬間、体から力がぬけたような気がした。お姉ちゃんはさらに「右と左からそれぞれ二百だからね」とつけ足した。わたしはどんな顔をすればよいかわからず、やけくそ気味に、力なく笑った。

数日後、三組との練習試合が行われた。そこでめぐみは最初のシュートを外したことで自信を失い、失敗を重ねるうちに追い詰《つ》められて体調を崩《くず》して吐《は》いてしまい、試合途《と》中で家に逃《に》げ帰ってきてしまった。

「おかえり、めぐみ。練習試合、どうだった?」

自分でカギをあけて家に入ると、リビングからお姉ちゃんがでてきた。思わず、顔をしかめてしまう。だれとも口をききたくなかった。お姉ちゃんはわたしの顔を見て、どうしたの? と心配そうにたずねた。わたしは無視《むし》して階段をあがった。

授業終了の五分前になったとき、バレーボールのコートにいた一組の担任《たんにん》から、集合の合図がかかった。練習をやめ、ボールを胸《むね》にかかえて歩きだしたそのとき、突然《とつぜん》、左側からボールがとんできた。

「いたっ」

受けることもよけることもできず、ボールはひじにあたった。腕《うで》からボールがすべり落ち、とんできたボールといっしょに、足元ではずむ。ふりむくと、一伽が立っていた。

「それ、かたづけといて」

一伽はあごを突《つ》きだすようにしていい、くるりと背《せ》を向けた。残されたわたしには[a]もくれず、まっすぐに集合場所へ歩いていく。葉《よう》子《こ》と万里《まり》もくすくす笑いながら、わたしもー、わたしもー、と、ボールを床《ゆか》に落とした。ほかのクラスの子が、いったいなにごとだろうという目で、こちらを見ていた。

左腕をおさえたまま、わたしはその場に立ちつくした。どんな行動をとったらいいのか、思いつかない。ただ、左腕の痛《いた》みが熱をおびはじめるにつれ、あまく見られているくやしさや、自分が弱い立場にいることをほかのクラスの子に知られた恥《は》ずかしさが、どっと目の前におそってきた。

なにが＊優希《ゆき》みたいに強くなる、だ。これじゃ、優希がいたころとなんにも変わらないじゃないか。

わたしは鼻をすすり、天井《てんじょう》を見あげた。だまってちゃだめだ。一伽たちに、なにかいいかえすんだ。

次の瞬間《しゅんかん》、うしろから、ものすごい勢《いきお》いでボールがとんできた。

ボールはわたしの右横をかすめ、一本の線を描《えが》き、一伽の後頭部を直撃《ちょくげき》した。ぼこっ、という音とともに、一伽が頭から床につっこんでいく。そばにいた万里が目をまんまるにしてふりかえり、あんたがやったの？　という顔でこちらを見た。おどろいたわたしがうしろを向くと、五十嵐さんが立っていた。ボールをふたつ脇《わき》の下にかかえ、無表情《むひょうじょう》にこちらを見ている。

「①自分でつかったボールは、自分でかたづけるように」

葉子と万里はなにもこたえなかった。ただ、表情を引きつらせ、その場に立っている。一伽といるときは強気でも、自分たちだけで戦う根性《こんじょう》は、この子たちにはない。頼《たの》みの一伽は両手で頭をおさえ、いってーっ、と声をあげながら、床の上でうめいていた。

五十嵐さんがわたしの横を通りすぎるとき、なんと声をかけたらいいか迷《まよ》った。わたしのために一伽をやっつけてくれたのか、一伽に腹を立てただけなのか、よくわからない。五十嵐さんが足を止めてこちらを見た。にこりともせず、ひとことといった。

「パス、うまいね」

「あ、ありが……」と、いい切る前に、五十嵐さんは歩いていった。葉子たちは「だいじょうぶ？」とかなんとかいいながら、一伽をかかえておきあがらせようとしている。

パス、うまいね。

遠ざかる五十嵐さんを見ながら、心のなかでくりかえしてみた。

はじめて、バスケでほめられた。

床に落ちたボールをひとつ拾いあげ、②胸に抱《だ》きしめるようにして、わたしは小走りで集合場所に向かった。

その日、家に帰ると、さっそくお姉ちゃんに練習試合の結果《けっか》を報告《ほうこく》した。CNN《シーエヌエヌ》ニュースの録画《ろくが》を見ていたお姉ちゃんは、画像《がぞう》を止め、ふむ、とちいさくうなずいた。

「そろそろ、パス以外の練習もしなくちゃね」

わたしたちはすぐにスポーツウェアに着がえ、いつものように城址《じょうし》

ウ　ただネガティブな思考を続けるのではなく、ポジティブな思考へと自分を変えることができるものだから。

エ　ただ漠《ばく》然と失敗を恐れているのではなく、失敗の状況を具体的にイメージすることまではできるものだから。

オ　ただ悪い事態を予想するだけでなく、名人かと思うほど、ありとあらゆる悪い結果を想像することができるものだから。

問八　——線部⑥「不安を効果的にコントロールする作戦」とありますが、筆者の考える「不安を効果的にコントロールする作戦」の例として最も適当なものを次のア～オから選び、記号で答えなさい。

ア　遠足に向けて忘れ物をしないように三日前から荷物の準備をして何度も確かめ、また、寝坊《ねぼう》をしないようにあらかじめ家族には起こしてほしい時間を伝えておき、前日には目覚まし時計を二つかけた。

イ　宿題をいつもうっかり忘れてしまうので、先生や親にしかられないようにするために、忘れたときの言い訳をあらかじめいくつか考えておいた。

ウ　長距離《きょり》走の練習ではいつもバテて、後半スローダウンしていたので、後半に向けて体力を温存するためにはどうすればいいかを一晩悩み続けた。

エ　ピアノの発表会で、練習不足で準備が整っていなかったので、失敗しないようにおまじないのお守りを身につけてステージに上がり、ステージでは緊張しないように極力客席を見ないで演奏した。

オ　おいしい料理を作るために、まずは調味料の分量を正確に量ることができるように様々な計量スプーンを購《こう》入し、食材をきれいに並べて、何度もレシピを確認しながら順番通りに作業をした。

問九　——線部⑦「無理にポジティブになる必要なんてありません」とありますが、なぜそのように言えるのですか。最も適当なものを次のア～オから選び、記号で答えなさい。

ア　無理にポジティブに考えると、強《ごう》引に不安から逃れようとすることになり、自分のやるべきことが分からなくなってしまうから。

イ　無理にポジティブに考えると、成功するイメージを持つことになり、楽観的になってやる気を失い、努力をしなくなってしまうから。

ウ　無理にポジティブに考えると、慣れない感情のコントロールの仕方をすることになり、元の防衛的悲観主義に戻《もど》れなくなるから。

エ　無理にポジティブに考えると、不安を効果的にコントロールできなくなることになり、かえって悪い結果に陥《おちい》ってしまうから。

オ　無理にポジティブに考えると、悲観的な思考を取り除こうとすることになり、かえって悲観的なことばかりを考えてしまうから。

二

次の文章を読み、後の問に答えなさい。

一組のリーダー格の一伽《いちか》はクラスでいばりちらしているが、めぐみとクラスメートの五十嵐《いがらし》さんは一伽に従わないので目のかたきにされている。球技《きゅうぎ》大会のチームが一伽と五十嵐さんと同じになっためぐみはバスケットボールの得意な姉から特訓を受けながら、三組との練習試合に備えていた。

楽観主義者は、不安をよせつけない作戦を必要とし、悲観主義者は、⑥不安を効果的にコントロールする作戦が必要になってきます。

そこで、前者は、あまり考えたり悩《なや》んだりしないようにすることがベストですし、後者は、予想できる最悪の事態を想像し、それを避ける最大限の努力をすることがパフォーマンスをあげるに際して有効です。

この章のなかで、私は「やる気を高める原動力は、人によって違うのではないか」ということを述べました。悲観的な思考は悪であるとこれまで考えられてきましたが、防衛的悲観主義者は、失敗するかもしれないと悲観的に考えることで、やる気を高めているのです。「失敗するかもしれない。じゃあ、失敗しないようにがんばろう」といった具合に。

さて、あなたは楽観主義者ですか。それとも防衛的悲観主義者ですか。もちろん、どちらでもないという人もいます。

もしあなたが防衛的悲観主義者であるならば、⑦無理にポジティブになる必要なんてありません。正々堂々(!)とネガティブ思考を続ければよいのです。

(外山美樹《とやまみき》『勉強する気はなぜ起こらないのか』ちくまプリマー新書)

問一　空欄《らん》[a]~[d]に当てはまる言葉を次のア~オから選び、それぞれ記号で答えなさい。

ア　これに対して　　イ　さらには

ウ　そのためには　　エ　たとえば

オ　もちろん

問二　空欄[A]に当てはまる言葉を本文中から五字で探し、抜《ぬ》き出して答えなさい。

問三　――線部①「なぜ、ポジティブ思考がよいものとされているのでしょうか」とありますが、その理由として最も適当なものを次のア~オから選び、記号で答えなさい。

ア　「きっとうまくいくさ!」と期待することで、結果がついてくるから。

イ　書店には楽観的になるための自己啓発の本が溢れかえっているから。

ウ　心理学の様々なデータから、楽観主義者は成功すると言われているから。

エ　物事を悲観的に考えると、能力以下の成績や業績しか上げられないから。

オ　楽観主義者は心身の健康状態が良く、感染症にかかりにくいから。

問四　――線部②「こうした考え方」とは、どのような考え方ですか。答えなさい。

問五　――線部③「不安はパフォーマンスを阻害する大きな要因の一つです」とありますが、ここでの「不安」とは何から生じるものですか。本文中から三十字以内の部分を探し、初めと終わりの五字ずつを抜き出して答えなさい。

問六　――線部④「とても魅力的なメリットがあります」とありますが、「魅力的なメリット」とはどのようなことですか。答えなさい。

問七　――線部⑤「このネガティブ思考は、ただのネガティブ思考ではありません」とありますが、そう言えるのはなぜですか。最も適当なものを次のア~オから選び、記号で答えなさい。

ア　ただ失敗の可能性だけを考えるのではなく、成功のイメージを作り上げることもできているものだから。

イ　ただ後ろ向きに考えるのではなく、やるべきことを見いだし、先に進むことができるものだから。

実際に失敗すると、がっかりすることもありますが、現実を受け止め、次に頑《がん》張ろうとするやる気までは奪《うば》われないですむのです。

「物事を悪いほうに考える」ことで成功する二つ目のポイントは、予想できる最悪の事態を見越《こ》して、それを避ける最大の努力を行うというプロセスにあります。悪いほう、悪いほうへと予想し、考えられる結果を鮮《せん》明に思い浮《う》かべることによって、その対策を練りあげ、実行に移すことができるのです。

防衛的悲観主義は、これから起こる出来事を、うんざりするほど悪いほう悪いほうに想像してしまいます。それはもう名人かと思うほど、ありとあらゆる失敗の可能性を考えることができるのです。

冒頭にあげたA子さんは、「話す内容を忘れて、頭の中が真っ白になるのではないか」、「自分の声が小さくて、友だちが聞き取れないのではないか」、「準備が十分ではないと、先生に怒られるのではないか」、「質問に答えられないのではないか」といったように、来る日も来る日も悲観的に失敗の可能性を考え続けていました。

しかし、⑤このネガティブ思考は、ただのネガティブ思考ではありません。彼らは、ありとあらゆる失敗の状況をイメージ・トレーニングしているからです。考えられる限りのネガティブな結果を具体的に想像することによって、おのずとやるべきことは見えてきます。

そして、具体的な対策が定まると、防衛的悲観主義者といえども、もう迷いはありません。あとはただやるべきことに集中するだけです。

d 、A子さんは失敗を想定した後、自宅で何度も何度も発表の練習をくり返し、来《きた》るべき質問を想定した回答例を作り、家族をクラスのみんなに見立てて、質疑応答の練習をするでしょう。

その時には、不安もすっかり忘れているにちがいありません。

こうして、用意周到《とう》に準備ができた防衛的悲観主義の人は文字通り、「何が起きても大丈《じょう》夫」という自信のもとで、積極的な態度で本番を迎えることができます。

どんな事態が起きても、それに対処すべき青写真が頭の中にクリアに入っているので、何も恐れることはありません。まさに不安に打ち勝った状態です。

ここでA子さんの発表の結果をお伝えしましょう。悪いほう、悪いほうに想像し、徹《てっ》底的にその対策を練りあげたA子さんは、本番を迎える頃《ころ》にはその心配事に対する不安をコントロールし、そして本番では立派な成果を収めたのです。

そんなA子さんですが、次にまたみんなの前で発表を行う時には、同じ不安におそわれてしまいます。「前にもうまくいったし、今度もうまくいく」とは安易に考えない防衛的悲観主義者は、悪い事態を予想することで不安になってはしまいますが、その不安を否定するのではなく逆に利用してやる気を高め、悪い事態を避ける最大限の努力をすることで目標達成につなげるのです。

……中略……

成功するためには、積極的になることが大切です。

しかし、防衛的悲観主義者のように、つねに物事を悲観的にとらえる人に「ポジティブに考えようぜ」と言っても、ポジティブに考えられるはずがありませんし、不安なときに無理にポジティブに考えようとすると、裏目に出やすい。

ここからいえることは、ポジティブ思考が万《ばん》能ではないということです。人はそれぞれ違《ちが》いますし、ある人に効くものが、ある人には効かないかもしれません。

楽観主義者と悲観主義者とでは、目標に向かう際の心理状態が大きく違います。楽観主義者は不安を感じることが少ないのに対して、悲観主義者は不安を持ちやすい。

から迎《むか》える状況《きょう》に対して、最悪の事態を想定します。冒《ぼう》頭でとりあげたA子さんのように、最悪の事態をあらゆる角度から悲観的に想像しては、失敗を想定するのです。そういった考え方をする人を心理学では、防衛的悲観主義者といいます。また、②こうした考え方を防衛的悲観主義と呼びます。

このような防衛的悲観主義は、とりわけ、不安傾向が強い人に有効な心理的作戦となりうるのです。

防衛的悲観主義が「物事を悪いほうに考える」ことで成功する理由には、二つのポイントがあります。

まず一つ目は、悲観的に考えることで、不安をコントロールできる点です。

③不安はパフォーマンスを阻《そ》害する大きな要因の一つです。不安が生じると、向かうべき課題に集中できなくなります。不安に押《お》しつぶされてしまって、本来の実力が発揮できなかったという経験は、誰《だれ》にもあるでしょう。防衛的悲観主義者は、とりわけ不安が強い傾向にあるのです。

このパフォーマンスの障害となる「不安」という感情は、これから遭遇《そうぐう》する状況では何が起こるのかわからないといった思いから、生まれるものです。失敗するのか、それとも成功するのか、自分が赤っ恥《ぱじ》をかくのか、はたまた脚《きゃっ》光を浴びるのかがわからないから不安になるのです。

もし、これから起こることに多少なりとも確信を持つことができれば、その不安はずいぶんと和《やわ》らぐでしょう。 b 、それですべての不安がなくなるわけではありませんが、結果があらかじめイメージできていれば、ある程度、落ち着いて取り組むことができるはずです。

楽観主義の人は「自分は成功するにちがいない」という確信をもち、自分が成功するのか、それとも失敗するのかについては考えないのです。考えると不安がおそってくるからです。

極力結果について考えることを避《さ》け、ただやるべきことをやるだけ。これが楽観主義者が使う心理的作戦になります。さらには、彼《かれ》らは本番前には、音楽を聴《き》いてリラックスしたり、読書をして気晴らしをしたりすることが多いです。本番前には、不安に対処するのではなく、不安が生じることを避けようとするのです。

 c 、防衛的悲観主義の人は、これから遭遇する状況において「悪い結果が出るにちがいない」と確信します。そう考えることで、何が起こるのかわからない不安から逃《のが》れることができるからです。「良い結果が出る」ではなく「悪い結果が出る」と予想することで、成功しなくてはいけないというプレッシャーからも解放されることになります。くり返しいいますが、防衛的悲観主義の人は、ことさら不安傾向が強いから、このように考えるのです。

つまり、防衛的悲観主義者が最悪な事態を予想するのは、自分の目標の障害になる不安をコントロールするためと言えます。

さらには、こういった心理的作戦には、④とても魅《み》力的なメリットがあります。「自分は失敗するにちがいない」とあらかじめ予想しておくことによって、実際に失敗した時のショックを和らげることができるのです。

読者のみなさんにも経験があるのではないでしょうか。成功を期待していて失敗するよりも、あらかじめ失敗を予想しておいてその通りになるほうが、ショックが少なかったという経験を。

防衛的悲観主義の人が用いる悲観的思考は、実際に失敗したときに落ち込《こ》まずにすむ緩衝《かんしょう》材(クッション)となっているのです。

自分が傷つくことをあらかじめ防衛しておくことが、「防衛的悲観主義」とよばれる理由でもあります。もちろん、そうした考えでも、

二〇二二年度 普連土学園中学校

【国　語】〈二日午後二科試験〉（五〇分）〈満点：一〇〇点〉

一　次の文章を読み、後の問に答えなさい。

来週の授業で、クラスのみんなの前で発表することになったA子さん。もともと不安傾《けい》向の強いA子さんは心配で仕方がありません。

「話す内容を忘れて、頭の中が真っ白になるのではないか……」

「自分の声が小さくて、クラスの友だちが聞きとれないのではないか……」

「準備が十分ではないと、先生に怒《おこ》られるのではないか……」

「質問に答えられないのではないか……」

と、次から次へと不安がおそってきます。

はたして、A子さんはクラスのみんなの前でうまく発表できるでしょうか。

結果についてはこの章の後半でお伝えします。

このように物事についてネガティブに考えるよりは、物事はポジティブに考えたほうがよい。

読者のみなさんの中には、そう思っている人が多いのではないでしょうか。書店には、「成功するためには常にポジティブでいよう」といった楽観的になるための自己啓《けい》発の本が溢《あふ》れかえっています。

心理学の世界でも、「ポジティブ思考が美徳である」というのが、これまでの支配的な考えでした。

では、①なぜ、ポジティブ思考がよいものとされているのでしょうか。

そのことを考えるために、「来週、学校で試験がある」という場面をちょっと想像してみてください。その時、「きっとうまくいくさ！」と考えますか。それとも、「悪い成績になってしまったらどうしよう」と考えますか。

心理学では、良い（ポジティブな）結果を期待する傾向を「楽観主義」、悪い（ネガティブな）結果を予期する傾向を「悲観主義」といいます。

先の場面で、「きっとうまくいくさ！」と考えた人は、楽観主義の持ち主（「楽観主義者」）になります。一方で、「悪い成績にならないだろうか」と思った人は、悲観主義の持ち主（「悲観主義者」）になります。

先に紹介《しょうかい》した不安傾向が強いA子さんは、まぎれもなく［A］です。

一般《ぱん》的には、楽観主義と悲観主義では、楽観主義のほうが望ましいと思われていることはみなさんも想像できるでしょう。

心理学の研究でも、楽観主義者は心身の健康状態が良く、感染症《せんしょう》にかかりにくく、パフォーマンスが高い一方で、悲観主義者は無気力で希望を失いやすく、簡単にあきらめてしまうため、能力以下の成績や業績しかあげられないことが実証的に確認されています。［a］、楽観主義者のほうが悲観主義者よりも長寿《じゅ》である、というデータもあるくらいです。

こうしたデータから、「楽観主義者は成功する」といわれており、それは裏を返すと、「悲観主義者は失敗する」ということになります。

……中略……

ところが、近年、悲観主義者のなかにも、「物事を悪いほうに考える」ことで成功している人がある程度いることがわかってきました。

そういった傾向にある人は、前にある行動でうまくいったとしても、「前にうまくいったから、今度もうまくいく」とは考えないで、これ

2022年度

普連土学園中学校　▶解説と解答

算　数　＜２日午後２科試験＞（50分）＜満点：100点＞

解　答

$\boxed{1}$ (1)　2　(2)　9.9　$\boxed{2}$ (1)　72通り　(2)　60通り　$\boxed{3}$ (1)　３時間　(2)　５時間52分　(3)　４時間20分後　$\boxed{4}$ (1)　3140cm^3　(2)　3140cm^3　$\boxed{5}$ (1)　６個　(2)　10個　(3)　４個ずつ　$\boxed{6}$ (1)　ア　505　イ　$\frac{1}{4}$　ウ　$\frac{3}{4}$　(2)　$\frac{3033}{4}$　(3)　3　$\boxed{7}$ (1)　82cm^2　(2)　67.5cm^2　(3)　**辺DIの長さ**…1.6cm，**長方形Uの面積**…83.2cm^2

解　説

$\boxed{1}$ 四則計算，逆算

(1)　$\left(4\frac{2}{3}\times\frac{6}{7}\div2\frac{8}{9}+0.25\div0.13\times2\frac{4}{5}\right)\div3\frac{5}{13}=\left(\frac{14}{3}\times\frac{6}{7}\div\frac{26}{9}+\frac{1}{4}\div\frac{13}{100}\times\frac{14}{5}\right)\div\frac{44}{13}=\left(4\times\frac{9}{26}+\frac{1}{4}\times\frac{100}{13}\times\frac{14}{5}\right)\times\frac{13}{44}=\left(\frac{18}{13}+\frac{70}{13}\right)\times\frac{13}{44}=\frac{88}{13}\times\frac{13}{44}=2$

(2)　$4.2+2\frac{2}{3}\div1\frac{1}{9}=\frac{42}{10}+\frac{8}{3}\div\frac{10}{9}=\frac{21}{5}+\frac{8}{3}\times\frac{9}{10}=\frac{21}{5}+\frac{12}{5}=\frac{33}{5}$，$0.625\div0.75=\frac{5}{8}\div\frac{3}{4}=\frac{5}{8}\times\frac{4}{3}=\frac{5}{6}$より，$\frac{33}{5}\div\square+\frac{5}{6}=1\frac{1}{2}$，$\frac{33}{5}\div\square=1\frac{1}{2}-\frac{5}{6}=\frac{3}{2}-\frac{5}{6}=\frac{9}{6}-\frac{5}{6}=\frac{4}{6}=\frac{2}{3}$　よって，$\square=\frac{33}{5}\div\frac{2}{3}=\frac{33}{5}\times\frac{3}{2}=\frac{99}{10}=9.9$

$\boxed{2}$ 場合の数

(1)　$\boxed{1}$，$\boxed{2}$，$\boxed{3}$，$\boxed{4}$の並べ方は，$4\times3\times2\times1=24$（通り）である。また，それぞれに対して小数点の位置は，左から２番目，３番目，４番目のいずれかになるから，作れる数は，$24\times3=72$（通り）となる。

(2)　３より小さい数は，$\boxed{1.}\square\square\square\square$と$\boxed{2.}\square\square\square\square$で，小数点以下の数字の並べ方を考えると，それぞれ，$3\times2\times1=6$（通り）ずつ作れる。よって，３より大きい数は，$72-6\times2=60$（通り）作れる。

$\boxed{3}$ 流水算，つるかめ算

(1)　ＡからＢまでの上りの速さは時速，$20-5=15$（km）で，ＢからＣまでの下りの速さは時速，$20+5=25$（km）なので，ＡからＣまで行くのにかかる時間は，$30\div15+25\div25=2+1=3$（時間）である。

(2)　ＣからＢまで上り，ＢからＡまで下るので，ＣからＡまで行くのにかかる時間は，$25\div15+30\div25=\frac{5}{3}+\frac{6}{5}=\frac{43}{15}=2\frac{13}{15}$（時間），つまり，$60\times\frac{13}{15}=52$（分）より，２時間52分になる。よって，往復にかかる時間は，３時間＋２時間52分＝５時間52分となる。

(3)　雨が降り始めたあとのＢからＡまでの下りの速さは時速，$20+10=30$（km）なので，ＢからＡまで行くのにかかる時間は，$30\div30=1$（時間）となり，ＣからＢまで行くのにかかる時間は，５時間50分－３時間－１時間＝１時間50分，つまり，$50\div60=\frac{5}{6}$（時間）より，$1\frac{5}{6}$時間とわかる。

ここで，ＣからＢまで川の流れの速さが常に時速10kmだとすると，船が進んだ距離は，(20−10)×$1\frac{5}{6}=\frac{55}{3}$(km)となり，実際の距離《きょり》より，$25-\frac{55}{3}=\frac{20}{3}$(km)短くなる。そこで，川の流れの速さを時速10kmから時速５kmにかえると，進む距離は１時間につき，15−10＝５(km)ずつ長くなるので，川の流れの速さが時速５kmだったのは，$\frac{20}{3}\div 5=\frac{4}{3}=1\frac{1}{3}$(時間)，つまり，$60\times\frac{1}{3}=20$(分)より，１時間20分とわかる。よって，雨が降り始めたのはＡを出発してから，３時間＋１時間20分＝４時間20分後と求められる。

4 立体図形―図形の移動，体積

図１

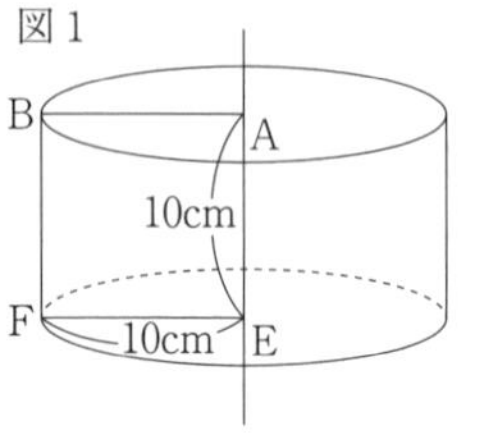

図２

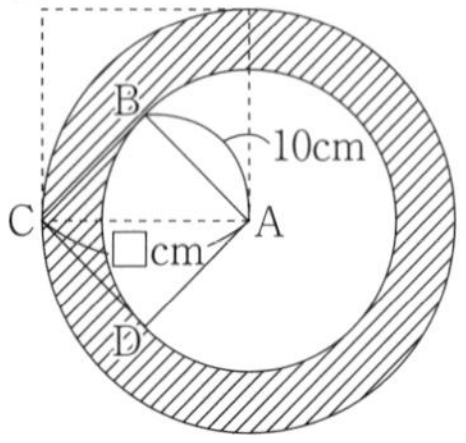

(1)　できた立体は右の図１のような，底面の円の半径が10cmで，高さが10cmの円柱になる。よって，その体積は，10×10×3.14×10＝3140(cm^3)となる。

(2)　できた立体は右の図２の斜線《しゃせん》部分が底面で，高さが10cmの柱体になる。また，大きい円の半径を□cmとすると，点線で囲まれた正方形の面積から，□×□＝10×10÷２×４＝200となる。したがって，大きい円の面積は，□×□×3.14＝200×3.14(cm^2)とわかる。ABを半径とする円の面積は，10×10×3.14＝100×3.14(cm^2)だから，求める立体の体積は，(200×3.14−100×3.14)×10＝(200−100)×3.14×10＝100×3.14×10＝3140(cm^3)である。

5 割合と比

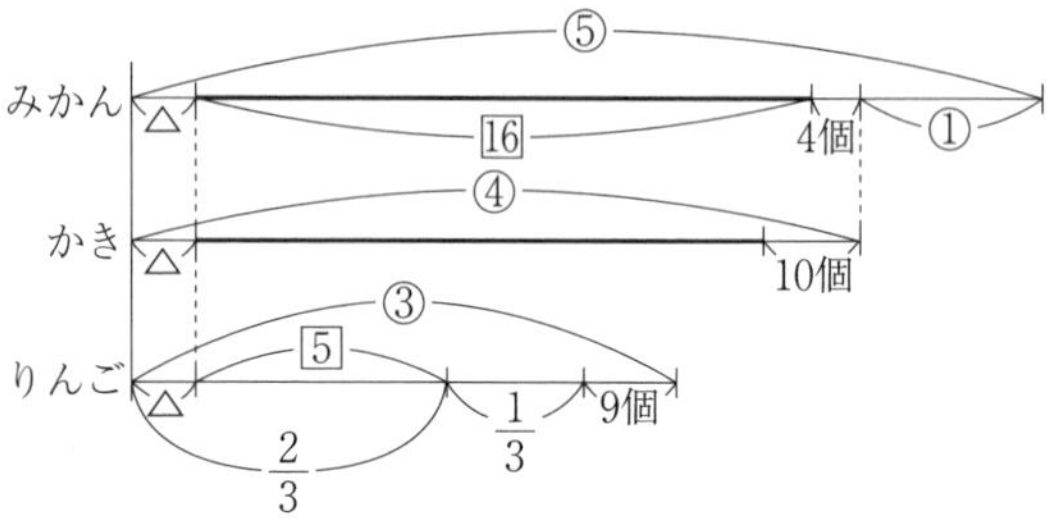

(1)　初めのみかん，かき，りんごの個数をそれぞれ⑤，④，③，残りのみかんとりんごの個数をそれぞれ$\boxed{16}$，$\boxed{5}$とすると，みかんの個数の20％は，⑤×0.2＝①となり，Ｃさんが買った個数を△とすると，右の図のように表すことができる。図より，みかんとかきの残りの個数の差は，10−４＝６(個)である。

(2)　図の太線の部分の和が58個なので，$\boxed{16}$は，(58＋６)÷２＝32(個)にあたる。よって，りんごの残りの個数は，$\boxed{5}=32\times\frac{5}{16}=10$(個)とわかる。

(3)　図のみかんの個数より，④＝△＋32＋４＝△＋36と表せる。また，Ｂさんが買ったあとに残ったりんごの個数は，(③−９)×$\left(1-\frac{1}{3}\right)$＝③×$\frac{2}{3}$−９×$\frac{2}{3}$＝②−６と表せるから，最後に残ったりんごは，(②−６−△)個となり，これが10個なので，②−６−△＝10より，②＝△＋16である。これを２倍すると，④＝２×△＋32となるから，△＋36＝２×△＋32とわかり，２×△−△＝36−32，△＝４より，Ｃさんは４個ずつ買ったとわかる。

6 約束記号

(1)　2021÷４＝505あまり１より，$\left\{\frac{2021}{4}\right\}=\frac{2021}{4}-505=\frac{1}{4}$になる。また，$\left\{\frac{5}{4}\right\}=\frac{5}{4}-1=\frac{1}{4}$，$\left\{\frac{6}{4}\right\}=\frac{6}{4}-1=\frac{2}{4}$だから，$\left\{\frac{5}{4}\right\}+\left\{\frac{6}{4}\right\}=\frac{1}{4}+\frac{2}{4}=\frac{3}{4}$である。

(2)　$\left\{\frac{1}{4}\right\}=\frac{1}{4}-0=\frac{1}{4}$，$\left\{\frac{2}{4}\right\}=\frac{2}{4}-0=\frac{2}{4}$，$\left\{\frac{3}{4}\right\}=\frac{3}{4}-0=\frac{3}{4}$，$\left\{\frac{4}{4}\right\}=\frac{4}{4}-1=0$，$\left\{\frac{5}{4}\right\}=\frac{5}{4}-1=\frac{1}{4}$，…，$\left\{\frac{2022}{4}\right\}=\frac{2022}{4}-505=\frac{2}{4}$より，$\left\{\frac{1}{4}\right\}+\left\{\frac{2}{4}\right\}+\left\{\frac{3}{4}\right\}+\left\{\frac{4}{4}\right\}+\cdots+\left\{\frac{2021}{4}\right\}+\left\{\frac{2022}{4}\right\}=\frac{1}{4}+$

$\frac{2}{4}+\frac{3}{4}+0+\cdots+\frac{1}{4}+\frac{2}{4}$となる。$\frac{1}{4}+\frac{2}{4}+\frac{3}{4}+0=\frac{3}{2}$で，これが505回くり返され，$\frac{1}{4}$と$\frac{2}{4}$が残るので，これは，$\frac{3}{2}\times505+\frac{1}{4}+\frac{2}{4}=\frac{3033}{4}$となる。

(3) $\left\{\frac{1}{13}\right\}=\frac{1}{13}-0=\frac{1}{13}$，$\left\{\frac{10}{13}\right\}=\frac{10}{13}-0=\frac{10}{13}$，$100\div13=7\frac{9}{13}$より，$\left\{\frac{100}{13}\right\}=\frac{100}{13}-7=\frac{9}{13}$，$1000\div13=76\frac{12}{13}$より，$\left\{\frac{1000}{13}\right\}=\frac{1000}{13}-76=\frac{12}{13}$，$10000\div13=769\frac{3}{13}$より，$\left\{\frac{10000}{13}\right\}=\frac{10000}{13}-769=\frac{3}{13}$，$100000\div13=7692\frac{4}{13}$より，$\left\{\frac{100000}{13}\right\}=\frac{100000}{13}-7692=\frac{4}{13}$である。よって，｛①｝＋｛②｝＋｛③｝＋｛④｝＋｛⑤｝＋｛⑥｝$=\frac{1}{13}+\frac{10}{13}+\frac{9}{13}+\frac{12}{13}+\frac{3}{13}+\frac{4}{13}=\frac{39}{13}=3$と求められる。

7 平面図形―面積

(1) 長方形ABCDの面積は，12×10＝120(cm²)である。三角形ABE，三角形ECF，三角形FDG，三角形GHAの面積はそれぞれ，10×２÷２＝10(cm²)，10cm²，(10－２)×２÷２＝８(cm²)，(12－２)×２÷２＝10(cm²)だから，四角形Sの面積は，120－10×３－８＝82(cm²)となる。

(2) ４つの三角形の面積はそれぞれ，10×３÷２＝15(cm²)，(12－３)×３÷２＝13.5(cm²)，(10－３)×３÷２＝10.5(cm²)，(12－３)×３÷２＝13.5(cm²)なので，四角形Tの面積は，120－15－13.5×２－10.5＝67.5(cm²)になる。

(3) 右の図で，三角形ABEと三角形FDIは相似で，DI：FD＝BE：AB＝２：10＝１：５となり，FDの長さは，10－２＝８(cm)だから，DIの長さは，$8\times\frac{1}{5}=$1.6(cm)とわかる。次に，三角形ABE，三角形ECF，三角形FDIの面積はそれぞれ，10×２÷２＝10(cm²)，10(cm²)，(10－２)×1.6÷２＝6.4(cm²)である。また，三角形GJEと三角形FDIは合同なので，GJ＝８(cm)だから，GHの長さは，10－８＝２(cm)であり，三角形IGAの面積は，(12－1.6)×２÷２＝10.4(cm²)となる。よって，長方形のUの面積は，120－10×２－6.4－10.4＝83.2(cm²)と求められる。

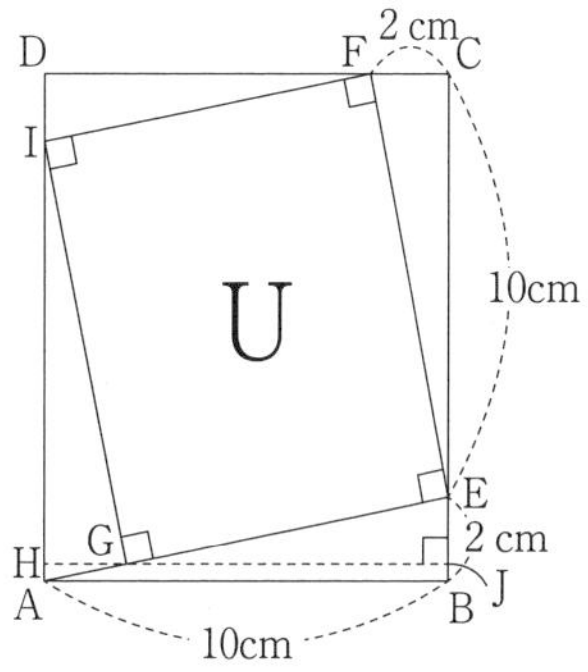

国語 ＜２日午後２科試験＞（50分）＜満点：100点＞

解答

一 **問1** a イ b オ c ア d エ **問2** 悲観主義者 **問3** ウ **問4** （例） あらゆる角度から悲観的に最悪の事態を想像し，失敗を想定するような考え方。 **問5** これから遭～いった思い **問6** （例） 実際に失敗した時のショックを和らげることができること。 **問7** イ **問8** ア **問9** エ 二 **問1** a 目 b 力 c 息 **問2** ウ **問3** ア **問4** エ **問5** （例） バスケットボールがうまくなったと自分では思っていたということ。 **問6** イ **問7** （例） 家では自分が苦しんでいることを母に悟られないようにしていたのに，母はそれに気づいていたということ。 **問8** エ，オ **問9** ウ 三 ①～⑤ 下記を参照のこと。 ⑥ ゆくえ ⑦ あずき ⑧ ちんたい ⑨ がくめん ⑩ ほうとう 四 ① キ ② カ ③ イ ④ ウ ⑤ オ 五 ① 買 ② 果 ③ 寒 ④ 功 ⑤ 新 ⑥ 複 ⑦ 減 ⑧ 満 ⑨

実　⑩ 授

●漢字の書き取り

三 ① 規律　② 専門　③ 血統　④ 磁石　⑤ 庁舎

解説

一 **出典は外山美樹《とやまみき》の『勉強する気はなぜ起こらないのか』による。**ものごとに対処する楽観主義者と悲観主義者の姿勢の違《ちが》いをもとに，否定的に見られがちな悲観主義の長所を説明する。

問１　a　悲観主義者と比べた楽観主義者の長所として，健康状態のよさ，パフォーマンスの高さをあげ，そこに長寿を加える文脈なので，前のことがらに別のことをつけ加えるときに使う「さらには」が入る。　b　先行きの結果がわかっても，すべての不安がなくなるわけではないのは当然のことだから，“言うまでもない”という意味の「もちろん」が合う。　c　空らんの前では本番前の楽観主義者のようすについて述べ，後では本番前の防衛的悲観主義者のようすについて述べているので，二つのうち残りの一方を取り上げる働きの「これに対して」がよい。　d　防衛的悲観主義者が対策を定めた後は，やるべきことに集中するだけだと空らんの前で述べ，後でＡ子さんの例をあげるので，具体的な例をあげるときに用いる「たとえば」が適する。

問２　「来週，学校で試験がある」場合，「楽観主義者」は「うまくいくさ」と考え，「悲観主義者」は「悪い成績」を心配する。Ａ子さんは「不安傾向《けいこう》が強い」のだから「悲観主義者」である。

問３　この後，楽観的(ポジティブ)な考え方と悲観的な考え方を比べ，悲観主義者は「希望を失いやすく～能力以下の成績や業績しかあげられない」といわれているのに対し，さまざまなデータから「『楽観主義者は成功する』といわれて」いると述べている。よって，ウが選べる。

問４　同じ段落にあるように「これから迎《むか》える状況《じょうきょう》」に対して「最悪の事態をあらゆる角度から悲観的に想像しては，失敗を想定する」考え方が，「防衛的悲観主義」である。

問５　次の段落の冒頭《ぼうとう》にあるように「不安」とは「これから遭遇《そうぐう》する状況では何が起こるのかわからないといった思い」から生まれる感情である。

問６　これより前に「防衛的悲観主義者が最悪な事態を予想する」のは「何が起こるのかわからない不安」，「成功しなくてはいけないというプレッシャー」から逃《のが》れるためだとある。この「心理的作戦」のメリットとしては，失敗をあらかじめ予想しておけば，「実際に失敗した時のショックを和らげることができる」ということがあげられる。「メリット」は，利点。

問７　「このネガティブ思考」とは，Ａ子さんのような防衛的悲観主義者が「これから起こる出来事」に対して「ありとあらゆる失敗の可能性を考えること」を指す。「悪いほう悪いほう」にと予想することで「やるべきこと」が見えてきて「対策」を定め，徹底《てってい》的に「練習」をくり返し，目的達成につなげるのだから，イが適する。

問８　不安のコントロールが必要なのは，悲観主義者である。問７でみたが，悲観主義者はあらゆる失敗の予想をし，さまざまな対策をして目的達成に至る。あらゆる失敗の予想をし対策をたてているのは，アのみ。

問９　問６でもみたように，防衛的悲観主義者があらゆる失敗を予想するのは，「何が起こるのかわからない不安」，「成功しなくてはいけないというプレッシャー」から逃れるためで，それはエの「不安を効果的にコントロール」する心理的作戦に当たる。無理にポジティブに考えれば，不安のコントロールができず，目的達成にも支障が出るのである。

二　**出典は蒼沼洋人《あおぬまようと》の『さくらいろの季節』による。**「わたし」（めぐみ）が球技大会のバスケットボールに組みこまれ，一伽《いちか》たちの嫌がらせや練習試合での失敗も，五十嵐さんの助け船やお姉ちゃんの支えなどで乗り切っていくようすが描《えが》かれている。

問１　**ａ**　「目もくれない」は，“少しも関心を示さない” という意味。　**ｂ**　「力まかせ」は，ありったけの力を出すこと。　**ｃ**　「息をのむ」は，“恐れや驚きなどで一瞬息を止める” という意味。

問２　一伽たちが「わたし」（めぐみ）にボールをぶつけ，片付けておけと命じた場面である。「わたし」が立ちつくしていたところ，五十嵐さんが一伽にボールを直撃させ「自分でつかったボールは，自分でかたづけるように」と言ってくれたが，「わたし」は「わたしのために一伽をやっつけてくれたのか，一伽に腹を立てただけなのか，よくわからない」と思っている。ただし，この後五十嵐さんが「わたし」に「パス，うまいね」と，さりげなく言ってはげましたことに注目すると，一伽たちの「わたし」に対する理不尽な行為《こうい》を「そのままにしておけないと思った」というウが自然であると考えられる。

問３　「わたし」は「パス，うまいね」という五十嵐さんの言葉を「心のなかでくりかえし」，「はじめて，バスケでほめられた」ことをかみしめている。その喜びが，ボールを「抱《だ》きしめる」，「小走り」といった行動に表れたのだから，アがよい。

問４　「わたし」の目に映る「お姉ちゃん」はバスケがうまく，いつも人の輪の中心にいた。そんな「お姉ちゃん」なら「いじわるをされる」こともなく，「たとえされたとしても，決して負けないだろう」と思っている。逆に，「お姉ちゃん」と「なにもかもちがう」「わたし」は，一伽たちにいじわるをされて「その場に立ちつくし〜どんな行動をとったらいいのか，思いつかない」ままだったし，「なにかいいかえすんだ」と思いながら鼻をすすって天井を見上げていたのである。よって，エが合う。

問５　練習試合で失敗して，途中《とちゅう》で逃げ帰った日である。ぼう線部④の主語「それは」が，すぐ前の「お姉ちゃんはわたしがうまくなったといった」こと，「わたしもそう思っていた」ことを指す。練習試合で失敗した「わたし」は，今までバスケットボールがうまくなったと自分でも思っていたことは「勘《かん》ちがいだった」と，自信を失っているのである。

問６　練習試合から逃げ帰った「わたし」が「お姉ちゃん」に「なんでもよくできて，いいことばっかりに囲まれて，そんな人にわたしの気持ち，わかるわけないっ」と言ったことに，「お姉ちゃん」は，小さいころの「わたし」も「お姉ちゃんはいつもいちばんで，でもちっともいばらなくて，すごい」と作文に書いてくれたが，自分は「いじめのターゲット」になって高校を辞めたといっている。つまり，自分は妹が思い描いてくれた「すごい」「お姉ちゃん」ではないことを，イのように「申し訳なく感じ」て「さびしそう」な表情になったと解釈できる。

問７　「いじめのターゲット」になっていた自分の「つらい」状態を，お母さんが「気づいてた」ことに「お姉ちゃん」は「びっくり」している。「いじめのターゲット」になっていた一年前，「どの場面」でも笑っていた「お姉ちゃん」は，家族の前では「笑顔《えがお》」で「てきぱき」とふるまっていたのに，お母さんには「つらいことをがまんして」いると見ぬかれていたのである。これをふまえ「学校でいじめの標的にされても家族の前では笑顔でいたのに，つらい気持ちを母に気づかれていたこと」のようにまとめる。

問８　問６でも検討したように，練習試合から逃げ帰った「わたし」が「なんでもよくできて，いいことばっかりに囲まれて，そんな人にわたしの気持ち，わかるわけないっ」と言ったことが発端《ほったん》に当たる。この訴えに対する返答として，「お姉ちゃん」は「いじめ」にあって高校を辞めたことを話したのである。つまり，「お姉ちゃん」は，「いいことばっかりに囲まれて」きたわけではない自分には，試合で失敗した「わたし」の気持ちが「わかる」と伝えたいのだから，エが合う。また，少し後で「わたしに」打ち明けた理由を問われ，バスケがやりたくて特訓を楽しんでしまい，「わたし」に「必要以上に練習させて，追いつめてた」かもしれないから「あやまりたかった」と答えているので，オが合う。

問９　「お姉ちゃん」が外して「わたし」にくれた「リストバンド」の温もりを，「お姉ちゃんと，手をつないでるみたい」に感じている。この温もりは，「わたし」をはげまそうと，「いじめのターゲット」になった「つらい」過去まで打ち明けてくれた「お姉ちゃん」の心である。ウが，この経《けい》緯《い》とようすを正確にとらえている。

三　漢字の読み書き

①　一定の決まり。　②　限られた分野の学問や職業。　③　先祖から代々続く血縁《けつえん》関係。　④　鉄を吸いつける性質を備えた物体や装置。　⑤　役所の建物。　⑥　「行方をくらます」で，“どこへ行ったのかわからなくなる”という意味。「行方」は熟字訓。　⑦　マメ科の作物のひとつ。「小豆」は熟字訓。　⑧　料金をとって貸すこと。　⑨　「額面通り」は，言葉どおりという意味の慣用句。　⑩　「伝家の宝刀」は，家宝として代々伝わっている名刀。そこから，いざというときにだけ用いる物や手段を表す慣用句として使う。

四　文法的な誤用の判別

①　キの主語は「理由は」だから，述語を「朝寝坊した」ではなく，「朝寝坊したことだ／朝寝坊したことである」などにする。　②　カの「たとえ」は，あとに「ても」「でも」「とも」などを伴って，想定した事態になっても結果は変わらないという内容が続く。「たとえ雨が降ったとしても，体育祭は中止しない」「たとえ雨が降っても，体育祭は行われる」などが正しい。　③　イは，冒頭の「今から」が直近の未来を表し，文の前半だけでなく後半まで係るので，最後の述語も過去形にはしない。「すぐ寝る」「すぐ寝るつもりだ」のように，これから起きることを表すのが正しい。　④　ウの助詞が不適切。「奪われた」は，受け身で，心を奪うのが「絵」なので，「絵に」が正しい。　⑤　話したのは「先生」の行為なので，オは謙譲語の「申し上げた」ではなく，尊敬語の「おっしゃった」などを使うのがよい。

五　対義語同士を組み合わせた二字熟語の完成

①　「売買」は，売ったり買ったりすること。　②　「因果」は，原因と結果。　③　「寒暖」は，寒さと暖かさ。　④　「功罪」は，功績と罪過。良い結果をもたらす点と悪い結果を生む点。　⑤　「新旧」は，新しいものごとと古いものごと。　⑥　「単複」は，簡単なようすと複雑なようす。単数と複数。　⑦　「加減」は，加えることと減らすこと。　⑧　「干満」は，干潮と満潮。　⑨　「名実」は，評判と実際。名誉と実利。　⑩　「授受」は，相手に何かを渡し，相手からも何かを受け取ること。やりとり。

2022年度　普連土学園中学校

〔電　話〕　(03) 3451－４６１６
〔所在地〕　〒108－0073　東京都港区三田４－14－16
〔交　通〕　都営浅草線・三田線 ―「三田駅」より徒歩７分
JR山手線 ―「田町駅」より徒歩８分

【算　数】〈４日午前４科試験〉(60分)〈満点：100点〉

(注 意) 解答欄《らん》に「式」とある場合には，式や考え方も書きなさい。

1　次の $\square$ にあてはまる数を求めなさい。

(1) $\left(8-3\times\frac{2}{5}\right)\div\left(3\frac{1}{5}-2\frac{1}{2}\right)\div 11.9\times 14.7=\square$

(2) $1.2\times 3.1+2.4\times 6.2+3.6\times 9.3+4.8\times 12.4=\square$

(3) $2022\times\left(\frac{1}{2}-\frac{4}{27}\right)\div\left(1\frac{10}{27}-\square\right)=1011$

2　次の問いに答えなさい。

(1) 友子さんが800 mはなれた聖坂《ひじりざか》の上と聖坂の下の2つの地点を歩いて往復すると，上りにかかる時間は下りにかかる時間の1.25倍でした。友子さんが聖坂を往復するのに36分かかったとき，上りを歩く速さは分速何mですか。

(2) 下図はある立体の展開図で，半円の部分が2つあります。それ以外の部分の角度はすべて直角です。この立体の体積を求めなさい。ただし，円周率は3.14とします。

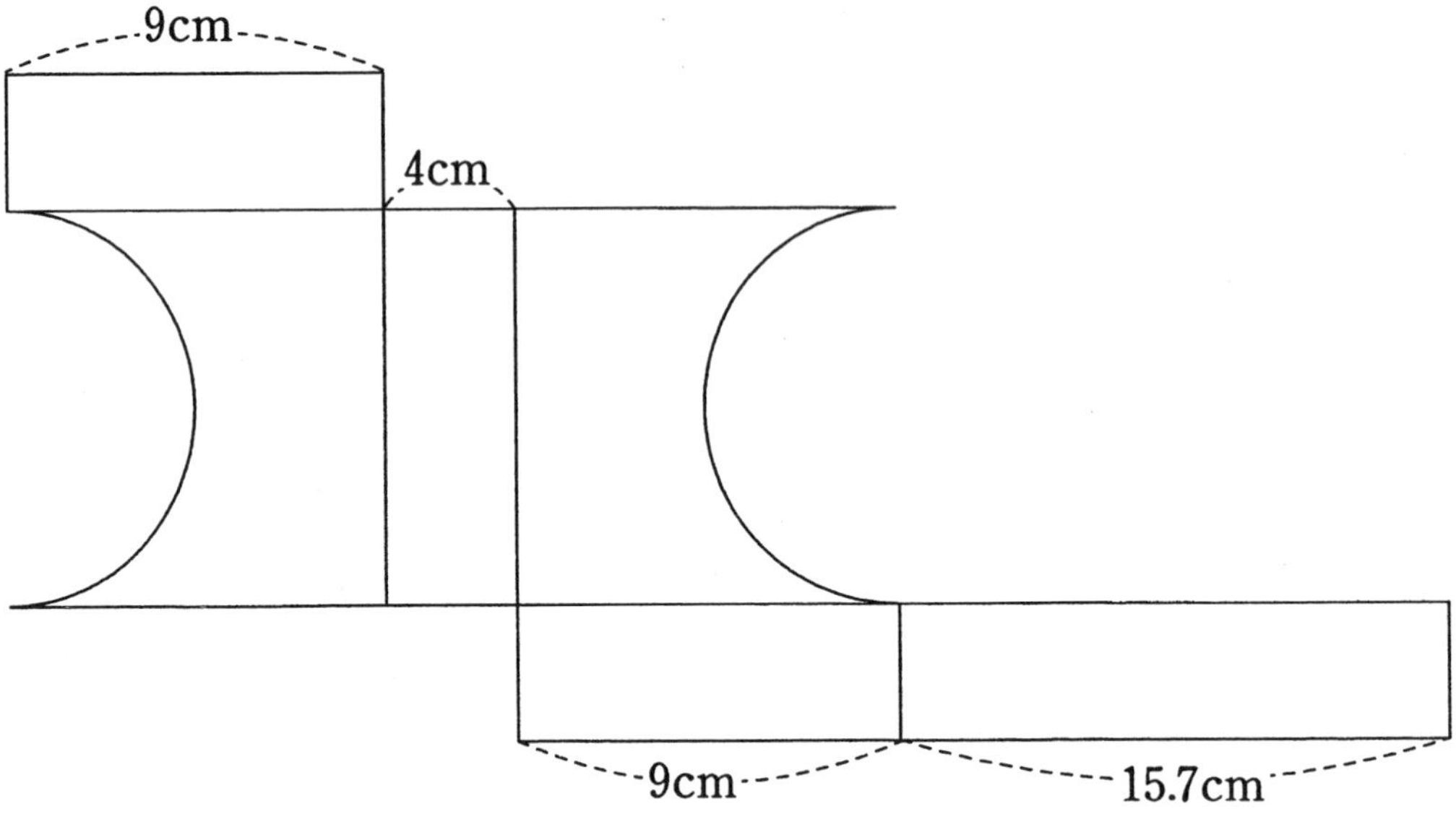

(3) チョコレートケーキとシュークリームの値段の比が4:3のとき，それぞれを40円ずつ値上げしたら，値段の比が9:7になりました。さらに80円ずつ値上げしたときの，チョコレートケーキとシュークリームの値段の比を求めなさい。

3　次の□にあてはまる数を求めなさい。また，その理由を説明しなさい。

例) 1, 3, 5, □, 9, 11, …
解答例) 7（奇数を小さい順に並べている）

(1) 1, 2, 4, □, 16, 32, …

(2) 1, 2, 4, □, 11, 16, …

(3) 1, 2, 4, □, 10, 20

4 右の図のように直方体の容器A, B, Cが縦に3つ並んでおり，容器A, Bには穴が空いています。容器の底面積はすべて10 cm^2 です。容器Aは底面から10 cm の所に穴が空いており，容器Bは底面から5cmの所に穴が空いています。どちらの穴も水面が到達したときから毎秒4 cm^3 ずつ水が出ていくとします。

容器Aに水を毎秒10 cm^3 ずつ入れていくとき，次の問いに答えなさい。ただし，どの容器の高さも十分に高いものとします。

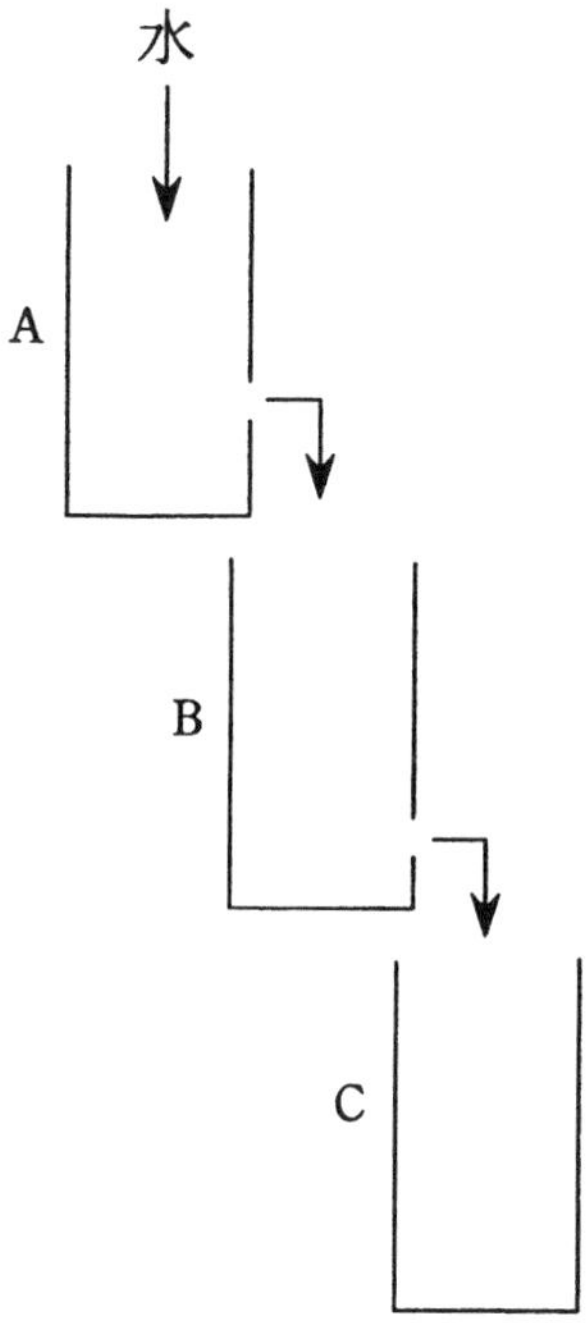

(1) 容器Cの水位が5 cm になるのは水を入れ始めてから何秒後ですか。

(2) (1)のときの容器Aの水位は何 cm ですか。

(3) 容器Aの水位と容器Cの水位の比が8:3になるのは，水を入れ始めてから何秒後ですか。

5　次の問いに答えなさい。

(1) 整数 1, 2, 3, 4, 5, …
を順番に並べてできる,
1234567891011121314 …
という数字の並びについて考えます。

① 左から111番目の数字を答えなさい。

② 左から1001番目の数字を答えなさい。

(2) ある規則にしたがって並んだ整数 1, 4, 9, 16, 25, …　――――㋐
について考えます。

① これらの整数の中で2桁の数はいくつありますか。

② ㋐を順番に並べてできる,
14916253649 …
という数字の並びについて考えます。
左から111番目の数字を答えなさい。

6 次の文章は中学校3年生の町子さんと小学校6年生の三太君の会話です。空欄に適するものを入れなさい。

町子：今日は次のような問題を一緒に考えてみるわよ。
12を2と3のかけ算で表してみると，2×2×3と2×3×2と3×2×2の3種類の表し方があるわね。
では，225を3と5のかけ算で表してみると，表し方は全部で何通りあるかしら。

三太：これはすぐできるね。全部で［①］通りだよ。

町子：その通りよ。
それでは，72を2と3のかけ算で表してみると，表し方は全部で何通りあるかしら。

三太：72は2を［②］回，3を［③］回かけた数だから，72の表し方は［④］通りあるね。

町子：正解。そうしたら，200000を2と5のかけ算で表してみると，表し方は全部で何通りあるかしら。

三太：うわっ。いきなり数が大きくなったね。これだと，すべてを書き出していくのは大変そうだなあ。何かうまい方法はないのかな。

町子：そうね。下の図を使って考えてみるのはどうかしら。

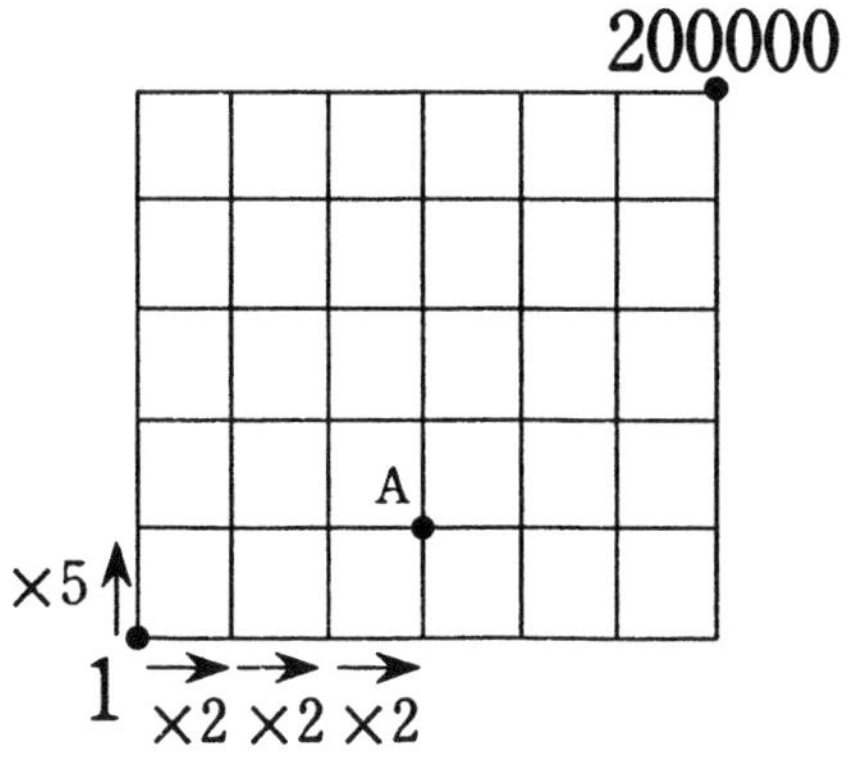

町子：例えば，40は2×2×2×5だから，対応する交差点はAの位置になるわ。少し練習してみましょう。2000に対応する交差点はどの位置になるか，解答欄⑤の図に●をつけてみて。

三太：ふむふむ。2000は2と5をそれぞれ何回かけるかを考えて，この位置だね。

町子：うん，ちゃんと理解できてるみたいね。それでは，200000を2と5のかけ算で表してみると，表し方は全部で何通りあるかしら。

三太：これなら似たような問題を知っているので解けるかも。答えは［⑥］通りだね。

町子：その通りよ。では，少し応用問題を考えてみましょう。
200000を2と5のかけ算で表してみるのだけど，左から順にかけ算を計算していったとき，途中で1000となり，最終的に200000となるような表し方は全部で何通りあるかしら。

三太：今度は自分で図を描いて考えてみると［⑦］通りとわかるね。

町子：いい感じね。では，最後の問題よ。
200000を2と5のかけ算で表してみるのだけど，左から順にかけ算を計算していったとき，途中で5000にならないような表し方は全部で何通りあるかしら。

三太：これも自分で図を描いて考えてみると［⑧］通りとわかるね。

町子：よくできました。最後までよく頑張りました。

【社　会】〈4日午前4科試験〉（30分）〈満点：75点〉

1　次の会話文を読んで、あとの問いに答えなさい。

先生：　2021年に東京で、オリンピック・パラリンピック競技大会が開催されました。夏季・冬季含めその前に日本で開催されたのはいつであるか知っていますか。

友子：　1998年です。長野県で冬季オリンピックが開催されました。

先生：　長野県は、今回も①事前合宿の受け入れや参加国・参加地域との交流を地域活性化につなげる活動を行う自治体に登録していました。冬季競技を通じて交流を深めている中国を迎え入れていました。

友子：　長野県の②松本市は内陸性の気候だと授業で習ったため、雪が多く降り積もるイメージがありませんでした。

先生：　長野県内でも、日本海側からの季節風が山脈にぶつかるため、場所によって積雪量に差が生じます。

友子：　なるほど。③日本アルプスのような標高の高い山々が連なる長野県だからこその特徴ですね。

先生：　長野県には、その他にも浅間山をはじめとする活火山も多数存在しています。浅間山は1783年に噴火し、④当時起きていた天明のききんに追い打ちをかけました。

友子：　長野県は自然豊かな地域ですね。湖もたくさんあると授業で習いました。

先生：　そうですね。精密機械工業が盛んな【　あ　】湖や、旧石器時代のナウマンゾウの化石が発掘《はっくつ》された【　い　】湖も、長野県内にある湖です。

友子：　歴史的に有名な場所も多いですね。

先生：　長野県内には、江戸時代に整備された⑤五街道の一つである中山道の宿場町がいくつかあります。また、先ほど話題に上がった松本市には、明治時代初期に建設された⑥開智学校もあります。

友子：　長野県は地理的にも歴史的にも魅力《みりょく》ある地域なのですね。ぜひ一度訪ねてみたいです。

問1　空らん【　あ　】・【　い　】にあてはまる湖のなまえをそれぞれ答えなさい。

問2　下線部①について、次の問いに答えなさい。

（1）このような自治体を何といいますか。カタカナ6字で答えなさい。

（2）（1）に登録すると、一部の必要経費に対して地方交付税の一種である特別交付税が支給されます。地方財政において、国が使い道を決めて地方自治体に交付するお金を何といいますか。漢字5字で答えなさい。

問3　下線部②について、次の問いに答えなさい。

（1）松本市の雨温図として正しいものを次のア～エから1つ選び、記号で答えなさい。

ア．

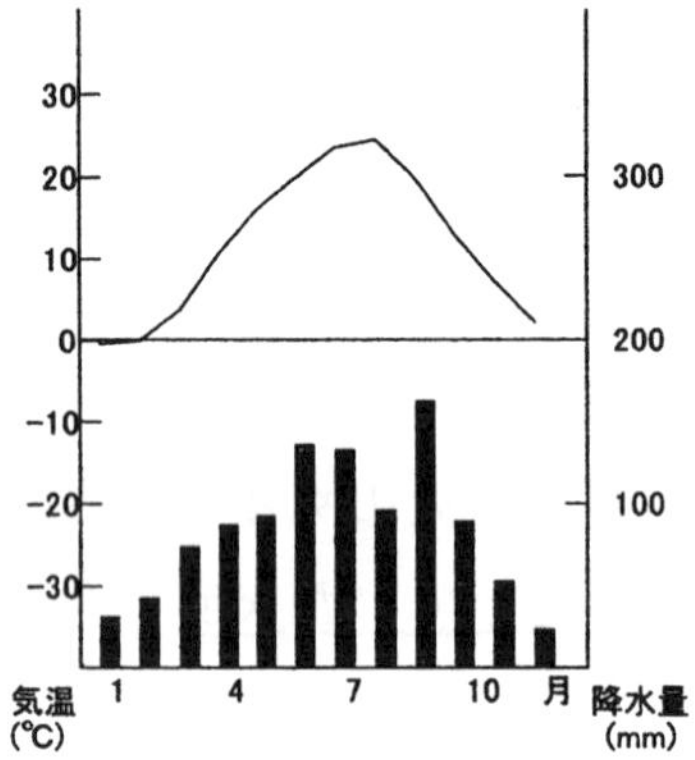

イ．

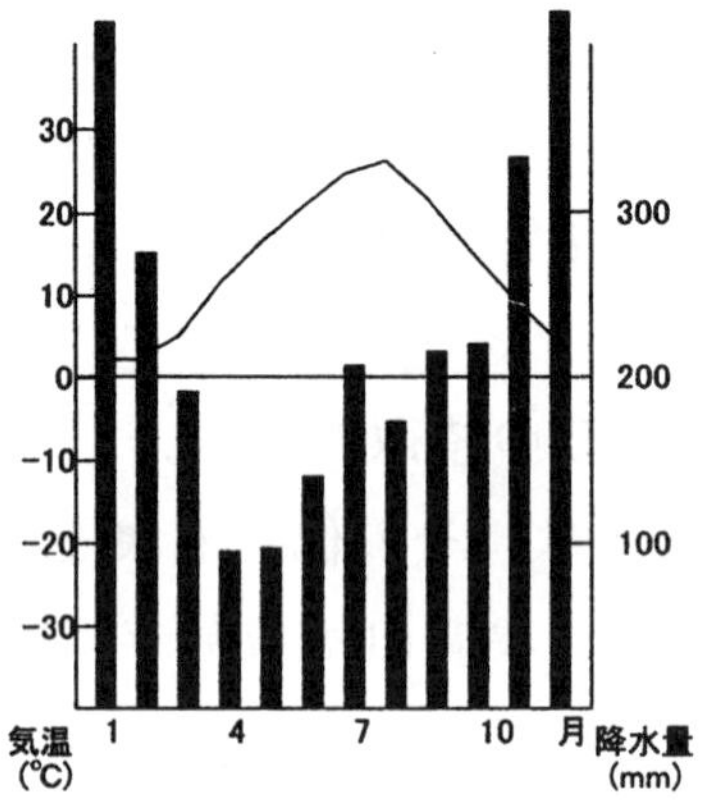

ウ．

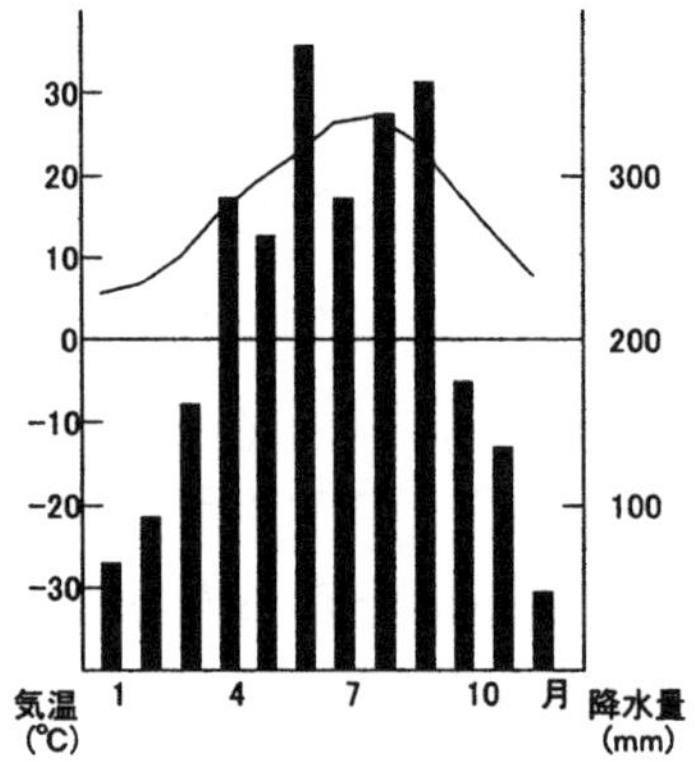

エ．

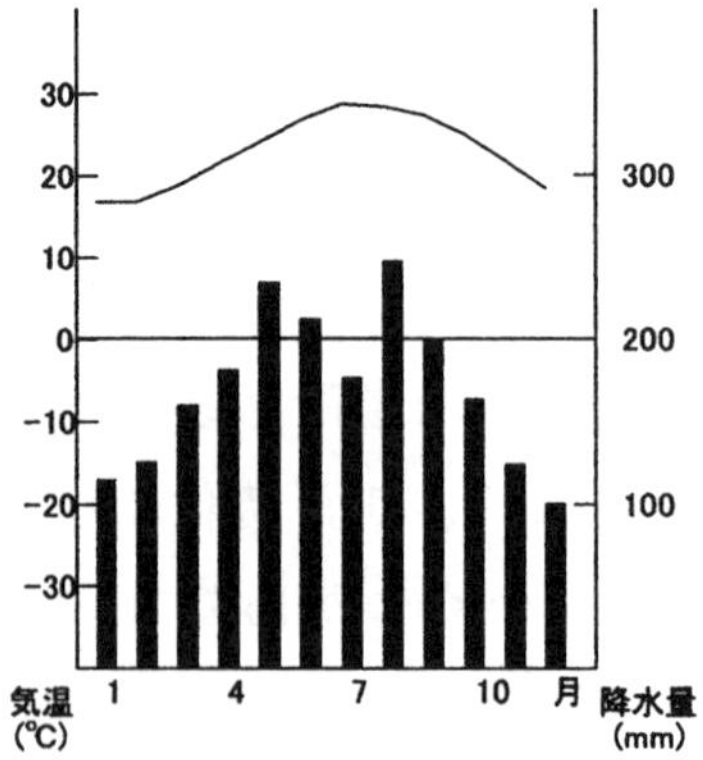

（2）（1）を選んだ理由を、気温・降水量に触れながら説明しなさい。

問4　下線部③について、次の地図は日本アルプスを表しています。山脈ア～ウのなまえをそれぞれ答えなさい。

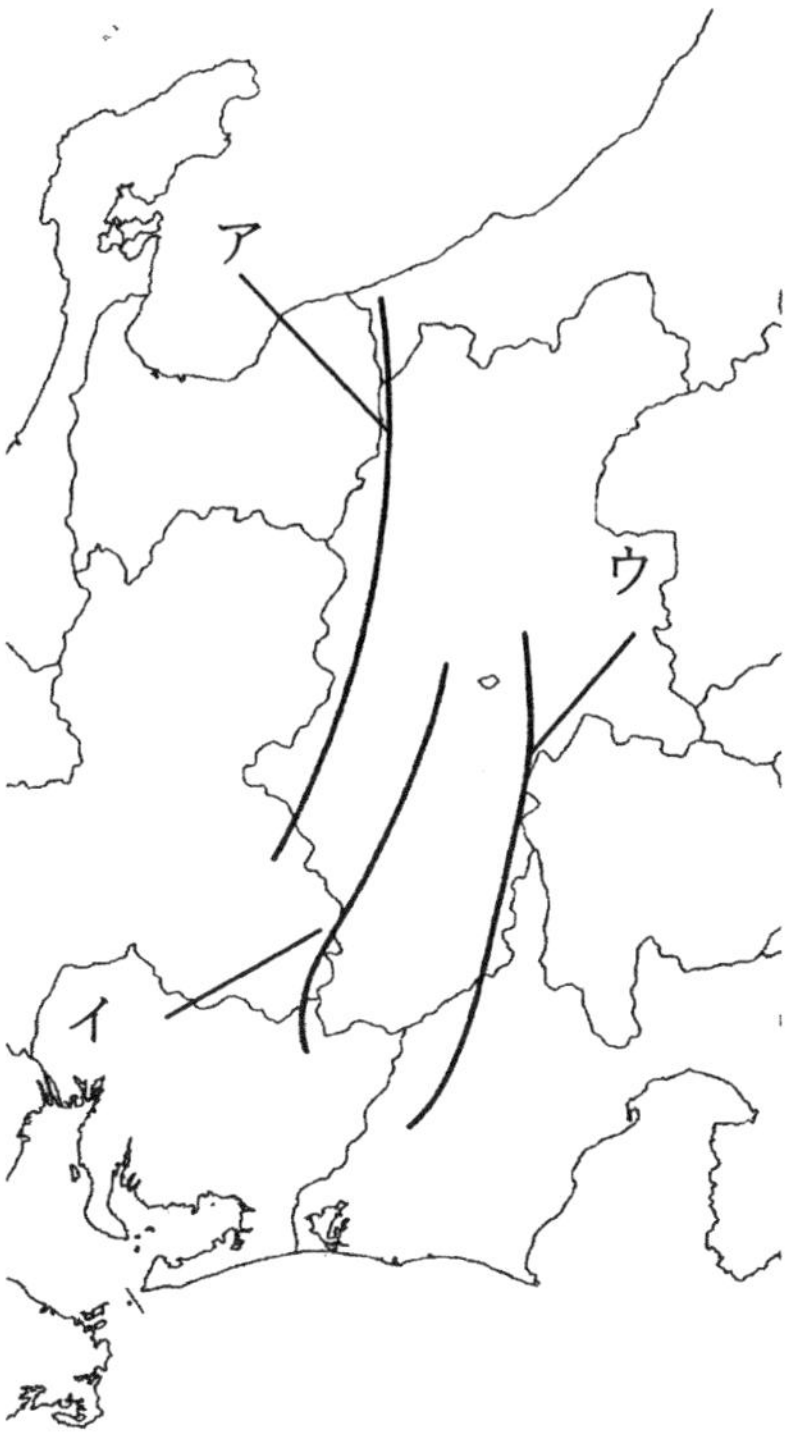

問5　下線部④について、次の問いに答えなさい。

(1) 次の歌は、天明のききんに対して幕府が行った改革を題材としたものです。 X にはその主導者が藩主であった地域名が、 Y にはその前に政治の中心だった人物の名字が入ります。空らん X ・ Y にあてはまる語句をそれぞれ漢字2字で答えなさい。

X の　清きに魚の　すみかねて　元のにごりの　Y 恋しき

(2) ききんによる米の値上がりに苦しむ都市の人々も、米商人らをおそう暴動を起こすようになりました。この暴動を何といいますか。

問６　下線部⑤は、参勤交代のために整備されました。参勤交代が大名に与えた影響を、次のグラフから読み取れることを用いて説明しなさい。

＜松江藩（島根県）における1768年の財政支出（給料を除く）の内訳＞

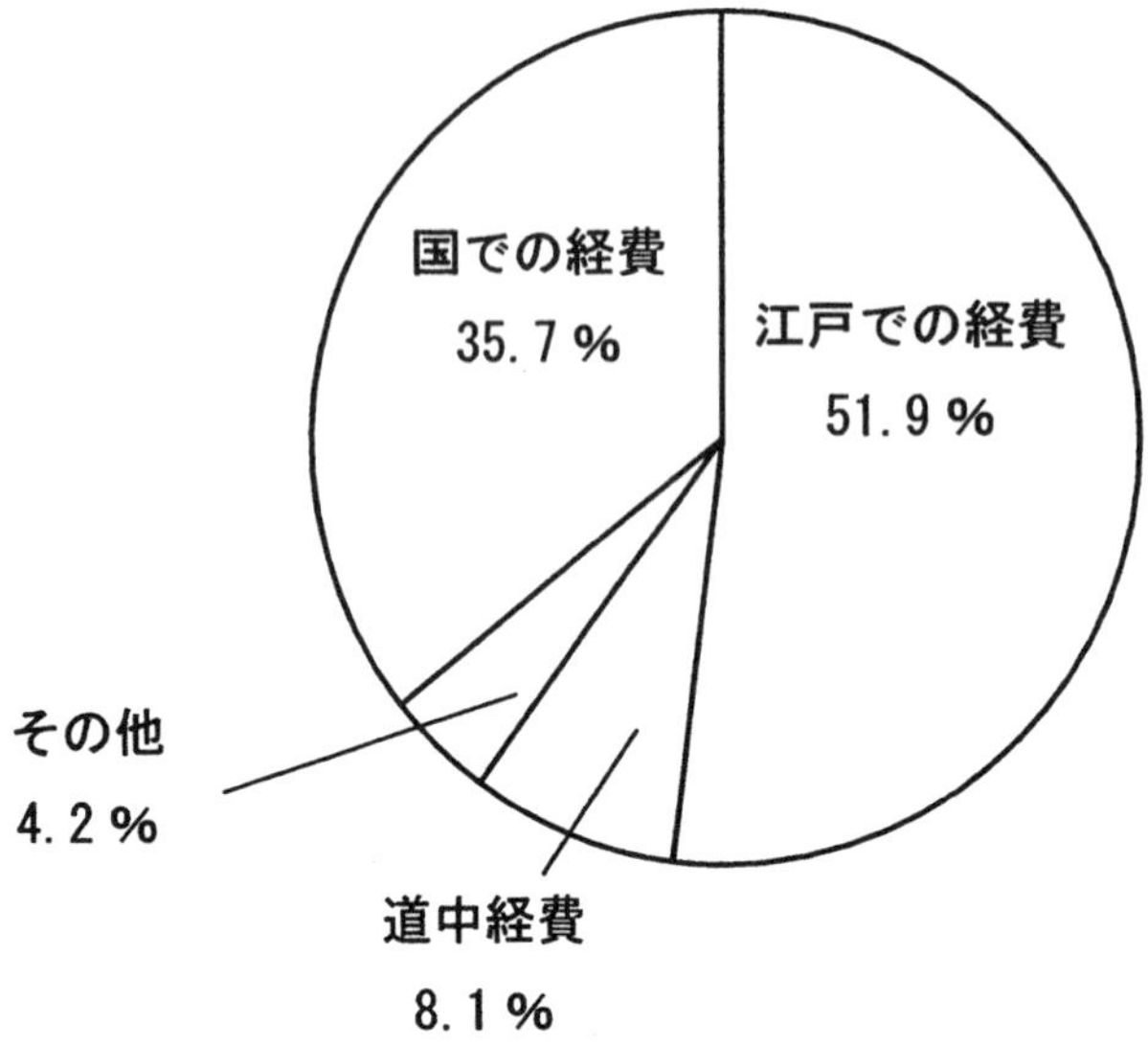

（丸山雍成《やすなり》　『日本歴史叢書《そうしょ》　参勤交代』をもとに作成。）

問７　下線部⑥の学校は、明治時代初期に政府から発布された学制を受け建てられました。1870年代の政策について述べた文として正しいものを次のア～エから１つ選び、記号で答えなさい。

ア．前島密《ひそか》によって、郵便制度が始まりました。

イ．現在の栃木県に官営工場の富岡製糸場が建設され、殖産興業が進みました。

ウ．上野駅と横浜駅とを結ぶ鉄道が開通しました。

エ．徴兵令を発布し、25歳以上の男子に兵役の義務を課しました。

2 次の資料は、日本の大規模自然災害についてまとめたものです。これについて、あとの問いに答えなさい。

＜地震と津波＞　※Mはマグニチュードの略

地震	・【　あ　】地震（1923年9月1日）：M7.9 震源は神奈川県の南方に位置する【　い　】湾沖で、関東全域が被災。揺《ゆ》れによる建物の倒壊《とうかい》のほか、昼食時だったため火災が多発。死者行方不明者は10万人を超えた。
	・①北海道南西沖地震（1993年7月12日）：M7.8 地震による津波で奥尻島《おくしりとう》を中心に被害者がでた。
	・兵庫県南部地震（1995年1月17日）：M7.3 震源は②明石海峡で、被災地は兵庫県を中心に大阪府や京都府まで広がった。兵庫県の県庁所在地である【　う　】市の市街地が大きな被害を受けた都市直下地震で、老朽化《ろうきゅうか》した木造家屋の倒壊が多かった。
	・③新潟県中越地震（2004年10月23日）：M6.8 本震以後、震度6弱以上が4度も発生。
	・東北地方太平洋沖地震（　X　）：M9.0 地震と津波が東日本の太平洋沿岸部を中心に甚大《じんだい》な被害をもたらした。地震のエネルギーは【　あ　】地震の約45倍にあたる。死者行方不明者は2万2000人を超えた。
	・熊本地震（2016年4月14日・16日） 4月14日にM6.5の地震、16日にM7.3の地震が発生した。
津波	・明治④三陸地震津波（1896年6月15日）：M8.2～8.5 最大震度は3で、地震による被害はほとんどなかったが、地震発生から約30分後に38.2メートルの津波が起きた。
	・昭和三陸地震津波（⑤1933年3月3日）：M8.1 28.7メートルの津波を観測した。
	・チリ地震津波（⑥1960年5月23日）：M9.5 チリで起きた地震の津波が、約22時間半後に三陸海岸に到達した。

＜火山と台風＞

火山	・⑦伊豆大島噴火（1986年11月） ⑧活火山の三原山が噴火。溶岩流により全島避難《ひなん》。
	・雲仙普賢岳噴火（1990年～1995年） 1990年に198年ぶりに噴火。⑨1991年に大規模な火砕流《かさいりゅう》が発生。
	・御嶽山噴火（2014年） 噴煙が流れ下り、噴火にともなう大きな噴石の飛散等に警戒が必要となった。
台風	・カスリーン台風（1947年9月） ⑩紀伊半島沖から東海・関東地方をかすめて三陸沖へ抜けた大型台風。
	・伊勢湾台風（1959年9月） 潮岬に上陸し、紀伊半島から⑪東海地方をおそった超大型台風。死者行方不明者の多くは愛知県と三重県に集中した。室戸台風、枕崎《まくらざき》台風とともに「昭和の三大台風」といわれる。

（東京都教育委員会『防災ノート～災害と安全～高等学校』をもとに作成。）

問1　空らん【　あ　】～【　う　】にあてはまる語句をそれぞれ漢字2字で答えなさい。

問2　空らん［　X　］にあてはまる年月日を答えなさい。

問3　下線部①に位置する函館市で盛んな産業を次のア～エから1つ選び、記号で答えなさい。

ア．酪農　　イ．製紙・パルプ業　　ウ．水産加工業　　エ．製鉄業

問4　下線部②について、明石市の天文台を通る日本の標準時子午線は何度か答えなさい。

問5　下線部③を含む日本海側の気候の特色を説明した文として正しいものを次のア～エから1つ選び、記号で答えなさい。

ア．南東季節風の影響で、夏季の降水量が多い気候。

イ．南東季節風の影響で、冬季の降水量が多い気候。

ウ．北西季節風の影響で、夏季の降水量が多い気候。

エ．北西季節風の影響で、冬季の降水量が多い気候。

問6　下線部④について、三陸海岸に見られるリアス海岸はどのように形成されますか。空らんに適切な説明を補い、次の文を完成させなさい。

(　　　　　　　　　　　　　　　　　　　　)によって形成される。

問7　下線部⑤の年に、日本は国際連盟を脱退しました。そのきっかけとなった、1931年の出来事を漢字4字で答えなさい。

問8　下線部⑥の年は日米安保条約をめぐる安保闘争が起き、民衆が国会を取り囲むという出来事がありました。国会に関する文として**誤っているもの**を次のア～エから1つ選び、記号で答えなさい。

ア．本会議では党首討論がおこなわれます。

イ．憲法改正の発議は、衆議院が先に審議します。

ウ．常会は、1月中に召集され毎年1回おこなわれます。

エ．弾劾裁判や国政調査をおこないます。

問9　下線部⑦について、伊豆大島付近を流れる海流を次のア～エから1つ選び、記号で答えなさい。

ア．日本海流　　イ．対馬海流　　ウ．千島海流　　エ．リマン海流問10　下線部⑧について、次の問いに答えなさい。

（1）火山活動によって地表が陥没《かんぼつ》してできたくぼ地を何といいますか。カタカナで答えなさい。

（2）熊本県に位置し、大規模な（1）を形成している火山を次のア〜エから1つ選び、記号で答えなさい。

ア．桜島　　イ．霧島山　　ウ．阿蘇山　　エ．有珠山

問11　下線部⑨の年に起きた湾岸戦争やソ連の崩壊《ほうかい》後、各地で起きた地域紛争《ふんそう》により、多くの難民が発生しました。2000年末まで国連難民高等弁務官として難民問題の解決のために努力した日本人を次のア〜エから1人選び、記号で答えなさい。

ア．緒方貞子　　イ．黒柳徹子　　ウ．中村哲　　エ．天野之弥

問12　下線部⑩について、紀伊半島沖で沈没したイギリスの貨物船のなまえを答えなさい。なお、この沈没事件で日本国内では治外法権の撤廃《てっぱい》運動が盛り上がりました。

問13　下線部⑪について、江戸時代末期にこの地域で発生した、民衆が歌いおどる騒動《そうどう》を何といいますか。

3　友子さんと町子さんのクラスではＳＤＧｓについて学習して、その中で「食の問題」に関して発表することになりました。次のレポートは、二人が作成したものの一部です。これについて、あとの問いに答えなさい。

＜友子さんのレポート（一部）＞

【関連するＳＤＧｓの目標】12「つくる責任　つかう責任」

【問い】日本では、農作物の輸入が増えている一方で、なぜ大量の食品ロスが生じているのだろうか。

【調べたこと】

・日本の①食料自給率は下がっており、農作物の輸入が増えている。②米は自給しているが、消費量は減っている。自給率の低下には特に③高度経済成長期以降、日本人の食生活が変わり、④肉類や乳製品の消費が増えたことが関係している。農林水産物の輸入が増えると、海外の生産地の環境へ影響を及ぼす可能性がある。

・［　あ　］省の推計によると、まだ食べられるにもかかわらず捨てられた食品ロスの量は、年間約600万トンにも達するという。廃棄が増えている原因は、スーパーマーケットやレストランなどの小売店などから出る⑤「事業系食品ロス」と、家庭などで出る食べ残しなどの「家庭系食品ロス」の２つに分けられると分かった。

【考えたこと】

・2018年12月に発効された「ＴＰＰ11協定」などにより参加国間での［　い　］が撤廃されると海外の農作物が輸入しやすくなり、さらに食料自給率が低下するのではないか。

・世界中で発生する異常気象や国際情勢の変化によって輸入が制限されれば、日本も食料不足におちいるかもしれない。食品ロスを抑えて、必要以上に輸入しないことが求められているのではないか。

＜町子さんのレポート（一部）＞

【関連するＳＤＧｓの目標】１「飢餓《きが》をゼロに」

【問い】世界では飢餓に苦しむ人々が増えている一方で、なぜ世界でも食品ロスが増えているのだろうか。

【調べたこと】
・国連農業機関（ＦＡＯ）などの国際連合の５機関の報告によると、現在、世界では約７億人から８億人もの人が、飢餓に苦しんでいる。
・飢餓の原因は、自然災害による農作物への被害や、⑥紛争の影響を受けること、また、貧困から抜け出せず、仕事など生活基盤が失われたりすることで飢餓が起こることもある。飢餓の影響で、⑦子どもの発達が妨《さまた》げられていることも大きな問題である。
・開発途上国でも先進国同様に、食品ロスが生じている。この原因は、農作物を生産しても農業技術不足で収穫ができない、また流通環境や保存設備や農作物の輸送手段がないことである。
・農作物が捨てられると、資源が無駄《むだ》になるだけでなく、処理をすることで地球温暖化の原因となる［　う　］ガスが発生し、さらなる自然災害につながる可能性がある。

【考えたこと】
・今後は世界全体の人口が増加することで、ますます食料生産が追いつかなくなることも考えられるのではないか。
・日本が⑧開発途上国にできる支援として、青年海外協力隊など、日本が農業技術を伝えることも必要なのではないか。

問１　空らん［　あ　］～［　う　］にあてはまる語句をそれぞれ漢字で答えなさい。ただし［　あ　］は、食料の安定供給を行う政府の省庁があてはまります。

問２　下線部①について、次の資料はその移り変わりを表したものです。
　これについてあとの問いに答えなさい。

＜資料：品目別の食糧自給率の推移（％）＞

	1960年	1980年	2000年	2005年	2010年	2015年	2019年
穀物	82	33	28	28	27	29	28
米	102	100	95	95	97	98	97
ア	39	10	11	14	9	15	16
イ	28	4	5	5	6	7	6
ウ	100	97	81	79	81	80	79
エ	100	81	44	41	38	41	38
肉類	91	81	52	54	56	54	52
鶏卵	101	98	95	94	96	96	96
牛乳・乳製品	89	82	68	68	67	62	59

（『日本国勢図会2021／22』をもとに作成。）

（１）資料中のア～エは、果物・小麦・大豆・野菜のいずれかを表しています。果物にあてはまるものをア～エから選び、記号で答えなさい。

（２）小麦・野菜・大豆について、次の①～③はそれぞれの日本の輸入先を表したグラフです。［　Ｘ　］［　Ｙ　］にあてはまる国名を下のア～オからそれぞれ選び、記号で答えなさい。

①小麦

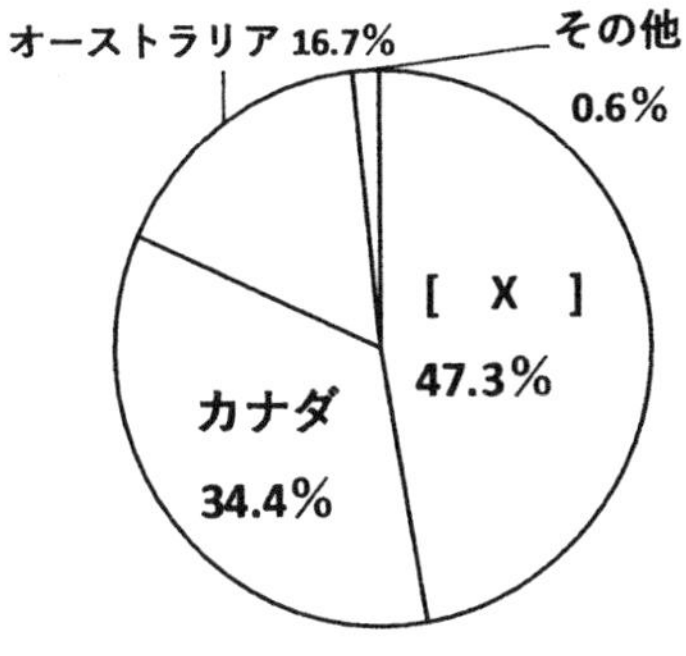

②野菜

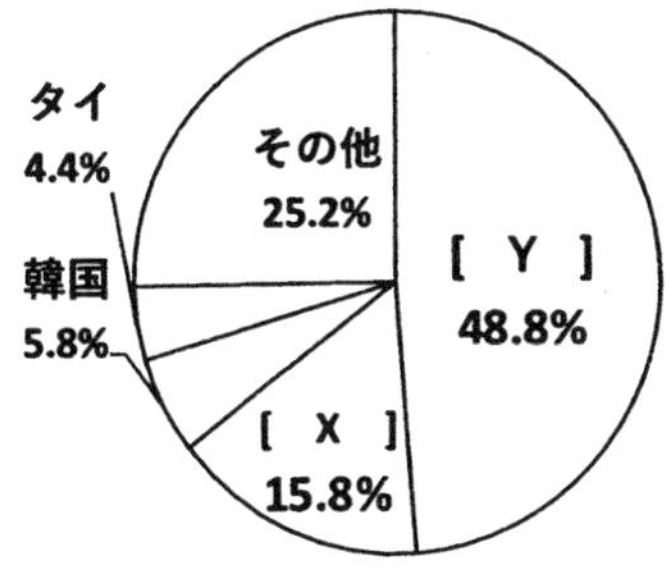

③大豆

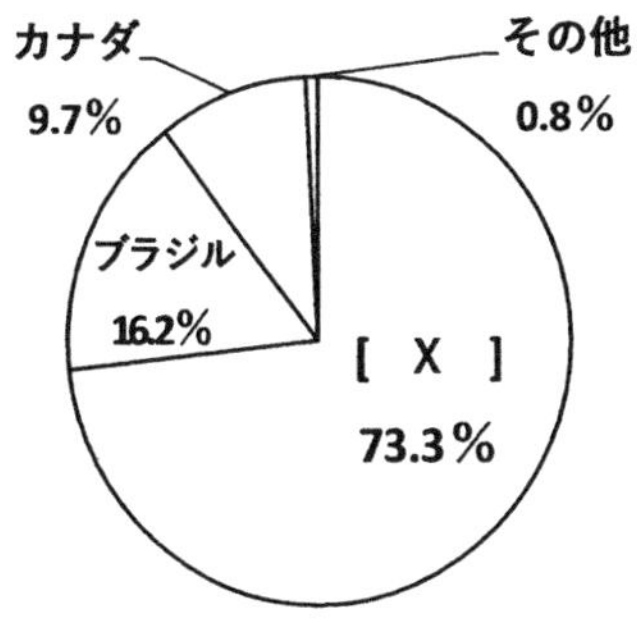

（『日本のすがた2021』をもとに作成。）

ア．中国　　イ．ロシア　　ウ．イギリス
エ．アメリカ合衆国　　オ．ニュージーランド

問3　下線部②について、米は古くから日本の主食であり、国が税として納めさせていました。次の問いに答えなさい。

（1）税制度について述べた次の文ア～エを年代順に並べなさい。

ア．全国の土地を測量し、地価を定め、その所有者に地券を発行しました。地価の３％にあたる額を地券の所有者に現金で納めさせました。

イ．口分田の不足から、国は農民に開墾《かいこん》をすすめ、新しく開墾した土地を永久に私有することを認めました。

ウ．耕作地を農民一人ずつに口分田として与え、帳《ちょう》簿《ぼ》に登録しました。収穫の一部を税として国に納めることを義務づけました。

エ．統一された枡《ます》やものさしで土地の面積や収穫高を計り、また土地の耕作者を調べて検地帳に記しました。これによって、土地の収穫高に応じて土地の耕作者から税をとりたてるようにしました。

（2）第二次世界大戦後、農村の民主化を図るため、地主のもつ農地を小作人に安く売り渡しました。このことを何といいますか。漢字で答えなさい。

問4　下線部③について、次の問いに答えなさい。

（1）池田勇人内閣が経済成長を実現するために十年間で国民の所得を倍にするという計画を発表して以来、日本は急速な経済発展を果たしました。この経済計画を何といいますか。漢字で答えなさい。

（2）この時期について述べた文として**誤っているもの**を次のア～オから２つ選び、記号で答えなさい。

ア．この経済成長によって、日本の国民総生産（ＧＮＰ）はアメリカ合衆国に次ぐ世界第２位になりました。

イ．株価や地価が異常に上昇したことによって、バブル景気という実態をともなわない好景気が訪れました。

ウ．都市部では人口が流入して過密化が起こり、農村部では過疎化の問題が起きました。

エ．東京オリンピックが開催され、東海道新幹線や東名高速道路などの高速交通網が整備されました。

オ．電化製品が急速に家庭に普及し、特に洗濯機・カラーテレビ・乗用車は「３Ｃ」と呼ばれました。

問５　下線部④について、次のグラフは各都道府県の肉牛・乳牛・豚・ブロイラーのそれぞれの飼育数の割合を表したものです。肉牛の飼育数にあてはまるものをア～エから１つ選び、記号で答えなさい。

ア.

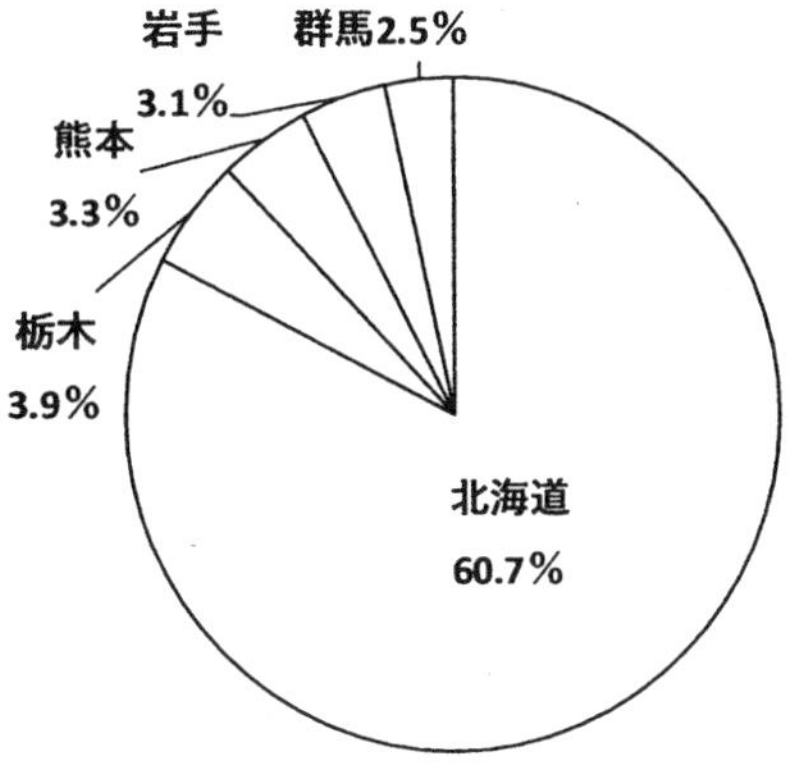

イ.

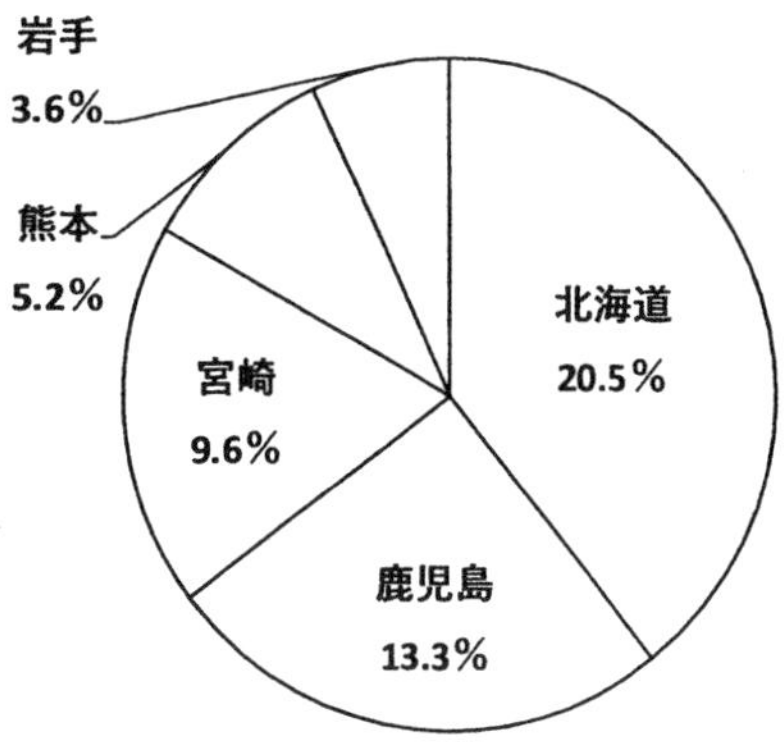

ウ.

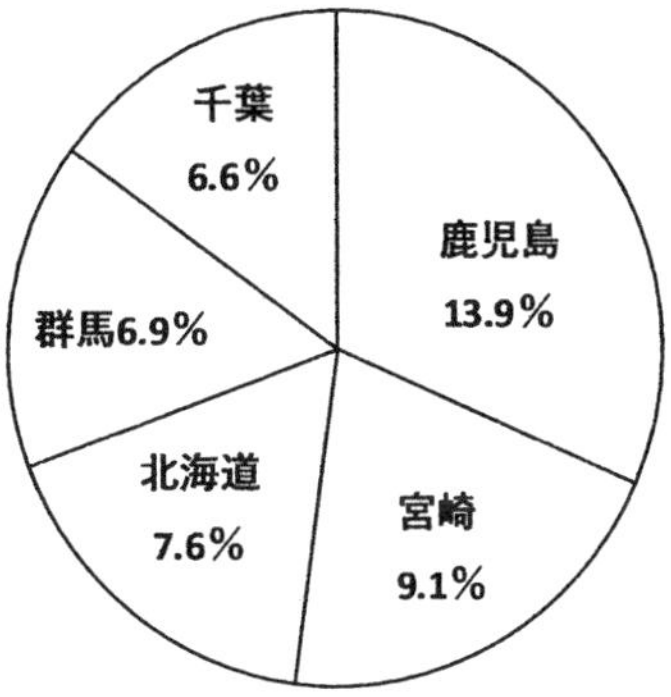

エ.

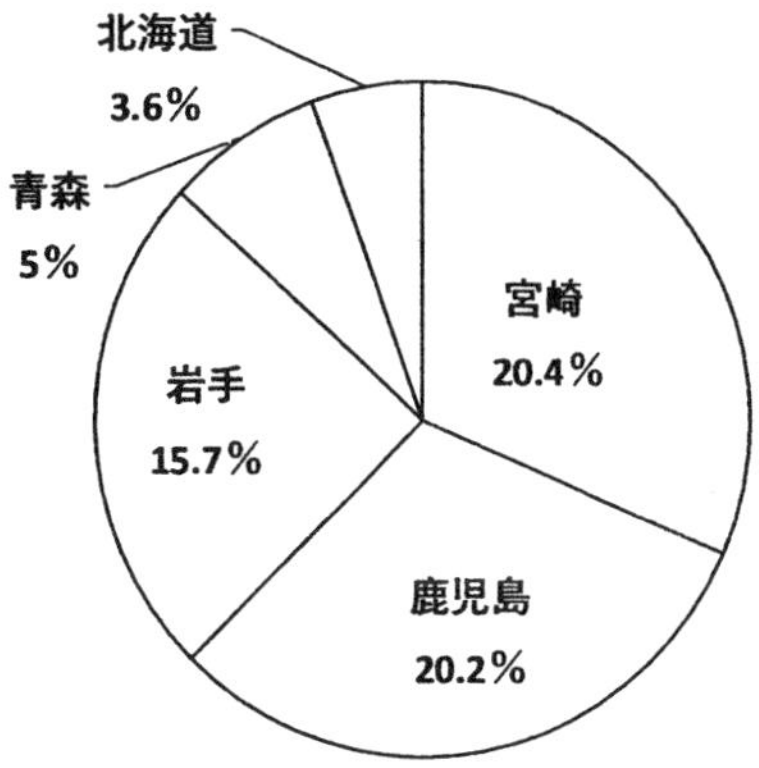

（『日本国勢図会2021／22』をもとに作成。）

問６　下線部⑤について、事業系食品ロスを防ぐために、消費者としてあなたができる身近な取り組みの例を１つ挙げ、答えなさい。

問７　下線部⑥について、国際紛争が起きている地域に国際連合が軍を派遣して、紛争の拡大や悪化を防いでいます。このような活動をなんといいますか。次のア～エから１つ選び、記号で答えなさい。

ア．ＯＤＡ　　イ．ＩＬＯ　　ウ．ＰＫＯ　　エ．ＮＰＯ

問８　下線部⑦について、1989年に国際連合では次の権利が明記された条約が採択《さいたく》されました。これについて、あとの問いに答えなさい。

第２条	a 人種や性別、宗教などどんな差別も禁止します。
第３条	子どもの幸福を一番に考えます。
第12条	子どもは、b 自由に自分の意見を述べる権利があります。
第19条	親の暴力や不当な扱いから、子どもを守ります。
第38条	子どもを戦争に巻き込みません。

（１）この条約のなまえを答えなさい。

（２）下線部ａ・ｂは、日本国憲法が定める基本的人権とも関わりがあります。あてはまるものを次のア～カからそれぞれ選び、記号で答えなさい。

ア．経済活動の自由　　イ．身体の自由　　ウ．精神の自由

エ．法の下の平等　　オ．労働基本権　　カ．教育を受ける権利

問９　下線部⑧について、開発途上国に行う支援として、飢えや栄養不良に苦しむ子どもたちに対して食料・衣料品などの援助を行っている国際連合の機関を次のア～エから１つ選び、記号で答えなさい。

ア．UNESCO《ユネスコ》　　イ．UNEP《ユネップ》

ウ．UNCTAD《アンクタッド》　　エ．UNICEF《ユニセフ》

問10　次の会話文は、調べたことをもとに話し合ったものです。これについて、あとの問いに答えなさい。

先生：　二人の発表では日本でも世界でも「食品ロスが多い」ことが共通のテーマとして挙げられていましたね。

友子：　はい。私は、食品ロスを減らすために、日本ではさらに「地産地消」をすすめることが必要だと考えました。

町子：　どうしてそのように考えたのですか。

友子：　地産地消をすすめることは、地域の農業を応援することになり、食料自給率を上げることができると思うからです。また、地産地消は、環境を守ることにもつながります。なぜなら、【　X　】。

町子：　なるほど。さまざまなよい影響があるのですね。

友子：　町子さんのレポートでは開発途上国でも食品ロスが発生していることを知り驚きました。私たちができることはないでしょうか。

町子：　支援について調べていると「エシカル消費」という言葉を聞きました。環境や人権に対して十分配慮《はいりょ》された商品やサービスを選択し、購入《こうにゅう》することを表す言葉だそうです。

友子：　私も町子さんを見習って【　Y　】を実践しようと思います。

（1）空らん【　X　】にあてはまる文を次の語群の語句をすべて用いて、答えなさい。

語群【　輸送　輸入品　】

（2）空らん【　Y　】に入れる文として**誤っているもの**を次のア～エから1つ選び、記号で答えなさい。

ア．環境への負荷が少ない方法で生産された油脂を使用した洗剤を買うこと

イ．品質を重視した栽培や出荷につなげるために、形のゆがみや傷のない野菜や果物を買うこと

ウ．開発途上国の生産者や労働者の生活改善につなげるために、開発途上国の原料や製品を適正な価格で継続的に買うこと

エ．コロナ禍で売り上げが下がり、打撃を受けている事業者・生産者の商品を調べて、積極的に買うこと

【理　科】〈4日午前4科試験〉（30分）〈満点：75点〉

1　友子さんは、物体の落下《らっか》について、自由研究のテーマとしました。1～6の問に答えなさい。

（実験1）

コイン（10g）を高さを変えて落下させ、高さと着地までの時間の関係を調べ、グラフにした。

高さ（m）	着地までの時間（秒）
４	０．９
７	１．２
１１	１．５
１６	１．８
２０	２．０

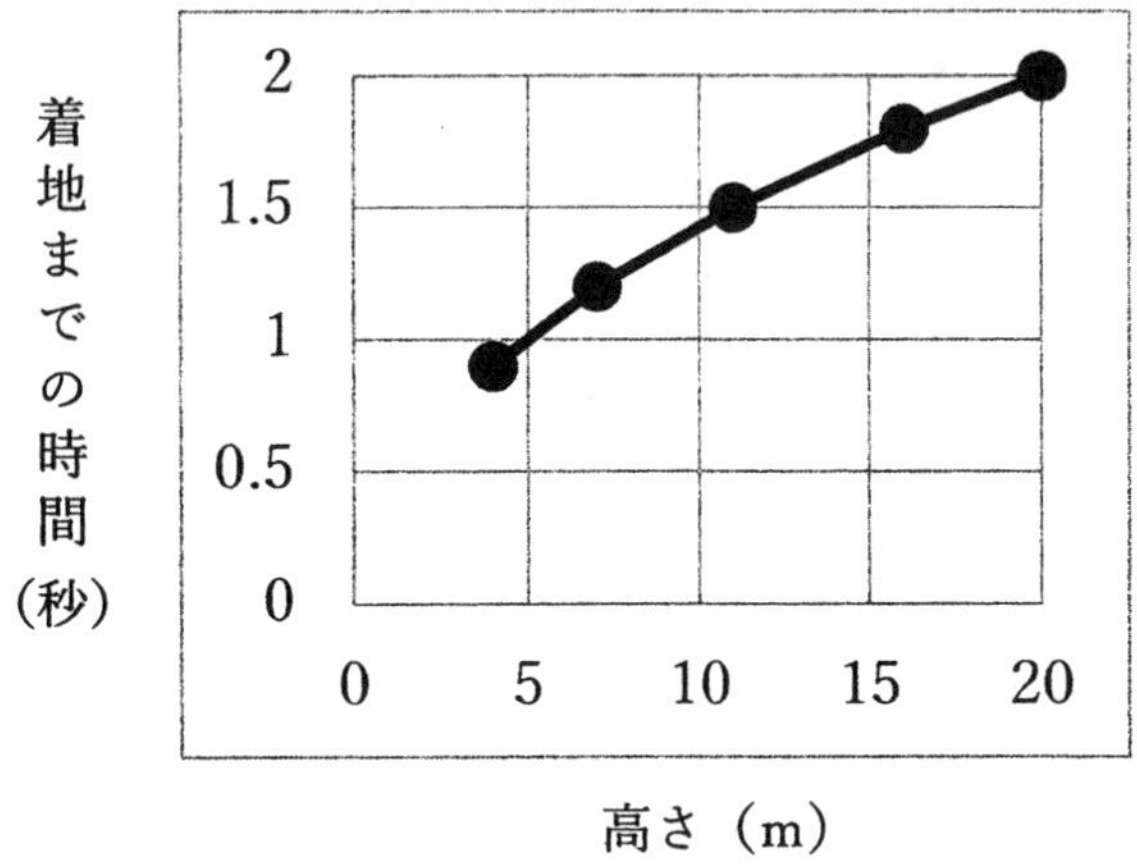

問1　上のグラフより、高くなるほど着地までの時間の増加は小さくなっていることが分かります。着地直前の速さは、どうでしょうか。最も適当なものを（あ）～（う）より選び、記号で答えなさい。

（あ）　高いところから落とした方が、着地直前の速さは遅くなる。
（い）　高さに関係なく、着地直前の速さは同じになる。
（う）　高いところから落とした方が、着地直前の速さは速くなる。

（実験2）

コイン（10g）に、直径20 cmのパラシュートをつけて、高さを変えて落下させた。高さと着地までの時間の関係を調べたところ、次のようになった。

高さ（m）	４	７	１１	１６	２０
着地までの時間（秒）	２．０	３．５	５．５	８．０	１０．０

問2　高さと着地までの時間の関係を、グラフに示しなさい。

問3　実験2のとき、落下速度は何m/秒になりますか。

(実験3)

コインの数およびパラシュートの大きさを変えて、20 mの高さから落下させ、着地までの時間との関係を調べた。

コインの数	1	2	2	4	4
おもさ(g)	10	20	20	40	40
パラシュートの直径(cm)	40	20	40	20	40
着地までの時間(秒)	20.0	7.1	(問4)	5.0	10.0

問4　コインの数を2つ、パラシュートの直径を40 cmにして、20 mの高さから落下させたとき、着地までの時間は何秒になると予想できますか。小数第1位を四捨五入して、整数値で答えなさい。また、計算過程《かてい》も示しなさい。

問5　友子さんの体重を36 kgとすると、直径何mのパラシュートを用いれば、実験2の落下速度で、降《お》りることができますか。

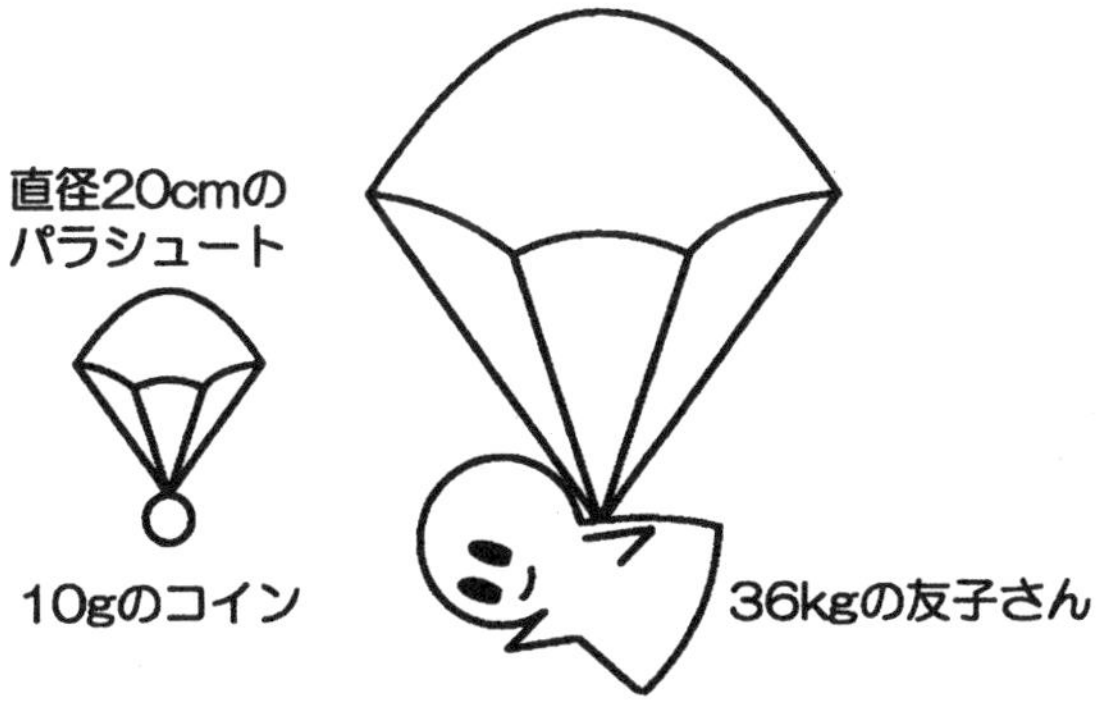

問6　小惑星探査機《しょうわくせいたんさき》の「はやぶさ」や「はやぶさ2」は、地球に帰還《きかん》するときはパラシュートを使っていましたが、小惑星でのサンプル採取《さいしゅ》時にはパラシュートを使いませんでした。月探査機が月面に着陸《ちゃくりく》する際にもパラシュートは使われませんが、火星探査機は火星に着陸するときにパラシュートを使います。

パラシュートを使うときの条件はなんでしょうか。

2 家庭で使われているガスは、メタンという物質を主成分とする都市ガスと、プロパンという物質を主成分とするLPガスの二種類があります。メタンもプロパンも燃焼《ねんしょう》すると二酸化炭素と水が発生します。表1はメタン、プロパン、炭素、水素がそれぞれ燃焼するときに必要な酸素の量と、燃焼したあとに発生する二酸化炭素と水の量をまとめたものです。1～5の問に答えなさい。

表1

物質	燃焼した量〔g〕	酸素〔g〕	二酸化炭素〔g〕	水〔g〕
メタン	16	64	44	36
プロパン	44	160	(問2)	72
炭素	12	32	44	発生しない
水素	4	32	発生しない	36

問1　メタンやプロパンの燃焼で発生する二酸化炭素について正しく述べた文章はどれですか。(あ)～(え)よりすべて選び、記号で答えなさい。

(あ)　水によく溶《と》け、水溶液《すいようえき》は中性を示す。
(い)　貝がらやチョークにうすい塩酸をかけると発生する。
(う)　空気より重い気体である。
(え)　無色透明《とうめい》で刺激臭《しげきしゅう》がする。

問2　プロパン44 gが燃焼したとき、二酸化炭素は何g発生しますか。

問3　メタンやプロパンが燃焼すると二酸化炭素と水が発生するのは、メタンとプロパンが炭素と水素からできているためです。メタンとプロパンはそれぞれどのくらいの重さの割合で炭素と水素を含んでいますか。「炭素の重さ：水素の重さ」の形で、最も簡単な整数の比で答えなさい。

問4　空気の成分はおよそ80% がちっ素、20% が酸素です。表2の値を参考に、5L の空気の重さは何gか計算しなさい。小数第2位を四捨五入して小数第1位まで答えなさい。

表2

物質	メタン	プロパン	酸素	ちっ素
気体5Lの重さ〔g〕	3.6	9.8	7.1	6.3

問5　ガス漏《も》れによる火災《かさい》や爆発《ばくはつ》を防ぐため、ガス漏れ警報《けいほう》器の設置《せっち》が推奨《すいしょう》されています。ガス漏れ警報器は、家庭用ガスの種類によって設置する場所が異なります。都市ガスとLPガスのガス漏れ警報器は、それぞれ天井付近と床《ゆか》付近のどちらに設置したらよいでしょうか。また、そのように判断した理由は何ですか。

3　ヒトの眼球のつくりとはたらきについて、1～5の問に答えなさい。

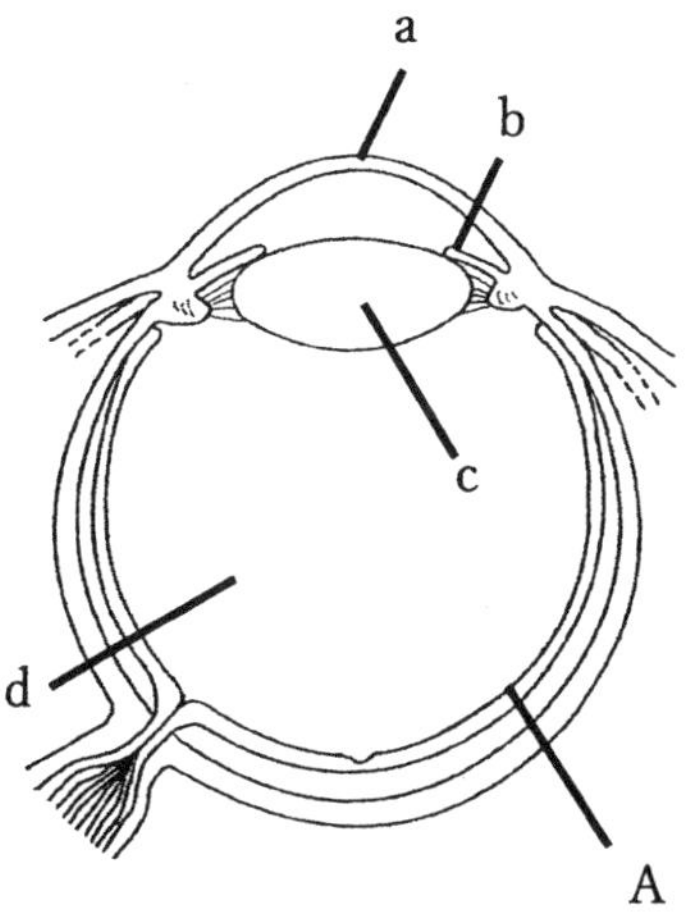

図1

左の図1は、ヒトの右眼断面《だんめん》を上から見た模式《もしき》図です。

問1　光は眼球の内部を進み、図1のAに像を結びます。Aは何という構造ですか。名称を答えなさい。

問2　図1のa～dのうちで、無色透明《とうめい》で光を通すものはどれですか。すべて選び、記号で答えなさい。

問3　下の図2は、図1のbを正面から見たものです。

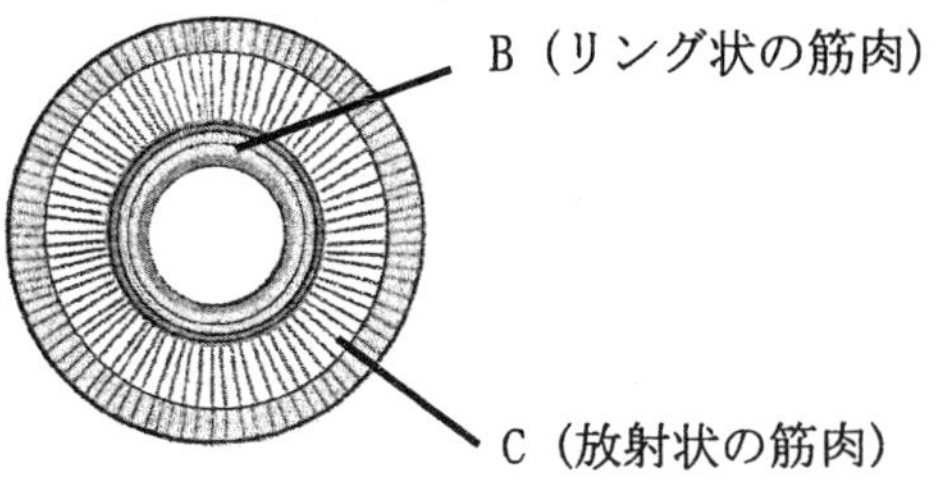

図2

bはBとCの2つの筋肉からできていて、周囲の明るさが変わると、これらの筋肉が伸び縮《ちち》みして光が通る穴の大きさが変化します。この穴を何と言いますか。

また、暗い所では、穴の大きさは大きくなりますか、小さくなりますか。そのとき、BとCのどちらの筋肉が縮むか答えなさい。

問4　Aには非常に多くの視《し》細胞《さいぼう》(光を感じ取る細胞)があり、それらは視神経《ししんけい》とつながっていて、脳《のう》へと情報(一つひとつの視細胞が光を感じたかどうか)が伝えられます。

また、視細胞には、弱い光を感じ取れるが色の違《ちが》いを区別できない細胞D(実線)と、弱い光は感じ取れないが色を区別できる細胞E(点線)の2種類があります。図3は、この2種類の視細胞が、Aのどの部分にどのくらいあるのかを示しています。①・②の説明にあてはまるAの部分を図3の(あ)～(え)よりそれぞれ1つずつ選び、記号で答えなさい。

①　照明のついた室内でカラー写真を見るとき、この部分に焦点《しょうてん》が合っている。
②　この部分に結ばれた像の情報は、脳に伝えられない。

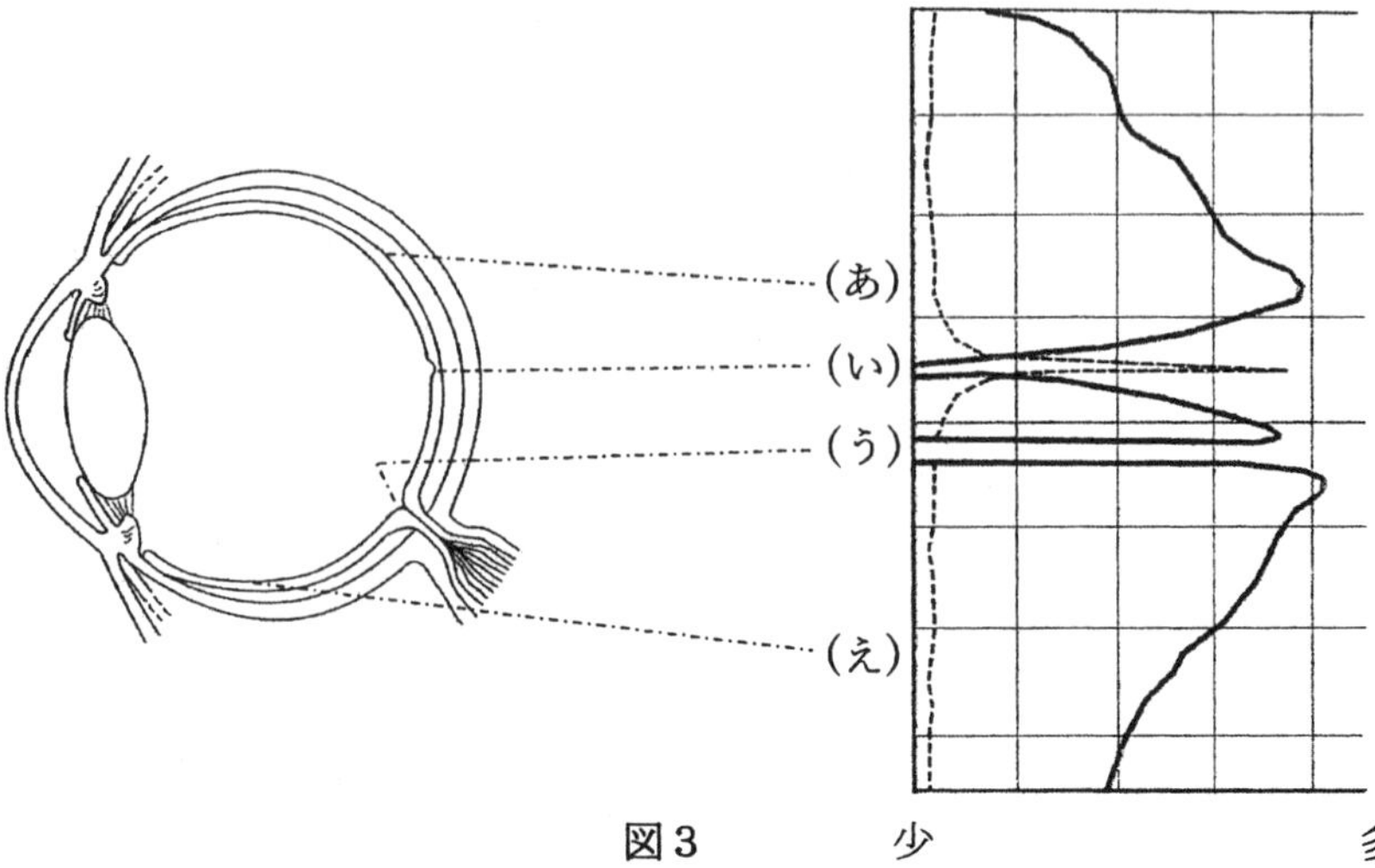

図3

問5　①・②に答えなさい。

①　視神経はAと脳とをどのように接続していると考えられますか。例にならって、解答用紙の図にかき込みなさい。ただし、下図中の ○ ● □ ■ は、Aと脳の対応している場所を示しています。

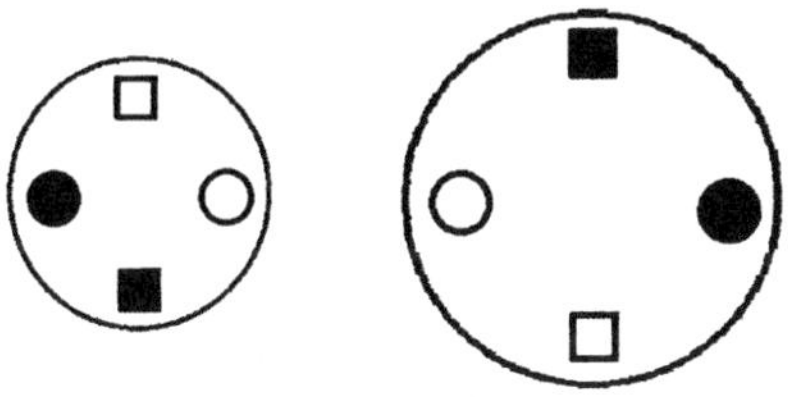

A　　　脳

例

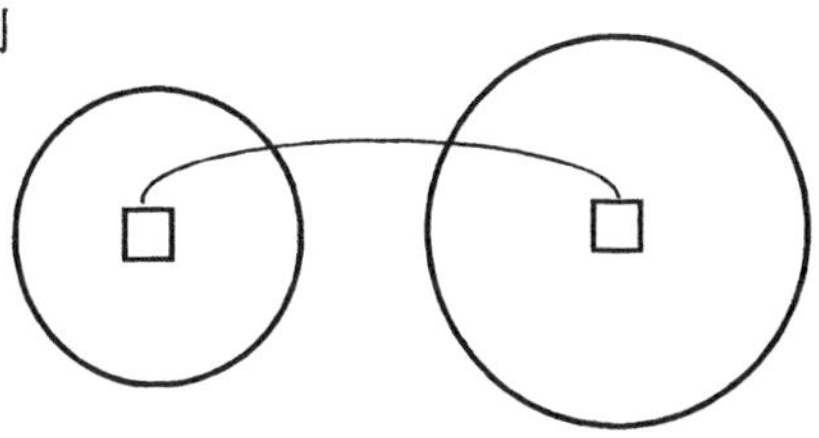

②　カエルやイモリは、ヒトとほぼ同じ構造の眼をもつが、ヒトとは異なり切断《せつだん》された視神経が再生されることが知られています。視神経のつながり方と、脳のはたらきの関係を調べるために、次の実験を行いました。

実験Ⅰ　カエルの片方の眼と脳をつなぐ視神経を切り、再生するのを待った。
　回復したカエルの、もう一方の眼を一時的に見えない状態にして、水中のカエルの頭上にエサを示すと、カエルは上に浮上《ふじょう》した。

実験Ⅱ　カエルの片方の眼と脳をつなぐ視神経を切るとともに、いちど眼を取り出して元の向きになるように戻して、眼が生着《せいちゃく》し、視神経が再生するのを待った。
　回復したカエルの、もう一方の眼を一時的に見えない状態にして、水中のカエルの頭上にエサを示すと、カエルは上に浮上した。

実験Ⅲ　カエルの片方の眼と脳をつなぐ視神経を切るとともに、いちど眼を取り出して上下を180°回転させて戻して、眼が生着し、視神経が再生するのを待った。
　回復したカエルの、もう一方の眼を一時的に見えない状態にして、水中のカエルの頭上にエサを示すと、カエルは下に潜《もぐ》っていった。

実験Ⅱ、実験Ⅲで、再生した視神経はそれぞれ脳とどのように接続したと考えられますか。解答用紙の図にかき込みなさい。

4 湿度《しつど》とは、気体中に含まれる水蒸気《すいじょうき》の量を表した数値で、以下の式で表されます。

$$\text{湿度（\%）}=\frac{\text{含まれる水蒸気量（g／m}^3\text{）}}{\text{飽和水蒸気量（g／m}^3\text{）}}\times 100$$

＊　飽和《ほうわ》水蒸気量：空気１m^{3}に含むことのできる水蒸気の量〔g/m^3〕

湿度と気象現象に関する、１・２の問に答えなさい。

問１　表１は、温度〔℃〕ごとの飽和水蒸気量〔g/m^3〕を表したものです。

表１

温度（℃）	0	5	10	15	20	25	30	35
飽和水蒸気量（g/m^3）	4.8	6.8	9.4	12.8	17.2	23.0	30.3	39.6

①　20℃で湿度100 %の空気１m^{3}には何gの水蒸気が含まれていますか。

②　①の空気を30 ℃まで温《あたた》めました。このとき、湿度は何%になりますか。小数第１位を四捨五入して、整数値で答えなさい。

③　飽和水蒸気量と湿度の関係について説明した、次の（あ）～（え）の文章について、正しいものには○を、誤っているものには×を、解答欄《らん》に書きなさい。

（あ）　１m^{3}に10 gの水蒸気を含む空気は、湿度10 %となる。

（い）　温度が高い空気の方が、より多くの水蒸気を含むことができる。

（う）　25 ℃で湿度60 %の空気と、20 ℃で湿度80 %の空気には、ほぼ同じ量の水蒸気が含まれている。

（え）　東京では、冬よりも夏の方が、空気中に含まれる水蒸気が少ない。

問２　温度と飽和水蒸気量が関わる現象として、フェーン現象が挙げられます。この現象は、高度が上がるほど空気の温度が下がることと関係しており、高度が 100 m上がるごとに、雲のない状態では１ ℃、雲がある状態では 0.5 ℃下がることが知られています。図１の模式《もしき》図に関する次の問に答えなさい。

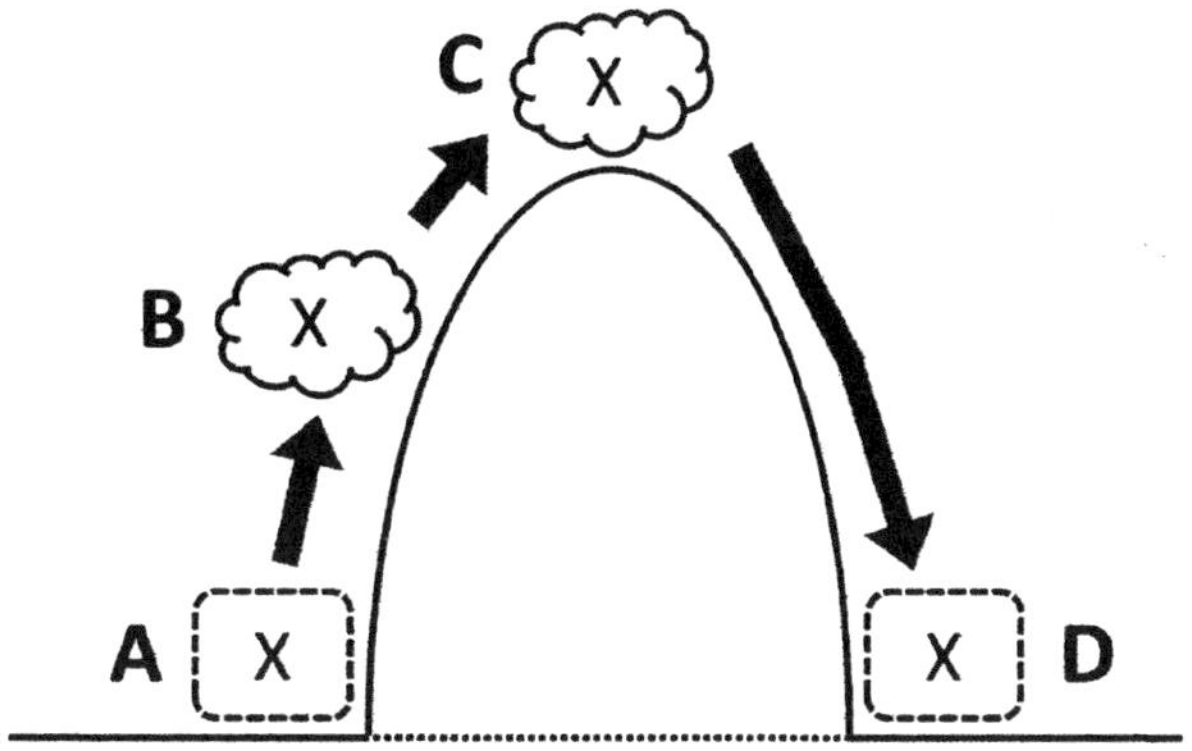

図１

①　高度０ mの位置Aに、25 ℃で湿度 41 %の空気のかたまりXがあります。Xには１ m^{3}あたり何 gの水蒸気が含まれていますか。小数第２位を四捨五入して、小数第１位まで答えなさい。

②　位置Bにおいて、Xに雲が生じました。これは、含み切れなくなった水蒸気が水滴《すいてき》になったためです。Bの高度は何 mと考えられますか。

③　位置Cの高度は 2500 mです。CにおいてXには１ m^{3}あたり何 gの水蒸気が含まれていますか。

④　高度０ mの位置Dにおける、Xの温度と湿度を答えなさい。小数第１位を四捨五入して、整数値で答えなさい。

④　朝ごはんはもう食べましたか。

ア　その練習量で勝てようか。
イ　こんなにおいしいのか。
ウ　そういう君は誰《だれ》ですか。
エ　あなたも参加しませんか。
オ　好きなのはパンかごはんか。

⑤　私は普連土学園の生徒です。

ア　私は走るのが好きです。
イ　もう宿題は済んだの。
ウ　何のかのと言い訳をする。
エ　星の降る夜に出会う。
オ　兄の本を借りている。

五　次の①～⑤の――線部と同じ働きをしているものを、それぞれ次のア～オから選び、記号で答えなさい。

①　教科書を机の上に置く。

ア　兄は弁護士になった。
イ　友だちにマンガを借りた。
ウ　ようやく静かになった。
エ　妹は保育園に通っている。
オ　今日は泣きに泣いた。

②　朝早くに雨が降った。

ア　飼い猫《ねこ》を弟が逃《に》がした。
イ　目立たないが力はある。
ウ　雪も強いが風も強い。
エ　悪い話だが聞いてもらおう。
オ　喜んでくれたら良いがなあ。

③　この家は木でできている。

ア　この上着は千円で買った。
イ　氷で作った像を飾《かざ》る。
ウ　駅まで自転車で行く。
エ　一緒《しょ》に公園で遊ぼう。
オ　病気で学校を休む。

四 次の①～⑩の慣用表現の□にあてはまる生き物を、後のア～シから選び、それぞれ記号で答えなさい。一つの文に□が二つある場合は、二つとも同じものが入ります。

① 二□を追う者は一□をも得ず

② □の耳に念仏

③ 取らぬ□の皮算用

④ 負け□の遠吠《ぼ》え

⑤ □も木から落ちる

⑥ 虎《とら》の威《い》を借る□

⑦ 能ある□は爪《つめ》を隠《かく》す

⑧ 窮鼠《きゅうそ》□をかむ

⑨ 泣きっ面《つら》に□

⑩ 蛇《へび》ににらまれた□

ア 蛙《かえる》　イ 蜂《はち》　ウ 羊　エ 猿《さる》　オ 牛　カ 狐《きつね》

キ 兎《うさぎ》　ク 猫《ねこ》　ケ 馬　コ 鷹《たか》　サ 犬　シ 狸《たぬき》

ウ　美咲とジョニーが心を通い合わせていたことを知って、自分だけが美咲のことを支えていたわけではなかったということに気づかされたから。

エ　ジョニーも美咲の死を悲しんでいたことを知って、自分の中だけにあると思っていた美咲が亡くなった悲しみを他の人とも共有できたから。

オ　さびしさや心細さを一人でがまんして生きていたと思っていた美咲にも、心が通じる相手がいて、実は幸せな時間もあったのだということがわかったから。

問九　――線部⑧「ぼく自身にも当てはまるはずだから……」とありますが、どのようなことが当てはまるというのですか。答えなさい。

三

次の①～⑩の――線部のカタカナは漢字に、漢字はひらがなにそれぞれ直しなさい。

① この交差点は車のオウライが激しいので特に注意が必要だ。

② 勝手に部屋に入られて以来、兄との関係がケンアクになった。

③ 防犯のため、家の外壁《へき》にコガタのカメラを取り付けた。

④ 夏休み期間中、学校のプールは地域の人にカイホウされる。

⑤ よく調べて私の身がケッパクであることを証明してほしい。

⑥ 笑いの絶えない幸せな家庭を築くことを約束しよう。

⑦ 一刻も早く家に帰り、シャワーを浴びて一眠《ねむ》りしたい。

⑧ 先生はきびしい口調で生徒たちの校則違《い》反をとがめた。

⑨ 最近、父が営むカレー屋に行列ができるようになった。

⑩ 友人は気象予報士になるための勉強にはげんでいる。

問二　――線部①「たいていのことはがまんできる」とありますが、ここではどのような思いを「がまん」できるというのですか。答えなさい。

問三　――線部②「両方の味を半分ずつ食べよ」とありますが、このように言った時の美咲の心情として考えられないものを次のア〜オから一つ選び、記号で答えなさい。

ア　せっかく二種類あるのだから両方のドーナツの味を味わいたいという気持ち。
イ　兄が修学旅行に行かず、自分と一緒《しょ》にいてくれることをありがたく思う気持ち。
ウ　ドーナツを二つも食べたらおなかが痛くなるのではないかと不安に思う気持ち。
エ　わざわざもらってきてくれたドーナツを兄と分け合って食べたいという気持ち。
オ　兄がもらってきたものを一人だけで食べてしまうのは申し訳ないという気持ち。

問四　――線部③「遠回りをしてまで犬をなでてくるのだ」とありますが、美咲がこのようにしていた理由を、この時の「ぼく」はどう考えていましたか。答えなさい。

問五　――線部④「みんなは知っているのだろう」とありますが、「みんな」は何を「知っている」のですか。答えなさい。

問六　――線部⑤「頭ではわかっても、心でわかるまでには、気が遠くなるほどの時間がかかるだろう」とありますが、具体的に何がわかるというのですか。答えなさい。

問七　――線部⑥「七月の初めでしょう？　もしかしたら、五日じゃない？」とありますが、梅本さんはなぜ美咲の亡くなった日を言い当てることができたのですか。答えなさい。

問八　――線部⑦「ジョニーに会い、期せずして飼い主の梅本さんと言葉を交わしてから、ふっと気持ちが軽くなった」とありますが、美咲とジョニーの関わりを知ったことで「ぼく」の気持ちが少しだけ軽くなったのはなぜですか。その理由として最も適当なものを次のア〜オから選び、記号で答えなさい。

ア　貧しくて犬を飼えずにさみしがっていた美咲が、ジョニーと出会うことで、犬を飼うという願っていたことに近い経験をしていたのだと気づいたから。
イ　美咲がさびしさのあまり空想の世界で大きな犬と遊んでいるのではないかと心配していたが、その犬が実際にいたことがはっきりわかったから。

問一 ══線部ⓐ「かぶりをふった」・ⓑ「そぞろ歩く」・ⓒ「せきを切った」の意味として、最も適当なものを次のア～オから選び、それぞれ記号で答えなさい。

ⓐ かぶりをふった

ア 身体を大きく動かし、楽しそうにした
イ 頭を前後にゆらし、肯《こう》定した
ウ 首を横に傾《かたむ》け、疑問の思いを示した
エ 頭を左右に動かし、否定した
オ 両手をゆっくり広げて、安心させた

ⓑ そぞろ歩く

ア ゆっくり歩き回る
イ あちこち歩き回る
ウ あわただしく歩き回る
エ 音を立てずに歩き回る
オ 集団で歩き回る

ⓒ せきを切った

ア たまっていたものが一気に出る
イ むせてせきが止まらなくなる
ウ 緊《きん》張から解き放たれる
エ イスから崩《くず》れ落ちる
オ ゆっくりと流れ出す

のどがひくひくするたびに、手のひらにジョニーのにおいがした。初めてかぐのに、なつかしい犬のにおいだった。

美咲《みさき》という名前は父さんがつけたという。読んで字のごとく、美しく咲《さ》いてほしい、と願ってのことだろう。なのに、美《み》咲《さき》はつぼみのまま、咲《さ》くこともなく散ってしまった。

かわいそうで、かわいそうで、しかたがなかった。毎日みじめでやりきれない気分だった。でも、⑦ジョニーに会い、期せずして飼《か》い主の梅本さんと言葉を交《か》わしてから、ふっと気持ちが軽くなった。ほんの少しだけど、救われたような気がした。

ぼくは父さんと暮《く》らしたころのことをよく覚えている。思い出さないようにはしているけど。美咲《みさき》は小さかったから、ほとんど覚えていないのかもしれない、と気がついた。だから、父さんのいない生活を当たり前だと思っていたのかもしれない。

もちろん、貧《まず》しいのはわかっている。テレビだってとうにこわれて見えなくなったのに、修理《しゅうり》もせず、買《か》い替えもせず、そのままになっている。学校で人気番組が話題になっても、友だちと話を合わすのに苦労したにちがいない。ぼくだってそうだから。ゲームはもちろん、女の子らしいかわいい洋服や文房具《ぶんぼうぐ》、はやりのちょっとしたグッズなんかもがまんしなければならなかった。学童保育《がくどうほいく》にも行かず、下校してからはひとりで留守番《るすばん》だった。

でも、美咲《みさき》はじゅうぶん幸せだったのかもしれない。

そう思った。

少なくとも、ジョニーと遊んでいる間は。

ぼくとドーナツを分けあった瞬間《しゅんかん》は。

リクエストした曲を、ぼくがギターで弾《ひ》いてやったひと時は。

そんな小さな時間の積み重ねが、きっといっぱい、いっぱい、あっただろう。

そう信じることにした。

それは、⑧ぼく自身にも当てはまるはずだから……。

（今井《いまい》　恭子《きょうこ》『ギフト、ぼくの場合』　小学館）

「ジョニーはいつもガラス戸——さっきわたしが出てきたあそこね。あそこから道路の方を見て、美咲《みさき》ちゃんが通るのを待っていたのよ。そのころには庭に出してやることも多かったわ。ジョニーは美咲《みさき》ちゃんが学校から帰る時間を知っていたし、土日や雨の日はここを通らないのもわかっていてね。

　七月の初めに、待っていても来ない日が二、三日あったわ。そして、五日のことよ。いつものようにずっと待っていたのに、そのうち急にくるったようにほえだしたの。家じゅうをかけ回りながらほえ続けて。そんなこと、今まで一度もなかった。

　しばらくしてようやく落ち着いたら、もう待つのをやめてしまったの。つぎの日も、そのつぎの日も。それからずっと。美咲《みさき》ちゃんはもう来ないって、ジョニーはわかったのよ」

　ぼくはぼう然とジョニーを、それから梅本さんを見つめた。

「あのぅ、それって、美咲《みさき》とジョニーは気持ちがすごく通じあっていたってことですか？」

「ええ、きっとね。そこまでとは、わたしも知らなかったわ。

二年前に主人が出先で亡《な》くなったときだって、そんなことはなかったわ。ブリーダーを訪《たず》ねて行って、ほれこんでこの子を飼《か》ったのは主人だったのに」

　口元にちょっとしわのよったほほえみは痛々《いたいた》しげでさえあった。

　ぼくはあらためてジョニーの頭に手を置いた。手のひらでそっと丸い頭をつつむように。

「美咲《みさき》はジョニーといっしょのとき、楽しそうでしたか？」

「ええ、とっても。いつもにこにこ笑っていましたよ。お母さんとお兄ちゃんのことを話してくれるときもですよ。

ご家庭の事情《じじょう》はそれとなくわかりました。でも、美咲《みさき》ちゃんはとても幸せそうで、いつも笑顔でした。お兄ちゃんのことが、とてもごじまんでね。ギターがとても上手なんですってね。澤口常一《さわぐちじょういち》の不二見小バンドにも入っているって。

　コンサートは十一月でしたっけ？」

　言葉につまった。

　答えたくないからじゃない。突然《とつぜん》、涙《なみだ》でのどがふさがってしまったからだ。思わず両手で目をおおった。声を出さずに泣いた。

意外すぎる問いかけに、息をのんだ。

最初から？　美咲《みさき》がいない？

ぼくは言葉もなく、激《はげ》しく頭をふった。

「だよな。なくして悲しいものはさ、持ってたってだけで恵《めぐ》まれてた。だろ？　おふくろが死んでから、何年もかかってたどりついた、おれの人生哲学《てつがく》。まいったか」

勝ちほこったような口ぶりだが、同時にあきらめたような、さびしげな三田口を、ぼくはぼう然と見つめた。それから、小さくうなずいた。

「もう行こうぜ」

三田口はごろっとうつぶせになってから、ぴょんと立ち上がった。ぼくも地面に手をついて、のそっと立ち上がった。手のひらに地面のほてりが残った。午後の直射《ちょくしゃ》日光が照りつける校庭で、三田口はがまん強くつきあってくれたのだ。

ぼくは小声で、「ありがとう」と、言った。

三田口の言う通りにちがいない。でも、⑤頭ではわかっても、心でわかるまでには、気が遠くなるほどの時間がかかるだろう。

いや、そんな日なんて来るのだろうか。

ある日「ぼく」は学校帰りに通学路からそれ、初めて通る道を歩いていると、偶《ぐう》然目立たないポストの存在に気づく。そこで美咲の「あたし、毎日ポストのある道を通るの。大きな犬のいる、大きなおうちがあるから」という言葉を思い出す。一軒《けん》一軒探し、ついに「大きなおうち」を見つける。そこには「大きな白い犬」もいた。家の主は「梅本さん」という高齢《れい》の女性で、美咲がしばらく顔を見せていないことを気にしていた。「ぼく」は「梅本さん」に美咲が亡《な》くなったことを伝えた。

すると、梅本さんの口から意外な言葉がもれた。

「⑥七月の初めでしょう？　もしかしたら、五日じゃない？」

ぼくはびっくりして、返事もできなかった。

横に向けたが、三田口は前を向いたままだ。二人とも、そのままだまって校門を目ざした。

「おれさ……」

校門のすぐ手前まできたころ、ようやく三田口は口を開いた。

「おまえがうらやましかった。妹がいて。

いつも気にしてたじゃん。ひとりじゃないんだな、って思った。ドーナツだってさ、持って帰ったじゃん」

つぎの瞬間《しゅんかん》、わきあがった声が自分の泣き声だとは信じられなかった。

突然《とつぜん》、ⓒせきを切ったように涙《なみだ》があふれ出て、止めようもなかった。赤ん坊《ぼう》のように、手放しで、声を上げて泣いた。

三田口はあわててぼくの腕《うで》をとると、校庭のすみへひっぱっていった。

ぼくは場所も選ばずすわりこみ、ひざに顔をうずめて泣き続けた。後にも先にも、こんなに泣いたことはなかった。

五分？　いや、十分？

ずいぶん泣き続けてから、ようやく腕《うで》で涙《なみだ》をぬぐってふり返ると、三田口は地面に腰《こし》をおろし足を投げだして、背中《せなか》からずり上がったランドセルに頭をもたせかけていた。夏らしさの増《ま》した青空を見上げていた。

ふと三田口の目もぬれているような気がしたが、ぼくの涙《なみだ》のせいだろう。

三田口は地面にひじをついて、ごろりとぼくの方へ体をかたむけると、「気、すんだ？」と、聞いた。うなずくしかなかった。

「おれも泣いたことある。おふくろが死んだとき。

泣いて、泣いて……。最後には引きつけ起こしてさ。病院に運ばれたんだ。勝ったな」

こんなときに、勝った、負けたなんて、いかにも三田口らしい。ぼくは、口のはしだけで笑った。

「なぁ、どう思う？」

三田口は、また視線《しせん》を空にもどして言った。

「おまえには妹がいた。その妹が死んじゃって、悲しくて泣いてる。じゃあ、悲しくないように、泣かなくてすむように、最初から妹なんかいない方が良かった？」

「えっ？」

「えっ、ドーナツ食べたから？　くさってなんかいないよね。ぼくはなんともないけど」

「ちがう。学校にいるときも、ちょっと痛《いた》かった」

「医務室《いむしつ》は？　行ったの？」

美咲《みさき》はかぶりをふった。

「がまんしてれば治るから」

「いつから？」

「うーん、いつからって。何日か前」

ぼくは、小さな額《ひたい》に思わず手を当てていた。少し熱っぽい気もするが、たいしたことはない。

そもそも美咲《みさき》は体がじょうぶではなかった。しょっちゅう気持ちが悪いとか、頭やおなかが痛《いた》いなどとうったえる。

小さいときのことは覚えていない。が、美咲《みさき》がこんなふうになったのは、父さんと母さんが離婚《りこん》してからのような気がする。まだまだ親に甘《あま》えたい年ごろなのに、母さんはいつも留守《るす》だ。

「横になる？　布団《ふとん》、しいてやろうか？」

美咲《みさき》は素直《すなお》に、「うん」と目をふせた。

布団《ふとん》に寝《ね》かせ、厚《あつ》みのない体にタオルケットをかけてやってから、ぼくは常備薬《じょうびやく》の入った箱を探《さぐ》った。取り出した整腸剤《せいちょうざい》のびんを耳元でふってみる。まだ少し残っていた。

「これ飲むと、いつもよくなるじゃん」

水を入れたコップといっしょに錠剤《じょうざい》を差し出すと、美咲《みさき》は頭を上げて、「うん」と、うなずいた。

……中略……

修学《しゅうがく》旅行の余韻《よいん》が残る教室で、ぼくは異次元《いじげん》のカプセルにくるまれたようになって、すわり続けた。授業《じゅぎょう》をする先生の声や、生徒たちのにぎやかな思い出話、ⓑそぞろ歩く足音や空気のゆらぎ。全てがぼくを避《さ》けて流れていった。

先生から聞いて、④みんなは知っているのだろう。だからこそ、だれもふれてはこないのだ。放っておいてくれるのだ。何よりの心づかいじゃないか。

ある日の下校時のことだった。うつむいてひとり歩く校庭で、つつーっと三田口が横に並《なら》んできた。ぼくはちょっと顔を

ショックだった。

わざわざより道して、白い犬をなでている美咲《みさき》が目に見えるようで。

今までそれをだまっていたなんて。

ぼくはより道をすることはない。先に帰っている美咲《みさき》を少しでもひとりにしておきたくないからだ。最短距離《きょり》を、まっすぐ走るように帰ってくる。兄としての責任《せきにん》がある。不自由を感じたことがない、と言ったらうそになるが、だれもいない部屋に帰っている美咲《みさき》のさびしさや心細さは想像《そうぞう》がつく。

いや、想像《そうぞう》以上だったのだ。だからこそ、③遠回りをしてまで犬をなでてくるのだ。

ぼくは無理にもショックをふりはらって言った。

「かまれないように気をつけろよ」

「ううん、だいじょうぶ。大きな犬はおっとりしてて、小さい犬より優《やさ》しいんだって。かんだりしないよ」

「大きいって、どのくらい？」

「うーん、このテーブルより大きいかな」

「うそー」

美咲《みさき》はドーナツがのったテーブルをあらためて目で測《はか》り、断言《だんげん》した。

「ほんと。うん、もっと大きい」

ぼくはふと、その犬は本当にいるのだろうか、と疑《うたが》った。美咲《みさき》はさびしさのあまり、空想の世界で、自分が作り上げた犬と遊んでいるんじゃないか、と……。

ぞっとした。

話題を変えたかった。

「ほら、ドーナツ、食べちゃいな」

「うん……」

いつの間にか、美咲《みさき》の顔からついさっきまでの笑《え》みが消えていた。なんだか気が進まないようだ。

「ちょっと、おなかが痛《いた》い」

「えーっと、じゃあ、イチゴにします」

先生はカウンターの下からペーパータオルを出して、チョコとイチゴ味のドーナツをていねいにつつんでくれる。

それを見下ろしながら、三田口がわざとなれなれしいそぶりで、カウンターにもたれかかった。

「先生、ぼくはぁ、家に弟と妹と、それに犬もいるんですけどぉ」

……中略……

「いいよ、全部食べて。ぼくは学校でもらったから」

そう言えば、二つとも美咲《みさき》にやることができる。

だが、美咲《みさき》はほうちょうを取ってきて、ドーナツを切り分けた。ちょうど半分になるように、ていねいに、ていねいに。

「②両方の味を半分ずつ食べよ」

「じゃあ」

美咲《みさき》は大事に、大事に、少しずつ口に運ぶ。

「お兄ちゃん、おいしいね」

この瞬間《しゅんかん》、修学《しゅうがく》旅行を断《ことわ》ったかいがあった、と思った。

ちょっと気持ちがなごんだから、三田口がいもしない弟と妹、それに犬まで持ち出してドーナツを二重取りしようとしたこと、残念ながら先生はだまされなかったことを面白おかしく話してやった。

「ジョニーって言ったの、犬の名前?」

「うん。ほかに思いつかないでやんの」

美咲《みさき》は笑ってから、首をかしげあこがれの目を泳がせた。

「犬、ほしいなぁ。

学校から帰るとき、あたし、毎日ポストのある道を通るの。大きな犬のいる、大きなおうちがあるから。その犬もジョニーっていうんだよ。頭をなでてやると、目がどんどん細くなるの。すごーく大きな白い犬。知ってる?

犬、ほしいなぁ。いつか飼《か》ってもらえるかなぁ」

答えられなかった。答えがわからないからじゃない。わかっているからだ。

「おお、すげぇ。先生、気がきくじゃん。じゃ、おれはこれ」

三田口がさっそくチョコレートのついたドーナツに手を伸《の》ばす。

「六年生の先生たちからよ」

「ちぇっ、そういうことか。かわいそうにってか」

一瞬《いっしゅん》、気まずい空気が流れたが、三田口は手づかみのドーナツをその場でむしゃむしゃ食べると、

「ま、うまいから許《ゆる》してやる」

と、言って短パンに指をこすりつけた。

先生は、すかさずウエットティシューをわたした。

「うん、おいしいよね。わたしもチョコが一番好きかな。あなたは？」

「じゃあ、ぼくもチョコにします」

「はい、どうぞ」

ぼくは伸《の》ばした手を、ふと止めた。

「あのぅ、家に持って帰ってもいいですか？」

美咲《みさき》に分けてやったら、きっと喜ぶだろう。

「ん？　ええ、もちろんよ。つつんであげましょうか？」

「はい」

「なんだ、妹にやるのか？　きぇー、美しい兄妹愛《きょうだいあい》」

三田口がちゃかした。はずかしかった。

「あ、そういうことね。じゃあ、特別よ。もうひとつ選んでいいわ」

ぼくはびっくりして先生を見上げた。

「足りなくなりませんか？」

先生はⓐかぶりをふった。

「だいじょうぶよ。もうひとつも同じのにする？」

二　次の文章を読み、後の問に答えなさい。

だれもいない教室はだだっ広かった。

みんなは朝六時に校庭に集合して、七時過《す》ぎには出発したはずだ。今ごろは電車の中で、はしゃいで通勤客《つうきんきゃく》ににらまれたり、あからさまにいやな顔をされているだろう。それがまた面白《おも》くて、おし合いへし合いしながら、くすくす笑ったりしているにちがいない。

見送りをしなくてすんで、ほっとする。見えなければ、①たいていのことはがまんできる。

がらんとした教室で、三田口は机《つくえ》に両足を投げだし、アンパンを食べていた。

「出席とったら、あとはもう用はねぇよ。あ、給食は食いにもどってくる」

アンパンの空き袋《ぶくろ》は丸めて勢《いきお》いよく天井《てんじょう》に投げつけた。袋《ふくろ》は蛍光灯《けいこうとう》に当たってから、教壇《きょうだん》の向こう側へ飛んでいった。

家庭科の先生がろうかをバタバタ走ってきて、ぼくたちの名前を確認《かくにん》すると自習用のプリントを置いていった。

「あなたたち、図書室へ移動《いどう》してね。きょうあしたは、司書の先生がずっといてくださるから」

三田口は机《つくえ》の上の足をそのままに、「はい――っ」と答えた。

……中略……

図書館はがらんとしていた。

あとからほかのクラスからも、だれか来るのだろうか……。

どんな理由にせよ、修学《しゅうがく》旅行に行けなかったのはもしかしたら三田口とぼくだけなのかもしれない、と思うと胸《むね》がちくりとした。

いや、出席とるためだけに、わざわざ出てくるやつなんているか？　そうも思った。

ぼくたちがのそのそ入っていくと、カウンターの中から司書の先生が手招《てまね》きしている。

「はい、どうぞ。どれでも好きなのを取っていいわよ。ただし、ひとつずつね」

ドーナツの入った箱を見せた。

「本を読みながら食べるのは禁止《きんし》だからね」

問六　――線部⑤「この西洋近代的な個人」とありますが、「西洋近代的な個人」とはどのようなものですか、解答欄の「もの」に続くように、本文中から二十字以内で抜き出して答えなさい。

問七　――線部⑥「現地のとらえ方とは違う」とありますが、ハーゲン高地のブタの交換儀礼は、「現地のとらえ方」ではどのようにとらえられていますか。最も適当なものを次のア～オから選び、記号で答えなさい。

ア　人間も動物も、複数の社会の結果として存在するのであり、名声などには真の価値がないととらえられている。

イ　一見男性が名声を手にしているように見えるが、実はそのブタを飼育した女性への称《しょう》賛であるととらえられている。

ウ　男性が得た名声は、男性個人にではなく父母や属する氏族に与えられたものなので、喜ぶべきではないととらえている。

エ　男性は婚姻関係を持つ女性との組み合わせとして扱《あつか》われ、男性への名声は女性への名声でもあるととらえられている。

オ　男性が手にした名声は男性個人のものではなく、男性やブタと関わるすべての人間関係の結果としてとらえられている。

問八　――線部⑦「近代社会が前提とする『個人』とは対照的な人格のとらえ方」とありますが、これは「わたし」はどのようなものであるとするとらえ方ですか。解答欄の「『わたし』は」のあとに続くようにして答えなさい。

問九　――線部⑧「『わたし』は『わたし』だけでつくりあげるものではない」とありますが、そのように考えられるのはなぜですか。理由として最も適当なものを次のア～オから選び、記号で答えなさい。

ア　「わたし」は、自分の中にいる人間関係にねざした複数の「わたし」が、他者とのつながりの中でそれぞれ対応した役割を意図的に演じ分けることによってつくりあげるものだから。

イ　「わたし」は、自分の個性や自分らしさから導き出されるのではなく、「わたし」と他者との交わりの中で輪郭がつくりだされることによって、自然につくりあげられるものだから。

ウ　「わたし」は、「わたし」という確定したものがあるのではなく、他者とのつながりによって「わたし」の輪郭がつくりだされ、他者との交わりの中で互いにはみだしながらつくりあげられるものだから。

エ　「わたし」は、潜在的に自分の中に存在する人とは違う個性が、だれと出会うか、どんな場所に身をおくかによって抑《おさ》えこまれ、その反動で自分の輪郭をはみだすことでつくりあげられるものだから。

オ　「わたし」は、状況や相手との関係性に関わりなく存在するものではあるが、他者と出会う中でより自分らしく、人とは違う個性を持つものへと変化することによってつくりあげられるものだから。

*潜在的……外側には表れないが、内側にひそんで存在すること。

問一　===線部ⓐ「ポジティブ」・ⓑ「キャラクター」の意味として、最も適当なものを次のア～オから選び、それぞれ記号で答えなさい。

ⓐ　ポジティブ
ア　発展的な様子
イ　断定的な様子
ウ　活動的な様子
エ　肯定的な様子
オ　楽天的な様子

ⓑ　キャラクター
ア　性格
イ　外見
ウ　話し方
エ　趣《しゅ》味
オ　くせ

問二　――線部①「そんな意識が私たちにはあります」とありますが、「そんな意識」を私たちが持ち続けることができるのはなぜですか。解答欄《らん》の「日本人が入れ替わり、日本人の暮らしが変わっても、」のあとに続くように、本文から三十字以内で抜き出し、初めと終わりの四字ずつを書きなさい。

問三　――線部②「『日本人』としてのまとまりは無視されます」とありますが、「日本人」としてのまとまりが無視されるのは、ここではどのようなことについて考えるときだと筆者は述べていますか。答えなさい。

問四　――線部③「『わたし』という存在」とありますが、筆者は「『わたし』という存在」はどのようにしてできあがるものだと考えていますか。答えなさい。

問五　――線部④「私たちは複数の『わたし』を生きています」とありますが、それはどういうことですか。挙げられている具体的な事例を含めて説明しなさい。

点を取り出すこともできるのです。

さきほど説明したように、状況や相手との関係性に応じて「わたし」が変化するという見方も、まさに「分人」的な人間のとらえ方です。潜在的には、「わたし」のなかに複数の人間関係にねざした「わたし」がいる。だれと出会うか、どんな場所に身をおくかによって、別の「わたし」が引き出される。

ここで重要なのは、他者によって引き出されるという点です。それは「わたし」が意図的に異なる役を演じ分けているのとは違います。他者との「つながり」を原点にして「わたし」をとらえる見方です。

「人とは違う個性が大切だ」とか、「自分らしい生き方をしろ」といったメッセージが世の中にはあふれています。でも⑧「わたし」は「わたし」だけでつくりあげるものではない。たぶん、自分のなかをどれだけ掘《ほ》り下げても、個性とか、自分らしさには到《とう》達できない。

他者との「つながり」によって「わたし」の輪郭がつくりだされ、同時にその輪郭から「はみだす」動きが変化へと導いていく。だとしたら、どんな他者と出会うかが重要な鍵《かぎ》になる。

「わたし」をつくりあげている輪郭は、やわらかな膜《まく》のようなもので、他者との交わりのなかで互《たが》いにはみだしながら、浸《しん》透《とう》しあう柔軟《じゅうなん》なもの。そうとらえると、少し気が楽になりませんか？

もちろんその「他者」は生きている人間だけとは限りません。身の回りの動植物かもしれませんし、本や映画、絵画などの作品かもしれません。いずれにしても、文化人類学の視点には、そんな広い意味の他者に「わたし」や「わたしたち」が支えられているという自覚があります。

この本でこうした「つながり」をベースにした人間観を考えてきたのは、その見方のほうが「正しい」と言いたいからではありません。ひとつの見方よりも、複数の見方を手にしていたほうが、「わたし」も「わたしたち」もともに生きやすくなるのではないかと考えているからです。複数の視点をたずさえておくこと。それこそが文化人類学的な知の技法の鍵でもあります。

（松村《まつむら》　圭一郎《けいいちろう》『はみだしの人類学　ともに生きる方法』　ＮＨＫ出版　学びのきほん）

〈注〉　＊婚資------　花婿《むこ》または花婿の親族が、花嫁《よめ》の親族に対して贈る財産。

も、じつは「分人 dividual」はとても大切な概《がい》念でした。

イギリスの人類学者マリリン・ストラザーン（一九四一〜）は、『贈与《ぞうよ》のジェンダー』のなかで、パプアニューギニアのハーゲン高地では、西洋社会が前提とする「個人」ではなく、いくつもの人格が織り込まれた「分割可能な複合的な人格」として人間をとらえていると論じています。

パプアニューギニアを含《ふく》むメラネシア地域には、飼育されたブタを祝祭などで大々的に交換《かん》して男性たちが名声を手にする儀《ぎ》礼があります。その儀礼について、人類学者はもっぱら壮麗《そうれい》な交換儀礼に注目するばかりで、ブタを飼育した女性の労働が隠蔽《いんぺい》されていると批判されてきました。

ストラザーンは、その批判は個人が労働の産物への権利をもつという西洋近代の個人主義にもとづいた見方で、⑥現地のとらえ方とは違うと反論します。ハーゲンの人びとは、あらゆるものが個人によって生産されるとは考えておらず、それを人間関係の結果だとみなしている、と。

ブタは個人の労働の産物ではない。男性とブタを育てる女性との婚姻《こんいん》関係、そしてその男性とブタを与《あた》えた男性との交換関係に由来する。男性自身も、個人というより、その父親と母親との婚姻関係、あるいは両親が属する氏族間の＊婚資《こんし》のやりとりといった交換関係の産物である。つまり人間も動物も、つねに複数の社会関係の結果として存在する。ちょっと込み入っていますが、この本でお伝えしたい「つながり」をベースに人間を考える視点と共通したとらえ方です。

ストラザーンは、こうしたハーゲンの人びとの人格は、＊潜《せん》在的に複数の社会関係の源へとたどれるもので、その「分人」のなかの特定の人格が贈《おく》り物の交換などをとおして可視化されるのだと主張しました。

ストラザーンの文章は難解なことで有名ですが、この「分人」は、メラネシア地域では西洋とは正反対に人格をとらえているというよりも、どこであれ⑦近代社会が前提とする「個人」とは対照的な人格のとらえ方がありうることを提示した概念だとされています。

ハーゲンの人たちとまったく同じではないにせよ、私たちも「個人」としてだけでなく、「分人」として生きている。そうした視点で世の中をとらえると、見えてくることがたくさんある。パプアニューギニアの事例について聞かされても、自分たちとは無関係な話だと思うかもしれません。でも、じつはこうした文化人類学の研究から私たちにとって意味のある視

周囲の他者によって支えられ、つくりだされているからです。

そもそも④私たちは複数の「わたし」を生きています。たとえば、家のなかでは末娘《むすめ》として「甘《あま》えんぼう」と言われている人でも、部活では頼《たよ》れる先輩《ぱい》として後輩に慕《した》われているかもしれません。大学の授業では「生徒」として教室でおとなしくしている人が、バイト先の塾《じゅく》では「先生」と呼ばれ、黒板の前で堂々と話をするかもしれません。

私たちは、つねに複数の役割をもって生きています。それは、だれと対面するかによって、「わたし」のあり方が変化しうることを意味します。家族のなかの「末娘」は、「親」や「兄弟」との関係においてあらわれる「わたし」のあり方。部活の「先輩」は「後輩」との関係抜《ぬ》きには存在できません。先生と生徒も同様です。「生徒」の存在によって、その人は「先生」であることができる。

このようにすでに私たちは状況《きょう》に応じて複数の「わたし」を生きています。そのどれがほんとうの「わたし」なのでしょうか？

人前では期待される役を演じていて疲《つか》れる。家に独りでいるときの自分が気楽でいい。そう思う人もいるでしょう。でも、だれとも関係を結ばない「わたし」が、ほんとうの「わたし」と言えるのか、ちょっと考えてみてください。すべての演じるべき役を脱《ぬ》ぎ去ったあとに、演じない本当の「わたし」がいるのか、いたとしてそれにどんな意味があるのか。これは考えるに値《あたい》する問いだと思います。

「アイデンティティ」という言葉があります。「自己同一性」と訳されますが、自分がつねに同一の存在であり続けるというのは、まさに近代の個人主義的な人間観です。演じる役をすべて脱ぎ去ったあとに、同一の揺《ゆ》るがない核《かく》のような「わたし」がいる。そんな見方に通じます。

小説家の平《ひら》野《の》啓一郎《けいいちろう》（一九七五〜）は、複数の自分の姿をたんなる「キャラ」や「仮面」のようなものと考えてはだめなんだと言います。たったひとつの「ほんとうの自分」や首尾《び》一貫したぶれない「本来の自己」なんてない。一人のなかに複数の「分人《ぶんじん》」が存在しているのだと、本書の内容とも通じる議論を展開しています（『私とは何か「個人」から「分人」へ』）。

英語の「個人 individual」は、「分割できる dividual」に否定の接頭辞「in」がついている語で、それ以上分割不可能な存在という意味が込められています。⑤この西洋近代的な個人とは異なる人格のあり方を示してきた文化人類学にとって

りは無視されます。

「関西と関東は文化が違う」と言うとき、そこに明確な差異があることを疑う人はいません。その関西人と関東人の比較《かく》では、京都人と大阪人の違いは意識されなくなり、同じ関西人として均質な存在にされます。どういう境界線で比較するかで、「差異」そのものが変わるのです。

集団と集団との境界をはさんだ「関係」が、その集団そのものをつくりだしていく。「つながり」によって集団間の差異がつくられ、集団内の一貫《かん》性が維持される。

ある輪郭《かく》をもった集団は単独では存在できません。別の集団との関係のなかで、その差異の対比のなかで、固有性をもつという確信が生まれ、それが集団の一体感を高める。それは、「わたし」が「他者」との交わりのなかで変化してもなお、「他者」との境界線をはさんで「わたし」であり続けるのと同じです。

……中略……

私たちは他者とつながるなかで境界線を越《こ》えたいろんな交わりをもちます。それによって変化し、成長することもできます。それは③「わたし」という存在が、生まれつきのプログラム通りに動くようなものではなく、いろんな外部の要素を内側に取り込《こ》んで変わることのできるやわらかなものだからです。

「わたし」が溶《と》ける経験を変化への受容力ととらえると、ⓐポジティブに受けとめられると思います。さまざまな人と出会い、いろんなものをやりとりした結果として、いまの「わたし」がいる。

その出会いの蓄《ちく》積は、その人だけに固有なものです。だれ一人として、あなたと同じ人と同じように出会っている人はいません。「わたし」の固有性は、そうした他者との出会いの固有性のうえに成り立っている。

でもだからこそ、いまの「わたし」が不満な人は、それを悲観する必要もない。みんな気づかないうちにかつての「わたし」を捨て、こっそり他者からあらたな「わたし」を獲《かく》得しているのですから。

中学から高校に、あるいは高校から大学に入った途《と》端《たん》に、自分のⓑキャラクターが変わったと感じる。自分では意識していなくても、友だちからそう言われたり、友だちのそんな変化を目にしたりする。そういうことは、よくありますよね。

クラス替えがあって自分を取り囲む人が変わるだけでも、自分が変化したように感じる。それは「わたし」という存在が

二〇二二年度 普連土学園中学校

【国語】〈四日午前四科試験〉(六〇分)〈満点：一〇〇点〉

一 次の文章を読み、後の問に答えなさい。

一五〇年前といまの日本人の暮らしは、まったく違《ちが》います。しかも一五〇年前の日本列島に暮らした人びとは、もうだれ一人残っていません。日本人は、みんな入れ替《か》わっている。それでもなお日本人や日本文化はずっと続いている。①そんな意識が私たちにはあります。

学生に「日本文化とは何ですか?」と聞くと、みんな同じように答えます。着物や華《か》道、茶《さ》道、相撲《すもう》、歌舞伎《ぶき》、侍《さむらい》、侘《わ》び寂《さ》び……。でも、教室に着物を着ている人は一人もいません。ふんどしをつけている人も、歌舞伎役者も、ちょんまげ頭の人もいません。

だれもその「日本文化」にあてはまらなくても、それらが日本人の固有の文化だと信じて疑わない。不思議なことです。もともと武士階級の侍なんて、全人口からみればごくわずかでしたし、庶《しょ》民は絹の着物を身につけることが禁じられていました。極端《たん》な話、いまも昔も一部にしか存在しなかった要素であっても、日本人の文化だと考えることは可能なのです。

「日本人」というのは「器《うつわ》」であって、何がその「なかみ」として差異を構成するのかは時代によって変化します。そうしてなかみが変化しても、日本人という容《い》れ物、つまり境界そのものは維《い》持される。それは日本人ではない人たちとのあいだに境界線が引かれているからです。

もし世界中に日本人しかいなくなったら、「日本人」というカテゴリー(=容れ物)に意味はなくなります。「日本人」は、「日本人ではない人たち」との関係においてはじめて「日本人」でいられるのです。

さらに「日本人」という境界は、つねに存在する絶対的なものではありません。たとえば、私たちはよく関西人はどうだとか、関西人のなかでも京都人はこうで、大阪《さか》人はこうだといった言い方をします。そのとき②「日本人」としてのまとま

2022年度

普連土学園中学校 ▶解　答

※　編集上の都合により，4日午前4科試験の解説は省略させていただきました。

算　数　＜4日午前4科試験＞（60分）＜満点：100点＞

解　答

1 (1)　12　(2)　111.6　(3)　$\frac{2}{3}$　2 (1)　分速40m　(2)　203cm^3　(3)　11：9　3 (1)　8／**理由**…(例)　右に1つすすむごとに2倍となる。　(2)　7／**理由**…(例)　隣り合う数の差をとると1，2，3，4，…となる。　(3)　5／**理由**…(例)　20の約数を小さい順に並べている。　4 (1)　35秒後　(2)　25cm　(3)　60秒後　5 (1)　①　0　②　7　(2)　①　6　②　5　6 ①　6　②　3　③　2　④　10　⑤　右の図　⑥　462　⑦　200　⑧　322

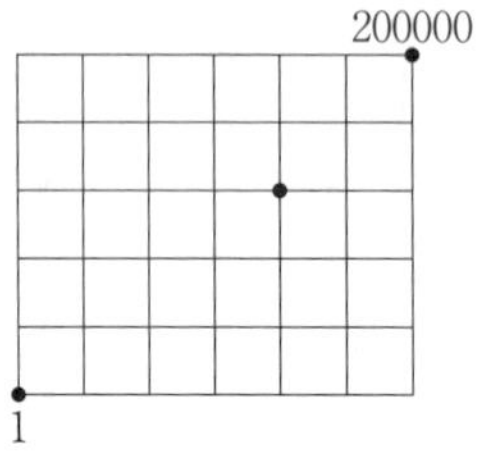

社　会　＜4日午前4科試験＞（30分）＜満点：75点＞

解　答

1 **問1**　**あ**　諏訪　**い**　野尻　**問2** (1)　ホストタウン　(2)　国庫支出金　**問3** (1)　ア　(2)（例）　年間を通じて気温の寒暖差が大きく，季節風が遮られるため降水量が少ないから。　**問4**　**ア**　飛驒(飛騨)山脈　**イ**　木曽山脈　**ウ**　赤石山脈　**問5** (1)　**X**　白河　**Y**　田沼　(2)　打ちこわし　**問6**（例）　藩の財政支出のうち，参勤交代での費用が大半を占めるため，大名の経済力が弱まった。　**問7**　ア　2 **問1**　**あ**　関東　**い**　相模　**う**　神戸　**問2**　2011(平成23)(年)3(月)11(日)　**問3**　ウ　**問4**　東経135度　**問5**　エ　**問6**（例）　山地が海に沈むこと　**問7**　満州事変　**問8**　イ　**問9**　ア　**問10** (1)　カルデラ　(2)　ウ　**問11**　ア　**問12**　ノルマントン号　**問13**　ええじゃないか　3 **問1**　**あ**　農林水産　**い**　関税　**う**　温室効果　**問2** (1)　エ　(2)　**X**　エ　**Y**　ア　**問3** (1)　ウ→イ→エ→ア　(2)　農地改革　**問4** (1)　所得倍増計画　(2)　イ，オ　**問5**　イ　**問6**（例）　外食で食べ残しを減らすこと。(賞味期限の近い商品を購入すること。)　**問7**　ウ　**問8** (1)　子どもの権利条約(児童の権利条約)　(2)　**a**　エ　**b**　ウ　**問9**　エ　**問10** (1)（例）　輸入品を輸送する際に使われるエネルギー(燃料)の消費が減ることで，温室効果ガスを削減することができるからです。　(2)　イ

理 科 ＜４日午前４科試験＞ (30分) ＜満点：75点＞

解 答

1 **問１** (う) **問２** 右の図 i **問３** 2 m/秒 **問４** 14秒 **問５** 12m **問６** (例) 大気がある場合，パラシュートを用いることができる。 2 **問１** (い)，(う) **問２** 132g **問３** **メタン**…３：１ **プロパン**…９：２ **問４** 6.5g **問５** (設置場所，理由の順に)**都市ガス**…天井／(例) 空気よりも軽いため。 **LPガス**…床／(例) 空気よりも重いため。 3 **問１** 網膜 **問２** a，c，d **問３** **穴の名前**…ひとみ(どうこう) **穴の大きさ**…大きくなる **縮む筋肉**…C **問４** ① (い) ② (う) **問５** ① (例) 下の図 ii ② (例) 下の図 iii 4 **問１** ① 17.2g ② 57% ③ (あ) × (い) ○ (う) ○ (え) × **問２** ① 9.4g ② 1500m ③ 6.8g ④ **温度**…30℃ **湿度**…22%

図 i
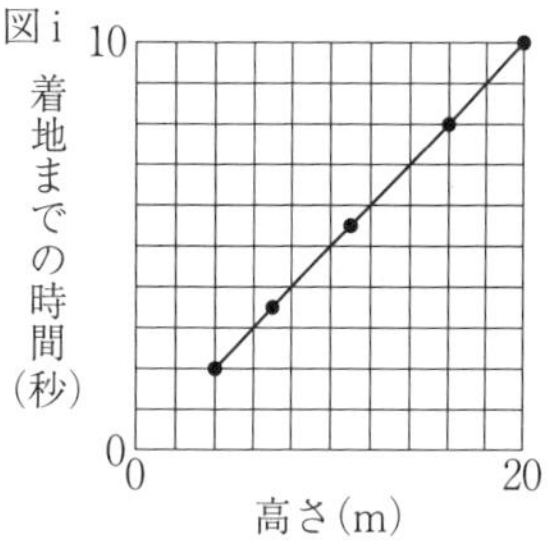

図 ii
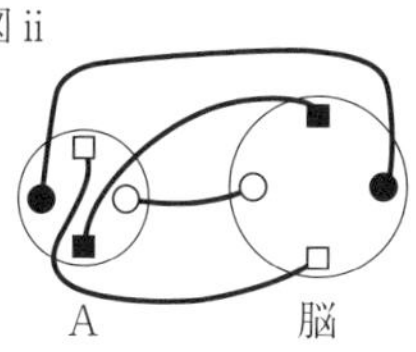

図 iii
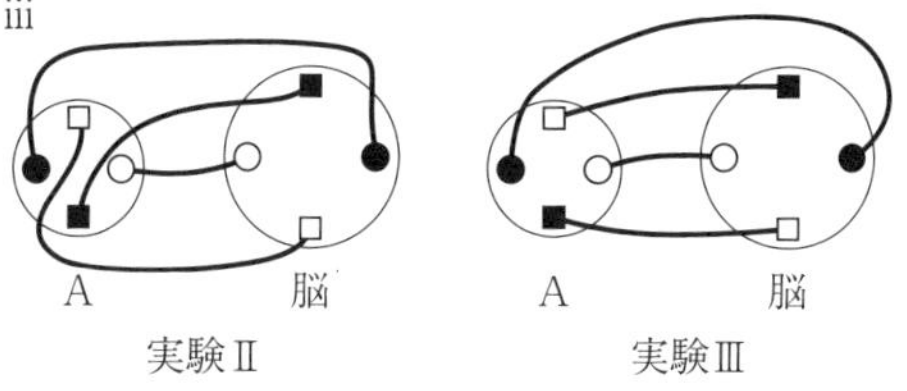

国 語 ＜４日午前４科試験＞ (60分) ＜満点：100点＞

解 答

一 **問１** ⓐ エ ⓑ ア **問２** (日本人が入れ替わり，日本人の暮らしが変わっても，)日本人で～いるから(。) **問３** (例) 関西人と関東人を比較するとき。 **問４** (例) さまざまな人と出会い，いろんなやりとりをした結果でできあがる。 **問５** (例) 家の中で「甘えんぼう」な末娘であるのに部活では頼れる先輩であるなどのように，私たちはだれと対面するかによって別々の役割をもって生きているということ。 **問６** 自分がつねに同一の存在であり続ける(もの) **問７** オ **問８** (例) (「わたし」は)「わたし」のなかに複数の人間関係にねざした「わたし」がいて，だれと出会うか，どんな場所に身をおくかによって，別の「わたし」が引き出されるというもの。 **問９** ウ 二 **問１** ⓐ エ ⓑ イ ⓒ ア **問２** (例) 修学旅行に行けなかったさびしさ。 **問３** ウ **問４** (例) だれもいない部屋に帰っているさびしさ，心細さを，犬と触れ合うことによって少しでもまぎらわしたいからだと考えた。 **問５** (例) 妹の美咲が死んだこと。 **問６** (例) 仲の良い妹がいたことはそれだけで幸せだったということ。 **問７** (例) いつも美咲が来るのを待っていたジョニーが，その日，急にくるったようにほえだし，それ以来美咲を待つのをやめてしまったことから。 **問８** オ **問９** (例) 妹を失って悲しい思いを抱えている自分にも，幸せを感じられる小さな時間の積み重ねがたくさんあったということ。 三 ①～⑤ 下記を参照のこ

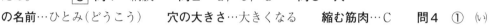

と。　⑥ た　⑦ あ　⑧ くちょう　⑨ いとな　⑩ きしょう　四 ① キ
② ケ　③ シ　④ サ　⑤ エ　⑥ カ　⑦ コ　⑧ ク　⑨ イ　⑩ ア
五 ① エ　② ア　③ イ　④ ウ　⑤ オ

●漢字の書き取り

三 ① 往来　② 険悪　③ 小型　④ 開放　⑤ 潔白

Memo

Memo

当社発行物の無断使用は固くお断りいたします。御使用の前はまずご相談ください。

当社発行物には500点余の首都圏中・高過去問をはじめ、6点の学校案内、そのほかいくつかの情報誌などがございます。その多くが年度版で、限られたスタッフが来るべき受験シーズン前に余裕を持って受験生へ届けられるよう、日夜作業にあたり出版を重ねております。

最近、通塾生ご父母や塾内部からの告発によって、いくつかの塾が許諾なしに当社過去問を複写（コピー）し生徒に配布、授業等にも使用していることが発覚し、その一部が紛争、係争に至っております。過去問には原著作者や管理団体、代行出版等のほか、当社に著作権がございます。当社としましては、著作権侵害の発覚に対しては著作権を有するこれらの著作権関係者にその事実を開示して、マスコミにリリースする場合や法的な措置を取る場合がございます。その事例としましては、毎年当社過去問の発行を待って自由にシステム化使用していたＡ塾、個別教室でコピーを生徒に解かせ指導していたＢ塾、冊子化していたＣ社、生徒の希望によって書籍の過去問代わりにコピーを配布していたＤ塾などがあります。

当社発行物の全部もしくは一部を無断使用することは固くお断りいたします。

当社コンテンツの中にはリーズナブルな設定で紙面の利用を許諾している塾もたくさんございますので、ご希望の方は、お気軽にご相談くださいますようお願いします。同時に、当社発行物を無断で使用している会社などにつきましての情報もお寄せいただければ幸いです。

株式会社 声の教育社

2025年度用
中学スーパー過去問

■編集人 声の教育社・編集部
■発行所 株式会社 声の教育社
〒162-0814 東京都新宿区新小川町8-15
☎03-5261-5061㈹ FAX03-5261-5062
https://www.koenokyoikusha.co.jp

※本書の内容についての一切の責任は当社にあります。内容・解説・解答・その他は当社ホームページよりお問い合わせ下さい。

ストリーミング配信による入試問題の解説動画

2025年度用web過去問　ラインナップ

■ **男子・女子・共学（全動画）見放題**
36,080円（税込）

■ **男子・共学　見放題**
29,480円（税込）

■ **女子・共学　見放題**
28,490円（税込）

● 中学受験「声教web過去問（過去問プラス・過去問ライブ）」（算数・社会・理科・国語）

3～5年間 **24校**

過去問プラス

麻布中学校	桜蔭中学校	開成中学校	慶應義塾中等部	渋谷教育学園渋谷中学校
女子学院中学校	筑波大学附属駒場中学校	豊島岡女子学園中学校	広尾学園中学校	三田国際学園中学校
早稲田中学校	浅野中学校	慶應義塾普通部	聖光学院中学校	市川中学校
渋谷教育学園幕張中学校	栄東中学校			

過去問ライブ

栄光学園中学校	サレジオ学院中学校	中央大学附属横浜中学校	桐蔭学園中等教育学校	東京都市大学付属中学校
フェリス女学院中学校	法政大学第二中学校			

● 中学受験「オンライン過去問塾」（算数・社会・理科）

3～5年間 **50校以上**

東京
青山学院中等部
麻布中学校
跡見学園中学校
江戸川女子中学校
桜蔭中学校
鷗友学園女子中学校
大妻中学校
海城中学校
開成中学校
開智日本橋中学校
吉祥女子中学校
共立女子中学校

東京
国学院大学久我山中学校
渋谷教育学園渋谷中学校
城北中学校
女子学院中学校
巣鴨中学校
桐朋中学校
豊島岡女子学園中学校
日本大学第三中学校
雙葉中学校
本郷中学校
三輪田学園中学校
武蔵中学校

東京
明治大学付属明治中学校
早稲田中学校
都立中高一貫校 共同作成問題
都立大泉高校附属中学校
都立白鷗高校附属中学校
都立両国高校附属中学校

神奈川
神奈川大学附属中学校
桐光学園中学校
県立相模原・平塚中等教育学校
市立南高校附属中学校

千葉
市川中学校
国府台女子学院中学部

千葉
芝浦工業大学柏中学校
渋谷教育学園幕張中学校
昭和学院秀英中学校
専修大学松戸中学校
東邦大学付属東邦中学校
千葉日本大学第一中学校
東海大学付属浦安中等部
麗澤中学校
県立千葉・東葛飾中学校
市立稲毛国際中等教育学校

埼玉
浦和明の星女子中学校
開智中学校

埼玉
栄東中学校
淑徳与野中学校
西武学園文理中学校
獨協埼玉中学校
立教新座中学校

茨城
江戸川学園取手中学校
土浦日本大学中等教育学校
茗溪学園中学校

web過去問 Q&A

過去問が動画化！
声の教育社の編集者や中高受験のプロ講師など、
過去問を知りつくしたスタッフが動画で解説します。

Q **どこで購入できますか？**
A 声の教育社のHPでお買い求めいただけます。

Q **受講にあたり、テキストは必要ですか？**
A 基本的には過去問題集がお手元にあることを前提としたコンテンツとなっております。

Q **全問解説ですか？**
A 「オンライン過去問塾」シリーズは基本的に全問解説ですが、国語の解説はございません。「声教web過去問」シリーズは合格のカギとなる問題をピックアップして解説するもので、全問解説ではございません。なお、「声教web過去問」と「オンライン過去問塾」のいずれでも取り上げられている学校がありますが、授業は別の講師によるもので、同一のコンテンツではございません。

Q **動画はいつまで視聴できますか？**
A ご購入年度２月末までご視聴いただけます。
複数年視聴するためには年度が変わるたびに購入が必要となります。

よくある解答用紙のご質問

01

実物のサイズにできない

拡大率にしたがってコピーすると，「解答欄」が実物大になります。配点などを含むため，用紙は実物よりも大きくなることがあります。

02

A3用紙に収まらない

拡大率164％以上の解答用紙は実物のサイズ（「出題傾向＆対策」をご覧ください）が大きいために，Ａ３に収まらない場合があります。

03

拡大率が書かれていない

複数ページにわたる解答用紙は，いずれかのページに拡大率を記載しています。どこにも表記がない場合は，正確な拡大率が不明です。

04

１ページに２つある

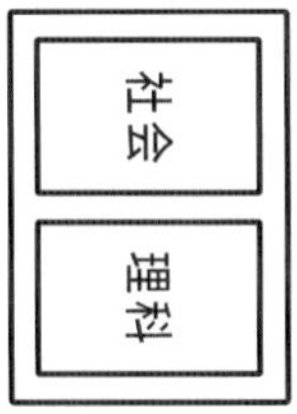

１ページに２つ解答用紙が掲載されている場合は，正確な拡大率が不明です。ほかの試験回の同じ教科をご参考になさってください。

普連土学園中学校

【別冊】入試問題解答用紙編

禁無断転載

解答用紙は本体からていねいに抜きとり、別冊としてご使用ください。

※　実際の解答欄の大きさで練習するには、指定の倍率で拡大コピーしてください。なお、ページの上下に小社作成の見出しや配点を記載しているため、コピー後の用紙サイズが実物の解答用紙と異なる場合があります。

●入試結果表

年度	回	項目	国語	算数	社会	理科	合計	合格者
2024	1日午前 4科	配点(満点)	100	100	75	75	350	最高点
		合格者平均点	65.0	77.8	45.2	48.4	236.4	282
		受験者平均点	61.1	67.3	39.4	41.8	209.6	最低点
		キミの得点						214
	1日午後 算数	配点(満点)		100				最高点
		合格者平均点		69.5				92
		受験者平均点		62.6				最低点
		キミの得点						58
	2日午後 2科	配点(満点)	100	100			200	最高点
		合格者平均点	64.6	63.4			128.0	167
		受験者平均点	57.4	47.8			105.2	最低点
		キミの得点						112
	4日午前 4科	配点(満点)	100	100	75	75	350	最高点
		合格者平均点	68.9	69.2	45.9	46.9	230.9	291
		受験者平均点	59.6	55.9	34.0	39.2	188.7	最低点
		キミの得点						209
2023	1日午前 4科	配点(満点)	100	100	75	75	350	最高点
		合格者平均点	62.8	75.3	49.4	32.9	220.4	263
		受験者平均点	59.3	69.3	46.8	30.9	206.3	最低点
		キミの得点						196
	1日午後 算数	配点(満点)		100				最高点
		合格者平均点		71.9				90
		受験者平均点		65.5				最低点
		キミの得点						58
	2日午後 2科	配点(満点)	100	100			200	最高点
		合格者平均点	82.9	60.6			143.5	185
		受験者平均点	77.1	52.7			129.8	最低点
		キミの得点						127
	4日午前 4科	配点(満点)	100	100	75	75	350	最高点
		合格者平均点	61.4	68.5	47.0	46.0	222.9	296
		受験者平均点	57.4	64.5	43.2	43.4	208.5	最低点
		キミの得点						192
2022	1日午前 4科	配点(満点)	100	100	75	75	350	最高点
		合格者平均点	70.2	63.3	53.4	44.8	231.7	289
		受験者平均点	66.4	56.2	48.3	41.6	212.5	最低点
		キミの得点						210
	1日午後 算数	配点(満点)		100				最高点
		合格者平均点		83.0				98
		受験者平均点		76.7				最低点
		キミの得点						72

〔参考〕満点(合格者最低点)　2022年：２日午後２科 200(127)　　４日午前４科 350(192)

※　表中のデータは学校公表のものです。ただし、合計は各教科の平均点を合計したものなので、目安としてご覧ください。

声の教育社

２０２４年度　普連土学園中学校　１日午前４科

算数解答用紙　No.１

番号		氏名		評点	／100

1

(1) $0.375 \times 3\frac{1}{2} \div 5\frac{1}{4} - 0.01 = \square$

式

答

(2) $202.4 \times 280 - 20.24 \times 1200 - 20240 \times 0.6 = \square$

式

答

(3) $7.75 - \square \times 2\frac{5}{12} = \frac{1}{2}$

式

答

2

(1) 式

答

(2) 式

答

(3)

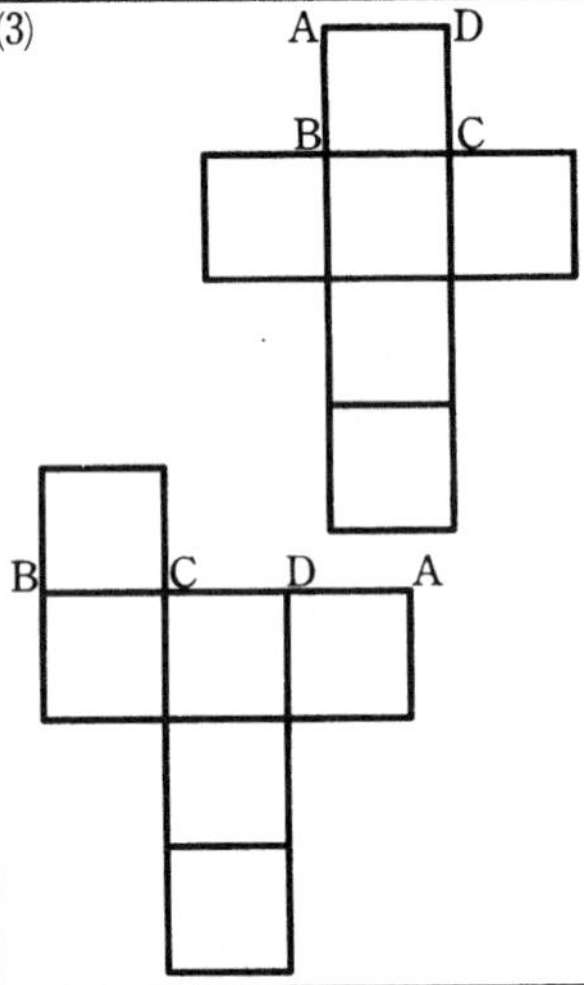

3

(1) 式

答

(2) 式

答

(3) 式（理由）

答 最も多くもらえる人

２０２４年度　　普連土学園中学校　１日午前４科

算数解答用紙　No.２

4

(1)

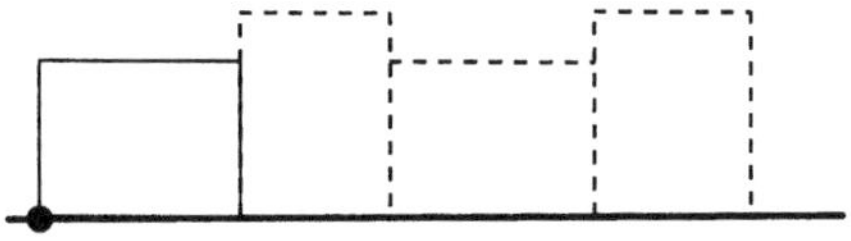

式

答

(2)

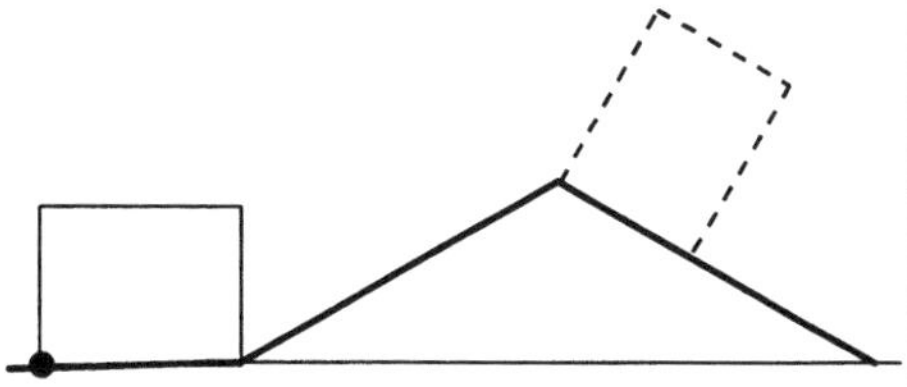

式

答

5

(1)式

答

(2)式

答

6

①式

答

②式

答

③　なる　・　ならない

④答

⑤答

⑥式

答

⑦式

答

⑧式

答

⑨式

答

（注）この解答用紙は実物を縮小してあります。Ｂ５→Ａ３（163%）に拡大コピーすると，ほぼ実物大の解答欄になります。

〔算　数〕100点(推定配点)

1　各５点×３　2　(1)，(2)　各５点×２　(3)　各４点×２　3〜5　各５点×７<3の(3)は完答>　6　①，②　各４点×２　③・④　４点　⑤〜⑨　各４点×５

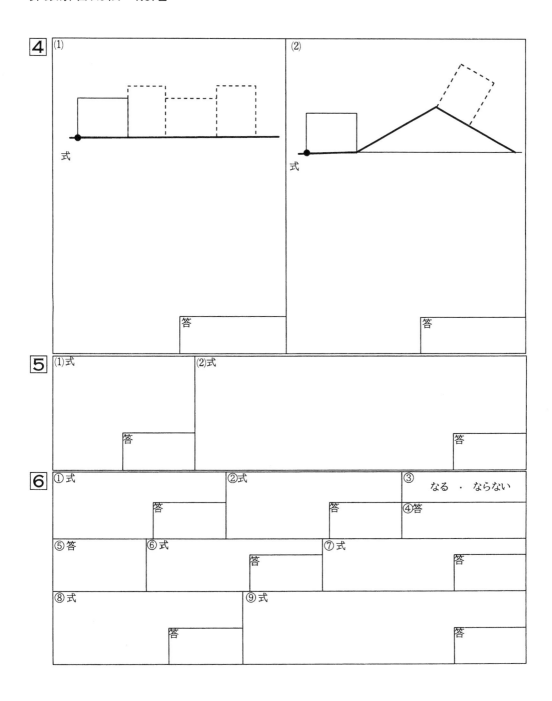

2024年度　普連土学園中学校　1日午前4科

社会解答用紙

番号		氏名		評点	／75

1

問1		問2	(1)
問2	(2)		
問3	(1)　(2)	問4	
問5			
問6			
問7	(1)　(2)	問8	(1)　(2)
問9			

2

問1		問2		問3	(1)
問3	(2)	問4	Aなまえ　記号		
問4	Bなまえ　記号		Cなまえ　記号		
問5	(1)　(2)	問6	→　→　→		
問7	→　→　→	問8	(1)　(2) A　B　C		

3

問1	A　B　C　D　E　F　G　H		
問2	(1)　(2)	問3	(1)　(2)
問4		問5	(1)　(2) ①　②
問5	(3)		

4

問1		問2	い　う　え　お
問3		問4	
問5		問6	問7

（注）この解答用紙は実物を縮小してあります。B５→A３(163%)に拡大コピーすると、ほぼ実物大の解答欄になります。

〔社　会〕75点(推定配点)

1 問1～問6　各2点×8　問7～問9　各1点×5　2 問1～問5　各1点×12　問6，問7　各2点×2<各々完答>　問8　各1点×4　3 各1点×17　4 問1　2点　問2　各1点×4　問3，問4　各2点×2　問5　3点　問6，問7　各2点×2

２０２４年度　普連土学園中学校　１日午前４科

理科解答用紙

番号 | 氏名 | 評点 /75

1

問1　①　倍　②　高い・低い・同じ

問2

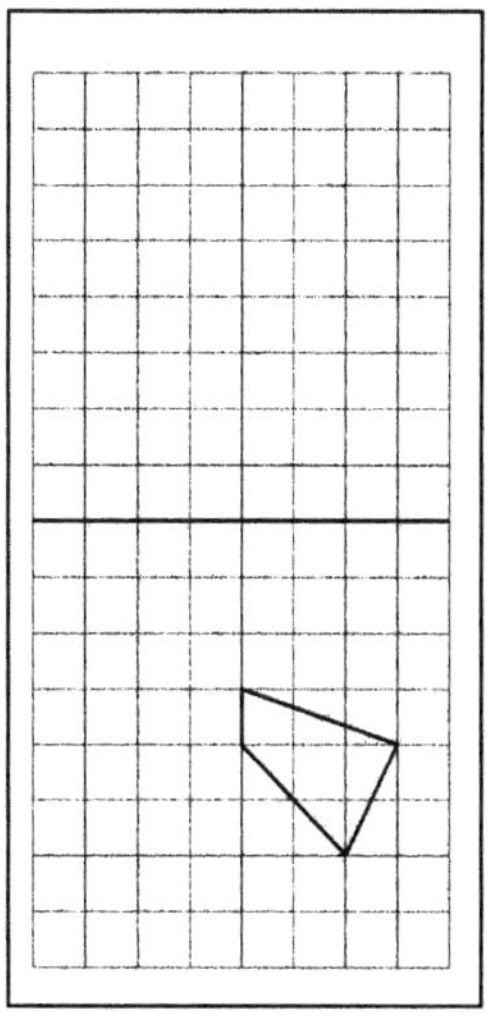

問3　①　②

2

問1　①　②

問2　①　計算過程　（答）　%　②　g

問3　①　②

3

問1　①　ア　イ　ウ　エ　大きい・小さい　②　③

問2　①　②

問3　（ア）　（イ）　（ウ）　表面・裏面

4

問1　①　記号）　名称）　②　③

問2　①　（ア）　大きくなる・小さくなる　（イ）　8時・13時・18時　②

問3　①　②

（注）この解答用紙は実物を縮小してあります。182%拡大コピーをすると、ほぼ実物大の解答欄になります。

〔理　科〕75点(推定配点)

1, 2　各３点×11　3　問１　①　各２点×４　②，③　各３点×２<③は完答>　問２，問３　各２点×５　4　各２点×９<問１の①，③は完答>

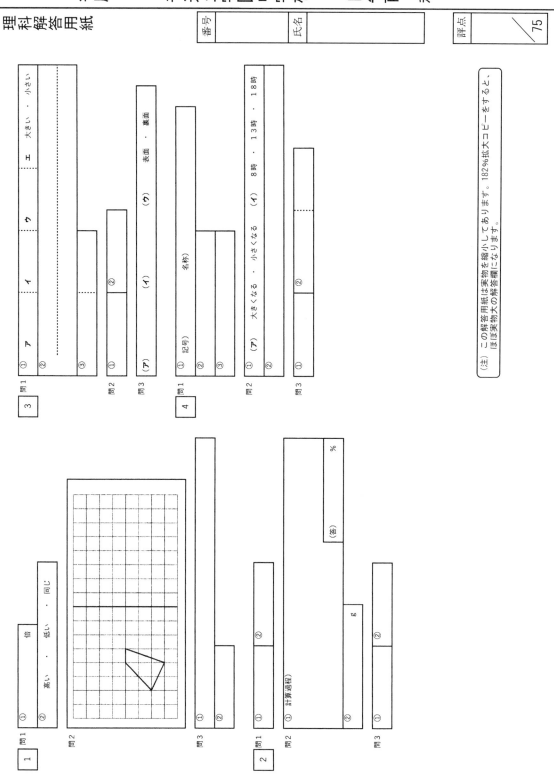

2024年度　普連土学園中学校　一日午前四科

国語解答用紙　No. 1

番号

氏名

評点　/100

一

問一　a　b

問二

問三

問四

問五　A　B

問六

問七

問八

問九

二

問一　a　b　c

問二

問三

問四

２０２４年度　普連土学園中学校　一日午前四科

国語解答用紙　No.２

問五

問六

問七

問八

問九

三

① ② ③

④ ⑤

⑥ ⑦ ⑧

⑨ ⑩

四

問一 ① ② ③

④ ⑤

問二 ① ② ③

④ ⑤

五

① 画 ② 画

③ 画 ④ 画

⑤ 画

（注）この解答用紙は実物を縮小してあります。Ｂ５→Ａ３（163%）に拡大コピーすると、ほぼ実物大の解答欄になります。

〔国　語〕100点（推定配点）

一　問１　各２点×２　問２，問３　各５点×２　問４　４点　問５　各２点×２　問６，問７　各３点×２　問８　５点　問９　３点　二　問１　各２点×３　問２　５点　問３　各２点×２　問４　４点　問５　５点　問６　４点　問７　３点　問８　５点　問９　３点　三～五　各１点×25<五は各々完答>

２０２４年度　　普連土学園中学校　１日午後算数

算数解答用紙

番号		氏名		評点	／100

(1)	(2)	(3)	(4) km^2	(5)
(6)	(7) 個	(8) 度	(9) 個	(10) 円
(11) 分	(12) cm^2	(13) 個	(14) %	(15) が　分早い
(16) cm^2	(17) 円	(18) kg	(19) 分速 m	(20) 日目
(21) 円	(22) 枚	(23) 試合	(24) cm^3	(25) 点
(26) 通り	(27) 題	(28) 人	(29) 分	(30) 通り
(31) 個	(32) cm	(33)	(34) 曜日	(35) 才
(36) cm^2	(37) 個	(38) 友子　町子　三太 ：　：	(39) cm^2	(40)
(41) 円	(42) 通り	(43) 秒	(44) 本	(45) 秒後
(46)	(47) 番目	(48) A　B ：	(49) m	(50)

（注）この解答用紙は実物を縮小してあります。Ｂ５→Ａ３（163%）に拡大コピーすると、ほぼ実物大の解答欄になります。

〔算　数〕100点（推定配点）

(1)～(50)　各２点×50

２０２４年度　　普連土学園中学校　２日午後２科

算数解答用紙　No.１

番号		氏名	

評点	／100

1

(1) $14.3\times9\times5.1\div(1.7\times1.5\times1.3)=\square$

式

答

(2) $\frac{1}{2}-\frac{1}{4}\div\left\{1\div\square\div\left(\frac{1}{3}-\frac{1}{5}\right)\right\}=\frac{3}{10}$

式

答

2

(1)式

答

(2)式

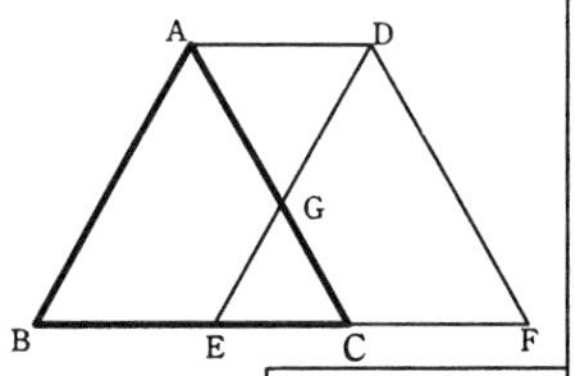

答

(3)式

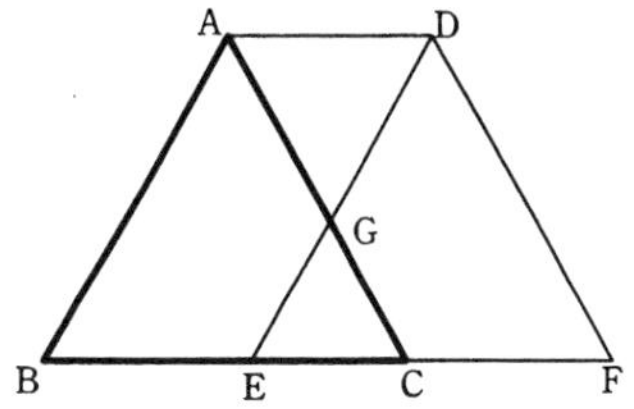

答

3

(1)式

答

(2)式

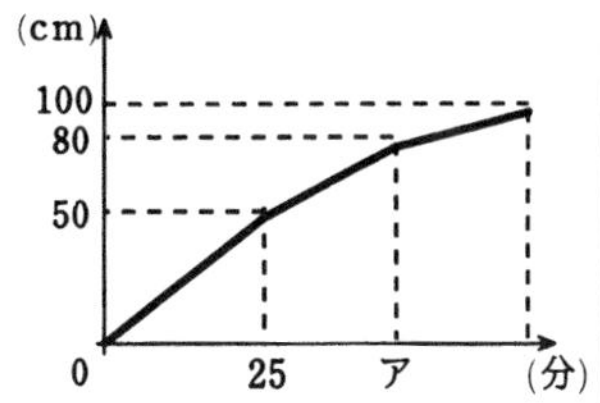

答

算数解答用紙　No.２

4

(1) 式

答

(2) 答　　,　　,

(3) 答　　,　　,

(4) 答　　,　　,

5

(1)式

答

(2)式

答

(3)式

答

6

(1)式

	31	30	29	28	27	26	
	32	13	12	11	10	25	
	33	14	3	2	9	24	
	34	15	4	1	8	23	
	35	16	5	6	7	22	
	36	17	18	19	20	21	
	37						

答

(2)式

答

(3)式

答

(注)　この解答用紙は実物を縮小してあります。Ｂ５→Ａ３(163%)に拡大コピーすると、ほぼ実物大の解答欄になります。

〔算　数〕100点(推定配点)

1　各５点×２　2〜6　各６点×15＜4の(2)〜(4)はそれぞれ完答＞

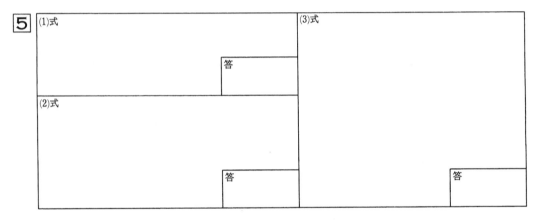

２０２４年度　普連土学園中学校　二日午後二科

国語解答用紙　No. 1

番号

氏名

評点　/100

一

問一　a　b　c

問二

問三

問四

問五　であると見る見方。

問六

問七　〜　ということ。

問八

問九

二

問一　A　B

問二

問三

問四

問五

2024年度　普連土学園中学校　二日午後二科

国語解答用紙　No. 2

問六

問七

問八

問九

三

① ② ③

④ ⑤

⑥ ⑦ ⑧

⑨ ⑩

四

① ②

③ ④

⑤

五

① ② ③ ④ ⑤

⑥ ⑦ ⑧ ⑨ ⑩

（注）この解答用紙は実物を縮小してあります。B5→B4（141%）に拡大コピーすると、ほぼ実物大の解答欄になります。

〔国　語〕100点(推定配点)

一　問1　各2点×3　問2　9点　問3，問4　各3点×2　問5　4点　問6　3点　問7　4点　問8，問9　各3点×2　二　問1　各2点×2　問2　3点　問3　5点　問4，問5　各3点×2　問6　8点　問7　3点　問8　5点　問9　3点　三～五　各1点×25

２０２４年度　　普連土学園中学校　４日午前４科

算数解答用紙　No.1

番号		氏名	

評点	／100

1

(1) $\left(5-2\times\frac{2}{3}\right)\times1\frac{7}{11}+41.4\div2.76=\square$

式

答

(2) $6\frac{3}{5}\times\frac{1}{2}+6\frac{3}{5}\times\frac{1}{3}+\frac{1}{4}\times6\frac{3}{5}+\frac{1}{6}\div\frac{5}{33}=\square$

式

答

(3) $12\div\left\{\left(2-\square\right)\times0.125\right\}=72$

式

答

2

(1)式

答

(2)式

答

(3)(i)式

答

(3)(ii)式

答

3

(1)式

答

(2)式

答

(3)式

答

(4)(i)理由

(4)(ii)式

答　　と　　と

算数解答用紙　No.２

4

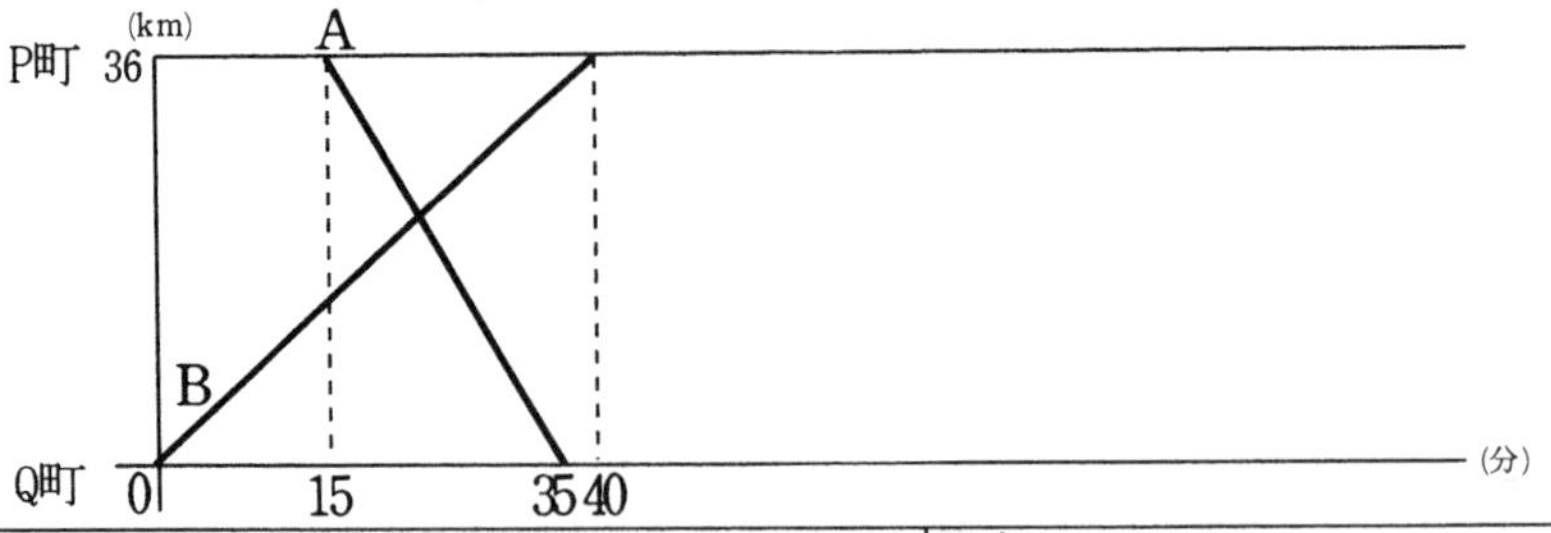

(1)式

答　　km

(2)式

答　分速　　m

(3)式

答　　時　　分　　秒

5

式

点数(点)	10	8	7	5	3	2	0
人数(人)	6	5	8	7	5	2	2

答

6

①答　②答　③答　④答　⑤答

⑥式

答

⑦答　⑧答　⑨答

⑩式

答

⑪答　⑫答　⑬答　⑭答

⑮式

答

（注）この解答用紙は実物を縮小してあります。Ｂ５→Ａ３（163%）に拡大コピーすると、ほぼ実物大の解答欄になります。

〔算　数〕100点(推定配点)

1～4　各５点×15＜3の(4)の(ⅱ)は完答＞　5　７点　6　①～⑤　各１点×５　⑥　２点　⑦～⑨　各１点×３　⑩　２点　⑪～⑭　各１点×４＜⑭は完答＞　⑮　２点

２０２４年度　普連土学園中学校　４日午前４科

社会解答用紙

番号		氏名		評点	／75

1

問１	（１）　（２）　（３）	問２				
問３	（１）　（２）　・	問４		問５	Ⅰ　Ⅱ	
問６	（１）ア　イ　ウ	（２）　・				
問７		問８	（１）　（２）　→　→　→　→			
問８	（３）	問９	（１）　（２）　（３）			

2

問１	ｉ　ⅱ	問２	（１）		
問２	（２）	問３	あ　い		
問３	う　え				
問４		問５	（１）ア　イ　ウ		
問５	（２）ア　イ　ウ				
問５	（３）				
問６	（１）　（２）　（３）	問７		問８	

3

問１	あ　い　う				
問２	（１）				
問２	（２）				
問２	（３）	問３		問４	（１）　（２）　（３）
問５					
問６	（１）　（２）	問７			
問８	（１）　（２）				
問９		問10	・	問11	

（注）この解答用紙は実物を縮小してあります。Ｂ５→Ａ３(163%)に拡大コピーすると、ほぼ実物大の解答欄になります。

〔社　会〕75点(推定配点)

1　問１～問７　各１点×16　問８　各２点×３＜(2)は完答＞　問９　各１点×３　**2**　問１～問４　各１点×９　問５　(1), (2)　各１点×６　(3)　３点　問６　(1), (2)　各１点×２　(3)　２点　問７　１点　問８　２点＜完答＞　**3**　問１　各１点×３　問２　(1)　１点　(2)　３点　(3)　１点　問３, 問４　各１点×４　問５　３点　問６, 問７　各１点×３　問８　(1)　１点　(2)　２点　問９～問11　各１点×４

2024年度　普連土学園中学校　4日午前4科

理科解答用紙

番号		氏名		評点	/75

1

問1 ①　②

問2 ① 計算過程　（答）秒速　m　② m

問3 ①　②　③

2

問1 ①　②

問2

問3

問4 ①　②　③ mL

3

問1 ①　② →　→

問2 ①　②

問3 ①　②　③（i）（ii）

4

問1 ①　②　③

問2

問3 %

問4 倍

問5

（注）この解答用紙は実物を縮小してあります。179%拡大コピーをすると、ほぼ実物大の解答欄になります。

〔理　科〕75点（推定配点）

1，2　各3点×14＜2の問3は完答＞　3　問1，問2　各2点×4＜問1の②，問2の②は完答＞　問3　①，②　各2点×2＜①は完答＞　③（i）2点（ii）3点　4　問1，問2　各2点×4＜問1の②，③は完答＞　問3，問4　各3点×2　問5　2点＜完答＞

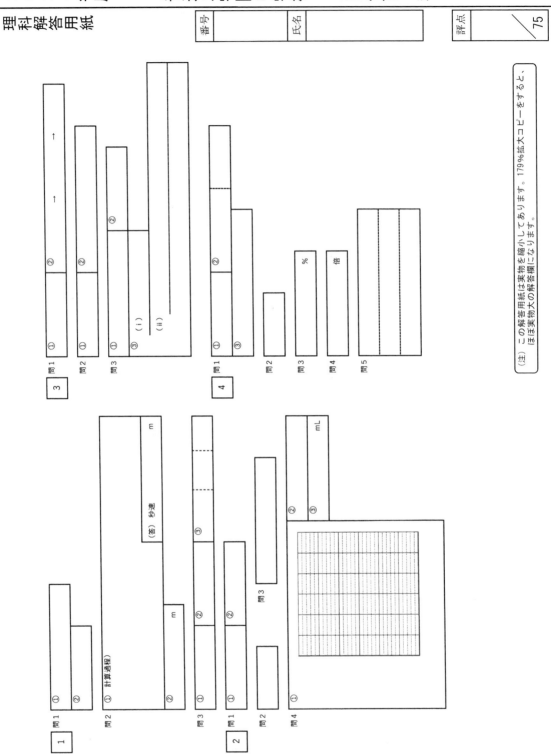

２０２４年度　普連土学園中学校　四日午前四科

国語解答用紙　No. 1

番号　　氏名　　評点　／100

一

問一　a　b　c

問二

問三

問四　〜　ようにすること。

問五

問六

問七

問八

問九

二

問一　a　b　c

問二

問三

問四

２０２４年度　普連土学園中学校　四日午前四科

国語解答用紙　No.２

問五　友人達が ＿＿＿＿ こと。

問六

問七

問八

問九

三

①　②　③

④　⑤

⑥　⑦　⑧

⑨　⑩

四

①　②　③　④　⑤

⑥　⑦　⑧　⑨　⑩

五

①　②　③　④　⑤

（注）この解答用紙は実物を縮小してあります。Ｂ５→Ｂ４（141％）に拡大コピーすると、ほぼ実物大の解答欄になります。

〔国　語〕100点（推定配点）

一　問１　各２点×３　問２　３点　問３　５点　問４　３点　問５　４点　問６　３点　問７　５点　問８　４点　問９　３点　二　問１　各２点×３　問２　４点　問３　５点　問４，問５　各４点×２　問６　５点　問７　３点　問８　５点　問９　３点　三～五　各１点×25

２０２３年度　普連土学園中学校　１日午前４科

算数解答用紙　No.１

番号		氏名		評点	／100

1

(1) $5\frac{5}{8} \div (5 - 2 \times 1.75) + 1\frac{5}{7} \times 1\frac{5}{16} = \square$

式

答

(2) $17 \times 5.7 - 29 \times 1.7 + 9.2 \times 17 = \square$

式

答

(3) $25 \div \left(\square \times 1\frac{1}{2} - 6\frac{1}{3}\right) = \frac{3}{5}$

式

答

2

(1) 式

答　最も小さい数

最も大きい数

(2) 式

答

(3) 式

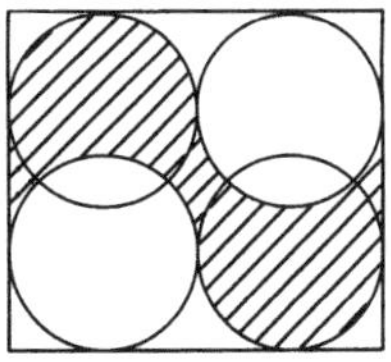

答

3

(1) 式

答

毎秒　　cm

(2) 式

答

(3) 式

答

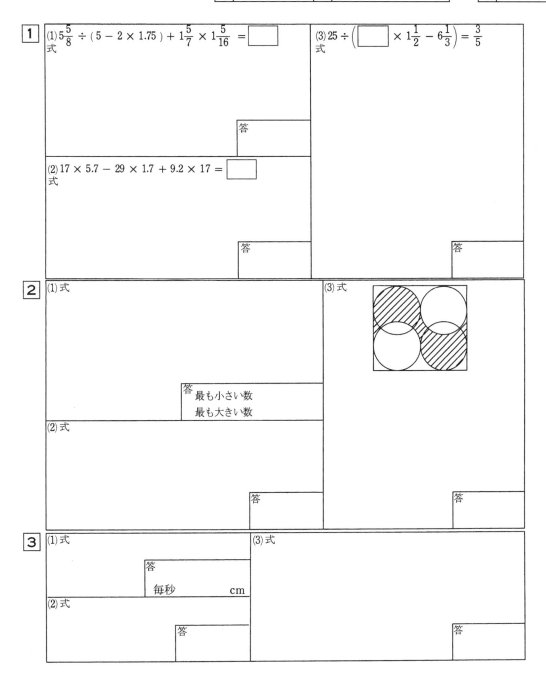

2023年度　普連土学園中学校　1日午前4科

算数解答用紙　No.2

4

(1)式

答
ねんど玉
棒

(2)式

答
ねんど玉
棒

5

(1)式

答

(2)式

答

(3)式

答

6

①答　②答　③答　④答

⑤式

答

⑥答

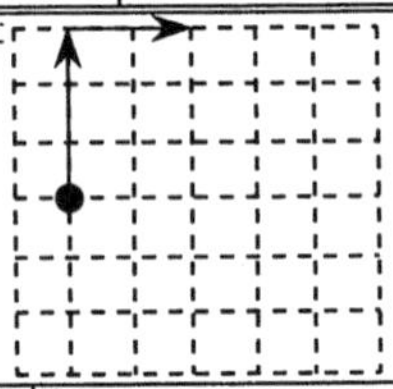

⑦答　⑧答　⑨答　⑩答　⑪答

⑫式

答

⑬答

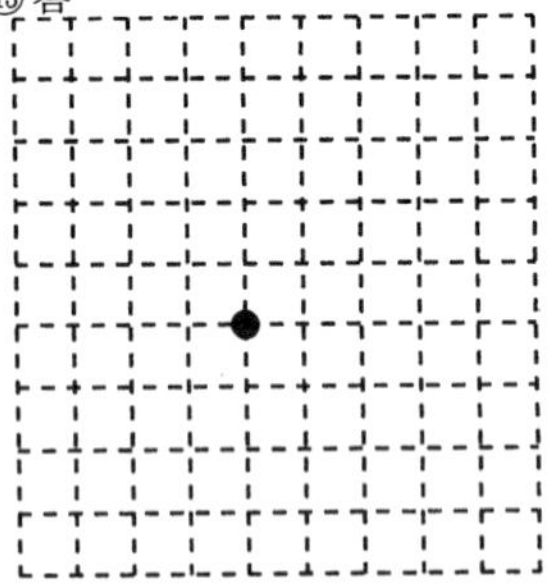

⑭式

答

(注) この解答用紙は実物を縮小してあります。B５→A３(163%)に拡大コピーすると、ほぼ実物大の解答欄になります。

〔算　数〕100点(推定配点)

1～5　各５点×14＜2の(1)は完答，4は各々完答＞　6　①，②　各３点×2　③・④　３点　⑤，⑥　各３点×2　⑦・⑧　３点　⑨～⑪　３点　⑫～⑭　各３点×3

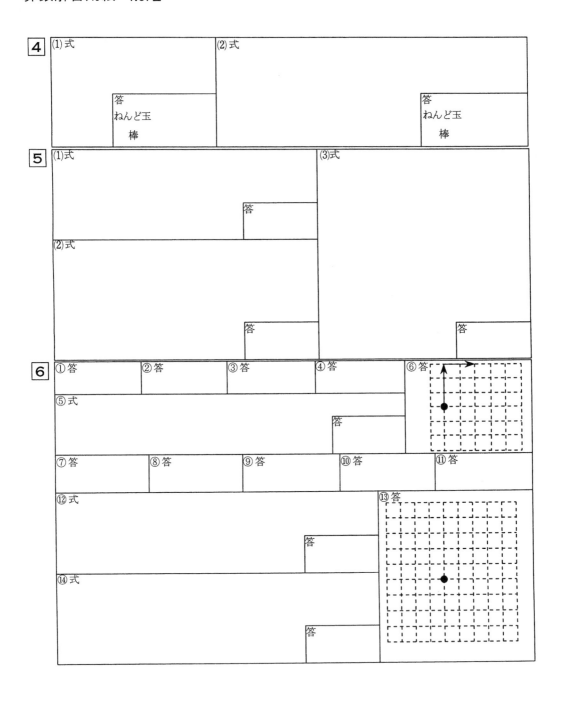

２０２３年度　　普連土学園中学校　１日午前４科

社会解答用紙

番号		氏名		評点	／75

1

問１	あ　　　　い	問２	
問３	（１）　　　　（２）	問４	
問５	③　　　　④　　　　⑤　　　　⑥		
問６		問７	

2

問１	あ　　　　い						
問２		問３		問４		問５	
問６	（１）　Ｙ　　　　Ｚ　　　　（２）						
問７	（１）						
	（２）						

3

問１	あ　　　　い				
問２	ア　　　　イ	問３		問４	
問５	（１）ア　　　　イ　　　　（２）				
問６		問７			
問８	（１）				
	（２）	問９		問10	

4

問１		問２	
問３			
問４			

（注）この解答用紙は実物を縮小してあります。Ｂ５→Ａ３（163%）に拡大コピーすると、ほぼ実物大の解答欄になります。

〔社　会〕75点(推定配点)

1　問１～問４　各２点×６　問５　各１点×４　問６，問７　各２点×２＜問７は完答＞　2　各２点×11　3　問１～問４　各１点×５＜問２は完答＞　問５～問10　各２点×９　4　問１，問２　各２点×２　問３，問４　各３点×２

２０２３年度　普連土学園中学校　１日午前４科

理科解答用紙　No. 1

番号		氏名		評点	／75

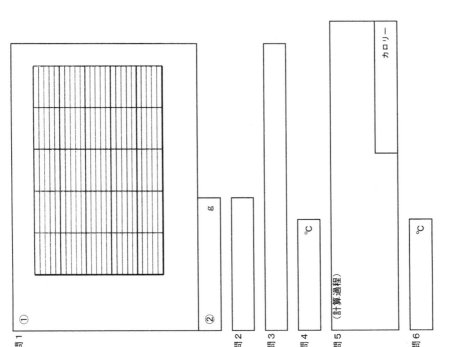

1

問 1　　g

問 2　　g

問 3　　g

問 4

問 5　(1)　(2)

問 6

2

問 1　①

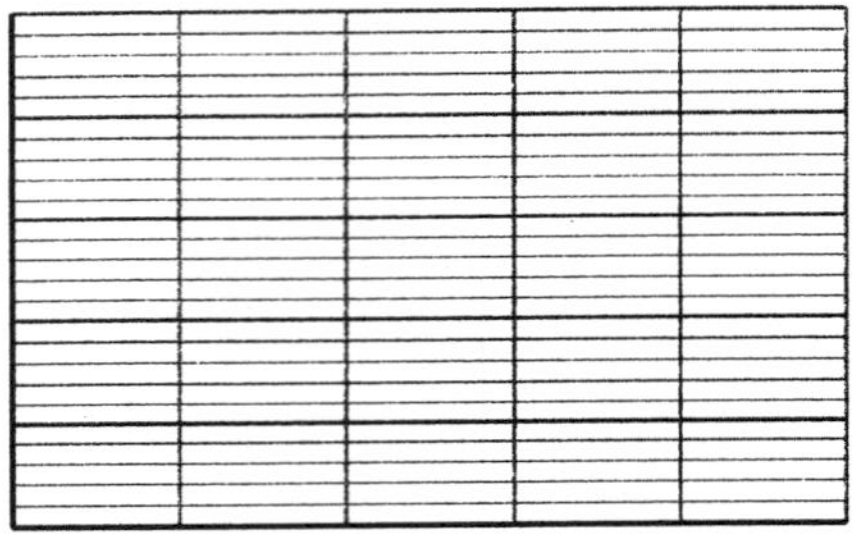

②　　g

問 2

問 3

問 4　　℃

問 5　（計算過程）

カロリー

問 6　　℃

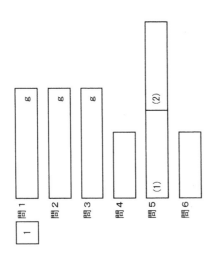

２０２３年度　　　普連土学園中学校　１日午前４科

理科解答用紙　No. 2

4

問1

①（ア）　（イ）

②（ウ）　（エ）

③

④

⑤ →　→　→

問2

①

②

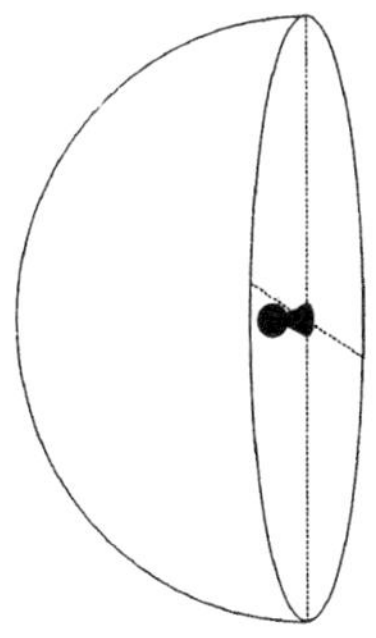

③

（注）この解答用紙は実物を縮小してあります。169%拡大コピーをすると、ほぼ実物大の解答欄になります。

3

問1

①

②

③

問2

A　B　C

D

問3

①　＞　＞

②

③

〔理　科〕75点(推定配点)

1　問1～問3　各3点×3　問4～問6　各2点×4　2　問1　①　3点　②　2点　問2　2点<完答>
問3　3点　問4　2点　問5，問6　各3点×2　3，4　各2点×20<3の問3の①，4の問1の⑤は完答>

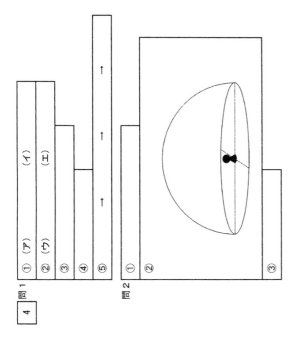

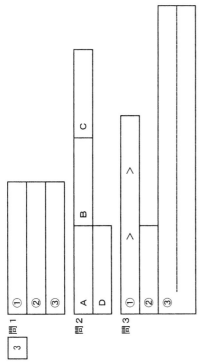

二〇二三年度　普連土学園中学校　一日午前四科

国語解答用紙　No. 1

番号		氏名		評点	/100

一

問一　a　b　c

問二

問三

問四

問五

問六

問七

問八

問九

二

問一　a　b　c

問二

問三

問四　A　B

国語解答用紙　No.2

問五

問六

問七

問八

問九

三

①　②　③

④　⑤

⑥　⑦　⑧

⑨　⑩

四

①　②　③　④　⑤

⑥　⑦　⑧　⑨　⑩

五

①　②　③　④　⑤

⑥　⑦　⑧　⑨　⑩

（注）この解答用紙は実物を縮小してあります。Ｂ５→Ｂ４（141％）に拡大コピーすると、ほぼ実物大の解答欄になります。

〔国　語〕100点（推定配点）

一　問１　各２点×３　問２，問３　各３点×２<問３は完答>　問４　５点　問５　３点　問６　５点　問７　４点　問８，問９　各３点×２　二　問１　各２点×３　問２～問８　各３点×８　問９　５点　三～五　各１点×30

２０２３年度　　普連土学園中学校　１日午後算数

算数解答用紙

番号		氏名		評点	／100

(1)	(2)	(3)	(4) 日　時間　分	(5)
(6)	(7) 桁	(8) 本	(9) 点	(10) 分　秒
(11) 個	(12) 度	(13)	(14) 枚	(15) 日目
(16) cm^3	(17) 才	(18) g	(19) 秒	(20) 度
(21)	(22) 回	(23) 度	(24) 個	(25) ○　△　□ ：　：
(26) 万円	(27) 円	(28) 時間　分	(29)	(30) 人
(31) 個	(32) 通り	(33) 人	(34) 姉　妹 ：	(35) 番目
(36) cm^2	(37) 周	(38) 個	(39) 本	(40) cm^2
(41) 周	(42) 日間	(43) 個	(44) cm^2	(45) m
(46)	(47) m	(48)	(49) 月　日	(50) 通り

（注）この解答用紙は実物を縮小してあります。Ｂ５→Ａ３（163%）に拡大コピーすると、ほぼ実物大の解答欄になります。

〔算　数〕100点（推定配点）

(1)～(50)　各２点×50

２０２３年度　　普連土学園中学校　２日午後２科

算数解答用紙　No. 1

番号		氏名		評点	／100

1

(1) $\frac{9}{14}+\frac{4}{13}-\frac{4}{9}+\frac{5}{26}+\frac{17}{18}-\frac{1}{7}=\square$

式

答

(2) $6.125\div\left(1.75+2\frac{1}{3}\right)-3\frac{1}{3}\div\left(\square\div1.125\right)=0.25$

式

答

2

(1)式

答

(2)式

答

(3)考え方

答

5番目

17番目

3

(1)図

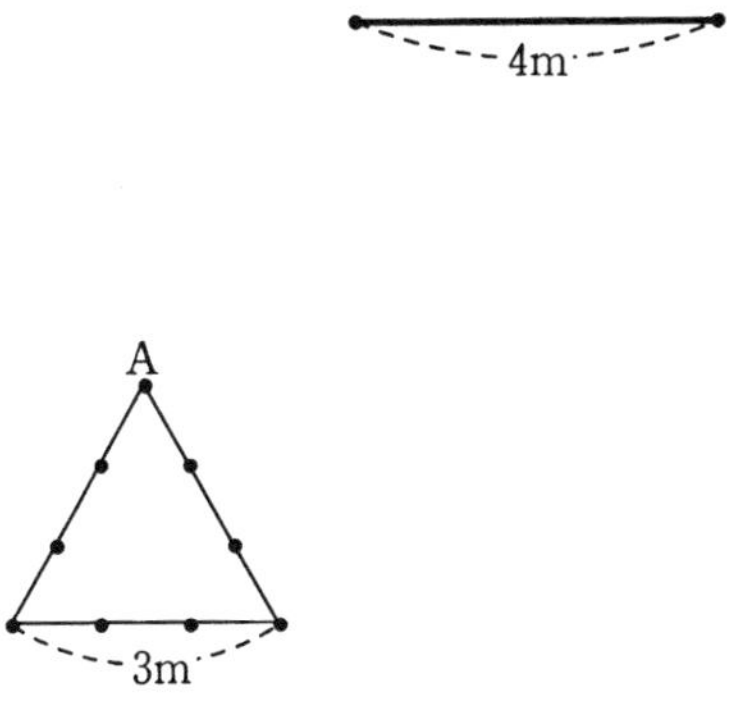

(2)図

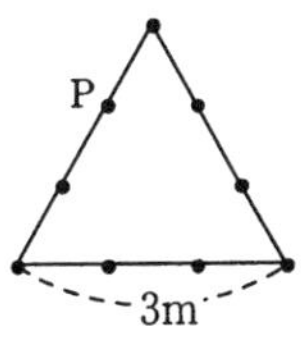

(1)式

答

(2)式

答

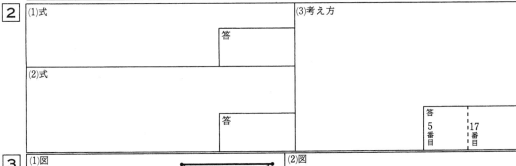

2023年度　普連土学園中学校　2日午後2科

算数解答用紙　No.2

4

(1)答

(2)答

(3)答

(4)答

5

(1)式

答

(2)式

答

(3)式

答

6

(1)図

答

(2)図

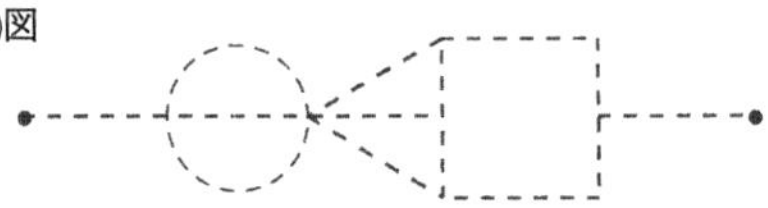

答

7

(1)答

(2)図

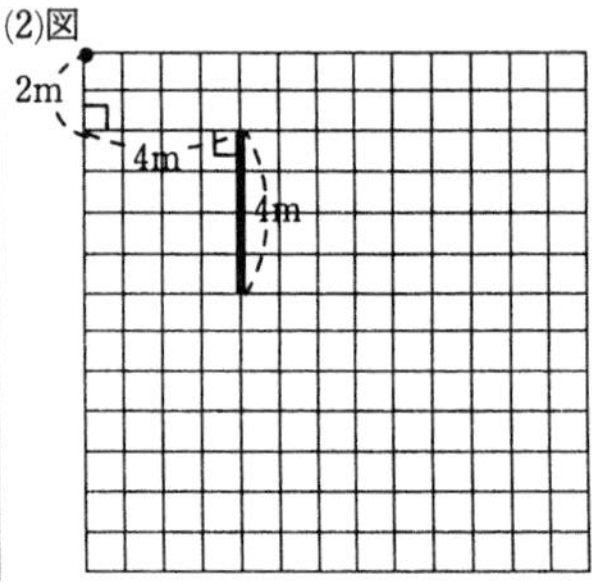

(2) 式

答

(3)図

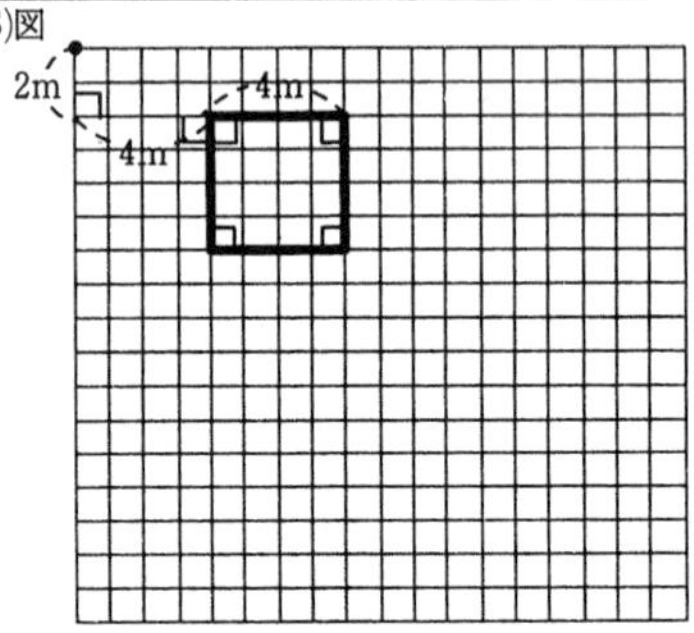

(3)式

答

(4)式

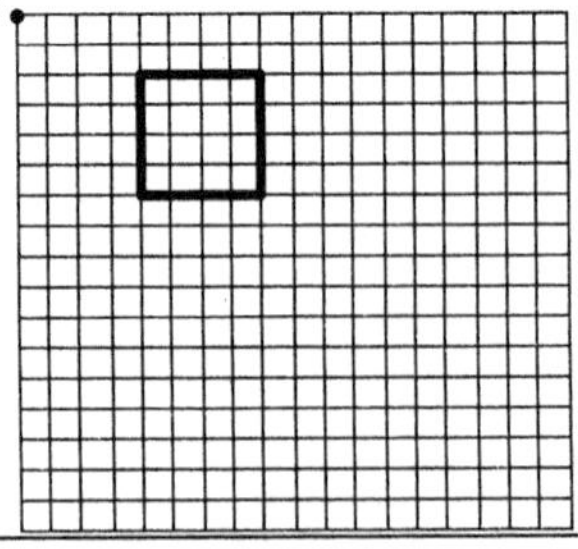

答

（注）この解答用紙は実物を縮小してあります。Ｂ５→Ａ３（163%）に拡大コピーすると、ほぼ実物大の解答欄になります。

〔算　数〕100点（推定配点）

1～3　各５点×7＜2の(3)は完答，3は各々完答＞　4～7　各５点×13＜4，6は各々完答，7の(2)，(3)は完答＞

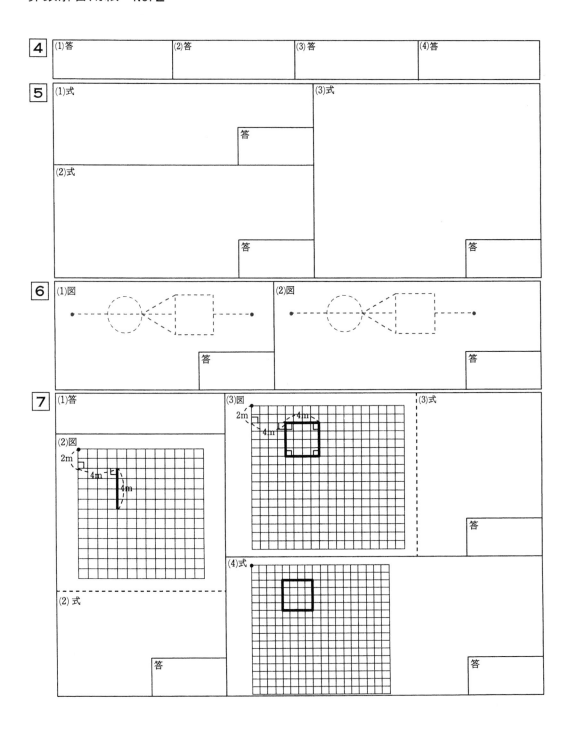

二〇二三年度　普連土学園中学校　二日午後二科

国語解答用紙　No. 1

番号		氏名		評点	/100

一

問一　a　b

問二　〜

問三

問四

問五

問六

問七　〜

問八

問九

二

問一　a　b　c

問二

問三

問四

問五

二〇二三年度　普連土学園中学校　二日午後二科

国語解答用紙　No. 2

問六

問七

問八

問九

問十

三

① ② ③

④ ⑤

⑥ ⑦ ⑧

⑨ ⑩

四

問一　① ② ③

④ ⑤

問二　① ② ③ ④ ⑤

五

① ② ③ ④ ⑤

⑥ ⑦ ⑧ ⑨ ⑩

（注）この解答用紙は実物を縮小してあります。B５→B４（141%）に拡大コピーすると、ほぼ実物大の解答欄になります。

〔国　語〕100点(推定配点)

一　問１　各２点×２　問２，問３　各３点×２　問４　６点　問５～問９　各３点×５　二　問１　各２点×３　問２，問３　各３点×２　問４，問５　各５点×２　問６，問７　各３点×２　問８　５点　問９，問10　各３点×２　三～五　各１点×30

２０２３年度　　　普連土学園中学校　４日午前４科

算数解答用紙　No.１

番号		氏名		評点	／100

1

(1) $7\frac{1}{2} \div 1.25 - \left\{16 \times \left(\frac{3}{4} - \frac{1}{3}\right) - 1\right\} = \square$

式

答

(2) $1.57 \times 1.25 + 1.25 \times 4.71 - 0.14 \times 2.5 = \square$

式

答

(3) $\left\{\left(5\frac{1}{9} - 2.5 \times 1\frac{2}{3}\right) \div \square + \frac{5}{6}\right\} \times 6.75 = 6$

式

答

2

(1)式

答

(2)式

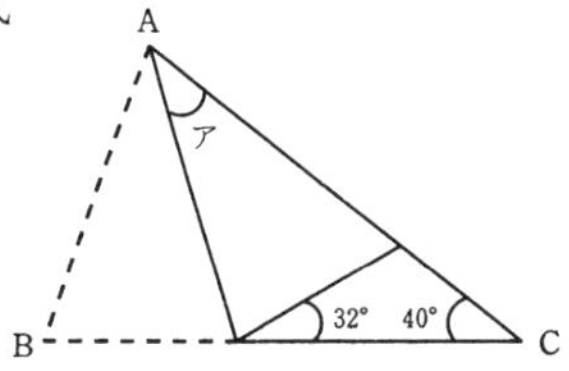

答

(3)(i)式

答

(3)(ii)式

答

(3)(iii)式

答

3

(1)答

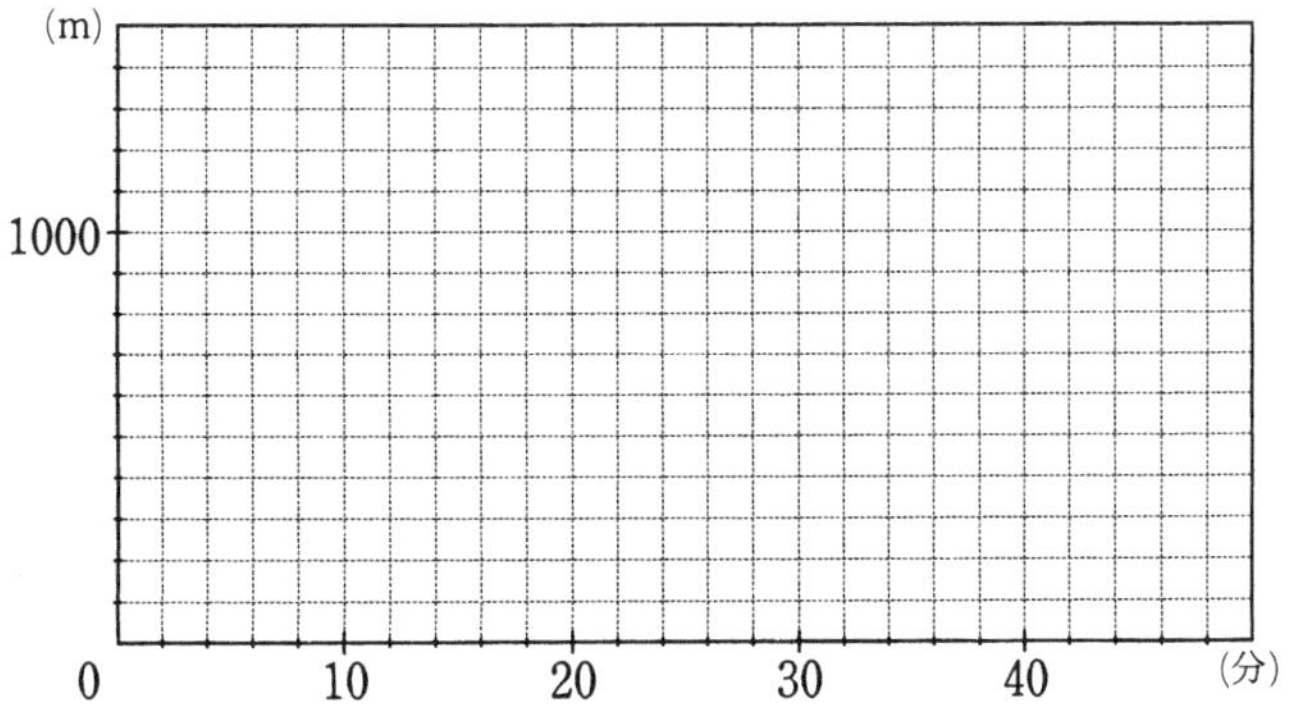

(2)式

答

分速　　　m以上　　　m以下

２０２３年度　普連土学園中学校　４日午前４科

算数解答用紙　No.２

4

(1)式　答

(2)式　答

(3)式　答

5

(1)答

(2)式　答

(3)式　答

6

①式　答

②式　答

③式　答

④式　答

⑤答

⑥式　答

⑦式　答

⑧式　答

（注）この解答用紙は実物を縮小してあります。Ｂ５→Ａ３（163%）に拡大コピーすると、ほぼ実物大の解答欄になります。

〔算　数〕100点(推定配点)

1，2　各４点×８　3　各５点×２＜(2)は完答＞　4　(1)，(2)　各４点×２　(3)　５点　5　(1)，(2)　各４点×２　(3)　５点　6　各４点×８

2023年度　普連土学園中学校　4日午前4科

社会解答用紙

番号		氏名		評点	／75

1

問1	A	B	C	D	E	F
	G	H	問2	あ	い	
問2	う	え	お	か		
問3	ア	イ	ウ			
問4	→ →	問5		問6		

2

問1		問2	（1）	（2）
問3	（1）A　（金山）	B　（銅山）	C　（銀山）	
	（2）	問4	あ	い
問5				

3

問1	a	b	問2	X		
問2	Y	Z	問3			
問4	ア	イ	問5			
問6		問7	①	②	③	④
問8		問9		問10	（1）　名	（2）

4

問1	あ	い	
問2	a	b	c
問3	（1）	（2）	
問4			
問5			

（注）この解答用紙は実物を縮小してあります。B5→A3（163%）に拡大コピーすると、ほぼ実物大の解答欄になります。

〔社　会〕75点(推定配点)

1　各1点×20＜問4，問5は完答＞　2　問1，問2　各1点×3　問3，問4　各2点×6＜問3の(2)は完答＞　問5　3点　3　問1～問6　各1点×10　問7～問9　各2点×3＜問7は完答＞　問10　各1点×2　4　問1～問3　各2点×7　問4　3点　問5　2点

２０２３年度　普連土学園中学校　４日午前４科

理科解答用紙

番号　　氏名　　評点　／75

1
- 問1　（ア）　（イ）　（ウ）
- 問2　①　cm　②　cm
- 問3　cm
- 問4　g/cm
- 問5　（エ）　（オ）　（カ）

2
- 問1
- 問2　（A）　（B）
- 問3
- 問4
- 問5
- 問6

3
- 問1
- 問2
- 問3
- 問4　①（ア）　（イ）　②（ウ）　（エ）　（オ）
- 問5　①　②　③　④

4
- 問1
- 問2　自転（計算過程）　km/時　公転　万km/時
- 問3　①　②　③（i）　（ii）
- 問4

	太陽と地球の位置関係	地球から見た月の位置
①		
②		

（注）この解答用紙は実物を縮小してあります。175％拡大コピーをすると、ほぼ実物大の解答欄になります。

〔理　科〕75点（推定配点）

1　各２点×10　2　問１～問３　各２点×４<問３は完答>　問４　３点　問５，問６　各２点×３　3　問１～問４　各２点×８　問５　各１点×４　4　各２点×９<問４は各々完答>

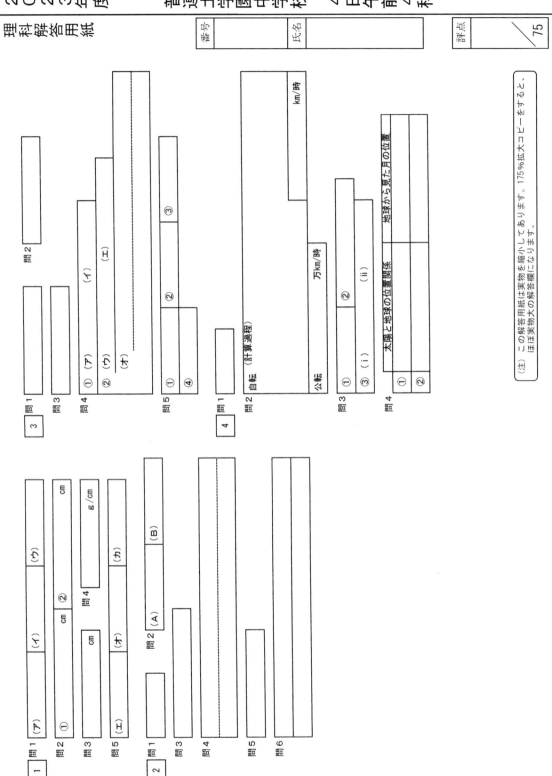

二〇二三年度　普連土学園中学校　四日午前四科

国語解答用紙　No.1

番号　　氏名　　評点　／100

一

問一　a　b

問二

問三　〜　から。

問四

問五

問六

問七　失敗には　とする見方。

問八　〜

問九　ア　イ　ウ　エ　オ

二

問一　ⓐ　ⓑ

問二

問三

問四

二〇二三年度　普連土学園中学校　四日午前四科

国語解答用紙　No. 2

問五

問六

問七

問八

問九

三

① ② ③

④ ⑤

⑥ ⑦ ⑧

⑨ ⑩

四

① ② ③ ④ ⑤

⑥ ⑦ ⑧ ⑨ ⑩

五

① ② ③

④ ⑤

（注）この解答用紙は実物を縮小してあります。B５→B４（141％）に拡大コピーすると、ほぼ実物大の解答欄になります。

〔国　語〕100点（推定配点）

一　問１　各２点×２　問２　４点　問３，問４　各３点×２　問５　５点　問６～問８　各３点×３　問９　各２点×５　二　問１　各２点×２　問２　４点　問３，問４　各５点×２　問５　３点　問６　４点　問７　３点　問８　４点　問９　５点　三～五　各１点×25

２０２２年度　普連土学園中学校　１日午前４科

算数解答用紙　No.１

番号		氏名		評点	／100

1

(1) $5\frac{7}{17} \div \frac{4}{17} \times 572 - 5\frac{2}{3} \times 2025 \div 1\frac{2}{15} = \square$

式

答

(2) $2.34 \times 4.36 + 23.4 \times 0.389 + 0.234 \times 27.5 = \square$

式

答

(3) $3 \div \left(0.125 + \frac{1}{6} - \frac{1}{4}\right) - 1.44 \times \frac{5}{12} \div \frac{1}{\square} = 57$

式

答

2

(1)式

答

理由

(2)式

答

２時　　分

(3)①

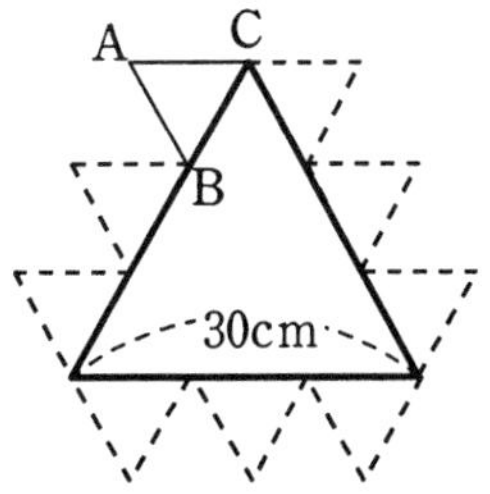

(3)②式

答

3

(1)式

答

(2)式

答

(3)式

答

(4)式

答

算数解答用紙　No.２

4

(1)式

答

７時　分

(2)式

答

時　分　秒

(3)式

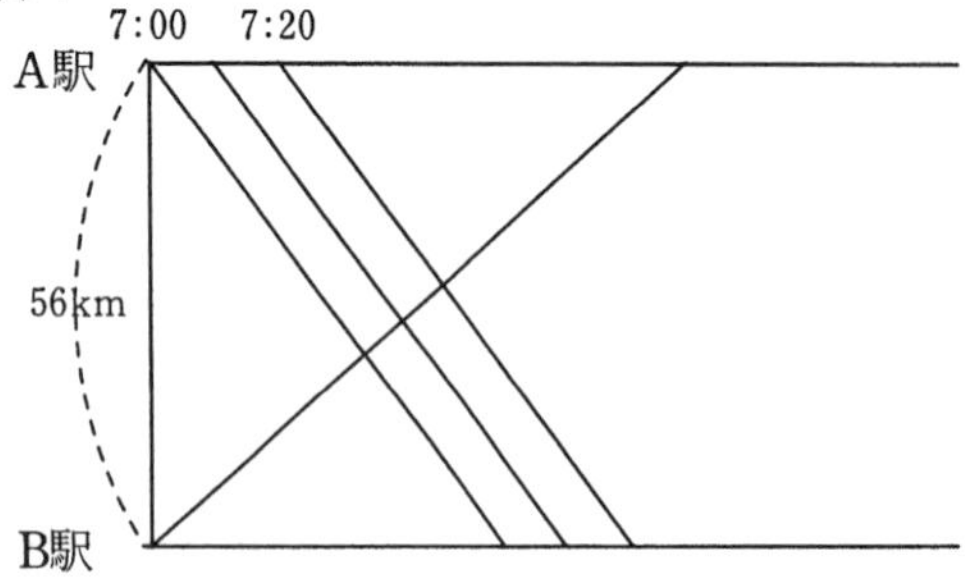

答

5

(1)式

答

(2)

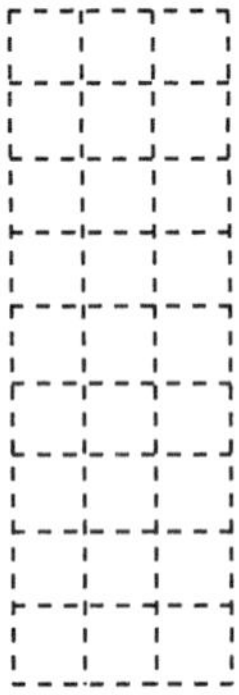

1マス2cmとして作図すること。また，問題用紙のように外枠《わく》を直線で囲《かこ》み，それぞれ該《がい》当《とう》する数字を記入すること。

(3)式

答

6

①答

②式

答

③式

答

④式

答

⑤式

答

⑥式

答

⑦答

⑧式

答

（注）この解答用紙は実物を縮小してあります。Ｂ５→Ａ３（163%）に拡大コピーすると、ほぼ実物大の解答欄になります。

〔算　数〕100点（推定配点）

1～6　各４点×25＜2の(1)は完答＞

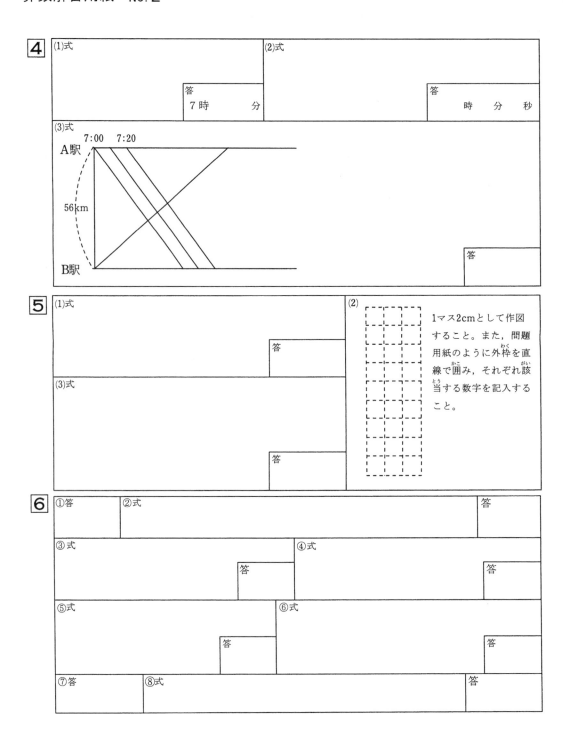

2022年度　普連土学園中学校　1日午前4科

社会解答用紙

番号		氏名		評点	／75

1

問1	a　b　c　d	問2	
問3	B	D	問4	
問5		問6	
問7			
問8	(1) ①　②　③		
問8	(2)　月　日		
問8	(3)		
問9			

2

問1	A　B　C　D				
問2	①　②　③　④	問3			
問4	(1)	(2)	問5	A　B　C	
問6	(1)	(2)	問7		
問8		問9		問10	

3

問1	(1)	(2)		
問2	X　Y	問3	(1)　→　→　→	
問3	(2) あ　い　う			
問4		問5	(1)	
問5	(2) あ　い　う			
	(2) え	問6	(1) A　B　C	
問6	(2)			

(注) この解答用紙は実物を縮小してあります。B5→A3(163%)に拡大コピーすると、ほぼ実物大の解答欄になります。

〔社　会〕75点(推定配点)

1 問1～問5　各1点×9　問6～問9　各2点×8　2 問1，問2　各1点×8　問3　2点　問4～問6　各1点×7　問7～問10　各2点×4　3 問1，問2　各1点×4　問3，問4　各2点×5＜問3の(1)は完答＞　問5　(1)　2点　(2)　各1点×4　問6　(1)　各1点×3　(2)　2点

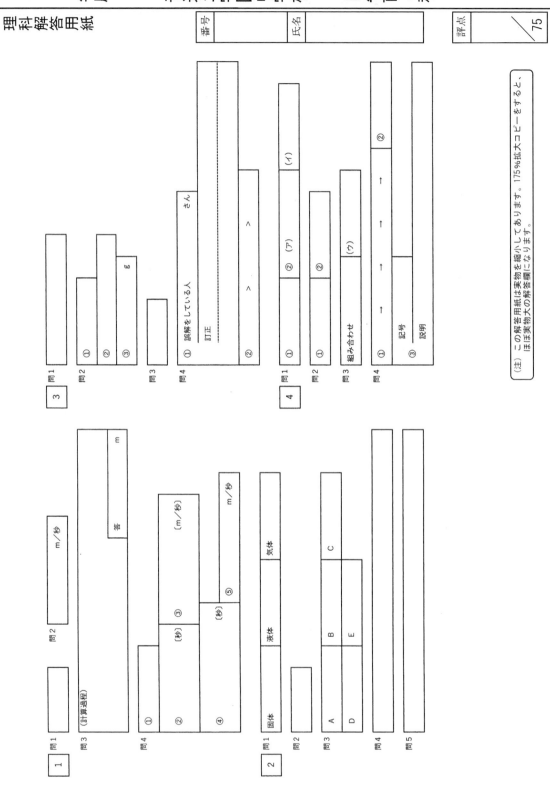

２０２２年度　普連土学園中学校　１日午前４科

理科解答用紙

番号 ｜ 氏名 ｜ 評点 ／75

1

問1

問2　m／秒

問3　（計算過程）　答　m

問4　①　②〔秒〕　③〔m／秒〕　④〔秒〕　⑤　m／秒

2

問1　固体　液体　気体

問2

問3　A　B　C　D　E

問4

問5

3

問1

問2　①　②　③　g

問3

問4　①　誤解をしている人　さん　訂正

②　＞　＞

4

問1　①　②（ア）　（イ）

問2　①　②

問3　組み合わせ　（ウ）

問4　①　→　→　→　→　②

③　記号　説明

（注）この解答用紙は実物を縮小してあります。175％拡大コピーをすると、ほぼ実物大の解答欄になります。

〔理　科〕75点（推定配点）

1～3　各２点×27＜1の問１，3の問１，問２の②，問４の②は完答＞　4　問１～問３　各２点×７　問４　①，②　各２点×２＜①は完答＞　③　記号…１点，説明…２点

二〇二三年度　普連土学園中学校　一日午前四科

国語解答用紙　No. 1

番号	氏名	評点
		/100

一

問一　a　b　c

問二

問三

問四　A　B　C

問五

問六

問七

問八

問九

二

問一　A　B　C

問二

問三

問四

二〇二三年度　　普連土学園中学校　一日午前四科

国語解答用紙　No.2

問五

問六

問七

問八

問九

三

① ② ③

④ ⑤

⑥ ⑦ ⑧

⑨ ⑩

四

漢字　① ② ③ ④ ⑤

意味　① ② ③ ④ ⑤

五

① ② ③ ④ ⑤

⑥ ⑦ ⑧ ⑨ ⑩

（注）この解答用紙は実物を縮小してあります。Ｂ５→Ａ３（163％）に拡大コピーすると、ほぼ実物大の解答欄になります。

〔国　語〕100点（推定配点）

一　問１　各２点×３　問２，問３　各３点×２　問４　各２点×３　問５　５点　問６　２点　問７　５点　問８　２点　問９　５点　二　問１　各２点×３　問２，問３　各５点×２　問４，問５　各２点×２　問６　５点　問７　３点　問８，問９　各５点×２　三～五　各１点×25＜四は各々完答＞

２０２２年度　　　普連土学園中学校　１日午後算数

算数解答用紙

番号		氏名		評点	／100

(1)	(2)	(3)	(4)	(5) 桁
(6) 坪	(7)	(8) 度	(9) 個	(10)
(11)	(12) cm^2	(13)	(14) 分 秒	(15) 人
(16) cm	(17)	(18)	(19) 円	(20) cm^3
(21) 分速 m	(22) 個	(23)	(24)	(25) 点
(26) g	(27) cm^2	(28) 曜日	(29) 分	(30) 円
(31) 倍	(32)	(33) 通り	(34) 羽	(35) ：
(36) 時速 km	(37) ページ	(38) 分	(39) cm^2	(40) g
(41) 通り	(42) 秒	(43) 通り	(44)	(45)
(46) cm^2	(47) 円	(48) ：	(49) 円	(50)

（注）この解答用紙は実物を縮小してあります。Ｂ５→Ａ３（163%）に拡大コピーすると、ほぼ実物大の解答欄になります。

〔算　数〕100点（推定配点）

(1)～(50)　各２点×50

２０２２年度　普連土学園中学校　２日午後２科

算数解答用紙　No.1

番号		氏名		評点	／100

1

(1) $\left(4\frac{2}{3}\times\frac{6}{7}\div2\frac{8}{9}+0.25\div0.13\times2\frac{4}{5}\right)\div3\frac{5}{13}=\square$

式

答

(2) $\left(4.2+2\frac{2}{3}\div1\frac{1}{9}\right)\div\square+0.625\div0.75=1\frac{1}{2}$

式

答

2

(1) 式

答

(2) 式

答

3

(1) 式

答

(2) 式

答

(3) 式

答

4

(1) 式

答

(2) 式

答

算数解答用紙　No.２

5

(1) 式

答

(2) 式

答

(3) 式

答

6

(1) ア答　イ答　ウ答

(2) 式

答

(3) 式

答

7

(1) 式

答

(2) 式

答

(3) 式

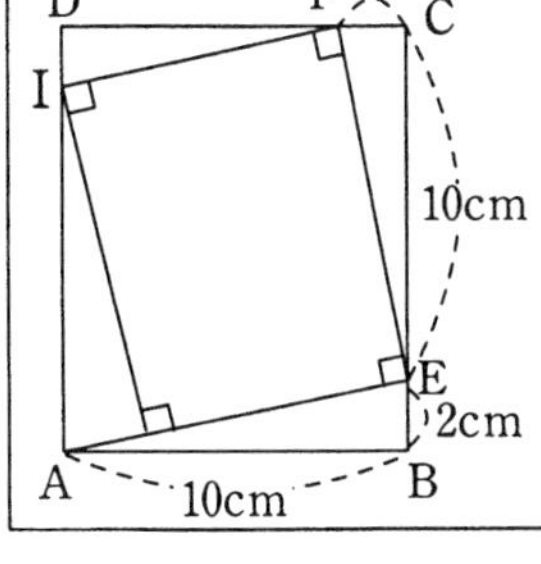

答 辺ＤＩの長さ

長方形Ｕの面積

（注）この解答用紙は実物を縮小してあります。Ｂ５→Ａ３（163%）に拡大コピーすると、ほぼ実物大の解答欄になります。

〔算　数〕100点（推定配点）

1～7　各５点×20＜7の(3)は完答＞

二〇二三年度　普連土学園中学校　二日午後二科

国語解答用紙　No. 1

番号　　氏名

評点　／100

一

問一　a　b　c　d

問二

問三

問四

問五　〜

問六

問七

問八

問九

二

問一　a　b　c

問二

問三

問四

二〇二二年度　普連土学園中学校　二日午後二科

国語解答用紙　No.2

問五

問六

問七

問八

問九

三

①　②　③

④　⑤

⑥　⑦　⑧

⑨　⑩

四

①　②　③　④　⑤

五

①　②　③　④　⑤

⑥　⑦　⑧　⑨　⑩

（注）この解答用紙は実物を縮小してあります。Ｂ５→Ｂ４（141％）に拡大コピーすると、ほぼ実物大の解答欄になります。

〔国　語〕100点(推定配点)

一　問１　各２点×４　問２　４点　問３　３点　問４　５点　問５　４点　問６　５点　問７〜問９　各３点×３　二　問１　各２点×３　問２〜問４　各３点×３　問５　５点　問６　３点　問７　５点　問８，問９　各３点×３　三〜五　各１点×25

２０２２年度　普連土学園中学校　４日午前４科

算数解答用紙　No.１

番号		氏名		評点	／100

1

(1) $\left(8-3\times\frac{2}{5}\right)\div\left(3\frac{1}{5}-2\frac{1}{2}\right)\div 11.9\times 14.7=\square$

答

(2) $1.2\times 3.1+2.4\times 6.2+3.6\times 9.3+4.8\times 12.4=\square$

答

(3) $2022\times\left(\frac{1}{2}-\frac{4}{27}\right)\div\left(1\frac{10}{27}-\square\right)=1011$

答

2

(1)式

答　分速　m

(2)式

答

(3)式

答

3

(1)答

理由

(2)答

理由

(3)答

理由

4

(1)式

答

(2)式

答

(3)式

答

算数解答用紙　No. 2

5

(1)①式

答

(1)②式

答

(2)①式

答

(2)②式

答

6

①式

答

②答

③答

④式

答

⑤答

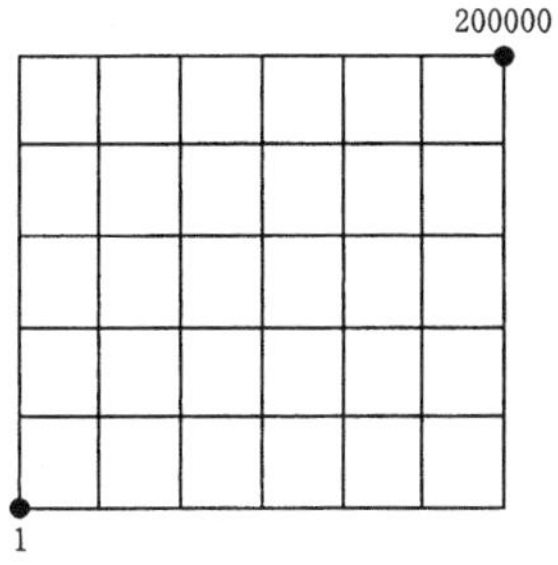

⑥式

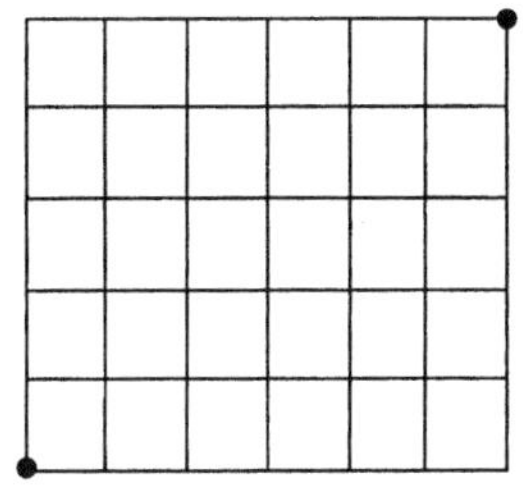

答

⑦式

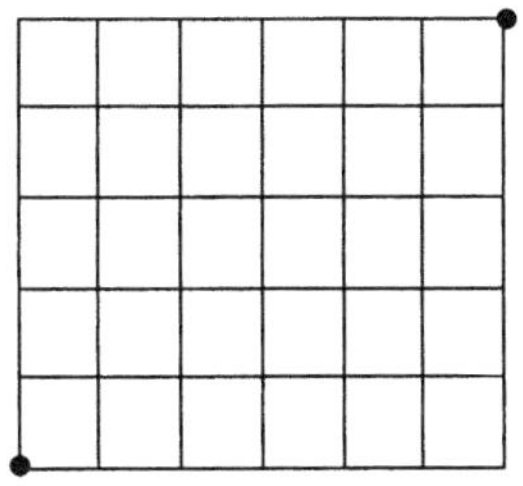

答

⑧式

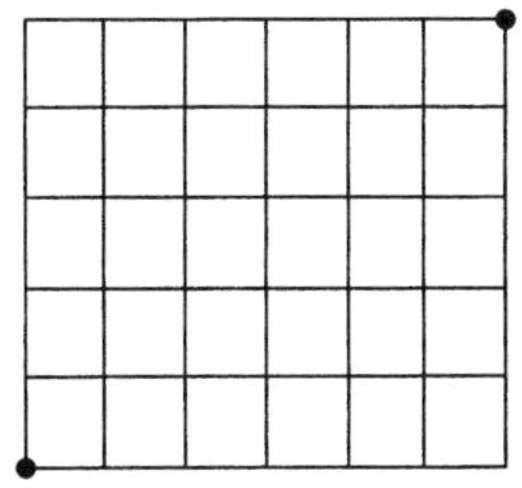

答

（注）この解答用紙は実物を縮小してあります。Ｂ５→Ａ３（163%）に拡大コピーすると、ほぼ実物大の解答欄になります。

〔算　数〕100点（推定配点）

1～4　各４点×12＜3は各々完答＞　5　各５点×４　6　①　４点　②・③　４点　④　４点　⑤～⑧　各５点×４

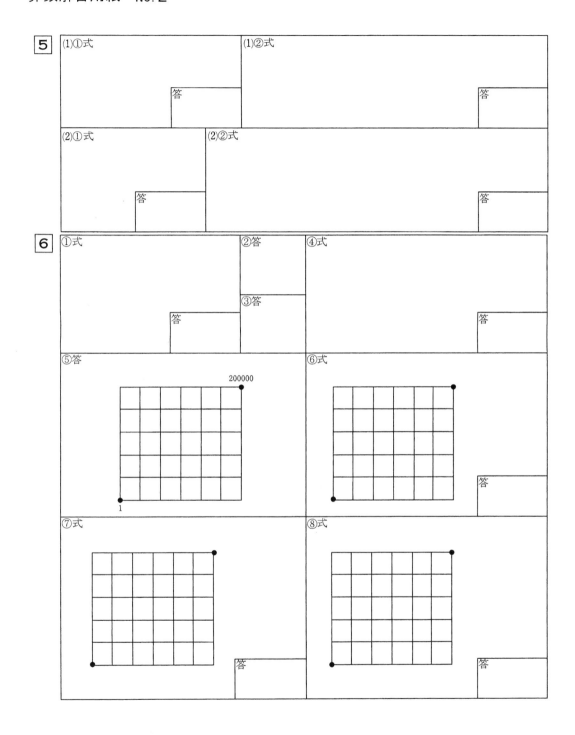

２０２２年度　　普連土学園中学校　４日午前４科

社会解答用紙

番号		氏名		評点	／75

1

問１	あ　　　　い	問２	（１）
問２	（２）	問３	（１）
問３	（２）		
問４	ア　　　　イ　　　　ウ		
問５	（１）X　　　　Y	（２）	
問６			
問７			

2

問１	あ　　　　い　　　　う			問２	年　　月　　日		
問３		問４		問５			
問６				問７			
問８		問９		問10	（１）	（２）	
問11		問12		問13			

3

問１	あ　　　　い　　　　う				
問２	（１）	（２）X　　　　Y			
問３	（１）　　→　　→　　→	（２）			
問４	（１）	（２）		問５	
問６				問７	
問８	（１）	（２）a　　　b		問９	
問10	（１）				
				（２）	

（注）この解答用紙は実物を縮小してあります。Ｂ５→Ａ３(163%)に拡大コピーすると、ほぼ実物大の解答欄になります。

〔社　会〕75点(推定配点)

1　問１〜問３　各２点×６　問４　各１点×３　問５〜問７　各２点×５　2　問１〜問５　各１点×７　問６〜問13　各２点×９　3　問１〜問７　各１点×13＜問３の(1)，問４の(2)は完答＞　問８〜問10　各２点×６

2022年度　普連土学園中学校　4日午前4科

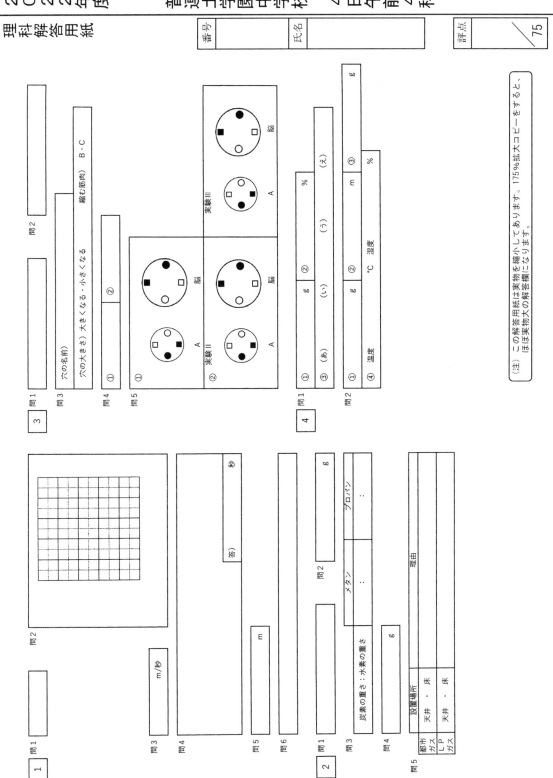

理科解答用紙

番号		氏名		評点	/75

1

問1

問2

問3 m/秒

問4 （答） 秒

問5 m

問6

2

問1

問2 g

問3 炭素の重さ：水素の重さ

メタン	プロパン
：	：

問4 g

問5

	設置場所	理由
都市ガス	天井 ・ 床	
LPガス	天井 ・ 床	

3

問1　問2

問3 穴の名前）

穴の大きさ）大きくなる・小さくなる　縮む筋肉）　B・C

問4 ①　②

問5 ① A 脳

② 実験Ⅱ A 脳　実験Ⅲ A 脳

4

問1 ① g　② %

③ （あ）　（い）　（う）　（え）

問2 ① g　② g　③ m

④ 温度 ℃　湿度 %

（注）この解答用紙は実物を縮小してあります。175%拡大コピーをすると、ほぼ実物大の解答欄になります。

〔理　科〕75点(推定配点)

1, 2　各3点×13<2の問1は完答，問5は各々完答>　3　問1，問2　各1点×2<問2は完答>　問3～問5　各2点×8　4　問1　①，②　各2点×2　③　各1点×4　問2　各2点×5

二〇二二年度　普連土学園中学校　四日午前四科

国語解答用紙　No. 1

番号		氏名		評点	/100

一

問一　ⓐ　ⓑ

問二　日本人が入れ替わり、日本人の暮らしが変わっても、 ～

問三

問四

問五

問六　もの

問七

問八　「わたし」は

問九

二

問一　ⓐ　ⓑ　ⓒ

問二

問三

問四

二〇二二年度　普連土学園中学校　四日午前四科

国語解答用紙　No. 2

問五

問六

問七

問八

問九

三

①　②　③

④　⑤

⑥　⑦　⑧

⑨　⑩

四

①　②　③　④　⑤

⑥　⑦　⑧　⑨　⑩

五

①　②　③　④　⑤

〔国　語〕100点(推定配点)

一　問1　各2点×2　問2～問4　各4点×3　問5　5点　問6　4点　問7　3点　問8　5点　問9　3点　二　問1　各2点×3　問2　4点　問3　3点　問4　5点　問5，問6　各4点×2　問7　5点　問8　3点　問9　5点　三～五　各1点×25

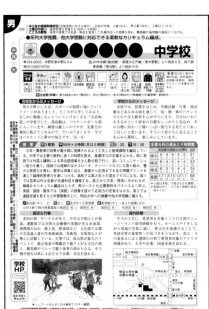

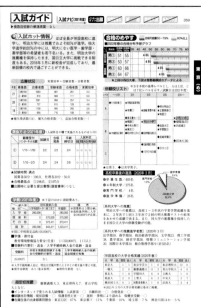

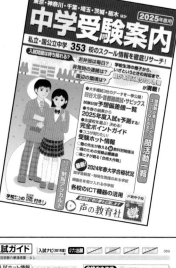